北京联合大学年鉴

(2018)

(总第7卷)

《北京联合大学年鉴》编纂委员会　编著

北京大学出版社
PEKING UNIVERSITY PRESS

图书在版编目(CIP)数据

北京联合大学年鉴. 2018/《北京联合大学年鉴》编纂委员会编著. —北京：北京大学出版社，2021. 3
ISBN 978-7-301-31044-1

Ⅰ. ①北… Ⅱ. ①北… Ⅲ. ①北京联合大学 – 2018 – 年鉴 Ⅳ. ①G649.281-54

中国版本图书馆 CIP 数据核字(2020)第 007846 号

书　　名	北京联合大学年鉴（2018） BEIJING LIANHE DAXUE NIANJIAN（2018）
著作责任者	《北京联合大学年鉴》编纂委员会　编著
责任编辑	桂　春　颜克俭
标准书号	ISBN 978-7-301-31044-1
出版发行	北京大学出版社
地　　址	北京市海淀区成府路 205 号　100871
网　　址	http://www.pup.cn　　新浪微博: @ 北京大学出版社
电子信箱	zyjy@pup. cn
电　　话	邮购部 010-62752015　发行部 010-62750672　编辑部 010-62756923
印 刷 者	北京中科印刷有限公司
经 销 者	新华书店
	787 毫米 × 1092 毫米　16 开本　21.25 印张　11 彩插　905 千字
	2021 年 3 月第 1 版　2021 年 3 月第 1 次印刷
定　　价	298. 00 元（精装）

《北京联合大学年鉴(2018)》编纂委员会

《北京联合大学年鉴(2018)》编辑人员名单

主　　编：韩宪洲　周　彤

执行主编：姜素兰　王建远

副 主 编：王　岩

责任编辑：（按姓氏笔画排序）

王　岩　王建远　张　宇　姜素兰　徐　娟

特约编辑：（按姓氏笔画排序）

王　莹　王　锐　王利荣　王君卓　王晓蕾　王爱琴
田　夏　史桂林　白　薇　仲计水　刘　欣　刘振斌
闫　华　孙砚林　孙俊青　杜　娟　李　力　李　壮
李　芳　李　炎　李　超　李　敬　李　静　李　鹤
杨　强　杨晓麟　肖　梅　何　芳　宋　杰　张　晓
张　静　张春菊　陈婷婷　邵　楠　范　维　和亚铃
周月朋　孟佳宁　赵　宗　赵　楠　赵树荣　姚志敏
秦　霞　秦冬霞　贾燕飞　徐　娟　徐冰心　高　燕
郭玲娜　龚文婷　董　媛　韩天炜　虞思旦　谭　兵

编辑说明

一、《北京联合大学年鉴(2018)》是北京联合大学建校以来连续出版的第七本年鉴,是在学校党委的指导和年鉴编纂委员会的领导下,由档案(校史)馆和全校各单位共同完成的一部资料文献类工具书。

二、本年鉴汇集了2017年度学校事业发展及重大活动的基本情况,是学校发展轨迹的历史记载,旨在为学校各部门及社会有关单位与个人了解、研究学校现状和发展轨迹提供参考。

三、本年鉴以文章和条目为基本载体,条目为主,配文前彩图。本年鉴类目设置与《北京联合大学年鉴(2017)》主体一致,全书设置17个类目。

四、本年鉴记述2017年1月1日至2017年12月31日学校在人才培养、科学研究、社会服务、队伍建设、学校管理、对外交流合作及党建和思想政治工作等方面重要活动、重大事项,各领域的新进展、新成果、新信息等,部分内容根据实际情况在时限上前后略有延伸。

五、本年鉴中校级领导及各机构负责人任职时间为文件发布时间,仅标注2017年有任职变动的时间,未标注的为:起任时间在2017年1月1日以前,至2017年12月31日在任。

六、本年鉴有关全校的综合统计数据,由信息网络中心提供,经校长办公室和各职能部门审定。数据统计口径:按学年统计者,截至2017年8月31日,文中单独注释;按自然年统计者,截至2017年12月31日,不单独注释。

七、本年鉴所刊内容由各单位确定专人提供基础资料,并经本单位领导审定;由档案(校史)馆专人负责组织编纂、修改编辑和全书统稿。

八、本年鉴索引采用主题分析索引的方法编制,按主题词首字汉语拼音音序排列,使用方法见索引中的“说明”。

年度聚焦

▲ 2017年（下同）6月2日，学校召开智慧城市学院成立大会（智慧城市学院提供）

▲ 6月16日，在城市轨道交通与物流学院成立大会上，校领导为学院揭牌（宣传部提供）

① 汇报会
② 专家组查阅支撑材料
③ 专家组走访

▲ 11月7日，学校迎接北京普通高等学校党建和思想政治工作基本标准专家组入校检查（组织部提供）

① 预备会表决通过选举方案
② 开幕式
③ 闭幕式主席台

▲ 12月27—29日，中国共产党北京联合大学第五次党员代表大会召开（宣传部提供）

④ 代表举手表决
⑤ 第五届党委委员合影
⑥ 第五届纪委委员合影

▲ 12月27—29日，中国共产党北京联合大学第五次党员代表大会召开（宣传部提供）

学科科研

◀ 3月7日，学校与波兰托伦哥白尼大学共建的“中波旅游文化中心”成立典礼举行（宣传部提供）

▶ 3月25日，影视教育与产业研究中心揭牌（应用科技学院提供）

◀ 5月9日，学校承办首届“一带一路”涉外法律服务论坛（管理学院提供）

▲ 6月30日，学校主办首届城市型、应用型艺术学院发展论坛（艺术学院提供）

▶ 7月，“北京学学术文库”首部著作《北京文脉》出版（北京学研究所提供）

◀ 10月16日，学校承担的故宫博物院旅游公共服务课题成果《故宫服务》一书发布（旅游学院提供）

◀11月4日，学校承办第二届京津冀无形资产与科技创新智库联盟高峰论坛（管理学院提供）

▶11月9—11日，学校承办2017第十九届海峡两岸应用型高等教育学术研讨会（教务处提供）

◀12月26日，学校承办首期智慧北京建设与发展论坛（智慧城市学院提供）

人才培养

3月，学校引进华为设备组件搭建的“LTE移动通信实践平台”建成，用于通信工程专业学生实训（智慧城市学院提供）

4月17日，机器人学院“小旋风”兴趣活动启动（机器人学院、宣传部提供）

▲ 6月28日，在2017世界智能驾驶挑战赛现场，学校京龙智能车团队参赛的“京龙5号”智能车整装待发（机器人学院提供）

▲ 8月26日，以艺术学院师生创作作品为主的“溯源红色”北京革命历史遗址采风创作展在北京81美术馆开展（艺术学院提供）

①冠军：商务学院王倩　　　　　②亚军：艺术学院朱梦潇
③季军：城市轨道交通与物流学院李昌泽

▲ 11月20日，学校首届“书香杯”经典诵读大赛决赛中获前三名的学生（图书馆提供）

▲ 12月29日，学校召开2016—2017学年学生表彰大会（宣传部提供）

4月16日，创业校友会成立大会

12月24日，村官校友会成立大会

12月29日，艺术团校友会成立大会

▲ 4—12月，3个专门校友会成立（宣传部提供）

6月19日，工作委员会召开会议

11月14日，自评自建阶段中期检查集中反馈会召开

▲ 本科教学工作审核评估迎检（评估办、宣传部提供）

2月13—14日，第三届全国大学生滑雪挑战赛总决赛

4月12—17日，2017年全国健美操联赛厦门站

6月3—4日，2017年首都高校乒乓球锦标赛

6月3日，2017年第十三届首都高等学校跆拳道锦标赛

11月3日，2017年“联大杯”篮球赛冠军争夺赛

11月，北京高校足球甲级联赛

▲ 运动赛场学生风采（体育部提供）

队伍建设

▲ 4月15日，学校召开2017年岗位聘任形势分析会（宣传部提供）

◀ 4月19日，校领导为2017年新晋升教授、副教授研修班特聘导师颁发证书（宣传部提供）

▶ 5月25日，办公室主任座谈会参会人员合影（宣传部提供）

▲ 11月2日，2018年新教师研习营开展“课程思政”专题培训（新闻中心提供）

▶ 11月29日，学校与天津、河北两地的两所高校合作成立的“京津冀职业教育教师协同发展研究中心”揭牌（应用科技学院提供）

◀ 12月18日，城市轨道交通与物流学院教授方建军获授俄罗斯交通科学院外籍院士证书（城市轨道交通与物流学院提供）

合作交流

▶ 4月13日，学校与中国中铁股份有限公司签署战略合作协议（宣传部提供）

◀ 4月14日，学校与中铁电气化局集团有限公司签署战略合作协议（宣传部提供）

▶ 4月19日，北京政治文明建设研究基地与中国社会科学院法学研究所签署合作框架协议（宣传部提供）

孔子学院十周年纪念开幕式

中国文化体验活动

京华瑰宝艺术展

▲4月25日，学校举办孔子学院十周年纪念系列活动（宣传部提供）

▲12月8日，学校召开国际产学合作促进中心成立大会（生物化学工程学院提供）

服务社会

◀3月3日，教师党员参加垡头街道“3.5学雷锋日”主题志愿服务活动，为社区居民检测室内空气（生物化学工程学院提供）

▶3月11—12日，学生志愿者参与值守“东城守望岗”（机电学院提供）

◀5月19日，学生为东铁匠营街道居民义诊（特殊教育学院提供）

▶ 6月27日，校领导为2017年赴新疆、西藏工作优秀毕业生颁奖（宣传部提供）

▲ 9月18日，学校参与的濒危手工艺传承人才培养项目在北京方圆美术馆举行结业成果展（艺术学院提供）

◀ 11月，学校教师开发的“三山五园”精品校本课程在玉泉中学“三山五园”校本课程建设启动暨北京市中小学综合实践活动展示交流会上展示（应用文理学院提供）

党建思政

▲ 5月18日，在2017年党风廉政建设工作会上，14名二级党组织负责人现场签署主体责任承诺书（纪检办提供）

▶ 7月11日，学校召开党风廉政建设责任制落实情况中期检查会（宣传部提供）

◀ 10月16日，学校承办的“迎接学习党的十九大 服务北京四个中心建设”北京高校师生主题作品展开幕（宣传部提供）

▲ 11月9日，在十九大精神宣讲团成立仪式上，校领导为宣讲团成员代表颁发聘书（新闻中心提供）

会议现场

表演系师生现场教学展示

▲ 12月8日，学校召开“课程思政”推进会（宣传部提供）

校园文化

▲6月19日，学校举办庆祝建军九十周年“梦想中国”主题音乐朗诵会（宣传部提供）

▲6月22日，学校举办2017年毕业季系列活动（校团委提供）

◀ 10月12日—11月30日，学校举办喜迎十九大红色经典图书展（图书馆提供）

▲ 10月23日，应用科技学院举办“行知大讲堂——民族音乐进校园”活动（应用科技学院提供）

▲ 11月11日，2017年新生运动会精彩瞬间（宣传部提供）

目　　录

·学校综述·

学校概况

【概况】 北京联合大学(简称北京联大)是1985年经教育部批准成立的北京市属综合性大学,其前身是1978年北京市依靠北京大学、清华大学、中国人民大学、北京师范大学等25所高校创办的36所大学分校中的24所。学校以培养适应国家特别是首都经济社会发展需要的高素质人才为己任,经过30多年的建设和发展,形成了经、法、教、文、史、理、工、医、管、艺等10个学科相互支撑的,以本科教育为主,研究生教育、高职教育、继续教育和留学生教育协调发展的完备的人才培养体系。北京联合大学以北四环校区为中心,形成了集中与分散相结合的办学布局,是北京市重点建设的应用型人才培养基地,也是北京地区规模最大的高校之一。北京联合大学网址是 http://www.buu.edu.cn。

2017年,学校占地面积43.06万平方米,产权校舍建筑面积51.80万平方米、非产权校舍建筑面积7.09万平方米。全年教育经费投入180898.82万元,其中,国家拨款158367.78万元、自筹经费22531.04万元。固定资产总值24.86亿元,其中,教学、科研仪器设备资产值8.10亿元。图书馆建筑面积3.88万平方米,藏书718.18万册,其中,纸质图书284.39万册、电子图书433.79万册。拥有计算机19131台。学校信息化经费投入902万元,多媒体教室391间,信息化设备资产43510.43万元,网络信息点数19000个,校园网出口总带宽7000Mbps,电子邮件系统用户数39840个,上网课程数5370门,数字资源量38970GB,管理信息系统数据总量18489.5GB。学校设有12个校区,设置15个学院,4个直属教学部;开设本科专业71个,专科专业7个,覆盖10个学科门类;具有一级学科硕士点5个,硕士学位授权点6个和硕士专业学位授权点4个。学校拥有北京市重点建设学科6个,国家重点实验室1个,国家级人才培养模式创新实验区1个,国家级实验教学示范中心2个,国家级虚拟实验教学中心1个。全校教职工2850人,其中,专任教师1488人,包括教授195人、副教授518人;兼职博士生导师16人、硕士生导师173人;工程院院士1人(特聘);外籍教师102人次,其中,长期外籍教师20人次。毕业生9015人,其中,学历教育学生中全日制硕士研究生123人、普通本专科生6854人(本科生5669人、专科生1185人)、成人教育本专科生2038人(本科生726人、专科生1312人)。本(专)科毕业生就业率98.44%。招生7508人,其中,学历教育学生中全日制硕士研究生160人、普通本专科生5534人(本科生5333人、专科生201人)、成人教育本专科生1816人(本科生1025人、专科生791人)。北京地区高考提档线二批本科文史496分、理工482分;在京普通高职文史264分,理工219分,单招高职218分(其中艺术类135分)。在校生26092人,其中,学历教育学生中全日制硕士研究生414人、普通本专科生21013人(本科生19503人、专科生1510人)、成人教育本专科生4665人(本科生2346人、专科生2319人)。留学生毕结业546人、招生697人次、在校生1073人次,其中学历教育留学生毕业97人、招生246人次、在校生443人次。

(王岩　刘丹阳)

【校名】 1984年,北京市人民政府报送教育部《关于在大学分校的基础上成立北京联合大学的函》,提出将12所大学分校组成一所联合大学,学校名称定为北京联合大学,简称北京联大。1985年1月,教育部批复同意成立北京联合大学。

1985年5月,全国人大常委会委员长彭真同志为学校题写校名。同月,学校发文《关于彭真同志为北京联合大学校名题字的通知》[(85)京联字第010号]指出,彭真同志为北京联合大学校名题字体现了彭真同志对学校改革、建设、发展的关怀和期待。彭真同志的题字,将作为学校和学校各学院校牌、校徽、校旗以及各种证件的统一字体。

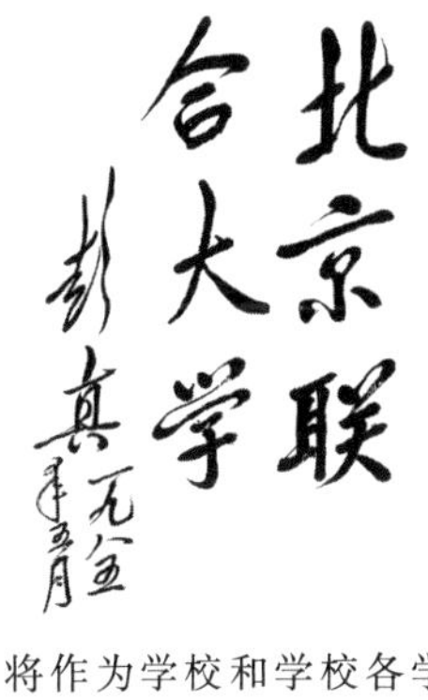

(王岩)

【校徽】 北京联合大学校徽的整体轮廓为圆形,象征学校“团结、和谐”,传达学校的总体办学思想,表达了全校师生团结在“发展应用型教育,培养应用型人才,建设应用型大学”的办学宗旨下,携手共进,奋发图强,共创北京联大辉煌明天的信心与决心。

校徽正中的“麦比乌斯圈”组合形成北京联合大学的英文缩写 BUU,麦比乌斯圈循环往复的几何特征象征学校持续发展、动力不竭,体现坚韧、包容、奋进的精神。校徽颜色采用蓝色,象征智慧和梦想,表达学校师生用智慧实现梦想的信念。

(王岩)

【校训】 自 2003 年以来,学校通过广泛征集和深入研讨。2005 年,经校党委三届五次全会审议,北京联大确定了“学以致用”的校训;7 月,学校发文《关于颁布北京联合大学校训的令》(京联校长令[2005]1 号),定“学以致用”为北京联合大学校训。2006 年,学校邀请著名书法家、教育家欧阳中石为学校题写校训。

“学以致用”是“发展应用型教育,培养应用型人才,建设应用型大学”办学宗旨的核心内容,是“面向大众、服务首都、应用为本、争创一流”办学定位的精练表达。

“学以致用”的“学”,既是知识技能之学,又是理想道德之学;“学以致用”的“用”,既是知识技能之用,又是理想道德之用。以学用之道,达又红又专,做四有新人。

“学以致用”的“学”,是有用之学,能用之学;“学以致用”的“用”,是学了能用,学了会用。在这里,用规定学,学了为用;学用一体,不可分离。

“学以致用”的“学”,是勤奋好学之学,是讲究方法之学;“学以致用”的“用”,是敢于运用之用,是善于运用之用。在这里,勤学善用,学用相长;学无止境,用无止境。

“学以致用”,其意既在训导学生,也在勉励教师。教师之学、之教都在致用。要有学以致用之学生,须先有学以致用之教师;善于教人学以致用者,必先自己善于学以致用也。

(王岩)

2017 年发展概况

2017 年是学校落实“十三五”规划的重要一年,是推进城市型、应用型大学建设的关键之年。学校召开第五次党员代表大会,选举产生了新一届党委和纪委,确立建设的总体目标、未来五年的奋斗目标和 2035 年的发展愿景,提出实现发展目标的“一体两翼”的战略框架,对新时代推进改革和事业发展,加强和改进党的建设和思想政治工作做出全面部署。

学校组织学习宣传贯彻党的十九大精神,承办“迎接学习党的十九大　服务北京‘四个中心’建设”北京高校师生主题作品展,组建“北京联合大学学习贯彻党的十九大精神宣讲团”。举办“学习十九大对台工作指导思想”学术研讨会。组织学生参加“90 后心中的十九大”——北京高校学生讲思政课展示活动并获佳绩。组织学生参加“践行核心价值观·凝聚最美中国梦”——全国高校学生讲思政课公开课展示活动并获一等奖。

推进基层党建工作,配齐基层党组织专职组织员、纪检委员。制定《中共北京联合大学委员会落实意识形态工作责任制实施细则》《关于建立健全二级党组织党建工作责任制的实施意见》等制度。迎接《北京普通高等学校党建和思想政治工作基本标准》专家入校检查,党建和思想政治工作获检查组好评。

学校发布《北京联合大学章程》,修订学术委员会章程,成立第三届校学术委员会。制定 2017 年校院二级管理办法、横向科研管理办法、固定资产管理办法等制度。制定“十三五”时期本科专业建设与发展规划、课程建设规划及港澳台学生招收和培养管理规定。修订人才培养方案和课程教学大纲,制定《关于加强“课程思政”建设的意见(2017—2018)》。制定了本科教学工作审核评估方案,成立专家组。完善学校合同管理办法,建立合同管理体系。

设置党委研究室,科研处更名为科学技术处,撤销行政管理处和后勤服务公司,成立后勤保障中心,校培训中心并入继续教育学院,建成科研财务一站式服务中心。原信息学院调整为智慧城市学院,原自动化学院调整为城市轨道交通与物流学院,原机电学院和机器人学院合并组建成新的机器人学院,原信息学院软件工程专业和电子信息工程专业、原自动化学院自动化专业整体并入新成立的机器人学院。成立学校网络安全和信息化领导小组。

硕士研究生招生首次录取推免生9人。首次招收残疾人高水平运动员5人。新增工艺美术和烹饪营养与教育2个本科专业。新增校级全英语教学实验班2个。旅游管理专业和软件工程专业获批北京市属高校首批“一流专业”。完成网络学堂和中国大学MOOC整合,新开通网络学堂课程359门。

获批国家基金项目15项、省部级项目27项、2017英国皇家工程院牛顿基金资助项目1项,入选教育部新工科研究与实践项目1项,联合申报获批国家重点研发计划项目3项,专利授权64项。

修订事业单位聘用合同。对部分中层干部进行岗位调整。在全校范围内开展新聘期聘任和聘用合同续签工作。全校成立聘委会25个,完成岗位聘任2829人。招聘40人,增加校级特聘教授4人。

北京学研究基地入选首批中国智库索引(CTTI)来源智库。获批全国重点建设职教师资基地3个,获批北京市“一带一路”国家人才培养基地。政协民主监督职能建设研究成果被市级报告采纳。

签订7项校企、校校战略合作框架协议。举办首届“一带一路”涉外法律服务论坛。发起成立中国-中东欧国家“16+1”旅游院校联盟,加入中俄交通类大学联盟,签署国际及港澳台合作协议32项。

开展“奋进路上联大人”宣讲活动。成立创业校友会、戎光校友会、村官校友会、艺术团校友会、菁英荟。出版《应用型大学德育论纲》《朱耀廷文集》《李恩元文集》《谭浩强文选》《北京联合大学年鉴(2015)》。

投入1820万元建设实验室。立项基础设施改造实施项目40个,经费总额6419.17万元。完成11号楼女生宿舍改造工程、原丰台职业中心校系列改造工程、北苑校区供暖锅炉低氮改造等修缮改造专项项目22项,零星修缮项目30余项。完成北四环校区、蒲黄榆校区网络基础设施改造。建设教学质量动态数据平台,完成无障碍救助服务系统、智能语音课堂系统建设。

校领导及组织、机构负责人

北京联合大学党委领导

党委书记:韩宪洲

党委副书记:李学伟　付晨光(2017年11月离任)
周志成

纪委书记:张　楠(女)

纪委副书记:王维国(2017年1月至9月任职)
张文杰(2017年10月起任)

党委常委(按姓氏笔画排序):
王　玮(女)　李学伟　杨　宜(女)　张　辉
张　楠(女)　张恩祥　周志成　韩宪洲

北京联合大学行政领导

校　长:李学伟

副校长:张连城(2017年12月离任)
鲍　泓(2017年12月离任)
杨　宜(女)　张　辉

校长助理:杨　鹏
李志祺(2017年3月离任)

中共北京联合大学第五届委员会委员

(2017年换届,共22人,按姓氏笔画排序)

王　玮(女)　王文杰　王育红(女)　尹福斌　孔　军
仲计水　齐再前(女)　严旭阳　李学伟　杨　宜(女)
杨　鹏　杨积堂　张　辉　张　楠(女)　张宝秀(女)
张俊玲(女)　张恩祥　陈志刚　范宝祥　周志成
韩宪洲　程　光

中共北京联合大学第五届纪律检查委员会委员

(2017年换届,共9人,按姓氏笔画排序)

丛　森　毕玉兰(女)　张　伟　张　楠(女)　张文杰
张志斌　张健民　赵艳霞(女)　曹长兴

党政机构负责人

党委办公室、校长办公室

王文杰

党委组织部、统战部

王　玮

党委宣传部

王维国(2017年1月11日离任)
孔　军(副部长,主持工作,2017年1月11日起任)
周志成(2017年9月19日起任)

纪委办公室、监察处

王维国(2017年1月11日至9月25日任职)
张文杰(2017年10月9日起任)

党委学生工作部、学生处、党委人民武装部

赵　辉

离退休人员工作处

王育红(2017年1月11日离任)
王淑颖(副处长,主持工作,2017年1月11日起任)

教务处

齐再前

人事处
范　蓓
科研处(2017年5月31日更名为科学技术处)
杨　鹏
研究生工作部、研究生处
王　静
财务处
张健民
审计处
毕玉兰
党委保卫部、保卫处
于　熙
国际交流合作处、港澳台办公室
庞　明
行政管理处(2017年5月17日撤销)
黄　巍(2017年5月23日离任)
基建处
黄　巍
国有资产管理处
李志祺(2017年3月14日离任)
张　有(副处长,主持工作,2017年3月14日起任)
招生就业处
石美玉
党委研究室(2017年4月13日成立)
丁兆明(2017年7月19日起任)

党群团组织负责人

工会
张俊玲(2017年7月10日离任)
操静涛(2017年7月10日起任)
团委
王　鹤
机关党委
肖　芳
直属单位党委
程雨琴
离退休党委
黄　标(2017年1月11日离任)
王育红(2017年1月11日起任)

直属单位负责人

基础课教学部
于　深(主任)
耿晓冬(党总支书记,2017年3月22日离任)
耿晓冬(党支部书记,2017年3月22日起任)
公共外语教学部
张殿恩(主任)
潘宏波(党总支书记,2017年3月22日离任)
潘宏波(党支部书记,2017年3月22日起任)
体育教学部
范清惠(主任,2017年6月5日离任)
杨洪志(主任,2017年7月12日起任)
杨洪志(党支部书记,2017年9月4日离任)
祁春利(党支部书记,2017年9月4日起任)
工科综合实验教学示范中心
杨　鹏(主任)
苏幼香(党支部书记)
北苑校区管委会
夏　莉(党支部书记,管理委员会副主任,主持工作,2017年1月11日离任)
李印伟(管理委员会主任,党支部书记,2017年1月11日起任)
图书馆
王　彤(馆长)
翟金忠(党总支书记,2017年3月22日离任)
翟金忠(党支部书记,2017年3月22日起任)
信息网络中心
沈　洪
学报编辑部
周小华
档案(校史)馆
姜素兰
校医院
刘　庄(党支部书记兼副院长,主持工作)
后勤服务公司(2017年5月17日撤销)
肖春林(总经理,2017年5月23日离任)
肖富宁(党总支书记,2017年5月25日离任)
后勤保障中心(2017年5月17日成立)
肖春林(总经理,2017年5月23日起任)
肖富宁(党总支书记,2017年5月25日起任)
产业管理委员会办公室
毛连生(常务副主任)
北京政治文明建设研究基地
韩宪洲
北京学研究所
张宝秀
台湾研究院
李维一(外聘)
功能食品科学技术研究院
赵　卓(2017年10月24日起任)
北京市信息服务工程重点实验室
鲍　泓

学院负责人

应用文理学院
张连城(兼院党委书记,副局级,2017 年 11 月 22 日离任)
张宝秀(院长,副局级)
师范学院
陈志刚(院党委书记,副局级)
张志斌(院长,副局级)
商务学院
尹福斌(院党委常务副书记)
陈建斌(副院长,主持工作)
生物化学工程学院
范宝祥(院党委书记,副局级)
张恩祥(院长,副局级)
旅游学院
曹长兴(院党委书记,副局级)
严旭阳(常务副院长)
继续教育学院
张文杰(院党委副书记、副院长,主持工作,2017 年 10 月 24 日离任)
张健民(院党委副书记、副院长,主持工作,2017 年 10 月 24 日起任)
信息学院(2017 年 4 月 28 日更名为智慧城市学院)
刘在云(院党委书记,任至 2017 年 5 月 15 日)
田景文(常务副院长,任至 2017 年 5 月 15 日)
智慧城市学院(2017 年 4 月 28 日由原信息学院更名)
张俊玲(院党委书记,2017 年 5 月 15 日起任)
刘在云(院长,2017 年 5 月 15 日起任)
机电学院(2017 年 4 月 28 日与原机器人学院合并)
杨奇红(院党委书记,任至 2017 年 5 月 5 日)
程　光(院长,任至 2017 年 5 月 5 日)
机器人学院(2017 年 4 月 28 日由原机电学院与原机器人学院合并成立)
杨奇红(院党委书记,2017 年 5 月 5 日起任)
程　光(执行院长,2017 年 5 月 5 日起任)
自动化学院(2017 年 4 月 28 日更名为城市轨道交通与物流学院)
丛　森(院党委书记,任至 2017 年 5 月 5 日)
方建军(院长,任至 2017 年 5 月 5 日)
城市轨道交通与物流学院(2017 年 4 月 28 日由原自动化学院更名)
丛　森(院党委书记,2017 年 5 月 5 日起任)
方建军(院长,2017 年 5 月 5 日起任)
管理学院
杨积堂(院党委书记)
陶秋燕(院长)
特殊教育学院
张　伟(院党委书记)
滕祥东(院长)
艺术学院
张祖明(院党委书记)
张　旗(执行院长)
应用科技学院
于水波(院党委书记)
李宇红(院长)
马克思主义学院
仲计水(党总支书记)
国际交流学院
谢职安(党支部书记,2017 年 5 月 3 日离任)
牛爱芳(党支部书记,2017 年 5 月 23 日起任)
谢职安(院长,2017 年 7 月 10 日离任)
原机器人学院(2017 年 4 月 28 日与机电学院合并)
杨鹏(执行院长,任至 2017 年 5 月 5 日)
杜煜(党支部书记,任至 2017 年 5 月 5 日)

(以上由组织部提供)

新增和调整专门委员会及领导小组

北京联合大学离退休干部工作领导小组(京联党〔2017〕41 号调整)
组成原则
组　长:校党委书记
副组长:分管离退休工作校领导
成　员:各副局级学院分管院领导、党委办公室、党委组织部、党委宣传部、离退休党委、离退休人员工作处、人事处、财务处、行管处、工会、团委、校医院、后勤服务公司部门负责人
领导小组办公室设在校离退休人员工作处。
2017 年名单
组　长:韩宪洲
副组长:付晨光
成　员:张连城　陈志刚　尹福斌　沈晓平　曹长兴　王文杰　王　玮　孔　军　王育红　王淑颖　范　蓓　张健民　张俊玲　王　鹤　刘　庄　肖春林
主要职责:
统筹协调指导离退休干部工作;协调解决工作中的困难和问题;检查离退休工作领导责任制执行情况等。

北京联合大学网络安全和信息化领导小组(京联党〔2017〕78 号成立)
组成原则
组　长:校党委书记、校长
副组长:分管宣传思想、信息化、安全稳定工作校领导

成　员：各二级党组织负责人、党委办公室和校长办公室、党委宣传部、党委保卫部(处)、人事处、财务处、教务处、党委学生工作部(处)、科研处、党委研究生工作部(处)、国际交流合作处、图书馆、信息网络中心负责人

2017 年名单

组　长：韩宪洲　李学伟

副组长：周志成　张连城　张　辉

成　员：张连城　陈志刚　尹福斌　范宝祥　曹长兴　张文杰　张俊玲　杨奇红　丛　森　杨积堂　张　伟　张祖明　于水波　仲计水　牛爱芳　肖　芳　程雨琴　王文杰　孔　军　于　熙　范　蓓　张健民　齐再前　赵　辉　杨　鹏　王　静　庞　明　王　彤　沈　洪

领导小组办公室设在校信息网络中心。

主　任：张连城(兼)

副主任：沈　洪　王文杰　孔　军　于　熙

主要职责

宣传贯彻落实国家关于网络安全和信息化的战略部署及法律法规，统筹协调学校网络安全和信息化重大问题，研究制定学校网络安全和信息化发展战略、宏观规划和重大政策。

北京联合大学师德建设领导小组(京联党〔2017〕192号成立)

组成原则

组　长：校党委书记　校长

副组长：分管宣传工作的校领导

成　员：党委办公室和校长办公室、党委组织部、党委宣传部、纪委办公室和监察处、党委学生工作部(处)、党委研究生工作部(处)、人事处、教务处、科学技术处、工会、教师(教学)发展中心等相关部门负责人

领导小组办公室设在校党委宣传部，负责师德建设具体工作的组织和协调。

2017 年名单

组　长：韩宪洲　李学伟

副组长：周志成

成　员：王文杰　王　玮　孔　军　张文杰　赵　辉　王　静　范　蓓　齐再前　杨　鹏　操静涛　周华丽

主要职责：

全面负责学校师德建设工作，建立健全师德建设落实机制和相关配套政策。

北京联合大学审核评估工作领导小组(京联发〔2017〕28 号成立)

组　长：韩宪洲　李学伟

副组长：杨　宜　周志成

成　员：付晨光　张　楠　张连城　鲍　泓　张　辉

主要职责：

(1) 加强实施审核评估工作的领导和统筹，研究部署学校审核评估总体工作；

(2) 研究解决审核评估工作中的重大问题和事项；

(3) 审定评估工作方案、阶段任务和自评报告等相关材料。

北京联合大学评建工作委员会(京联发〔2017〕28 号成立)

主　任：杨　宜

副主任：周华丽　齐再前

成　员：周华丽　齐再前　王文杰　范　蓓　孔　军　赵　辉　王　鹤　石美玉　杨　鹏　王　静　王　玮　张健民　庞　明　肖春林　张　有　王　彤　沈　洪　江小明　于　熙

主要职责：

(1) 贯彻落实领导小组的工作部署，协调统筹各工作组及职能部门之间的工作；

(2) 按照本部门职责推进审核评估工作；

(3) 参与组织开展校内专项评估、自评自建及预评估工作；

(4) 组织学校教学基本状态数据库填报、自评报告及相关材料撰写等工作。

北京联合大学第三届学术委员会(京联发〔2017〕30 号公布)

主任委员：张宝秀

副主任委员：鲍　泓(常务)　杨　宜　杨　鹏　刘全礼

委　员(按姓氏笔画排序)：

王　平　王　静　王育坚　方建军　刘元盛　刘宏哲　刘晓玲　齐再前　严旭阳　李宇红　李振广　何　宁　汪艳丽　张恩祥　陆　军　陈建斌　陈悦新　范　蓓　尚小雅　周小华　周玉基　赵连稳　陶秋燕　韩　强　程　光　鲍新中

校学术委员会秘书处设在校科学技术处，负责学术委员会的日常工作。秘书长由杨鹏兼任。

北京联合大学 2017 年融合教育推进委员会(京联办〔2017〕18 号成立)

主　任：杨　宜

副主任：齐再前　滕祥东

成　员：黄　巍　赵　辉　沈　洪　肖春林　石美玉　张健民　张　有　王　彤

办公室主任：齐再前

主要职责：

(1) 制订相关工作计划，统筹协调相关部门推动试点工作；

(2) 调研相关需求，提出支持方案；

(3) 负责无障碍校园设施改造；

(4) 负责面向残疾人招生及为其就业提供条件；

(5) 负责相关教师教学设备及学生学习生活帮扶；

(6) 负责建设好融合教育资源支持中心；

(7) 负责实现信息交流无障碍；

(8) 负责合理安排相关资金。

（以上由党委办公室、校长办公室提供）

·特　　载·

北京联合大学2017年工作总结

（京联党〔2018〕21号，2018年3月15日）

2017年是学校落实"十三五"规划的重要一年，是扎实推进城市型、应用型大学建设的关键之年。学校按照《北京联合大学2017年工作要点》部署，认真学习宣传贯彻党的十九大精神，扎实推进全国高校思想政治工作会议精神落地见效，全面落实北京市第十二次党代会精神和蔡奇书记关于北京工作的重要部署，围绕立德树人根本任务，坚持社会主义办学方向，坚持首善标准，坚持与北京经济社会发展同向同行，坚持走内涵式发展道路，学校各项事业持续快速健康发展。现总结如下：

一、以迎接和学习宣传贯彻党的十九大精神为主线，学校党的建设形成新声势

1. 深入学习宣传贯彻党的十九大精神。校党委把学习宣传贯彻党的十九大精神作为学校当前首要的政治任务和头等大事来抓。校党委常委会专门研究部署，按照学懂、弄通、做实要求，在全校范围内迅速掀起学习党的十九大精神的热潮。承办了"迎接学习党的十九大　服务北京'四个中心'建设"北京高校师生主题作品展。校党委理论学习中心组开展3次十九大精神专题学习。组建以校党委书记韩宪洲为团长、副书记周志成为副团长的"北京联合大学学习贯彻党的十九大精神宣讲团"，由我校近40名干部教师组成。校领导和各二级党组织书记带头宣讲，全校共开展宣讲100余场。组织4000余名师生参观"砥砺奋进的五年"大型成就展。在学生中开展"学习十九大　筑梦联大人"系列主题活动，通过"领起来、动起来、绘起来、写起来、传起来、看起来"等多途径多形式，切实让习近平新时代中国特色社会主义思想进课堂进教材进头脑。我校台湾研究院举办了"学习十九大对台工作指导思想"学术研讨会。人民日报、北京卫视报道了我校艺术学院教师将十九大精神融入课堂教学的生动实践。我校学生参加了由市委教育工委组织的"90后心中的十九大"——北京高校学生讲思政课展示活动，取得好成绩。

2. 胜利召开学校第五次党员代表大会。大会回顾总结了过去五年学校党委履行管党治党和办学治校主体责任取得的主要成绩和基本经验，分析研判了学校发展面临的新的战略形势和所处的新的历史方位，清晰确立了学校建设的总体目标、未来五年的奋斗目标和2035年的发展愿景，明确提出了实现发展目标的"一体两翼"的战略框架，并对新时代推进学校改革和事业发展，加强和改进学校党的建设和思想政治工作作出了全面部署。严格按照组织程序，大会选举产生了新一届党委和纪委。

3. 全面加强思想理论武装。制定了《中共北京联合大学委员会落实意识形态工作责任制实施细则》，及时组织学习落实上级关于北京高校意识形态工作要求精神，开展了意识形态工作专项督查，形成意识形态工作合力。校党委中心组理论学习突出理想信念教育和党性教育，围绕党的十九大、习近平总书记"7·26"重要讲话等，邀请国防大学颜晓峰教授等专家作专题辅导报告，全年共开展中心组学习（含扩大学习）12次。制订全校教职工政治理论学习计划，推动每月开展一次（半天）理论学习活动，完善青年教师市、校、院三级培训体系，承办市委教育工委第13期北京高校青年教师理论学习培训班，组织学校暑期青年教师中国特色社会主义理论教育培训。获批北京市宣传文化系统高层次人才培养资助项目2项。获评2017年北京高校青年教师社会调研优秀项目9个、2017年北京高校青年教师社会调研工作组织工作先进校。

4. 扎实推进基层党建工作。制定了《学校2017年党建工作计划》，整体安排年度党建工作18项。校党委常委会研究党建议题141项。制定了《关于建立健全二级党组织党建工作责任制的实施意见》等10余项党建工作制度。持续推进"两学一做"学习教育常态化制度化，完成了市委第五巡回督导组对我校"两学一做"学习教育专题组织生活会督导。总结的"五抓五促"组织生活会模式获评"北京高校组织生活会优秀示范案例"。2016年学校领导班子民主生活会15项整改任务全部完成。强化基层党组织政治功能，配齐专职组织员，建立二级学院系务会制度，完善在教职工聘任、晋职晋级、评优评奖中征求党支部意见工作机制。开展2017—2018年度基层党支部"1+1"共建项目和基层党支部活动立项工作。开展党内评优表彰工作，共评选出先进基层党组织30个、优秀共产党员64名、优秀党务工作者28名、红旗党支部10个、十佳党员标兵10名。获批北京高校党建难点项目支持计划1项、北京高校党建研究会重点项目1项、北京市优秀人才培养资助骨干个人项目4项、拔尖个人项目1项。迎接《北京普通高等学校党建和思想政治工作基本标准》专家入校检查，党建和思想政治工作获得检查组好评。

5. 从严规范干部管理。严格干部选任工作，完成2017年聘任部分中层干部岗位调整工作。开展民主推荐11次，竞争上岗4次，提任处级干部8人；干部交流72人次，试用期满考核合格正式任职15人；因学院、机构调整等任免干部57人次；因到龄退休、辞去公职、调出等原因免职12人。推进干部人事制度改革，制定了《关于实行学术恢复期的暂行规定》《北京联合大学校管无行政级别中层干部管理规定(试行)》等文件，教学科研岗位干部放弃行政级别19人。完成233名处级及以上干部个人有关事项申报，重点抽查20人，随机抽查22人，开展廉政谈话83人次。加强党外代表队伍建设，落实校领导与党外代表联系交友制度，成立党外知识分子联谊会。制定了《关于加强和改进离退休干部工作的实施细则》，落实从事党务工作的离退休人员待遇。校关工委被市委教育工委命名为"北京教育系统老党员先锋队"。

6. 持续抓好党风廉政建设。建立健全落实全面从严治党制度体系，制定了《落实党风廉政建设责任制党委主体责任实施细则(试行)》《落实党风廉政建设责任制纪委监督责任实施细则(试行)》等7项制度。坚持把党风廉政建设纳入学校重要议事日程，全年33次常委会中涉及党风廉政议题24项。召开2017年党风廉政建设工作会议，印发《2017年党风廉政建设和反腐败主要任务工作分工》，配齐全校基层党组织纪检委员，推行"领导干部"落实《党风廉政建设主体责任纪实手册》做法，重点抽查了23个单位党风廉政建设责任制落实情况。严把干部选拔任用"党风廉洁意见回复"关，出具廉洁自律意见书200份。专项治理"为官不为，为官乱为""严肃查处群众身边不正之风和腐败问题"。全面加强信访举报和纪律审查规范性建设，认真践行监督执纪"四种形态"，约谈15人次，办理信访件25件，批评教育2人，提醒谈话2人，问责党组织2个。强化监督制约机制，编制学校《重点领域关键环节监督一览表(2017年)》，形成权力事项清单。持续推进"廉创空间"品牌建设，组织图书漂流、经典诵读、书画征集、清风讲坛、非遗体验等活动，举办新时代·新征程"廉创空间"主题音乐会、"坚定文化自信、涵养清风正气"廉洁文化成果展，开设"廉创空间"公众号和"大学生廉洁教育"选修课，深入推进廉洁教育进校园、进课堂、进教材。接受市纪委、市监委专项工作检查7次，校党委、纪委主动、规范、扎实的工作受到肯定。

7. 全面维护校园安全稳定。全力做好十九大期间维稳安保工作，层层压实安全稳定责任，制定了《北京联合大学党的十九大期间维稳安保工作实施方案》，确保党的十九大期间安全"零"事故。

严格落实安全稳定工作责任制，制定了《"十三五"时期北京联合大学实施"平安校园"提升工程方案》《北京联合大学国家安全小组工作实施细则》。落实网格化安全管理，开展安全隐患大排查、大清理、大整治专项行动。提升校园安全管理防范水平，开展9次安全主题教育宣传活动。解决了一批长期存在，想解决但一直没有解决的安全隐患问题，为校园安全稳定提供了坚强保障。

二、以立德树人为根本，落实思想政治工作会议精神有新成效

8. 党建工作会明晰新任务新举措。以深入贯彻落实全国和北京高校思想政治工作会议精神为主题，召开了2017年党建工作会，印发了《关于加强和改进新形势下思想政治工作的实施意见》，对马克思主义学院建设、学生思想政治教育队伍建设、教职工思想政治工作等提出了具体要求，推进思想政治工作融入教育教学全过程，提炼"因专业施教""北京味儿""红色文化"等关键词。

9. 思想政治理论课教学改革有新推进。推进分类分层教学改革。按学生专业分类，细化教学目标、教学内容、教学方法和教学评价，增强教学吸引力和实效性。着力深化思想政治理论课"问题导入式"专题教学改革，把北京优秀的传统文化、红色文化、中国特色社会主义北京实践、校史等有机融入课程体系建设与课堂教学。申报的马克思主义理论一级学科硕士学位授权点已通过教育部审核。《光明日报》报道了我校学生参加教育部举办的"践行核心价值观·凝聚最美中国梦"——全国高校学生讲思政课公开课展示活动，我校荣获一等奖。

10. "课程思政"建设形成合力。探索推进"课程思政"建设，召开"课程思政"推进会，加强顶层设计，修订人才培养方案和课程教学大纲，把课程自身蕴含的思想政治教育元素有机融入人才培养全过程，落实立德树人根本任务，制定了《关于加强"课程思政"建设的意见(2017—2018)》《关于建立健全师德建设长效机制的实施办法》等文件。校党委申报的《应用型大学推进课程思政建设的研究与实践》获批北京高校思想政治工作难点攻关计划立项。中国教育报以《北京联合大学推进全方位育人,建立"课程思政"责任制——上好专业课种好思政教育责任田》为题,专题报道了我校课程思政建设推进情况。

11. 学生思想政治教育水平有新提升。加强学生道德教育与能力教育,开展"梦想中国""品味经典""学习贯彻十九大,勇做时代弄潮儿"等主题教育实践活动。作为团中央试点高校,推进"班级团支部与班委会一体化运行"工作。推行实施共青团"第二课堂成绩单"制度。在北京高校"我的班级我的家"创建评比中,获评北京市十佳示范班集体1个。在北京高校红色"1+1"共建活动中,获二等奖、三等奖、优秀奖共23个。坚持将社会实践与学科专业紧密结合,获评首都高校社会实践先进单位、全国大中专学生志愿者暑期文化科技卫生"三下乡"社会实践优秀团队1个。深入开展课外科创活动,获第十五届"挑战杯"全国大学生课外学术科技作品竞赛2等奖1项,3等奖1项。心理健康教育成效显著,荣获北京市2017年心理健康节"优秀组织奖"以及4个单项奖,获评2017年度北京高校心理素质教育工作先进单位。18名毕业生赴西藏、新疆工作,人数位居北京高校前列。

12. 思想政治工作队伍建设有新举措。加强学生思想政治工作队伍、思想政治理论课教师队伍和教职工思想政治工作队伍建设,落实辅导员行政职级晋升待遇。1人荣获第九届全国辅导员年度人物提名奖,1人荣获全国高校思想政治理论课教师2016年度影响力人物,2人获评北京市思政课特级教授。召开德育研究会年会,推进城市型、应用型大学的德育理论研究和实践研究,召开8期辅导员工作论坛,编著出版《应用型大学德育论纲》。

13. 文化育人工作有新推进。深化"原创联大"文化建设,开展"奋进路上联大人"宣讲活动,设立校园文化建设专项课题10项。持续编纂《足迹——北京联合大学文库》,出版《朱耀廷文集》《李恩元文集》《谭浩强文选》《北京联合大学年鉴(2015)》。重视校友育人文化,成立戎光校友会、村官校友会、艺术团校友会、菁英荟。荣获中华全国妇女联合会"巾帼文明岗"1个、"首都劳动奖章"1人,2013—2016年度北京市档案系统"先进集体"称号,第二届北京高校中华经典诗词诵读吟唱比赛二等奖,北京大学生戏剧节银奖2个,北京大学生舞蹈节金奖1个、银奖1个、铜奖1个。获评"全国无偿献血促进奖单位奖"。连续7年获评"北京市征兵工作先进单位"。

三、以迎接本科教学工作审核评估为契机,城市型、应用型大学内涵式建设有新推进

14. 本科教学工作审核评估扎实推进。以教育部提出的"一坚持二突出三强化"为指导思想,扎实做好迎接本科教学工作审核评估各项准备工作。校党委召开党委全会、暑期工作会专题研究本科教学工作。制定了《北京联合大学本科教学工作审核评估方案》,健全组织机构,成立审核评估专家组,对全校16个教学单位、14个职能部门进行自评自建工作中期检查及点对点反馈。撰写《北京联合大学2016年本科教学基本状态数据问题分析报告》,完成2017年"高等教育质量监测国家数据平台"数据填报工作。

15. 学科专业结构更加优化。紧紧围绕北京"四个中心"战略定位,科学分析和研判京津冀人才需求,主动调整学科专业结构,调整院系布局,原信息学院调整为智慧城市学院,原自动化学院调整为城市轨道交通与物流学院,原机电学院和机器人学院合并组建成新的机器人学院,"适应型"学科专业结构更加凸显。

16. 服务北京能力不断彰显。北京学研究基地入选首批中国智库索引(CTTI)来源智库,围绕"三山五园""三个文化带",助力北京"全国文化中心"建设,"西山永定河文化带"研究受到北京市领导高度肯定。北京政治文明建设研究基地积极发挥智库作用,其政协民主监督职能建设研究成果被《2017年市政协工作报告》和市委办公厅《关于加强和改进政协民主监督工作的实施意见》采纳。在文物保护与传承、食品安全、社区治理和新农村建设、基础教育和人文北京建设等方面,不断拓展服务于北京市民美好生活需求。

17. 依法治校能力稳步提升。经市教委核准,《北京联合大学章程》正式发布,依法治校工作进一步加强。修订《北京联合大学学术委员会章程》,成立第三届校学术委员会,学术委员会作用进一步凸显。持续加强党务、校务信息公开,全年主动公开信息5659条,全文电子化率达100%,获评全国厂务公开民主管理先进单位。修改完善学校合同管理办法,建立健全合同管理体系,提升风险防控能力。强化法制宣传,获第五届北京高校普法微视频作品征集展映活动一等奖。

四、以全面提高人才培养能力为核心,学校发展积蓄新动力新活力

18. 继续深化人才培养模式改革。突出应用型人才培养特色,深入推进完全学分制改革,继续打造机器人学院教育教学改革"特区"。探索高素质应用型人才的培养模式,新增校级全英语教学实验班2个,校级实验班专业增至5个。大力推进实施"双培计划""外培计划",继续支持学生境内(外)访学工作,共选派68人到其他高校学习。承办第十九届海峡两岸应用型高等教育学术研讨会,探讨新的时代背景下应用型大学的办学定位和人才培养模式。获批全国教育科学规划课题1项,北京市教育科学规划课题5项。

19. 着力加强专业建设。制定了《北京联合大学"十三五"本科专业建设与发展规划》。优化专业资源与配置,完成软件工程、自动化、电子信息工程等专业调整工作。旅游管理专业和软件工程专业获批北京市属高校首批“一流专业”。申报智慧城市学院信息安全专业和旅游学院西班牙语专业2个2017年新增本科专业。在2017年“武大版”中国大学专业排行榜中，我校共有15个专业被评为四星级专业，进入全国排名前20%。推进AACSB和工程教育认证工作。

20. 统筹推进课程建设和实践教学。制定了《北京联合大学“十三五”课程建设规划》，完成2015版（2017级）普通本科培养方案及课程大纲的修订工作。深化公共基础课程（通识教育必修课程）教学综合改革，制定了《关于进一步提升通识教育必修课程教学质量的意见》，召开公共基础课程（通识教育必修课程）教学论坛。加强课程和教材建设，批准立项普通本科专业核心课程30门、应用型课程15门；产学合作教材选题9项、新编教材选题23项、修订教材选题21项、讲义选题85项。加强实践教学，实验室建设投入总额达1820万元，立项虚拟仿真实验教学项目7项，获批校级校外人才培养基地11个，北京市2017年高水平人才交叉培养“实培计划”毕业设计项目99项。

21. 大力开展创新创业教育。建立北京联合大学大学生创业孵化园，已入驻创业团队12个，获批创新创业深化项目29项，成立北京联合大学创业校友会，举办“2017大学生创新创业高峰论坛”。组织创新创业类讲座400余场，参加学生3万余人次，获得职业技能证书760人次，参加课外创新实践活动1531人次。获评2017年北京地区优秀大学生创业团队5个，“辰设文化”“食播间”“够用科技”等学生实训项目进入实体创业阶段。

22. 不断提升人才培养质量。加强全面育人工作，应用型人才培养质量持续提升。学科竞赛获奖有新突破，获北京市级以上学科竞赛奖249项，较2016年增长39%，其中，国家级特等奖4项，一等奖8项，二等奖23项，三等奖22项。高水平运动队在北京市级以上比赛中获金牌16枚。首次招收残疾人高水平运动员5人。学生体质健康标准测试率达98.5%，负责组建的北京学生体育代表团健美操队，在第十三届全国学生运动会中取得3金1铜的历史性突破。市教委授予我校“最佳突破奖”和“突出贡献奖”。2017年共录取普通本专科新生5534人，计划完成率为106.02%。2017届毕业生平均就业率为98.44%，考取硕士研究生（国内）225人，占4%。

五、以提升学科建设水平和科学研究水平为重点，学科与科研工作又上新台阶

23. 学科建设与研究生教育有新成效。申报新增的10个一级硕士学位授权点和专业授权类别已通过教育部审核，硕士研究生培养将覆盖所有学科门类。3个学科在全国第四轮学科评估中进入B级和C级，其中，软件工程学科在市属高校中排名第二。研究生招生录取160人，一志愿考生上线率从2016年的49%提高到70%，达到历史新高。首次录取推免生9人。加强研究生思想政治教育，制定了《关于加强和改进研究生思想政治教育的实施办法》。注重研究生实践环节管理，制定了《北京联合大学研究生实践环节管理办法（试行）》。

24. 科研平台建设有新进展。强化应用型科研定位，探索创建应用型大学科研评价体系，促进高水平科研成果的产出。获得北京市第十四届哲学社会科学优秀成果奖二等奖3项。《旅游学刊》连续6年入选“中国最具国际影响力学术期刊”。《北京联合大学学报（人文社会科学版）》连续7年入选《中文社会科学引文索引（CSSCI）来源期刊及集刊（2017—2018）目录》。智能车团队在“2017中国智能车未来挑战赛”中取得单项第二名、第三名，综合成绩三等奖的优异成绩。

25. 科研项目与经费取得新突破。获批国家基金项目15项、省部级项目27项、2017英国皇家工程院牛顿基金资助项目1项，入选教育部新工科研究与实践项目1项，联合申报获批国家重点研发计划项目3项，专利授权64项。规范科研类项目经费管理办法，制定了《北京联合大学科研类项目间接费用管理办法（试行）》《北京联合大学横向科研项目管理办法》，全年各类到账科研经费超过1.7亿元。

26. 学术影响力有新提升。举办首届“一带一路”涉外法律服务论坛，2017开放创新论坛（中日专场），城市型、应用型大学时尚产业校企合作研讨会，第二届京津冀无形资产与科技创新智库联盟高峰论坛，城市型、应用型艺术学院发展论坛等，出席第四届中国智慧城市（国际）创新大会、第四届中俄交通大学暨“一带一路”沿线国家及金砖国家交通类大学校长论坛、英国皇家工程院“2017访问教授年会”等并发言。

27. 校企、校校合作有新进展。与中国中铁、中铁电气化集团、中铁文旅、北京地铁、北京工美集团、北京交通大学等签订校企、校政、校校战略合作框架协议。教育基金会社会影响力继续扩大，2017年签约金额4300万元，实际到账640万元，公益项目支出560万元，获评北京市5A级社会组织。

28. 学校知名度显著攀升。在2017年校友会中国大学排行榜中，我校排第307位，较2012年第408位，提升了101位。在市属高校排名中，我校从2012年第11位，上升至2017年第8位。在2016年中国大学创业竞争力排行榜中，我校排名第74位，在市属高校中排名第一，较2015年上升了134位。

六、以岗聘工作和人才引进为抓手，师资队伍建设有新成绩

29. 岗聘工作有导向。进一步推进人事制度改革，兼顾“以人为本”思想和奖优罚懒考核机制，出台了北京联合大学2017年岗位聘任系列文件。全校共成立25个聘委会,完成岗位聘任2829人,其中教师岗位1610人次,其他专业技术岗位775人次,一般管理岗位716人次,工勤技能岗位131人。修订事业单位聘用合同,完成新聘期聘用合同续签工作。

30. 人才资源引进有进展。全年共招聘40人,其中专任教师30人,辅导员6人;其中具有高级职称6人,博士后出站人员11人。新进专任教师中具有博士学位29人,专任教师博士比例达到38.2%。增加校级特聘教授4人,师资队伍结构进一步优化。

31. 人才培育项目有成果。3个创新团队、2名长城学者、10名青年拔尖人才和9名特聘教授分别入选2017年、2018年市教委高水平教师队伍建设支持计划。新增北京市教学名师2人,认定具有双师素质教师资格219人。荣获北京高校第十届青教赛一等奖2个,二等奖1个。获批全国重点建设职教师资基地3个。2014年入选市教委"三年行动"计划项目全部验收通过。获批国家留学基金委资助青年教师4人,派出国外访问学者10人,外派孔子学院教师6人。

七、以国际合作办学为突破口,国际交流合作开创新局面

32. 国际合作办学进入新阶段。获批北京市"一带一路"国家人才培养基地项目,总经费450万元。发起成立中国-中东欧国家"16+1"旅游院校联盟,加入中俄交通类大学联盟,筹建中俄交通学院。"国别区域研究"取得新进展,校俄罗斯研究中心入选2017年度教育部国别和区域研究中心备案。与北京交通大学等联合主办"一带一路"轨道交通教育培训校企合作对话暨中国-东盟轨道交通教育培训联盟年会。签署合作协议32项。与俄罗斯乌拉尔国立交通大学合作办学项目首次招生,共有57名学生来我校学习。

33. 对外交流工作有序开展。加大科研团组支持力度。全年因公派出团组155个,出访593人次。其中,科研单列团组46个,99人次,经费占33%。积极推动港澳台的教师、学生交流,制定了《北京联合大学港澳台学生招收、培养管理规定》《北京联合大学师生团组赴台交流交换管理规定》,赴港澳台统战单列团组13个。接待境外团组165个,536人次,参加各类长短期交流、交换、学位生项目1036人。以孔子学院成立十周年为契机,举办系列纪念活动,召开孔子学院理事会。

34. 引智效益进一步提升。共聘请外国专家102人次,其中长期外国专家20人次,短期外国专家82人次,分别为各院系开设了语言类、经济类、机械工程类专业课程30多门,开展系列英语讲座达30余场,4500人次参加。

八、以完善管理机制为基础,服务保障能力有新提升

35. 现代大学管理机制更加完善。以《北京联合大学章程》为根本遵循原则,建立有压力、有动力、有约束、有激励的现代管理机制。印发《北京联合大学2017年校院二级管理办法》,以2017年岗位聘任为契机,通过定编、定岗、定责、定薪、考核,整合全校人力资源配置,提高学校核心竞争力。深化校院二级管理体制改革,理顺校院责权利关系,促进提升管理效能。修订二级单位和干部年度考核办法,坚持实施分类考核,定性与定量相结合。

36. 内部管理体制更加顺畅。适应我校建设城市型、应用型大学的发展需要,设置了党委研究室,将科研处更名为科学技术处,撤销行政管理处和后勤服务公司建制,成立后勤保障中心;校培训中心并入继续教育学院;将应用文理学院、师范学院、商务学院、生物化学工程学院图书馆并入校图书馆;工会、培训中心、校友会、教育基金会等财务纳入统一管理;建成科研财务一站式服务中心并投入试运行。强化办学资源统筹,推进预算管理体制改革,非学历继续教育收入增长43%。

37. 校园基本建设更加高效。完成三年规划项目总结和结算审计。立项基础设施改造实施项目40个,经费总额6419.166万元。试点小额零星修缮工程和小额工程设计项目定点入围机制,有效防控风险点。推进特殊教育学院改扩建工程决算审计工作。完成修缮改造专项项目22项,零星修缮项目30余项。高效完成11号楼女生宿舍改造工程。完成原丰台职业中心校系列改造工程、北苑校区供暖锅炉低氮改造。获批北四环校区新图书馆电增容项目。主动拆除具有安全隐患的临时建筑,美化了校园环境。

38. 学校信息化建设更加深入。加强校园网络安全建设,成立学校网络安全和信息化领导小组。承办中国高等教育学会第二届教育信息化校长论坛。完成北四环校区、蒲黄榆校区网络基础设施改造。建设教学质量动态数据平台,助力审核评估数据填报,促进提升教学质量。完成学分制教务系统升级改造工作;完成网络学堂和中国大学MOOC整合,新开通网络学堂课程359门;完成无障碍救助服务系统、智能语音课堂系统建设;启动人事档案信息化建设。

39. 审计和国有资产管理工作更加规范。开展了学校内控建设等审计工作,对10位处级领导干部开展了离任经济责任审计。完成工程审计211项,开展科研项目结题审计42项,审计资金36亿元,提出审计建议65条,推进增收节支6445万元。加强国有资产管理,制定了《北京联合大学固定资产管理办法》等4项制度,解决国有资产管理中的难点问题。规范采购人代表管理,制定了《北京联合大学采购人代表管理办法》。做好昌平校区回迁保障工作。

40. 民生服务供给能力更见品质。做好工会工作,深化健康幸福提升工程,制定了《北京联合大学教职工健康幸福提升工程实施方案》,关注教职工身心健康,提高健康幸福指数,获评北京市总工会"工会工作标兵单位"。持续开展"十送温暖服务"、帮扶、慰问等工作,发放爱心互助基金 62 万元。丰富教职工文化生活,文体协会由 13 个增加到 20 个,满足教职工多样化需求。实施《北京联合大学编制外人员入会管理办法》,解决 312 名非在编人员的入会问题。提升档案服务利用质量,校友满意率 100%。有针对性地安排专家进校区开展健康咨询活动和健康知识讲座。老干部工作进一步加强,后勤服务品质进一步提升。

一年来,按照党的十九大精神和北京市第十二次党代会精神的部署要求,在上级的正确领导和大力支持下,全校党员干部和广大师生勠力同心、努力奋斗,掀起学习宣传贯彻党的十九大精神的高潮,全国和北京高校思想政治工作会议精神落地见效,全面从严治党向纵深推进,"十三五"规划各项工作有序开展,学校第五次党员代表大会开启新征程,城市型、应用型大学建设稳步推进。同时,我们也要清醒地认识到,发展过程中还存在很多不足,如服务北京"四个中心"建设的能力和区域影响力还很有限;学科专业一体化建设有待进一步加强,有些学科专业的地方性、应用型特征不明显、比较优势不凸显、深度交叉融合不广泛,综合性大学优势发挥不充分;城市型、应用型大学建设的理论、制度和措施有待进一步探索,等等。

不驰于空想,不骛于虚声。新的一年里,学校党委和行政将继续团结带领广大师生,凝心聚力、顺势而为,以联合凝聚力量,用实干诠释担当,推进学校城市型、应用型大学建设再上新台阶!

北京联合大学 2018 年工作要点

（京联党〔2018〕22 号,2018 年 3 月 15 日）

2018 年是贯彻落实党的十九大精神和学校第五次党代会精神的开局之年,是改革开放 40 周年,也是学校办学 40 周年,是实施"十三五"规划承上启下的关键一年。学校工作的总体思路是:深入学习贯彻习近平新时代中国特色社会主义思想和党的十九大精神,全面贯彻落实党的教育方针,深化落实全国高校思想政治工作会议精神和北京市第十二次党代会精神,以学校第五次党代会确定的发展目标为指引,坚持把立德树人作为中心环节,以做好本科教学工作审核评估为抓手,实现人才培养质量和水平的提升,城市型、应用型大学建设理论和办学水平的提升,服务北京"四个中心"能力和区域影响力的提升以及国际化合作规模与水平的提升,推进高水平、有特色、北京人民满意的城市型、应用型大学建设。2018 年,学校在全面做好各项工作的同时,将重点抓好以下工作。

一、深入学习贯彻习近平新时代中国特色社会主义思想和党的十九大精神,履行好党委管党治党、办学治校的主体责任

1. 扎实推进习近平新时代中国特色社会主义思想和党的十九大精神在学校形成生动实践。引导、教育师生牢固树立"四个意识",自觉维护以习近平同志为核心的党中央权威和集中统一领导。通过组织专题研讨、理论中心组学习、宣讲团宣讲、专题培训等多种方式,切实把全体党员干部和师生员工的思想和行动统一到习近平新时代中国特色社会主义思想和党的十九大精神上来,抓好落地见效。深入推进习近平新时代中国特色社会主义思想和党的十九大精神进教材进课堂进头脑,打造一批示范课堂和教学成果。按照中央和市委部署要求,开展好"不忘初心、牢记使命"主题教育。

2. 确保学校第五次党代会精神的学习宣传贯彻落到实处。将学校第五次党代会精神的学习纳入党委理论学习中心组学习、教职工政治理论学习、干部培训、教师培训等培训研修中,及时向离退休人员、党外人士和群众传达党代会精神。把学习贯彻落实五次党代会精神同落实"十三五"规划有机结合起来,组织开展"十三五"规划中期督促、检查工作。根据北京市的部署,积极稳妥地推进新校区规划选址。坚持"一体两翼"的战略框架,进一步加强城市型、应用型大学理论、制度和措施体系建设,举办好第二届全国城市型、应用型大学建设论坛。

3. 牢牢掌握意识形态工作领导权。全面贯彻落实意识形态工作责任制,加强专项督查。加强各类意识形态阵地管理,旗帜鲜明反对和抵制各种错误观点。加强网络综合治理和信息员队伍建设,培养网络宣讲家。坚持正确舆论导向,重点做好"全国两会""纪念改革开放 40 周年""学校办学 40 周年"等宣传工作。

4. 加强基层党组织建设。落实党建和思想政治工作基本标准专家入校检查提出的整改要求。以"加强党支部建设,增强基层党组织活力"为主题,召开党建工作会。以北京高校第二批党建难点项目"加强应用型大学教师党支部建设的实践研究"的推进为契机,着力破解教师党支部建设难题。继续推进"两学一做"学习教育常态化制度化,进一步严肃和规范党内政治生活。加强对基层党支部"1+1"共建活动和党支部活动立项工作的提升凝练,形成党支部建设长效机制。加强组织员队伍建设,提升发展党员工作质量。加强党建工作信息化建设,探索搭建"党建e家"网络平台。

5. 建设高素质专业化干部队伍。进一步完善干部选拔任用工作制度,坚持正确用人导向,切实选好用好干部。加强年轻干部培养,特别是有教学科研工作经历的干部的培养,坚持在实践中培养锻炼干部。完善干部考核机制,激发干部干事创业的内在动力。加强社会兼职管理,把从严监督管理落实到干部队伍建设全过程。落实好校领导班子民主生活会整改任务。进一步加强党外代表人士队伍建设,做好统战工作。发挥离退休干部的独特优势,加强关工委和老教协的工作。

6. 纵深推进党风廉政建设。压实党风廉政建设党委主体责任和纪委监督责任,推动全面从严治党向基层延伸。巩固拓展落实中央八项规定精神成果,继续整治"四风"问题。深入开展党风廉洁教育和"廉创空间"活动。全面履行监督执纪问责职责,持续深化"三转",运用好监督执纪"四种形态"。突出执纪问责,强化责任追究。突出纪律审查重点,明确监督监察内容,创新监督审查和监察方式。强化案件线索管理,提高办信办案质量和效率。

7. 提升"平安校园"建设水平。健全安全责任体系,完善安全评估机制,加强安全责任落实情况的监督、考核。推进"平安校园"提升工程建设,完成中期检查验收。做好维护政治稳定工作,创新开展安全教育。做好综合防范管理服务,有效处置矛盾纠纷和突发事件,不断提高校园安全管理水平。

二、用习近平新时代中国特色社会主义思想武装师生,持续加强学校思想政治工作

8. 思想政治理论课改革要有新突破。将习近平新时代中国特色社会主义思想贯穿思想政治理论课建设,继续做好"问题导入式"专题教学改革深化工作,扎实推进北京高校首批思想政治理论课教育教学改革示范点建设。实施分层分类教学改革,积极探索基于学生特点与需求的思想政治理论课分类教学规律。把北京优秀的传统文化、红色文化、中国特色社会主义北京实践、校史等有机融入课程体系建设与课堂教学。鼓励、倡导教学方法创新,进一步提升育人实效。

9. "课程思政"建设要形成新局面。落实学校《关于推进"课程思政"建设的实施意见(2017—2018)》,着力用好课堂教学育人主渠道,把"课程思政"落实到提高学校教育教学水平和人才培养质量上来。扎实推进北京高校思想政治工作难点攻关计划项目"应用型大学推进'课程思政'建设的研究与实践"。通过制度保障,途径、方法、载体创新,切实形成"学校有氛围、学院有特色、专业有特点、教师有风格、成果可固化、课程有品牌、教师有榜样"的生动局面。

10. 健全完善一体化德育模式。全面落实教育部《高校思想政治工作质量提升工程实施纲要》,以社会主义核心价值观为引领,以"纪念改革开放40周年"为主线,推动"梦想中国""品味经典"等品牌教育活动,全面加强一体化德育体系建设。围绕"课程""文化""实践"等十大育人体系,组织开展辅导员工作论坛,加强辅导员队伍建设和作风建设。深化城市型、应用型大学德育研究,出版《联大德育40年》。深化"学专融合",统筹规划并依托书院育人,强化优良学风建设。研究生党建和思想政治工作有新亮点。积极落实团中央、教育部《高校共青团改革实施方案》相关要求,进一步加强党建带团建。

11. 进一步加强和改进教师思想政治工作。落实好学校《关于加强和改进教职工思想政治工作的实施办法》,把政治建设摆在首位,增强广大党员教师"四个意识",在政治立场、政治方向、政治原则、政治道路上同党中央保持高度一致。加强思想建设,以习近平新时代中国特色社会主义思想和党的十九大精神为学习重点,着力完善每月一次的教师集中理论学习制度,组织开展暑期青年教师中国特色社会主义理论教育培训工作。开展教师思想政治状况等专项调研,加强教师思想政治工作经验交流。

12. 让校园文化充分滋养师生心灵。以纪念学校办学40周年为契机,做好校史展览、文化活动、学术交流、毕业典礼等系列活动。梳理学校40年来办学历程,总结办学经验,凝聚办学共识,涵养学校文化。继续深化"原创联大"文化建设,运用"身边人说身边事"的形式和丰富的艺术表现手段,开展形式多样、健康向上、格调高雅的校园文化活动。积极推动中华优秀传统文化进校园,推进艺术素质教育普及化,开展冬奥文化宣传活动。

13. 加强校友会和基金会工作。加强校友会和基金会组织建设及队伍建设,适时开展校友代表大会换届工作,调整基金会理事会。凝聚校友力量,进一步做好行业校友会和地方校友会建设。积极拓展基金会筹募渠道,力争捐赠资金到账金额达到1000万元。规范有效使用基金,做好公益项目,支持学校发展。

三、围绕本科教学工作审核评估,全面提升人才培养质量

14. 夯实本科教学质量之基。以本科教学工作审核评估为抓手,全面落实人才培养中心地位,进一步健全质量保障体系,切实提高本科教学水平和人才培养质量。不断巩固基础课教学的基础地位,夯实一流本科建设基础。高质量地完成预评估和正式评估工作。

15．提升专业建设整体水平。以专业评估和认证为契机，全面引导专业进一步明确发展方向与建设重点，新调整学院的专业要加快明确建设方向、内涵，提升与学院发展方向、特色的契合度，提高专业建设的品质。加强软件工程、旅游管理两个市级一流专业的建设，做好顶层设计，制定并落实好建设方案。研究探索应用型大学一流专业的理论与教学实践，带动专业建设整体水平提高。重点支持和推进商务学院 AACSB 认证、机器人学院机械工程专业和生物化学工程学院建筑环境与能源应用专业的工程专业认证以及师范类专业的认证。

16．加大课程建设与教学改革力度。抓好 2017 级培养方案、课程大纲的落实工作，推进基于学习成果导向的教学内容、教学方式方法及教学手段在人才培养目标达成方面的改革探索。做好 3 门"北京味道"系列课程建设工作，力争打造一批精品在线课程。构建教学质量保障与监控体系，完善手机评教平台、听课评学系统平台及学生学业预警系统的建设与运行管理。实现全校各专业英文成绩单的使用，为学生提供优质便捷服务。加强实验室平台建设，有效提升实践教学质量，推动校级虚拟仿真实验教学项目建设，培育和申报国家级虚拟仿真实验教学项目，制定学校高水平人才培养实培计划毕业设计管理办法。

17．深化人才培养模式改革。基于生物化学工程学院的学分制改革、已有毕业生的校级实验班、已连续支持三年的"一院一特色"和"一院一重点"项目开展情况，总结人才培养模式改革的成效与存在的问题。继续推进学院综合改革试点，进一步支持师范学院对接基础教育、机器人学院以科研任务带动人才培养及教育部新工科等项目。

18．推进产教融合发展。按照《国务院办公厅关于深化产教融合的若干意见》精神，落实学校《关于进一步推进产教融合发展的实施方案》，完善产教融合促进机制，拓展合作育人有效途径。与更多大型国有企业或行业合作，拓宽、深化应用型人才的培养。统筹规划并扎实推进创新创业工作，提高学生科创成果的数量和质量。积极申报"全国创新创业典型经验高校"，组织认定 4—5 家校级"大学生创新创业孵化基地"。开展学生创业能力提升训练和培训，加强创业孵化园硬件建设，构建全过程创业孵化服务体系。继续做好"联合咖啡""创业广场"学生创业实践项目的运营，挖掘、扶持学生创业实践项目。

19．做好招生就业工作。落实好《教育部关于推动高校形成就业与招生计划人才培养联动机制的指导意见》，探索完善联动机制，不断提升招生和就业质量。加强对高考改革政策与应对措施研究。构建"校院配合，重心下移"的招生宣传体系，力争建立 11 所生源基地建设校。做好新增师范生和中外合作办学项目的招生工作。坚持就业责任制，推进以专业为支撑的就业服务指导工作，加强就业基地建设。积极落实充分就业，确保 2018 届毕业生平均就业率达到 95%。

四、深化"学术立校"战略，提升服务北京"四个中心"的能力和区域影响力

20．全面提升学科建设水平。以硕士学术学位授权点合格评估与硕士专业学位授权点专项评估工作为抓手，进一步凝练学科特色，全面提升学科建设水平和研究生人才培养质量。不断加强学科专业一体化建设，组织遴选新增学位点带头人（负责人）。根据历年研究生录取情况对第一志愿录取率低的二级学科及方向进行招生口径调整，完善研究生学位点的布局和管理体制。加强学位环节管理制度建设，促进博士授权单位基本条件建设。

21．全面增强科研整体实力。新增科研合同经费总额和到账科研经费总额"双过亿"，进一步完善分类指导的绩效考核指标，力争保持专任教师人年均科研经费超过 10 万元。提升市级科研平台的整体水平，强化学科科研优势，突出高水平项目和成果产出，努力争取获批高水平科技创新平台。提高科研工作的组织协调能力，通过学校基础研究基金项目的培育，发挥其孵化国家级项目的作用，争取国家自然科学基金、社会科学基金、艺术基金等项目数量有较大幅度增长。凝聚科研优势，汇聚跨学科力量，争取北京市、部委、国家重大重点项目的新突破。

22．强化应用型科研导向。完善应用型科研体系，遴选高水平应用型期刊，完善科研项目的分类指导与管理，进一步强化应用型大学科研特色。鼓励更多可以为北京经济社会发展提供服务的应用型科研创新，提高和扩大"产学研"项目的强度和影响力。加强对应用型成果转化的培育，通过科研奖励政策杠杆，鼓励成果导向的知识产权和专利转化及科技服务。充分发挥综合性大学的多学科优势，积极助推应用型科研带动人才培养的模式。提升科研管理信息化水平。

23．提升精准服务北京的能力和水平。紧紧围绕北京"四个中心"的城市战略定位，统筹推进学科专业协调发展，提升与北京社会需求的契合度，着力发展优势应用型学科和领域，重点打造优势特色专业群，大力支持与北京现代产业体系紧密对接的科学技术研究和智库建设，推动相关研究和技术成果转化、应用、推广，更好地服务北京转型发展。继续发挥学校资源优势，办好继续教育，助力北京构建终身教育体系，创建学习型社会。

五、深化“人才强校”战略,增强学校核心竞争力

24. 抓好高层次人才队伍建设。按照学校学科建设、专业建设和本科教学工作审核评估要求,培养和引进高层次人才,调整师资队伍结构,力争专任教师中具有博士学位的比例(不含在读)达到40%,为学校事业发展提供人才保障。开展市级、校级特聘教授审核工作,支持学校高层次人才和团队的建设和发展。启动2018年人才强校优选计划,继续拓展“人才强校”战略,遴选“百杰”“百优”各20名。

25. 加强教师执教能力建设。认真落实《中共中央　国务院关于全面深化新时代教师队伍建设改革的意见》,全面加强教师队伍建设,铺好品行底色,奠定专业素养。加强双师素质教师队伍建设,双师素质教师占专业课教师的比例达到60%,对外聘教师实行动态管理。支持10名教师参与“国外访学计划”、20名教师参与“国内访学计划”。继续做好教师发展中心的各项工作,加强校院两级教师发展中心内涵与特色建设,开发面向全校教师自愿报名参加的特定主题研修活动。组织开展第五届教学优秀奖决赛、第六届中青年教师执教能力比赛,以赛代练,带动教师教学水平提升。

26. 完善绩效考核评价机制。积极推进2017—2021聘期的各项师资队伍建设政策、制度的落实、完善和修订。按照聘期考核办法开展考核工作,注重绩效考核,奖优罚劣,激发教职工的积极性,提升工作效率。启用2017版《北京联合大学专业技术职务晋升聘任必备条件(试行)》,切实推进专业技术职务晋升聘任分类管理,提高专业技术人员的学术水平和综合素质。

27. 提高人力资源服务水平。加强人事信息化建设,进一步开发和完善人事信息系统,确保教师信息系统数据与其他相关系统数据的一致性。提升服务管理水平,加强人员聘用合同管理,深入挖潜、开发校内人力资源。

六、深化“开放兴校”战略,提升国际化合作的规模与办学水平

28. 加强对外交流合作。加强北京市“一带一路”国家人才培养基地的建设,拓展人才培养的招生渠道,打造精品课程。加强俄罗斯研究中心建设,进一步开展东亚、中亚、中波等国别和区域研究工作。依托孔子学院,加强中国文化中心建设。做好汉语及中国文化的国际推广工作,特别是具有北京特色的非物质文化遗产宣传推广工作。做好因公派出工作,重点服务教学、科研一线人员。将出访任务与派出人员的教学、科研工作紧密结合,注重出访成果落实。筹备组织并完成我校与俄罗斯交通大学合作主办的“都市轨道交通可持续发展”论坛(莫斯科市政府举办的“北京日”重要活动之一)的相关工作。

29. 推进对外合作办学。积极巩固并开拓适合我校学生的学期交流项目。根据各学院的学科专业,拓展不同国别不同层次的交流合作渠道,建设中东欧学生实习基地。积极申报中俄交通学院,开展国际化师资队伍培养,不断提高开放性办学力度。

30. 打造“留学联大”品牌。积极开展来华留学生学历教育,提高来华留学生办学层次。推进来华留学本科生入系学习工作,争取在本科及硕士研究生招生的专业数量上有所突破。加强泰国东方大学、南非教育部等的品牌项目建设,力争稳定规模,提高质量。

七、提高管理服务科学化水平,为城市型、应用型大学建设助力

31. 完善现代大学内部治理结构。遵循学校章程,建立健全协调一致的内部制度体系,进一步完善学院、教师、干部绩效考核管理机制,不断推动学校治理体系和治理能力现代化。全面推进教育法治化进程,完善党委全委会、常委会、校长办公会议事规则及“三重一大”实施细则并严格落实,健全和完善师生员工参与民主管理和监督的工作机制。积极推进党务、校务信息公开,落实“七五”普法年度工作任务。

32. 优化教育资源配置。努力改善办学条件,完成各校区的专项修缮改造工程。做好应用科技学院搬迁工作,妥善完成昌平校区腾退工作,及时完成相关单位固定资产的报废处置和调拨工作。

33. 加强财务审计管理。推进预算管理体制改革,坚持科学预算、严格监管,为本科教学审核评估等重点工作提供资金保障。规范人员经费管理,进一步加强预算评审、绩效评价和内控机制建设,提高经费执行效率和使用效益。继续推进支付方式改革,加强业务流程管理。强化重点领域项目审计监督,以“防风险、促管理、促发展”为目标,提升审计工作质量。切实发挥内部审计职能,加大审计问题的整改落实力度。

34. 增强国有资产管理能力。制定学校《国有资产管理办法》,推进国有资产管理责任制的落实,提高国有资产的使用效益。修订学校《采购管理办法》《招标管理办法》,完善采购管理系统功能,深入推行采购工作信息化管理。夯实学校房产基础数据的收集与整理工作,为优化房屋资源配置,提升绩效管理水平奠定基础。加强大型仪器设备等固定资产的日常管理及绩效考核。发挥产业管理委员会作用,进一步规范校产监管。

35. 提高信息化管理水平。加强网络基础设施建设,深化信息安全等级保护制度落实,保障校园网安全稳定运行。加快建设“一站式”信息服务中心,推出学校数据服务平台,打造教职工数字素养培训平台,提升数据资源服务的能力和水平。积极搭建网络育人平台,加强信息化建设对学校思想政治工作的支撑。配合学校教育教学改革,开展课程资源中心建设,深化信息技术与教育教学融合。

36. 提升民生服务质量。继续实施健康幸福提升工程和爱心互助基金工程，使师生拥有满满的获得感、幸福感、安全感。积极推进学校《工会改革工作方案》的实施，全面推进二级工会职工小家实体化建设。做好离退休人员工作。继续开展健康体检和医疗保健服务工作。鼓励师生走进体育场馆，开展丰富多彩的健身活动。提高服务质量，做好基础保障服务，推进后勤服务社会化以及食堂、物业、学生公寓标准化创建评估验收工作。

北京联合大学“十三五”本科专业建设与发展规划

（京联发〔2017〕31号，2017年6月19日）

为适应新时期首都社会经济发展需要，推进我校专业建设内涵发展，全面提高教育教学质量，凝练提升办学特色与优势，落实学校“十三五”时期改革和发展规划，特制定本规划。

一、办学定位与发展规划目标

北京联合大学是以本科教育为主的高等院校，立足北京、服务京津冀、辐射全国、放眼世界，着力培养适应首都社会经济发展需要的高素质应用型人才。2016年，学校基于市属综合性普通高校的定位属性，进一步深入探究和拓展了应用型大学的内涵，将学校发展目标确立为“建设高水平、有特色、首都人民满意的城市型、应用型大学”。“十三五”时期，要以积极推动城市型、应用型大学内涵建设为主线，以立德树人和提高教育质量为核心，开创高水平、有特色、首都人民满意的城市型、应用型大学建设的新局面。

二、“十二五”期间本科专业建设成效

“十二五”期间，学校始终坚持应用型人才培养的根本理念不动摇，按照市发改委和市教委“就地整合、就地发展”的批复精神，坚持实施教学品质提升“八大计划”，专业建设取得显著成效。

（一）专业布局进一步优化，专业整合取得实质性进展

学校加强学科专业统筹规划，同名专业整合基本到位，专业布局结构更加优化，办学资源配置更趋合理，学院发展特色初步形成，整合取得实效。

（二）专业内涵建设不断加强，教学质量显著提高

产教融合和校际合作进一步加强，应用型人才培养模式改革和应用型拔尖创新人才培养取得初步成效，完全学分制改革试点和国际商学院协会（AACSB）资格认证取得阶段性成果，“双二辅”、转专业、“双培计划”、书院建设等多样化人才培养通道基本形成。建成一批优势特色专业，专业综合改革试点取得突破性进展，获评国家级1个、市级3个。获评国家级实践教学平台3个、市级6个。获聘教育部教指委委员9人、行指委委员7人。14项教育教学成果荣获北京市教育教学成果奖励。学生累计获得市级及以上学科竞赛奖项572项。

（三）专业声誉不断提升，招生就业质量稳步提高

专业人才培养质量和服务北京社会经济发展的能力稳步提高，综合实力和社会影响力不断提升，7个专业进入全国专业排名前20名。北京第一志愿录取率大幅提升，连续5年实现京内本科招生全部线上录取，4个专业实现在12省市一本招生；毕业生签约率连续5年保持在85%以上。

三、“十三五”时期本科专业发展面临的内外部环境

学校作为市属综合性普通高校，主要面向北京市社会经济发展，培养高素质应用型人才。当前学校面临的内外部环境发生了重大变化，一是大数据、互联网+、大众创业万众创新、北京“四个中心”功能定位、世界一流和谐宜居之都建设、京津冀协同发展等，为学校全面推进应用型、城市型大学建设提供了新的契机，也为学校优化学科专业布局，明晰办学特色，加强产教融合提供了有利的外部环境；二是北京非首都核心功能疏解，加快构建“高精尖”经济结构，严控在京高校办学规模，推进高考招生制度改革，使学校办学不确定性因素增加，学科专业建设和生源压力进一步加大。同时，学校自身发展仍存在许多短板，办学地点分散、办学成本高效益低的问题尚未得到根本解决；高水平的学科、专业带头人紧缺，双师素质教师队伍严重不足，师资队伍结构有待优化；管理科学化水平及管理队伍的整体素质有待提高；应用型人才培养特色和优势尚未有效凸显。

内外部环境的变化，对学校的发展既是挑战又是机遇。学校必须积极应对，加强人才需求分析的前瞻性，把握城市型、应用型大学专业建设的内涵，实现教学资源的优化整合，发挥专业建设的龙头作用，推进人才培养模式创新研究与实践，全面提高人才培养质量，为北京社会经济发展提供有力的人才支撑。

四、指导思想、建设目标、基本原则

（一）指导思想

高举中国特色社会主义伟大旗帜，以邓小平理论、“三个代表”重要思想和科学发展观为指导，深入贯彻党的十八大及十八届三中、四中、五中和六中全会精神

以及习近平总书记系列重要讲话精神,顺应京津冀改革发展需要,遵循应用型人才培养规律,以立德树人为根本,以提升人才培养质量为中心,以教学资源建设为基础,以师资队伍建设为关键,以机制体制建设为保障,着力调整专业布局与结构,整合优化专业资源与配置,构建校-院-专业共同推进的专业发展新格局,对接发展需求,打造特色专业(群)和品牌专业,为实现高水平、有特色、首都人民满意的城市型、应用型大学奠定良好的专业支撑体系。

(二) 建设目标

到2020年,基本形成紧密对接产(行)业链、创新链,与京津冀社会发展需求相适应、与学校空间环境条件相吻合、规模适度、结构合理、特色鲜明的应用型专业体系。本科专业控制在60个以内,按照准确定位、注重内涵、突出优势、强化特色的原则,建成若干个高水平应用型专业。2—4个本科专业进入区域一流或全国排名前5%,10—15个本科专业进入全国专业排名前20%;参与国际、国内专业认证,力争取得突破;集中力量,形成专业优势、特色和品牌,推进人才培养水平和服务北京社会经济发展能力的整体提升。

(三) 基本原则

坚持需求导向的原则。以社会需求为导向,实现人才培养链与创新链、产(行)业链有机衔接,超前部署符合区域新兴产业发展、传统产业改造升级、社会建设和公共服务领域改善民生急需的专业,服务京津冀、辐射国内外。

坚持以人为本的原则。以立德树人为根本任务,把促进人的全面发展作为出发点和落脚点,主动适应大众化教育发展阶段学生的特点,遵循人才成长规律,转变教育理念、教学模式和管理手段,因材施教,满足学生个性化发展需求。

坚持目标导向的原则。把握学校办学定位和发展目标,立足自身发展实际,化挑战为机遇,找准服务面向,突出优势和特色,形成与学校办学定位和市场需求相匹配的专业体系和人才培养结构。

坚持科学发展的原则。正确处理好需要与可能、重点与一般、数量与质量、局部与整体的关系,统筹兼顾规模、结构、质量、效益,推进理念创新、措施创新、制度创新,实现结构合理、规模适度、特色鲜明、质量卓越的专业建设目标。

五、主要任务

(一) 推动专业布局调整,优化专业资源配置

着眼学校发展内外部环境变化,基于学科专业发展现状,以提高办学效益、彰显办学特色为目标,以服务新产业、新业态、新技术为突破口,进一步推进专业结构布局调整优化,推进专业资源合理配置,到"十三五"末,基本形成紧密对接产(行)业链、创新链,与京津冀社会发展需求相适应、与学校空间环境条件相吻合、规模适度、结构合理、特色鲜明的应用型专业布局。

(二) 实施分类发展,建设适应性专业体系

立足办学定位,依托学科支撑,兼顾专业发展现状,对接区域主流行业、优势产业和战略性新兴产业,实施专业分类、分层次发展,打造高水平、有特色的城市型、应用型专业体系结构。强化提升有学科支撑的8—10个优势品牌专业的建设,使之上水平,服务北京经济社会发展;打造10—15个具有我校特色的专业,进一步明晰特色专业发展优势,引领新产业、新技术、新业态;加快建设25个左右符合城市发展需求的实用型专业,稳定发展若干个基础性专业,调整不适合市场需要或发展势头不好的专业;最终形成适合"城市型、应用型大学"目标定位的适应性专业体系。

(三) 坚持开放办学,打造具有国际水准品牌专业

鼓励各专业在不同层面开展国际认证,继续推进商务学院的AACSB认证,创造条件加快工程专业国际认证,支持轨道交通信号与控制专业与俄罗斯乌拉尔交通大学合作办学项目等。以组建全英文国际班为抓手推进专业建设的国际化进程。以"双培计划""外培计划"和校际访学为依托,鼓励各专业与境内外名校加强合作,探索联合培养机制与模式,建立师资、课程、实践基地等教学资源共享机制,推进教师互派、学生互换、课程对接、学分互认、学位互授联授等合作。支持和鼓励有条件的专业建立与国际对接的应用型课程体系,引进国际优质课程资源,组织高水平教师开设全英文课程,完善与国际接轨的评价机制。

(四) 提高服务首都的能力,促进专业良性发展

瞄准京津冀高新技术服务业发展,对焦北京"四个中心"功能定位,深化专业建设与改革,提升专业服务区域社会经济发展的能力。

对于工科类专业,机器人学院要围绕人工智能,以科学任务驱动人才培养创新,加快各专业建设进程;智慧城市学院要对焦与"智慧城市"相关的物联网、大数据和智能技术等行业,加快信息类相关专业建设;城市轨道交通与物流学院要针对北京市建设高效密集轨道交通网络的重大服务需求,创新交通运输类专业人才培养;健康与环境学院要加快建设与首都人民生活息息相关的城市环境、生态健康、食品安全、生物医药、健康管理等专业群,为实现"美丽北京""健康北京"做出贡献。通过建设力争"十三五"末有3—5个专业进入全国同类专业前20%。

加快提升经济管理类专业建设力度,围绕旅游行业发展,形成旅游类专业群,力争使旅游类专业进入全国排名前5%。围绕金融业和商贸服务业发展,形成面向首都经济和现代服务业发展的经济学类、管理学类专业群,在经济学类专业群中将金融学作为建设重

点，在管理学类专业群中将会计学、财务管理专业作为建设重点，力争进入全国同类专业前20%。

人文社科类和理科类专业建设，借助智库咨询学科优势，围绕"文化遗产"凝聚专业力量，依托国家级文科综合实验教学平台和虚拟仿真实验教学平台，以历史学和人文地理与城乡规划2个专业为核心，带动其他专业实现文理融合协调发展。力争2—3个专业进入全国同类专业前20%。

艺术类专业建设和发展要适应首都北京城市功能定位，面向首都文化创意类产业，结合北京市区域特点和文化传统以及学校具体情况，与兄弟院校错位发展，争取1—2个专业保持在同类专业的领先水平。

利用我校特殊教育在该领域的优势，建设国内一流的特殊教育学院，支持特殊教育类专业建设上水平、出特色，特殊教育专业力争进入全国前15%。针灸推拿专业力争国内龙头地位，音乐学专业（视障类）形成品牌，加快推进教育康复学等专业建设，力争办出特色和水平。

师范类专业坚持教师教育办学特色，着力办好学前教育和小学教育。坚持全科教育和单科教育并行的教师教育格局。全力打造面向首都的师范类品牌专业，为北京基础教育、学前教育事业培养优质师资。

（五）加强产教深度融合，培养学生创新创业能力

搭建产教融合发展平台，探索校企合作长效机制，加强产教深度融合，推动创新创业教育融入专业教育全过程。鼓励教师发挥专业专长，为企业提供技术服务，引进合作项目进校园；鼓励聘请业界专家深度参与学校专业建设。支持学院和专业与合作单位联合制定专业人才培养标准，联合开发课程、教材等教学资源，联合开展大学生创新创业实践项目，联合完成关键实践教学环节教学，合作建设实训/实习基地、创新创业基地，共同推动学生创新精神、创业意识和实践能力的培养。

（六）深化人才培养模式改革，激发学生学习兴趣

推进多类型、多维度、多路径的应用型人才培养模式改革。探索专业综合改革试点、"双二辅"等校内协同创新培养新模式。鼓励以院级实验班的形式，试点校企协同育人定向培养班、拔尖人才培养实验班。大力推动产学研用一体化教学改革，以学生为主体、教师为主导，加强师生互动，实施项目教学、科研带动、案例教学、情境教学等教学方式，广泛运用启发式、探究式、讨论式、参与式等教学方法。充分利用现代信息技术，实现线下线上相得益彰。探索学习成效考评模式改革，加大试行开放式试题等非标准化考核方式。通过多种举措激发学生学习兴趣，提高学习投入和学习效能。

（七）加强师资队伍建设，提高全程育人能力

坚持专兼结合，培引并重，加强我校城市型、应用型定位发展需要的师资队伍建设。完善专业负责人遴选和培训制度，培养一批具有创新能力和发展潜力的中青年教学骨干，形成结构合理、协同育人的师资梯队。构建"双师双能型"高水平教师团队。探索建设"名师工作室"，发挥名师示范引领作用。健全教师培训培养体系和激励约束机制，引导广大教师深化"立德树人"的思想认识，坚持专业教育和素质教育相结合，强化导师导学的责任意识，提高全程育人能力。

（八）建立教学质量标准，引导专业内涵建设

根据国家标准建立我校专业教学质量标准，作为专业建设特别是教学质量评价的主要依据。专业教学质量标准要体现国家标准的基本要求，契合我校办学定位，符合学校专业建设实际，同时具有一定的前瞻性。依据标准和要求，引导专业聚焦发展特色，强化内涵建设，结合社会发展的新需求、学科交叉融合的新趋势、产业和技术的新发展，推动教学内容更新，优化人才培养方案，促进专业建设品质全面提升。

六、保障措施

（一）加强组织领导，明确责任分工

专业建设与发展实行校、院、专业负责人三级管理模式。成立学校专业建设与发展领导小组，统筹全校专业建设与发展规划工作。强化学院专业建设的主体责任，将专业发展规划纳入学院整体发展规划，落实学校专业建设与发展规划，制定专业建设和发展的具体方案。同时，要充分发挥校院教学指导委员会等机构的重要职能，对规划落实、新办专业设置、专业建设等重大事项进行监督指导。

（二）强化机制建设，发挥能动作用

继续加强管理机制建设，充分发挥机制的能动调节作用。健全专业增设、改造、调整与退出的动态调整机制，建立校内外相结合的多元互补的专业评估制度，构建专业建设绩效考评与投入制度，完善专业建设激励和约束机制。通过机制建设，促进学科专业建设各要素协同推进，形成优势资源规模和集聚效应，推动实现规划任务和目标。

（三）加大经费投入，支持优先发展

建立专业基本建设经费和竞争性奖励相结合的经费投入机制，支持重点专业和品牌专业实现优先发展。对于第一志愿率和一次性就业率高于学校平均水平的专业，产教深度融合示范效应显著的专业，参加国内外专门机构认证和评估并为学校争得荣誉的专业，以及高水平国际合作办学的专业，学校将给予高额奖励，并在学校统筹的平台建设、课程建设、师资培养、招生指标等方面给予优先支持。对于那些招生和就业困难，校内外评估排名靠后的专业，学校原则上不安排竞争性奖励经费。鼓励各专业通过捐赠等多元化渠道支持专业建设与发展。

北京联合大学章程

（京联党〔2017〕13号，2018年3月14日）

序　言

北京联合大学（以下简称“学校”）是经教育部批准，于1985年成立的北京市属综合性大学。其前身是1978年北京市依托北京大学、清华大学、中国人民大学、北京师范大学等在京高校创建的部分大学分校。随着多年的建设与发展，学校综合实力不断增强，已成为北京地区办学规模较大的高校之一，是北京市应用型人才重点建设培养基地。

学校以培养适应国家和北京经济社会发展需要的高素质应用型人才为己任；秉承“办学为民、应用为本”的理念；践行“学以致用”的校训；遵循“发展应用型教育、培养应用型人才、建设应用型大学”的办学宗旨；坚持“面向大众、服务首都、应用为本、争创一流”的办学定位；实施“学术立校、人才强校、开放兴校”的发展战略；实现“高水平、有特色、首都人民满意的城市型、应用型大学”的发展目标。

第一章　总　则

第一条　为保障学校依法办学和自主管理，建立和完善中国特色社会主义现代大学制度，依据《中华人民共和国宪法》《中华人民共和国教育法》《中华人民共和国高等教育法》《高等学校章程制定暂行办法》等相关法律、法规和规章，制定本章程。

第二条　学校名称为北京联合大学；英文名称为Beijing Union University，缩写为BUU；网络域名为www.buu.edu.cn。

校部法定住所地为北京市朝阳区北四环东路97号，学校经政府教育行政部门批准，可视需要设立和调整校区。

第三条　学校是北京市人民政府举办的、实施高等教育的非营利事业单位，校长是法定代表人。

第四条　举办者依据国家法律、法规和学校章程尊重并支持学校自主办学，依法对学校进行管理、监督、考核。

第五条　举办者根据国家教育发展规划和北京市的经济建设、社会发展需要、教育发展规划，指导学校的中长期发展规划制定。

第六条　举办者提供办学经费，并制定经费拨款标准和使用办法。学校对举办者提供的财产、国家财政性资助、受捐赠的财产依法享有自主管理和使用的权利。

第七条　学校实行中国共产党北京联合大学委员会领导下的校长负责制。

第八条　学校全面贯彻国家的教育方针，为社会主义现代化建设服务、为人民服务，与生产劳动和社会实践相结合，使受教育者成为德、智、体、美等方面全面发展的社会主义事业建设者和接班人。培养具有社会责任感、创新精神和实践能力的高级专门人才，发展科学技术文化，促进社会主义现代化建设。

第九条　学校依法自主设置和调整学科专业，按照国家学位制度的规定授予各级学位；学校根据国家核定的办学规模、社会需求和办学条件，制定招生方案，自主调节学科专业招生比例。

第十条　学校以普通高等教育为主，适度开展继续教育，积极推进中外合作办学。学校以本科教育为主，重视发展研究生教育，兼有一定比例的专科教育。

第十一条　学校的学科设置目前涵盖经济学、法学、教育学、文学、历史学、理学、工学、医学、管理学、艺术学十个学科门类，学校根据需要可依法自主设置和调整学科。

第十二条　学校以人才培养为中心，依法自主制定教学计划、选编教材、组织实施教育教学活动，确定和调整教育修业年限，保证教育教学质量达到举办者规定的标准。

第十三条　学校依法自主开展科学研究、技术开发、社会服务和文化传承创新；自主开展与国（境）内外高等学校及机构之间的教育、科技、文化交流与合作。

第十四条　学校依法自主确定教学、科学研究、行政职能部门等内部组织机构的设置和人员配备；按照国家有关规定，评聘教师和其他专业技术人员的职务，调整津贴及工资分配。

第十五条　学校分立、合并、终止、变更名称、类别和其他重要事项、章程的修改，依照法定程序由教育行政部门审批或核准。

第二章　管理体制

第十六条　中国共产党北京联合大学委员会（以下简称“学校党委”）是学校的领导核心，统一领导学校工作，支持校长独立负责地依法行使职权。职责如下：

（一）全面贯彻执行党的路线方针政策，贯彻执行党的教育方针，坚持社会主义办学方向，坚持立德树人，依法治校，依靠全校师生员工推动学校科学发展，培养德智体美全面发展的中国特色社会主义事业合格建设者和可靠接班人。

（二）领导制定学校发展战略和规划，审议决定学校的基本管理制度,讨论决定学校改革发展稳定重大事项,讨论决定学校内部组织机构设置和负责人的人选;按照干部管理权限,负责干部的选拔、教育、培养、考核和监督;负责领导班子、干部队伍和人才队伍建设。

(三) 坚持党要管党、从严治党的方针,加强学校党的思想、组织、作风、反腐倡廉和制度建设。落实党风廉政建设主体责任,落实党建工作责任制,发挥基层党组织在学校建设中的政治核心、战斗堡垒作用和党员先锋模范作用;为建设首都人民满意的"城市型、应用型大学"提供坚强的思想、政治和组织保证。

(四) 加强思想理论建设,坚持用中国特色社会主义理论体系武装头脑,对师生加强社会主义核心价值观教育,坚定广大师生对中国特色社会主义的道路自信、理论自信、制度自信、文化自信。

(五) 领导学校党建工作,牢牢掌握学校意识形态工作的领导权、话语权,不断巩固马克思主义指导地位。坚持教育与宗教相分离的原则,防范和抵御校园传教渗透。维护学校安全稳定,促进和谐校园建设,团结全体师生员工,凝心聚力,共谋发展。

(六) 领导学校的工会、共青团、学生会、研究生会等群众组织和教职工代表大会。

(七) 对学校民主党派基层组织实行政治领导,支持其按照各自的章程依法开展活动;加强学校的统战工作,支持无党派人士等统一战线成员参加统一战线相关活动,发挥积极作用。

(八) 研究、决定外事工作中的重大问题和举措。

学校党委全体会议闭会期间,由其选举产生的党委常务委员会作为常设机构行使相应职权,履行职责。

党委常务委员会由学校党委书记主持,必须有半数以上的常委出席方可召开,其中,讨论干部任免事项,必须有三分之二以上的常委出席,实行民主集中制,重大问题必须集体讨论决定。不是党委常委的行政领导班子成员可列席会议。

第十七条 中国共产党北京联合大学纪律检查委员会是学校的党内监督机构,在学校党委和上级纪委的双重领导下,承担党风廉政建设的监督责任,维护党的章程和其他党内法规,检查党的路线、方针、政策和决议的执行情况,协助党委加强党风建设和组织协调反腐败工作,保障和促进学校各项事业健康发展。

第十八条 校长全面负责学校的教学、科学研究和其他行政后勤管理工作,职责如下:

(一) 拟订学校发展规划,制定具体规章制度和年度工作计划并组织实施;

(二) 组织学科与专业建设、教学活动、科学研究、师资队伍建设和国际合作与交流;

(三) 组织拟订和实施学校内部组织机构的设置方案,按照国家法律和干部选拔任用工作有关规定,推荐副校长人选,任免内部组织机构的负责人;

(四) 聘任与解聘教职员工,对教职员工实施考核、奖励或处分;

(五) 对学生实施学籍管理、奖励或处分,组织管理和督促检查学校德育工作;

(六) 拟订和执行年度经费预算方案,保护和管理学校资产,维护学校的合法权益,筹措办学经费;

(七) 法律、法规规定的其他职权和职责。

校长办公会议或校务会议是学校行政议事决策机构,主要研究并提出拟由党委讨论决定的重要事项方案,具体部署落实党委决议的有关措施,研究处理教学、科研、行政管理工作。会议由校长召集并主持。会议成员为学校行政领导班子成员。会议议题由学校领导班子成员提出,校长确定。会议必须有半数以上成员到会方能召开。校长应在广泛听取与会人员意见基础上,对讨论研究的事项做出决定。党委书记、副书记、纪委书记等可视议题情况参加会议。

第十九条 学校依照教育部《高等学校学术委员会规程》的相关规定设立学术委员会。学术委员会依其章程独立行使学术权力,保障学术民主和学术自由。学校学术委员会作为校内最高学术机构,其主要职责包括审议学科建设、专业设置,教学、科学研究计划方案;评定教学、科学研究成果;调查、处理学术纠纷,调查、认定学术不端行为;按照章程审议决定有关学术发展、学术评价、学术规范的其他事项。

根据需要,在学院(学部)设置或者按照学科领域设置学术分委员会(或教授委员会),也可以委托基层学术组织承担相应职责。

学术委员会委员全体会议至少有三分之二(含)委员出席方可举行。校学术委员会评议事宜根据需要可采用无记名投票或实名投票方式。学术委员会议事决策实行少数服从多数的原则,重大事项应当有与会委员的三分之二以上同意方可通过。

第二十条 学校设立学位评定委员会,委员由校长聘任。学位评定委员会依据《中华人民共和国学位条例》和学校相关规章,拟定本校学位条例,对学位相关教育领域的重要事项进行咨询、评议与审定,依法评定和授予学位。学位评定委员会可设置相关专门委员会完成日常工作。学位评定委员会可按照授予学位的学科类别设置学位评定分委员会,学位评定分委员会组织相关学科的论文答辩工作。

学位评定委员会对学位授予的决议做出是否批准的决定,决定以不记名投票方式,经全体成员过半数通过。

第二十一条 在学校党委领导下,学校教职工代表大会是教职员工依法参与学校民主管理和监督的基本形式,依据中华人民共和国教育部《学校教职工代表大会规定》和有关法律法规行使权力,依法维护教职工的合法权益。学校建立校院两级教职工代表大会制度。学校教职工代表大会闭会期间,由大会选举的常设主席团行使相应职权,履行职责。学校工会为学校教职工代表大会的工作机构。

教职工代表大会代表以教师为主体,教师代表不得低于代表总数的60%,并应当根据学校实际,保证一定比例的青年教师和女教师代表。教职工代表大会须有三分之二以上代表出席方可召开。教职工代表大会的选举和表决,须经教职工代表大会代表总数半数以上(不含半数)通过方为有效。教职工代表大会的意见和建议,以会议决议的方式做出。

第二十二条　学生代表大会是全体在校学生在学校党委领导下,校团委指导下,实现“自我教育、自我管理和自我服务”,行使民主权利和参与学校民主管理的基本形式,依法维护学生的合法权益。学校支持定期召开学生代表大会,支持和保障学生依法参与学校民主管理,鼓励和支持其参与学校民主管理和监督,认真听取其建议,并对其提案进行积极回应。学校为校学生代表大会提供必要的工作条件和经费保障,支持由学生代表大会选举产生的学生自治组织依据章程开展活动。

学校实行校、院两级学生代表大会制度。

第二十三条　学校设置校务委员会,作为学校工作的咨议机构,依据其章程就学校重要事项和重大决策提出参考性的意见和建议。

第二十四条　学校工会、共青团、学生会和研究生会组织是教职工、学生的群众组织。在学校党委领导下,依法履行各自的职责。

第二十五条　学校鼓励和支持校内各民主党派成员和无党派人士及社会团体成员参与学校民主管理、民主监督,协助各民主党派组织依各自章程开展活动。对党外知识分子进行思想政治引导,培养选拔党外代表人士,为党外人士开展工作创造有利条件。贯彻落实中国共产党的宗教工作基本方针和政策,促进民族团结及各民族师生交往交流交融,做好学校港澳台侨工作,调动各方面力量为学校改革发展建设事业发挥积极作用。

第二十六条　学校根据工作需要和精简高效的原则,设置学校党政职能机构、保障服务机构和其他机构;各机构根据学校规定履行管理、保障和服务等职责,为师生营造良好的学习、工作和生活氛围;学校附属的具有独立法人资格的单位,依据法律和学校规定实行相对独立的运营与管理。

第二十七条　学校根据需要设置各专门委员会,各专门委员会依据学校授权或各自章程履行职责。

第三章　组织机构

第二十八条　学校根据人才培养、科学研究、社会服务、文化传承创新的需要,设置学院和各类教学科研机构,并根据发展需要适时予以调整。

第二十九条　学校本着责权一致的原则,支持学院自主管理。在人、财、物等方面赋予学院相应的管理权力,指导和监督学院相对独立地自主运行,实行目标管理,发挥学院办学的主体作用。学院在有关规章制度范围内自主开展人才培养、科学研究、社会服务和文化传承创新等活动。

第三十条　根据学校举办者的有关规定,在学校党委领导下,学院分别实行院党委领导下的院长负责制或院党政联席会议制度。

第三十一条　学院党委(党总支、直属党支部)负责学院党的建设和思想政治工作,保证党和国家的各项方针、政策和学校的政策措施在本院的贯彻执行。支持院长履行其职责。

第三十二条　院长是学院的主要行政负责人,对学院的行政事务行使管理权。

第三十三条　学院设置或者按照学科领域设置学术分委员会或相应组织,在学校规定范围内行使各自职权。充分发挥教授在教学、科研中的作用。

第三十四条　校属教学部门、科研机构是学校依据学科与专业发展规划或重大研究任务需要设置的学校直属机构,以教学或科学研究为主要任务。校属教学部门、科研机构的行政负责人按有关程序由校长聘任。

第四章　教职工

第三十五条　学校教职工是指与学校正式签订聘用合同的、具有事业单位编制,以教师为主体的专业技术人员、管理人员、教辅人员和工勤人员。

第三十六条　学校对教职工实行聘任制度

(一) 对教师和其他专业技术人员实行资格认证和专业技术职务聘任制度;

(二) 对管理人员实行聘任制度;

(三) 对工勤人员实行职业技能鉴定和聘任制度。

第三十七条　学校依法制定人事管理制度,对教职工进行定期考核,考核结果作为人员聘任、晋升、奖励或处分的依据。

第三十八条　学校教职工享有下列权利:

(一) 按照学校规定进行教学、科研活动,开展教育教学改革,参加学科专业建设,使用学校公共设施和公共资源;

(二) 参与学校民主管理,对学校工作和发展规划提出意见和建议;

(三) 知悉学校改革、建设和发展及涉及切身利益的重大事项;

（四）获得公正评价与发展的机会；

（五）对职务晋升、岗位聘任、奖励处分、福利待遇等事项提出异议和申诉；

（六）法律、法规及学校规章或聘用合同约定的其他权利。

第三十九条　学校教职工应履行下列义务：

（一）守法爱国，规范言行；

（二）遵守学校规章制度；

（三）教书育人、管理育人、服务育人；

（四）自觉和积极维护学校声誉和利益；

（五）爱护学生、为人师表；

（六）恪尽职守，勤勉工作，不断提高业务水平；

（七）遵守职业道德和学术规范；

（八）在校外兼任实职需向学校提出申请，并经学校同意；

（九）法律、法规及学校规章或聘用合同约定的其他义务。

第四十条　教师是学校办学的主要依靠力量，学校尊重教师，尊重知识，尊重劳动，尊重创造。维护教职工的学术民主与学术自由，为教职工开展教学、科研、社会服务和文化传承创新活动提供必要条件和保障。

第四十一条　学校建立教职工发展制度，重视教职工职业生涯发展规划，建立学习型组织，构建完整的培训体系。

第四十二条　学校依法维护教职工合法权益，完善教职工权利保障机制，畅通教职工利益诉求渠道。建立教职工申诉委员会，依其规定开展工作。

第五章　学　生

第四十三条　学生是指被学校依法、依规录取，取得入学资格，接受学校教育的受教育者，分为普通高等教育学生和成人高等教育学生以及在职学习、在校接受培训等其他类型的受教育者。

第四十四条　普通高等教育学生依法享有下列权利：

（一）参加学校教育教学计划安排的各项活动，使用学校提供的教育教学资源；

（二）依照法律和学校规章制度，组织和参加学生自治团体和学生社团；

（三）依照国家和学校规定，申请奖学金、助学金和助学贷款，参加社会服务和勤工助学活动；

（四）在思想品德、综合素质、学业成绩等方面获得公正评价，取得满足学历、学位条件后的学历证书、学位证书；

（五）公平获得在国内外深造学习和参加学术文化交流活动的机会；

（六）知悉学校改革、建设和发展及关涉切身利益的重大事项；

（七）对纪律处分和涉及自身利益的相关决定提出异议和申诉；

（八）法律、法规及学校规定的其他权利。

第四十五条　普通高等教育学生应履行下列义务：

（一）遵守宪法法律，遵守社会公德、公序良俗；

（二）努力学习，完成学校规定学业；

（三）尊敬师长，遵守学校管理制度；

（四）珍惜学校声誉，维护学校利益；

（五）按规定交纳学费及有关费用；

（六）爱护学校教育教学资源；

（七）法律、法规及学校规定的其他义务。

第四十六条　学生可依法向学校申请成立学生团体，校内学生团体须在校院党委领导和校院团委指导、监督和管理下，依照法律法规和学校规定开展活动。学校对学生课外活动进行指导和管理，倡导和支持学生开展学术、科技、文化、艺术、体育等活动，鼓励学生参加社会实践、志愿服务和其他公益活动。

第四十七条　学校按照规定为学生提供必要的学习和生活的服务与指导；对取得突出成绩和为学校争得荣誉的学生集体或个人给予表彰或奖励；对违反校规校纪的学生给予批评教育或纪律处分。

第四十八条　学校建立健全学生权利保障和救济机制，成立学生申诉委员会，依其规定开展工作。

第四十九条　成人高等教育、在职学习、在校接受培训等其他类型的受教育者，其权利和义务按学校相关规定执行或另行约定。

第六章　经费、资产、后勤

第五十条　学校实行以举办者投入为主，受教育者合理分担培养成本、多渠道筹措经费的机制。经费来源主要包括财政补助收入、事业收入、上级补助收入、附属单位上缴收入、经营收入和其他收入。

学校积极拓展办学经费来源，依法多渠道筹集资金，努力节约支出。

第五十一条　学校实行“统一领导、分级管理、集中决算”的财务管理体制，建立健全学校财务制度，加强经济核算，实施绩效评价，提高资金使用效益；构建内部财务监督体系及审计制度，加强对学校经济活动的财务控制和监督，防范财务风险。

第五十二条　学校坚持厉行节约、勤俭办学方针，合理编制学校预算，有效控制预算执行，完整、准确编制学校决算，真实反映学校财务状况。

第五十三条　学校国有资产是指各单位占有、使用的，能以货币计量的各种经济资源的总和。包括：学校按照国家政策规定运用国有资产组织收入形成的资产以及接受捐赠和其他经济法律确认为国家所有的资产。其内容为:流动资产、固定资产、无形资产、对外投资和其他资产。

第五十四条　学校按照国家有关规定,建立健全资产管理制度,加强资产管理,按照科学规范、从严控制、保障事业发展需要的原则合理配置资产,建立资产共享、共用制度,提高资产使用效率。

第五十五条　学校建立和完善后勤管理和服务体系,提升后勤保障能力和服务水平,为教学服务,为科研服务,为教职工和学生服务。

第七章　社会服务和外部关系

第五十六条　学校依据国家法律法规及本章程自主管理学校内部事务,不受任何组织和个人的非法干涉。

第五十七条　学校建立办学水平、教育质量的评价制度,及时公开相关信息,主动接受社会监督和评价。依法实行信息公开制度,及时向社会发布办学信息。教育行政部门负责组织专家或者委托第三方专业机构对学校的办学水平、效益和教育质量进行评估。评估结果应当向社会公开。

第五十八条　学校遵循高等教育发展规律,把学校发展主动纳入国家和北京经济社会发展总战略中,加强与政府、企业、高校、科研院所等的沟通与合作,推动协同创新,为社会提供多样化优质的教育、智力和文化服务。

第五十九条　积极推动中外学术、科技、文化交流,开展多渠道国际教育合作,不断提升国际化办学水平。

第六十条　学校校友是指在北京联合大学及前身有学习或工作经历的学生和教职工、被学校授予各种荣誉学位、荣誉职衔以及名誉称号的中外各界人士。学校设立校友会,支持校友会依照国家规定和相关章程开展活动。学校搭建校友会信息平台,以多种方式联系和服务校友,凝聚校友力量。学校积极创造条件,鼓励校友参与、支持学校建设与发展。

第六十一条　学校设立教育基金会,吸纳社会力量,促进教育事业发展,依据基金会章程开展工作。

第八章　学校标识

第六十二条　学校校徽的整体轮廓为圆形,象征学校"团结和谐";校徽正中的"麦比乌斯圈"组合形成北京联合大学的英文缩写 BUU,象征学校持续发展、动力不竭,体现坚韧、包容、奋进的精神;校徽颜色采用蓝色,象征智慧和梦想,传达学校师生用智慧实现梦想的信念。

学校校旗分别为白色、红色、蓝色基底的长方形旗帜,旗面正中是校徽及中英文校名。其中,以白色为基底,旗面正中是蓝色校徽及中英文校名的为正式旗帜。以红、蓝色为基底,旗面正中是白色校徽及中英文校名的为辅助旗帜。

学校校歌:北京联合大学之歌。

第六十三条　校庆日定为 10 月 18 日,校友返校日为每年 10 月第三周的星期六。

第九章　附　则

第六十四条　章程的制定与修改须经学校教职工代表大会讨论、校长办公会审议通过、学校党委会审定同意,学校法定代表人签发,报北京市教育委员会核准。

第六十五条　本章程由学校党委会负责解释,学校党委办公室、校长办公室负责执行,校纪检监察办公室、校教代会常设主席团及校工会负责监督。

第六十六条　本章程自北京市教育委员会核准后生效,由北京联合大学颁布之日起执行。

深刻把握审核评估内涵　全力迎接本科教学审核评估工作

——杨宜在本科教学工作审核评估动员会上的讲话

(联办通报〔2017〕第 9 期,2017 年 4 月 14 日)

针对本轮本科教学工作审核评估(以下简称"审核评估")相关工作,我主要讲以下三个方面。

一、审核评估的背景

高等教育质量是高等教育发展的生命线,贯穿于人才培养、科学研究、社会服务和文化传承与创新各项工作中,要为区域经济、社会发展提供强有力的人才保障和智力支持。如何提高高等教育质量,是一个世界性难题,各国纷纷采取措施不断完善高等教育质量保障制度体系。教育部借鉴国际通行做法,对新时期高等教育质量进行了重新的顶层设计,提出了五位一体的评估制度,一是学校自我评估;二是教学基本状态数据常态监测;三是分类开展院校评估;四是开展专业认证及评估;五是探索国际评估。

二、审核评估的内涵

(一) 审核评估的指导思想

本轮审核评估的指导思想是"一坚持二突出三强化",即坚持"以评促建、以评促改、以评促管、评建结合、重在建设"的方针;突出内涵建设,突出特色发展;

强化办学合理定位，强化人才培养中心地位，强化质量保障体系建设，不断提高人才培养质量。

（二）审核评估的理念

本轮审核评估的理念可以概括为“校本”“生本”“质量为本”。一是“校本”，即“以学校为主体”，强调高校的评估主体地位，用学校“自己的尺子量自己”，引导高校合理定位、办出特色；二是“生本”，即“以学生发展为本位”，强调以学生为中心，关注成果导向教育，注重产出效应；三是“质量为本”，即“关注学校内部质量保障体系建设及其运行效果”，强调以教学状态数据库为基础，进行常态监测，继而通过发现问题和持续改进，不断提高人才培养质量。

（三）审核评估的重点

本轮审核评估的重点可以概括为“审 4 度、核 1 度”，即审办学定位、人才培养目标与社会发展需求的适应度，教师和教学资源对学校人才培养的保障度，教学质量保障体系运行的有效度，学生和用人单位的满意度；核人才培养效果与培养目标的达成度。

（四）审核评估的原则

1. 主体性原则。强调责任主体，明确高校是教学质量的主体，保障教学质量的责任在高校以及高校内部与教学质量相关的所有组织和个人。

2. 目标性原则。强调目标导向，审核评估的核心是质量，主要关注学校如何确定目标，如何达到目标，如何证明达到了目标，以及如何改进从而确保达到目标。

3. 多样性原则。强调尊重高校的办学自主权，明确人才培养的多样性，引导高校结合自身条件进行合理定位，确立培养目标，制定质量标准，形成培养特色。

4. 发展性原则。强调以质量改进为目标，注重目标、过程、结果之间的关系。不仅要发现问题，而且要解决问题，从而促进质量的持续改进。

5. 实证性原则。强调以事实为依据，不仅贯穿于审核专家的评审过程，也贯穿于学校的自评过程。事实依据可以定量，也可以定性。

（五）水平评估和审核评估的区别

1. 目标性不同。水平评估是全国统一标准；审核评估是高校自己定标准。

2. 取向性不同。水平评估是向上看，朝满分的方向努力；审核评估是看自己说了什么，是不是这样做的。

3. 驱动性不同。水平评估强调选优，按指标打分；审核评估强调自律，看是否注重质量保障体系。

4. 目的性不同。水平评估的评价结果是“好不好”；审核评估的评价结果是“是不是”，即该说的是不是说了，说过的是不是做了，做过的是不是有效，无效的是不是改了。

（六）审核评估的范围

审核评估的范围包括三个层次，即审核项目、审核要素和审核要点，涵盖了人才培养和质量保障的各个环节。审核项目包括 6 个规定项目和 1 个自选特色项目，按照“五度”主线设定，是审核方案的魂；审核要素有 25 个，是审核项目的基本关键组成；审核要点有 86 个，是对审核要素的进一步阐释。

审核项目的 6 个规定项目包括定位与目标、师资队伍、教师资源、培养过程、学生发展和质量保障。定位与目标属于顶层设计，引领全校各项工作。师资队伍建设要“硬”“软”一起抓，当前的难点是教师的教学精力投入不足。教学资源既包括“硬资源”，也包括“软资源”，是保障与提高培养质量的基础条件。培养过程要关注是否到位，这是保证质量的基础。学生发展要关注对学生的支持和产出。质量保障体系完善并有效运行是关键。

（七）审核评估的引导性问题

教育部提出的 111 个引导性问题是学校自评和专家评审的工作指南。在此基础上，学校制定了 155 个引导性问题，可以概括为四句话：第一，如何说的，即学校的定位、人才培养目标和质量标准是什么；第二，如何做的，即人财物条件是否保障了人才培养的中心地位，培养过程是否进行了监控，管理是否有效；第三，效果如何，即教学质量、师生评价、社会评价怎么样；第四，如何改进，即针对存在的问题，是否有改进措施，预期效果如何。

（八）审核评估的程序

1. 学校自评。通过开展自我评估，填报状态数据，形成自评报告，提交质量年报。教育部专家在进校之前，据此已对我校做出客观判断。因此，填报的数据一定要具有准确性和一致性。

2. 专家进校考察。考察时间一般为 4—5 天，主要包括听课看课、试卷查阅、毕设抽查、考察访谈、材料审阅、问题诊断、交流反馈等形式。

3. 结论审议。考察结束后，审议评估结果，形成审核报告，在适当范围内向社会公布。

4. 持续改进。根据专家提出的问题，学校制定整改措施，并接受回访。同时，政府相关部门也会通过政策制定、资源配置、招生指标调整等促进学校教学质量提高。

三、评建要求

（一）研判发展现状

经过十几年的努力，尤其是“十二五”以来，我校在应用型人才培养方面积累了宝贵经验，取得了显著进步，如多样化的应用型人才培养改革不断深入；学校办学活力明显提升；内部管理体制改革取得显著成效；办学基本条件得到有效改善;师资队伍水平不断提高;社会声誉不断提升等。但很多方面仍存在不足,如应用型人才培养特色和优势不鲜明;适应性学科专业布局尚未形成;高水平带头人紧缺、双师素质教师严重不足,结构性矛盾突出;教师教学工作体现学校办学定位力度不够;学生学习动力未被有效激发;人才培养协同创新机制还没有建立;人才培养质量保障体系还不完善等。目前,学校处于内涵和特色发展的关键时期,要通过审核评估、以评促建,切实解决学校发展过程中关键问题,将审核评估作为城市型、应用型大学建设的战略推动力。

(二)健全组织机构

成立校院两级组织机构,在学校层面成立审核评估工作领导小组,评建工作委员会,学校本科教学工作审核评估办公室,根据工作需要设置5个工作组,主要由学校职能部门组成。在学院层面建立评建工作领导小组,根据工作需要,设置若干工作组。

(三)把控工作进程

2013年12月5日,教育部印发《普通高等学校本科教学工作审核评估方案》(教高〔2013〕10号)。2016年10月10日,北京地区普通高校本科教学工作审核评估正式启动。我校将于2018年11月迎接专家进校检查,主要分为以下6个阶段:

1. 动员培训阶段(2017.2—4)。上学期已经启动,发动了全员参与,统一了思想。目前,已健全了机构,起草了《北京联合大学本科教学工作审核评估工作方案》(征求意见稿),并征求了学校职能部门和各学院的意见。我们要定好尺子,才能量出特色。

2. 自评自建阶段(2017.5—2018.2)。主要包括健全质量保障体系;填报国家平台数据;规范教学档案管理;撰写单位自评报告;梳理评估支撑材料等。用自己的尺子量自己。

3. 预评改进阶段(2018.3—8)。学校组织校内外专家进行预评,校订尺子准不准,发现问题,促进改进。

4. 待评准备阶段(2018.9—10)。材料完善、定稿和报送,等待专家评估。

5. 专家评估阶段(2018.11)。接受专家进校审核评估。

6. 整改落实阶段(2019.1—12)。制定学校整改方案,切实开展整改。

(四)把握评建重点

1. 建设满足京津冀经济社会发展的适应性学科专业体系。学校方面,要服务京津冀协同发展,聚焦首都的核心功能,制定学科专业群建设规划;学院方面,要尊重办学实际,统筹教育和产业资源,推动学院特色发展;专业层面,要适应行业需求,关注成果导向,制定专业发展建设方案;课程方面,要适应学生特点,改革教学模式,提升课程教学效果。

2. 完善教学质量保障体系和长效运行机制。在审核项目第六项的质量保障中,教学质量保障体系设计实施质量监控,通过质量监控发现问题,并及时把信息反馈给相关部门和个人进行整改。审核过程包括学校自评和外部审核。学校自评是自我反省的过程,外部审核是帮助学校反思的过程。学校自评包括找问题,找证据,做判断,做改进。外部审核主要是审问题是否找得准,证据是否充足,核判断是否合理,改进是否有效。办学定位决定了培养目标,进而决定培养标准。反过来看,培养标准是否符合培养目标,培养目标是否符合办学定位,要进行验证,形成闭环。

因此,要制定具有与城市型、应用型大学目标定位相匹配的人才培养标准。一要全视角构建审核评估、专业评估、课程评估一体化指标体系与评价标准。二要全过程制定和完善教学各关键环节的质量标准,从人才培养方案、课程大纲、课堂教学、实践教学、考试和毕业论文等方面,都要提出相应的质量标准。三要全方位完善教学质量的评价制度,包括学生评教、同行评教、专家评教、校院领导评教等四个维度。

3. 凝练应用型人才培养的教育教学研究与改革成果和特色。近年来,我校在城市型、应用型大学建设方面开展了很多工作,在产教融合、科教融合、学分制改革、师资队伍、国际化以及教育与信息化融合等方面取得了很大成绩,要以审核评估为契机,梳理工作,总结经验,提炼特色。

4. 探索城市型、应用型大学建设的办学规律。

(五)分解评建任务

评建工作贯穿于人才培养的全过程,全校教职工要全员参与,各司其职,做好审核评估迎检工作。学校职能部门是各个分管项目的责任人,学院是评建工作的主体,专业是人才培养的关键载体,教师是课程教学的责任人。

1. 学校职能部门是分项目责任人。一要认真学习评估方案,准确把握所分管评建任务及要求,与市属高校进行纵横向对比,定好标准;二要开展自评,凝练特色、查找差距,提出整改方案并有效落实;三要根据学校办学定位梳理完善相关规章制度;四要完善奖惩机制,优化资源配置,落实人才培养的中心地位;五要对照评估的要求,准备支撑材料和评估数据,参与报告撰写。

2. 学院是评建工作主体,要夯实基础,凝练特色。一要明确学院发展方向,做好学院发展规划;二要做强优势专业,建设优势资源,发挥辐射作用;三要开展自评自建,查找差距,落实整改;四要强化教学关键环节监控,确保人才培养质量;五要加强特色凝练与彰显。

3. 专业是人才培养的关键载体。一要完善人才培养方案，增强适应度；二要落实培养方案的执行，提升有效度；三要加强课程、教材、实践教学基地、教学团队建设，提高保障度；四要关注学生和用人单位需求，提高满意度；五要分析人才培养目标达成情况，制定整改方案，提高达成度。

4. 教师是课程教学责任人。一要树立以生为本，应用为本的理念；二要把握所授课程与培养目标的关系，做好课程大纲设计和执行；三要规范教学文件，规范教学的过程管理，包括课堂教学、实验教学、考试考核、毕业论文(设计)等；四要开展应用型课程改革，提高课堂教学和实践教学效果。

要以审核评估为契机，用新的思路和方法来审视工作，倒逼重新思考日常的教学工作是否做到位，是否科学合理、规范，是否有改进，是否有效果，有没有进行验证和分析，有没有形成闭环。通过审核评估引导性问题，使各项工作落到实处，提高人才培养质量，将评建工作贯穿人才培养全过程，人人为评建出力、事事为评建助力，为推动城市型、应用型大学建设而努力奋斗！

关于2017—2021年聘期人事工作的一些思考

——付晨光在学校2017年岗位聘任形势分析会上的讲话

(联办通报〔2017〕第6期，2017年4月15日)

按照聘期规定，今年9月1日将进入2017—2021年聘期。下面，我将从以下5个方面对学校下一个聘期的形势做简单分析。

一、本次聘任的背景

1. 正值全面落实学校“十三五”规划的关键时期。2017—2021年聘期，将与学校“十三五”规划重叠三年半时间(2017年9月—2020年12月)。因此，聘期相关人力资源目标的完成情况将直接影响学校“十三五”规划目标能否顺利完成。

2. 将要迎接2018年本科教学工作审核评估。2017—2021年聘期，将于2018年下半年迎接本科教学工作审核评估，2019年完成整改。这是学校当前的一项重要工作。审核评估的核心是对学校人才培养目标与培养效果的达成度进行判断。其中，审核评估指标体系中的师资队伍建设部分，包括了数量与结构、教育教学水平、教师教学投入、教师发展与服务以及教师教学业绩与成果等五个子项目，与2017—2021年聘期中教师的教学科研任务的完成情况直接相关。因此，本次聘任的职称聘任和晋升条件对教学工作提出了新的要求。

3. 招生形势在发生变化。我校招生正由以计划为主向满足考生志愿为主的方向转变，100%满足考生志愿成为越来越多高校的共识。在这种形势下，有的本科专业可能会招不到学生。今年2月，专业教育教学评价机构对我校学科专业进行了诊断分析。将各培养单位的竞争力依次分为5个等级，五星级为重点优势学科专业，排在前5%，我校只有1个；四星级为优势学科专业，排在5%—20%；三星级为良好学科专业，排在20%—50%；二星级为一般学科专业，排在50%—90%；一星级为较差学科专业，排在90%—100%。我校多数专业为二星级或三星级，还有极少数一星级专业。

二、目前存在的问题

(一) 各类人员结构性超编严重

1. 教师。2013—2017年聘期初期，师生比1∶17，到2017年，师生比1∶15。根据等比压缩算法，按照教育部规定专任教师数不低于55%的要求，2020年我校专业教师将超编293人，其他教职工超编277人，共超编570人。根据师生比匡算，按照教育部本科教学工作评估合格标准，即师生比1∶18，我校超编477人；按照优秀标准，即师生比1∶16，我校超编339人。随着招生规模不断压缩，若教师数量不变，预计到2020年，我校师生比将非常低，达到1∶13。

2. 管理及其他人员。根据等比压缩算法，按照教育部规定管理人员不高于20%的要求，我校管理人员超编317人，按照市教委下达的管理人员不高于23%的要求，我校管理人员超编245人。一般高校的管理岗位60%设在学校、40%设在学院，而我校42%设在学校、58%设在学院。根据员生比，即学生当量数/管理人员，各学院的管理人员很不平衡，有的学院严重超编，有的严重缺编。

3. 教师缺编情况。目前，只有3个学院教师不超编，应用科技学院缺编30人，随着高职学生招生规模减小，缺编人数会逐渐降下来；4个学院超编较多，生物化学工程学院由于历史原因以及学科调整，超编现象比较严重。

4. 汇总问题。一是管理岗位超编 220—290 人;二是师生比控制在 1∶16,教师岗位超编 364 人;三是非教师专技也超编,核定编制时可与管理岗位超编合并计算;四是工勤人员不超编,随着服务外包领域不断扩大,需要通过聘任整合力量。

(二) 职称缺口缩小

目前,我校教师高级专业技术职务人员 823 人,预计到 2020 年退休 62 人(正高级职称 19 人,副高级职称 43 人),按照师生比 1∶16 匡算,到 2020 年末,我校教师高级专业技术职务比例为 62.93%,超过市教委下达的 60%比例。还不包括到 2020 年每年需要晋升高级专业技术职务人员的数量。

(三) 同名专业现象影响将来的专业排名

社会第三方对我校进行专业排名的数据只有 1 个,几个学院办同样的专业,会出现专业发展不平衡的现象,影响学校的专业建设水平。目前我校有 8 个学院存在同名专业现象。

(四) 到 2020 年(退休)自然减员情况

到 2020 年,我校退休 344 人。包括各类管理人员、教师、其他专技和工勤人员,有利于解决超编问题。此外,鼓励在岗教师进修博士学位,逐步提高我校博士比例。

三、聘任的基本思路

学校的生存靠学生,没有学生,不叫大学。学校的发展靠教师,学校办得好,靠一批在业内有知名度和威望、在国内外享有声誉的一支高素质教师队伍。教师的发展靠专业和学科建设,把优秀教师吸引到专业和学科中来,为人才培养,科学研究、社会服务、文化传承与创新提供支撑力量。

(一) 聘任文件的框架

本次聘任文件基本沿用上一个聘期的框架,主要保持相对稳定和有关政策的延续,一共有 6 个文件。其中,《北京联合大学 2017 年岗位聘任工作指导意见》有 4 个附件,即教师、管理人员、其他专业技术人员,工勤人员等 4 类人员的聘任工作。其他几个文件涉及学校 2017 年机构设置方案、岗位设置办法、绩效工资实施方案、校院二级管理办法等。

(二) 基本聘任思路

本次聘任的基本思路是:定编、定岗、定责、定薪、考核。聘任工作主要围绕这 5 个方面开展。

1. 定编。以师生比 1∶16 为依据,学校根据学生规模分别向 13 个学院(不含继续教育学院、马克思主义学院和国际交流学院)下达教师编制数(含辅导员)、其他人员编制数(包括行政管理人员、实验技术人员等)。

学校对教师的定编原则分为三类:一是对于重点支持的 1/3 专业,包括四星级以上和少数三星级专业,要根据情况,适度进人,增加活力;二是对于保持稳步发展的专业,包括多数 3 星级专业和个别 2 星级专业、基础教学单位,核定编制岗位后,要依据人员退休情况,采取退 2 进 1 或退 3 进 1 的方式;三是对于排序靠后的专业,要严控编制,适度分流,鼓励转岗,通过内部挖潜,改造专业,个别专业可以考虑撤销。

其他人员依据学生规模情况核定编制,留有一定的余量。超编人员上交学校,按照学校要求转岗聘任的,本聘期保留原待遇;学校将通过培训组建若干服务中心(如就业、招生、校园安全)安排工作,明确任务、责任。

2. 定岗。一是对于重点支持的专业,鼓励各学院按照师生比、博士比以及课程、结构的因素重构专业,超出的教师可以分流到学院的实验中心或教学实践中心。教师身份不变,待遇不变。少数不合适的可以转岗;二是对于稳步发展的专业和基础教学单位,可以参照上述方案逐步调整;三是对于排名靠后的专业,由学院依据严控编制的原则,制定定岗方案。

定岗工作由学校出原则,学院自主操作:正高级岗位的分级,由学院推荐,校人事处审核,学校聘委会依据条件聘任;副高级及以下人员的分级聘任,由学校依据各单位的核编情况,下达分级指标数,由各单位和学院依据自己制定的条件进行聘任。

3. 定责。(1) 实行托底保护政策。下列 5 种人员,经聘期考核合格,2017—2021 年聘期保留原有待遇:一是距离退休不到一个聘期的;二是来联大工作不到一个聘期的,按实际年限来考核;三是晋升职务不到一个聘期的,按照实际年限考核;四是目前享有专业技术岗位责任津贴和管理岗位实职责任津贴的人员,按照主要岗位考核;五是 2013—2017 年聘期内,因专业、学科调整、跨学院调整的,如果考核基本合格,可以保留待遇。

(2) 提高晋升条件。重新修订《专业技术职务晋升必备条件》,在 2015 版的基础上提高了门槛条件。

(3) 全员按照聘任要求签订劳动合同。

(4) 正高级人员的岗位职责由学校负责制定。

(5) 副高级及以下人员的岗位职责由学院或者二级单位负责制定。

4. 定薪。

(1) 基本的校内职务岗位工资维持 2013 年的标准不变。

(2) 提高责任津贴标准,提高业务干部责任津贴,解决部分取消行政级别的业务干部的降薪问题;行政干部的责任津贴也适度提高。

(3) 适度提高博士津贴，博士津贴由每月1000元提高到2000元，并随着校内津贴的增长而适度提高。

(4) 提高学院奖励津贴的比例。将年终一次性发放的人均津贴和考核奖励津贴合并，按照学生规模数、单位编制数核算学院奖励津贴下拨，由学院自主发放，鼓励拉开差距。

(5) 拟增加“资质津贴”(暂定名)，鼓励双师型队伍建设；资质津贴每月1000元，严格把控发放范围。

(6) 如果经费允许，可以考虑将年资津贴由现在的每年每月10元提高到每年每月15元，带有普惠性质。

5. 考核。基本沿用上个聘期的做法。不同的是将正高级专业技术职务的考核由学校委托给各二级单位考核，在考核的基础上提出聘任(分级)意见。

(1) 校人事处负责全校(除了校管中层干部及以上人员)教职工的考核。

(2) 校党委组织部负责校管中层干部及以上人员的考核，还有单位考核。

(3) 考核以聘期考核为主，年度考核为辅，引导教师统筹聘期各年份的工作。

(4) 对单位的业绩考核将提出具体量化指标，目前暂由校教务处、科研处、研究生处、招生就业处、人事处等5个处室拿出指标体系。指标体系为写实性的，以考核汇总时统计的数据为主，尽量减少人为因素。指标体系正在完善过程中，今年开始实施，部分量化指标会逐渐提高。

(5)成绩构成在上个聘期的基础上进行完善。学院成绩＝业绩(40%)＋整体工作(40%)＋基本工作(20%)；机关成绩＝服务对象(40%)＋整体(40%)＋基本工作(20%)。

四、聘任面临的问题

(一) 如何解决学院超编问题

大多数学院都超编，或是教师，或是管理人员等，只是超编程度不同而已。学院按照定岗定编原则，留谁不留谁矛盾会很大，对各二级单位执行力是个考验。

(二) 如何统一认识，摒弃惯性思维

明年计划将严控进人，不能还习惯于退了就要进人的惯性思维。有些课、有些专业退了，学校就不让进了，由各个学院内部消化。学院、学校班子压力会增大，班子必须有一个统一的意见。各学院需要加大在岗教师的培训、学习力度，逐年减少教师超编程度。

(三) 如何解决“专业强，学院弱”和“专业弱，学院强”的问题

针对专业强但所在学院不强、专业不强但所在学院强的两种情况，前者学校给予的扶强政策能否落实到好专业？要看学院领导是否有全局意识、大局意识。后者学校挤压落后专业的措施学院能否有效贯彻落实，考验学院领导的执行力。

(四) 如何解决科级干部压缩的问题

学校现在最大的问题是科级干部太多。目前，科级干部总数502人，规划数240人，超编262人。调研中，多数学院都提出要增加科级干部职数，与学校实际情况南辕北辙，不但不能增加，还要压缩。

五、聘任的进程及几点要求

(一) 聘任时间进程安排

今天岗位聘任形势分析会后，下周要召开院长书记、机关部处长、专业负责人、教授代表、系所主任代表等5个座谈会，汇总征求意见，修改文件，形成聘任文件的教代会讨论稿。5月5—6日，召开第四届教职工暨工会会员代表大会第二次会议，审议聘任文件。同时，各学院要做好两件事：一是做好调研摸底工作；二是制定本单位聘任文件，并充分征求意见。5月11—15日，召开学校常委会和全委会，讨论通过聘任文件。5月15日—6月15日，各二级教学、科研单位召开双代会，出台二级单位聘任文件，完成全员聘任工作及副高级以下人员的分级工作。同时，对正高人员的分级，学院提出建议，报校人事处审核。校人事处要协调解决各二级教学、科研单位聘任过程中存在的一些矛盾和问题。暑假之前召开学校聘委会，对各类聘任的情况进行确认。9月1日按照新的聘任任期开展工作。

(二) 对于聘任工作的几点要求

对于聘任工作，我主要提以下5个方面的要求：

1. 各单位要提前摸清情况，做到心中有数，特别是可能要降级降薪的教职工；本单位的聘任文件要尽量考虑全面。

2. 院系两级党组织要发挥作用，做好思想工作，尤其是降薪、转岗的教职工。

3. 党政协同，扎实推进，按时完成聘任和分级工作。关键在两点：一是摸清家底；二是聘任和分级文件要通过二级教代会。

4. 针对聘任过程中出现的问题，要主动作为，积极施策。

5. 及时与校人事处、党委组织部及相关部门沟通，就聘任过程中出现的问题提出解决办法。

全校近3000名教职工的聘任工作，要靠各级领导干部共同努力才能完成，要校院系三级协同做好工作。尽管问题很多，难度很大，但只要我们携起手来，一定会顺利地完成本次聘任工作。

强化思想引领　坚持立德树人
为城市型、应用型大学建设提供坚强保证
——韩宪洲在《北京普通高等学校党建和思想政治工作基本标准》入校检查会上的汇报

(联办通报〔2017〕第 25 期,2017 年 11 月 7 日)

我代表北京联合大学党委,就五年来落实党建和思想政治工作《北京普通高等学校党建和思想政治工作基本标准》情况做汇报。

北京联合大学是北京最年轻的本科高校,于 1978 年乘改革开放春风,集北京重点大学之力,为解决当时广大青年和学生的上学需求,满足北京经济社会发展的迫切需要而创建。历经近 40 年的改革与发展,一代代联大人接力奋斗,学校现已成为北京市应用型人才培养的重要基地。学校现有 15 个二级学院,19 个二级党组织,284 个党支部,5449 名共产党员,35 岁以下专任教师党员比例为 73%。

北京联合大学具有良好的党建和思想政治工作基础,2014 年获评第七次北京市党建先进校提名奖。党的十八大以来,创新驱动发展、京津冀协同发展、"一带一路"等国家战略深入实施,北京"四个中心"建设加快推进,高等教育综合改革全面深化,校党委牢牢把握发展机遇,以"首善标准"和"看北京首先从政治上看"的要求,不断加强和改进学校党建和思想政治工作,强化思想引领,坚持立德树人,保证了学校持续又好又快地发展。

一、与时俱进,办学治校取得新成绩

五年来,校党委积极谋划学校事业发展,团结带领各级党组织和全体师生,奋力开拓,潜心治学,学校的综合实力和办学水平不断增强,"北京味儿"不断彰显,社会影响力不断提升。2017 年学校在校友会中国大学排行榜排名第 307,比 2012 年上升了 101 位。

(一) 人才培养能力不断提高

办学定位更加精准。结合北京"四个中心"功能定位,学校深化应用型大学理论与实践探索,提出了"城市型、应用型大学"办学新目标,拓展和丰富了地方性大学"应用型"的内涵,并写入学校"十三五"规划。2016 年成功举办了全国首届城市型、应用型大学建设论坛。

师资力量不断增强。现有院士科研工作站 2 个,新世纪百千万人才 2 人,北京市特聘教授 10 人,北京市教学名师 10 人,长城学者 8 人,北京市级创新团队 22 个,教育部教指委和行指委主任委员、副主任委员、委员 19 人。具有高级专业技术职务的人员达到 51%,比 2012 年增长 7%。

培养模式多样优化。完全学分制改革和国际高等商学院协会(AACSB)资格认证取得阶段性成果,"双二辅"、贯通式培养、"双培计划"等多样化人才成长通道基本形成,获评国家级教学成果奖 2 项、市级 15 项;国家级教学平台增至 5 个、市级 11 个;学科竞赛获国家级奖项 115 项、市级 535 项;考取硕士研究生的学生数量比 2012 年增长 50%。

办学条件有效改善。新增校园建筑面积 12 万余平方米,校园标准化建设成效明显;建成"一主九辅"城域级万兆校园网、集约化数据中心和完备的应用系统体系,以"优秀"成绩获评北京市属高校数字校园示范校。

(二) 科学研究实力持续增强

学科专业水平有新提升。硕士点建设持续推进,比 2012 年新增 14 个硕士授权点,其中,中医专业硕士学位点填补了国内高等特殊教育空白,职业技术教育专业硕士点为国内首批。专业建设不断加强,获批 1 个国家级综合改革试点专业和 3 个北京市级综合改革试点专业;15 个专业进入全国排名前 20%(RCCSE),2 个专业入选北京市一流专业,1 个项目入选教育部新工科研究与实践项目。

科学技术水平有新突破。国家级和北京市级科研平台增至 9 个;国家级科研项目新增 98 项,比上一个五年增长 50 项,国家级重大项目取得突破。2017 年科研经费,纵向达到 5350 万元,横向达到 4550 万元,分别增长 1.9 倍和 2.3 倍。智能车研究产生重大社会影响,2015 年全国科技活动周上,刘延东副总理等国家和北京市领导参观了我校无人驾驶智能电动汽车并给予了重要指导。

(三) 服务社会紧贴一线需求

适应北京需求能力逐步提升。围绕北京"四个中心"城市功能定位,主动调整学科专业布局,整合资源,组建了机器人学院、智慧城市学院、城市轨道交通与物流学院、艺术学院等,"一院一特色"更加突出。学校"三山五园""三个文化带"研究优势明显,完成有关调研报告近 40 份,建成北京市首家"三山五园"主题数字体验馆,"西山永定河文化带"研究受到北京市领导高

度肯定。

政产学研用合作持续深化。主持制定了《北京市促进中小企业发展条例》等一批行业法规和标准，与世界500强企业中国中铁股份有限公司等建立合作伙伴关系，在北京相关行业企业中的影响力不断增强。北京学研究基地、北京政治文明研究基地、台湾研究院的一批研究成果获中央和北京市采纳和表彰，智库服务能力不断增强。

服务北京市民美好生活需求的领域不断拓展。关注文物保护利用和文化遗产保护传承，用数字模拟技术推动什刹海古城改造，助力提升故宫旅游公共服务，举办“溯源红色”北京革命历史遗址采风创作展等；关注食品安全，为平谷区桃农研发生物制品代替农药，有效解决了蟠桃的褐腐病问题；关注北京社区治理和新农村建设，“密云希望小镇：加快农村城镇化建设的新模式”等研究成果产生重要影响；关注基础教育，“高参小”取得良好效果；关注人文北京建设，与《首都之窗》联手打造《人文北京》专栏。

（四）校园文化建设彰显“原创”魅力

“原创联大”日臻成熟。以“让社会主义核心价值观教育活起来、唱出来、动起来”为目标，开展第六届“我与联大共奋进”主题宣讲活动，精心搭建“原创联大”文化建设载体，营造了催人奋进的校园文化氛围。

“廉创空间”成效初现。以推动建设“清风网视——网络文化空间”“清风唱颂——舞台文化空间”“清风图景——公共文化空间”为抓手，以全媒体、多形式、分层次的文化创意实践活动引领师生，通过廉洁主题作品创作，“唱廉、诵廉、演廉、写廉、画廉”，形成了风清气正的廉洁文化。

（五）国际交流与合作进一步拓展和深化

国际影响力进一步扩大。加强与“一带一路”沿线国家教育合作，发起成立中国-中东欧国家“16＋1”旅游院校联盟；加入欧亚交通类大学国际联盟；成立莫斯科国立大学罗蒙诺索夫北京中心；“国别区域研究”取得新进展，校俄罗斯研究中心入选2017年度教育部国别和区域研究中心备案。

留学生教育稳步发展。获批北京市首批“一带一路”国家人才培养基地。留学生规模保持在年均1500余人次，稳居市属高校前列。学历生规模不断扩大，达到来华留学生总数的1/3。

二、纵深推进，管党治党取得新成效

五年来，校党委深入开展党的群众路线教育实践活动、“三严三实”专题教育和“两学一做”学习教育，深入落实巡视整改、全国和北京高校思想政治工作会精神，深入推进全面从严治党，学校管党治党有新气象新作为。

（一）加强领导班子建设，提高党委引领发展能力

一是强化思想政治建设。党委一班人坚定政治立场，筑牢理想信念，强化思想引领，增强政治本领，坚持用中国特色社会主义理论最新成果指导办学实践，确保社会主义办学方向不偏离。2016年和2017年，连续两次在北京高校党建研究会上交流中国特色社会主义大学办学治校经验。

二是加强班子能力建设。积极营造善于学习、勇于实践的浓厚氛围，不断增强班子的学习本领、办学治校本领。在《人民日报》《光明日报》《中国高等教育》等报刊发表理论文章30余篇。领导班子年度考核测评在全市教育系统中逐年提升，2015年排名第二，2016年排名第一。

三是健全领导决策机制。坚持和完善党委领导下的校长负责制，严格执行相关议事规则和决策程序，坚持民主集中制、“三重一大”等制度，推进科学民主依法决策；完善内部治理结构，基本建立“有压力、有动力，有约束、有激励”的现代管理机制。2017年获评全国厂务公开民主管理工作先进单位。

（二）着力干部队伍建设，提升素质和能力水平

一是严格规范干部选拔任用。严格执行学校《处级干部选拔任用工作实施办法》，发挥党委对选人用人的领导和把关作用，干部选任工作满意度保持在96％以上。压缩处级干部职数123个，减幅近31％，落实二级学院党政班子成员交叉任职，整体功能不断增强。

二是严格干部教育管理监督。加强干部培训学校建设，强化干部能力建设。认真落实领导干部个人有关事项报告、廉政谈话、经济责任审计等，严格干部监督。取消副局级学院系（所）和校管科研机构行政级别，探索完善干部的分类管理机制。以绩效考核为中心实施分类考核，激发干部干事创业的激情与活力。

（三）夯实基层组织建设，筑牢学校改革发展之基

一是大力推进基层党建工作。制定《关于建立健全二级党组织党建工作责任制的实施意见》等40余项制度，健全基层党建责任体系，统筹推进学习型、服务型、创新型党组织建设。建立二级学院系务会制度，完善在教职工聘任、晋职晋级、评奖评优中征求党支部意见的工作机制。坚持“十佳党支部”与普通支部“1＋1”共建，着力破解教师党支部建设难题，校党委申报的《加强应用型大学教师党支部建设的实践研究》获批北京高校第二批党建难点项目立项。离退休党建进一步彰显政治引领作用，2016年我校离退休人员工作处获评“北京市老干部工作先进集体”。

二是严格党员发展、教育、管理与服务。出台了《关于提升发展党员工作质量的意见》，配齐专职组织员，抓好中组部在我校的党员发展联系点，五年累计推

荐8198名优秀团员作为入党积极分子，努力做好在优秀学生和青年教师中发展党员工作。落实《合格党支部建设规范和合格党员行为规范》，实施《2014—2018年党员教育培训工作规划》，认真执行"三会一课"和民主评议党员等党内组织生活制度，在"两学一做"学习教育中形成的"五抓五促"组织生活会模式成为"北京高校组织生活会优秀示范案例"。认真开展党员组织关系集中排查和党员、党代表违法违纪清理排查，高质量完成党费补缴工作。

(四) 强化两个责任落实，营造风清气正办学环境

一是健全党风廉政建设责任体系。制定落实党风廉政建设主体责任和监督责任实施细则，建立《党委书记和纪委书记党风廉政建设工作会商制度》，落实《二级党组织定期向校党委和纪委汇报党风廉政建设责任制落实情况制度》，形成了党委主责、纪委监督、层层落实、覆盖全校的责任体系。

二是完善惩防体系建设。加强"三个体系"建设，初步形成权力事项监督清单，基本建立了科学有效的权力运行制约和监督机制。依托党风廉政宣传教育联席会议平台，开展纪律教育、警示教育和廉洁文化教育。落实《关于践行监督执纪四种形态的实施办法》，抓早抓小，防微杜渐。新编了《大学生廉洁教育——入学第一课》读本，深化廉洁文化"进教材、进课堂、进头脑"。

三是持续深入正风肃纪。深入落实中央八项规定精神和市委实施意见，定期检查党风廉政建设责任制落实情况，坚持不懈纠正"四风"问题。2017年10月接受了市纪委、市监察委对我校巡视整改及落实《条例》《准则》及党风廉政建设责任制落实情况的专项检查。

(五) 改进宣传思想工作，巩固师生共同思想基础

一是牢牢掌握意识形态工作领导权。落实意识形态工作责任制，加强阵地建设和管理，制定了《落实党委意识形态工作责任制实施细则》《关于加强和改进新形势下思想政治工作的实施意见》《关于加强和改进新形势下哲学社会科学课堂教学、报告会、研讨会、讲座、论坛、网络和接受境外基金资助等管理的意见》等文件。强化"两网、两台、一报、一微"队伍建设，加强意识形态舆情监测和网络舆情引导。

二是加强教职工思想政治工作。制定了《关于加强和改进教职工思想政治工作实施办法》，完善工作体系。组织开展教职工政治理论学习特色项目评审，加强教职工政治理论学习。持之以恒抓师德建设，不断完善师德建设长效机制。成立"党外知识分子联谊会"，加强对党外人士的思想引领。

三是努力做好大学生思想政治教育。落实学校《培育和践行社会主义核心价值观实施意见》，深化"学专融合"实践，试点推广"辅导员＋导师"学生教育管理模式，红色"1＋1"活动4次获评北京市一等奖。大力推进创新创业教育，获批首批"北京地区高校示范性创业中心"，2014年，我校毕业生韩磊作为全国唯一大学生创业代表与李克强总理面对面谈创业。加强国防教育，连续7年获评北京市征兵工作先进单位。加强辅导员队伍职业化、专业化和专家化建设，4人获评"北京高校十佳辅导员"，4人获评全国高校辅导员年度人物提名奖，名列北京高校前茅；获批1个北京市辅导员工作室，我校辅导员吴巧慧申报的"大学生'党建＋学术'创新工作室项目"作为2016年市属高校唯一项目入选教育部高校辅导员工作精品项目。

四是统筹推进思政课程和课程思政建设。成立马克思主义学院，深化"问题导入式"专题教学改革，该项目入选教育部"择优推广计划"培育项目和北京高校首批思政课教育教学改革示范点。大力推进课程思政建设，把课程自身蕴含的思想政治教育元素有机融入人才培养全过程，落实立德树人根本任务。

(六) 保障和改善民生，确保校园和谐有序

一是多措并举提高职工幸福指数。实施健康幸福提升工程，获评全国教科文卫体系统"模范职工之家"；建立教职工爱心互助基金，五年累计投入180余万元，帮扶教职工632人次；关心女教职工，连续10余年为在职女教职工投保"特殊疾病互助保障计划"，组织女教职工专项体检。

二是群防群治维护校园安全。落实《校园网格化安全管理实施方案》，将校园划分为55个二级网格和1350个单元格，提升校园综合防控水平。完善《突发事件处置预案》等20余项工作预案，提高应急处置能力。2014年获评北京高校"平安校园示范校"。

三、开拓奋进，党建和思想政治工作呈现新特色

在全面落实《北京普通高等学校党建和思想政治工作基本标准》，巩固和深化学校多年工作成绩的基础上，我们结合实际，不断开拓奋进，学校党建和思想政治工作涌现出许多新特色、新亮点。以下列举三个方面的典型案例：

(一) "原创联大"文化建设深入人心

主要做法：以培育和践行社会主义核心价值观为主线，以"聚焦核心价值观，实现入心化行"为目标，通过书写、讲述联大故事，创作、演唱联大歌曲，创编、排演联大剧目及微电影等，让社会主义核心价值观活起来、唱出来、动起来。"原创联大"文化建设将工作的重心和突破点放在平台、载体、途径的搭建和创新上，树立了一批好典型，创作了一批好作品，打造了一支好队伍，形成了一个好机制，构建了一个好模式，强化了广大师生做社会主义核心价值观坚定信仰者、积极传播者和模范践行者的思想自觉和行动自觉。

主要成绩：荣获第四届首都大学生思想政治教育

工作实效奖二等奖、2014—2015年北京高等学校党的建设和思想政治工作优秀成果三等奖。

（二）思政课“问题导入式”专题教学改革不断完善

主要做法：从学生特点和成长成才的实际需要出发，以实现教学目标和解决大学生迫切需要解决的问题为中心，以提高教育实效为导向，致力于构建“带着问题学、带着问题教；围绕专题学、围绕专题教”的教与学的基本格局，开展专题研究与教学活动。其核心是通过“问题式教学、过程化管理”的教学再造，构建讲授体系、实践体系、考核体系三位一体的教学新模式，达到使学生掌握马克思主义基本理论知识、坚定理想信念、培育正确思想方法的目的。

主要成绩：“‘问题导入式’专题教学改革与实践”项目入选教育部2014年度高校思政课教学方法改革“择优推广计划”培育项目；2016年获批北京市首批思政课教学改革示范点。

（三）基层党支部建设扎实推进

主要做法：一是坚持问题导向，强化顶层设计。将红旗党支部创建工作列入学校五年规划。二是坚持固本强基，完善制度建设。出台了加强党支部学习、督促、考核和创先争优的制度文件。三是坚持工作创新，激发党支部活力。实施“十佳党支部创建计划”，推动“十佳党支部”与普通党支部共建、学生党支部和校外党支部共建，开展“党支部示范工程”“党员引领工程”和“党支部书记培养工程”，不断夯实工作基础，发挥先进典型示范引领作用，增强基层党支部的创造力、凝聚力和战斗力。

主要成绩：获评北京高校先进基层党组织1个，北京高校基层党支部活动创新案例3个，北京高校优秀共产党员、优秀党务工作者6人。创建“十佳党支部”52个，占学校党支部总数的21%。

过去五年，是深入学习贯彻习近平新时代中国特色社会主义思想，统一认识、改革创新，探索推进中国特色社会主义城市型、应用型大学建设的五年；是坚持立德树人根本任务，以社会主义核心价值观为引领，不断提高人才培养质量和人才培养能力的五年；是围绕北京“四个中心”城市功能定位，深入实施“三大战略”，深化教育教学改革，推进特色发展，用心服务北京建设取得丰硕成果的五年。

通过全面总结，我们深深体会到：

必须毫不动摇坚持社会主义办学方向，推进全面从严治党，引领学校改革和事业发展；必须毫不动摇坚持应用为本，着力传承创新，深化学校内涵式发展；必须毫不动摇坚持师生主体，牢记立德树人，培育新时代中国特色社会主义建设者和接班人。

同时，我们也清醒地认识到：

当前，对照习近平教育思想的新要求、对照北京“四个中心”城市功能定位的新要求、对照学校城市型、应用型办学目标的新要求，我们的认识还不够高、压力还不够大、能力还不够强。特别是，党的十九大为中国绘出了宏伟、壮观的历史蓝图，面对培养新时代中国特色社会主义建设者和接班人的历史重任，我们责任重于泰山，不能有丝毫的骄傲和自满，更不能有丝毫的放松和懈怠。

这次党建和思想政治工作基本标准落实情况入校检查，将督促我们更加全面地审视学校党建和思想政治工作，清醒地认识我们的成绩和不足，进一步明确今后的努力方向。我们将以习近平新时代中国特色社会主义思想和习近平教育思想为指引，在市委市政府的正确领导和大力支持下，深入学习宣传贯彻党的十九大精神和北京市十二次党代会精神，持续深入推进“两学一做”学习教育常态化制度化，认真开展“不忘初心、牢记使命”主题教育，以联合凝聚力量、以实干诠释担当，在用心服务北京“四个中心”建设的生动实践中，实现北京联合大学新的跨越！

在校党委坚强领导下　开创学校发展新局面

——李学伟在《北京普通高等学校党建和思想政治工作基本标准》入校检查会上的补充汇报

（联办通报〔2017〕第26期，2017年11月7日）

我再从三个方面做简要补充：

一、坚持党委全面领导，坚定社会主义办学方向

坚决落实党委领导下的校长负责制，全面贯彻执行党的教育方针，牢牢把握“立德树人”根本任务，不断推进思想政治工作融入教育教学全过程，从根本上保证了社会主义办学方向。

校党委把握方向、统揽全局，为学校改革和事业发展提供了坚强的政治保证。校党委科学研判发展形势,紧紧围绕北京“四个中心”功能定位,瞄准城市发展一线需求,精准聚焦办学定位,全面推进“城市型、应用型”的办学目标,总揽全局,统筹各方,对学科专业布局进行了大幅度调整,为学校改革和事业发展奠定了重要基础。

校党委统一思想,凝聚共识,为学校改革和事业发展提供了坚强的思想保证。贯彻落实习近平总书记两次视察北京讲话、全国和北京高校思想政治工作会议精神,召开2017年学校党建工作会,强化思想价值引领,落实立德树人根本任务,逐步推进全员全过程全方位育人。

校党委管党治党、从严从实,为学校改革和事业发展提供了坚实的组织保证。严格规范干部选拔任用,严格党员及干部日常管理,严格落实正风肃纪要求,营造出了学校风清气正的办学环境。

二、落实党委决策决议,发挥行政能动作用

校党委支持校长依法独立负责地行使职权,保证以人才培养为中心的各项任务完成;校行政班子在校党委领导下依法独立并创造性地开展工作,贯彻落实党委决议,形成了党委统一领导、党政分工合作,步调一致、协调配合的工作运行机制。

五年来,学校不断深化内部体制机制改革,完善内部治理结构,试点推进完全学分制,探索以科学任务带动人才培养的办学模式,设立人才培养综合改革试验区,统筹全校组织、人事、财务管理机制等。加强学科专业建设,推进资源整合优化,激发科研活力与成果转化,科研水平逐步提升;实施人才强校计划,注重发挥评、聘的指挥棒作用,引导形成全校师资队伍争强、向好的氛围和环境;推进校企合作,与相关行业、企业深入合作,践行“学以致用”校训,产生较好的社会影响,办学治校成效显著,社会声誉不断提升。

坚决执行校党委决策决议,落实持续加强和改进学校党建和思想政治工作的经费和人员保障。在财务预算中,建立党建和思想政治工作专项经费和临时性特殊经费;从行政事业经费中列支,落实基层党支部建设经费人均300元,落实教师党支部书记的岗位津贴人均1200元/月,落实辅导员和班主任津贴,从今年9月开始在市属高校中首批落实辅导员行政职级晋升待遇;为党员干部教育培训提供经费支持,五年多来共投入超过600余万元;合理设置党群工作机构,当前全校党群工作队伍共212人,按比例要求配备的专职辅导员共115人,为专职党务干部开辟思政系列职称晋升渠道,促进专业化、职业化发展;调整人员结构,优化人员配置,打造了一支政治强、业务精、作风正的党建和思想政治工作队伍。

三、强化党建方向引领,全面提升办学治校水平

校党委是学校改革和事业发展的政治核心,党建和思想政治工作是确保学校社会主义办学方向的根本保证。

当前,在中国特色社会主义进入新时代的历史背景下,学校正处在新的历史起点上,要切实履行党委管党治党、办学治校主体责任,充分发挥党委的领导核心作用,把好向、掌好舵,进一步加强和改进新形势下的学校党建和思想政治工作,强化方向引领,推进内涵发展,不断提高办学治校水平和人才培养能力,全面推进学校“城市型、应用型”大学建设。

最后,衷心感谢各位专家对我校党建和思想政治工作的指导!

· 2017 年大事记 ·

1 月

12 日　大学英语教学总结会暨混合式教学模式研讨会在校本部召开。会议介绍大学英语课程管理新政策和教学改革系列措施，研讨线上线下混合式教学和翻转课堂等教学改革实践。

13 日　学校德育研究会召开年会，总结 2016 年工作，研讨 2017 年“两型大学”新定位下德育队伍的建设与发展。

16 日　《跳过去——地方大学的十年发展轨迹》出版。该书主要记录 2006—2016 年学校应用型大学建设发展历程。

△ 生物化学工程学院与延庆区教委签订教育合作框架协议。

17 日　北京市财政局调研学校国库账户网银试点工作。学校于 2016 年 7 月接受自助柜面试点工作，10 月上线运行，负责协助编写操作指南和进行相关测试。

2 月

18 日　在全国学校共青团 2017 年学术年会闭幕式上，自动化学院教师高蕾被共青团中央学校部聘为全国学校共青团研究中心特聘助理研究员，聘期 2 年，为研究中心聘任的第二批特聘研究人员，全国共 15 名特聘助理研究员。

21 日　学校与天津市红桥区人民政府签订合作协议成立“京津冀产教协同研究院”。

22 日　校党委召开四届十四次全委（扩大）会，主题为“以审核评估为契机，全面加强本科教学工作”，会期 2 天。

23—25 日　学校举办学生党员集中培训班，主题为“知国情校情　铸理想信念　做时代先锋”，1100 余人参加。

25 日　学校中小企业研究中心与湖南商会小微企业分会共同举办小微企业发展论坛。

27 日　英国威尔士三一圣大卫大学文学院院长杰瑞明 · 史密斯博士一行 3 人访问学校，探讨两校孔子学院未来发展计划。

2 月　旅游学院教师乔向杰的论文《近十年国外旅游推荐系统的应用研究》获得 2016 年国家旅游局优秀研究成果奖学术论文类二等奖。

3 月

2 日　特殊教育学院与师范学院联合召开普通与特殊教育相结合的市级创新实践基地研讨会。

5 日　信息学院开发的企业委托项目“电动汽车高压中控盒生产线信息管理系统”在北京市意耐特科技有限公司完成验收。项目成果用于北汽新能源轿车 EV260 高压中控盒的装配生产。

7 日　学校与波兰托伦哥白尼大学共同建立的“中波旅游文化中心”成立典礼在北四环校区举行。（旅游学院）

△ 美国南方大学第一副校长迈克 · 安德、美国路易斯安那州劳工局局长苏珊娜 · 凯瑟琳、美国 HBCU 教育基金会主任丽萨 · 史密斯一行 17 人访问学校，洽谈学生双向交换、教师双向交流和合作科研事宜。

10 日　“北京濒危手工艺传承人才培养”项目在学校启动。该项目由艺术学院主持，是北京文化艺术基金 2016 年资助项目。

△ 团中央权益部维权处处长冉云梅到生物化学工程学院驻点工作。

△ 应用文理学院档案系档案专业学生到学校档案馆实训，为档案馆首次接待学生实训。

14 日　学校发文京联党〔2017〕13 号发布《北京联合大学章程》，章程自发布之日起执行。

19 日　在“德州 · 神通杯”第二届全国机器人运动大会新闻发布会上，学校被授予全国学校体育联盟机器人工作委员会副主席单位。

△ 在北京航空航天大学召开的中国人工智能学会智能驾驶专业委员会成立大会上，北京联大副校长鲍泓当选为副主任委员。

20 日　英国安格利亚鲁斯金大学校长伊恩 · 马

丁率团访问学校,洽谈两校联合举办艺术展和教师工作坊、进行学术和科研合作、开展博士培养项目等事宜。两校合作关系建立于2006年。

△ 图书馆新馆(人文馆)座位预约系统启用。

21日 北四环校区学生事务服务中心建设工作研讨会召开,讨论服务大厅改进事宜。

25日 学校承办全国第二届影视文创类专业产教融合高峰论坛,全国近120所影视文创类相关专业的院校领导和教师参加。

△ 在全国第二届影视文创类专业产教融合高峰论坛上,北京联合大学影视教育与产业研究中心揭牌仪式举行。

△ 生物化学工程学院与校体育运动委员会、体育教学部及北京市大学生体育协会奥林匹克研究会共同承办"科学健身、运动营养食品与大众健康论坛"。

28日 在中国人民大学人文社会科学学术成果评价研究中心发布的"2016年度《复印报刊资料》全文转载率排名"中,《北京联合大学学报(人文社科版)》全文转载量排名位列1150种全国高等院校学报中第77位,全文转载率第40位。

3月 图书馆昌平分部设立考研阅览室。

4月

2—14日 法国克里西旅游饭店管理学院师生23人完成在旅游学院专业实习和实践活动。

5日 《全面从严治党面对面》座谈会暨赠书仪式在学校举行。

6日 俄罗斯联邦国家铁路局副局长米丘克一行访问学校。校务委员会主席韩宪洲、校长李学伟会见。

9日 外语部承办2017年全国大学生英语竞赛(2017 National English Competition for College Students)C类初赛,比赛评选出一、二、三等奖共34名。

11日 学校发文京联党〔2017〕32号撤销应用型高等教育发展研究中心独立机构建制,不再列为学校直属二级机构,不再列为校级教育科学研究机构。

13日 校长李学伟代表学校与中国中铁股份有限公司副总裁马力签署《中国中铁股份有限公司与北京联合大学战略合作协议》。

△ 学校发文京联党〔2017〕38号成立党委研究室。

14日 学校与中铁电气化局集团有限公司签署战略合作协议,开展人才培养、科技研发及成果转化、国际化合作办学等合作。

15日 学校召开2017年岗位聘任形势分析会,2017—2021聘期岗位聘任工作启动。

16日 北京联合大学创业校友会成立大会在学校北四环校区举行,优秀校友、车库咖啡创始人苏菂当选为理事会首任会长。

19日 北京政治文明建设研究基地与中国社会科学院法学研究所签署合作协议,在博士后培养、高层次项目研究等方面开展合作。

22日 生物化学工程学院与莹石(北京)农业科技发展有限公司合作基地揭牌仪式在密云区北庄镇举行。

25日 孔子学院成立十周年纪念活动举行,孔子学院总部/国家汉办领导、威尔士三一圣大卫大学代表团出席开幕式。活动当天还举办了系列中国文化体验活动以及孔子学院十周年艺术展、图片展。

△ 学校2017年"书香联大　智慧阅读"读书文化节在北四环校区启动,历时1个月,包括专题讲座、读书寄语征集、联大朗读者语音征集、专题资源宣传推广、图书捐赠与图书漂流、图书馆资源服务推广、读书征文评选、图书馆勤工助学学生"醉美家乡"摄影展系列活动。

27日 国际交流学院组织近200名留学生到山西省大同市开展"第三课堂"文化实践考察活动。活动为期3天,包括登恒山、与大同二中学生文化交流、参观中国雕塑博物馆和向非物质文化遗产传承人学习剪纸等。

28日 师范学院与安华里第二幼儿园等8所幼儿园签署学前校外实践基地协议。

△ 学校发文京联党〔2017〕43号,进行学院调整,将信息学院更名为智慧城市学院、自动化学院更名为城市轨道交通与物流学院、机电学院与机器人学院合并成立新的"机器人学院"。同时,将原信息学院软件工程专业和电子信息工程专业、原自动化学院自动化专业整体并入新成立的"机器人学院",原机电学院材料科学与工程专业停止招生。

4月 第五届北京联合大学大学生书法比赛举行,分为初赛和复赛两轮,最终评选出硬笔作品一等奖6名、二等奖7名、三等奖10名,软笔作品一等奖3名、二等奖6名、三等奖16名;选送软笔作品15件,硬笔作品5件参加第六届北京市大学生书法大赛。

△《简明北京联合大学校史读本》由知识产权出版社出版。

5月

7日 雄安新区建设法治保障论坛在学院路校区举行,由应用文理学院法律系、经济法研究所、北京市法学会金融与财税法学研究会联合举办。

9 日 学校首都法治研究中心承办的首届“一带一路”涉外法律服务论坛在学院路校区举行。

10 日 校德育研究会主办、智慧城市学院承办的第十期辅导员论坛举行，研讨宿舍育人功能。

△ 法国蓝带国际有限公司总裁安德烈·君度访问学校。

△ 国家铁路局局长、党组书记杨宇栋调研学校。

11 日 首届(2017 届)法律硕士毕业论文答辩在应用文理学院举行，6 名毕业生参加并通过答辩。

△ 应用科技学院举办首届辅导员职业能力大赛。

12 日 首届(2017 届)金融硕士业论文答辩在北四环校区举行，5 名毕业生参加并通过答辩。

17 日 学校发文京联党〔2017〕63 号，撤销校行政管理处和后勤服务公司建制，成立后勤保障中心，将原行政管理处职能分别划转到后勤保障中心、校基建处、校国有资产管理处、校医院、校党委学生工作部(处)，原后勤服务公司职能全部划转到后勤保障中心。

23 日 学校发布系列岗位聘任文件，2017 年 9 月 1 日至 2021 年 8 月 31 日聘期岗位聘任工作全面开始。

24 日 艺术学院表演系毕业大戏《结婚》在北四环校区小剧场开演，演出为期 4 天。

25 日 管理学院与对外经济贸易大学国际商学院联合培养的首个博士研究生李锐通过论文答辩。

△ 学校发文京联党〔2017〕71 号，取消学报编辑部的处级行政级别，将部门正职和副职统一纳入学校校管中层干部序列管理。

26 日 学校举行首届高中校长论坛，来自北京 14 个区 28 所高中校的 50 余位校领导参加。

31 日 学校发文京联发〔2017〕18 号，将“北京联合大学科研处”更名为“北京联合大学科学技术处”(简称“科技处”)

6 月

2 日 管理学院与对外经济贸易大学国际商学院联合举办的首届全球化背景下营销科学与创新国际研讨会在对外经济贸易大学举行，有 43 个分会场，会期 3 天。

△ 中共北京联合大学马克思主义学院总支委员会召开党员大会，选举产生新一届党总支委员会。

△ 城市轨道交通与物流学院成立大会在北四环校区召开。

8 日 北京联合大学学生安全协会成立大会在北四环校区召开。

△ 学校与北京数字科普协会、北京博物馆学会、中国博物馆协会博物馆数字化专业委员会、中国文物学会文物摄影专业委员会、中科院网络科普联盟联合主办的“2017 年(第七届)北京数字博物馆研讨会”召开，会议为期 2 天。

16 日 智慧城市学院成立大会在北四环校区召开。

17 日 在北京交通大学召开全国高校辅导员工作现场会上，第九届高校辅导员年度人物提名奖名单公布，城市轨道交通与物流学院辅导员吴巧慧获评。

22 日 “名家领读经典”市级思政课结课典礼在北四环校区举行。

26 日 北京联合大学第三届学术委员会成立大会在北四环校区召开。

30 日 机器人学院京龙智能车团队获 2017 世界智能驾驶挑战赛无人驾驶领先奖 2 项和最佳启停奖、最佳信号识别奖各 1 项。

△ 学校举办首届城市型、应用型艺术学院发展论坛。论坛由艺术学院主办，《商业经济研究》杂志社协办，是国内首次定位于城市型、应用型艺术院校的论坛。

7 月

1 日 国家旅游局党组书记、局长李金早调研学校。

7 日 党外知识分子联谊会成立大会召开，陶秋燕任第一届理事长。

14 日 南京大学中国社会科学研究评价中心公布《中文社会科学引文索引(CSSCI)来源期刊及集刊(2017—2018)目录》，《北京联合大学学报(人文社会科学版)》再次入选。

20 日 学校与北京工美集团签订战略合作框架协议，在建立国家工艺美术创新基地和工艺美术材料、技艺国家级实验中心，申报重点项目，培养行业专家等方面开展合作。

7 日 教育部发文《关于公布 2017 年度国别和区域研究中心备案名单的通知》(教外司综〔2017〕1377 号)，学校俄罗斯研究中心入选。

22 日 第六届全国大学生“创意、创新、创业”电子商务挑战赛全国总决赛在西安交通大学结束，管理学院“左邻右里”团队获特等奖。

8 月

15 日 北京市教委发文《关于公布北京市“一带一路”国家人才培养基地项目入选学校名单的通知》(京教函〔2017〕354 号),学校首批入选。

26 日 艺术学院主办的“溯源红色”北京革命历史遗址采风创作展在 81 美术馆开展,展期 6 天。展览是北京市文化艺术基金项目成果。

9 月

4 日 图书馆学院路校区分馆改造装修后启用。

7 日 管理学院工商管理系组织的规模最大的一次海外实习——赴凤凰卫视美洲台实习开始。实习为期 21 天,参加实习的是工商影视班 16 名学生。

13 日 北京市教育委员会(以下简称市教委)副主任黄侃赴故宫博物院调研学校文物保护与修复贯通实验项目,市教育委员会职业教育与成人教育处(以下简称教委职成处)处长王东江、副处长张树刚陪同调研。

15 日 在黑山第二届中国-中东欧国家“16+1”市长论坛期间,旅游学院发起的“16+1”旅游院校联盟成立。副校长张连城代表学校签署联盟宣言。

△ 第八届全国大学生服务外包创新创业大赛全国总决赛在无锡市江南大学结束,管理学院教师指导的“有书同享”创业团队获创业实践类全国一等奖,是学校在该赛事获得的最高奖项。

18 日 艺术学院与北京市西城区非物质文化遗产保护中心联合主办的“北京濒危手工艺传承人才培养”结业成果展在北京方圆美术馆开展,展期 6 天。

19 日 北京市委常委、教育工委书记林克庆调研学校,市教委副主任叶茂林陪同调研。

22—24 日 校长李学伟受邀带队参加第四届中国智慧城市(国际)创新大会,在“新型智慧城市市长论坛”上做题为《携手共建中国智慧城市》的主旨报告。

9 月 《北京联合大学科研专利集锦》由中国政法大学出版社出版,书中收录 2010—2014 年学校教职工获得授权的 260 项实用新型专利和发明专利。

10 月

13 日 马克思主义学院召开城市型应用型大学思想政治教育研究所、习近平治国理政思想研究所、残疾青年发展问题研究所、大学生志愿服务研究所、抗战精神研究所、社会建设研究所、宗教政策与宗教文化研究所、道德与法治教育研究所 8 个院级研究所成立大会。

△ 学校举办公共基础课程(通识教育必修课程)教学论坛,主题为创新基础课程改革,提高人才培养质量。

至 15 日 中共北京联合大学第五次党员代表大会代表选举工作完成,选出代表 175 人。

16 日 学校与故宫博物院、北京市旅游发展委员会合作出版的《故宫服务》新书发布。该书是旅游学院科研团队承担的故宫旅游公共服务课题研究成果。

△“迎接学习党的十九大　服务北京‘四个中心’建设”北京高校师生主题作品展在北四环校区开展。展览由学校与北京印刷学院、北京服装学院、北京工业大学和首都师范大学联合承办,于 10 月 16 日至 11 月 7 日在 5 所高校巡展。

18 日 旅游学院召开“专业课程红旗渠”工程启动会。

11 月

4 日 学校承办第二届京津冀无形资产与科技创新智库联盟高峰论坛。论坛主题为知识产权与小微企业创新,分主题报告、学者论坛、主编论坛三部分。

7 日 《北京普通高等学校党建和思想政治工作基本标准》检查专家组入校检查,考核评估学校近五年党建和思想政治工作情况,组长为全国政协委员、市委教工委原常务副书记张雪。

9 日 学校承办的“2017 第十九届海峡两岸应用型高等教育学术研讨会”在北四环校区召开,会期 3 天,主题为“融合 · 创新 · 发展”。

△ 学校举办十九大精神宣讲团成立仪式,校党委书记韩宪洲做题为《学习贯彻十九大精神,履行立德树人责任》首场报告。

11 日 学校召开 2017 年新生运动会,12 个学院的 3000 名学生参加。

△ 学校承办 2017“鑫台华杯”华北五省(市、自治区)及港澳台大学生计算机应用大赛决赛及颁奖仪式。比赛选出特等奖 1 项、一等奖 31 项、二等奖 60 项、三等奖 101 项、组织奖 15 项。

20 日 学校举办的首届“书香杯”经典诵读大赛举行决赛,9 个学院的近 50 名选手参加。比赛选出冠军、亚军、季军各 1 名,优胜奖 7 名。

24 日 北京市信息服务工程重点实验室“复杂和不确定性驾驶环境认知创新团队”和软件工程专业师生参加“2017 年(第九届)中国智能车未来挑战赛”,获前方车辆测距监测赛项第二名、车道保持监测赛项第三名。

25 日　旅游学院承办第三届全国大学生旅游创意大赛决赛。大赛由教育部高校旅游管理类专业教学指导委员会主办。

27 日　北京市教委发文京教函〔2017〕594 号，学校旅游管理专业和软件工程专业首批获批北京市属高校一流专业。

29 日　学校与天津职业技术师范大学、河北科技师范学院签订合作协议，联合成立京津冀职业教育教师协同发展研究中心。

△ 学校承办“名家领读经典”北京高校市级思想政治理论课第七讲，课程主题为北京大学国家发展研究院李玲教授主讲的“新时代健康中国与深化医改”。

12 月

5 日　学校与北京地铁运营有限公司签署战略合作协议，在城市轨道交通领域开展合作。

8 日　生物化学工程学院召开“国际产学合作促进中心成立大会”。中心由生物化学工程学院与日本金嘉株式会社共同发起。

11 日　学校与北京交通大学签署战略合作协议。

16 日　学校召开北京联合大学海外中国学研究中心成立 5 周年暨“中共十九大与海外中国共产党研究”学术研讨会。

△ 约翰·拉贝北京交流中心筹备启动仪式在北四环校区举行，由北京联合大学海外中国学研究中心主办，校图书馆和国际合作交流处协办。

18 日　第一届全国社区营养与健康管理大会暨首批注册营养师颁证仪式在北京全国政协礼堂召开，学校申报的注册营养师课程教学基地获得中国营养学会首批授牌。

△ 城市轨道交通与物流学院教授方建军获授俄罗斯交通科学院乌拉尔分院外籍院士称号。

20 日　北京市高等教育学会会长线联平到校调研学校发展与一流本科专业建设，副会长王晓纯陪同调研。

△ 学校在中央民族乐团音乐厅举办新时代·新征程“廉创空间”主题音乐会，包括器乐、合唱、独唱、朗诵、舞蹈多种形式，有 5 首师生作词作曲演唱的原创作品。

23 日　学校召开第二届高中校长论坛，来自北京市三里屯一中、中国矿业大学附属中学、中国农业大学附属中学、北京科技大学附属中学等 10 余所高中学校及现代教育报社的领导参加。

24 日　北京联合大学村官校友会成立大会召开，北京市“五四奖章”获得者、优秀村官校友王丽娜当选为理事会首任会长。

26 日　智慧城市学院参与协办的首期智慧北京建设与发展论坛在学校举行。其间，学校与正益移动互联股份有限公司、广州臻金智能科技有限公司、广东中科物联网产业发展有限公司签署建设合同，与中国航天科工集团、北大方正、浙江大华、清华同方、新华网签署合作共建协议。

27—29 日　学校召开中国共产党北京联合大学第五次党员代表大会。校党委书记韩宪洲做题为《凝心聚力　顺势而为　为加快建设北京人民满意的城市型、应用型大学不懈奋斗》的工作报告，提出学校未来五年和到 2035 年的奋斗目标。会议选举产生 22 人组成的第五届党委和 9 人组成的纪委。

28 日　在北京外国语大学召开的北京市高等教育学会外国留学生工作研究会第八届理事会上，学校当选为常务理事单位。

29 日　艺术团校友会成立大会召开。艺术团指导教师王辉当选首任会长。

·重要会议与文件·

2017 年党政会议议题

会议名称	会议时间	主要议题
第 1 次党委常委会 第 1 次校长办公会	1 月 3 日	研究通过党的十九大代表候选人学校推荐提名人选结果、学校 2016 年民主生活会方案和学校安装电动车充电桩等事宜；审议有关外事工作
第 2 次党委常委会 第 2 次校长办公会	1 月 11 日	传达北京市委教育工委、市政府教育督导室对学校思想政治理论课专项督查工作的反馈意见；研究并原则通过学校 2016 年工作总结、学校四届党委第十四次全委（扩大）会安排、2016 年二级单位考核结果、学校合格党支部建设规范和合格党员行为规范、《北京联合大学公务交通出行费用报销管理办法（试行）》、2017 年学校科技创新服务能力建设-科研水平提高定额（科研类）经费使用意见、学校 2016 年 12 月份学生退学报告；研究有关安稳工作；审议有关干部、外事工作
第 3 次党委常委会 第 3 次校长办公会	3 月 6 日	传达学习十一届北京市纪委六次全会和教育部 2017 年教育系统党风廉政建设工作视频会议精神；研究通过学校 2016 年工作总结和 2017 年工作要点、2016 年校管中层干部年度考核"优秀"结果、学校关于北京市第十二次党代会代表选举工作方案、增发 2016 年在编在岗教职工一次性绩效工资方案、2016 年正高级专业技术职务晋升聘任结果和第八批双师素质教师资格认定结果等事宜；原则通过 2016 年校领导班子民主生活会整改方案、学校本科教学工作审核评估启动动员会方案等事宜；审议有关外事工作
第 4 次党委常委会	3 月 13 日	传达学习上级安全稳定工作会议精神；研究并原则通过 2017 年校内预算方案；通过学校关于北京市第十二次党代会代表候选人初步人选考察对象建议名单、进一步规范党费收缴事宜、特殊教育学院新一届党委组成人员候选人预备人选的请示等；通报 2017 年领导干部填报个人事项有关问题；审议有关干部、外事工作
第 5 次党委常委会 第 4 次校长办公会	3 月 20 日	研究通过学校 2017 年党建工作计划、机器人学院召开党员大会的请示等事宜；听取 2016 年处级领导干部经济责任审计情况和特殊教育学院党员大会筹备工作情况等工作汇报；听取学校工会关于首都劳动奖章推荐人选的报告；研究并原则通过学校后勤标准化创建工作方案；审议有关干部、外事工作
第 6 次党委常委会 第 5 次校长办公会	4 月 10 日	传达学习教育部深化高等教育领域"放管服"改革电视电话会议精神；研究通过：统一全校图书馆管理机制方案，调整应用型高等教育发展研究中心机构设置方案，设立北京联合大学党委研究室方案，学校 2017 年岗位聘任形势分析会方案，机关党委、直属单位党委和艺术学院党委组成人员候选人预备人选的请示，特殊教育学院党员大会和新一届委员会第一次会议选举结果的请示，关于做好与党组织失去联系党员规范管理和组织处理的初步意见等事宜；研究落实《关于推荐北京高校先进基层党组织优秀共产党员优秀党务工作者候选名单的通知》《关于开展"严肃查处群众身边的不正之风和腐败问题"专项工作方案》《关于进一步深化"为官不为""为官乱为"问题专项治理的工作方案》等文件的措施；研究并原则通过学校颁发双二辅证书版式设计方案、学校本科教学工作审核评估的工作方案和启动动员会安排、《北京联合大学听课管理办法》和《北京联合大学教育教学督导工作条例》；讨论北四环校区篮球场西南侧区域绿化建设方案；审议有关干部、外事工作
第 7 次党委常委会 第 6 次校长办公会	4 月 17 日	研究通过学校召开 2017 年党风廉政建设大会方案、《北京联合大学 2017 年审计工作计划》《北京联合大学 2016 年度预算执行及财务决算审计工作方案》《北京联合大学研究生奖学金、助学金管理办法》，撤销导聋犬基地；研究并原则通过离退休工作领导小组成员调整方案和孔子学院成立十周年纪念活动方案；听取机关、直属单位和艺术学院三个单位党员大会筹备工作情况汇报、2017 年毕业生专项招录工作汇报和申报 2017 年度北京市属高校高水平教师队伍建设项目遴选情况汇报；审议有关干部工作

续表

会议名称	会议时间	主要议题
第 8 次党委常委会	4 月 24 日	研究通过：机关党员大会和机关党委新一届委员会第一次会议选举结果的请示，学校提出北京市第十二次党代会代表候选人初步名单，关于做好与党组织失去联系党员规范管理和组织处理的初步意见，《中共北京联合大学委员会落实意识形态工作责任制实施细则》和《中共北京联合大学委员会党风廉政建设约谈工作实施办法（试行）》，对有关部门、党组织问责事宜等；研究并原则通过信息学院、自动化学院、机电学院和机器人学院的调整方案；审议有关干部、外事工作
第 9 次党委常委会 第 7 次校长办公会	5 月 2 日	传达学习 2017 年北京教育系统党风廉政建设工作会议精神；研究通过：中共北京联合大学党员代表大会选举出席北京市第十二次党代会代表的方案，学校 2017 年党风廉政建设工作会报告，北京高校先进基层党组织优秀共产党员优秀党务工作者推荐候选人名单，直属单位、艺术学院两个单位党员大会和新一届委员会第一次会议选举结果的请示，部分二级党组织调整工作方案，终止原机器人学院党员大会筹备工作的建议，国际交流学院增加正处级职数，2017 年第一季度退学学生名单，2017 年招生章程相关事宜等；研究并原则通过学校 2017—2018 学年教学日历安排、2017 年招生计划；听取推荐参加北京高校第十届青教赛遴选人员情况汇报；审议有关干部工作
第 10 次党委常委会	5 月 4 日	研究通过《迎接〈北京普通高等学校党建和思想政治工作基本标准〉集中检查工作方案》；原则通过《北京联合大学学术委员会章程》修订意见；审议有关干部、外事工作
第 11 次党委常委会 第 8 次校长办公会	5 月 15 日	传达学习《中共北京市纪委机关　中共北京市委组织部关于从严做好清理规范领导干部在社会团体、基金会、民办非企业单位等社会组织以及在企业兼职有关工作的通知》（京组通〔2017〕20 号）；研究通过学校 2015—2017 年度先进基层党组织优秀党员优秀党务工作者评选表彰的方案、马克思主义学院总支部委员会组成人员候选人预备人选等事宜；原则通过调整行政管理处和后勤服务公司设置的方案、将马克思主义学院艺术教研室调整至艺术学院的方案、学校 2017 年岗位聘任文件、《北京联合大学固定资产管理办法》和《北京联合大学采购人代表管理办法（试行）》等；听取学校出席市第十二次党代会的代表候选人初步人选公示情况汇报；审议有关干部、外事工作
第 12 次党委常委会 第 9 次校长办公会	5 月 22 日	研究通过校科研处更名、离退休第一届党委组成人员候选人预备人选、《北京联合大学横向科研项目经费管理办法》等科研经费管理系列文件、成立北京联合大学网络安全和信息化领导小组等事宜；原则通过我校申报北京市级和评选校级优秀教师、优秀教育工作者方案；听取马克思主义学院党员大会筹备工作情况汇报、学校三年基建规划项目结算及经费缺口情况汇报和学术委员会委员遴选情况汇报；审议有关干部工作
第 13 次党委常委会 第 10 次校长办公会	6 月 1 日	传达学习上级意识形态情况通报会精神；研究通过北京联合大学工会会员代表大会补选工会委员会委员事宜；原则通过《北京联合大学干部选拔任用工作纪实办法（试行）》以及《北京联合大学学科竞赛管理办法》等教学管理文件；听取中共北京联合大学离退休人员第一次党员代表大会筹备工作情况汇报和学校本科教学工作审核评估专项汇报；审议有关干部、外事工作
第 14 次党委常委会 第 11 次校长办公会	6 月 12 日	研究通过：离退休人员第一次党员代表大会和第一届委员会第一次会议选举结果，马克思主义学院党员大会和新一届委员会第一次会议选举结果，学校教职工健康幸福提升工程实施方案，市级优秀教师、优秀教育工作者推荐人选和校级优秀教师、优秀教育工作者评选结果，学校承办 2017 年全国大学生“廉洁领袖”夏令营相关事宜，《北京联合大学研究生管理规定》修订意见，《北京联合大学 2017 年招生录取办法》等；原则通过《北京联合大学“十三五”本科专业建设与发展规划》和《北京联合大学学生管理规定》等系列管理文件的修订意见；听取智慧城市学院、机器人学院和城市轨道交通与物流学院相关调整工作落实情况汇报、学校教师赴德国培训组团情况汇报、学校学生党建工作情况汇报、2017 年全国文化名家暨“四个一批”人才评审推荐人选情况汇报；审议有关干部、外事工作
第 15 次党委常委会 第 12 次校长办公会	6 月 19 日	研究并原则通过召开学校 2017 年党建工作会的方案、部分单位内设机构调整的意见；听取学校统战工作汇报，2015—2017 年校级先进基层党组织、优秀共产党员、优秀党务工作者评选结果汇报，听取学校第二届精品党课、微党课、微视频评选情况汇报，听取参评 2017 年北京市“高创计划”教学名师候选人推荐情况汇报和学校 2017 届市级、校级优秀毕业生评选情况汇报；审议有关干部工作

续表

会议名称	会议时间	主要议题
第16次党委常委会 第13次校长办公会	6月26日	研究通过《中共北京联合大学委员会　北京联合大学关于2017年党风廉政建设和反腐败主要任务分工的意见》、旅游学院相关机构调整的意见、《北京联合大学关于硕士研究生指导教师工作量认定管理办法》《北京联合大学人才强校优选计划——"十三五"期间教师队伍建设资助及项目管理办法》;研究并原则通过学校2016—2017学年暑期工作安排、《北京联合大学双师素质教师队伍管理办法》、学校2017年迎新工作方案和2017级新生军训工作方案;听取学校发展党员工作汇报、党校工作汇报和安全稳定工作情况汇报;审议有关干部、外事工作
第17次党委常委会	7月4日	传达学习上级有关安全稳定工作会议精神;研究并原则通过2017年学校暑期工作会方案、2017年学校第一次校内预算调整方案和学校项目库补充项目事宜、成立学校党外知识分子联谊会相关事宜、《中共北京联合大学委员会党风廉政建设责任制落实情况中期检查方案》;审议有关干部、外事工作
第18次党委常委会	7月7日	审议有关干部工作
第19次党委常委会 第14次校长办公会	7月10日	研究通过对从事党务工作的离退休党员给予补贴的意见、学校2017年6月份退学学生名单、2017年度申报新增或停止招生的本科专业目录、生物化学工程学院内设机构调整事宜等;原则通过《关于推进"两学一做"学习教育常态化制度化实施方案》《关于落实党风廉政建设监督责任的实施细则》等组织工作和党风廉政建设工作相关文件、北四环校区篮球场西南侧区域绿化建设方案;听取学校女职工工作情况汇报和应用科技学院调整到北苑校区办学工作情况汇报;审议有关干部、外事工作
第20次党委常委会 第15次校长办公会	9月4日	研究《关于筹备召开中国共产党北京联合大学第五次党员代表大会的请示》;原则通过《中共北京联合大学委员会关于落实党风廉政建设主体责任的实施细则》《中共北京联合大学委员会关于加强和改进新形势下思想政治工作的实施意见》《北京联合大学课程建设规划》;听取我校与俄罗斯国立交通大学科技合作及合作办学进展情况;审议有关干部、外事工作
第21次党委常委会	9月6日	讨论我校推荐北京市第十五届人大代表和政协北京市第十三届委员会委员建议人选
第22次党委常委会 第16次校长办公会	9月18日	传达学习市纪委有关会议精神;研究并通过筹备召开学校第五次党员代表大会、应用科技学院召开党员大会的请示等事宜;研究并原则通过《新时期北京联合大学教育对外开放工作规划(2016—2020)》《北京联合大学港澳台学生招收、培养管理规定》《北京联合大学师生团组赴台交流交换管理规定》《北京联合大学专业技术职务晋升聘任必备条件》和2017年第二次预算调整草案;同意2017年第九批双师素质教师资格认定结果和给予有关教师通报批评等事宜;审议有关干部工作
第23次党委常委会 第17次校长办公会	9月25日	传达学习上级关于党的十九大安保维稳工作会精神,通过学校在党的十九大期间安保维稳工作方案;听取学校2017年上半年意识形态工作情况汇报;研究通过2017年基础设施改造经费调整、2017级学生军训时间调整等事宜;同意北京联合大学2017年人才强校优选计划遴选结果;审议有关干部工作
第24次党委常委会	9月30日	传达学习市委、市委教工委关于做好传达学习宣传贯彻党的十九大精神准备和十九大服务保障工作会议精神;听取校第五次党代会筹备工作有关事宜的汇报
第25次党委常委会 第18次校长办公会	10月9日	研究通过做好迎接学习宣传党的十九大工作、继续教育学院党委和机关党委出席校第五次党代会代表候选人预备人选名单调整及召开党员大会事宜、《北京联合大学固定资产报废调拨管理细则》《北京联合大学公用资产管理细则》;听取北京联合大学开展巡视整改和《条例》《准则》落实情况自查自纠工作情况、本科教学工作审核评估进展情况和北京联合大学2016—2017学年本专科学生国家奖学金评奖情况汇报;审议有关干部、外事工作
第26次党委常委会 第19次校长办公会	10月17日	听取校第五次党代会代表选举工作有关事宜、2017年第二次财务预算调整落实情况、2016—2017年度基层党支部"1+1"共建活动优秀结对项目评选结果,听取北京联合大学2017年研究生国家奖学金、校长特别奖评选情况汇报;研究通过2018年财务预算草案和完善基层党支部把好教职工政治关、师德关工作事宜;研究并原则通过《北京联合大学二级学院教学系(部)务会工作制度》《北京联合大学本专科学生国家助学贷款中央奖补专项资金使用细则》《北京联合大学内部控制自评工作方案》;审议有关干部、外事工作

续表

会议名称	会议时间	主要议题
第27次党委常委会 第20次校长办公会	10月23日	听取学校第五次党员代表大会党委工作报告和纪委工作报告编制情况汇报；研究迎接市纪委市监委入校检查工作实施方案、第十九届海峡两岸学术研讨会相关事宜、体育教学部设立体育场馆办公室事宜、北京联合大学2016—2017学年本专科学生国家励志奖学金评审结果和2017—2018学年本专科学生国家助学金评审结果；审议有关干部、外事工作
第28次党委常委会 第21次校长办公会	11月8日	传达学习市委十二届三次全会、市委教工委党风廉政建设责任制检查部署会精神；研究学习十九大精神安排及成立学校十九大精神宣讲团、应用科技学院召开党员大会事宜；审议《关于加强和改进离退休干部工作的实施细则》《关于进一步加强和改进研究生思想政治教育的实施办法》；听取2017年10月份学生退学情况、北苑校区存放固定资产报废和2018年度北京市属高校高水平教师队伍建设项目遴选结果汇报；审议有关干部、外事工作
第29次党委常委会	11月19日	审议《中共北京联合大学委员会关于推进“课程思政”建设的实施意见》；听取2017—2018年度基层党支部“1+1”共建项目和活动立项申报情况汇报；审议有关干部工作
第30次党委常委会	11月24日	研究我校第十三届全国政协委员推荐提名人选事宜
第31次党委常委会 第22次校长办公会	11月30日	传达学习上级关于安全工作会议精神；审议《中共北京联合大学党委常委会带头落实全面从严治党主体责任的实施办法》《北京联合大学残疾人高等融合教育试点工作方案》；研究校第五次党员代表大会筹备工作、召开“课程思政”推进会、北京市三八红旗集体或奖章人选推荐、进一步推进后勤服务外包方案事宜；听取财务预算调整情况、生物化学工程学院国际产学合作促进中心成立大会暨2017开放创新论坛（中日专场）筹备情况、2016—2017学年本专科学生校级评奖评优情况汇报；审议有关干部、外事工作
第32次党委常委会 第23次校长办公会	12月7日	研究校第五次党员代表大会筹备工作事宜；听取取消2017年未报到新生入学资格情况汇报
第33次党委常委会 第24次校长办公会	12月21日	审议校第五次党员代表大会《党委工作报告（上报稿）》《纪委工作报告（上报稿）》《2017届毕业生就业质量年度报告》《北京联合大学关于进一步做好继续教育工作的意见》《北京联合大学房屋和土地出租出借管理细则》以及我校2017年国家数据平台本科教学基本状态数据；研究校第五次党员代表大会筹备工作、将学校发展目标中的“首都”更改为“北京”的建议、校党风廉政监督员换届、研究生以及本科生退学事宜；听取2017年“金融院校百名英才教师”培养项目推荐人选情况、本科教学审核评估工作进展情况与后期工作安排汇报；审议有关干部、外事工作

（党委办公室、校长办公室提供）

2017年党发校发文件目录

分类	文号	文件名
京联党系列文件	京联党〔2017〕1号	关于印发《北京联合大学2016年度民主生活会方案》的通知
	京联党〔2017〕2号	关于学习贯彻落实全国高校思想政治工作会议精神的通知
	京联党〔2017〕3号	关于王维国职务变动的通知
	京联党〔2017〕4号	关于孔军等九人职务变动的通知
	京联党〔2017〕5号	关于苏明等五人职务变动的通知
	京联党〔2017〕6号	关于公布2016年度考核优秀单位的通知
	京联党〔2017〕7号	关于杨煦任职的通知
	京联党〔2017〕8号	关于印发《北京联合大学2016年工作总结》的通知
	京联党〔2017〕9号	关于印发《北京联合大学2017年工作要点》的通知
	京联党〔2017〕10号	关于印发《北京联合大学领导班子2016年度民主生活会整改方案》的通知
	京联党〔2017〕11号	关于中国共产党北京市第十二次代表大会代表选举工作方案
	京联党〔2017〕12号	关于调整基层党组织设置的通知
	京联党〔2017〕13号	关于印发《北京联合大学章程》的通知

续表

分类	文号	文件名
京联党系列文件	京联党〔2017〕14号	关于公布2016年度校管中层干部考核优秀及单项奖结果的通知
	京联党〔2017〕15号	关于李志祺、董焱职务变动的通知
	京联党〔2017〕16号	关于张有等三人职务变动的通知
	京联党〔2017〕17号	关于孙晓鲲职务变动的通知
	京联党〔2017〕18号	关于唐昊、吴庆职务变动的通知
	京联党〔2017〕19号	关于特殊教育学院党委换届候选人预备人选的批复
	京联党〔2017〕20号	关于进一步规范党费收缴工作的通知
	京联党〔2017〕21号	关于印发《2017年党建工作计划》的通知
	京联党〔2017〕22号	关于赵雪等八人职务变动的通知
	京联党〔2017〕23号	关于林妍梅任职的通知
	京联党〔2017〕24号	关于对新成立满一年的学院领导班子及班子成员进行民主测评的规定
	京联党〔2017〕25号	关于召开第四届教职工暨工会会员代表大会第二次会议的通知
	京联党〔2017〕26号	关于开展2017年党风廉政宣传教育月活动的通知
	京联党〔2017〕27号	关于同意机器人学院进行党员大会筹备工作的批复
	京联党〔2017〕28号	关于印发《校团委教师兼职副书记管理办法(试行)》的通知
	京联党〔2017〕29号	关于印发《关于进一步深化"为官不为""为官乱为"问题专项治理的工作方案》的通知
	京联党〔2017〕30号	关于印发《关于开展"严肃查处群众身边的不正之风和腐败问题"专项工作方案》的通知
	京联党〔2017〕31号	关于统一全校图书馆管理方式的决定
	京联党〔2017〕32号	关于调整应用型高等教育发展研究中心机构设置的决定
	京联党〔2017〕33号	印发《关于实行学术恢复期的暂行规定》的通知
	京联党〔2017〕34号	关于特殊教育学院新一届党委选举结果的批复
	京联党〔2017〕35号	关于机关党委换届候选人预备人选的批复
	京联党〔2017〕36号	关于直属单位党委换届候选人预备人选的批复
	京联党〔2017〕37号	关于艺术学院党委换届候选人预备人选的批复
	京联党〔2017〕38号	关于成立北京联合大学党委研究室的决定
	京联党〔2017〕39号	关于张赫任职的通知
	京联党〔2017〕40号	关于罗晓惠退休的通知
	京联党〔2017〕41号	关于调整北京联合大学离退休干部工作领导小组成员的通知
	京联党〔2017〕42号	关于机关党委新一届党委选举结果的批复
	京联党〔2017〕43号	关于相关学院调整的决定
	京联党〔2017〕44号	关于印发《北京联合大学党风廉政建设约谈工作实施办法(试行)》的通知
	京联党〔2017〕45号	涉密
	京联党〔2017〕46号	关于表彰第八届青年教师教学基本功比赛获奖教师的决定
	京联党〔2017〕47号	关于王廷梅任职的通知
	京联党〔2017〕48号	关于那日松任职的通知
	京联党〔2017〕49号	关于王爱民职务变动的通知
	京联党〔2017〕50号	关于谢职安职务变动的通知
	京联党〔2017〕51号	关于牛爱芳职务变动的通知
	京联党〔2017〕52号	关于直属单位党委新一届委员会选举结果的批复
	京联党〔2017〕53号	关于艺术学院新一届党委选举结果的批复
	京联党〔2017〕54号	关于终止原机器人学院党员大会筹备工作的决定
	京联党〔2017〕55号	关于调整部分二级党组织设置的通知
	京联党〔2017〕56号	关于周月朋职务变动的通知
	京联党〔2017〕57号	关于杨奇红等四人职务变动的通知
	京联党〔2017〕58号	关于丛森等三人职务变动的通知
	京联党〔2017〕59号	关于印发《北京联合大学迎接北京普通高等学校党建和思想政治工作基本标准集中检查工作方案》的通知
	京联党〔2017〕60号	关于处级干部选拔任用条件的补充意见(二)
	京联党〔2017〕61号	关于2017年聘任中校管中层干部岗位调整的意见
	京联党〔2017〕62号	关于张俊玲、王希庆职务变动的通知

续表

分类	文号	文件名
京联党系列文件	京联党〔2017〕63 号	关于调整行政管理处和后勤服务公司设置的决定
	京联党〔2017〕64 号	关于增补许峰为马克思主义学院新一届党总支委员会委员候选人预备人选的批复
	京联党〔2017〕65 号	关于评选表彰 2015—2017 年度先进基层党组织优秀共产党员优秀党务工作者的通知
	京联党〔2017〕66 号	关于召开中共北京联合大学党员代表大会的通知
	京联党〔2017〕67 号	关于从严做好清理规范领导干部在社会团体、基金会、民办非企业单位等社会组织以及在企业兼职有关工作的通知
	京联党〔2017〕68 号	关于离退休党委换届候选人预备人选的批复
	京联党〔2017〕69 号	关于李晓丽、张逸薇职务变动的通知
	京联党〔2017〕70 号	关于肖富宁职务变动的通知
	京联党〔2017〕71 号	关于取消学报编辑部行政级别的通知
	京联党〔2017〕72 号	关于周小华、李亚青职级变动的通知
	京联党〔2017〕73 号	关于印发《北京联合大学 2017 年岗位聘任工作指导意见》的通知
	京联党〔2017〕74 号	关于印发《北京联合大学 2017 年岗位设置办法》的通知
	京联党〔2017〕75 号	关于印发《北京联合大学 2017 年绩效工资实施方案》的通知
	京联党〔2017〕76 号	关于印发《北京联合大学 2017 年校院二级管理办法》的通知
	京联党〔2017〕77 号	关于刘蓉不再保留副处级待遇的通知
	京联党〔2017〕78 号	关于成立北京联合大学网络安全和信息化领导小组的通知
	京联党〔2017〕79 号	关于印发《北京联合大学二级单位和校管中层干部考核办法》的通知
	京联党〔2017〕80 号	关于印发《北京联合大学干部选拔任用工作纪实办法(试行)》的通知
	京联党〔2017〕81 号	关于印发《北京联合大学教职工健康幸福提升工程实施方案》的通知
	京联党〔2017〕82 号	关于范清惠等三人职务变动的通知
	京联党〔2017〕83 号	关于印发《北京联合大学学术委员会章程》的通知
	京联党〔2017〕84 号	关于马克思主义学院新一届党总支委员会选举结果的批复
	京联党〔2017〕85 号	关于离退休党委第一次党员代表大会和第一届委员会第一次全体会议选举结果的批复
	京联党〔2017〕86 号	印发《关于加强新形势下党外代表人士队伍建设的意见》的通知
	京联党〔2017〕87 号	关于刘锦东职务变动的通知
	京联党〔2017〕88 号	关于宋志伟等五人职务变动的通知
	京联党〔2017〕89 号	关于 2017 年党风廉政建设和反腐败工作主要任务分工的意见
	京联党〔2017〕90 号	关于表彰 2015—2017 年度先进基层党组织优秀共产党员优秀党务工作者的决定
	京联党〔2017〕91 号	关于表彰第二届优秀党课征集评比活动精品党课、优秀微党课、优秀微视频以及活动优秀组织奖的决定
	京联党〔2017〕92 号	关于印发《2017 年党风廉政建设责任制落实情况中期检查方案》的通知
	京联党〔2017〕93 号	关于校工会副主席任职的通知
	京联党〔2017〕94 号	关于杨丽华等四人职务变动的通知
	京联党〔2017〕95 号	关于叶磊等四人职务变动的通知
	京联党〔2017〕96 号	关于孙桂生、王存浩职务变动的通知
	京联党〔2017〕97 号	关于谢职安职务变动的通知
	京联党〔2017〕98 号	关于赵华、周运退休的通知
	京联党〔2017〕99 号	关于朱科蓉、高丽萍职务变动的通知
	京联党〔2017〕100 号	关于丁兆明、郭鹏任职的通知
	京联党〔2017〕101 号	关于印发《中共北京联合大学纪律检查委员会关于落实党风廉政建设监督责任的实施细则》的通知
	京联党〔2017〕102 号	印发《关于践行监督执纪四种形态的实施办法》的通知
	京联党〔2017〕103 号	关于印发《北京联合大学党委书记和纪委书记党风廉政建设工作会商制度》的通知
	京联党〔2017〕104 号	关于印发《北京联合大学纪检监察工作重要事项联席会议制度》的通知
	京联党〔2017〕105 号	关于印发《北京联合大学关于提升发展党员工作质量的意见》的通知
	京联党〔2017〕106 号	印发《关于建立健全二级党组织党建工作责任制的实施意见》的通知
	京联党〔2017〕107 号	印发《关于推进“两学一做”学习教育常态化制度化的实施方案》的通知
	京联党〔2017〕108 号	印发《关于规范党费收缴使用管理实施细则(试行)》的通知
	京联党〔2017〕109 号	关于印发《北京联合大学二级学院专职组织员工作制度(试行)》的通知

续表

分类	文号	文件名
京联党系列文件	京联党〔2017〕110 号	关于深入学习贯彻习近平总书记在省部级主要领导干部专题研讨班上重要讲话精神的通知
	京联党〔2017〕111 号	关于杨洪志、祁春利职务变动的通知
	京联党〔2017〕112 号	印发《关于落实党风廉政建设主体责任的实施细则》的通知
	京联党〔2017〕113 号	印发《关于加强和改进新形势下思想政治工作的实施意见》的通知
	京联党〔2017〕114 号	关于印发《北京联合大学关于完善学校领导班子成员联系基层制度的实施办法》的通知
	京联党〔2017〕115 号	关于严旭阳、车雅军、田娥任职的通知
	京联党〔2017〕116 号	关于张宝秀等八名同志职务变动的通知
	京联党〔2017〕117 号	关于周志成职务变动的通知
	京联党〔2017〕118 号	关于筹备召开中国共产党北京联合大学第五次党员代表大会的通知
	京联党〔2017〕119 号	关于成立中国共产党北京联合大学第五次党员代表大会代表资格审查小组的通知
	京联党〔2017〕120 号	关于做好中国共产党北京联合大学第五次党员代表大会代表选举工作的通知
	京联党〔2017〕121 号	关于做好中国共产党北京联合大学第五届委员会委员和纪律检查委员会委员候选人预备人选推荐提名工作的通知
	京联党〔2017〕122 号	关于应用科技学院筹备召开党员大会的批复
	京联党〔2017〕124 号	关于王维国职务变动的通知
	京联党〔2017〕125 号	关于提名北京联合大学纪委副书记人选的请示
	京联党〔2017〕126 号	关于增加继续教育学院出席学校第五次党员代表大会代表名额的通知
	京联党〔2017〕127 号	关于同意应用文理学院出席学校第五次党员代表大会代表候选人预备人选的批复
	京联党〔2017〕128 号	关于同意师范学院出席学校第五次党员代表大会代表候选人预备人选的批复
	京联党〔2017〕129 号	关于同意商务学院出席学校第五次党员代表大会代表候选人预备人选的批复
	京联党〔2017〕130 号	关于同意生物化学工程学院出席学校第五次党员代表大会代表候选人预备人选的批复
	京联党〔2017〕131 号	关于同意旅游学院出席学校第五次党员代表大会代表候选人预备人选的批复
	京联党〔2017〕132 号	关于同意智慧城市学院出席学校第五次党员代表大会代表候选人预备人选的批复
	京联党〔2017〕133 号	关于同意机器人学院出席学校第五次党员代表大会代表候选人预备人选的批复
	京联党〔2017〕134 号	关于同意城市轨道交通与物流学院出席学校第五次党员代表大会代表候选人预备人选的批复
	京联党〔2017〕135 号	关于同意管理学院出席学校第五次党员代表大会代表候选人预备人选的批复
	京联党〔2017〕136 号	关于同意特殊教育学院出席学校第五次党员代表大会代表候选人预备人选的批复
	京联党〔2017〕137 号	关于同意艺术学院出席学校第五次党员代表大会代表候选人预备人选的批复
	京联党〔2017〕138 号	关于同意应用科技学院出席学校第五次党员代表大会代表候选人预备人选的批复
	京联党〔2017〕139 号	关于同意马克思主义学院出席学校第五次党员代表大会代表候选人预备人选的批复
	京联党〔2017〕140 号	关于同意国际交流学院出席学校第五次党员代表大会代表候选人预备人选的批复
	京联党〔2017〕141 号	关于同意直属单位党委出席学校第五次党员代表大会代表候选人预备人选的批复
	京联党〔2017〕142 号	关于同意离退休党委出席学校第五次党员代表大会代表候选人预备人选的批复
	京联党〔2017〕143 号	关于同意召开中共北京联合大学应用文理学院党员代表大会的批复
	京联党〔2017〕144 号	关于同意召开中共北京联合大学师范学院党员大会的批复
	京联党〔2017〕145 号	关于同意召开中共北京联合大学商务学院党员大会的批复
	京联党〔2017〕146 号	关于同意召开中共北京联合大学生物化学工程学院党员大会的批复
	京联党〔2017〕147 号	关于同意召开中共北京联合大学旅游学院党员大会的批复
	京联党〔2017〕148 号	关于同意召开中共北京联合大学智慧城市学院党员大会的批复
	京联党〔2017〕149 号	关于同意召开中共北京联合大学机器人学院党员大会的批复
	京联党〔2017〕150 号	关于同意召开中共北京联合大学城市轨道交通与物流学院党员大会的批复
	京联党〔2017〕151 号	关于同意召开中共北京联合大学管理学院党员大会的批复
	京联党〔2017〕152 号	关于同意召开中共北京联合大学特殊教育学院党员大会的批复
	京联党〔2017〕153 号	关于同意召开中共北京联合大学艺术学院党员大会的批复
	京联党〔2017〕154 号	关于同意召开中共北京联合大学应用科技学院党员大会的批复
	京联党〔2017〕155 号	关于同意召开中共北京联合大学马克思主义学院党员大会的批复
	京联党〔2017〕156 号	关于同意召开中共北京联合大学国际交流学院党员大会的批复
	京联党〔2017〕157 号	关于同意召开中共北京联合大学直属单位党员大会的批复

续表

分类	文号	文件名
京联党系列文件	京联党〔2017〕158 号	关于同意召开中共北京联合大学离退休党员代表大会的批复
	京联党〔2017〕159 号	关于同意继续教育学院出席学校第五次党员代表大会代表候选人预备人选的批复
	京联党〔2017〕160 号	关于同意机关党委出席学校第五次党员代表大会代表候选人预备人选的批复
	京联党〔2017〕161 号	关于同意召开中共北京联合大学继续教育学院党员大会的批复
	京联党〔2017〕162 号	关于同意召开中共北京联合大学机关党员大会的批复
	京联党〔2017〕163 号	关于张文杰职务变动的通知
	京联党〔2017〕164 号	关于做好迎接学习宣传党的十九大工作的通知
	京联党〔2017〕165 号	关于同意应用文理学院出席学校第五次党员代表大会代表的批复
	京联党〔2017〕166 号	关于同意师范学院出席学校第五次党员代表大会代表的批复
	京联党〔2017〕167 号	关于同意商务学院出席学校第五次党员代表大会代表的批复
	京联党〔2017〕168 号	关于同意生物化学工程学院出席学校第五次党员代表大会代表的批复
	京联党〔2017〕169 号	关于同意旅游学院出席学校第五次党员代表大会代表的批复
	京联党〔2017〕170 号	关于同意继续教育学院出席学校第五次党员代表大会代表的批复
	京联党〔2017〕171 号	关于同意智慧城市学院出席学校第五次党员代表大会代表的批复
	京联党〔2017〕172 号	关于同意机器人学院出席学校第五次党员代表大会代表的批复
	京联党〔2017〕173 号	关于同意城市轨道交通与物流学院出席学校第五次党员代表大会代表的批复
	京联党〔2017〕174 号	关于同意管理学院出席学校第五次党员代表大会代表的批复
	京联党〔2017〕175 号	关于同意特殊教育学院出席学校第五次党员代表大会代表的批复
	京联党〔2017〕176 号	关于同意艺术学院出席学校第五次党员代表大会代表的批复
	京联党〔2017〕177 号	关于同意应用科技学院出席学校第五次党员代表大会代表的批复
	京联党〔2017〕178 号	关于同意马克思主义学院出席学校第五次党员代表大会代表的批复
	京联党〔2017〕179 号	关于同意国际交流学院出席学校第五次党员代表大会代表的批复
	京联党〔2017〕180 号	关于同意机关党委出席学校第五次党员代表大会代表的批复
	京联党〔2017〕181 号	关于同意直属单位党委出席学校第五次党员代表大会代表的批复
	京联党〔2017〕182 号	关于同意离退休党委出席学校第五次党员代表大会代表的批复
	京联党〔2017〕183 号	关于出席学校第五次党员代表大会代表的公告
	京联党〔2017〕184 号	关于中共北京联合大学第五届两委委员候选人初步人选推荐提名工作征求意见（“二下”）的通知
	京联党〔2017〕185 号	关于艺术学院领导班子任职的通知
	京联党〔2017〕186 号	关于完善基层党支部把好教职工政治关、师德关工作的通知
	京联党〔2017〕187 号	关于印发《北京联合大学二级学院教学系（部）务会工作制度》的通知
	京联党〔2017〕188 号	关于曹建中职务变动的通知
	京联党〔2017〕189 号	关于魏绍谦、庞昊勇退休的通知
	京联党〔2017〕190 号	关于张文杰、张健民职务变动的通知
	京联党〔2017〕191 号	关于孔军任职的通知
	京联党〔2017〕192 号	印发《关于建立健全师德建设长效机制的实施办法》的通知
	京联党〔2017〕193 号	关于成立“北京联合大学学习贯彻党的十九大精神宣讲团”的通知
	京联党〔2017〕194 号	关于李宇红、郑丽、郭彦丽任职的通知
	京联党〔2017〕195 号	关于王恩江职务变动的通知
	京联党〔2017〕196 号	关于王树兰退休的通知
	京联党〔2017〕197 号	关于认真学习宣传贯彻党的十九大精神的通知
	京联党〔2017〕198 号	印发《关于加强和改进离退休干部工作的实施细则》的通知
	京联党〔2017〕199 号	印发《关于推进“课程思政”建设的实施意见（2017—2018）》的通知
	京联党〔2017〕200 号	关于张志斌职务变动的通知
	京联党〔2017〕201 号	关于丁兆明职务变动的通知
	京联党〔2017〕202 号	关于史文瑞、张咏玲职务变动的通知
	京联党〔2017〕203 号	关于刘宇霞、闫华任职的通知
	京联党〔2017〕204 号	关于校党风廉政监督员换届的通知
	京联党〔2017〕205 号	印发《关于加强和改进研究生思想政治教育的实施办法》的通知

续表

分类	文号	文件名
京联党系列文件	京联党〔2017〕206 号	关于印发《中共北京联合大学委员会常委会带头落实全面从严治党主体责任的实施细则》的通知
	京联党〔2017〕207 号	关于做好中共北京联合大学第五次党员代表大会代表提案工作的通知
	京联党〔2017〕208 号	关于中共北京联合大学第五届委员会委员和纪律检查委员会委员候选人预备人选意向性人选推荐提名工作征求意见("三下")的通知
	京联党〔2017〕209 号	关于中国共产党北京联合大学第五届委员会和第五届纪律检查委员会组成人员候选人预备人选的请示
	京联党〔2017〕210 号	关于落实党风廉政建设责任制主体责任情况自查报告
	京联党〔2017〕211 号	关于学校第五次党员代表大会代表团划分的通知
	京联党〔2017〕212 号	关于中国共产党北京联合大学第五次党员代表大会筹备工作情况的报告
	京联党〔2017〕213 号	关于杜连城退休的通知
	京联党〔2017〕214 号	关于李超、玄祖兴任职的通知
	京联党〔2017〕215 号	关于王红任职的通知
	京联党〔2017〕216 号	关于做好校领导班子、局级领导干部 2017 年度考核工作的通知
	京联党〔2017〕217 号	关于印发《北京联合大学 2017 年度民主生活会方案》的通知
	京联党〔2017〕218 号	中共北京联合大学委员会关于 2017 年履行意识形态工作责任制情况报告
	小计	217 个
京联发系列文件	京联发〔2017〕1 号	关于印发《北京联合大学公务交通出行费用报销管理办法(试行)》的通知
	京联发〔2017〕2 号	关于甄旭等四人职务变动的通知
	京联发〔2017〕3 号	关于孟斌、虞思旦职务变动的通知
	京联发〔2017〕4 号	关于韩强职务变动的通知
	京联发〔2017〕5 号	关于赵俊雪职务变动的通知
	京联发〔2017〕6 号	关于杨海燕职务变动的通知
	京联发〔2017〕7 号	关于杨鹏职务变动的通知
	京联发〔2017〕8 号	关于程光等六人职务变动的通知
	京联发〔2017〕9 号	关于方建军等四人职务变动的通知
	京联发〔2017〕10 号	关于田景文职务变动的通知
	京联发〔2017〕11 号	关于刘在云等三人职务变动的通知
	京联发〔2017〕12 号	关于曾美英职务变动的通知
	京联发〔2017〕13 号	关于印发《北京联合大学固定资产管理办法》的通知
	京联发〔2017〕14 号	关于印发《北京联合大学采购人代表管理办法(试行)》的通知
	京联发〔2017〕15 号	关于王浩职务变动的通知
	京联发〔2017〕16 号	关于唐少清职务变动的通知
	京联发〔2017〕17 号	关于黄巍等五人职务变动的通知
	京联发〔2017〕18 号	关于"北京联合大学科研处"更名为"北京联合大学科学技术处"的通知
	京联发〔2017〕19 号	关于杨鹏、张波职务变动的通知
	京联发〔2017〕20 号	关于表彰 2015—2017 学年度优秀教师和优秀教育工作者的决定
	京联发〔2017〕21 号	关于翟世骏职务变动的通知
	京联发〔2017〕22 号	关于印发《北京联合大学财政科研项目经费管理规定》的通知
	京联发〔2017〕23 号	关于印发《北京联合大学差旅费管理实施细则》的通知
	京联发〔2017〕24 号	关于印发《北京联合大学培训费管理实施细则》的通知
	京联发〔2017〕25 号	关于印发《北京联合大学会议费管理实施细则》的通知
	京联发〔2017〕26 号	关于印发《北京联合大学科研类项目间接费用管理办法(试行)》的通知
	京联发〔2017〕27 号	关于印发《北京联合大学横向科研项目管理办法》的通知
	京联发〔2017〕28 号	关于印发《北京联合大学本科教学工作审核评估工作方案》的通知
	京联发〔2017〕29 号	关于高珣等三人职务变动的通知
	京联发〔2017〕30 号	关于公布北京联合大学第三届学术委员会组成人员名单的通知
	京联发〔2017〕31 号	关于印发《北京联合大学"十三五"本科专业建设与发展规划》的通知
	京联发〔2017〕32 号	关于杨洪志、叶秀娟任职的通知
	京联发〔2017〕33 号	关于孙静等四人职务变动的通知

续表

分类	文号	文件名
京联发系列文件	京联发〔2017〕34 号	关于魏绍谦等七人职务变动的通知
	京联发〔2017〕35 号	关于孙首跃等七名同志职务变动的通知
	京联发〔2017〕36 号	关于果小峰等七名同志职务变动的通知
	京联发〔2017〕37 号	关于劳凤学任职的通知
	京联发〔2017〕38 号	关于印发《北京联合大学全日制普通高等教育学生学籍管理规定》的通知
	京联发〔2017〕39 号	关于印发《北京联合大学学生管理规定》的通知
	京联发〔2017〕40 号	关于印发《北京联合大学研究生管理规定》的通知
	京联发〔2017〕41 号	关于印发《北京联合大学学生公寓管理规定》的通知
	京联发〔2017〕42 号	关于开展 2017 年秋季教育收费自查工作的通知
	京联发〔2017〕43 号	关于印发《新时期北京联合大学对外开放工作规划(2016—2020)》的通知
	京联发〔2017〕44 号	关于印发《北京联合大学关于港澳台学生招收、培养管理规定》的通知
	京联发〔2017〕45 号	关于印发《北京联合大学师生团组赴台交流交换管理规定》的通知
	京联发〔2017〕46 号	印发《关于机器人学院试验区管理体制机制问题的若干规定》的通知
	京联发〔2017〕47 号	关于印发《北京联合大学公用资产管理细则》的通知
	京联发〔2017〕48 号	关于印发《北京联合大学固定资产报废、调拨管理细则》的通知
	京联发〔2017〕49 号	关于劳凤学职务变动的通知
	京联发〔2017〕50 号	关于赵卓职务变动的通知
	京联发〔2017〕51 号	关于王晓震任职的通知
	京联发〔2017〕52 号	关于印发《北京联合大学房屋和土地出租、出借管理细则(暂行)》的通知
	京联发〔2017〕53 号	印发《关于进一步做好继续教育工作的意见》的通知
	小计	53 个
京联党办系列文件	京联党办〔2017〕1 号	关于召开中共北京联合大学第四届委员会第十四次全体委员(扩大)会议的通知
	京联党办〔2017〕2 号	关于启用和更新校内相关单位印章的通知
	京联党办〔2017〕3 号	关于《北京联合大学 2017 年工作要点》任务分解的通知
	京联党办〔2017〕4 号	关于启用中国共产党北京联合大学委员会保卫部印章的通知
	京联党办〔2017〕5 号	关于签订 2017 年北京联合大学维护安全稳定工作责任书和消防安全责任书的通知
	京联党办〔2017〕6 号	关于 2017 年组织现职局级干部健康体检的通知
	京联党办〔2017〕7 号	关于召开中共北京联合大学第四届委员会第十五次全体委员会议的通知
	京联党办〔2017〕8 号	关于召开中共北京联合大学第四届委员会第十六次全体委员会议的通知
	京联党办〔2017〕9 号	关于启用中国共产党北京联合大学委员会人民武装部印章的通知
	京联党办〔2017〕10 号	关于召开全校办公室主任座谈会的通知
	京联党办〔2017〕11 号	关于启用中国共产党北京联合大学委员会研究室等七枚党政印章的通知
	京联党办〔2017〕12 号	关于召开第四届教职工暨工会会员代表大会专题会议的通知
	京联党办〔2017〕13 号	关于召开 2017 年北京联合大学党建工作会的通知
	京联党办〔2017〕14 号	关于召开 2017 年暑期工作会的通知
	京联党办〔2017〕15 号	关于召开中共北京联合大学第四届委员会第十七次全体委员会议的通知
	京联党办〔2017〕16 号	关于召开安全稳定工作分析研判会的通知
	京联党办〔2017〕17 号	关于报送学校 2017 年工作总结及 2018 年工作要点的通知
	京联党办〔2017〕18 号	关于召开中共北京联合大学第四届委员会第十八次全体委员会议的通知
	小计	18 个
京联办系列文件	京联办〔2017〕1 号	关于组织编纂《北京联合大学年鉴(2017)》的通知
	京联办〔2017〕2 号	关于启用“北京联合大学北京政治文明建设研究基地”印章的通知
	京联办〔2017〕3 号	关于 2017 年清明节放假安排的通知
	京联办〔2017〕4 号	关于组织召开本科教学工作审核评估启动动员会的通知
	京联办〔2017〕5 号	关于召开北京联合大学 2017 年岗位聘任形势分析会的通知
	京联办〔2017〕6 号	关于 2017 年劳动节放假安排的通知
	京联办〔2017〕7 号	关于更新“北京联合大学门诊部”印章的通知
	京联办〔2017〕8 号	关于 2017 年端午节放假安排的通知
	京联办〔2017〕9 号	关于启用“北京联合大学后勤保障中心”“北京联合大学科学技术处”印章的通知
	京联办〔2017〕10 号	关于做好近期防汛应急工作的通知

续表

分类	文号	文件名
京联办系列文件	京联办〔2017〕11号	关于2016—2017学年暑期工作安排的通知
	京联办〔2017〕12号	关于组织职工2017年健康体检的通知
	京联办〔2017〕13号	关于国庆节、中秋节放假安排的通知
	京联办〔2017〕14号	关于启用北京联合大学联合国教科文组织国际职业技术教育与培训联系中心印章的通知
	京联办〔2017〕15号	北京联合大学安全隐患大排查大清理大整治专项行动实施方案
	京联办〔2017〕16号	关于组织编纂《北京联合大学年鉴(2018)》的通知
	京联办〔2017〕17号	关于2018年元旦放假安排的通知
	京联办〔2017〕18号	关于印发《北京联合大学残疾人高等融合教育试点工作方案》的通知
	小计	18个
京联文系列文件	京联文〔2017〕1号	关于报送《北京联合大学2015—2016学年度信息公开报告》的报告
	京联文〔2017〕2号	关于李学伟校长拟在我校校友会兼职的请示
	京联文〔2017〕3号	关于变更事业单位法人证书宗旨和业务范围的请示
	京联文〔2017〕4号	关于报送《北京联合大学2016年继续教育发展报告》的报告
	京联文〔2017〕5号	关于市管干部2016年度考核等次的请示
	京联文〔2017〕6号	关于2017年度北京市外国留学生"一带一路"奖学金项目执行情况的报告
	京联文〔2017〕7号	在《北京日报》刊登顾理昌同志逝世消息的请示
	京联文〔2017〕8号	涉密
	京联文〔2017〕9号	关于申请实习工厂(北京第三开关厂)为市属困难企业及解决离休干部医疗费统筹金问题的请示
	京联文〔2017〕10号	北京联合大学关于资金存放管理的自查报告
	京联文〔2017〕11号	北京联合大学关于申请追加资金的请示
	京联文〔2017〕12号	北京联合大学2016年度预算执行和会计信息质量自查报告
	京联文〔2017〕13号	北京联合大学人员经费执行情况报告
	京联文〔2017〕14号	关于筹备召开中国共产党北京联合大学第五次党员代表大会的请示
	京联文〔2017〕15号	关于2017年秋季教育收费自查工作的报告
	京联文〔2017〕16号	北京联合大学关于推荐参评2017年北京市高等教育教学成果奖的报告
	京联文〔2017〕17号	北京联合大学关于申请中法美食学院建设资金的请示
	京联文〔2017〕18号	关于北京第三开关厂部分退休人员集体访情况的续报(五)
	京联文〔2017〕19号	关于北京第三开关厂集体访人员稳控工作的报告
	京联文〔2017〕20号	关于北京第三开关厂集体访人员稳控工作的续报(二)
	京联文〔2017〕21号	关于推荐参评2017年北京市职业教育教学成果奖的报告
	京联文〔2017〕22号	中共北京联合大学委员会关于假发票问题专项整改工作报告
	京联文〔2017〕23号	北京联合大学校务公开民主管理工作自查报告
	京联文〔2017〕24号	关于执行"三重一大"制度情况的自查报告
	京联文〔2017〕25号	北京联合大学关于固定资产报废的请示
	京联文〔2017〕26号	关于报送《北京联合大学2016—2017学年度信息公开报告》的报告
	京联文〔2017〕27号	关于报送《北京联合大学关于申报2018年硕士研究生招生计划的论证报告》的报告
	京联文〔2017〕28号	关于"生物化学工程学院"更名为"环境与健康学院"的请示
	京联文〔2017〕29号	北京联合大学关于李鑫同学死亡情况的报告
	京联文〔2017〕30号	关于为我校三位副局级干部出具廉洁自律证明的请示
	京联文〔2017〕31号	北京联合大学关于教师徐菊凤死亡情况的报告
	小计	31个
总计		337个

(党委办公室、校长办公室提供)

·教育教学·

本科教育

【概况】 学校本科教学工作由教务处组织和实施。教务处为正处级建制单位，下设综合办公室、教学研究科、教学科、实践教学科、产教融合科、教务科、学籍科、教学质量科、教学服务中心、教务信息管理科和现代教学技术中心。2017年，学校有本科在校生19503人，招生5333人，毕业5669人；开设本科专业71个，覆盖10个学科门类(其中经济学门类3个专业，法学门类1个专业，教育学门类4个专业，文学门类6个专业，历史学门类2个专业，理学门类5个专业，工学门类24个专业，医学门类1个专业，管理学门类16个专业，艺术学门类9个专业)，其中5个本科专业为国家级特色专业建设点，7个为北京市级特色专业建设点，1个获批国家级本科专业综合改革试点，3个获批北京市级本科专业综合改革试点；有国家级人才培养模式创新实验区1个、国家级实验教学示范中心2个、国家级虚拟实验教学中心1个、国家级校外实践教育基地1个、国家级教学团队1个。

2017年是落实"十三五"规划的重要一年，学校落实全国和北京市高校思想政治工作会议精神，结合本科教学工作审核评估各项工作，推进教学建设与改革。

专业内涵发展。发布《"十三五"专业建设与发展规划》，调整专业布局和结构，完成软件工程、自动化、电子信息工程专业在学院间的调整，获批工艺美术和烹饪营养与教育2个本科专业，推进工科专业的工程教育认证，组织北京市属高校首批一流专业申报，组织申报新办信息安全、西班牙语2个本科专业。

课程建设质量提升。出台《"十三五"课程建设规划》，明确"十三五"期间学校课程建设的指导思想、建设目标、主要任务和保障措施，继续进行公共基础课程(通识教育必修课程)教学综合改革，制定《关于进一步提升通识教育必修课程教学质量的意见》。

实践教学建设。划拨专项经费用于实验室建设，解决基础实验室设备老化影响教学问题；评选出2017年校级虚拟仿真实验教学项目7个、2017年校级校外人才培养基地11个；分别进行校内实践教学环境建设及教学质量检查和专项检查；组织实验室安全调研和检查，开展危险化学品管理网络平台的建设。

教学监控与管理。将常规检查和专项检查相结合，进行质量监控；上线手机评教平台，实现"以生为本"；完善教学质量监控环节，制定《北京联合大学教师评学管理规定》，组织教师每学期进行评学；制定《北京联合大学听课管理规定》，建立全员参与的听课评价机制。

人才培养。学校继续实施"双培计划""外培计划"和"名校访学计划"，推进校级实验班建设与改革，在部分学院开设面向全校本科生的"双二辅"(双学位、第二专业和辅修专业)专业。组织特色亮点项目申报和评审，进行资助，促进各教学单位凝练形成各自的优势特色；组建不同类型校级实验班，调整双培、外培对接专业。

本科教学工作审核评估准备工作。梳理、总结各项相关数据和成果、文件，开展专项检查，编制审核评估涉及的支撑材料目录，填报数据，整改基本状态数据问题和撰写评估报告。

撰写分析报告。撰写2013年以来教改立项分析报告；撰写《北京联合大学2017年度北京市教育科学规划课题中期检查分析报告》；撰写2012年以来各级获奖本科教学成果总结研究报告；撰写2016—2017学年《本科教学质量报告》，汇编本科教学基本情况、师资与教学条件、教学建设与改革、质量保障体系、学生学习效果、特色发展、需要解决的问题7个方面情况。

(王晓蕾)

【培养方案修订】 年内，学校落实城市型、应用型大学的建设目标和"学习成果导向教育"理念，修订2015版(2017级)普通本科培养方案及课程大纲，发布《关于进一步修订完善2015版(2017级)本科专业人才培养方案及相关课程大纲的通知》，制定《北京联合大学关于制订普通本科课程大纲的规定》，开展2017级培养方案的规范性审核。

(肖章柯)

【专业设置】 年内，学校开设本科专业71个，涵盖教育部颁布的《普通高等学校本科专业目录(2012)》中的

10个学科门类(经济学、法学、教育学、文学、历史学、理学、工学、医学、管理学,艺术学),其中,经济学门类3个专业,法学门类1个专业,教育学门类4个专业,文学门类6个专业,历史学门类2个专业,理学门类5个专业,工学门类24个专业,医学门类1个专业,管理学门类16个专业,艺术学门类9个专业。其中,工艺美术专业和烹饪与营养教育专业为年内获批新增专业;人文地理与城乡规划、机械工程、旅游管理、通信工程和金融学5个专业为国家级特色专业,人文地理与城乡规划、机械工程、旅游管理、通信工程、历史学、特殊教育、建筑环境与能源工程7个专业为北京市级特色专业,历史学专业为国家级综合改革试点专业,旅游管理、金融学、历史学3个专业为北京市级综合改革试点专业。

(肖章柯)

【专业建设】 年内,学校推进专业建设内涵发展,征求全校各层面意见,经第11次校长办公会讨论通过,于6月印发《"十三五"专业建设与发展规划》,明确"十三五"期间本科专业建设的指导思想、建设目标、基本原则、主要任务和保障措施,建设目标为到2020年,基本形成紧密对接产(行)业链、创新链,与京津冀社会发展需求相适应、与学校空间环境条件相吻合、规模适度、结构合理、特色鲜明的应用型专业体系。学校调整专业布局和结构,优化专业资源与配置,完成软件工程、自动化、电子信息工程等专业在学院间的调整。学校申报北京市属高校首批一流专业,旅游管理和软件工程2个专业获批,全市20所市属学校共有27个专业获批为一流专业。学校继续推进工科专业的工程教育认证工作;组织2017年专业负责人高级研修班,邀请国内较早开展OBE教学改革的汕头大学教师团队来进行集中培训。开展专业建设第三方评估,邀请武汉大学中国教育质量评价中心(ECCEQ)分析学校2013—2017年专业建设情况,形成分析报告。

(罗映霞 肖章柯)

【课程建设】 年内,学校按照《"十三五"专业建设与发展规划》,进行课程内涵建设,制定并出台《"十三五"课程建设规划》,明确"十三五"期间课程建设的指导思想、建设目标、主要任务和保障措施。制定《关于进一步提升通识教育必修课程教学质量的意见》,深化公共基础课程(通识教育必修课程)教学综合改革。组织召开主题为"创新基础课程改革,提高人才培养质量"的公共基础课程(通识教育必修课程)教学论坛。开展应用型课程项目建设,年内优先支持较有基础的普通本科专业课程申报,最终选定12门本科课程给予立项资助;为年内立项的应用型课程和专业核心课程的建设团队提供专题培训与指导,涉及课程建设目标的设计、教学方法选择、课程资源的规划、考核方法的研判等方面。统筹管理跨专业任选课,组织全校开设本科专业的学院开展面向本科学生的跨专业任选课申报及备案工作,11个学院完成92门跨专业任选课的申报及备案,其中61门为新开课程,31门为续开课程。组织通识教育选修课程申报与评审工作,有23个学院或部门申报通识教育选修课210门,其中新开课程69门,经学校审查和专家评审,批准开设204门课程,其中新开课程63门。两学期共开设校级选修课537门次,其中2016—2017学年第2学期316门次、2017—2018学年第1学期221门次;开设重修单开课195门次(双学期的物理、英语、数学等基础课程记为2门次),其中2016—2017学年第2学期105门次、2017—2018学年第1学期90门次。

与好大学在线课程平台、超新尔雅在线课程平台开展合作,补充学校通识教育选修课课程资源,每学期在好大学在线选择10门课程、在超新尔雅在线课程平台选择45门课程供全校本科学生选修。与爱课程、学堂在线等公司合作开展MOOC工作,开设计算机基础、建筑环境学等课程,与校内课程同步进行。

(罗映霞 肖章柯 姜小军)

【公共基础课程教学论坛】 10月13日,学校举办公共基础课程(通识教育必修课程)教学论坛,学校教学相关人员280余人参加。论坛由校教务处主办,主题为创新基础课程改革,提高人才培养质量,分主题报告和交流发言两个环节。校长李学伟做题为《学术立教,学德树人》的报告,强调要完善机制,鼓励在研、创、教上下功夫,发挥教学指导委员会、学术委员会的作用,研究落实"学术立校"课堂教学方法论,发挥基础课的育人作用;副校长杨宜做题为《学生中心、成果导向、持续改进,切实发挥基础课程教学的"根基"作用》的报告,从教、学、管三个层面分析学校基础课教学的基本情况、存在的问题,提出对照审核评估标准,有针对性开展学生中心、成果导向、持续改进改革的要求。校党委书记韩宪洲讲话指出,基础课建设要体现城市型、应用型大学发展定位,把立德树人的根本任务融入教育教学的全过程,各单位要研究公共基础课课程思政方式方法,满足立德树人的要求。在交流发言环节,马克思主义学院高惠芳、校基础课教学部教师袁安锋、外语部杨晨,以及辅导员代表刘欣欣分别进行交流发言。

(肖章柯)

【教学任务】 2017年,全校本科(包括专接本)专业的教学任务下达及认领工作由教务处完成,共涉及504个班,其中北四环校区156个班。

(刘波)

【考务管理】 全校普通本科、专升本统考课程除大学计算机基础课程为机考机阅外,均采用网上电子阅卷方式,其中2017—2018学年第1学期22门次(普通本科通识教育必修课15门次，学科大类必修课共4门次，专升本公共基础课共3门次）。组织学生参加6月和12月的四、六级考试，学校5个考点14个学院学生报名参加，其中报考6月份考试四级7272人、六级3728人，报考12月份考试四级6014人、六级3176人。组织2017届毕业生毕业前补考，涉及课程384门次，学生396人，补考1566人次。统一安排时间和地点进行校选网络课程的网络在线考试，2016—2017学年第2学期，2501人次参加在超星尔雅的考试，495人次参加在好大学在线的考试。

（陈晓华　骆吕俊子）

【双培计划】 年内，学校继续实施"双培计划"，共招收学生24人，其中会计学专业以"3＋1"培养模式对接对外经济贸易大学招收学生9人，环境设计专业以"3＋1"培养模式对接北京林业大学招收学生15人。2017年是学校连续第3年实施"双培计划"，三年共招收学生108人，其中2015年74人，2016年10人。

（肖章柯）

【外培计划】 年内，学校继续实施"外培计划"，选派4名学生赴谢菲尔德哈勒姆大学交流学习。

（肖章柯）

【名校访学计划】 年内，学校"名校访学计划"共选派学生68人赴4所在京高校访学。派出的学生全部对接被访学校的大学三年级。其中，赴对外经济贸易大学15人，访学时间自2017年9月至2018年7月；赴北京化工大学4人，访学时间自2017年9月至2018年1月；赴北京邮电大学5人，访学时间自2017年9月至2018年1月；2015级实验班学生44人，赴北京科技大学相关专业学习。

"名校访学计划"选派学生情况

访问高校	原就读学院	原就读专业	人数
对外经济贸易大学	旅游学院	旅游管理	6
	商务学院	国际经济与贸易	2
	商务学院	国际商务	1
	管理学院	金融学	6
北京科技大学	城市轨道交通与物流	电气工程及其自动化	2
	城市轨道交通与物流	物流工程	3
	管理学院	金融学	11
	旅游学院	旅游管理	10
	机器人学院	软件工程	18
北京化工大学	生物化学工程学院	制药工程	4
北京邮电大学	智慧城市学院	计算机科学与技术	5

（肖章柯）

【校级实验班建设】 年内，学校推进校级实验班教学建设与改革，开展校级实验班遴选工作，按照高考成绩和入学后选拔成绩为4所学院的5个专业选出学生165人。增设全英语教学实验班2个，分别是商务学院的国际经济与贸易专业和旅游学院的酒店管理专业。

开设实验班的各专业招生情况

专业	所在学院	招生人数
国际经济与贸易（全英班）	商务学院	35
旅游管理	旅游学院	32
酒店管理（全英班）	旅游学院	27
金融学	管理学院	40
软件工程	机器人学院	31

（肖章柯）

【"双二辅"制度】 年内，学校实行"双二辅"制度，将3所学院的7个专业开设为面向全校本科学生的双学位、第二专业和辅修专业，分别为应用文理学院的法学、新闻学、人文地理与城乡规划和地理信息科学专业，师范学院的音乐学专业，管理学院的金融学和会计学专业。

（肖章柯）

【"十三五"规划教材及讲义】 4月，学校启动"十三五"规划2017年度普通本科和高职教育规划教材及讲义选题申报工作。经教师自愿申请、专家评审，最终评出"产学合作"特色规划教材选题9项，新编教材选题23项，修订教材选题21项，讲义选题85项。各选题详情见本分目附表条目中表5.1～表5.4。学校对"产学合作"特色教材每项给予前期经费资助30000元，对新编教材和修订教材每项给予经费资助2000元，对讲义每项给予经费资助500元。

（冯爱秋　陈蓉）

【教学名师奖推选】 5月25日，根据北京市教委的工作通知，学校发文通知启动第十三届北京市高等学校教学名师奖暨首届北京市高等学校青年教学名师奖校内评选工作。经教学单位推荐，学校组织公开观摩课评比，选出师范学院教授汪艳丽（本科普通）、应用科技学院副教授王廷梅（高职）为第十三届北京市高等学校教学名师奖候选人，旅游学院教授孙梦阳（本科）、艺术学院教授楚天（本科）为首届北京市高等学校青年教学名师奖候选人。9月5日，市教委京教函〔2017〕403号文件公布评选结果，汪艳丽和王廷梅老师获评北京市第十三届教学名师奖。

（徐静姝）

【第五届中青年教师执教能力比赛】 6月，为期10个月的第五届中青年教师执教能力比赛决赛结束，最终评出一等奖5人，二等奖9人。获奖名单见表彰与奖励栏目"2017年参加各级教学类比赛获奖教师名单"。该比赛于2016年5月启动，分为初赛和决赛两个阶段，决赛于2016年9月—2017年6月举行，全校各教学单位共推荐61名45岁以下的中青年教师参加决赛。

（徐静姝）

【实践教学建设】 年内,学校实施校内实验室建设项目41项(含中期预算调整项目),涉及15个单位,项目经费5307.15万元;评选出校级虚拟仿真实验教学项目7项,于2018年给予一定经费支持;组织全校实践教学专项检查,采取各单位自查和专家随机进实验课堂抽查的方式,主要检查各专业实践教学体系建设、实验实践教学运行、实践教学文件配备及实验室建设、运行与管理工作情况;印发《北京联合大学实习管理规定》(京联教〔2017〕1号),对实习的组织与管理、实习指导教师职责、对实习学生的要求、实习教学文件制定、实习成绩评定、实习经费管理等方面做出详细规定,并制定实习指导书和实习报告模板。

2017年虚拟仿真实验教学项目立项名单

名称	负责人	单位
三维立体分光计仿真实验项目的开发与研制	高兴茹	基础部
单片机原理与接口技术虚拟仿真实验	路　铭	应用科技学院
卢瑟福散射仿真实验建设	母小云	基础部
面向无人驾驶车辆算法开发教学的虚拟仿真平台	刘元盛	机器人学院(试验区)
轨道交通CBTC虚拟实景仿真试验系统建设	周　进	城市轨道交通与物流学院
创意产品营销虚拟仿真系统	龚秀敏	管理学院
电工电子类课程2D/3D虚拟实验平台	黄静华	智慧城市学院

(钟丽)

【毕业设计(论文)管理】 年内,学校规范毕业设计(论文)管理工作,统一全校质量标准,制定检查表,由各教学单位按检查表自查。9月,完成2017届本科毕业设计(论文)质量抽查,根据抽查结果修订毕业设计管理文件。11月,完成修订工作,发布文件《北京联合大学本科毕业设计(论文)管理办法》(京联教〔2017〕33号),文件中加强过程管理,新增加教师指导手册等要求。对2017届本科毕业设计进行学术不端检测,组织校级评优,经公开答辩,评出校级优秀本科毕业设计(论文)242篇。(详细名单见表彰与奖励栏目“教育教学类获奖”。)由教务处开展2018届全校毕业生毕业环节的前期准备工作,包括制订工作计划、组织题目审核和互选。学校组织北京市2017年高水平人才交叉培养“实培计划”毕业设计项目申报,获批科研类项目76项,创业类项目23项;学校举办项目交流会2017年专升本实务专题改革研讨会,分享和推广实践教学改革成果,搭建学院间学习交流平台。

(钟丽)

【创新实践活动】 年内,学校用信息化手段,加强对学生创新实践活动支持力度,升级创新实践学分系统,开发北京联合大学学科竞赛管理模块;组织创新创业类讲座409次,参与学生3万余人次;1531人次学生参加课外创新实践活动;近400人次学生取得职业技能证书。

(张建国　钟丽)

【学科竞赛】 2017年,学校举办的校级学科竞赛增至29项,包括计算机应用大赛,英语演讲比赛、广告大赛等;承办“鑫台华杯”2017年华北五省(市、自治区)及港澳台大学生计算机应用大赛;组织学生参加西门子杯大学生工业自动化挑战赛、数学建模大赛、电子设计竞赛、人文知识竞赛等30余项市级、国家级学科竞赛,有5000余人次学生参加各级各类学科竞赛,至11月底,共获得国家级特等奖4项、一等奖8项、二等奖22项、三等奖26项,市级特等奖8项、市级一等奖22项、市级二等奖59项、市级三等奖121项,校级各级各类奖项1410项,累计获奖2600余人次,比2016年有较大幅度提高。

(张建国)

【教学质量监控】 年内,学校实施的教学质量监控有常规教学检查(包括开学初检查、学期初补考检查、期中教学检查和期末考试巡视)、毕业设计检查、实践教学检查、试卷抽查、教师教学质量学生评价、教师评学以及领导干部、同行和督导听课评价。其中,常规教学检查采取重点检查、各教学单位自查及学校专项抽查相结合的方式;新开发的手机移动教务植入评教功能,学生可随堂对教师授课情况提出意见和建议,教师能实时查看随堂评教结果。年内制定《北京联合大学听课管理规定》(京联教〔2017〕7号),建立全员参与的听课评价长效机制,对校、院(部)、处(所)各级领导干部、同行教师、校院教育教学督导组提出听课要求;制定《北京联合大学教师评学管理规定》(京联教〔2017〕27号),实施过程评价和效果评价相结合、定性评价和定量评价相结合的方式评学,并组织教师每学期开展相关工作。

(徐静姝)

【现代教学资源建设】 学校的现代教学资源建设由教务处下设现代教学技术中心实施,年内中心有在编人员10人,以服务外包形式引进驻校技术人员7人,开展项目6个,使用资金524.77万元,拍摄制作资源4285分钟,编目并上传视频类资源145个、图片类资源382个,提供直播服务10455分钟,参与制作的国家级视频公开课《英美诗歌名篇选读》上线。

(安宁)

【教学研究与改革】 年内,学校梳理2013年以来教改立项情况,汇编项目结题研究报告整理成册,撰写教改立项分析报告,分析立项内容与学校办学定位、人才培养目标的吻合度,以及研究成效对教学的促进作用。

调整2017年教改项目研究内容和评审权限，配合教学改革需求，内容集中在科教融合、产教融合、信息化融合三方面；扩大学院项目遴选自主权，学校控制立项总数、分配立项指标，实行统一结题审核，以保证学院能选出符合自身发展的项目；首次实行1∶1配额奖励优秀项目结题单位的举措。年内，新立项校级教研项目99项，其中普通本科及高职教育类89项(重点项目10项、一般项目45项、青年专项34项)。对2013—2015年学校牵头立项的市级教改项目进行二批结题验收和中期检查，其中3项通过校内中期成效检查，3项通过校内结题验收。年内，学校召开特色亮点项目答辩评审会，评审项目建设的延续性、目标可行性、建设方案科学性、经费预算合理性，评审结果分为优、良、中、差4个等级，4个项目获评优，8个项目获评良，5个项目获评中，1个项目获评差，详细结果见表5.5。

(罗映霞　马立红)

【教育科学规划课题管理】 根据北京市教育科学规划领导小组办公室工作要求，学校对部分2011—2016年北京市教育科学规划课题进行中期检查，应参加课题19项，实际参加17项，2项未参加，参加课题均通过中期检查。学校撰写完成《北京联合大学2017年度北京市教育科学规划课题中期检查分析报告》，提交至市教育科学规划办公室备案。

2017年，学校新获批全国教育科学规划课题1项、北京市教育科学规划课题5项(其中，重点课题1项，一般课题4项)。

(罗映霞　马立红)

【新工科项目推选】 根据北京市教委《关于遴选推荐新工科研究与实践项目的通知》要求，开展申报评选工作，最终向市教委推荐3项，其中《智能时代的新工科人才培养创新与实践》项目通过市教委评审并被推荐至教育部。

(罗映霞)

【海峡两岸应用型高等教育学术研讨会】 11月9日，学校承办的2017第十九届海峡两岸应用型高等教育学术研讨会在北四环校区召开。会议主题为“融合·创新·发展”，围绕在当前经济社会创新发展，新一轮科技革命和产业升级引发教育模式、形态、内容和学习方式发生深刻变革的背景下，台湾和大陆应用型高校发展模式、人才培养融合机制、服务地方经济社会发展的理念与实践进行探讨和交流。会议为期3天，分为校长论坛、教师论坛、学生竞赛、校长沙龙4个环节，7所院校校长以本学校为个案做主题报告，会议收录论文46篇，设置4个论文交流分会场，学生竞赛环节评出最佳运营模式奖2项、最具创新奖2项、最佳创意设计奖3项、最具市场潜力奖3项。国务院台湾事务办公室、北京市台湾事务办公室、北京市教委港澳台事务办公室有关领导，研讨会发起院校、合作院校的师生代表，北京工商大学、北京信息科技大学等特邀院校领导，共150余人参会。该研讨会由学校与上海第二工业大学、深圳职业技术学院、台北科技大学于1999年共同发起，建国科技大学、龙华科技大学、朝阳科技大学作为合作单位共同举办，每年召开一次，轮流承办，围绕海峡两岸高等院校共同关注的教育发展主题进行学术交流。

(罗映霞　马立红　吴智泉)

【附表】

表5.1　2017年“产学合作”特色规划教材选题一览表

序号	教材名称	适用课程	主编单位	主编
1	从0到1——创新型创业实训实践指导	大学生创新创业理论与实践	商务学院	秦立栓
2	食品科学与工程专业综合实验指导	食品工艺学实践、应用营养学实验	生物化学工程学院	荣瑞芬
3	旅游实用英语写作	实用英语写作	旅游学院	刘志红
4	移动应用开发技术	移动应用开发技术	信息学院	彭　涛
5	物流系统仿真与实践	物流系统仿真	自动化学院	于　鑫
6	审计理论与实务	审计学	管理学院	李俊林
7	影视制片管理	影视制片管理	管理学院	陈　琳
8	VR策划与编导	剧本创作	艺术学院	王彦霞
9	电商运营综合训练教程	互联网运营能力综合训练	应用科技学院	陈道志

注：表中教材适用层次均为本科。

(陈蓉)

表5.2　2017年新编教材选题一览表

序号	教材名称	适用课程	主编单位	主编
1	积极心理学的应用	积极心理学	师范学院	都丽萍
2	软件工程概论	软件工程	师范学院	董健康

续表

序号	教材名称	适用课程	主编单位	主编
3	小学教师教学工作技能训练教程	教师职业技能训练	师范学院	翟红英
4	大学英语四、六级口语训练教程	大学英语口语	商务学院	刘国萍
5	Excel与人事信息处理实用教程*	Excel与人事信息处理	生物化学工程学院	邸耀敏
6	酒店营销管理	酒店营销管理	旅游学院	肖轶楠
7	旅游市场营销	旅游营销策划	旅游学院	孙梦阳
8	应用文写作*	应用文写作	旅游学院	李　白
9	现代大学英语精读6同步测试	高级英语Ⅱ	旅游学院	国　伟
10	通信工程专业导论	专业导论	信息学院	薛永毅
11	Java面向对象程序案例教程	面向对象程序设计	信息学院	宁淑荣
12	ARM Cortex—A8原理、实践及综合应用	嵌入式系统应用	信息学院	姜余祥
13	Web应用安全	网络安全与管理	信息学院	黄静华
14	大学生批判性思维训练手册	批判性思维	自动化学院	吴巧慧
15	移动商务理论与实务	移动商务理论与实务	管理学院	李立威
16	创新思维	创新思维方法	管理学院	胡艳君
17	创业融资	创业融资	管理学院	赵　睿
18	成本管理会计案例	成本会计	管理学院	徐　鲲
19	设计素描	设计素描	特殊教育学院	何海燕
20	初级手语教程	中国手语教程	特殊教育学院	吕会华
21	概率论与数理统计	概率论与数理统计	基础部	王信峰
22	Python开发向导	云计算Python全栈式开发语言	工科中心	盛鸿宇
23	大学生廉洁教育——入学第一课	大学生廉洁教育	纪委办	张　楠

注：*标注教材适用层次为高职，其余教材适用层次为本科。

（陈蓉）

表5.3　2017年修订教材选题一览表

序号	教材名称	适用课程	主编单位	主编
1	银行金融法学(第7版)	金融法	应用文理学院	刘隆亨/王　平
2	经济法概论(第8版)	经济法学	应用文理学院	刘隆亨/王　平
3	数据库原理与应用技术(第2版)	数据库原理与应用	师范学院	陈漫红
4	实用英汉商务翻译教程(第2版)	翻译理论与实践	师范学院	李　娜
5	人力资源管理心理学(第3版)	人力资源管理心理学	生物化学工程学院	许明月
6	保健食品功能评价实验教程(第2版)	保健食品功能评价实验	生物化学工程学院	郭俊霞
7	市场营销管理(第3版)	市场营销	旅游学院	赵晓燕
8	Visual C++面向对象编程(第4版)	C++程序设计,面向对象程序设计	信息学院	王育坚
9	软件工程基础与应用(第2版)	软件工程	信息学院	马小军
10	管理信息系统(第2版)	物流管理信息系统	自动化学院	李　平
11	数据库原理与应用(第3版)	数据库应用技术	自动化学院	张俊玲
12	经济学原理(第2版)	微观经济学/宏观经济学	管理学院	李锡玲
13	管理原理与实践（第2版）	管理学	管理学院	陈　琳
14	网络营销理论与实践（第3版）	网络营销	管理学院	田　玲
15	网络信息编辑实务(第3版)*	网络信息编辑	管理学院	王晓红
16	广告策划(第2版)	广告设计、广告学	特殊教育学院	曲　欣
17	广告公司工作流程与管理(第2版)	广告学、广告设计	特殊教育学院	鲁彦娟
18	会计综合轮岗实训(第3版)*	财务会计综合实训	应用科技学院	杨　博
19	纳税模拟(第4版)*	税费计算与申报	应用科技学院	杨　博
20	大学物理实验讲义（第2版）	物理实验	基础部	高兴茹
21	C程序设计教程(第5版)	C语言程序设计	工科中心	李红豫

注：*标注教材适用层次为高职，其余教材适用层次为本科。

（陈蓉）

表 5.4　2017 年讲义选题一览表

序号	讲义名称	适用课程	主编单位	主编
1	档案管理学	档案管理学	应用文理学院	谢永宪
2	信息资源管理实用教程	信息资源管理	应用文理学院	朱建邦
3	侵权责任法	侵权责任法	应用文理学院	鞠　晔
4	档案学专业校外人才培养基地实训	档案专业综合社会实践	应用文理学院	谢永宪
5	英语短篇小说选读	英语短篇小说选读	应用文理学院	崔鲜泉
6	欧美城市规划案例评析	欧美城市规划案例评析	应用文理学院	杜姗姗
7	劳动法与社会保障法	劳动法与社会保障法	应用文理学院	李玉红
8	大学文科数学	大学数学	应用文理学院	马青华
9	跨文化交际	跨文化交际选修课	应用文理学院	迟　红
10	电子文件管理实践讲义	电子文件管理	应用文理学院	王　顺
11	虚拟现实制作与开发	三维教育软件设计	师范学院	朱淑琴
12	小学信息技术教育课程改革	基础教育课程改革	师范学院	王　琦
13	数字媒体实用技术	实用多媒体技术	师范学院	赵　瑛
14	心理统计讲义	心理统计	师范学院	陈雨露
15	心理学与人才甄选	人力资源管理	师范学院	杨金花
16	心理咨询实务操作	心理咨询实务操作	师范学院	何　丽
17	翻译理论与实践	翻译理论与实践	师范学院	李　娜
18	高师学前幼儿歌曲弹唱	幼儿园歌曲弹唱	师范学院	吴　芳
19	儿童歌曲赏析与写作	儿童音乐欣赏	师范学院	刘海燕
20	中国经典文化英译技巧	中国经典文化英译技巧	商务学院	陈周云
21	突破雅思写作低分	雅思英语	商务学院	计　晗
22	国际商务沟通实训	国际商务沟通实训	商务学院	赵绍全
23	计算机安全防护实践	计算机安全与防护	商务学院	李著成
24	招聘与人才测评综合实践	人员素质测评综合实践	生物化学工程学院	许明月
25	物联网与智慧城市	物联网与智慧城市	生物化学工程学院	王　暄
26	组织与工作设计	组织与工作设计	生物化学工程学院	刘凤霞
27	工程制图	工程制图	生物化学工程学院	何林青
28	计算机辅助工程建模与增材制造	计算机辅助工程建模	生物化学工程学院	付美平
29	计算机辅助曲面建模与增材制造	计算机辅助曲面建模	生物化学工程学院	付美平
30	大学英语读写教程——美国高等教育概况	美国高等教育概况	生物化学工程学院	李海霞
31	美国概况	美国概况	生物化学工程学院	高　炯
32	大学生学习策略手册	学习策略与批判性思维	旅游学院	张琳琳
33	酒店商务英语	酒店商务英语Ⅰ	旅游学院	孙　琼
34	日本旅游概论	日本旅游概论	旅游学院	穆洁华
35	计算机组成原理课程实践讲义	计算机组成原理	信息学院	刘振恒
36	网络安全实践讲义	网络安全与管理	信息学院	沈　辉
37	软件测试实用案例教程	软件测试技术	信息学院	陈艾东
38	软件工程与实践	软件工程概论	信息学院	廖礼萍
39	工程图学讲义	工程图学	机电学院	金晓明
40	电机驱动与控制讲义	电机驱动与控制	机电学院	张东波
41	管理信息系统应用教程	管理信息系统	机电学院	邬洪迈
42	现代物流信息技术	物流信息技术	自动化学院	耿　钰
43	物流工程	物流工程	自动化学院	刘景云
44	物流系统仿真案例教程	物流系统仿真综合实训	自动化学院	赵立新
45	物流管控一体化技术	物流管控一体化技术	自动化学院	赵丽华
46	城市轨道交通供配电系统	城市轨道交通供配电与接触网系统	自动化学院	杨晓玲
47	数据仓库与数据挖掘	数据仓库与数据挖掘	管理学院	李　慧
48	网络和信息安全实务	移动互联网技术与应用	管理学院	梁　磊

续表

序号	讲义名称	适用课程	主编单位	主编
49	搜索引擎技术及应用	搜索引擎技术及应用	管理学院	赵森茂
50	互联网思维与创业项目选择	互联网创业项目选择	管理学院	盛晓娟
51	移动互联网技术与应用讲义	移动互联网技术与应用	管理学院	王艳娥
52	高级数据库系统原理与应用	高级数据库系统	管理学院	郭凤英
53	创新思维与创业训练	创业训练	管理学院	陶金元
54	商务数据分析工具	商务数据分析工具	管理学院	董　爽
55	客户关系管理系统	客户关系管理系统	管理学院	董　爽
56	营销策划	营销策划	管理学院	周晓璐
57	电子商务物流管理与应用	电子商务与管理	管理学院	李丹丹
58	电子商务专业英语	电子商务专业英语	管理学院	裴一蕾
59	数据科学导论	数据科学导论	管理学院	马丽仪
60	创业案例集	创业管理	管理学院	杜　辉
61	人力资源管理技能开发提升训练	人力资源管理技能开发实训	管理学院	杜　辉
62	企业管理综合实践讲义	企业管理综合实践	管理学院	马丽仪
63	英语词汇与西方文化	英语词汇与西方文化	管理学院	董　焱
64	财务会计案例分析	财务会计案例分析/中级财务会计	管理学院	刘方方
65	网络信息编辑	网络信息编辑	管理学院	李立威
66	影视营销	市场营销学	管理学院	金　韶
67	数据分析与预测	数据分析与预测	管理学院	任成梅
68	计算思维导论	计算机导论	特殊教育学院	董雪燕
69	界面交互设计	网页设计	艺术学院	贾　冉
70	环境设计专业史	专业史	艺术学院	刘少帅
71	插图设计	插图设计	艺术学院	王洪瑞
72	景观设计基础	景观设计基础	艺术学院	张郢娴
73	歌唱表演实用基础	声乐演唱技巧	艺术学院	毛美娜
74	展示设计	展示设计	艺术学院	郑慧铭
75	乡土宜居——乡村民居建筑与景观改造设计实践	景观设计	艺术学院	赵　坚
76	现代办公空间设计与实践	办公空间设计	艺术学院	胡　敏
77	服装款式设计	服装款式设计	艺术学院	方　憬
78	数据库开发技术——SQL Server 2012*	数据库开发技术	应用科技学院	陈战胜
79	经济法辅导教程	经济法	应用科技学院	王彦芳
80	通识物理	物理学与现代文明	基础部	李晓梅
81	物理学基础	大学物理(Ⅰ)(Ⅱ)	基础部	李晓梅
82	工作流技术	现代管理技术与工作流系统	工科中心	徐　影
83	马克思主义宗教观和无神论概论	马克思主义宗教观和无神论教育	马克思主义学院	刘福军
84	篮球裁判选修课教程	篮球竞赛组织与规则裁判法	体育部	李　津
85	当代中国	中国国情	国际交流学院	刘春宇

注：*标注教材适用层次为高职，其余教材适用层次为本科。

（陈蓉）

表 5.5　特色亮点项目评审结果

序号	单位名称	项目名称	验收结果
1	应用文理学院	文化遗产保护与传承应用人才培养的国际化提升	中
2	生物化学工程学院	融合专业教育的创新创业课程资源与实践平台建设	良
3	商务学院	以结果为导向的学习品质保障体系的实施与持续改进	良
4	师范学院	卓越教师职业能力训练在线开放课程建设	优
5	旅游学院	面向国际化旅游人才培养的双语系列课程建设与改革	良
6	智慧城市学院	基于智慧城市的科教融合师生成果展示平台项目	差

续表

序号	单位名称	项目名称	验收结果
7	管理学院	基于学生个性化发展的实践创新型人才培养模式研究与实践——创新创业教育系列课程改革项目	优
8	机器人学院	基于工程教育认证的机械工程专业建设	中
9	城市轨道交通与物流学院	国际化人才培养探索与实践	中
10	特殊教育学院	CRPD 视角下的残疾人高等教育教学方式的创新实践	优
11	艺术学院	“创教融合”艺术类人才培养与课程改革特色亮点项目	中
12	机器人学院(实验区)	2017 年机器人学院人才培养综合改革规划方案——机器人载体汇聚不同学科,科学任务带动人才培养	良
13	应用科技学院	京津冀产教协同下跨专业复合型人才培养平台构建——跨境电子商务人才培养平台	优
14	马克思主义学院	思政课专题教学深化	良
15	外语部	大学外语“线上线下”教学改革实践探究	良
16	基础部	大学数学微课程在线教学资源与过程评价体系建设	良
17	体育部	特定学生群体体质健康水平提升项目	良
18	工科综合实验教学示范中心	基于能力导向的计算机公共基础课程改革与建设	中

(肖章柯)

学科建设与研究生教育

【概况】 2017 年,学校制定《关于加强和改进研究生思想政治教育的实施办法》(京联党〔2017〕205 号),明确研究生思想政治教育工作的领导体制、工作体制、工作队伍和组织建设等。修订研究生培养方案,加入创新创业教育课程,新增创业基础、心理健康教育、职业生涯规划三类讲座形式的研究生课程,制定《2017 版北京联合大学专业硕士研究生培养方案》,在 2017 级硕士研究生中执行。进一步完善和细化研究生培养管理制度,实施“以评促建、以评促改、以评促申”,开展 2017 年北京联合大学研究生培养与学位工作检查。完善学生实践平台建设。落实“学科建设与研究生教育工作督导组”(简称“督导组”)听课制度。执行论文查重及盲审制度,完成论文抽检和优秀硕士学位论文评选工作。落实 2017 级硕士生导师招生资格备案工作,梳理更新各学科导师信息,创建信息库。遴选教育(含 4 个领域)、金融、法律、中医硕士专业学位授权点带头人。本年一志愿考生上线率从 2016 年的 49%提高到 70%,为历史最高比例。

(秦霞)

【学科建设】 按照《国务院学位委员会关于开展 2017 年博士硕士学位授权审核工作的通知》学位〔2017〕12 号文件精神,组织学院和科研单位申报及校学位评定委员会评审,选出申报硕士学位授权一级学科点 6 个(应用经济学、马克思主义理论、中国语言文学、中国史、地理学、设计学)、硕士专业学科类别 6 个(新闻与传播、文物与博物馆、工程、会计、旅游管理、图书情报)和博士授权点 4 个(考古学、食品科学与工程、软件工程、工商管理)。根据《北京联合大学学科带头人管理办法(暂行)》(京联研〔2011〕7 号)以及《关于对硕士专业学位类别及专业领域带头人进行遴选的通知》要求,经相关学位点学位分委员会(职业技术教育专业学位领域研究生教育工作委员会单独评选)和研究生培养单位推荐、校研究生处初审、相关部门审核以及校学术委员会审议投票,评选出教育(含 4 个领域)、金融、法律、中医硕士专业学位授权点的带头人(负责人)7 人,名单如下。

教育(兼小学教育)领域带头人:汪艳丽

心理健康教育领域负责人:吴南

特殊教育领域带头人:刘全礼

职业技术教育领域带头人:李慧凤

金融类别带头人:杨宜

法律类别负责人:王平

中医类别负责人:刘东明

(刘红)

【研究生招生】 2017 年,学校招收硕士研究生 160 人,比 2016 年增长 5%,报到 158 人(不含 2016 年少数民族骨干生转入 3 人)。其中,五个一级学科中考古学 15 人、计算机科学与技术 11 人、食品科学与工程 13 人、软件工程 17 人、工商管理 25 人;一个二级学科专门史 18 人;四个专业学位授权点中金融 2 人、法律 8 人、教育 49 人、中医 2 人。其中,少数民族骨干计划 2017 年招生 4 人。本年有 778 人报考学校 2018 级研究生，年内招收 4 名 2018 级推免生。

（李崇圆）

【研究生思想政治教育】 年内，学校加强对研究生社会主义核心价值观教育和理想信念教育，注重意识形态、职业道德、科研精神等方面的教育，组织研究生集中观看十九大开幕式，采用主题教育、学习座谈、宣讲报告、实践活动等形式组织学习十九大报告和领会会议精神。结合学校实际，制定《关于加强和改进研究生思想政治教育的实施办法》（京联党〔2017〕205 号），明确研究生思想政治教育工作的领导体制、工作体制、工作队伍、组织建设等，提高研究生的思想政治素质，促进研究生全面发展。

（王琳）

【研究生课程开设】 年内，开设研究生课程 284 门次，其中，春季 11 个授权学科点（含教育硕士职业技术教育领域试点）开设 150 门，秋季开设 134 门。

（闫晔）

【研究生培养工作检查】 10 月，学校开展硕士学位点研究生培养工作的检查。本次检查采用培养单位自查和校研究生处抽查相结合的方式，自查阶段由各培养单位自行组织，寻找问题并整改，提交检查报告，在第 5～7 教学周开展；抽查阶段由研究生处组织督导组和相关人员以听课、现场检查、召开教师和学生座谈会等方式进行，在第 8～11 教学周开展。检查内容包括培养过程教学文件、研究生课程教学情况、研究生实践教学组织管理、开题和中期检查、导师及所带学生名单（历届）、导师考核记录和管理档案学生取得的学术成果、研究生产学研基地和校外实践基地建设情况、培养过程中存在的问题共八方面。

（闫晔）

【研究生学位】 6 月 23 日，学校召开学位评定委员会全体会议，审核授予 122 人硕士学位，并评选出优秀硕士学位论文 5 篇。学位授予仪式于 7 月 3 日举行。10 月 26 日，补授专门史学科敖成涛硕士学位。本年共授予 123 人硕士学位。

（秦霞）

【导师队伍建设】 年内，根据《北京联合大学硕士研究生指导教师资格审定办法》（京联研〔2011〕3 号）、《北京联合大学硕士研究生指导教师资格审定办法补充规定》（京联研〔2014〕9 号）及《关于"2017 年新增北京联合大学硕士研究生导师资格遴选工作"的通知》，学校遴选了 2017 年新增硕士生导师资格教师，校学位评定委员会于 6 月 23 日召开全体会议，审议通过新增 116 人，其中学术型硕士导师 40 人、副导师 7 人、专业型硕士导师 69 人（含校外导师 32 人）。7 月，学校对 100 余名硕士研究生导师和任课教师进行培训。10 月，根据《北京联合大学优秀研究生指导教师奖励暂行办法》（京联研〔2015〕6 号），学校发文京联研〔2017〕15 号，对 2017 年指导学生考取博士研究生、获得国家奖学金、获得市级优秀研究生毕业生称号以及在国家级竞赛中获奖的研究生指导教师 19 人以及指导学生获得校级优秀研究生毕业生称号和优秀硕士学位论文的研究生指导教师 10 人给予表彰奖励，并授予他们"北京联合大学优秀研究生指导教师"称号。

（闫晔）

【研究生教改项目】 年内，开展 2015 年教改项目的结题评审、2016 年教改项目的中期检查和经费拨付、2016 年研究生教材和讲义项目的结题评审、2017 年研究生培养类项目的申请。2015 年立项的 10 个校级研究生教育教学改革项目中，8 项按时结题，2 项延期；2016 年立项的 11 个研究生教材和讲义项目中，7 项按时结题，4 项延期至 2017 年年底结题；经专家评审，评选出 2017 年"专业学位研究生实践基地建设项目" 7 项，校级"研究生教育教学改革项目"5 项（其中重点项目 1 项），"研究生课程讲义和教材建设项目"5 项。

（闫晔）

【研究生科研成果奖励】 根据《北京联合大学研究生科研成果奖励暂行办法》（京联研〔2015〕10 号）规定，学校组织 2016—2017 学年研究生科研成果奖励申报，经本人申请、培养单位初审、研究生科研成果奖认定小组审核、专家组审议，评选出 55 名学生的 103 项科研成果进行奖励。在提交的成果中，非科研成果、支撑材料不足的成果、不在规定日期范围内的成果未给予认定，软件著作权的奖励上限为 2 项。

（闫晔）

高职教育

【概况】 年内，学校启动实施"教学品质深化计划"，围绕专业、课程建设强化产教融合，分类制定专业建设经费分配方案，高职和专升本按照专业招生情况和办学规模。组织专家审议专业建设方案，引导各专业围绕学院发展定位、专业发展目标和建设重点规划建设经费的使用，并在年底建设绩效考核中组织专业负责人进一步总结和调整。学校启动应用型课程立项建设工作，优先支持有一定基础的高职教育专业核心课程申报，评选确定专升本1门、高职（专科）2门。学校组织2016年高职教育产教深度融合立项课程的中期成效检查及二期建设资金的划拨，组织2018年高等职业教育（专科层次）优秀应届毕业生进入本科阶段学习的推荐选拔。

（王晓蕾）

【专业设置】 2017年，学校高职招生专业的专业名称、专业编码及专业类相关信息执行2015年教育部印发的《普通高等学校高等职业教育（专科）专业目录（2015年）》，有7个专业招生，其中应用科技学院5个，分别为数字媒体艺术设计、软件技术、电子信息工程技术、商务英语和视觉传播设计与制作专业；旅游学院2个，为酒店管理和烹调工艺与营养专业。学校专升本招生专业有23个，分布于师范学院、旅游学院、机器人学院、城市轨道交通与物流学院、艺术学院和应用科技学院6个学院，主要教学模式为独立编班模式。

（肖章柯）

【专业建设】 学校加强专业建设，执行专业建设专项经费划拨制，从经费保障专业建设质量。根据专业招生情况和办学规模，分类制定高职和专升本专业本年度建设经费分配方案，组织专家评审，指导专业负责人根据学院发展定位及专业发展目标和建设重点，规划建设经费使用。开展建设绩效考核，指导专业负责人查找并解决建设中的问题。

（罗映霞）

【课程建设】 年内，学校继续推进承担北京市高职英语课程口语试点改革工作，中期检查2016年产教深度融合课程建设项目，组织2017年应用型课程建设立项申报，培训和指导立项课程建设团队工作。在2016年产教深度融合课程建设项目中期检查中，督促课程建设项目高质量完成年度建设任务。在2017年应用型课程建设立项申报中，优先支持有产教融合建设成效的专业核心课程，最终确定资助3门课程建设。围绕课程建设目标的设计、教学方法选择、课程资源的规划、考核方法的研判，结合典型案例对立项课程建设团队进行专题培训与指导。

（罗映霞）

【实践教学】 年内，学校召开全校专升本实务专题改革研讨会，分享和推广实务专题改革成果，搭建学院间交流学习的平台；组织2017年第八届高等职业教育学生实践能力提升训练计划项目的立项评审，最终支持重点项目6个、一般项目8个。年底完成2017项目结题及2018年第九届项目申报；组织2017届高职毕业综合实践相关工作，开展校级优秀高职毕业综合实践报告和专升本毕业实务专题评审，经过学院推荐及校级评审，评出校级优秀高职毕业综合实践报告39篇和校级优秀专升本毕业实务专题7组。

（钟丽）

【专升本遴选推荐】 本年，学校采用学院按比例推荐、学校审核确定具备考试资格学生名单的方式，开展2018年高等职业教育（专科层次）优秀应届毕业生进入本科阶段学习的推荐选拔工作。学院推荐以专业为单位，按学生综合学分绩点排名，按比例确定拟推荐参加升本考试学生名单后报学校，经校教务处审核后，确定最终参考专升本考试的学生名单。

（肖章柯）

【高校英语应用能力考试】 2017年，学校有2个学院学生参加全国高校英语应用能力A、B级考试，6月有372人参加A级考试、52人参加B级，12月有246人参加A级考试、26人参加B级考试。

（陈晓华）

【教改项目结题验收】 年内，学校组织2015年高职和专升本教改项目的结题验收，一次性通过结题项目21项，暂缓结题项目1项，申请延期项目3项。

（罗映霞）

招生与就业

【概况】 学校普通本科、高职及高职升本科学生的招生和毕业生就业工作由校招生就业处开展。至9月30日，学校共报到新生5356人，其中普通本科3494人，高职183人，高职升本科1679人，总体报到率为96.78%。2017届毕业生共计6918人，其中硕士研究生123人、本科生（含专升本）5618人、高职生1177人，学校平均就业率98.44%。

（孙砚林）

【招生计划】 2017年，学校计划招生5220人，其中高考计划招生3800人，分别为本科3600人、高职200人（相比2016年计划招生减少600人）；高职升本科计划招生1420人。本年实际录取新生5534人，其中通过高考计划录取新生3812人（本科生3611人、高职生201人），高职升本科录取1426人，退役士兵免试推优录取入本科296人，2017年计划完成率为106.02%。

（孙砚林）

【招生宣传】 学校根据历年招生情况、师资配备情况、资源情况、就业情况综合考虑确定各专业招生计划和分省计划,继续执行《北京联合大学招生宣传工作细则》,按照已有招生宣传工作机制开展工作:精编招生宣传材料;从考生和家长需求出发,重编专业介绍,突出特色亮点和各自优势;本年印刷报考指南1万余册、招生宣传简章3万余张,向北京市200余所中学、外省市200余所中学及各省市招办寄发简章宣传材料近3万余份,对外地无法参加招生咨询的学校实施展板进校宣传;定期编辑《招生动态信息》,收录最新招生政策、录取数据分析、各学院工作进展、其他高校先进做法等;在《北京考试报》《教育面对面——2017年北京高招咨询汇编手册》《山西教育》等报纸、杂志上发布招生信息和宣传学校软实力;利用网络、微信、微博与考生进行实时互动,及时解答考生及家长提出的问题;编辑招生信息、学生获奖等信息,在官网以微信订阅号推送给关注的考生及家长,参加教育部网上咨询周及北京市和其他省市组织的网上咨询活动10余场,参加北京广播电台"教育面对面"等招生宣传主题节目,在阳光高考信息平台高考首页发布文字访谈;搭建与高中校合作平台,于5月26日和12月23日分别举办高中校长论坛,随后建立7所优质生源基地校;组织多场在校中学生进校参观;组织各学院主管院领导、专业负责人、专业教师、招生工作人员深入中学、区县、高校参加招生咨询活动;组织学院拍摄专业宣传片;于6月24日举办校园开放日暨高招咨询会,有千余名考生及家长到场咨询。

(孙砚林)

【高中校长论坛】 本年,学校对接中学教育,搭建与北京各中学间的沟通桥梁,先后在北四环校区举办两届高中校长论坛。5月26日举办的是学校首届高中校长论坛,主题为"共话教育·展联大育人风采",主要研讨如何应对高考改革挑战、开展校际合作,来自北京14个区28所高中校的50余位高中校领导参加,论坛中为首批成为学校"优质生源基地"的高中校授牌。12月23日举办学校第二届高中校长论坛,主题为"育人 创新 协作 发展",主要探讨新时代高中校与大学之间的合作与发展,来自北京市三里屯一中、中国矿业大学附属中学、中国农业大学附属中学、北京科技大学附属中学等10余所高中学校的校领导及现代教育报社三位重要领导参加。

(孙砚林)

【校园开放日暨高招咨询会】 6月24日,学校举办2017年校园开放日暨高招咨询会,主题为"感受城市型、应用型大学的独特魅力",千余名考生及家长到校咨询。咨询会分为主咨询区、学院及专业面对面咨询和其他问题咨询等部分,主咨询区设在北四环校区体育场内,主要提供全面的政策咨询;学院及专业面对面咨询由各学院和专业学科带头人、系主任、一线任课教师提供;教务处、学生工作处(部)、国际交流合作处、后勤保障中心联合提供其他问题咨询,解答考生关注的转专业、国际交流、奖助学贷、住宿等问题。咨询会展示的学生科技创新成果、毕业作品、参赛作品吸引众多考生和家长驻足观看,其中智能车、跳舞机器人、紫砂壶制作、木版水印、书画装裱、西点制作最受关注。

(孙砚林)

【生源质量】 2017年,学校在北京市投放二批本科招生计划1597人,其中文史类624人,理工类973人。学校在北京市二批本科提档线为文史类496分、理工类482分;在京外投放普通本科指标计划1159人,实际录取1159人。学校在京外录取一批本科文史类、理工类分别平均超控制线29分、40分,学校在京外录取二批本科文史类、理工类分别平均超控制线83分、86分。各招生地区一本和二本录取分数线详情见表5.6和表5.7。

(孙砚林)

【特殊类型招生】 2017年,共有2368名特殊类型新生到校报到,其中艺术本科生382人(7%),单招师资生3人(0.3%),残障本科生139人(2.6%),新疆内地班学生24人(0.45%),港澳台侨学生3人(0.06%),2016年预科转入学生57人(1.1%),单招高职生16人(0.3%),艺术高职生55人(1%),高职升本科学生1678人(3.1%),高水平运动员11人(0.2%)。学校成立特殊类型新生入学复核工作领导小组,复核针对高水平运动员、艺术类(美术、音乐、表演)的全部本科新生的专业水平和身份资格。

(孙砚林)

【就业工作推进】 年内,学校建立责任考核和奖励双向激励的就业工作管理机制,修订《北京联合大学毕业生就业工作奖励办法(修订)》(京联招〔2017〕4号),将过程管理细节化、具体化,结果和过程并重,借助考核和奖励引导就业工作质量提升。在毕业生就业工作中实行"一把手"工程和"校、院、系、部、班"五级就业责任制。发挥专业教师在就业工作中的重要作用,教师指导学生毕业论文与就业相结合,提升学生就业竞争力,为毕业生推荐就业岗位,在实习中为毕业生职业发展答疑解惑。根据毕业生就业工作阶段特点,有针对性地开展实务培训,动态管理毕业生就业工作,以定期发就业工作简报形式督促全校就业工作推进。

(孙砚林)

【就业服务】 2017年,学校加大京津冀地区及重点行业的市场拓展力度,校院两级就业部门先后举办宣讲会85场、招聘会130场,邀请1800余家用人单位进校招聘;利用微信公众号和群发布就业岗位19125个,毕业生数与岗位数比例达到1∶2.7。学校搭建校企合作平台,为学生提供更多的实习基地和就业基地,为外地生源搭建校地合作平台，建立自助式电子校友信息库，为学生提供与校友互动的平台。采用举办讲座、印发资料、网络宣传、张贴海报、悬挂横幅等方式宣传国家相关政策，鼓励毕业生竞聘大学生村干部、社区工作者和赴西部就业。2017 届毕业生中，有 14 人入职村干部，292 人赴西南和西北部就业。关注家庭困难和残疾毕业生就业，实施个性化辅导，精准推送岗位信息，组织 456 人次申报北京市人保局求职补贴 45.6 万元，为家庭困难毕业生发放补助金 30 余万元，为新疆、西藏等少数民族毕业生发放回乡求职交通补助，困难毕业生就业率达到 99.12%；编写适用残疾生的《毕业生就业指导手册》，举办残疾毕业生专场招聘会，2017 届残疾毕业生就业率达到 99.37%。建立未就业毕业生信息库，进行定期回访，及时提供就业指导和服务。

（孙砚林）

【职业发展与就业教育】 年内，学校加强就业课程规范化建设，修改校本教材《大学生生涯规划与就业指导》，举办新上岗人员培训、痕迹识人及教学技巧等主题培训，先后有 61 人次参加培训。举办"就业下午茶""生涯人物访谈大赛""职业服务月""企业体验日""模拟招聘会""模拟面试大赛""简历设计大赛"等有针对性的学生辅导和活动；举办毕业生就业政策和手续流程等主题讲座，微信推送简历制作、面试技巧专题文章，举办公务员考试专题讲座及应试技巧培训，组织模拟考试。

（孙砚林）

【创业服务】 年内，学校新建校级"大学生创业孵化基地"，面积 700 平方米，在场地内设有开放办公区、创业研发区、资料区、咨询指导区、项目路演区、会议区等，配备基本办公设备。

（孙砚林）

【就业情况统计】 2017 年，学校有毕业生 6918 人，其中硕士研究生 123 人、占比 1.78%，本科生（含专升本）5618 人、占比 81.21%，高职生 1177 人、占比 17.01%。至 10 月 31 日，学校平均就业率为 98.44%，其中硕士研究生 100%，本科生 98.40%，高职生 98.47%。2017 届毕业生中，有 373 人在国内升学继续深造，其中 38 人升入双一流高校；有 288 人出国（境）攻读学位，留学人数居前三位的分别是英国、澳大利亚和西班牙；有 14 人考取北京村干部，其中本科毕业生 12 人、硕士研究生毕业生 2 人；有 108 人未就业，主要原因是拟参加公招考试、签约中、求职中等。本年毕业生有 156 人选择自主创业或团队创业，比 2016 年增加 46 人，人数居前三位的是特殊教育学院 36 人、应用科技学院 24 人、旅游学院 21 人。

（孙砚林）

【就业研究】 年内，学校开展社会经济发展—人才社会需求—招生计划—人才培养—就业服务—促进社会经济发展联动机制研究，由招生就业处牵头申报课题"基于大数据分析的招生—培养—就业联动的研究与实践"，调用历年新生入学调查、毕业生跟踪调查及用人单位调查数据进行分析和研究。

（孙砚林）

【创业校友会成立】 4 月 16 日，2017 大学生创新创业高峰论坛暨北京联合大学创业校友会成立大会在北四环校区举行。北京联合大学创业校友会简称"联创会"，以"联络校友、服务母校、共同发展"为宗旨，旨在搭建创业者与政界、学界、商界、金融界、媒体界等多领域校友间交流合作的平台，发现与培养大学生的潜在创业特质，促进创新与创业的可持续发展，发掘更多能够引领未来的商业领袖，学校优秀校友、车库咖啡创始人苏药任理事会首任会长。北京市工商业联合会副主席王爱民出席大会，北京青年企业家创新发展协会、中关村万人导师促进会、北京大学创业训练营、清华大学中国创业者训练营、36 氪、YOU+国际青年社区、车库咖啡、i 黑马、韩建集团、幸福泉儿童发展集团、开曼青年创业社区，以及北京科技大学、黑龙江大学等京内外 10 余所高校创业代表共 100 余人参会。

（孙砚林）

【创业团队获奖】 8 月 3 日，北京市教委发布 2017 年北京地区高校大学生优秀创业团队评选结果（京教函〔2017〕340 号），学校 4 支创业团队获奖，其中"爱心降糖小屋"团队获一等奖，"'麟甲'户外战术手环"团队和"1DAY"团队获二等奖，"北京行克创意工作室"获三等奖。

（孙砚林）

【附表】

表 5.6　2017 年各招生地区一本录取分数线一览表

省份	一本控制线		学校一本录取线					
	文史	理工	文史最高分	文史最低分	最低分超出控制线	理工最高分	理工最低分	最低分超出控制线
山西	518	481	548	535	17↑	515	506	25↑
内蒙古	472	466	532	510	38↑	559	494	28↑
江西	533	503	557	549	16↑	551	531	28↑

续表

省份	一本控制线		学校一本录取线					
	文史	理工	文史最高分	文史最低分	最低分超出控制线	理工最高分	理工最低分	最低分超出控制线
河南	516	484	563	552	36↑	548	546	62↑
湖南	548	505	586	576	28↑	553	542	37↑
贵州	545	456	606	591	46↑	516	495	39↑
云南	555	500	594	583	28↑	568	539	39↑
甘肃	505	460	530	522	17↓	503	492	32↑
青海	463	391	508	487	24↑	456	446	55↑
新疆	486	437	548	528	42↑	527	492	55↑

(孙砚林)

表 5.7　2017 年各招生地区二本录取分数线一览表

省份	二本控制线		学校二本录取线					
	文史	理工	文史最高分	文史最低分	超出控制线	理工最高分	理工最低分	超出控制线
山西	452	400	526	513	61	487	473	73
内蒙古	375	328	495	491	116	——	——	——
江西	458	422	544	533	75	516	503	81
山东	483	433	570	553	70	579	550	117
河南	389	342	547	529	140	525	502	160
湖南	485	424	580	550	65	528	502	78
贵州	453	361	573	550	97	483	449	88
云南	465	410	583	559	94	526	485	75
甘肃	458	408	515	503	45	478	455	47
青海	421	356	483	480	59	368	368	12
新疆	375	333	511	501	126	452	433	100
天津	401	395	516	503	102	532	481	86
河北	395	326	568	529	134	534	504	178
辽宁	428	350	556	534	106	491	490	140
吉林	412	379	510	498	86	508	479	100
黑龙江	400	335	522	506	106	496	475	140
上海	402	——	449	441	39	——	——	——
江苏	281	269	332	331	50	328	324	55
浙江	480	——	575	561	81	——	——	——
安徽	440	413	535	524	84	520	489	76
湖北	406	345	539	527	121	490	476	131
广东	418	360	516	512	94	508	464	104
广西	387	318	542	521	134	480	432	114
海南	578	539	670	640	62	619	597	58
四川	470	436	553	539	69	520	511	75
宁夏	487	408	519	507	20	451	438	30
西藏(汉)	356	316	415	415	59	325	325	9
西藏(少)	302	247	339	337	35	264	264	17

(孙砚林)

·科学研究·

科研工作

【概况】 学校科研工作由科研处组织和管理。5月，学校发文京联发〔2017〕18号，将“北京联合大学科研处”更名为“北京联合大学科学技术处”（简称“科技处”）。同时，调整原科研处的岗位设置和编制。将原有科研处综合办、项目管理科、成果科、科技园科4个科室，调整为科技服务中心（含科研财务一站式服务办公室）、科技项目管理科、产学研合作科、重大项目与基地管理科、知识产权与成果转化科、科技园管理科6个科室。梳理各科室业务，制定和完善各项业务流程，包括科研课题的申报、中期检查和结题，科研成果转化、学术资助、科研工作量和科研奖励申报，科研财务一站式服务，创业培训工作及教师和学生营业执照办理等。建成科研财务一站式服务中心，于11月试运行。落实《北京市进一步完善财政科研项目和经费管理的若干政策措施》文件精神，制定《北京联合大学科研类项目间接费用管理办法（试行）》和《北京联合大学横向科研项目管理办法》，修订《北京联合大学科研成果及文学艺术类创作作品奖励办法》和《北京联合大学学术著作资助管理办法》。

年内，学校推进科研管理模式改革，明确学院、科研机构的科研工作主体地位，实行分类管理，年度科研目标任务列入年终主要考核指标，并与绩效考核关联。加强对科研项目的申报培训和过程指导，根据项目实施效果认定各类研究的级别，组织团队联合攻关，实行研究经费与任务、绩效同步分担机制。

学校修订《北京联合大学学术委员会章程》，校学术委员会换届，成立第三届校学术委员会；筹备创建中俄交通学院；召开加强哲学社会科学工作的座谈会；组织参评第二十三届北京优秀青年工程师评选，应用文理学院教师林德强获批。

（张静）

【科研项目】 2017年，学校获批各级各类科研项目533项。其中，国家自然科学基金项目7项、国家社会科学基金项目8项、教育部人文社科项目11项、北京市规划办项目14项（含基地项目）。年内，与其他单位联合申报科技部项目获批3项；与国家铁路局规划与标准研究院、北京交通大学联合申报国家铁路局项目获批1项，批复项目经费120万，学校获拨40万元；获批中英国际合作项目1项，项目经费10万英镑（约合88万元人民币）；申报市教委卓越青年计划项目2项、2018年科技部项目6项；组织朝阳区协同创新项目申报工作，学校获批8项，且4项为第一牵头单位。2017年新立项C类科研项目151项，其中北京市一般项目25项，社科重点项目1项。截至12月11日，获批立项横向科研项目421项，合同经费金额为5801.701万元，到账金额为3570.008万元。

设立校内科研定额引导性项目19项，立项金额1012万元。竞争项目11项目，立项金额540万；市级科研平台立项7项，立项金额190万。发布新起点项目、成果转化项目、教育科学规划项目、党建和思想政治研究项目4类校级项目50项。

（张晏辅　刘琳）

【论文发表】 年内，学校教职工发表各类论文1512篇。其中，发表在C类刊物及以上的高水平论文208篇。

（江燕）

【知识产权】 年内，学校获得专利授权64项，新申请专利52项；获得软件著作权登记授权107项，新申请软件著作权登记91项。其中，获得发明专利授权49项，新申请42项；获得实用新型专利授权12项，新申请7项；获得外观设计专利授权3项，新申请3项。2017年立项的省部级以上科研项目、2017年获得授权的专利和知识产权见表6.1和6.2。

（徐兵）

【科技成果转化】 年内，学校资助2项科技成果转化项目，分别为生物化学与工程学院的“核桃枣营养乳产业化关键技术研究与应用”项目和特殊教育学院的“一种盲人用教具的研究与产品开发”项目。生物化学工程学院的“一种原花青素微乳眼霜及其制备方法”获得转化金额2万元、“一种规模化微藻分离收集干燥设备”获得转化金额1万元。

（刘琳）

【大学科技园】 2017年，北京北联科兴科技孵化中心为学校科技园管理公司，本年法人代表变更为鲍新中。公司承担为创业的大学生团队提供项目咨询服务和工商注册服务，为入孵企业寻找孵化场地，提供相关支持等工作。年内,公司开设北京市创业培训班,累计培训学员23人;整理统计教师科技成果转化2项、社会服务成果1项;配合校产业管理委员会办公室与龙湾屯镇南坞村签署解除导聋犬训练基地土地租赁合同。

(王春梅)

【联合主办北京数字博物馆研讨会】 6月8日,学校与北京数字科普协会、北京博物馆学会、中国博物馆协会博物馆数字化专业委员会、中国文物学会文物摄影专业委员会、中科院网络科普联盟联合主办的"2017年(第七届)北京数字博物馆研讨会"在北四环校区召开。研讨会主题为"用'互联网+'模式,讲博物馆的故事",分为主旨报告、大会报告、案例分享、分论坛研讨4个主要环节,案例分享和研讨交流议题包括"新技术应用助力博物馆数字内容建设""数字博物馆创意设计与融合发展""新兴媒体助力博物馆的传播与服务""数字博物馆价值挖掘与应用"等。来自北京、天津、河北的博物馆、科研院所、高校机构以及科技、科普、教育、设计、艺术等领域专家学者、企业负责人参会。北京数字博物馆研讨会是在北京市科协、市文物局、市经信委指导下的数字博物馆方面的综合学术交流活动,从2005年开始每两年举办一次,本次会议为期2天。

(许静)

【附表】

表6.1 2017年立项的省部级以上科研项目

序号	项目名称	项目负责人	所属单位	项目类型
1	自然保护区旅游资源对人类活动的生态风险响应机制和评价研究	耿玉环	旅游学院	国家社科基金青年项目
2	北魏晚期中原北方石窟研究	张　雯	应用文理学院	国家社科基金青年项目
3	分享经济中的信任机制研究	李立威	管理学院	国家社科基金一般项目
4	大气污染防治背景下京津冀电能替代路径选择影响及政策研究	张丽峰	旅游学院	国家社科基金一般项目
5	中国特色社会宗教理论的发展历程及历史经验研究	刘福军	马克思主义学院	国家社科基金一般项目
6	习近平总书记关于文艺思想的理论框架研究	王彦霞	艺术学院	国家社科基金一般项目
7	多民族背景下中国国家形象的内部生成机制与传播研究	李彦冰	应用文理学院	国家社科基金一般项目
8	基于风险识别的农地经营权流转多方主体利益平等保护机制研究	张远索	应用文理学院	国家社科基金一般项目
9	郊区居民日常活动的地方秩序嵌套及社区重构研究	张　艳	北京学研究所	国家自然基金面上项目
10	微小齿轮金属注射成形收缩机理与模具预控设计方法研究	雷保珍	机器人学院	国家自然基金面上项目
11	尾矿坝溃决演进机制及监测预警方法研究	杨　鹏	工科实验中心	国家自然基金面上项目
12	基于时空地理数据的首都圈经济效益演进与区域空间结构优化研究	刘建国	旅游学院	国家自然基金面上项目
13	基于自组装和微相分离的一步法制备具有超薄分离层的分子筛碳膜及膜结构控制研究	魏　微	生物化学工程学院	国家自然基金面上项目
14	北京城市文化空间的形态演进及动力机制研究	张景秋	应用文理学院	国家自然基金面上项目
15	2017《旅游学刊》中国旅游研究年会暨《旅游学刊》第六期国际旅游研究高级研修班	石美玉	招生就业处	国家自然科学基金应急管理项目
16	面向智能车产业化的人才培养与合作	鲍　泓	机器人学院(试验区)	中英国际合作项目
17	大型高尾矿库高可靠、高稳定多信息综合检测装备	杨　鹏	科学技术处	科技部重点研发项目联合申报
18	植物源代谢产物杀菌剂的研制与应用示范	葛喜珍	生物化学工程学院	科技部重点研发项目联合申报
19	地理大数据典型事件发现及预警	孟　斌	应用文理学院	科技部重点研发项目联合申报
20	国家通用盲文方案(试行)量化评价研究	钟经华	特殊教育学院	国家语委后期资助项目
21	老年人语言蚀失期的语用能力研究	任虎林	生物化学工程学院	国家语委一般项目

续表

序号	项目名称	项目负责人	所属单位	项目类型
22	关于宗教院校中如何坚持中国化方向研究	刘福军	马克思主义学院	国家宗教事务局
23	普惠金融视角下微型金融机构的可持续发展及制度优化路径研究	李雅宁	管理学院	教育部人文社科青年项目
24	全球生产网络动态演进下两岸产业合作的转型升级	周小柯	京台文化交流中心	教育部人文社科青年项目
25	"一带一路"倡议下民族地区跨境廊道遗产价值与功能研究	李　飞	旅游学院	教育部人文社科青年项目
26	制造业企业金融资产投资的影响因素及经济后果研究	索玲玲	商务学院	教育部人文社科青年项目
27	中国降低制造业税负的路径选择：三类关键税费的作用机理与企业行为调查研究	白庆辉	商务学院	教育部人文社科青年项目
28	上古汉语并列复句发展演变研究	杨　丹	师范学院	教育部人文社科青年项目
29	小学生数学核心素养生成机制研究	何　璇	师范学院	教育部人文社科青年项目
30	自主学习视角下基于SPOC的听障大学生混合学习效果研究	刘志丽	特殊教育学院	教育部人文社科青年项目
31	新媒体背景下我国广告教育转型与发展研究	闫　琰	应用文理学院	教育部人文社科青年项目
32	"互联网＋"背景下影视产业IP运营机制研究——基于价值链创新的视角	金　韶	应用文理学院	教育部人文社科青年项目
33	"基础"课教育教学中"思想道德"与"法治"有机融合研究	薛剑符	马克思主义学院	教育部马克思主义优秀科研团队
34	京津冀协同发展的人才支撑体系构建研究	张祖明	艺术学院	北京市教育委员会社科计划重点项目
35	北京古都文化研究	张　勃	北京学研究所	北京市哲社规划基金重点项目
36	"一带一路"倡议背景下来京留学生的教育需求分析与对策研究	郭素红	国际交流学院	北京市哲社规划基金一般项目
37	习近平总书记的意识形态建设思想研究	张泽一	马克思主义学院	北京市哲社规划基金一般项目
38	市场监管对北京市共享经济价值创造过程的调节作用研究	郭彦丽	商务学院	北京市哲社规划基金一般项目
39	北京市服务业扩大开放综合试点绩效评价研究	任　靓	商务学院	北京市哲社规划基金一般项目
40	北京城市新空间书写与文化认同研究	周春霞	应用文理学院	北京市哲社规划基金一般项目
41	习近平总书记权力监督思想和实践创新研究	赵连稳	北京政治文明建设研究基地	北京市哲社规划基金一般项目
42	餐饮O2O配送环节食品安全控制机制研究	裴一蕾	商务学院	北京市哲社规划基金青年项目
43	京津冀传统民居建筑装饰的研究	郑慧铭	艺术学院	北京市哲社规划基金青年项目
44	习近平治国理政思想的基本问题研究	郑广永	北京政治文明建设研究基地	北京哲社基地规划重点项目
45	北京中轴线北段历史文化元素整合与传承研究	刘剑刚	北京学研究所	北京哲社基地规划项目
46	北京历史文化街区地方性挖掘与居民文化认同研究	成志芬	北京学研究所	北京哲社基地规划项目
47	京台数字动漫产业互补与合作研究	李　立	京台文化交流中心	北京哲社基地规划项目
48	京台社区精细化治理的比较研究	陈　星	京台文化交流中心	北京哲社基地规划项目
49	北京市历史文化街区意象的游客感知研究	彭　霞	北京学研究所	北京哲社规划自筹项目
50	"互联网＋"下的人大预算监督机制构建研究	李玉红	北京政治文明建设研究基地	北京哲社规划自筹项目
51	基于高通量测序技术解析类球红细菌调节肠道菌群作用机理	李祖明	生物化学工程学院	北京市自然科学基金项目
52	室内空气中典型SVOCs在微介孔炭质吸附剂上的吸/脱附特性研究	张传钊	生物化学工程学院	北京市自然科学基金项目

（刘华伟　刘琳）

表 6.2　2017 年获得授权的专利和知识产权

序号	专利名称	第一发明人/设计人	专利类型	授权号
1	一种天气预测方法	马　楠	发明专利	ZL201210039115.2
2	一种印刷设备污染防护装置	姚淑娜	发明专利	ZL201210112081.5
3	自然形态连续花纹生成器	曲　欣	发明专利	ZL201310298332.8
4	一种基于智能驾驶中停止线实时检测以及距离测量的方法	刘宏哲	发明专利	ZL201310422587.0
5	一种右旋布洛芬注射乳剂及制备方法	权奇哲	发明专利	ZL201310497168.3
6	互感式三相电机电流噪声故障检测法和实施该方法的装置	龙建雄	发明专利	ZL201310571135.9
7	一种非法基站入侵的快速检测与定位方法	李　克	发明专利	ZL201310688635.0
8	洗衣机漂洗水收集与使用装置及其中收集水的方法	杨志成	发明专利	ZL201310706240.9
9	甲醛和苯的纳米复合氧化物敏感材料	周考文	发明专利	ZL201410042995.8
10	基于 Wordnet 语义相似度的多特征图像标签排序方法	刘宏哲	发明专利	ZL201410049041.x
11	具有积分饱和预处理功能的 PID 控制方法	钱琳琳	发明专利	ZL201410070621.7
12	一种大规模 MIMO 系统的大尺度衰落估计方法与装置	李文法	发明专利	ZL201410140820.0
13	一种大规模 MIMO 系统的联合信道估计方法与装置	李　克	发明专利	ZL201410140830.4
14	一种基于蓝牙技术的手机防盗系统	马　楠	发明专利	ZL201410150081.3
15	一种适应白天检测的运动车辆刹车灯状态识别方法	鲍　泓	发明专利	ZL201410161489.0
16	一种基于机器视觉的太阳能电池激光刻线参数检测方法及系统	浦剑涛	发明专利	ZL201410199333.1
17	一种基于 K-means 的高分辨率遥感地图道路提取方法	何　宁	发明专利	ZL201410219942.9
18	一种具有增强免疫调节作用的类球红细菌纳米粉及其制备方法	李祖明	发明专利	ZL201410247137.7
19	基于时空关联与先验知识的交通信号灯实时识别方法	刘宏哲	发明专利	ZL201410251450.8
20	一种智能车行进控制方法及系统	刘　佳	发明专利	ZL201410259590.X
21	一种车辆行进控制方法及系统	刘　佳	发明专利	ZL201410259608.6
22	一种交联改性阳离子淀粉絮凝剂及其制备方法	程艳玲	发明专利	ZL201410453838.6
23	一种基于大气光散射物理模型的单幅图像去雾方法	何　宁	发明专利	ZL201410508456.9
24	一种基于激光测距的机器人自主寻路方法	杜　煜	发明专利	ZL201410525129.4
25	错心环形流管无阀压电泵	夏齐霄	发明专利	ZL201410533056.3
26	侧置抛物线锥流管无阀压电泵	卢振洋	发明专利	ZL201410534693.2
27	氯代烃的催化燃烧催化剂及其制备方法	周考文	发明专利	ZL201410605598.7
28	一种可穿戴式心电信号监测评估系统及实现方法	姜余祥	发明专利	ZL201410677704.2
29	基于时空关联的停止线实时识别与测距方法	刘宏哲	发明专利	ZL201410677821.9
30	一种用于智能车辆的路口行驶控制方法	刘宏哲	发明专利	ZL201410678135.3
31	一种多功能升降桌	程　光	发明专利	ZL201410777687.X
32	中央空调矩形风口射流调节装置	李春旺	发明专利	ZL201410787911.3
33	一种智能复合风口系统	李春旺	发明专利	ZL201410787913.2
34	一种生命体征监测设备的评估系统与方法	姜余祥	发明专利	ZL201410821055.9
35	快递件自动收发装置	杨志成	发明专利	ZL201410830035.8
36	一种快速加热混水储水箱	李春旺	发明专利	ZL201510010559.7
37	一种机动车电子防盗辅助装置	田文杰	发明专利	ZL201510014721.2
38	一种富含酚类物质的山竹果皮巨峰葡萄酒自酿方法	刘彦霞	发明专利	ZL201510080578.7
39	快速测定甲醛和一氧化碳的催化发光敏感材料	周考文	发明专利	ZL201510186046.1
40	可双模式自由切换的电动车速度控制系统及方法	刘元盛	发明专利	ZL201510251568.5
41	一种盐酸小檗碱微囊的制备方法	霍　清	发明专利	ZL201510257215.6
42	一种山豆根、贯众复配农用杀菌剂及其制备方法	葛喜珍	发明专利	ZL201510262283.1
43	一种基于微循环理念的主动散热三维芯片	王淑芳	发明专利	ZL201510266491.9
44	一种摩擦超越离合器	夏齐霄	发明专利	ZL201510312446.2
45	一种夜间巡逻机器人自动循迹方法	张　军	发明专利	ZL201510312932.4
46	一种自动嫁接机整排切苗装置	李　军	发明专利	ZL201510323247.1
47	一种检测异丁醇气体的负载型复合纳米敏感材料及其制备方法	于春洋	发明专利	ZL201510333917.8
48	一种低温甲烷催化燃烧催化剂的制备方法	周考文	发明专利	ZL201510345763.4
49	甲醛、甲醇和乙醇的催化氧化催化剂	周考文	发明专利	ZL201510345764.9

续表

序号	专利名称	第一发明人/设计人	专利类型	授权号
50	一种基于深度学习的三轴磁电子罗盘误差补偿方法	刘艳霞	发明专利	ZL201510378092.1
51	架空电缆巡线机器人的搭脱线器及方法	杨志成	发明专利	ZL201510650074.4
52	架空电缆巡线机器人的荡越式机器臂及越障方法	杨志成	发明专利	ZL201510650556.x
53	一种热障密封件	刘瑞祥	发明专利	ZL201510882916.9
54	一种苯和二氧化硫的催化发光敏感材料	周考文	发明专利	ZL201511031120.9
55	一种基于流体雾化的太阳能散热伞	王淑芳	发明专利	ZL201610006611.6
56	侧吸管无阀压电泵	夏齐霄	发明专利	ZL201610016638.3
57	一种焊枪姿态调整机构	卢振洋	发明专利	ZL201610017783.3
58	侧吸管液体混合输送无阀压电泵	夏齐霄	发明专利	ZL201610039193.0
59	基于双低成本摄像头的车道偏离预警方法	刘宏哲	发明专利	ZL201610423005.4
60	基于云平台智能电子秤数据采集与分析系统 1.0	张冰峰	软件登记	2017SR007481
61	随行听软件 V1.0	廖礼萍	软件登记	2017SR007639
62	基于特征提取的人群计数系统	鲍　泓	软件登记	2017SR007641
63	基于互联网＋有机化农业可视化应用软件 V1.0	刘振恒	软件登记	2017SR011408
64	变梯度初始开度的位置式 PID 控制算法软件	钱琳琳	软件登记	2017SR015183
65	基于 Android 的五子棋游戏软件 V1.0	梁　晔	软件登记	2017SR018467
66	地面标志线综合识别软件	刘宏哲	软件登记	2017SR044058
67	基于 Android 系统的指静脉门禁考勤软件 V1.0	梁爱华	软件登记	2017SR044065
68	基于机器视觉的车辆检测软件和车道线检测软件	鲍　泓	软件登记	2017SR044118
69	基于 iOS 移动平台的校园导览软件	徐歆恺	软件登记	2017SR044125
70	基于双低成本摄像头的大曲率车道线识别软件	刘宏哲	软件登记	2017SR044132
71	金属文物数据管理系统 V1.0	刘　畅	软件登记	2017SR064409
72	验证码图片识别软件 V1.0	刘　畅	软件登记	2017SR064414
73	软件工程专业教学平台全文检索系统	彭　涛	软件登记	2017SR064431
74	基于 J2EE 的旅游文献信息管理与分析系统	彭　涛	软件登记	2017SR064434
75	贵州自驾游服务软件 V1.0	黄　艳	软件登记	2017SR064531
76	电子文档资料管理系统软件 V1.0	汤海凤	软件登记	2017SR072443
77	基于 Android 的便携式英语字典软件 V1.0	汤海凤	软件登记	2017SR072490
78	基于词的手语翻译工具软件 V1.0	李晗静	软件登记	2017SR087867
79	“田家”Android 移动应用软件	彭　涛	软件登记	2017SR092000
80	旅游评论大数据采集系统	彭　涛	软件登记	2017SR092002
81	基于 C/S 与 B/S 相结合的企业员工考勤系统	胡立栓	软件登记	2017SR092046
82	道路环境感知中路面区域分割系统	徐冰心	软件登记	2017SR092435
83	基于 SOA 的配电网模型数据传输软件（DMTS，Distribution network Model Data Translate Software）	赵丽华	软件登记	2017SR092476
84	美国专利申请书数据解析系统	彭　涛	软件登记	2017SR092685
85	中文文本挖掘系统 V1.0	董　爽	软件登记	2017SR116175
86	北京联合大学管理学院项目经费管理系统 V1.0	董　爽	软件登记	2017SR116181
87	视觉障碍人群光电同步脑活动评测软件 1.0	邱兆熊	软件登记	2017SR116184
88	Innofinance 中小企业财务风险评价与预警系统	鲍新中	软件登记	2017SR116187
89	基于激光雷达的路径规划的软件系统	杜　煜	软件登记	2017SR121896
90	基于模板匹配的车牌识别软件 V1.0	何　宁	软件登记	2017SR121905
91	基于 GPS 先验路网的路径规划系统	鲍　泓	软件登记	2017SR121912
92	基于 DFA 模型和情感词典的情感极性识别软件 V1.0	黎　巎	软件登记	2017SR122122
93	基于图像锐化方法的边缘检测软件 V1.0	何　宁	软件登记	2017SR122128
94	GPS 多车道导航软件	鲍　泓	软件登记	2017SR122354
95	基于广义波前实时避障算法的软件系统	杜　煜	软件登记	2017SR122362
96	日志管理软件系统	杜　煜	软件登记	2017SR122368
97	基于先验信息的图像场景多对象标记软件	李　青	软件登记	2017SR122377

续表

序号	专利名称	第一发明人/设计人	专利类型	授权号
98	快速停车软件(QuickStop)	王育坚	软件登记	2017SR122387
99	基于 Android 的菜单个性化推荐软件	宁淑荣	软件登记	2017SR189157
100	基于 HTML5 的多用户实时共享画图软件	宁淑荣	软件登记	2017SR189729
101	基于 HTML5＋JavaScript 室内地图软件	宁淑荣	软件登记	2017SR196513
102	金融数据分类系统	徐光美	软件登记	2017SR232012
103	电子琴动态录音与回放系统 V1.0	刘晓晓	软件登记	2017SR232087
104	基于激光雷达 SLAM 的智能车无人驾驶软件 V1.0	张　军	软件登记	2017SR232101
105	基于 APP 的博物馆导览系统 V1.0	商新娜	软件登记	2017SR232274
106	数据快速交换平台 V1.1	刘在云	软件登记	2017SR233450
107	电动汽车高压中控盒测试系统 V1.0	邵明刚	软件登记	2017SR233817
108	电动洗车高压中控盒装配系统 V1.0	邵明刚	软件登记	2017SR242458
109	基于 Android 平台与云技术的旅游热点共享系统	聂清林	软件登记	2017SR242581
110	光栅图形学算法演示系统 V1.0	张睿哲	软件登记	2017SR251198
111	仁爱助学 App 软件 V1.0	马小军	软件登记	2017SR258651
112	基于 Gis 的三维漫游系统	张睿哲	软件登记	2017SR260792
113	“多彩贵州”旅游与文化展示平台系统 V1.0	袁家政	软件登记	2017SR262943
114	基于语音交互的知识库问答软件	袁家政	软件登记	2017SR262949
115	基于语音识别的天气预报查询系统	刘宏哲	软件登记	2017SR262957
116	基于 UDP 协议的改进的数据通信软件 V1.0	袁家政	软件登记	2017SR262964
117	车场智能管理软件 V1.0	范莉丽	软件登记	2017SR262973
118	基于 Java 的服务端消息推送软件	刘宏哲	软件登记	2017SR262984
119	基于语音交互的辅助教育系统 V1.0	袁家政	软件登记	2017SR262992
120	基于平衡小车的无线语音控制系统 V1.0	袁家政	软件登记	2017SR263000
121	基于同义词词林的计算中文词语相似度软件	袁家政	软件登记	2017SR263007
122	8 舵机联动控制系统 V1.0	刘宏哲	软件登记	2017SR263016
123	基于人脸识别和语音交互的考勤系统	刘宏哲	软件登记	2017SR265810
124	无人机航拍移动物体辨识及速度估算软件	龙　浩	软件登记	2017SR288298
125	实验室在线管理系统软件 V1.0	汤海凤	软件登记	2017SR288478
126	网络问答共享及辩论型社区应用系统软件 V1.0	李冬云	软件登记	2017SR297943
127	试题库管理及试卷生成系统	薛晓霞	软件登记	2017SR298692
128	头皮脑电噪声消除软件	沈晋慧	软件登记	2017SR298828
129	基于卡尔曼滤波的打捞机器人定位系统数据融合软件 V1.0	杨清梅	软件登记	2017SR302145
130	基于移动终端的服务机器人智能交互与测试系统	马　楠	软件登记	2017SR302155
131	拱泥机器人位置检测系统 LMS 自适应处理软件 V1.0	杨清梅	软件登记	2017SR302170
132	日光温室叶菜栽培水肥智能调控系统 V1.0	薛　琳	软件登记	2017SR302176
133	基于有限状态机的智能车决策软件 V1.0	张　军	软件登记	2017SR306250
134	基于 RFID 的仓储管理信息系统	刘景云	软件登记	2017SR352910
135	基于百度地图的冷链物流配送路径动态规划系统	胡立栓	软件登记	2017SR352912
136	遥感图像土地覆盖分类系统 V1.0	刘治国	软件登记	2017SR352923
137	音频声场扩展技术的实现软件 V1.0	吴晶晶	软件登记	2017SR352943
138	三维激光雷达采集与重建软件	刘元盛	软件登记	2017SR378194
139	交通标志牌检测提取软件 V1.0	潘卫国	软件登记	2017SR378201
140	基于多客户端的文化旅游资源推荐系统	刘宏哲	软件登记	2017SR378210
141	基于多特征融合的银饰分类与检索系统	刘宏哲	软件登记	2017SR378216
142	汽车 CAN 总线控制教学系统操作软件	刘元盛	软件登记	2017SR388134
143	果园物联网传感数据预处理系统 V1.0	薛　琳	软件登记	2017SR388197
144	无人驾驶汽车监控软件	刘元盛	软件登记	2017SR390731
145	“食播间”——北京食品工业旅游平台 1.0	盛晓娟	软件登记	2017SR447995
146	智能车局部路径规划软件 V1.0	张　军	软件登记	2017SR448239

续表

序号	专利名称	第一发明人/设计人	专利类型	授权号
147	数据快速交换共享平台	付百文	软件登记	2017SR448252
148	数据快速交换共享平台 V2.0	刘在云	软件登记	2017SR448252
149	速算练习软件 V1.0	王郁昕	软件登记	2017SR448371
150	彩色印刷套准状态识别算法实现软件 V1.0	于丽杰	软件登记	2017SR449677
151	视频播放自动化测试软件 V1.0	周冠玲	软件登记	2017SR449684
152	游戏资讯和交流平台 V1.0	梁　晔	软件登记	2017SR464793
153	校医院挂号及预约软件	梁　晔	软件登记	2017SR465563
154	基于过程自动化的 XML 语言平台 1.0	周冠玲	软件登记	2017SR521743
155	引入权矩阵改进的三轴磁强计椭球拟合算法软件	刘艳霞	软件登记	2017SR521744
156	基于非线性变换的加速度计误差补偿算法软件	刘艳霞	软件登记	2017SR521745
157	智能聊天软件 V2.0	袁家政	软件登记	2017SR521759
158	“多彩贵州”民族特色文化旅游展示系统 V1.0	袁家政	软件登记	2017SR526596
159	智能车路口拟合及路径规划系统	鲍　泓	软件登记	2017SR526892
160	基于视觉的非结构道路检测软件	李　青	软件登记	2017SR530007
161	基于 Hough-IPM 的矩形交通标识牌倾斜校正软件	李　青	软件登记	2017SR530023
162	基于语音控制的机器人表情显示软件	刘宏哲	软件登记	2017SR530025
163	基于 RGB-D 的机器人同时定位与建图软件	刘宏哲	软件登记	2017SR530029
164	基于语音识别后的文本校对系统 V1.0	刘宏哲	软件登记	2017SR530032
165	基于语音交互的课堂自主教学系统 V1.0	袁家政	软件登记	2017SR530035
166	基于 FastICA 的混合语音分离软件 V1.0	刘宏哲	软件登记	2017SR530041
167	智能聊天软件 V1.0	袁家政	软件登记	2017SR533179
168	基于 Struts2“德毅”机器人实验班学情档案管理系统 v1.0	马　楠	软件登记	2017SR608860
169	智航客户关系管理系统	亓呈明	软件登记	2017SR609291
170	银行互联网金融服务平台	董　爽	软件登记	2017SR609294
171	单频正弦信号频率测量软件	杨　萍	软件登记	2017SR612411
172	一种单频正弦信号峰值测量软件实现方法	姜余祥	软件登记	2017SR612419
173	智能电视的多屏显示软件 V1.0	周冠玲	软件登记	2017SR612426
174	槐房村社区卫生服务系统 V1.0	李立威	软件登记	2017SR617787
175	模拟电子商务平台 V1.0	刘　畅	软件登记	2017SR618028
176	基于显著性检测的智能车道路检测软件	杨　鹏	软件登记	2017SR630074
177	同位素旅游推荐 App 软件 V1.0	王育坚	软件登记	2017SR630402
178	原素科技在线商城 PC 端软件	霍　清	软件登记	2017SR634881
179	原素科技在线商城微信端软件 V1.0	霍　清	软件登记	2017SR636672
180	人文北京之北京传统饮食文化信息查询系统(简称:北京传统饮食文化信息查询系统)V1.0	于　宁	软件登记	2017SR647298
181	面向电影推广的影响力最大化实现系统 V1.0	张敬尊	软件登记	2017SR654239
182	基于红外和超声波自动避障小车软件(简称:红外遥控超声波壁障小车)1.0	刘艳霞	软件登记	2017SR657222
183	基于 arduino 单片机控制直流电机运动程序平台(简称:arduino 控制直流电机运动程序平台)1.0	方建军	软件登记	2017SR657228
184	基于评价对象—情感词向量的情感分类软件 V1.0	黎　巎	软件登记	2017SR666174
185	基于鲁棒性多车道线识别的实时车辆逆行预警软件(简称:视觉定位软件)V1.0	刘宏哲	软件登记	2017SR666544
186	基于阅读习惯的中文分词工具软件 V1.0	李晗静	软件登记	2017SR666686
187	基于计算机视觉的车道线线型识别软件(简称:车道线类型判别软件)V1.0	刘宏哲	软件登记	2017SR666704
188	绿色时空微信平台 V1.0	刘晓晓	软件登记	2017SR713038
189	监控视频前景目标提取软件 V1.0	刘宏哲	软件登记	2017SR715905

续表

序号	专利名称	第一发明人/设计人	专利类型	授权号
190	基于百度地图API的智能车轨迹回放软件(简称：轨迹回放软件)V1.0	钮文良	软件登记	2017SR715910
191	智能停车充电系统(简称：e停)V1.0	王育坚	软件登记	2017SR715915
192	一种具有警报功能的电能表	陈景霞	实用新型	ZL201620046558.8
193	一种涂料喷嘴的清洗装置	任晓耕	实用新型	ZL201620470057.2
194	一种传感器原理及应用实验教学系统	龙　浩	实用新型	ZL201620514557.1
195	一种楔形长方体柱樟木块带梯形凸起的长条书架	姜素兰	实用新型	ZL201620890274.7
196	一种椭圆柱体樟木块拱形长条书架	姜素兰	实用新型	ZL201620891404.9
197	一种楔形长方体柱樟木块长条书架	姜素兰	实用新型	ZL201620891431.6
198	一种椭圆柱体樟木块长条书架	姜素兰	实用新型	ZL201620892142.8
199	一种足球守门员训练用自动发球装置	朱　超	实用新型	ZL201621105955.4
200	一种自动装卸料小车的电气控制系统	陈惠荣	实用新型	ZL201621106738.7
201	蓝牙智能控制器	张翠霞	实用新型	ZL201621141251.2
202	汽车驾驶台手刹系统的工效学测试装置	杨爱萍	实用新型	ZL201621155720.6
203	汽车驾驶座椅系统工效学测试装置	杨爱萍	实用新型	ZL201621155840.6
204	用电功率控制装置	金培莉	实用新型	ZL201621223798.7
205	一种稳衡炉温控制仿真教学系统	佟世文	实用新型	ZL201621332959.6
206	一种坐姿正脊按摩椅	程　光	实用新型	ZL201621478912.0
207	颈部动度监测系统	程　光	实用新型	ZL201621481565.7
208	一种预防脊柱微变形的按摩椅	程　光	实用新型	ZL201621482714.1
209	一款多功能背包	杨丽珍	实用新型	ZL201720121545.7
210	车载投影仪支架	逯燕玲	实用新型	ZL201720228054.2
211	一种电梯安防访客控制系统	贺玲芳	实用新型	ZL201720315863.7
212	挂毯2	邓亚楠	外观设计	ZL201730010752.0
213	挂毯	邓亚楠	外观设计	ZL201730010753.5
214	挂毯3	邓亚楠	外观设计	ZL201730010951.1
215	VR全景摄像机	杨　哲	外观设计	ZL201730224963.4

(徐兵)

科研平台

【概况】 2017年,北京联合大学有科研机构49个,其中,市级科研机构9个,校级科研机构40个。校级科研机构中,4个为校级校管科研机构(其中3个为市级科研机构的依托单位),36个为校级院管科研机构。6月,北京市教委和北京市哲社规划办公室批准北京政治文明建设研究基地成立,为北京市哲学社会科学研究基地,由此北京市政治文明建设研究中心由研究中心升级为研究基地。年内,各科研机构特别是市级科研机构继续承担着教学科研任务,发挥提高学校人才培养质量、提升学校整体科研水平、促进学科交叉融合等作用。

(张静)

【学报编辑部】 年内,学报编辑部按照年度出版计划,编辑和出版北京联合大学学报综合版和人文社会科学版各4期。其中,综合版收到稿件140余篇,近100万字,人文社会科学版收到稿件近2000篇,2000多万字。根据《中国学术期刊影响因子年报(自然科学与工程技术·2017版)》统计,综合版学报的影响因子为0.647;根据《中国学术期刊影响因子年报(人文社会科学·2017版)》统计,人文社会科学版学报的影响因子为1.17。人文社会科学版学报继续被遴选为中国社会科学引文索引(CSSCI)来源期刊(2017—2018)。年内,人文社会版学报编辑,受全国高等学校文科学报研究会和中国知网的委托,参与审核"中国高校系列专业期刊"中的地方文化专刊6期。学报编辑部人员发表研究论文2篇,其中1篇发表在CSSCI来源期刊;出版学术专著1部;承担科研项目2项,其中,教育部项目1项,横向课题1项。

(孙俊青)

【市级科研机构——生物活性物质与功能食品北京市

重点实验室】 2017年,生物活性物质与功能食品北京市重点实验室根据实验室的人员专业特点和自身优势,调整研究方向为生物活性成分的分离、纯化与制备研究(负责人尚小雅),生物活性成分的作用机理与功能研究(负责人陈文),生物活性成分的安全性评价研究(负责人张波),功能食品中功效(标志性)成分的质量控制与标准化研究(负责人孙雅煊)4个。年内,进行实验室规划,改造垡头校区综合楼三层和四层,由各研究方向负责人设计和规划自己的实验室,增设大型设备仪器室和外聘教授实验室,完成试验台设计。至年底,实验室有在职人员41人,其中,教授13人,副高级职称人员15人。

年内,实验室到账科研经费427万元,合同经费636万元,其中,新获批立项科研项目25项。新立项科研项目中,获批国家自然基金项目1项,竞标成功国家食品药品监督管理总局项目1项、经费100万元。实验室新设立开放课题2项,其中,校内人员负责1项,校外人员负责1项;继续支持2016年设立的6项开放课题;2017年立项的2项开放课题于年内结题。实验室人员发表论文52篇,其中A类论文6篇,B类论文7篇,C类论文24篇。

年内,实验室承办大型学术交流活动2次。3月25日,承办科学健身、运动营养与大众健康论坛,分“科学健身与大众健康”和“运动营养与功能食品”两个专题,介绍国内居民身体锻炼的现状与趋势,对大众开展运动健身给予科学指导;解读功能食品及运动营养食品相关政策和中国居民营养监测结果,分享相关物质在运动营养领域的应用。8月6日,与食品科技杂志社联合举办首届益生菌和益生元产业创新发展大会,研讨在益生菌、益生元食品领域,科技创新怎样与产业发展相结合,更好地促进产业发展的深层问题。

(郑建全)

【市级科研机构——北京市信息服务工程重点实验室】 2017年,北京市信息服务工程重点实验室依托智慧城市学院、机器人学院、城市轨道交通与物流学院、特殊教育学院和旅游学院开展科研和教学工作。实验室人员采用专兼职结合,校内外合作的模式,设置学术委员会,聘请特聘教授、国际合作导师、联合培养导师和企业导师,并聘请软件工程学科学位分委会委员、软件工程学科核心科研团队、实验室校级开放课题、图像理解与可视化应用创新团队、智能驾驶技术创新团队、实验室开放课题人员校外合作人员等为兼职人员。

重点实验室学术委员会

戴琼海(主任) 教授、长江学者 清华大学

须　德 教授 北京交通大学

张云泉 研究员 中科院计算所

院士科研工作站和特聘教授

李德毅 院士 2012—今

陈锦雄 教授 2018—2020 美国乔治梅森大学

吕　科 教授 2012—2015 中国科学院大学

徐常胜 研究员 2014—2016 中科院自动化所

国际合作导师

王　炬 教授 美国弗吉尼亚大学

联合培养导师

郎丛妍 教授 北京交通大学

李　兵 副研究员 中科院自动化所

企业导师

北汽新技术研究院 陈效华 张绍勇 谷明琴

水晶石数字科技有限公司 魏　记 郑　亚

北斗星通导航技术有限公司 杨力壮

网智天元科技有限公司 王　升 莫　倩

年内,实验室的科研工作重点围绕智能驾驶项目,支持和保障国家自然基金重大计划项目“智能车驾驶脑认知技术、平台与转化研究”的实施。组织师生申报国家重大科研项目,获批国家自然科学基金项目3项,北京市自然科学基金项目2项,北京市自然科学基金与北京市教委联合申报项目1项、北京市自然科学基金海淀前沿研究项目及海淀重点研究项目1项。在研省部级以上科研项目5项,其中,国家自然科学基金项目4项。实验室继续开展开放课题工作,进行立项评选、制度完善、项目管理和组织专家进行结题评审,组织学术交流和讲座,资助校内外开放课题8项。实验室人员发表论文40篇,其中,SCI收录4篇、EI收录3篇、EI会议论文5篇;获得发明专利和软件著作权授权22项;出版专著1本。“复杂和不确定性驾驶环境认知”项目入选“十三五”时期北京市属高校高水平教师队伍建设支持计划。

年内,开展软件工程一级博士点申报工作,组织论证会12次,收集支撑材料120余项。进行科研实验室建设,6月,建成软件工程学科研究生科研实验室,9月,建成“深度学习”科研实验室。进行软件工程一级学科硕士学位授权点研究生培养和“德毅机器人”实验班本科生的培养。组织修订软件工程一级学科硕士学位授权点研究生培养计划和教学大纲,组织学生选课等日常教学工作。组织本科生和研究生“智能洒水车”交流讨论活动。2017年,软件工程一级学科硕士点有硕士研究生导师22人;毕业研究生19人,招生17人,在读54人。年内,1人获得国家奖学金,3人获得校级优秀毕业生称号,1人获得市级优秀毕业生称号,1人毕业设计获优。实验室师生参加2017年中国智能车未来挑战赛,获“前方车辆测距监测”离线比赛项目第二名,“车道保持监测”项目第三名,真实综合道路环境

测试综合成绩三等奖。

(徐冰心)

【市级科研机构——生物质废弃物资源化利用北京市重点实验室】 生物质废弃物资源化利用北京市重点实验室经北京市科委批准,于2014年6月成立。实验室依托北京联合大学,位于垡头校区生物化学工程学院内。实验室主要研究生物质废弃物资源化利用的基础理论、创新工艺、关键技术,研究方向和内容包括:生物质废弃物热解与生物催化;经济微藻筛选驯化与炼制技术;生物法利用合成气制备燃料和化学品。实验室主任为生物化学工程学院院长张恩祥,聘请中科院天津工业生物技术研究所研究员马延和担任学术委员会主任。2017年,实验室有科研人员43人,其中,教授11人,副教授16人。实验室仪器设备总值1600余万元,其中,价值170万元的设备为年内新增,通过招标新购价值近1900万元实验设备。实验室通过北京市科委"三年绩效考评",获批生物质废弃物资源化处理技术北京市国际科技合作基地;招收硕士研究生1人,毕业并获得硕士学位2人。

年内,实验室获批立项各类科研项目17项,实验室人员发表各类学术22篇,获得专利授权11项,新申请发明专利7项,申请软件著作权2项。

年内,实验室举办大型学术会议2次,2017开放创新论坛(中日专场)和第二届健康与环境学术交流会。组织召开学术委员会议1次,通过北京市科委"三年绩效考评",获批"生物质废弃物资源化处理技术北京市国际科技合作基地",参与成立国际产学研促进中心。

(程艳玲　华威)

【市级科研机构——国家智慧旅游重点实验室】 国家智慧旅游重点实验室经国家旅游局批准,成立于2014年9月。实验室主管部门为原国家旅游局,依托北京联合大学旅游学院,建设基础为学院行业办学优势和系列基础研究平台。实验室的主要项目平台是北京市旅游信息化协同创新中心,中心人员主要由国家智慧旅游重点实验室人员、校内科研人员和校外特聘的专家教授组成,研究方向为旅游大数据共性技术研究、旅游公共管理研究、旅游营销与电子商务研究以及游客信息化服务研究与产品研发4个。

年内,实验室开展基于互联网信息挖掘的旅游预测预警课题研究、旅游企业政府补助的效应和机制以及微观旅游企业的财务效益研究。实验室人员发表学术论文52篇,开通网络课堂"旅游信息化导论",出版教材《旅游技术导论》,申报登记3项软件著作权,与英国、美国、中国香港和中国澳门等地教授进行学术交流。

(鲍卫华　黎巎)

【市级科研机构——北京市智能机械创新设计服务工程技术研究中心】 北京市智能机械创新设计服务工程技术研究中心经北京市科委认定,于2015年5月成立。研究中心依托北京联合大学,位于白家庄校区机器人学院内。研究中心主要研究产品样机的试制和测试、产品的人机适配性设计、设计与制造基础工程数据支持,并进行有关产品的开发,主要针对机电产品设计水平低、开发周期长、产品附加值低等问题,为京津冀地区机电产品的工业创新设计提供技术支持与服务。研究中心主任由机器人学院执行院长程光兼任,聘请北京航空航天大学校长、中科院院士房建成担任学术委员会主任。2017年,实验室科研人员18人。实验室总面积3691平方米,建有产品成型技术实验室、人因工程实验室、测量实验室、工程基础数据库等。实验室仪器设备总价值580余万元,其中,大型或高值仪器有三坐标测量机、五轴五联动加工中心、眼动仪、通用贴片机、并联机器人、三维扫描仪等。

年内,研究中心获批联合申报的工信部和科技部项目3项,国家自然基金项目3项,北京市自然基金项目1项,北京市教委科研计划项目3项,北京市科委项目2项,企业合作项目24项。中心人员发表论文30篇。获得专利授权39项。

联合申报的工信部和科技部项目

工程机械与工程车辆用多路阀

机器人RV减速机数字化车间

基于创新链的面向复杂系统创新平台

国家自然科学基金项目

微小齿轮金属注射成形收缩机理与模具预控设计方法研究

分数阶变分PDE图像复原关键技术研

基于稀疏正则化方法的盲图像复原关键技术研究

北京市自然基金项目

基于运动意图识别的动力型智能假肢膝关节基础研究

北京市教委科研计划项目

智能车嵌入式系统中木马安全防护技术研究

助老助残轮式机器人平台及自主技术的研究与实践

治疗颅内动脉瘤编织支架力学特性数值计算研究

北京市科委项目

人形机器人及舵机的设计提升

基于专用嵌入式实时处理器的无人驾驶电动汽车智能控制系统开发

年内,召开研究中心学术委员会3次、工程技术研究中心年会3次。

(王锐)

【市级科研机构——北京学研究基地】 2017年,北京学研究基地在市社科规划办公室和市教委组织的市级社科研究基地建设验收中，四期建设（2014 年—2016 年）获评优秀，为连续第 2 次验收获评优秀。研究基地继续担任中国地方学研究联席会执行主席单位。北京学研究基地网站改版，增加“文化智库”等模块和手机浏览功能，并入学校网络服务器，改由网络中心提供技术支持。

年内，研究基地完成副主任和学术委员会换届。新产生的第五届学术委员会成员 23 人，其中特聘教授 1 人、校外专家 5 人和校内专家 17 人。新一届基地领导班子设主任 1 人，为特聘教授李建平；副主任 6 人。

年内，获批立项各类科研项目 17 项，其中，国家自然科学基金面上项目 1 项、市社科基金重点项目 1 项、市社科基金研究基地一般项目 3 项、局委办级和校级项目 5 项、市区政府部门等单位委托横向课题 7 项。北京学研究基地获批的校外竞争性项目经费 177.5 万元，实际到账 123 万元，获批校内项目经费 24 万元。设立基地开放课题 11 项，其中，校内教师负责 7 项、校外人员负责 4 项。

年内，北京学研究基地出版学术著作及论文集 7 部，分别为《北京学研究 2016》辑刊、《北京城乡一体化发展报告（2016—2017）》蓝皮书、“北京学学术文库”首部著作《北京文脉》、《北京学丛书・流影系列》之《我的京张铁路——奔向口外》《我的京张铁路——开通首段》《我的京张铁路——穿越关沟》和《地方学与地方文化研究理论与实践（国际学术研讨会论文集 2016）》。北京学研究所人员发表学术论文 23 篇，其中，发表于 CSSCI/CSCD（含扩展版）来源期刊 5 篇，发表于普通期刊 6 篇，论文集收录 5 篇，发表报纸文章 7 篇；撰写研究报告 6 份；其中协助市政协文史和学习委员会执笔撰写的《关于保护北京中轴线的意见建议》，获市委主要领导及多位领导批示。

年内，举办（主办或联合承办）大型学术会议 3 次，分别为长城、运河、西山文化带与北京城——第十九次北京学学术年会，海峡两岸地方学与地方文化学术研讨会，第三届文化地理学术研讨会暨中国地理学会文化地理专业委员会第三次工作会议。支持科研人员参加国外学术研讨会 6 人次、国内学术交流 37 人次。

2017 年，在校内举办北京学学术沙龙、讲座、座谈会 19 次，“北京学讲堂”讲座 3 次，为应用文理学院“学知讲堂”讲座 3 次、校内其他讲座 2 次。北京学研究所人员在首都图书馆等校外单位做讲座 13 次，到国外高校讲学 1 次。开设“北京地域文化”“中国传统节日文化”“名人故居与北京城”“中国文化概论”“亚洲文化共同体与东亚首都文化”5 门通识教育选修课。其中，“亚洲文化共同体与东亚首都文化”课程，依托日本“一个亚洲”基金会资助，邀请日本、韩国和我国的专家学者 15 位到校讲座，内容涉亚洲共同体发展以及东亚各国首都的历史文化、民俗风情、古都比较、遗产保护、文化交流等。

（虞思旦）

【市级科研机构——北京政治文明建设研究基地】
2017 年，北京政治文明建设研究基地围绕人大制度、协商民主和社会治理中的重大理论与现实问题开展研究，为党和政府决策提供学理依据；与应用文理学院的专门史学科和法学学科联合培养硕士研究生；为申报博士后工作站召开交流会；与中国社会科学院法学研究所签署战略合作协议，合作进行博士后人才培养、高层次项目研究，共享双方学术资源。4 月 19 日，北京政治文明建设研究基地网站启动，政治文明建设研究阅览中心揭牌。至年底，研究基地有专职研究人员 7 人，其中正高级职称 4 人，副高级职称 1 人，中级职称 2 人，聘有专家学者 33 人。

年内，研究基地在研各类科研项目 46 项，其中，新立项科研项目 13 项，获批项目经费 135 万元。新立项科研项目中，获批北京市教委竞争性项目 1 项，获批项目经费 30 万元；北京市社科基金项目 3 项、北京市政协项目 2 项、北京市纪委研究室和北京廉政研究会重点课题 1 项、北京市法学会项目 1 项、北京市委 610 项目 1 项、朝阳区委项目 1 项、石景山区地方志办公室项目 1 项、学校新起点项目 1 项。研究基地设立开放科研课题 33 个，其中校内课题 17 个、校外课题 16 个，总课题经费 20 万元。

年内，研究基地人员出版学术著作 4 部，分别为《中国特色社会主义北京实践概论》（北京哲学社会科学规划重大招标项目“中国特色社会主义在北京的实践研究”的成果）、《北京政治文明建设研究报告》（2016）、《政治文明研究辑刊》、《北京市政协民主监督职能建设研究》（北京市政协特别委托项目“北京市政协民主监督职能建设研究”的成果）；编辑出版教材 2 部，为《大学生廉洁教育——入学第一课》和《大学生廉洁教育——迈向新征程》。研究基地人员发表各类论文 30 篇，其中，发表于全英文期刊 1 篇，发表于 CSSCI 扩展版来源期刊 1 篇，发表于其他各类期刊论文 30 篇；发表网络文章 17 篇，其中，发表于求是网 5 篇，发表于中国日报网 11 篇。研究基地于 5 月和 11 月分别召开科研工作会，于 8 月 4 日联合朝阳区政协理论与实践研究会，共同主办“民主视野下的人民政协工作”学术研讨会；研究基地科研人员参加大型学术交流活动 9 次。

年内，研究基地举办学术讲座 5 场，为应用文理学院和旅游学院讲座 3 场，讲解政协民主监督的发展历程和特点，以及人大会议质量和人大公信力问题；为智慧城市学院和城市轨道交通与物流学院 70 余名学生党员和教职工讲座2场,解读十九大报告内容和习近平党内监督思想的实践创新。研究基地的廉政研究中心开设大学生廉洁教育选修课,开展"廉创空间"主题教育系列活动,开展以廉洁为主题的诗歌朗诵会、书法大赛、主题晚会,承办中国管理现代化研究会廉政学会"廉洁领袖"夏令营活动。

(赵宗)

【市级科研机构——京台文化交流研究中心】 2017年,京台文化交流研究中心继续依托台湾研究院开展京台文化交流相关议题的研究,服务于北京经济社会发展。年内,研究中心新获批立项科研项目24项,其中,北京市哲社规划办项目2项,市台办项目10项。研究中心出版学术著作2部,为《论"台独"的危害》(李振广主编,8月出版)和《京台文化交流研究报告(第一辑)》(乔东亮主编,10月出版)。

北京市哲社规划办基地项目

京台社区精细化治理的比较研究

京台数字动漫产业互补与合作研究

教育部课题

全球生产网络动态演进下两岸产业合作的转型升级

外交部课题

新形势下中美关系中的台湾问题

中央社院统一战线高端智库课题

"大统战"视角下的台湾青年问题研究

国家新闻出版广电总局横向课题

台资企业在大陆从事出版制作、印刷、发行情况研究

市级科研机构重点项目

科技创新服务能力建设——科研水平提高定额——十八大以来习近平对台思想研究

省部二级

京台文化交流研究

横向课题

中国工业史 港澳台卷

民进党阵营的两岸政策发展动向的观察与研究

民进党与时代力量等新政治势力的博弈与整合

国防工业带动国家工业发展政策法规资料汇编

市台办项目

台湾地区"政党法"立法研究

"去中国化"背景下对台基层文化交流的思考

发挥区域资源优势,推动基层社区交流

民进党执政期间两岸关系风险评估及对策建议

台湾政局与两岸关系

2018年台湾县市长选举及对策建议

新形势下岛内统派的发展趋势及对两岸关系的影响

京台电商领域交流合作现状与建议

台湾社情民意变化取向及对策研究

自绝于大陆"一带一路"发展战略的台湾经济分析

海峡两岸宗教文物研究

台湾重要人物数据库的建构与分析

年内,研究中心举办各类学术会议和论坛5次,其中,大型学术会议2次,分别为"两岸关系——2016观察·2017走向"学术研讨会和"学习十九大对台工作指导思想"学术研讨会。接待重要到访交流2次、调研1次、交流学习2次。其中,1月12日到访的是国务院台湾事务办公室(以下简称国台办)海峡两岸关系研究中心主任仇开明一行6人,主要交流涉台研究工作和对海峡两岸关系研究中心建成对台研究核心智库的支持问题;12月8日到访的是江苏省台湾工作办公室副主任王鲁宁一行3人,主要交流涉台调研、课题研究等问题。3月3日,北京市台湾事务办公室(以下简称北京市台办)主任王力军一行3人调研研究中心。5月25日,台湾两岸人民服务协会青年编辑记者北京研习营到研究中心交流学习,为期3天,交流形式主要是邀请校内外专家做专题讲座,内容涉及对台政策、两岸经贸交流、"一带一路"倡议及政治体制等;7月30日,2017中学教师北京文史交流营到研究中心交流学习,为期5天,交流形式以邀请校内外专家做专题讲座为主,内容涉及中国历史论述、台湾问题由来、中国发展道路的历史分析、"一带一路"倡议与台湾的契机等。

5月13日,研究中心举行2017届硕士研究生毕业答辩会。答辩会分为个人陈述、答辩委员会委员提问、答辩人回答三个主要环节,采取答辩委员会全体成员闭门讨论和无记名投票的形式评选。经评选,参加答辩的王一鸣、钟叶、长孙文正、杨广霞、张雅倩、敖成涛、黄峻枝、吴陈舒8名参加答辩的研究生学位论文均达到硕士毕业水平,全部通过论文答辩。

5月17日,研究中心召开2017年北京市社会科学基金研究基地项目评审会,评审申报京台文化交流研究中心2017年研究基地项目的5个项目,经评审专家投票,选出2个项目上报北京市哲学社会科学规划办公室。

11月18日,研究中心召开平台建设研讨会,研讨中心新建设周期的任务和发展规划,选举产生新一届领导机构和学术委员会。新一届领导班子设主任1人,由副校长杨宜担任;执行主任1人,由校台湾研究院副院长刘文忠担任;副主任2人,分别由校科技处副处长张波和校台湾研究院教授朱松岭担任。学术委员会成员28人。

京台文化交流研究中心学术委员会名单

王英津　中国人民大学台湾研究中心主任

尹宝虎　中国法学会海峡两岸法学研究会秘书长

龙　虎　国台办研究局调研员

李振广　台湾研究院副院长

朱松岭　台湾研究院两岸关系研究所所长

鞠海涛　国台办海峡两岸关系研究中心副主任

12月7日，研究中心与厦门大学两岸关系和平发展协同创新中心签署战略合作协议，协议签订仪式在厦门大学举行。协议约定双方在两岸政治、经济、社会、安全、文教等领域展开协同创新合作研究，互相为对方所从事的相关学术研究活动提供必要的支援和帮助，在师资、人才培养、学术会议等方面开展合作，着重在两岸关系学术研究合作方面开展互利互惠协同工作。

（白薇）

【两岸关系走向研讨会】 1月14日，由京台文化交流研究中心主办的“两岸关系——2016观察·2017走向”学术研讨会在京召开，北京、上海、厦门等地涉台学界50余位专家学者参加，海峡两岸关系协会副会长孙亚夫、全国台研会副会长王在希、国台办研究局副局长胡必松、全国台联副会长杨毅周、北京市台办副巡视员马振生、校党委书记韩宪洲到会。研讨会内容包括对2016年的两岸关系与台湾局势发展的分析和对2017年的两岸关系走向的研讨。与会学者普遍认为，2017年的两岸关系将面临新的复杂局面，对“台独”分裂活动风险的提高应保持高度警惕，坚定维护一个中国原则立场，大陆在两岸关系中掌握主导作用，有能力遏制“台独”，维护国家战略核心利益。新华社、人民日报、中央电视台、中新社、中国台湾网、中评社对研讨会进行报道。

（白薇）

【第十九次北京学学术年会】 6月9日，长城、运河、西山文化带与北京城——第十九次北京学学术年会在首都博物馆召开。会议由北京学研究基地和首都博物馆主办。70多家高校、科研院所、政府部门、学术团体等单位的170余名领导、专家学者和实践者参会。会议收到论文42篇，论文摘要9篇。会议为期2天，分为研讨和考察两个环节，研讨主题为三个文化带的保护利用及其与北京历史文化名城保护发展的关系和对于强化“四个中心”的核心功能、努力建设成为国际一流的和谐宜居之都、深入实施京津冀协同发展战略的作用，考察地点包括通州博物馆、汉代路县故城遗址考古工地、城市副中心行政办公区、通州大运河森林公园和张家湾古镇。

（虞思旦）

【协商民主视野下人民政协工作研讨会】 8月7日，协商民主视野下的人民政协工作学术研讨会在京召开，全国政协、北京市政协、北京市朝阳区政协、北京市海淀区政协有关单位及武汉大学、山东师范大学、复旦大学的领导和专家学者，以及来自各地的专家学者、学校有关部门人员参会。会议由北京政治文明建设研究基地、北京市朝阳区政协理论与实践研究会共同主办，主要研究协商民主在社会主义民主政治中的重要作用。会议研讨主题包括习近平总书记人民政协思想、社会主义协商民主的北京实践、协商民主视野下的人民政协工作。收到论文近40篇，评选出优秀论文10篇。

（虞思旦）

【第三届文化地理学术研讨会】 9月23日，第三届文化地理学术研讨会暨中国地理学会文化地理专业委员会第三次工作会议在学校召开。研讨会由中国地理学会文化地理专业委员会主办，学校应用文理学院、北京学研究所和北京师范大学地理科学学部联合承办，来自北京大学、北京师范大学等30所高校，科学出版社等出版单位、北京市测绘设计研究院和地图慧科技有限公司等研究、实务机构的80余名专家学者参会。会议为期两天，主题为“中国传统文化与地图表征”，分为大会报告和分会场研讨两个环节。会议中，有37名专家学者发言，共收到论文全文及摘要38篇，评选出青年优秀论文一等奖1篇，二等奖2篇，三等奖4篇。

（虞思旦）

【海峡两岸地方学与地方文化学术研讨会】 10月21日，“海峡两岸地方学与地方文化学术”研讨会在北京联合大学举行开幕式。研讨会由北京学研究基地、京台文化交流研究中心及中国地方学研究联席会共同主办，由校北京学研究所、台湾研究院、应用文理学院和学报编辑部联合承办。来自大陆、台湾和澳门40余家单位的60余名专家学者参会。研讨会为期2天，分为开幕式、大会报告、提问与评议3个环节，内容涉及地方学与地方文化研究现状、研究机构、组织框架、运营模式，地方学的概念、理论、研究范围、研究方法、学科发展、实际应用，地方文化的研究理论、方法与范式、传承与发展以及京台文化联系与交流。

（虞思旦）

【学习十九大对台工作指导思想研讨会】 10月27日，京台文化交流研究中心举办学习十九大对台工作指导思想学术研讨会，北京、天津、河北、上海、浙江、福建等地及校台湾研究院50余位涉台研究学者参加会议，北京市台办主任王力军、副主任于凤英，校党委书记韩宪洲、副校长杨宜到会。会议主要研讨十九大报告中对台工作指导思想以及两岸关系前景。与会学者纷纷分享结合两岸关系形势学习十九大报告对台工作指导思想的心得体会，一致认为十九大报告中提出的对台工作指导思想、目标任务、原则方针，既体现对台大政方针一以贯之的坚定性，也体现与时俱进的开创性，集中反映习近平总书记推进祖国统一大业的新理念、新主张、新要求，是新时代推进祖国统一事业进程的指导方针和行动纲领。本次研讨会是十九大闭幕后,大陆涉台研究界首场公开举办的有关十九大报告对台论述的学术会议,受到新闻媒体关注,新华社、人民日报、中央电视台、中国新闻社等中央媒体及中国台湾网、中评网等网络媒体派记者到场采访,中国台湾网、中评网对会议做现场实时图文报道,并连续刊发多篇采访报道。新华社、中国新闻社对外播发新闻稿,中央电视台四套“海峡两岸”于30日晚、人民日报海外版于31日报道会议。

(白薇)

【中国智能车未来挑战赛获奖】 11月24日,北京市信息服务工程重点实验室“复杂和不确定性驾驶环境认知创新团队”和软件工程一级硕士学科师生参加2017年(第九届)中国智能车未来挑战赛获奖。学校师生参加离线比赛(实际道路数据)5项单项赛,获前方车辆测距监测赛第二名、车道保持监测赛第三名。本届比赛由国家自然科学基金委员会主办,分无人驾驶智能车真实综合道路环境测试(在线比赛)、复杂环境认知水平能力的离线测试(离线比赛)两部分。参赛队伍均为国内智能驾驶领域的顶尖团队,包括西安交通大学-厦门大学联队、西安交通大学、南京理工大学、中科院自动化研究所、中科院深圳先进技术研究所、同济大学、天津大学、上海交通大学、武汉大学、国防科技大学、长安大学、上海Cargo等。学校是参赛的唯一地方应用型高校。

(徐冰心)

【国际产学合作促进中心成立】 12月8日,生物化学工程学院在北四环校区召开国际产学合作促进中心成立大会。促进中心由北京联合大学健康与环境学院与日本金嘉株式会社共同发起,主要研究健康、环境和生态智慧城市领域,政产学研协同创新聚焦科技成果转化,以及国际平台资源汇聚助力企业转型升级,通过研发和市场结合,国内和国际接轨,以市场化运作模式实现技术研发、成果转化和商业运作的高效率和可持续性,为高校、科研院所和企业搭建国际产学合作与成果转化平台。促进中心主任由生物化学工程学院院长张恩祥担任,副主任由日本金嘉株式会社董事长中西杨华担任。会议同时举办2017开放创新论坛(中日专场)。

(程艳玲　华威)

【第二届健康与环境学术交流会】 12月9日,第二届健康与环境学术交流会在北四环校区召开。交流会由生物化学工程学院主办,中美高校及相关企业的专家学者、学校相关专业教师参会。会议主题是关于健康与环境领域的前沿与热点,交流形式为邀请专家进行主题演讲。有6位专家进行主题演讲,千叶大学工学研究院的鲁云教授做题为《先端环境净化光催化剂的开发及其应用》的演讲,分享催化剂在21世纪净化环境和新能源领域运用的科学技术;教育部长江学者特聘教授、美国明尼苏达大学生物炼制中心主任阮榕生教授做题为《生物炼制新技术在废弃物处理与利用中的应用》的演讲,提出通过炼制技术可以进行废弃物全组分的资源化利用;北京化工大学高精尖中心主任袁其朋教授做题为《合成生物学高效细胞工厂的构建策略》的演讲,详细介绍生物合成高效细胞工厂的构建;哈佛大学生物有机及天然药物研究室主任李豫伟教授做题为《在中医药的基础上衍生出的功能性食品及保健品》的演讲,提出提高人体免疫功能与传统中药治病的机理不谋而合;明尼苏达大学营养与心脏疾病研究专家陈英杰教授做题为《肺脏重构在恶劣环境下促进心力衰竭恶化的机制探索》的演讲,分享其科研团队在肺脏重构促进心力衰竭方面研究结论;北京森淼天成环保科技公司技术总监彼得·凯格森做题为《利用自然技术回收利用废水中有价值的营养成分和有机物》的演讲,分享基于生态技术对污水中有机物的循环利用技术。

(程艳玲　华威)

·国际及港澳台地区交流与合作·

【概况】 年内，共有来自29个国家和地区的161个团组共计近1000人次来访，其中校级团组38个，共计206人次来访；全校因公出国（境）团组113个，246人次，因公赴台团组42个，314人次，其中校级因公出国（境）、因公赴台团组共11个，52人次；新（续）签协议36个；共招收长短期留学生1334人次，其中在读研究生116人次，在读本科生457人次，长期语言生631人次，短期语言生130人次；聘请长期外国专家20人，短期外国专家82人次；通过各种校际交流渠道，共派出1036名交流交换生赴境外交流学习。学校获批北京市“一带一路”国家人才培养基地项目，成为北京市首次批复的26所高校之一；“俄罗斯研究中心”获得教育部国别与区域研究中心批准备案。

（和亚玲）

【因公派出】 年内，共组织校、院级因公出国（境）、因公赴台11个团组52人进行校际交流。详见表7.1。

（王晓婷　张占婷）

【外事接待】 2017年共接待各类国外境外团组153个，接待外宾约500人次。其中校级团组38个，来访人数达206人次。来访团组主要开展是校际交流，即国外合作院校与学校就现有项目进行商讨，并就开展教师交流、科研合作、联合培养学生等新项目进行洽谈。详见表7.2。

（和亚玲）

【国(境)外合作】 年内，与16个国家或地区新（续）签协议36个。详见表7.3。与港澳台多所高校签署合作协议，详见表7.4。

（刘璟）

【学生交流】 2017年学校增开多个长短期交流项目，如波兰哥白尼大学项目、韩国檀国大学项目，俄罗斯全俄对外经贸大学项目、中国台湾辅英科技大学项目等；同时对原有项目进行优化组合，丰富学生交流项目涵盖的范围和层次，开拓学生的视野并提高学生的学习能力；派往台湾地区的交换生逐年增加，2017年交换生总数达到94人。详见表7.5和表7.6。

（和亚玲　张占婷）

【引智工作】 2017年度学校共聘请外国专家102人次，其中长期外国专家20人次，短期外国专家82人次，分别为学校各院系开设了语言类、经济类、机械工程类专业课程30多门，选派优秀外国专家在商务学院进行长短期教学，为协助商务学院通过国际商学院协会（AACSB）认证提供保障。开设雅思写作、俄语选修课，为准备出国交流的学生提供便利。

除此之外，利用专家特长为全校师生开展联大系列英语讲座，总数30余场，合计人数近4500人次。讲座涉及校本部学院、应用文理学院、商务学院、师范学院、机电学院等。内容涵盖英美文学、英美文化、摄影概要、计算机等。暑期请22位外教志愿者为学生开设为期3周的英语课，作为学生公选课，提高学生英语交流水平。详见表7.7。

（刘璟）

【留学生教育】 学校引进国外合作院校先进教育资源、教学经验，实施教育国际化和教育本土化有效融合，并通过聘请外国教学专家、本土优秀双语教师开展双语或全英语教学，让学生在校内即可接受先进的国际化教育。

2017年的留学生总计1334人次。

在读研究生：春季63人、秋季53人。

在读本科生：春季295人、秋季162人。

长期语言生（包括交换生）：春季322人、秋季309人。

短期语言生：春季105人、秋季25人。

2017年录取香港1人、台湾1人，华侨1人，共计3名港澳台侨学生，入读学校相关专业。

（梁一凡　张占婷）

【孔子学院建院十周年纪念活动】 2017年，学校与英国威尔士三一圣大卫大学合作开办的孔子学院成立十周年，双方在中英两地分别举行纪念活动，孔子学院总部/国家汉办马箭飞副主任、中国驻英国大使馆公使衔参赞王永利分别发来贺信。4月25日，学校举办系列纪念活动；6月21日，英方举办中国文化中心签约仪式、“中国皇家瑰宝——传统工艺与现代设计”展览及“传承与创新”艺术研讨会等活动。

（李岩）

【第十九届海峡两岸应用型高等教育学术研讨会】 11月9—11日，第十九届海峡两岸应用型高等教育学术研讨会在学校北四环校区举行。国务院台湾事务办公室交流局副局长王振宇、北京市人民政府台湾事务办公室处长金秀清、北京市教育委员会港澳台事务及侨务工作办公室副主任任军以及海峡两岸应用型高等教育学术研讨会的发起院校、合作院校的教师与学生代表,作为特邀院校的北京工商大学、北京信息科技大学等高校领导,共计约150余人参加研讨会。本次研讨会以融合·创新·发展为主题,探讨和交流在当前经济社会创新发展,台湾和大陆应用型高校发展模式、人才培养融合机制、服务地方经济社会发展的理念与实践。

校党委书记韩宪洲教授代表学校致辞。校长李学伟做《学术立教——应用型大学教学理念与实践》的主题发言,阐述应用型大学学术立教的理念及其重要性,以及学校践行"学术立教"的思考和做法。

校长沙龙期间,两岸校长们分享办学经验。7所院校的校长围绕会议主题,以本学校为个案,做主题报告。会议收录论文46篇,设置4个论文交流分会场,与会教师围绕会议主题进行研讨。在学生创新创意竞赛活动环节,两岸学子展示创新创意作品,角逐出最佳运营模式奖2项、最具创新奖2项、最佳创意设计奖3项、最具市场潜力奖3项。

海峡两岸应用型高等教育学术研讨会,1999年发起,每年组织一次,下届会议将由深圳职业技术学院承办。

(张占婷)

【俄罗斯研究中心获教育部备案】 7月,学校申报的中俄中心获批备案,备案名称为俄罗斯研究中心。

教育部启动高校国别和区域研究中心遴选备案工作,旨在加强中国的区域和国别研究,为国家制定发展战略和政策措施提供智力支持、决策咨询、理论探讨和实践分析。

俄罗斯研究中心,是校国际交流合作处依托学校与莫斯科国立罗蒙诺索夫大学、俄中教育基金会共建的罗蒙诺索夫北京中心、俄语等级考试中心、俄语中心,组织完成相关申报工作。备案中心将以咨政服务为首要宗旨,建立具有专业优势和重要影响的学术团队,形成对象国政治、经济、文化、社会等方面全方位综合研究的平台。

本次"俄罗斯研究中心"成功备案,标志着北京联合大学在国别区域研究领域高端平台建设方面取得新的突破。

(和亚玲)

【获批市级"一带一路"国家人才培养基地】 8月,学校获批成为北京市"一带一路"国家人才培养基地。

多年来,学校已与"一带一路"沿线的近20个国家的30余所院校建立校际合作交流关系。基于此合作基础,学校国际交流合作处组织国际交流学院、管理学院、旅游学院、轨道交通与物流学院共同申请北京市"一带一路"国家人才培养基地项目。基地获批后,将建设旅游管理类、电子商务类、物流类、轨道交通类16门英文课程,建设中国文化类5门中文课程,课程以国家"一带一路"倡议和北京建设"四个中心"城市功能定位为建设导向,构建教学团队,打造精品课程。基地将招收来自俄罗斯、泰国、黑山、波兰等国家的本科留学生前来学习,推进学校留学生教育。基地项目的主要任务是开展"一带一路"国家高端人才培养和相关学科专业建设。此次获得批准的国家人才培养基地建设时间为3年,总经费450万元。通过设立该项目,吸引"一带一路"沿线国家的人才来京学习、交流、培训。发挥学科专业优势,配合行业企业"走出去",为"一带一路"沿线国家和北京市培养急需人才。推动北京市与"一带一路"沿线国家教育交流与合作,增进理解和认知,促进互联互通和民心相通,提升北京教育对服务"一带一路"国家倡议的贡献力。

(和亚玲)

【附表】

表7.1 2017年校、院级因公出国(境)、因公赴台情况统计表

序号	出访团组名称	出访人数	出访目的	在外停留天数
1	北京联合大学赴匈牙利、俄罗斯小组	5	赴匈牙利中欧中国文化与教育基金会、匈牙利布达佩斯商学院、俄罗斯莫斯科国立罗蒙诺索夫大学商讨教育合作交流事宜,并签署合作交流协议	8
2	北京联合大学赴西班牙、德国小组	6	赴西班牙巴塞罗那自治大学、德国柏林应用科技大学商讨教育合作交流事宜,并签署合作交流协议	8
3	北京联合大学赴英国、爱尔兰小组	6	赴英国威尔士三一圣大卫大学、爱尔兰唐道克理工学院商讨教育合作交流事宜,并签署合作交流协议	8
4	北京联合大学赴澳大利亚、新西兰小组	5	赴澳大利亚联邦大学、新西兰梅西大学商讨教育合作交流事宜,并签署合作交流协议	8

续表

序号	出访团组名称	出访人数	出访目的	在外停留天数
5	北京联合大学赴英国、法国小组	5	赴英国安哥利亚鲁斯金大学、法国蒙彼利埃商学院、法国 ICD 商学院商讨教育合作交流事宜，并签署合作交流协议	8
6	北京联合大学赴加拿大、美国小组	6	赴加拿大温哥华岛大学、美国肯特州立大学、美国鲍林格林大学商讨教育合作交流事宜，并签署合作交流协议	8
7	北京联合大学赴英国小组	4	参加皇家工程院访问教授年会，与帝国理工学院商讨牛顿基金合作项目，并进行学术交流	7
8	北京联合大学赴俄罗斯、新加坡、老挝小组	6	赴俄罗斯远东国立交通大学、新加坡国立大学、中国中铁老挝分公司分别参加校庆、研讨会及论坛	10
9	北京联合大学赴德国小组	1	参加德国城市治理体系与治理能力建设专题班	7
10	北京联合大学赴黑山小组	3	参加第二届首都市长论坛活动，参加“16＋1”旅游院校联盟签约活动	5
11	北京联合大学赴台湾地区小组	5	校际交流，拓宽视野更有效地开展统战领域的相关工作	7
共计 11 个团组，52 人次				

（王晓婷、张占婷）

表 7.2　2017 年国(境)外来访情况统计表

序号	来访时间	来访单位及个人	来访人数	来访目的	参与接待人员
1	2 月 26—28 日	英国威尔士三一圣大卫大学	3	孔子学院 2016 年度理事会	张连城等
2	3 月 7 日	美国传统黑人大学(HBCU 团组)	18	洽谈两校合作	杨宜等
3	3 月 7 日	波兰托伦哥白尼大学	3	中波旅游文化中心揭牌仪式	张连城等
4	3 月 20 日	英国安格利亚鲁斯金大学	5	校际交流	李学伟等
5	4 月 7 日	中国台湾彰化师范大学	4	校际交流	张连城等
6	4 月 12 日	爱尔兰唐道克理工学院	3	校际交流	张连城等
7	4 月 21 日	中国台湾台北科技大学 中国台湾朝阳科技大学	6	第 19 届海峡两岸应用型高等教育学术研讨会筹备会	韩宪洲等
8	4 月 22—29 日	英国威尔士三一圣大卫大学	8	孔子学院十周年纪念活动	韩宪洲、李学伟等
9	4 月 26 日	“建国科技大学” 龙华科技大学	2	第 19 届海峡两岸应用型高等教育学术研讨会筹备会	杨宜等
10	4 月 27 日	俄罗斯莫斯科国立交通大学	4	学生项目	付晨光等
11	5 月 10 日	法国蓝带集团	1	谈项目合作	李学伟等
12	5 月 12 日	俄罗斯莫斯科大学、俄中文化教育基金会	4	校际交流	张连城等
13	5 月 19 日	俄罗斯莫斯科国立交通大学	1	校际交流	韩宪洲、李学伟等
14	6 月 6 日	波兰托伦哥白尼大学	9	校际交流	张连城等
15	6 月 8 日	美国乔治梅森大学	1	校际交流	韩宪洲、付晨光等
16	6 月 8 日	日本“一个亚洲”基金会	4	校际交流	张连城等
17	6 月 19 日	黑山下戈里察大学	4	签署校际交流协议	李学伟等
18	6 月 20 日	荷兰格罗宁根汉斯科技大学	4	签署校际交流协议	鲍泓等
19	6 月 27 日	德国埃森经济管理应用技术大学	4	签署校际交流协议	李学伟等
20	7 月 19 日	树德科技大学	4	校际交流	张连城等
21	8 月 26 日	俄罗斯铁路总局	2	围绕“一带一路”开展中俄合作	李学伟、张连城等
22	9 月 19 日	美国伊利诺伊大学厄巴纳—香槟分校	1	校际交流	李学伟等
23	10 月 19 日	美国加州州立大学萨克拉门托分校	3	签署校际交流协议	李学伟等

续表

序号	来访时间	来访单位及个人	来访人数	来访目的	参与接待人员
24	10月20日	美国瓦尔珀莱索大学	3	校际交流	李学伟等
25	10月23日	《中国与俄罗斯》杂志社	4	庆祝中共十九大召开座谈会	周志成等
26	10月31日	英国威尔士三一圣大卫大学	4	校际交流	韩宪洲等
27	11月10日	我国台湾的台北科技大学、朝阳科技大学、龙华科技大学、“建国科技大学”、树德科技大学	17	第19届海峡两岸应用型高等教育学术研讨会	韩宪洲、李学伟等
28	11月23日	匈牙利埃斯特哈齐卡洛里大学	4	校际交流	李学伟等
29	11月30日	中俄交通学院专家论证会	7	讨论北京联合大学中俄交通学院申报事宜	李学伟等
30	11月30日	澳门城市大学	2	校际交流	李学伟等
31	12月1日	美国驻华使馆外交官项目	18	“中国高铁建设发展及其影响”主题讲座	李学伟等
32	12月5日	日本爱知文教大学	2	校际交流	鲍泓等
33	12月14日	日本长冈大学	3	校际交流	付晨光等
34	12月14日	哈萨克斯坦教科部、哈萨克斯坦驻华大使馆及14所高校代表	30	2017哈萨克斯坦北京教育巡回展	鲍泓等
35	12月16日	约翰拉贝之孙托马斯拉贝夫妇	2	约翰拉贝北京交流中心筹备启动仪式	周志成等
36	12月18日	美国加州大学河滨分校	7	校际交流	李学伟等
37	12月18日	俄罗斯乌拉尔国立交通大学	2	校际交流	李学伟、付晨光等
38	12月18日	俄罗斯交通大学	3	荣誉教授授予仪式	李学伟、鲍泓等
合计38个团组、206人次					

(和亚玲)

表7.3　2017年签署的合作协议统计表

序号	签约院校名称	时间	国家(或地区)	合作领域	签约人
1	南山大学	2月24日	日本	协议书	李学伟
2	威斯敏斯特大学	2月28日	英国	合作协议	张连城
3	职业教育联盟	3月20日	澳大利亚	备忘录	庞　明
4	丰识教育	3月21日	美国	意向书	庞　明
5	俄罗斯联邦总统国家行政学院	4月	俄罗斯	合作协议	李学伟
6	乌拉尔国立法律大学	4月	俄罗斯	合作协议	李学伟
7	TAI马德里艺术与表演学院	4月26日	西班牙	合作协议	张连城
8	莫斯科国立交通大学	5月17日	俄罗斯	备忘录	李学伟
9	巴塞罗那自治大学	5月24日	西班牙	备忘录	李学伟
10	生命科学大学	5月25日	挪威	备忘录	李学伟
11	柏林应用科技大学	5月26日	德国	合作协议	庞　明
12	加利福尼亚大学河滨分校	6月17日	美国	备忘录	李　岩
13	下戈里察大学	6月19日	黑山	合作协议	李学伟
14	撒克逊应用技术大学	6月19日	荷兰	备忘录	张连城
15	威尔士三一圣大卫大学	6月21日	英国	备忘录	张连城
16	汉斯应用科技大学	6月22日	荷兰	项目协议	陶秋燕
17	蒙特皮里埃大学	6月23日	法国	备忘录	李学伟
18	唐道克理工学院	6月26日	爱尔兰	备忘录	张连城
19	埃森经济管理应用技术大学	6月27日	德国	备忘录	李学伟
20	甘农大学	6月30日	美国	合作协议	张连城
21	肯特州立大学	7月4日	美国	备忘录	张连城
22	联邦大学	8月22日	澳大利亚	备忘录	鲍　泓
23	长野大学	9月7日	日本	合作协议	李学伟

续表

序号	签约院校名称	时间	国家(或地区)	合作领域	签约人
24	中欧文化教育基金会	9月11日	匈牙利	备忘录	韩宪洲
25	赫尔岑国立师范大学	9月14日	俄罗斯	合作协议	韩宪洲
26	中央兰开夏大学	9月19日	英国	备忘录	张连城
27	国际研究生学院高等教育集团	9月25日	法国	备忘录	付晨光
28	加州州立大学萨克拉门托分校	10月19日	美国	备忘录	李学伟
29	长野大学	10月20日	日本	计划	李学伟
30	温哥华岛大学	11月27日	加拿大	备忘录	杨　宜
31	澳门城市大学	11月30日	中国澳门	合作协议	李学伟
32	肯特州立大学	11月30日	美国	备忘录	杨　宜
33	哈萨克斯坦国立大学	12月14日	哈萨克斯坦	合作协议	鲍　泓
34	哈萨克斯坦国立师范大学	12月14日	哈萨克斯坦	合作协议	鲍　泓
35	蒙古国国立教育大学	12月20日	蒙古国	交换协议	李学伟
36	蒙古国国立教育大学	12月20日	蒙古国	项目协议	李学伟

（刘璟）

表 7.4　2017 年港澳台合作院校一览表

序号	院校名称	地区	合作内容
1	台北科技大学	台湾	教师互访;合作科研;第19届海峡两岸应用型高等教育学术研讨会
2	高雄师范大学	台湾	教师互访
3	云林科技大学	台湾	学生交流;教师互访
4	朝阳科技大学	台湾	学生交流;教师互访;合作科研;第19届海峡两岸应用型高等教育学术研讨会
5	龙华科技大学	台湾	学生交流;教师互访;合作科研;第19届海峡两岸应用型高等教育学术研讨会
6	大华科技大学	台湾	学生交流;教师互访
7	高雄餐旅大学	台湾	学生交流;教师互访
8	台湾中原大学	台湾	学生交流;教师互访;合作科研
9	“建国科技大学”	台湾	学生交流;教师互访;合作科研;第19届海峡两岸应用型高等教育学术研讨会
10	高雄应用科技大学	台湾	教师互访
11	树德科技大学	台湾	学生交流;教师互访;合作科研
12	首府大学	台湾	教师互访
13	东海大学	台湾	学生交流;教师互访;合作科研
14	辅英科技大学	台湾	学生交流;教师互访;合作科研
15	东华大学	台湾	学生交流;教师互访;合作科研
16	彰化师范大学	台湾	学生交流;教师互访;合作科研
17	佛光大学	台湾	学生交流;教师互访
18	昆山科技大学	台湾	学生交流;教师互访
19	香港城市大学	香港	学生交流;教师互访
20	香港浸会大学	香港	学生交流
21	香港岭南大学	香港	学生交流
22	澳门城市大学	澳门	校际交流,科研合作

（张占婷）

表 7.5　2017 年学生出国(境)情况统计表

统计类别	统计项目	人数
项目类别	长期交换生(一学期及以上)	180
	短期交换生(一学期以下)	654
	出国攻读学位项目	202
层次	硕士	36
	本科	985
	专科	15

续表

统计类别	统计项目	人数
大洲	亚洲	504
	欧洲	328
	北美洲	162
	南美洲	0
	大洋洲	42
经费来源	企业资助	0
	学校间交换(互免学费)	64
	自费	972

(和亚玲)

表 7.6　2017 年赴台交流学生人数统计表

序号	院校名称	人数
1	东华大学	7
2	朝阳科技大学	13
3	云林科技大学	2
4	台湾中原大学	11
5	龙华科技大学	6
6	高雄餐旅大学	2
7	佛光大学	2
8	彰化师范大学	15
9	东海大学	30
10	树德科技大学	6
总人数		94

(张占婷)

表 7.7　2017 年聘请国(境)外专家一览表

序号	外专姓名	长/短期	国籍	专业领域
1	奥斯兰	长期	英国	经济学
2	托马斯·卡尔松	长期	瑞典	会计学
3	唐纳德·奇泽姆	长期	英国	经济学
4	麦克	长期	美国	会计学
5	尼克尔	长期	美国	语言学
6	迈克尔·萨普	长期	美国	教育学
7	提米	长期	美国	教育学
8	安娜	长期	俄罗斯	语言学
9	波波瓦	长期	俄罗斯	语言学
10	玛利亚	长期	俄罗斯	语言学
11	梅鸽	长期	塔吉克斯坦	语言学
12	阿哈穆德	长期	阿拉伯联合酋长国	教育学
13	米尼克	长期	美国	语言学
14	刘颁	长期	古巴	工程
15	辛普森·约瑟夫·奥利弗	长期	英国	语言学
16	克瑞斯	长期	英国	英语
17	近松	长期	日本	日语
18	马克西姆	长期	摩尔多瓦	经济学
19	丹尼尔	长期	俄罗斯	人力资源管理
20	唐克·露丝	短期	澳大利亚	语言学

续表

序号	外专姓名	长/短期	国籍	专业领域
21	罗丝·道恩	短期	澳大利亚	语言学
22	罗丝·查尔斯	短期	澳大利亚	语言学
23	奥斯汀	短期	澳大利亚	语言学
24	默尔	短期	澳大利亚	语言学
25	戴维·吉文斯	短期	美国	语言学
26	莉斯	短期	美国	语言学
27	波克林顿	短期	澳大利亚	语言学
28	扬·波克灵顿	短期	澳大利亚	语言学
29	丹尼·莱西	短期	美国	语言学
30	桃瑞丝	短期	菲律宾	语言学
31	琼·乔夫兰诺斯	短期	美国	语言学
32	德尔·艾莉萨	短期	美国	语言学
33	阿瓜斯·查里塞	短期	美国	语言学
34	布莱德	短期	美国	语言学
35	林恩·毕晓普	短期	美国	语言学
36	乔韦拉诺	短期	美国	语言学
37	唐·海因斯	短期	美国	语言学
38	米娜·海因斯	短期	美国	语言学
39	.勒诺尔·詹曼	短期	美国	语言学
40	耶路撒冷	短期	美国	语言学
41	劳伦斯	短期	加拿大	经济
42	侯特	短期	德国	继续教育
43	基姆哈庆	短期	韩国	特教
44	托马斯·詹森	短期	德国	中文
45	哈拉尔德	短期	德国	机械
46	安东尼·迈克尔·戴维斯	短期	美国	经济
47	伊恩·威尔斯	短期	美国	计算机
48	莱茵	短期	美国	计算机
49	凯文帕尔默	短期	美国	计算机
50	罗伯宪章	短期	美国	艺术
51	杰里米·史密斯	短期	美国	文学
52	克里斯特娜·克拉杰斯卡	短期	美国	语言学
53	马克·伦茨	短期	美国	语言学
54	克里斯托弗·布莱顿	短期	英国	语言学
55	保罗·霍夫曼	短期	美国	教育学
56	贝夫·埃文斯	短期	英国	教育学
57	埃里克·弗罗奇	短期	美国	教育学
58	德宝	短期	美国	机械工程
59	李德弘	短期	新加坡	交通工程
60	尼克·巴乔雷克	短期	美国	英语
61	贝克	短期	英国	经济、营销
62	毛基业	短期	加拿大	经管
63	李天行	短期	中国(台湾)	经管
64	阮荣生	短期	美国	生物产品与生物系统工程
65	李月伟	短期	美国	生物有机及天然药物
66	杨晨	短期	美国	营养与心脏疾病
67	杜文宇	短期	新加坡	信息系统
68	吉村弘之	短期	日本	海外展开支援室
69	大和田秀二	短期	日本	环境资源
70	森豊史	短期	日本	环境资源

续表

序号	外专姓名	长/短期	国籍	专业领域
71	真部保良	短期	日本	环境资源
72	小先文三	短期	日本	管理学
73	时枝康治	短期	日本	组织运营部
74	罗莉·彭宁顿—格雷	短期	美国	旅游危机管理
75	艾瑞克	短期	美国	旅游危机管理
76	迈克尔·J	短期	美国	考古学
77	拉里欧文斯	短期	澳大利亚	教育学
78	格蕾丝·斯克兹皮耶克	短期	澳大利亚	教育学
79	卡里尼娜	短期	俄罗斯	法学
80	斯维特拉娜	短期	俄罗斯	法学
81	谢尔盖·斯特帕诺	短期	俄罗斯	法律
82	叶坦	短期	美国	新闻学
83	佐野充	短期	日本	地理学
84	黄波	短期	中国(香港)	城市科学
85	约斯特	短期	德国	法学
86	谢尔盖·斯捷潘诺夫	短期	俄罗斯	法律
87	迈克尔·丹尼斯	短期	英国	语言学
88	徐联安	短期	中国(香港)	管理学
89	张先广	短期	美国	新闻学
90	曹新宇	短期	美国	城市科学
91	布提纳	短期	法国	社会学
92	阮金炼	短期	美国	图书信息学
93	许福生	短期	中国(台湾)	法学
94	特蕾西·史密斯	短期	美国	语言学
95	马里奥	短期	墨西哥	语言学
96	凯文·杨	短期	美国	语言学
97	詹妮弗	短期	美国	语言学
98	马克	短期	英国	语言学
99	巴克	短期	英国	语言学
100	艾伦	短期	英国	网络
101	玛丽	短期	美国	艺术学
102	吉姆	短期	美国	教育学

(刘璟)

·管理与服务·

校务管理

【概况】 学校校务管理工作主要由党委办公室、校长办公室承担。党委办公室、校长办公室是校党委、校行政的综合办事机构。下设文秘科、信息调研科、综合事务科、机要科、法务科、校友科6个科室,共有工作人员16名。

（王文杰）

【政务服务】 2017年共召开党委常委会和校长办公会57次,商讨议题总数310项。其中党委常委会召开33次,涉及议题222项;校长办公会召开24次,涉及议题88项。印发党委常委会《会议纪要》33期,校长办公会《会议纪要》24期,《两会通报》33期,《联办通报》26期。

（史文瑞　赵方）

【文书机要工作】 年内编辑印发文件700件(带发文字号文件577件),其中校党委发文228件,学校发文73件,党委办公室、校长办公室发文36件。全年收非机要文件材料1008件,其中校内文件512件,上级文件496件,学校教代会的意见、提案共计20件。刊印《北京联合大学校内请示一周督办情况汇总表》11件。收发机要文件573件,送领导传阅近5000次;清退机要文件101份,销毁机要文件、内部刊物等2.02吨。

（史文瑞　杨燕　李珊珊　杨建萌　刘凤娥）

【信息调研工作】 2017年,校内刊物编发坚持"刊期总量减少、内涵质量提高"的思路,编发《简报增刊》7期,《参阅资料》22期。完成《校情概览(2016)》中英文对照版的数据收集、整理、编辑、校对等工作。以《联大督办》为抓手,推进学校重点工作落实,2017年共编发《联大督办》16期,就37个事项进行督办;编辑《督办反馈》2期,各督办事件基本如期办结。

（史文瑞　王君卓　李珊珊）

【信访工作】 2017年共处理信访事项130件次,共有62件信访件形成专文报送校领导,办结53件,信访结案率为85%。执行校领导接待日制度,根据预约,共安排7人次的校领导接待日会谈工作。

（张赫　孔庆来）

【法务及信息公开】 年内,编写《北京联合大学2016—2017学年度信息公开报告》《2017年北京联合大学法务工作分析报告》;梳理和修订学校现行各项规章制度及业务流程,并提出废、改、立制度工作安排。完善学校合同管理规定,审核修订校级规范性文件和合同51套,研讨处理涉法事项10余项。普法宣传工作方面:编辑制作2017年度普法宣传手册,设计制作普法宣传展板《法治中国》。为全校辅导员进行《高校学生管理典型案例析评》主题讲座,邀请律师为离退休教职工讲解老年人权益保障相关法律问题。组织参加第五届北京高校普法微视频作品征集展映活动并获得优秀组织奖,微电影《班费》获一等奖;组织参加市委教育工委、市教委主办的"学宪法 讲宪法"活动,获二等奖2项,获优秀指导教师称号2名。

（张赫　王石磊）

【综合事务】 年内完成省部级领导接待任务4次,委办局领导接待任务6次,行业、企业来校交流、论坛、活动等22次,海内外高校、机构交流活动29次;完成学校教育发展事业重要会议6次;组织协调重要会议和活动8次。统筹安排各位校领导42个教学周的行程,共计1300场次,有效落实校领导及学校各项工作。

（张赫　刘伟光　杨旭　张远利）

【校友会工作】 通过2016年社会组织年检,并获得免税资格。新增4个行业校友分会,分别是:4月16日成立北京联合大学创业校友会,第一届理事会17人,会长苏药;12月19日批准成立北京联合大学村官校友会,第一届理事会21人,会长王丽娜;12月29日成立北京联合大学艺术团校友会,第一届理事会19人,会长王辉;12月28日成立北京联合大学戎光校友会,第一届理事会40人,会长战立龙。聘请226名毕业生为校友联络员,为2017届毕业生定制、发放毕业纪念章和校友联系卡。

（刘朝生　白瑞霞）

【教育基金会工作】 2017年,教育基金会新签捐赠协议及说明24份,协议受赠4341.6万元,到账捐赠金额642.6万元;审批公益项目书35份,金额540.9万元;审批资金48项,金额550.3万元;编制《北京联合大学教育基金会2017年捐赠花名册》,涉及捐赠单位14家、个人233人次。年内基金会公益活动总计支出约

560万元。9月,接受北京市民政局的现场评估,并获评5A级社会组织;7月,收到北京市财政对市属高校教育基金会2015年9月至2016年8月的捐赠收入配比基金627.7万元。

(刘朝生　白瑞霞)

【党委全委会】 年内,召开一次党委全委(扩大)会议、六次党委全委会。2月22—23日,召开校四届党委第十四次全委(扩大)会,传达学习北京高校思想政治工作会议精神,听取做好迎接本科教学工作审核评估工作报告,审议通过学校《2016年工作总结》《2017年工作要点》;5月15日,召开校四届党委第十五次全委会,审议确定学校出席北京市第十二次党代会代表候选人预备人选;5月19日,召开校四届党委第十六次全委会,审议通过学校2017年岗位聘任工作系列文件;9月4日,召开校四届党委第十七次全委会,审议通过筹备召开中国共产党北京联合大学第五次党员代表大会事宜;12月7日,召开校四届党委第十八次全委会,审议通过两委委员候选人预备人选;12月21日,召开校四届党委第十九次全委会,审议通过中国共产党北京联合大学第五次党员代表大会《筹备工作情况报告》《党委工作报告》《纪委工作报告》《党费收缴、使用和管理情况报告》、日程、票样、《选举办法》《代表资格审查情况报告》《党委工作报告决议(草案)》《纪委工作报告决议(草案)》、主持词。

(史文瑞　赵方)

【2017年暑期工作会】 9月2—3日,学校组织召开暑期工作会,会议主题"加强基础教学工作,提升教育教学水平"。校领导班子全体成员、学院局级领导干部、校机关各部门、各直属单位主要负责人、各二级党组织书记、各学院院长(执行院长、常务副院长)、分管教学副院长以及马克思主义学院、公共外语教学部、基础课教学部、体育教学部、工科综合实验教学示范中心班子成员等,近120人参加会议。校党委书记韩宪洲以《履职尽责　持之以恒提升人才培养质量》为题做报告,校长李学伟以《深化基础教学　夯实百科基础量》为题做报告,副校长杨宜以《创新基础教学　夯实本科基础》为题做报告;6个部门做教育教学工作情况汇报和2017年招生工作情况汇报。

(史文瑞　赵方　王君卓)

【2017年全校办公室主任座谈会】 5月25日,学校召开全校办公室主任座谈会,校党委书记韩宪洲出席并讲话。党委办公室、校长办公室、各学院办公室、机关党委、直属单位党委、离退休党委、直属教学单位、北苑校区、后勤保障中心办公室主任及党委办公室、校长办公室全体工作人员参会。会议通报全校办公室系统队伍人员结构情况,对选送的"联大好公文"规范性进行评析,并对学校办公室标准化服务平台进行介绍。

(史文瑞　王君卓)

【政产学研合作签约情况】 2017年,学校与政府、企业及兄弟院校的合作取得新进展,先后与10家单位签订合作协议。其中,校政战略合作2个,校企合作5个,校校合作3个。详见表8.1。

(张赫　孔庆来)

【附表】

表8.1　2017年学校政产学研合作签约情况一览表

协议名称	签订日期
学校与乌苏市人民政府合作框架协议	2017.3.23
学校与新疆应用职业技术学院合作框架协议	2017.3.25
学校与天津市红桥区人民政府战略合作框架协议	2017.2.21
学校与中铁电气化局集团有限公司战略合作协议	2017.4.14
学校与中国中铁股份有限公司战略合作协议	2017.4.13
学校与信阳职业技术学院合作协议	2017.6.3
学校与北京工美集团有限责任公司战略合作框架协议	2017.7.20
学校与北京时尚控股有限责任公司"产学研"合作框架协议	2017.9.15
学校与北京地铁运营有限公司战略合作协议	2017.12.5
学校与北京交通大学战略合作框架协议	2017.12.11

(张赫　孔庆来)

发展规划

【概况】 学校的发展规划由党委研究室负责编制,相关工作内容包括对规划落实情况进行跟踪分析;围绕学校改革发展建设的目标,了解国内外高等教育发展动态,了解相关高校信息,形成研究成果,为学校改革发展提供参考；针对学校改革发展中的重要实际问题开展调查研究，发现情况、分析情况、给予对策建议，为学校决策提供参考；负责学校重要改革文件的研究、起草工作，《大学章程》执行过程中的相关问题研究。

（周月朋）

【党委研究室成立】 4月10日，校四届党委第162次常委会研究决定成立党委研究室，以加强学校重大决策和事项的研究、推进和落实。4月13日，《中共北京联合大学委员会关于成立北京联合大学党委研究室的决定》（京联党〔2017〕38号），规定党委研究室是学校党委下设的工作部门，正处级。设主任1人，副主任1人，工作人员1人。

（周月朋）

人事管理

【概况】 学校人事管理工作由校人事处负责。2017年，学校继续推进人事制度改革，兼顾"以人为本"思想和奖优罚懒考核机制，出台北京联合大学2017年岗位聘任系列文件；全校共成立25个聘委会，完成新一轮全员岗位聘任；修订事业单位聘用合同，完成新聘期聘用合同续签。学校师资队伍结构得到进一步优化，全年新聘任特聘教授4人、招聘引进人才40人，其中专任教师30人，29人具有博士学位，学校专任教师博士比例达到38.2%。学校3个创新团队、2名长城学者、10名青年拔尖人才和9名特聘教授分别入选2017、2018年市教委高水平教师队伍建设支持计划。新增北京市教学名师2人，认定具有双师素质教师资格219人。5人获评北京市优秀教师。获批全国重点建设职教师资基地3个。2014年入选市教委"三年行动"计划项目全部验收通过。获得北京高校第十届青教赛一等奖2项，二等奖1项。获批国家留学基金委资助青年教师4人，派出国外访问学者10人，外派孔子学院教师6人。

（刘欣）

【机构设置】 2017年，根据学校发展要求，增设党委研究室、本科教学审核评估办公室；科研处更名为科学技术处；撤销行政管理处和后勤服务公司建制，成立后勤保障中心；校培训中心并入继续教育学院；将应用文理学院、师范学院、商务学院、生物化学工程学院图书馆并入校图书馆等。

全校共设二级学院15个，其中应用文理学院、师范学院、商务学院、生物化学工程学院、旅游学院、继续教育学院6个为副局级学院，智慧城市学院、机器人学院、城市轨道交通与物流学院、管理学院、特殊教育学院、艺术学院、应用科技学院、马克思主义学院、国际交流学院9个为处级学院。

学校设党政管理机构18个，直属教学单位4个，直属非教学单位10个，群团组织5个。其中党政管理机构分别为党委办公室、校长办公室（合署办公），党委研究室，党委组织部、统战部、党校（合署办公），党委宣传部、校新闻中心（合署办公），纪委办公室、监察处（合署办公），党委学生工作部、学生处、人民武装部（合署办公），离退休人员工作处，教务处（含现代教育技术中心、高职学生秘书处），人事处（含人才交流中心、教师教学发展中心），科学技术处，研究生处（研究生工作部），财务处（含卡务中心），审计处，保卫部（处）（含610工作办公室），国际交流合作处、港澳台事务办公室（合署办公），基建处，国有资产管理处，招生就业处。直属教学单位分别为基础课教学部，工科综合实验教学示范中心，校体委、体育教学部，公共外语教学部。直属非教学单位分别为本科教学审核评估办公室、产业管理委员会办公室、北苑校区管委会、图书馆、信息网络中心、学报编辑部、档案（校史）馆、校医院、后勤保障中心。群团组织分别为工会、团委、机关党委、直属单位党委、离退休党委。

（刘欣）

【人员编制】 2017年，学校核定编制数3888人，核定岗位数2900个，其中，管理岗位649个，约占岗位总量的22%，专业技术岗位2123个，约占岗位总量的73%（其中，教师岗位1476个，约占岗位总量的51%），专业技术人员在管理岗302个，约占岗位总量的10%。工勤技能岗位128个，约占岗位总量的4%。

（刘欣）

【岗位聘任】 年内，学校完成2017年岗位聘任工作，其间出台包括《北京联合大学专业技术职务晋升聘任必备条件（试行）》《北京联合大学双师素质教师队伍管理办法》《人才强校优选计划——北京联合大学"十三五"期间教师队伍建设资助项目及管理办法》等文件。本次聘任共成立25个聘委会，全校共聘任2829人，其中教师专业技术岗位共聘任1610人，其他专业技术岗位共聘任775人，一般管理岗位聘任工作人员716人，工勤技能岗位共聘任131人。

（刘欣）

【人才引进】 年内共计招聘40人，其中专任教师30人，辅导员（思政教师）6人；具有高级职称6人，博士后出站人员11人；35岁以下人员31人；接收京源应届毕业生7人,非京应届毕业生9人。在新进的30名专任教师中,具有博士学位人员29人,博士比例达到96.6%;26人最高学历从211、985高校获得;11名博士后出站人员中10人来自211、985高校;2人具有海外留学经历。2017年新聘请4位校级特聘教授。启动2018年全校人才需求计划申报工作,确定2018年第一批进人计划指标。

(刘欣)

【高层次人才推选】 2017年,学校3支创新团队、2名长城学者、10名青年拔尖人才和9名特聘教授入选北京市教委各类高层次人才名单。2017年完成推荐百千万人才工程1人,北京学者1人,长江学者1人,北京市优秀青年人才1人。学校智能驾驶技术研究团队、公元前2世纪前的中西文化交流研究团队、北京历史文化遗产空间重构与城市文化建设研究、汉水上游旧石器时代文化综合研究等4个大项目通过北京市教委对2014年入选"三年行动"计划项目的结题评审工作。

(刘欣)

【人才强校】 年内组织2015年入选"人才强校计划"各类项目及往期未结题项目的结题工作。包含优秀学科带头人(专业负责人)4项、教学骨干4项、管理骨干4项、高职专业双师素质教师3项、学术(科研)创新团队2项、教学团队2项、管理创新团队2项,以及往期未结题项目12项等七类培养资助项目共33小项的结题工作。

继"人才强校计划"之后,学校新出台《人才强校优选计划——北京联合大学"十三五"期间教师队伍建设资助项目及管理办法》(京联人〔2017〕9号),根据此办法,学校组织2017年度校级人才类项目的申报遴选工作,全校共批准设立"人才强校优选计划"项目共72项,其中学术探究计划项目5项、百杰计划项目38项、百优计划项目29项。

(刘欣)

【留学资助】 出国研修是按照三年(2017—2019)计划安排,计划三年内派出教师45人。年内有4名青年教师得到国家留学基金委资助,派出国外访问学者10人,孔子学院外派教师6人,许多教师为学校与访学的学校搭建交流平台,为学生国际交流开辟更多的渠道。

(刘欣)

【学位提升】 教师队伍的学历层次进一步提高,年内有10名教师考取在职博士,18名教师获得博士学位,目前全校在职攻读博士学位的教师158人,学校教师中具有博士学位的教师比例从去年的36%提高到38.2%。

(刘欣)

【双师素质教师资格认定】 根据《北京联合大学双师素质教师队伍管理办法》(京联人〔2017〕13号)精神,7月,学校启动第九批双师素质教师资格认定工作,经专家评审,并经2017年学校第16次校长办公会审议通过,此次共认定219名教师具有双师素质教师资格。第十批双师型教师认定工作于12月下旬启动。

(刘欣)

【考核管理】 副局级学院临时人员和离退休人员的工资本年度实现在线统一提交。

(刘欣)

【聘用合同管理】 2017年,合同保险科对事业单位聘用合同进行修订。全年2125名新聘期受聘人员续签合同。

(刘欣)

【教师(教学)发展中心工作】 2017年教师发展中心承办北京市高等学校师资培训中心举办的"骨干教师科研能力与师德素养提升""高校教学名师谈教学""高校学生辅导员工作技能培训""高校大数据与高校管理能力提升""高校大学美育教师能力提升""高校双语教学教师国内延续深化""高校英语教师教学科研能力培训"等培训,累计参加148人次。组织2017年新教师研习营工作,完善新教师研习营暨主讲教师认证标准及流程。

(刘欣)

【"三新"人才系列研究班】 培训组织"2017年新教师研习营暨主讲教师认证培训"(43人),培训32次,培训人次1376人次,继续开展企事业游学环节,培训采用"名家讲坛+业界培训+教师实践"相结合,涵盖基本功和混合式教学新理念。针对新教师特点完善职业素质测评方案,建立三级测评体系。

组织"2017年新晋升教授副教授研修班"(67人),培训21次,培训人次1407次。

组织"2017年本科专业负责人高级研修班"(72人)的工作。依托北京人力资源服务行业协会,与校教务处合作为本科专业带头人开设高级研修班,研修班集合"短期集训+行业企业考察交流+外出调研"的形式为负责人提供全方位的模式学习。

组织"2017年新任科级干部研修班"(58人),依托北京人力资源服务行业协会,与校人事处合作为新任科级干部开设研修班,研修班集合"短期集训+行业企业考察交流+小组展示"的形式,分为"管理素质与能力""职业规划与成长"等模块为科级干部提供有利于开展和提升本职工作能力的学习内容。

(刘欣)

财务管理

【概况】 财务管理工作主要包含学校预算资金管理、会计核算与监督、校园卡管理。负责管理全校的预算资金运行、财务核算工作、校园卡日常运行业务以及收支核算管理。学校财务管理工作依据财政部《事业单位财务规则》《高等学校财务制度》的有关规定，实行“统一核算、统一管理”的财务管理体制。

财务管理工作由校财务处统一协调管理。财务处内设15个科室：预算科、会计科、资金管理科、财务结算中心、咨询服务科、卡务中心、文理校区财务办公室、商务校区财务办公室、师范校区财务办公室、生化校区财务办公室、特教校区财务办公室、综合科、综合核算科、工会财务科、培训中心财务科；岗位职数65人，其中科长15人、副科长11人、主任科员2人、副主任科员5人、科员32人。

（荣莉）

【财务状况】 年内，学校事业收入总额为180898.82万元，比2016年增加17613.91万元，增加幅度为10.79%；学校事业支出总额为178362.6万元，比2016年增加17379.73万元，增加幅度为10.8%；学校固定资产总额为264682.12万元，比2016年增加9192.27万元，增加幅度为3.6%。

（宋栩宁）

【财务信息化建设】 年初启用北京银行国库资金自助柜面系统，9月对天翼账务系统进行升级改造，实现账务系统与国库电子凭证库的直接对接，确保安全办理国库资金支付查询等业务，提高财政资金的流转效率。进一步推进网络环境下办公电子化，开发与利用预约报销系统，增加经费到账查询服务功能，实现网上查询经费到款情况。

（荣莉）

【财务管理制度建设】 年内财务处对《北京联合大学差旅费管理办法》《北京联合大学会议费管理办法》《北京联合大学培训费管理办法》3个文件进行重新修订，并制定出台《北京联合大学间接费用管理办法》。

（荣莉）

【队伍建设】 根据现行财务管理模式，结合新一轮岗位聘任工作，针对各类岗位制订行之有效的学习计划，定期开展财务人员业务专题培训。坚持财务每周例会制度，通过例会加强沟通、统一思想，营造和谐的财务工作内部与外部环境，提升财务管理与服务水平。

（荣莉）

【收费管理工作】 在全校财务统一核算的基础上，进一步规范收费工作。原收费科与卡务中心合并为一个科室。按时完成2017年全校学生学费、住宿费、考试报名费等各项费用的收缴及账务处理，完成2017年本、专科学生和研究生新增专业收费备案工作。

（杨秀红）

【卡务管理】 卡务中心做好各项日常工作，保证全校校园一卡通系统的正常运行，以及相关工作的正常开展。利用暑期，制作新生校园卡，并及时发放到各学院，保证大部分新生报到时即可领卡。根据需要，进一步完善校园卡管理相关规章制度。对相关数据进行统计、整理与分析，为领导决策提供必要的数据支持。规范各项业务办理流程，缩短办理周期，提升服务质量。

（杨秀红）

【后勤财务管理】 2017年结合国家税务机关的“营改增”工作，对后勤保障中心现有的财务软件进行更换；办理企业发票增量，满足结算要求与审批权限的矛盾；开通报销投递业务；办理完结两个企业三证合一工作；整理1997—2015年会计档案，共计1552盒，2050卷。

（李力　石鑫）

【获奖情况】 获北京市教委2016年决算一等奖，北京市财政局北京市教委综合绩效评价二等奖。

（张健民）

资产管理

【概况】 国有资产管理处是对全校资产进行专门管理的行政职能部门。下设资产管理科、采购管理科、房产管理科、资源调配科和综合管理科5个科室。3月14日，学校发布文件京联党〔2017〕15号和京联党〔2017〕16号，国有资产管理处处长李志祺调离，张有调任副处长并主持工作，宋秦调任副处长。5月17日，根据《关于调整行政管理处和后勤服务公司设置的决定》（京联党〔2017〕63号）规定，撤销校行政管理处，“校本部房屋资源调配、办公家具采购等国有资产管理职能划转校国有资产管理处”。5月23日，根据京联发〔2017〕17号文件规定，叶继萱任校国有资产管理处副处长，不再担任原校行政管理处副处长职务。

（宋秦）

【固定资产管理】 截至2017年11月30日，校本部新增固定资产共计56714253.45元。其中：新增5808台件，金额52953969.9元；资产增值业务878103元；

师范学院艺术设计系并入艺术学院，调入资产553台件，金额2882180.55元。全校报废处置91批次，共计51398台件，金额47542712.12元。国资处、教务处和行管处的专项购置固定资产调拨给各法人学院25批次，总计6332425.11元。此外，完成资产管理系统功能改造和升级。11月，启动学校2017年固定资产清查盘点工作。配合财务处完成决算工作，完成资产决算报表填报并通过财政局终审；完成2018年预算固定资产购置计划表的填报；组织全校2016年资产年报的填报工作；完成首都科技条件资源平台的数据填报；完成北京联合大学和下属11家具有独立法人资质事业单位的产权登记年度检查工作，完成产权登记报表填报并通过市财政产权登记工作专项审计。

（周虹　贾艳飞）

【后勤资产管理】 9月1日，成立后勤保障中心资产办公室。在国有资产管理系统上进行机构调整及固定资产账调拨；与行管处、党校办等部门进行学校公共资产管理对接；完成北苑校区后勤闲置资产的报废，共计160万；完成昌平校区后勤报废资产70万、暂存资产230万的统计工作；完成后勤2017年资产清查。

（李力　石鑫）

【房产管理】 完成月均1700余人次，全年单位部分3217.3万元，个人部分3217.3万元的公积金汇缴，另为18人补缴5.34万元。为3200多人次办理支取公积金3864.6万元；帮助65名退休人员，办理支取公积金735.8万元。为124名新调入人员办理开户，并为32人转入公积金224.8万元。

完成月均1180人次，全年3103.8万元的住房补贴汇缴工作，另补缴92.6万元。为343名职工办理支取住房补贴1663.3万元；帮助43名退休人员，办理住房补贴支取366.9万元；为53名无房新职工办理住房补贴住建局备案手续共105万元，为6名老职工办理差额补贴9.66万元。

每月为2900多名在职职工发放物业费，一年共计755.44万元；为2900多名退休职工发放物业费，一年共计649.127万元；为70多名离休职工发放物业费，一年共计19.98万元。为在职职工2907人次发放供暖费6773.775万元，为退休职工2949人次发放供暖费644.86万元，为72人次离休职工发放供暖费19.07万元。负责支付北四环校区、北苑校区、白家庄校区、蒲黄榆校区对公用房供暖费834.4305万元。

6—12月，为配合学校整合调整，国资处组织协调搬家，搬家涉及21个单位，32天次。

修改完善北四环校区各楼宇使用情况图纸，完成特教学院校园平面图测绘工作。统计核实北四环校区各类房屋面积69782平方米，初步建立北四环校区房屋情况台账，明确使用部门和用途，并做好数据分析整理，为学校发展决策提供数据支持。与网络中心共同开发数据管理平台，为进一步推进信息化管理提供保障。

（管炳文　孙宇）

【采购招标工作】 校内专项预算占总采购项目预算的65.66%，财政专项预算占总采购项目预算的34.34%。货物与服务类项目计划全年安排5批次，实际7批次，暑假期间和11月份各增加1次。招标周期仍旧保持平均每30天1批次。

2017年，完成全年项目采购个数170个，预算金额20332.8837万元，成交金额19986.692万元，资金使用率98.3%。其中，货物与服务类项目立项个数130个，总预算金额15104.3667万元，成交金额14938.053万元，资金使用率98.9%；基础设施改造项目立项个数40个，总预算金额5228.517万元，成交金额5048.639万元，资金使用率96.56%。

完成协议采购和10万元以下零星采购审核共1292单，成交金额8758.548662万元。其中，协议采购576单，成交金额5502.730737万元；10万元以下零星采购716单，成交金额3255.817925万元。

全年总采购成交金额28745.2407万元。

（高子萍　贾艳飞）

【资产管理和采购管理文件印发】 年内，学校下发3个资产管理和1个采购管理文件。《北京联合大学固定资产管理办法》(京联发〔2017〕13号)，对固定资产管理做出全面规定，是适用于全校的规范性文件，旨在为学校固定资产管理的统一化、规范化奠定基础；《北京联合大学公用资产管理细则》(京联发〔2017〕47号)、《北京联合大学固定资产报废、调拨管理细则》(京联发〔2017〕48号)，有针对性地解决固定资产管理中重点、难点问题；《北京联合大学采购人代表管理办法》(京联发〔2017〕14号)，用以规范学校采购人代表的管理。

（宋秦）

【采购管理系统试运行】 11月，北京联合大学采购管理系统正式在校园OA网上线试运行。该系统研发历时一年多，并经多次内部测试，考虑到各用户单位的实际需要，试运行首批开放的是10万元以下货物与服务类零星采购。

（高子萍）

【零星采购服务商入围机制建立】 为提高采购工作效率，根据小额工程项目的实际需要，学校针对总金额在30万元(不含)以下的修缮改造工程的施工和设计费不超过10万元的修缮改造工程的方案服务，通过遴选，建立供应商库，探索学校采购的供应商入围机制，进一步优化校内采购工作内控管理机制，降低采购成本，提升工作效率，维护学校合法权益。

（高子萍）

【业务培训】 年内组织全校性业务培训两场：10月

12 日，召开全校 2017 年固定资产清查工作部署会暨固定资产管理工作培训会；10 月 30 日，召开全校 2017 年采购业务工作会。

（宋秦）

【校园标识规范】 年内更新标牌 279 块。同时，更新北四环校区校园导视系统；支持特教学院制作无障碍导视系统，包括触摸语音播报系统，扶手盲文提示，消防疏散提示等。

（孙宇）

【应用科技学院搬迁】 6 月，学校决定启动位于昌平校区的应用科技学院迁回工作。7 月，学校向昌平校区的出租方致函，提出提前解除租赁合同，即 2018 年 7 月 31 日合同终止。双方达成一致，并签订补充协议。

国有资产管理处作为应用科技学院回迁的牵头协调单位，多次赴昌平校区、北苑校区实地勘察，督促解决房屋、固定资产等问题，统筹资金，协调图书馆、后勤等单位申报搬家保障经费，落实北苑校区北侧彩钢板房 10 间 973 平方米待报废资产搬到西侧；北苑校区图书馆（含阅览室）300 平方米回迁北四环校区；调整档案馆 260 平方米到图书馆老馆；工会办公 180 平方米回迁连廊，腾空 8 号楼 B 座三层，预留应用科技学院实验室。

（宋秦　孙宇）

审计工作

【概况】 审计处是学校执行内部审计监督的职能部门，依据国家法律、法规、政策和上级部门及学校的规章制度，独立开展内部审计工作，向学校主要负责人负责并报告工作。完成了学校 2016 年度预算执行及所属单位财务收支审计、领导干部经济责任审计、资产管理审计、基建、修缮项目工程审计、科研经费审签、预算项目的校内绩效评价、学校内部控制评价、教育收费检查、审计问题整改后续检查等工作，涉及资金 36 亿元，提出审计建议 65 条，促进增收节支 6452.75 万元。

（毕玉兰）

【预算执行和财务收支审计】 年内，学校审计处组织开展 2016 年度学校预算执行及所属 16 个单位财务收支审计，重点关注学校财务实行集中核算后，管理制度的执行状况、重点预算资金的使用及绩效状况、学校“七公”经费和公务卡按规定使用情况，以及下属单位财务收支的真实性、合法性，旨在促进规范管理，提高资金使用效益。此次审计本着“一审、二帮、三促进”的原则进行，实行边审计、边帮教、边整改落实，对审计中发现的管理风险点，以审计建议书的方式与相关部门沟通，以期加强财务监督管理，避免风险发生，增强学校预算的计划性和严肃性。

（毕玉兰）

【领导干部经济责任审计】 根据校组织部的委托及审计工作计划，配合学校新一轮岗位聘任工作，对 10 位处级领导干部开展离任经济责任审计。在审计中注重加强财经政策、学校制度的宣传，使规范意识深入到每个教职工思想中，做到自觉遵守、严格执行，强化学校的内控环境，促进领导干部尽职尽责。结合领导干部经济责任审计，对 10 个单位的资产管理情况开展资产盘查，重点关注部门资产的管理状况，揭示资产管理中的问题，涉及资产总量 3 万余台件。促进管理部门建立健全管理制度，促进资产管理责任人提高管理意识，强化责任意识，促进全校各单位加强固定资产管理，维护资产安全完整，提高资产使用效益，防止国有资产流失。

（毕玉兰）

【基建修缮工程审计】 推进基建、修缮工程项目审计工作。年内共审结跟踪项目 5 项、单项工程项目 206 项，审计资金 7.3 亿元，增收节支 6445 万元。以工程预（结）算价格确认为基础，逐步扩大工程项目审计监督环节，由单纯的工程造价审核逐步向质量审计并重转变，从单一工程审计逐步向管理审计转变。关注工程项目的主要风险点，通过对设计、招投标、施工合同和施工环节的全程监督分析，推动工程建设项目进一步完善管理。对审计中发现的制度执行不到位的现象，在全校范围内重申相关规定；对工程审计发现的问题，与相关部门进行重点沟通，发放审计建议书，督促整改，促进管理，避免问题的重复出现。

（牛彤）

【校内绩效评价】 立足学校管理需求，为推进预算绩效管理，强化支出责任，提高教育资金使用效益，2017 年对学校 36 个预算项目开展了绩效评价，涉及预算资金 1.85 亿元。

（刘振斌）

【科研项目审签】 以推动科研项目财务管理改革政策的落实为目标，联合项目管理部门，关注科研资金的安全，防范科研资金使用风险，促进学校进一步完善管理、提高科研绩效水平。以科研项目结题审签为切入点，向项目负责人宣讲科研资金管理规范，提高科研资金规范管理意识。全年共开展科研项目结题审签 42 项，审签资金 446.5 万元，提出审计建议 30 条，退回不合规资金7.5万元。

(刘振斌)

【教育收费检查】 落实上级相关文件要求,认真开展校内收费自查及重点抽查工作,全校15个学院和39个机关、直属单位按照要求全部完成收费自查工作,自查率达到100%。对7个单位的收费情况开展了重点抽查工作。通过部门介绍情况、与相关人员座谈、查看收费现场等形式,进一步促进教育收费行为的规范,健全学校收费监管机制,促进阳光收费管理。

(刘振斌)

【审计意见整改落实】 加强审计问题整改检查力度,促进审计整改见实效。对审计中发现的问题坚持抓早、抓细,逐条研究、逐项分析,理出问题清单,细化整改内容、整改措施、整改时限,明确责任人和责任单位。督促整改取得实效,提升审计整改工作质量和效果。2017年对22个单位、部门开展审计问题整改检查工作,对审计问题整改结果在校园网上予以公示。

(毕玉兰)

【内控体系建设评价】 年内,学校审计处组织对学校内控建设体系及内控制度的执行情况进行评价,重点是预算业务、收支业务、政府采购业务、资产管理、建设项目、合同业务的内部控制建设及运行状况,旨在查找相关业务运行中的风险点及薄弱环节,提高对内控建设的认识。通过开展评价,相关部门制定完善建设的计划,促进内控规范的有效实施。

(毕玉兰)

【审计队伍建设】 与支部建设共同发力,抓好审计队伍的政治思想、组织作风、纪律和能力建设,在培训中开展党性教育、普法教育、廉洁自律教育、保密教育、职业道德教育,使规范真正入脑入心,使之成为审计工作的重要遵循。注重部门党风廉政建设,与部门每名成员签订廉政责任书。

结合新一轮聘岗及学校内控建设,进一步梳理审计工作事项,规范审计业务流程,加强部门规范管理。通过传帮带、实战练兵等方式,加强审计队伍建设。加强审计服务的质量管理及过程控制,严格选定程序,强化过程监督及后续评价,提高审计工作能力和效率。加强审计服务,对审计中发现的共性管理问题,以审计建议书的形式提出审计建议;对个性问题,通过与管理部门会议沟通形式,提出改进建议,促进规范管理。

(毕玉兰)

基本建设

【概况】 学校基本建设管理和修缮管理工作由校基建处承担,具体包括制定基建制度,基建工程项目立项申报、组织工程项目招投标、工程实施管理、竣工验收等及全校修缮管理工作。基建处下设前期规划科、预算合同科、工程管理科和综合事务科。黄巍任基建处处长,另有副处长2名,科长4名,副科长3名、正科级待遇2名。

(孟佳宁)

【学校总体规划】 完成2017年修缮改造工作项目立项、申报、评审及调整工作。建立小额零修工程和设计的定点入围机制。推进发改委对特教学院改扩建工程的决算审计工作。推进校内各项修缮改造工程。

(孟佳宁)

【基建制度建设】 2017年岗位聘任后,重新修订基建处工作流程、规章制度,梳理风险点,为明年基建处工作的信息化建设打下基础。

(孟佳宁)

【三年规划基建项目推进】 2017年,基建处完成三年规划基建项目的总结工作。对三年规划项目建设的整体情况、资金使用情况和项目建设的重点难点进行详细的分析,并向校党委会进行汇报。完成三年规划基建项目总结工作,上报市教委基建处。目前各项目的结算审计工作已经完成。

(孟佳宁)

【年度修缮改造项目】 年内,学校收到基础设施改造项目申报108个,申报资金20445.64万元。经评审,最终确定40个项目为2017年基础设施改造项目,涉及经费6419.166万元,43个项目列入2017年基础设施改造项目库。本年完成修缮改造项目22项,零星修缮项目30余项。

(孟佳宁)

【小额零修工程和设计的定点入围机制建立】 基建处对校内小额零星修缮工程和小额工程设计项目进行定点入围机制的试点工作。近一年的试运行表明,这种模式不但引进施工单位的竞争机制,有效地防控小额零修项目施工单位选择的风险点,也规范了工作流程,推进了工作的开展。

(孟佳宁)

【特教学院改扩建工程决算审计】 特教学院改扩建工程已经完工多年,该项目结算工作完成后,多次与北京市发展和改革委员会社会处、投资处进行沟通,确定先期进行决算审计的工作原则,同时推进该项目室外工程的结算审计工作,目前该项目已经由市发展改革委开展决算审计工作。

(孟佳宁)

后勤管理与服务

【概况】 根据《关于调整行政管理处和后勤服务公司设置的决定》(京联党〔2017〕63号)文件：经校四届党委第167次常委会(2017年5月15日)研究决定，对校行政管理处和后勤服务公司的设置进行调整。原行政管理处的校本部校园环境管理，空调、电梯维修保养，京外新生入学接站、京外学生火车票优惠卡办理及购票等后勤保障与服务职能，校本部安全防汛、无烟校园创建、报刊收发(不含机要)等职能，以及全校的节能管理、伙食补贴、平抑物价基金、绿化委员会等职能划转后勤保障中心。原后勤服务公司职能和人员全部并入后勤保障中心。

设置调整后，后勤保障中心代表学校行使甲方职能，内设综合办公室、财务办公室、质量监控与运行管理办公室、人力资源办公室和资产管理办公室等5个办公室。

优化和重组实体服务中心，行使乙方职能。成立能源管理中心、学生宿舍管理中心、物业管理中心、车辆保障管理中心、饮食服务中心和育慧苑商贸服务中心等6个服务中心，由后勤保障中心统一管理和监督。

后勤保障中心有689名员工，为北四环、学院路、红领巾桥、垡头、蒲黄榆、工体北路、昌平、北苑共8个校区及市教委食堂提供服务。包括：全部8个校区和市教委的饮食服务、4个校区和1个家属区的绿化保洁服务、5个校区的动力维修服务。

7月，后勤保障中心陆续派驻昌平校区、工体北路校区、蒲黄榆校区主任1名，参加所在校区的中层干部会议，日常和年度考核纳入派驻学院管理。负责向所驻校区后勤各部门传达学校最新工作精神和全面协调后勤工作。

1月11日经校四届党委第158次常委会研究决定：苏明不再担任校后勤保障中心副总经理职务；5月22日，任命肖春林为后勤保障中心总经理，何天增、周运为后勤保障中心副总经理。7月，周运办理退休手续，不再担任后勤保障中心副总经理职务。

(李力　石鑫)

【质量监控与运行】 9月1日，成立后勤保障中心质量监控与运行管理办公室。承担原行政管理处负责的无烟校园创建工作和安全生产工作；组织专人每天在校园内进行控烟巡检，进行控烟宣传；对吸烟人员进行记录。12月28日，更换完毕新的控烟标识。

(李力　石鑫)

【饮食服务】 完成所辖8个校区12个食堂的餐饮服务任务；为各部门提供会间茶歇服务和就餐招待服务；建设北苑主食熟食加工基地，改善基地的人员配置和仓库设施，实现标准化的生产加工管理模式；改进北四环校区美食广场的餐饮项目，引入学生管理团队的经营模式。

设立标准化食堂创建验收筹备办公室，重点针对北四环校区各食堂和学院路校区食堂制定《饮食服务中心标准化食堂创建实施方案》，对北四环校区各食堂和学院路校区食堂实际情况进行标准化食堂自评打分。

9月，参加北京市教委关于食品安全快速检测工作的培训会，新增一名实验操作人员，2017年度上传监测数据1530次。

9月，成立食品安全和生产安全巡查小组。建立菜品质量监督管理微信群，要求中心各食堂全体厨师每餐每菜拍照上传，加强菜品质量的监管力度，促进中心厨师的技能交流。

8月底，饮食服务中心在全中心范围内进行公开竞聘。

(李力　石鑫)

【学生宿舍管理服务】 2017年1月，北四环校区学生公寓保洁服务外包，完成20余名保洁员的分流和交接。邀请专家，开展专题讲座。

5月，根据教育部41号令文件精神，修订《北京联合大学公寓管理规定》并于8月在全校范围内公布执行。

6月，北京联合大学学生公寓自管会成立。

2017年1月，北四环校区11号楼女生公寓租赁空调295台；2017年8月，北苑校区2栋学生公寓租赁空调336台。

7月，接管蒲黄榆校区学生公寓工作。8月，北四环校区11号楼女生公寓装修改造，腾退、安置住宿生1900余人，寄存行李6000余件。11月，组织北苑校区226名女生迁宿至北四环校区并进行妥善安置；12月，更换北四环校区16号楼男生公寓宿舍门80个。

(李力　石鑫)

【物业管理服务】 9月，根据要求，动力维修中心、绿化保洁中心、蒲黄榆校区、文理校区、外包保洁公司合并为一个部门，并更名为后勤保障中心物业管理中心，现物业管理中心负责北京联合大学校本部、北苑校区、昌平校区、文理校区(学院路)、白家庄校区、蒲黄榆校区、什刹海校区7个校区日常维修和绿化保洁工作，保障各个校区的各项维修工作及校园美化工作。

(李力　石鑫)

【车辆保障服务】 2016年12月底，北京联合大学《公务用车使用管理暂行办法(试行)》下发。根据此办法，学校主要保留五类公务用车，即实物保障用车、综合保障用车、教学科研保障用车、教学实验用车、通勤车，共计38辆，上交92辆。北京联合大学车辆保障管理中心主要负责校本部、昌平校区、白家庄校区、蒲黄榆校区、垡头校区、红领巾桥校区、学院路校区、外馆斜街校区8大校区7路通勤车的运营工作；提供校本部、旅游学院、应用文理学院、师范学院、商务学院、生物化学工程学院、机电学院、特教学院、应用科技学院的综合保障用车和教学科研保障用车。

(李力　石鑫)

【能源服务】 2017年，整合成立能源管理中心。承接原节能办的职责和相关工作。对北京联合大学所有校区进行能源消耗统计，对校区二级水表进行管理，对二次供水进行管理，收取校外外租商户水电费，对学生宿舍智能表进行管理，对污水排放进行管理，对燃气排放进行管理，对校内装修水电费进行收取，进行宣传、登记安装节能设施，配置、维修全校区的四十余部电梯及三千余部空调。

绿化保洁服务中心现有员工94人(含体育教学部员工14人、在编员工5人)。全年更换北四环、蒲黄榆等校区老旧空调563套；对北四环校区的地下停车场、2号楼一层进行照明节能改造。

(李力　石鑫)

【商贸服务】 6月，在原有经营范围上新增汽车装饰、理发、美容(非医疗美容)、销售眼镜、保健品食品以及洗衣服务等6个增项。

8月，在各校区商店设立特价区，对100余种商品实行降价或买一赠一活动；5月起，在北四环校区以及北苑校区配备7台自助售卖机系统，且自助售卖机的商品价格低于店内同类商品价格；5月、10月，育慧苑“五一”“十一”组织开展特色商品优惠展销活动，将教职工需要的8大类近2000种商品送到教职工身边；12月完成学院路校区商店的更新改造，增加货架使用率，实行专人专货架负责模式，杜绝过期、变质商品上架；完成北苑校区朝阳二部的店面更新改造。北苑校区以社会化改革为导向，根据周边消费者的需求，淘汰滞销商品，增加家庭类消耗品，逐步改善经营情况。

(李力　石鑫)

【物业设施设备标准化运行】 4月18日，后勤召开物业设施设备运行标准化创建工作动员大会，总经理肖春林、副总经理何天增和中心全体员工参加。11月24日，召开物业设施设备运行标准化创建工作培训会，由中央财经大学昌欣物业管理有限公司丁峰总经理做达标创建工作专题辅导培训，物业管理中心全体员工参加培训。

(李力　石鑫)

信息网络管理

【概况】 学校信息网络中心(以下简称“中心”)负责全校网络和信息化规划、建设、管理、运行、安全及技术支持服务。下设综合办公室、网络信息安全科、网络部、信息部及数据资源中心共五个科级单位。

2017年，中心继续完善网络基础设施建设，提升公共应用系统服务，充分发挥信息化和校园网效用；强化技防和人防能力，提升师生安全意识和数字素养，有效保障学校网络日常运行高效可靠和重点时期安全稳定；深化全校数据资源建设，助力本科教学工作审核评估，提升信息化服务能力；建设智慧校园生态体系，推进业务系统整合及网上运行，促进信息化与教学、科研、管理、校园生活的深度融合。

(王莹)

【网络基础设施和云服务环境建设】 根据学校改扩建需求开展网络基础设施建设项目：完成11号楼网络拆除与重新部署与优化工程；实施特殊教育学院科技楼网络综合布线施工，增加有线点340个，无线点140个；完成马克思主义学院，图书馆，3B楼七、八层改造的网络接入实施工程；实现北四环校区的无线设备网上管理；部署WIS智能网管平台，实现北四环校区无线三层连通性的用户体验网上监控。

云服务基础环境发挥更大效益，满足全校多个应用的服务器及存储空间需求，包括网站群系统10台高配虚拟机、邮件系统2台高配虚拟机、高等教育质量监测数据平台2台高配虚拟机、应用文理学院双中心10台高配虚拟机、教务处学分制教务系统9台高配虚拟机，以及其他系统所需的共计50余个虚拟服务器。

(焦婧　于春生)

【公共应用系统服务提升】 注册中心完成全校学生自助报到累计3.5万余人次。提供学生的奖、助、勤、贷、补等事务申请服务，各类事务申请共计近2万人次，资助育人近1万人次。学务系统增加失联预警、学生公交卡、评奖评优、辅导员考核模块，方便学生并提高老师的工作效率。完善预报到、迎新、离校系统功能，从数据处理与共享、系统支持、业务流程环节协调等多方面，支撑全校学生的预报到、迎新、离校工作。保障教职工信息服务平台的有效运行，支持全校职称评审、继续教育备案登记、年度考核工作。

升级党建和思想政治工作办公系统，提升系统的安全性、高效性、稳定性和易用性。系统中上传支撑

2017年评估文件6431个，附件43426个，为保障学校完成迎接《北京普通高等学校党建和思想政治工作基本标准》落实情况检查和党建先进校检查工作，提供信息化支撑；同时完成党建评估会场设备与网络保障任务。

深度挖掘协同办公系统服务潜力，扩大三个体系建设覆盖面。分两批次实现学校20个试点单位43项业务的网上运行。与业务系统、电子监察平台对接，实现对业务流程的动态监控，包括项目采购流程、工程项目预算及结算审计流程、贫困生认定流程、人才招聘流程等。

完成房产系统的定制开发和部署，不断完善《关于校园房屋建筑及设施编号标准化的建议》。配合国有资产管理处，对各个校区的基础数据进行梳理，包括对各个校区实地勘察，对建筑物编号，对房间编号，整理和汇总平面图。

（李亚文　刘丹阳）

【信息网络安全能力提升】 持续推进网络安全体系建设，进一步提升安全管理水平和技术防范能力，健全并落实《北京联合大学机房巡检制度》《北京联合大学安全巡检规章制度》《北京联合大学渗透测试规章制度》《重要时期网络安全保障工作预案》等网络安全相关管理制度。

每季度对全校各业务部门运行系统进行安全扫描，共检查服务器183台次，并进行安全加固。对15个新上线系统进行渗透测试，系统通过测试后方可正式上线。按预案执行和按要求响应、处置和反馈6次市级及以上网络信息安全管理部门通报的网络与信息安全事件（含漏洞通报）。完成计算机大赛、旅游大赛的网络保障工作，完成网络学堂安全等级保护定级备案（第二级）工作。申请网络信息安全加固项目，通过技术手段进一步强化网络信息安全防御能力。

重视校园网络文化建设，成立北京联合大学网络安全和信息化领导小组。以多种形式展开信息安全宣传活动，参与“4.29”首都网络安全日活动、配合国家网络安全周在校内进行网络安全宣传等。引导师生强化网络安全意识，树立网络思维，提升网络文明素养。

完成日常及学校重要活动的网络保障工作，共计完成20余次现场保障工作。“一带一路”高峰论坛和党的十九大期间按照上级文件要求查找清理当前网络安全风险，制定了严格的外网开放网站管控策略，实行24小时值班值守和零报告制度；对在校外运行的信息系统进行了统计报备；排查清理僵尸信息系统；发现并举报7个校外以学校名义运行且未登记备案的信息系统；清理系统中非在岗、临时性、长期不用等人员账号，杜绝弱口令。

（曹东亚　王晓震）

【本科教学工作审核评估助力】 建设完成服务于本科教学工作审核评估的“高等教育质量监测数据平台”，提升教育数据管理水平。

建设学校本科教学工作审核评估支撑材料管理与展示平台，以信息化手段支撑本科教学工作审核评估工作的开展。

建设数据服务平台，整合现有数据资源，提供高效率、可复用的数据服务。

建设北京市教师管理信息系统接口模型，实现12张表110项数据自动转换和提取。

（李亚文　金培莉）

【智慧校园生态体系建设】 在特殊教育学院开展信息无障碍系统建设，完成无障碍救助服务系统、智能语音课堂系统建设。智能语音课堂系统已支持7门课程授课。

召开教学无障碍建设——科大讯飞合作研讨会；录制中央电视台《焦点访谈》“带你认识无障碍，语音输入沟通无障碍”节目。

（李亚文　蒋雪峰）

【视频会议系统服务能力提升】 视频会议系统覆盖所有校区，2017年共为全校提供15次视频会议服务，参会总人数达3440人次。包括与英国、俄罗斯高校的合作会谈、学校中心组学习、党员学习暨表彰大会、学务系统评奖评优模块培训、学生就业下午茶活动、联大华音校园歌手大赛。保障十九大期间的网络视频播放，实现IPV6播放方式，组织会场调试与现场保障工作，满足了9个校区31个会场的网络视频播放需求。

（李亚文　金培莉）

【移动平台功能扩充】 短信平台支撑10个部门（教务处、财务处、国有资产管理处、培训中心、商务学院、审计处、校办、学生处、招生就业处、信息网络中心）及6个系统平台（财务系统、采购管理平台、学务系统、机房环境监控系统、访客系统以及考勤系统）发送短信共17万余条。

完成移动办公平台与互联网内网应用访问控制（WEBVPN）平台、调研平台的对接，实现服务器一键断网、微信自助修改门户平台密码，移动端问卷调查等功能。

（王莹）

【支持学校网络课程建设】 持续深化拓展网络学堂应用，新开通网络课程359门，重点支持教务处选修课、精品视频课程建设。完成网络学堂和中国大学MOOC的整合。支持全校性大规模网上考试，包括面向全校2万多学生的“学生规章制度考试”“十九大报告和党史知识学习考试”及面向2017级学生的“军事理论课”考试。配合教师教学发展中心完成新教师研习营中网络学堂培训并对新教师进行网络学堂问卷调查，举办网络远程培训、现场培训共计19次。

（李亚文　刘丹阳）

【加强网站群和邮件系统建设管理】 支持城市轨道交通与物流学院、评估办、机器人学院等单位新建网站4个，完成旅游学院中英文网站、师范学院网站、北京学研究基地网站、招生网、管理学院金融学特色专业网站、团委联合杨帆社团网站等网站的迁移及改版。开展7期网站清查工作,促进各二级单位及时更新网站内容。完成邮件系统服务器和存储的整体切换,提升邮件系统的稳定性和安全性。对邮件系统开展7期巡检工作,保障系统顺畅运行。

(李亚文　刘丹阳)

【承办第二届高等教育信息化校长高峰论坛】 6月9日,学校承办的"第二届高等教育信息化校长高峰论坛"在北四环校区举行。教育部教育管理信息中心、中国高等教育学会等相关负责人出席,百余所高校的领导、学者、专家代表参加。论坛的主题是"互联网+教育——高等教育新生态"。活动主要采取大会主题报告与平行论坛报告及圆桌论坛相结合的形式进行,共有10余位报告人在主论坛和两个平行论坛上做主题演讲,共商"互联网+教育"背景与模式下,如何抓住机遇、转变理念、顺势而为,营造高等教育新生态。论坛期间,与会者参观北京联合大学创新工场,现场体验智慧教室,实地考察校园网核心机房,观看北京联合大学艺术学院2017届服装与服饰设计专业学生优秀作品展。

(王晓震　王莹)

产业管理

【概况】 2017年,产业管理委员会办公室在完成日常工作的基础上,制定了《北京联合大学房屋出租、出借管理细则(暂行)》,建立一站式物流服务中心,完成企业产权登记,企业国有资产自查自纠工作。

(杜娟)

【企业产权登记】 2017年5月,根据市财政和市教委工作安排,组织所属6家企业进行了2017年产权登记和年度检查申报工作。经市财政审核,北京北联科兴科技孵化器中心、北京育慧苑商贸中心、北京市旅游书刊服务部通过2017年年度检查审核。

(杜娟)

【制度建设】 为落实北京市财政局相关文件精神,加强校产管理,提升国有资产的使用效益,规范学校对外出租出借行为,产业管理委员会办公室制定了《北京联合大学房屋出租、出借管理细则(暂行)》,12月正式施行。

(杜娟)

【建立一站式物流服务中心】 9月,产业管理委员会办公室委托育慧苑商贸中心与近邻宝公司签订一站式智能化物流服务协议。根据协议,近邻宝公司在北四环校区设立3处快递柜和一个物流服务中心。至年底,已有9家快递公司与近邻宝公司签订协议,物流服务中心接收快递87815件,发送快递3189件。

(杜娟)

北苑校区管理

【概况】 北苑校区管理委员会负责学校北苑校区管理工作,为校本部直属非教学单位,下设综合办公室和校园管理办公室。2017年有在岗教职工7人,内退教职工5人。2017年北苑校区管理委员会负责人发生变更,1月11日起夏莉不再担任党支部书记兼任北苑校区管理委员会副主任(主持工作);李印伟任北苑校区管理委员会主任兼北苑校区党支部书记,李静文任北苑校区管理委员会副主任。

校区派驻部门由9个减至6个,分别是保卫科、饮食服务中心、学宿管理中心、物业管理中心、育慧苑商贸中心、智能车队,教职工共计70余人。

配合学校的资源调整,11月学校旅游学院、艺术学院、城市轨道交通与物流学院、智慧城市学院、管理学院的部分本、专科生调整搬迁到北四环校区,校区住宿生由原有的1500人调整为800余人。

充分利用校区现有资源,继续为校智能车队提供试验场地、办公室、车库,为科研工作提供大力支持。

(秦冬霞)

【安全稳定工作】 严格落实校区安全网格化管理。5月,签订《安全稳定责任书》和《消防安全责任书》,完善校区安全网格备案表,明确分工,责任到人。通过定期召开派驻部门联席会、联合大检查、加强校园巡逻等形式及时排查安全隐患。认真做好各项安全防范工作,确保敏感时期校区安全稳定。加强与派驻保卫科协调沟通,对校区发现的隐患问题要求立即整改。加强与生物化学工程学院的协调沟通,对存放校区的危险化学品进行管理。加大宣传力度,通过微信平台、电子显示屏、宣传展板、安全讲座等方式给师生普及安全知识,利用11月9日消防宣传日为契机,举办了住宿生消防疏散演练、教职工消防技能培训、消防趣味运动会等活动,增强了师生的安全防范意识。

(王琦)

【学生服务】 继续深入加强书院建设,完善书院工作制度,完善学生社会活动和评价机制。9月印发《北苑校区生活服务指南》1500份,并通过布置书院文化长廊、召开新生宿舍长会,不失时机地插入安全法制教育、心理健康教育等,提高全方位育人工作时效性。

加强学生干部队伍建设,定期进行学生会干部素质拓展训练和改选换届工作。组织学生志愿者保障早班通勤车的有序运行,学生自主管理书院功能区域。发挥学生会、学生党员、团员、宿舍长先锋模范作用,开展学长导师谈心谈话等活动,了解学生的需要和动态,为学生提供心理、学业、生活等方面的帮助与指导。

继续深入开展网络宣传工作,利用北苑校区微信平台、广播台及宿舍长微信群向广大学生传播正能量。

3月组织了联合咖啡经营竞聘答辩。4月成立创业社团,进行咖啡厅的运营。9月调整学生会结构,组建新一届广播社。

(王维达)

【沟通协调工作】 充分发挥北苑校区管理委员会协调沟通检查督促职能,定期召开校区派驻部门联席会。签订学生通勤车服务合同,确保每学期通勤车的正常运行。7月完成对男生宿舍楼阳台塑钢窗和校区宣传橱窗的改造,暑期对校区供暖管线进行了改造,8月完成北苑校区大门的改造,配合进行11月开始的校区烟感设备改造。同时,校区与供暖公司及周边接受供暖服务的小区联系,处理好本年度供暖工作;配合学校资源整合,7月配合完成校区图书馆和医务室的搬迁工作,为应用科技学院入驻北苑校区提供支持,协助进行房屋的装修改造工程,配合完成部分学生的搬迁工作。

(秦冬霞)

【中专遗留问题处理工作】 梳理原中专资产,截止到12月底,报废资产3222件1258万余元。

处理中专遗留档案,完成中专2004—2008级学生的学籍档案整理,归档180余卷。为原中专毕业生开具各类证明,发放遗留档案。

集体户管理工作,集体户教师5人,为教师提供户籍相关的证明,敦促教师将户口迁移至住址所在地。

完成北京医药职业技能培训学校汇算清缴及纳税申报工作。完成北京医药职业技能培训学校产权登记工作。

(秦冬霞)

离退休人员服务管理

【概况】 离退休工作部门包括离退休党委、离退休人员工作处,共同负责全校离退休人员服务与管理工作,对校机关、直属单位及处级学院离退休人员进行直接管理,对副局级学院离退休人员进行统筹管理。涉老组织包括关心下一代工作委员会(简称关工委)和老教育工作者协会(简称老教协)。

离退休党委下设离退休党委办公室。离退休人员工作处下设离休办公室、退休办公室两科室。

至2017年12月,全校共有离退休人员2801人,其中离休干部74人,退休人员2727人,党员1448人,离休党支部3个,退休党支部44个。

(张晓)

【服务管理工作】 学校重视离退休工作,召开了离退休干部工作领导小组会、离退休人员校情通报会,校党委副书记、校长李学伟就2017年学校党建工作和事业发展情况以及2018年工作设想向参会老同志通报。开展离退休人员爱心互助基金和离退休人员困难补助申请、审批、公示、发放工作。组织全校退休局级干部健康体检和退休人员健康体检、春秋游、健康休养和走访慰问,组织学校部分老同志到首开寸草春晖亚运村养老院参观,以及退休人员80岁寿辰集体生日会、新年团拜聚会等活动,关心慰问新退休职工。组织学校部分局级退休干部参加由市老干部党校市委教育工委离退休干部处举办的局级退休干部读书班活动。发挥老同志优势与作用,组织学校老教师舞蹈团参加由市委教育工委、市教委主办,教育老干部活动中心和首都体育学院承办的“喜迎十九大　健身乐晚年”北京高校老同志健身项目展示活动,展示健身舞《美丽草原我的家》,获“最佳风采奖”。组织学校老教师合唱团演唱的歌曲《祖国,慈祥的母亲》《祖国不会忘记》参加“颂歌献给党,喜迎十九大”2017年北京老教育工作者东北片区文艺演出活动。举办“喜迎十九大　共筑中国梦”纪实摄影作品征集活动,并选送优秀作品参加“喜迎十九大　光影赞辉煌”北京教育系统老同志摄影作品展。主办北京联合大学“欢庆十九大　筑梦新时代”2018年老同志新年联欢会。

(张晓)

【关工委工作】 年内,学校离退休工作部门组织系列关工委工作。召开校关工委2017年工作会;诸天寅获评北京教育系统关工委有突出贡献的“五老”代表;上报北京教育系统关工委“创新案例”——学校老教授“进宿舍、尽余热、进心灵、促学风”教育恳谈活动;为自动化学院、特教学院、应用科技学院学生发展对象暨入党积极分子组织座谈、培训、党课报告,并对青年辅导员们进行指导;校关工委主编的《春风化雨》寄语青年思想政治工作教师读物正式出版,并召开赠书仪式暨座谈会;晚霞艺术团老党员先锋队前往房山区马安村红色抗日老区慰问演出;组织参加北京教育系统开展的《网络和新媒体环境下思想政治教育》征文活动,获得“网络新媒体环境下关心下一代工作研究项目”优秀组织奖,多篇文章分别被评为优秀征文一、二、三等奖;参加承德丰宁满族自治县丰宁实验中学开展的携手共建、扶贫支援、助力山区青少年学生健康成长活动;围绕学习落实习近平总书记7.26讲话精神、十九大精神召开工作会议。

(张晓)

【老教协工作】 参加市老教协总会理事会,召开老教协理事、分会会长30人出席的联大老协理事会。举办青山书画社行草书技法讲座。组织联大退休老同志乒乓球比赛。校老教师合唱团参加北京高校的活动并演唱了两首歌曲。成立联大育慧诗社,随后举行系列研讨活动。举办“喜迎十九大 重阳节健步走”活动。老教师舞蹈队的部分成员参加“50+文艺交流活动”,获得“最具表现力”奖。青山书画社的13名老教授以礼赞十九大胜利召开笔会。

(张晓)

机关党务工作

【概况】 机关党委是学校二级党组织,负责机关教职工的思想建设、组织建设、作风建设、制度建设和党风廉政建设。机关党委办公室工作人员共4人。全年共召开党委会17次,共召开党支部书记会14次。

4月10日,成立本科教学审核评估办公室党支部。6月,根据《中共北京联合大学委员会 北京联合大学关于调整行政管理处和后勤服务公司设置的决定》(京联党〔2017〕63)文件精神,后勤党总支的6个党支部共68名党员的党组织关系转至直属单位党委;行政管理处党支部7名党员的党组织关系根据岗位调整:2人转至国有资产管理处党支部、1人转至直属单位党委、4人转至基建处党支部。

截至12月31日,机关党委下设21个教工党支部,共有党员259人,其中预备党员3人。机关党委落实党的发展工作,全年共发展新党员3人,均为一线管理人员,转正1人。

(张春菊)

【思想建设】 机关党委坚持发挥思想引领作用,一是持续推进机关“两学一做”学习教育常态化、制度化。二是创新开展系列主题教育活动。制作26块宣传展板展示机关党委评出的2015—2017年度先进基层党组织、优秀共产党员、优秀党务工作者风采。

(张春菊)

【组织建设】 根据委员变化及时调整分工情况,党委委员深入支部参加组织生活会、支部换届选举、党员转正大会、民主评议党员等重大活动。夯实支部建设,增强支部活力,促进工作创新,发挥党支部战斗堡垒作用。指导10个党支部完成支部换届,指导成立1个党支部(本科评估办党支部),指导1个党支部开展委员补选工作(宣传部党支部)。指导21个党支部设立纪检委员。组织专题培训和五次专项检查,指导规范党支部工作手册;组织党务工作人员参加交流座谈、专题研讨等培训共400余人次。支持和鼓励各党支部申报校级立项,2016—2017年项目全部结题,2017—2018年共获批13项。严格程序和要求,做好3名党员发展(财务处党支部兰左飞、周繁华,宣传部党支部郭玲娜)、1名党员转正工作(财务处张金瑞);加强党员党籍、信息系统维护与组织关系规范管理;做好党费收缴、管理和使用工作,以支部立项等形式支持和推动支部开展丰富多彩的主题活动。加强党内激励关怀帮扶。开展争优创先活动,评选机关先进基层党组织6个、优秀党员19人、优秀党务工作者8人;4名党员被评为校级优秀共产党员,2个党支部被评为校级先进基层党组织。2017年帮扶机关困难党员及教职工15人次。完成《北京普通高等学校党建和思想政治工作基本标准》入校检查工作,整改完善并规范、梳理党委近年工作资料,9盒相关资料参与迎检。完成机关提名、酝酿和选举出席学校第五次党员代表大会代表工作。完成学校第五届党委会委员候选人和纪委委员提名人选推荐等相关工作。机关党委于1月3日至3月22日开展民主评议党员,共召开27个专题组织生活会,完成310名党员的民主评议工作。

(张春菊)

【党风廉政建设】 组织党员干部对照实际,深入学习《关于新形势下党内政治生活的若干准则》《中国共产党党内监督条例》,提高党风廉洁方面的底线意识和自律意识。

开展机关各部门行政负责人的党风廉洁教育,印制并组织全体党支部书记签订《机关党组织落实党风廉政建设主体责任承诺书》。

制定《机关党委2017年党风廉政宣传教育工作安排》,将党风廉政建设纳入党支部组织生活指导计划,组织专题培训、主题党课、交流研讨、参观廉政专题展、配发教育书籍、警示教育光盘等;下发《机关党委关于进一步加强警示教育的通知》，召开落实中央八项规定精神、纠正“四风”工作专题座谈会，盯住每个重要节假日，严防“四风”问题反弹，落实党风廉政专项检查和专项治理；组织机关党员参与廉创空间图书漂流、书法摄影、朗诵等校园廉政文化活动。

（刘宇霞）

【作风建设】 通过指导机关支部以立项形式开展《2017 年机关作风建设项目推进方案》完善机关各部门职责、工作流程和服务流程的梳理。9 月，在校内网开设“机关服务”专栏，公布机关共 22 个部门的职责、内设科室职责及办公地点服务电话，接受监督，推进作风建设。

（刘宇霞）

【制度建设】 年内机关党委制订《机关党委会议及议事制度》（京联机关党〔2017〕16 号）、《机关党委关于印发〈中共北京联合大学机关党委关于帮扶困难党员工作的规定〉的通知》（京联机关党〔2017〕26 号）、《机关党委关于落实“三会一课”制度的通知》（京联机关党〔2017〕28 号）、《关于印发〈中共北京联合大学机关党务公开实施方案〉的通知》（京联机关党〔2017〕30 号）、《机关党委理论学习中心组学习制度》（京联机关党〔2017〕48 号）。

（刘宇霞）

【党委换届及委员调整】 4 月 21 日，召开中共北京联合大学机关党员大会，选举产生中共北京联合大学机关委员会。4 月 21 日，中共北京联合大学机关委员会召开第一次全体会议，选举产生中共北京联合大学机关委员会书记、副书记。具体如下：党委委员 5 名（按姓氏笔画为序）史文瑞（女）、刘宇霞（女）、肖芳（女）、肖富宁、张健民。党委书记：肖芳（女）、党委副书记：张健民。根据 5 月 25 日下发的《关于肖富宁职务变动的通知》（京联党〔2017〕70 号）文件精神，肖富宁任校后勤保障中心党总支书记，不再担任原校后勤服务公司党总支书记职务。根据 10 月 24 日下发的《关于张文杰、张健民职务变动的通知》（京联党〔2017〕190 号）文件精神，张文杰任校机关党委副书记，不再担任继续教育学院党委副书记、副院长（主持学院党委、行政工作）、校培训中心主任职务；张健民任继续教育学院党委副书记、副院长（主持学院党委、行政工作）、校培训中心主任，不再担任校机关党委副书记职务。

（张春菊）

【机关工会工作】 6 月 2 日，机关工会召开第二届教职工暨第四届工会会员代表大会第三次会议。会上代表们听取肖芳书记做的《创建和谐之家，助力学校发展》机关工会 2016 年工作报告，审议通过《机关 2017 年岗位聘任工作实施方案（审议稿）》《机关所属部门奖励津贴分配方案（审议稿）》。充分发挥学校教职工行使民主管理权力机构的作用。

机关工会开展各项送温暖关怀慰问活动，落实教职工健康幸福工程。2017 年十送温暖共计 1400 余人次，金额达 25 余万元。申请爱心基金补助 4 人，获帮扶补助金 4400 元，特殊困难及突发事件一次性补助慰问金 39500 元。组织机关工会会员普及安装“北京工会 12351”“健步 121”手机 App，安装率 90%以上。

推进教职工文体协会建设，组织机关教工参加各项文体活动。2017 年机关工会先后获得学校教职工广播操比赛一等奖、厨艺大赛银勺奖、篮球比赛第一名、足球比赛第一名、羽毛球比赛第一名等一系列好成绩。经年终总结评比，机关工会喜获“优秀分工会”“先进工会之家”等荣誉称号，机关工会承办的羽毛球协会、合唱协会双双获得“优秀协会”荣誉称号。

（薛玉翠）

【机关人员人事管理】 落实机关一般管理岗位和专业技术岗位的聘任工作，共组织两轮聘任，完成聘委会所属 21 个部门 327 个岗位的聘任工作。配合人事处，完成机关专业技术聘任、年度考核、奖励津贴发放，市级、校级优秀教师、优秀教育工作者推荐等相关工作。配合组织部完成政工系列职称评审工作。2017 年机关党委纪委办党支部王琪被评为高级政工师。

（刘宇霞　薛玉翠）

直属单位党务工作

【概况】 4 月 28 日，中共北京联合大学直属单位党员大会审议通过直属单位党委工作报告，选举产生新一届直属单位党的委员会。党委委员（以姓氏笔画为序）：闫华、杨洪志、沈洪、程雨琴、翟金忠；党委书记程雨琴，副书记沈洪。

直属单位党委覆盖校直属教学单位、直属非教学单位以及部分校级（校管）科研机构等，下设 1 个党总支、15 个直属党支部和 5 个基层党支部，共有 347 名党员。2017 年直属单位党委新接收预备党员共 12 人、审批预备党员转正 14 人。

（程雨琴　李娜）

【思想建设】 组织党员和教职工近 300 人观看十九大开幕会。为全体党员配发十九大学习辅导材料每人 6 册：《党的十九大报告》《党的十九大报告辅导读本》《党的十九大报告学习辅导百问》《十九大党章修正案学习问答》，新党章以及习近平《干在实处，走在前列》。集中开展4次宣讲活动。组织参观“北京高校师生主题作品展”和“砥砺奋进的五年大型成就展”。依托北京长城网,组织全体教职工开展“党的十九大精神应知应会”在线答题活动。组织党员关注“北京长城网”微信公众号,组织全体党员网上自学十九大精神。

起草《中共北京联合大学直属单位委员会关于推进直属单位思想政治工作的通知》(京联直属党〔2017〕82号)印发直属单位党组织,制订本单位推进思想政治工作实施方案(2017—2018)。

组织所属直属单位党支部(党总支)书记学习《中共北京联合大学委员会落实党委意识形态工作责任制实施细则》,强化意识形态领导权意识。贯彻落实《党委意识形态工作责任制实施细则》,按时开展春、秋季开学教职工和学生思想动态调研。推进教职工政治理论学习,落实学校《2017年全校教职工政治理论学习计划》要求。

(程雨琴　李娜)

【组织建设】 完成支部委员会换届。2017年,5个党支部委员会任期届满,6个新成立的党支部,都在规定的时间内召开党员大会,选举产生新一届支委会。党支部书记或为专职,或为单位主要行政领导兼任。

严查“党支部工作手册”,分别于6月、9月、11月三次对“党支部工作手册”进行全面检查,指出存在问题,要求及时整改,加强了支部手册填写的完整性和规范性。

发展党员工作。印发《直属单位党委关于加强对入党积极分子教育培训工作的通知》,为每名入党积极分子配发《中国共产党章程》。党支部负责加强对入党积极分子自学进行指导,安排入党积极分子自学习近平总书记系列重要讲话精神和高校入党培训教材,党委组织统一考试,考试合格后颁发结业证书。

开展党建项目建设。在学校开展的2017—2018年基层党支部“1+1”共建活动、基层党支部活动立项工作中,党委20个党支部中有2个“1+1”共建项目被列为学校优秀共建项目,有2个党支部活动立项被列为学校重点培育项目,有8个党支部活动立项被列为学校一般培育项目。其余党支部活动立项作为直属单位党委培育项目,给予专项经费支持。

(程雨琴　李娜)

【党风廉政建设】 制定《直属单位党委关于开展严查群众身边的不正之风和腐败问题专项工作实施方案》(京联直属党〔2017〕7号),成立专项领导小组,在重大节日期间开展重点监督检查工作。

4至6月间组织开展了纪律教育宣传月活动。4月28日,组织直属单位全体党员集体观看党风廉政教育警示录典型案例选第一辑第七集《医考泄密》《赌向深渊》和金一南教授的《百年沧桑到大国崛起》。6月20日,程雨琴书记以《坚定文化自信,涵养清风正气》为题为基层党组织书记们讲2017年党风廉政宣传教育月党课。

10月11日,组织全体党员观看反腐倡廉警示教育片《警钟长鸣——变质的人生信条(张慧光案警示录)》《迟到的忏悔》《如此“升值”太不值》和《你身边的微腐败》纪律教育宣传片。呼应电视剧《人民的名义》热播,为全体党员购发《人民的名义》《追问》《全面从严治党面对面》等反腐倡廉书籍。

(程雨琴　闫华)

【统战工作】 组织直属单位党外知识分子代表参加校党委组织的2017年统战工作培训。建立党外知识分子台账,完善党外知识分子信息。

做好学校党外知识分子联谊会会员推荐工作。印发《关于做好学校党外知识分子联谊会会员推荐工作的通知》(京联直属党〔2017〕16号),共推荐6人上报校党委组织部。

(程雨琴　李娜)

【出席校第五次党代会代表名单】 出席校第五次党代会代表名单如下(21人,按姓氏笔画为序):于深,王彤,王晓震,刘庄,刘宏,刘文忠,闫华,祁春利,苏幼香,李印伟,杨宜,杨洪志,肖春林,肖富宁,沈洪,张殿恩,周小华,姜素兰,耿晓冬,程雨琴,翟金忠。

(程雨琴　闫华)

【工会工作】 组织开展各项文娱活动,落实学校教职工健康幸福工程,丰富教职工的生活:统一组织《联大·春天》主题摄影比赛、教职工“冬日暖阳”健步走活动、教职工学习“全国高校思政会议精神”有奖答卷等8项活动。以工会小组为单位开展的特色活动:台湾研究院组织“乒乓球比赛”;北苑校区组织“板球比赛”;信服实验室组织“羽毛球比赛”;人大所组织“记录幸福瞬间”摄影比赛;信息网络中心组织参观国家博物馆;学报编辑部组织参观“宋庆龄故居”;档案(校史)馆组织健身运动会;直属党办组织拓展活动等。教职工的“健步121”和“北京工会12351”手机App注册率达92%。

重视民主建设,保障教职工的权益。一是组织召开党政工联席会,讨论并通过有关教职工切身利益的重大事情,如上半年奖励津贴的发放等。二是组织召开直属单位岗位聘任委员会,讨论并通过《直属单位2017年岗位聘任实施方案》。三是组织召开“直属单位第一届教职工暨工会会员代表大会第二次会议”,向代表报告工作,并报告工会经费使用情况等。

开展“十送温暖”慰问服务,如生日送祝福、教职工入会送欢迎、生育送祝贺、教师节慰问、新婚送祝福等服务 400 余人次。

（闫华　赵霞）

【岗位聘任及职务晋升工作】 2017 年，完成校直属单位相关 10 个单位近 200 人次副高级及以下各级各类人员的岗位聘任工作，包括专业技术岗 64 人、一般管理岗 53 人、工勤岗 59 人、享受专技岗位责任津贴 23 人；组织签订各类人员《岗位任务书》近 400 份（2 份/人）。26 人通过 2017 年专业技术职务晋升聘任必备条件审核，包括副高级 12 人 、中级人员 14 人。

（程雨琴　闫华　赵霞）

档案（史志）工作

【概况】 学校的档案、史志和年鉴工作由档案（校史）馆负责。档案（校史）馆为正处级建制单位，2017 年学校开展新一轮聘任工作，部门内设机构调整为文书档案部、人事档案部、信息档案部、史志部、综合科和对外服务科，有工作人员 16 人（在岗在编 15 人），其中馆长 1 人，副馆长 2 人（4 月，副馆长宋秦调离，王建远接任副馆长）；原有档案库房 219.5 平方米，其中文书档案库房 92 平方米，会计档案库房 71.5 平方米，人事档案库房 56 平方米，新落成的综合档案库房 1436.26 平方米（实用面积约 750 平方米）；有阅档室 12 平方米和校史展馆 276 平方米。

档案（校史）馆作为应用文理学院档案专业学生实训基地，完成档案系档案学专业 65 名学生的综合实践部分指导及两名学生的毕业设计指导工作。

学校档案工作注重创新管理，获得实用新型专利授权 4 项，新申请实用新型专利 1 项，发明专利 1 项（均已受理）；作为唯一一所高校获北京市档案局“档案背后的故事”最佳组织奖；成功申请科研项目 2 项，其中北京市地方志办公室重点项目 1 项（在研），一般项目已结题；出版《北京联合大学年鉴（2015）》《北京联合大学专利集锦》以及论文集《高校档案工作探索与实践》。

1 人获评北京市地方志工作先进个人；3 人通过社会化评审档案中级专业技术职务考试；3 人取得档案工作人员岗位培训合格证书（从业资格证书）。组织全校档案员大型培训活动 1 次，组织校、院档案人员技能比武 1 次。

（徐娟）

【档案管理】 档案（校史）馆统一管理学校机关、直属单位、党群团组织、4 个校管科研机构和 10 个非副局级学院的各类档案，监督协调应用文理学院、师范学院、商务学院、生物化学工程学院、旅游学院 5 个副局级学院的档案工作。馆藏档案包括党群、行政、科技、基建、人事、财务、专门、声像和实物等门类和载体。2017 年，馆藏档案 108699 卷，其中文书档案 36638 卷（件）〔其中永久档案 14311 卷，长期（30 年）档案 22327 卷〕；财务档案 23965 卷；照片档案 8179 张；光盘档案 153 盘（包含磁带）。

本年度继续推进大档案工作理念，将档案工作列入学校和各学院工作议题，进行总体规划，落实档案工作责任制实行校院联动。通过开展档案安全大检查、档案收管存用监督指导等形式，提升档案工作质量。

加大对兼职档案员培训力度、发放档案材料收集箱，培养日常档案收集习惯，开展档案工作上门指导服务，保证归档工作的开展。3 月 16 日，组织召开 2017 年档案工作布置暨业务培训会，各归档单位领导及档案员 90 余人参会，北京师范大学档案馆馆长杨桂明应邀做辅导报告。

2017 年，学校档案（校史）馆共接收 42 个部门文书档案 1582 卷，各类人事档案材料 1662 件，归档人事档案 437 人（438 卷），完成后勤保障中心管理的 4 个部门 20 余年会计档案的核验核对、移交登记与入库工作，共计 1601 卷 2368 册。5 个副局级学院共接收档案 1644 卷。

（闫奕　杨影　徐娟）

【档案利用统计】 档案（校史）馆提供文书档案利用服务 628 人次，其中查阅档案 821 卷次、电子档案 2310 条目；出具各类证明 54 份。提供会计档案利用服务 147 卷次。提供人事档案利用服务 242 卷次。

副局级学院档案利用 630 人次，1638 卷次。应用文理学院接收文书档案 151 卷，提供查（借）阅服务 135 人次、150 卷次。师范学院接收各类档案 575 卷，提供利用 144 人次、565 卷次。商务学院接收各类档案 397 卷，提供利用 230 人次、700 卷次。生物化学工程学院接收各类档案 297 卷、实物档案 18 件，提供利用 109 人次、312 卷次。旅游学院接收文书档案 80 卷，提供利用 41 人次、60 卷次。

（闫奕）

【档案服务质量提升举措】 继续推进学籍档案利用联席会制度，解决学生学籍档案利用的历史遗留问题 114 件次。建立人事档案沟通协商联席会制度，解决 10 余名教职工的人事档案问题。

（闫奕　姜南）

【档案数字化成果】 在 2016 年档案数字化建设基础上，继续推进文书档案和部分人事档案的数字化工作。扫描文书档案 A4 幅面 226313 画幅，录入关键词

23644 条;完成人事档案扫描 120 卷,共计 20390 页。

(姜南)

【档案(校史)馆服务及建设】 2017 年,档案(校史)馆共接待校内外参观人员 1300 余人次。培训讲解员 12 人次。

丰富馆藏资源,接收校长李学伟转赠的"时速 350 公里中国标准动车组模型"和火车模型(新加坡新捷运公司赠送)。

整理展陈实物。清点备存展陈实物 1754 件,著录展陈实物详细信息。

(张宇 文松)

【校史服务】 为有关职能部门提供各类形式和要求的校史照片近 300 张;与宣传部联合制作微信原创作品《春华四十载 心中仍少年》《联大档案——老校长话发展》,《春华四十载 心中仍少年》被《北京头条》转载发布;为 2017 年新入学的学生党员、骨干及部分学院的新生累计近千人次开展校史专题培训。

(姜素兰 张宇)

【年鉴编纂】 档案(校史)馆承担的年鉴编纂工作包括为《北京教育年鉴》提供组稿和编纂学校年鉴。按时间和质量要求为《北京教育年鉴(2017)》报送组稿 44 条、1.8 万余字、图片 12 张;出版《北京联合大学年鉴(2015)》,送交 2016 卷年鉴至出版社三审三校,开展 2017 卷年鉴组稿、材料筛选和基础编辑整理工作,发文启动 2018 卷年鉴组稿工作。

2015 卷年鉴于 10 月由北京大学出版社出版,是学校出版的第四本年鉴,全书 864 千字,彩图 34 张,16 开本,印数 1000 册,11 个类目。

2016 卷年鉴于 10 月底送交出版社,并完成索引编制的前期准备工作。

2017 卷年鉴组稿工作于 3 月启动,有供稿单位 55 个,至 12 月 31 日共收到完整供稿 43 份,完成 9 个类目的初步整理。

2018 卷年鉴组稿工作于 12 月启动,计拟写组稿文件期间,进行进一步框架设计和优化。

提升年鉴质量和规范性举措。从 2016 卷年鉴起改进框架结构和条目设置,设为北京联合大学概况、特载、重要会议与文件、大事记、机构与队伍、教育教学、国际及港澳台地区交流与合作、管理与服务、党群工作、直属教学部、学院、毕业生名录、表彰与奖励、人物、媒体报道、北京联合大学 2015 年各项统计资料 16 个类目;充实北京联合大学概况内容,增加校名、校徽、校训和 2015—2016 学年教学日历 4 个分目;规范检索系统,将目录具体到条目,编写索引类目;规范年鉴大事记编写,制定编选原则,从组稿和编辑两环节实现与内容的呼应。

(王岩)

【文集文选编纂】 年内,《足迹——北京联合大学文库》出版文集文选 4 本,分别为《朱耀廷文集》《谭浩强文选》《李恩元文集》和《张佐友文选》。

《朱耀廷文集》于 7 月由北京出版集团公司和北京出版社出版,全书 275 千字,收录图片 17 张,16 开本,印数 2000 册。

《谭浩强文选》于 7 月由北京出版集团公司和北京出版社出版,全书 275 千字,收录图片 18 张,16 开本,印数 2000 册。

《李恩元文集》于 12 月由北京出版集团公司和北京出版社出版,全书 180 千字,收录图片 21 张,16 开本,印数 2000 册。

《张佐友文选》于 8 月送交出版社审校,送稿字数 22 万余字,收录图片 21 张。

(王岩)

【校史读本出版】 4 月,《简明北京联合大学校史读本》由知识产权出版社出版。本书由校纪委书记张楠研究员主编、档案(校史)馆部分工作人员参编,以 2013 年建成的北京联合大学校史馆展陈脚本为主体,进行部分改编和增编,简要介绍学校各个时期的办学成就,展示全校师生(特别是分校时期)艰苦奋斗的片段。编撰工作于 2014 年初启动,先后 12 次易稿。全书 171 千字。

(王岩)

【业务培训与交流】 2017 年,先后邀请 4 位专家来校讲座和做报告。5 月 2 日,邀请北京市教委办公室王薇副研究员做题为"档案管理系统风险防控"的讲座;5 月 9 日,邀请北京市地方志办公室年鉴指导处崔震处长做题为"史志年鉴编纂业务专题培训"的讲座;6 月 27 日,邀请《北京档案》副总编孙燕芝做题为"如何写好档案学术论文"的讲座;10 月 30 日,邀请《北京教育》杂志社社长李艺英做题为"从北京教育'百字谈'看精准资料搜集和整理"的专题报告。

档案(校史)馆牵头,促成应用文理学院档案系签约为北京高等教育学会档案研究分会的校外培训基地。12 月 7—8 日,承接培训基地举办的第一期北京高校档案工作人员档案知识培训班,组织来自 28 所高校的 81 位档案工作人员参加培训。

为迎接本科教学工作审核评估,12 月 6 日至 19 日,档案(校史)馆团队赴北京工业大学、首都师范大学、北京建筑大学和北京理工大学调研。

(徐娟)

图书馆服务

【概况】 2017年,学校统一全校图书馆管理方式,将应用文理学院、师范学院、商务学院、生物化学工程学院图书馆并入校图书馆统一管理,校图书馆在各校区设分部。校图书馆下设16个部门,在编职工99人。11月15日,北苑校区阅览室撤销。全年梳理馆内制度40余项并汇编成册,包括图书馆党政联席会制度、业务采购管理制度、内部运行管理制度等,还制定业务流程(风险防控流程图)和图书馆安全三级基层网格化管理责任制。对固定资产进行清查盘点,完成北四环校区馆舍内5988项、381050台/件和4个原副局级单位图书馆的608892台/件、本学期新增334项固定资产的盘点汇总,做到账物相符。全年接待各级、各类人员50余人次到馆参观。在2017年全国高校信息素养教育研讨会上,1篇论文获二等奖,1个案例获三等奖。校图书馆提交的案例获2017年北京高校图书馆"新技术环境下高校图书馆的变革、创新与发展"学术研讨会案例三等奖;在北京地区高等教育文献保障系统(BALIS)2007—2017年建设工作中获先进集体奖,3名馆员获2017年度BALIS原文传递服务先进个人奖。1名馆员通过北京市图书资料系列正高级专业技术资格评审答辩,2名馆员通过北京市图书资料系列副高级专业技术资格评审答辩,1名馆员通过北京市图书资料系列中级专业技术资格考试。挂职锻炼,接待各级、各类50余人次到馆参观。

(赵庆龄　吕俊杰　翟金忠　汪明骏　钟学军)

【馆藏资源建设】 截至12月31日,共购得图书105660册,其中外文图书1409册,使用经费508万元。院系科研经费购书53.080445万元,5827册。

为提高采购图书的专业匹配度,资源建设部采取多种措施,收集专业教师对图书的需求信息,听取各学院的采购建议;带领学院专业教师和学生去书店、出版社现场采购图书,增加了图书资源对专业的支持力度;研究学校学科专业的内涵,将其与中图分类法中的图书分类进行比对,有针对性地选择购书种类。

引进中外文数据库147个,满足学科建设的需要,其中,包括自购数据库107个,与高校网络图书馆共享数据库10个,以其他方式共享数据库22个,自建数据库8个,数字资源购置经费达512.7629万元。新增"ESI基本科学指标数据库""InCitesTM科研绩效和学科分析数据库""百度文库""ProQueset电子书平台""中文在线阅读屏""超星学习通""北京联合大学智慧图书馆"和"北京联合大学机构知识库"8个平台。同时遴选出37个数据库平台供读者试用。

(薛文静　张宇杰)

【资源特色化】 特色资源是馆藏文献质量的重要彰显指标,图书馆整合后,提出一校区一特色建设思路,学院路校区助力教学科研,打造三山五园文献馆特色资源平台建设,建设"学知学术文库";外馆斜街校区根据学科专业方向,加强教育学文献资源建设,重点收藏小学教育和学前教育专业图书,收藏不同版本的小学教材,建设教育学书库;红领巾桥校区坚持培养应用型国际化商务人才,建设"国际商务特色文库"为AACSB国际认证稳步开展做支撑;垡头校区契合完全学分制改革,建设通识选修课课程资源宣传平台;白家庄校区根据学科整合和发展前景,多渠道、专业化建设人工智能相关学科图书资源库,蒲黄榆校区围绕学院特殊教育办学特点,加强与北京市盲文图书馆合作,推进盲文图书资源建设;北四环校区继续进行北京联合大学TPI教师期刊论文库和硕士论文库的建设,倾力建设收集、管理、保存、展示、利用学校师生各类知识成果的机构知识库;经过一学期参观考察,多方调研论证,北京联合大学智慧图书馆和北京联合大学机构知识库项目已于年底正式启动。

全校图书馆统一管理后,更加有利于各类资源在全校范围内的合理调配。2017年图书馆完成昌平校区2万册图书的调库、回溯工作,原北苑校区5万册图书撤回北四环校区西馆地下密集库;学院路校区纸质合订期刊搬迁到北四环校区西馆地下二层书库;配合学科专业调整,学院路校区部分食品科学类图书和北苑校区部分医学类图书调整到垡头校区。

(薛文静　张宇杰)

【馆舍利用优化】 在空间资源建设方面,图书馆注重馆舍空间设施再造,优化书香阅览环境,贴近教学科研需要。2017年4月底北四环校区东馆现代化多媒体视听室、观影室投入使用。视听室是集教学、娱乐为一体的多功能学习场所,为学生提供在线视频学习、听音乐、观影等功能,丰富了学生们的课余生活。北四环校区西馆开设"学术研讨室""众创空间",支持全校师生开展创新、创业学术研讨,创新竞赛,教学培训,讨论交流等小组学术活动,"体验区"和"朗读厅"则供学生开展废旧计算机拆装实践活动,英语、名著朗读等活动。三山五园文献馆建设,其中:燕京文库、严文明文库、北京学文库、三山五园特藏,彰显了图书馆文化内涵和特色亮点。装修改造后的学院路(应用文理)校区分部馆舍于2017年9月4日正式开馆启用。以学生为本,多元化"共享空间"理念,从空间布局、家具造型、摆设,新馆内饰的基调,都以让读者方便舒适为目标。改造后馆舍环境焕然一新,到馆师生对文献资源的快捷获取和宽敞的空间利用给予高度赞许。2017 年年底对北四环校区东馆电子阅览室进行改造,改造后的电子阅览室集培训、考试、会议、上课多种功能为一体,同时可对培训或课程进行直播和录播,为图书馆服务师生提供了更为便捷的场所。

(杜建萍　聂延平)

【读者服务】 统一各校区馆舍开闭馆时间。从 2017 年 9 月起,图书馆统一了各校区馆舍开闭馆时间,每天的开馆时间为 8:00 至 22:00,同时还延长了寒、暑假期间为读者提供借阅的时数。全年各校区图书馆入馆人数 989793 人,图书借阅量 100027 册。

加强馆际互借、原文传递、咨询服务工作。到 2017 年 12 月底,馆际互借 2017 年新增注册人数 709 人,共有 1218 人使用了馆际互借,发送份数 1060 人次、接收份数 149 人次、物流运送次数 1367 人次。原文传递发送 263 份,接收 112 份。参考咨询累计 2315 次,其中电话咨询 1726 次,邮件咨询 283 次,TQ 咨询 306 次。

(沈鑫　张宇杰)

【搭建实践平台】 组织社会实践活动。2017 年,图书馆依据服务育人的宗旨,为学生搭建校内外的实践平台。北四环校区的勤工助学学生共 48 名,分布在 8 个部门的 17 个岗位。勤工助学运行和管理方面更加规范,进行"六定"管理(定编制、定人员、定岗位、定时间、定职责、定要求)。在学生活动管理上,成功举行了勤工助学学生"醉美家乡"和"走进北京文化——参观北京同仁堂"两个摄影展评活动,共收到 52 名勤工助学学生的摄影作品 534 幅,读者无记名投票评选出 20 幅(组)获奖作品。

做好志愿者工作。为了使学生更加深入地了解图书馆的馆藏资源和馆藏布局,发挥学生参与维护图书馆读书环境中的作用,2017 年精心组织了 28 次共 325 人次志愿者来图书馆参加志愿活动 810 学时。活动开展加深了学校学生对图书馆的认识,延伸了图书馆作为"第二课堂"的育人服务功能。

成立读书协会分会。在 2016 年成立的北京联合大学学生读书协会的基础上,2017 年进一步成立了读书协会特殊教育学院分会、读书协会机电学院分会、读书协会应用科技学院分会。各分会的成立,激励了学生的读书热情,丰富了同学们的课余生活,引领学生形成"好读书、读好书、读书好"的氛围。

(贺卓　王玮)

【嵌入教学科研】 强化信息素养教育。根据读者层次和需求合理组织教学内容,全年共组织各类培训讲座 84 场,参训读者总计 10452 人次。

采用多种"微模式"嵌入咨询服务。在原有到馆咨询、邮件咨询、电话咨询、TQ 在线咨询基础上,新建立两个"图书馆服务咨询群",实现每天 24 小时实时提供在线咨询服务,成为服务教学科研的虚拟空间嵌入创新模式。

研究生研习营活动。新聘期图书馆成立了学科服务部,主要针对教师和研究生服务。研究生研习营活动包括研究生新生入馆教育(融入新生季活动中)、研究生信息检索利用培训、学科专题讲座、开设"一小时讲座"等。本学期针对研究生进行了图书馆资源和服务的问卷调查,并进行了"开题和立项前的文献调研与文献管理"专题讲座。

开展嵌入学科服务。如:嵌入教师科研项目 5 项,推送学科咨询 10 期,开展基于微信平台和 QQ 群的在线咨询服务、知识资产管理服务、科研竞争力分析,完善 LibGuides 导航平台等。

(张宇杰　赵庆龄)

【品牌育人系列活动】 2017 年馆内增设读者活动部和阅读推广部,并与校党委宣传部、校学生处、校团委等部门联合打造"两节两季"品牌文化育人活动。"书香联大智慧阅读"文化节,首次开展读书寄语微语音征集活动,邀请校院领导、教授、作者、出版人、教师及学生代表作为阅读推广人,通过发布微语音畅谈读书感想、推荐可读图书、朗读名篇名著、发出阅读倡议,共收集作品 100 余条;"人文联大　经典阅读"读书节推出"学经典、阅经典、爱经典、享经典、诵经典"系列活动,号召同学们与好书为伴,与经典为友,与圣贤同行;"魅力联大迎新季"组织的"专属档案"建档、"我与图书馆的第一面缘""写给毕业后的我一封信"等活动,得到 2017 级新生的响应,18 人主动申请建档,保存照片 100 余张、收到信件 40 余封;"绽放联大 毕业季"开展了毕业留言签名拍照、爱心捐书、毕业作品展等活动,同学们留下了对母校的记忆和感激。

(赵源　陈几香　刘立平)

【岗位聘任】 2017 年,校图书馆完成 104 名馆员的聘任工作。

(赵庆龄)

【党建工作】 "两学一做"学习教育常态化。认真学习宣传贯彻落实党的十九大精神。人文馆开展"喜迎十九大红色经典图书展""学习十九大精神,阅读红色经典图书展",在图书馆大屏幕、网站、微信公众号开展"十九大红色经典著作专题"推荐活动,开展红色经典影片展播和红色经典朗读活动。图书馆党支部与智慧城市学院学生党总支开展了学习"十九大"精神师生共读红色经典活动,与工会联合发起"学习十九大报告,做好图书馆服务工作"知识问答。在全馆范围内召开立德树人服务创新研讨会。

加强基层党组织建设。根据有关规定，完成党支部委员会换届选举工作。2017 年发展党员 1 人，转正 1 人。完成 2016 年基层党支部立项一般培育项目《嵌入教学科研，推进人才培养》。支部探索图书馆多校区党员和教职工理论学习形式，逐步构建理论探索、实践提升、网络扩展“三平台”理论学习模式，《以理论学习组为依托，推进图书馆多校区党员、教职工理论学习》获学校 2017—2018 年度基层党支部活动立项。

（翟金忠）

【科研工作】 及时审核录入科研系统的各项科研成果，并及时和老师反馈审核意见，提醒老师根据审核意见进行系统修改。完成 2015—2016 学年研究工作量统计及部门审核工作，为 2013—2017 聘期考核提供科研数据。根据新聘期考核指标和文件，完成新聘期各项科研成果和科研项目审核，为新一轮岗位聘任提供坚实科学数据。组织申报各级各类科研项目，及时解答申报文件要求，鼓励教师申报。为进一步推动图书馆科研工作，组织图书馆教师参加校科研处关于“京津冀协同发展，生态文明建设”的学术交流指导会议。支持配合校科研处工作，参与关于人事处职称评审校级科研审核工作。关注学校科研发展新政策、新动向，全面准确贯彻党的十九大精神，及时关注各项科研工作信息，参与校科研处组织的培训学习，了解把握学校科研工作的实际，进一步做好图书馆科研管理工作。

（赵树荣　汪明骏）

【工会工作】 举办图书馆新年联欢会、拓展训练、健步走、十送温暖等丰富多彩的活动。带领会员参加学校工会组织的各项文体活动；协助协会举办活动，如中国象棋赛、围棋赛、五子棋赛、书法笔会活动等。

（万坤　关晓明）

【服务及活动宣传】 2017 年校图书馆通过 OA 网、图书馆网站、宣传展板、电子显示屏、微信、讲座等多种形式、多渠道宣传了图书馆统一管理之后的馆藏资源和服务及各类学生活动。2017 年图书馆在学校新闻网发布新闻稿件 24 篇；送交直属单位党委 OA 内网发布 7 篇；图书馆主页（外网）发布新闻宣传信息 89 篇，发布其他学术信息 146 篇；图书馆 OA 内网发布信息 92 篇；图书馆微信公众号发布信息 108 篇；图书馆西馆（人文馆）电子条幅发布信息 38 条，九宫格发布 9 条，立式双屏和大屏各发布信息 20 条计 40 次，全年共计发布信息 550 次。

（翟金忠　马栋萍　刘立平　赵树荣）

【获奖情况】 图书馆一直参加业内组织的各种培训、会议、研讨会及竞赛，取得了好成绩，馆员个人业务素质得到提升。在 2017 年全国高校信息素养教育研讨会上 1 篇论文获得二等奖，1 个案例获得三等奖。校图书馆提交的案例获 2017 年北京高校图书馆“新技术环境下高校图书馆的变革、创新与发展”学术研讨会案例三等奖。1 名馆员在北京高校网络图书馆组织的“嵌入教育和教学的图书馆服务新模式”国际学术研讨会上做了汇报交流。在 BALIS 2007—2017 年建设工作中获先进集体奖。获北京高校网络图书馆参考咨询三等奖。校图书馆、图书馆学院路（应用文理学院）校区分部、图书馆垡头（健康与环境学院）校区分部分别获得 2017 年度 BALIS 馆际互借服务先进集体三等奖，3 名馆员获得 2017 年度 BALIS 馆际互借服务先进个人二等奖。3 名馆员获得 2017 年度 BALIS 原文传递服务先进个人奖。1 名馆员通过了北京市图书资料系列正高级专业技术资格评审答辩，2 名馆员通过了北京市图书资料系列副高级专业技术资格评审答辩，1 名馆员通过了北京市图书资料系列中级专业技术资格考试。

（吕俊杰　赵树荣）

医疗服务

【概况】 北京联合大学校医院（门诊部）是在朝阳区卫生局备案的一所非营利性质综合门诊部，是北京市医疗保险定点医疗机构。同时还负责蒲黄榆、白家庄、昌平、北苑四个校区医务室的全面管理工作。截止到 2017 年 12 月底有在编职工 25 人，劳务派遣人员 6 人，返聘卫生技术人员 10 人。门诊部设有内科、外科、中医科、口腔科、妇科、预防保健科、急诊室、西药房、检验室、B 超室等业务科室及院综合办公室，全年开展普通门诊、急诊、护理、检验、彩超等医疗技术服务工作。

校医院党支部组织委员宋丽娟于 5 月调离，校医院于 2017 年 9 月召开全体党员大会，补选高志平为校医院党支部组织委员。

（高燕）

【日常医疗服务】 年内门诊总量 26975 人次，其中门诊 21966 人次，急诊 864 人次；四校区医务室门诊量 5009 人次。全年无差错事故发生，无死亡病例。药房处方（含四校区）22292 人次；化验室年完成各项检验合计 1010 人次；彩超检查 223 人次；胸部 X 光体检 400 余人次。2017 全年外出急诊、抢救危重患者 18 例。

统筹安排组织全校在编教职工，后勤非在编职工、劳务派遣人员及与校、院人事部门签订劳动合同的人员共 4800 人进行体检,2017 年在职教职工体检率达到 81.82%,为近三年最高。全年完成新生体检共 3689 人,组织协调毕业生体检 1134 人 。

大型活动医疗保障:为学校各类大型活动,如运动会,体能测试、各类考试、大型招聘会、开学、毕业典礼、亲子运动会、老干部外出等活动及各种维稳活动提供有力的支持。新增特色服务:2017 年 10 月,校医院中草药房完成全部建设,新增中药饮片服务项目,为师生提供草药并进行代煎服务。建立中草药房药品字典 394 种,目前中草药房药品种类达到 259 种,2 个月内处方数 190 多张,代煎药次数 94 次,532 付。

(高燕)

【预防保健】 传染病防控:年内共报告各类传染病 14 起,隔离 14 人次,在校医院隔离 19 天。指导后勤人员进行有效的消毒 10 余次。出《防控信息》共 4 期。2017 年度,北四环校区无一起传染病疫情出现;重新编写《学校突发公共卫生应急预案》《学校突发公共卫生事件领导小组》《学校传染病领导小组》《校内传染病管理制度》等各类防控制度、流程共 11 个,重新规范学生"因病免体""因病休学"的相关流程,制度化管理、方便学生办事。

第 29 个艾滋病日,进行主题为"携手抗艾、重在预防"的宣传教育活动,聘请专家组织防艾宣传健康讲座 1 场。世界结核病日,进行主题为"社会共同参与、消除结核危害的"的宣传教育活动。利用"迎新"契机,在 5 个校区开展新生健康教育讲座共 10 场。对学生进行了高浓度、全方位的大学生健康素养、心理健康、传染病防控,生殖健康、急诊急救等知识的普教。

"三八"妇女节期间,免费给女职工开展"骨密度"检查和女性盆底功能检查,共计 210 人次。继续与特教学院合作,开展 "推拿按摩保健"活动,服务教职工 227 人次。

(高燕)

【团队建设】 2017 年,校医院建立医技人员培训制度,每周固定时间进行业务技能培训讲座,全年共举办 25 次 75 学时。培训内容包括高血压病的防治、医院感染控制的规范要求、糖尿病急症、妇科常见病、牙周病诊治研究进展等。卫生技术人员均完成继续医学教育课程的学习并通过年终审核注册。

(高燕)

【全校计划生育工作】 2017 年 9 月校医院承担了全校计划生育工作,共发放退休人员独生子女一次性奖励 38 人次。幼儿托补费用 884 人次。办理各种计划生育证明、请假约 60 人次。组织全校教职工网上计划生育答题,约 400 余人次。

(高燕)

【基本医疗保险工作】 年内,学校全日制本科生、研究生仍实行"公费医疗"就医政策,在职教职工、离退休人员及高职学生实行"社会医疗保险"政策。

(荣莉)

·党群工作·

组织工作

【概况】 2017年，校党委下设二级党委16个，党总支1个，直属党支部2个；共有党总支19个，基层党支部286个，其中在职教职工党支部159个，本科生党支部66个，研究生党支部7个，师生混合党支部4个，离退休党支部50个。

全校共有党员5271人，其中正式党员4438人，预备党员833人。在职教职工党员1978人，占在职教职工总数的54.39%，其中35岁以下青年教师党员比例为79.91%；学生党员1754人，占学生总数的8.4%，其中本科生党员1513人，占本科生总数的8.11%，研究生党员169人，占研究生总数的38.9%；离退休党员1389人。

全年共发展党员750人。发展教职工党员13人，发展学生党员736人，其中本科生674人，研究生33人，高职生29人，发展离退休党员1人。全年共出党17人，退党除名4人，劝退1人，劝而不退除名1人，自行脱党除名1人，取消预备党员资格9人。全校共办理组织关系转出1099人次，转入323人次。

全校共有中层以上干部301人，其中局级干部16人，处级干部274人，无行政级别校管中层干部11人。处级干部中，正处级97人，副处级177人；女干部144人，占52.55%，45岁以下的120人，35岁以下4人；中层干部中民主党派11人，无党派及群众9人，党外干部占7.02%；具有博士学位的处级干部有49人，具有硕士学位的有154人，具有正高职称的有52人，具有副高职称的有92人。

2017年，新成立3个二级党组织，撤销4个二级党组织，共7个二级党组织开展换届选举工作。

2017年，针对8个岗位开展11次民主推荐，4个岗位的竞争上岗，共提任处级干部8人；开展72人次的干部轮岗交流，完成15名处级干部的试用期满考核；因学院整合、机构调整等任免干部57人次，因到龄退休、辞去公职、调出等免职12人。

2017年，共有1名人员获评高级政工师职称。4个青年骨干个人项目、1个青年拔尖个人项目获得北京市优秀人才培养资助。

2017年党委组织部深入贯彻落实全国和北京高校思想政治工作会议精神，牢牢树立“四个意识”，紧紧围绕立德树人根本任务和学校事业改革发展大局，以迎接党的十九大胜利召开和学习贯彻十九大精神为主线，坚持稳中求进，落实好组织工作各项任务，全面推进干部队伍、基层党组织和党员队伍建设，出台《关于推进“两学一做”学习教育常态化、制度化的实施方案》《关于完善基层党支部把好教职工政治关、师德关工作的通知》《北京联合大学二级学院教学系(部)务会工作制度》《关于建立健全二级党组织党建工作责任制的实施意见》《北京联合大学关于提升发展党员工作质量的意见》《关于规范党费收缴使用管理实施细则(试行)》《处级干部选拔任用条件的补充意见(二)》《北京联合大学干部选拔任用工作纪实办法(试行)》《关于实行学术恢复期的暂行规定》《2017年聘任中校管中层干部岗位调整的意见》《北京联合大学校管无行政级别中层干部管理规定(试行)》，不断提升党建工作科学化水平，为推进城市型、应用型大学发展提供坚强的政治、思想和组织保证。

(勇天奇)

【《北京普通高等学校党建和思想政治工作基本标准》迎检】 学校于2017年5月下发《北京联合大学迎接〈北京普通高等学校党建和思想政治工作基本标准〉集中检查工作方案》(京联党〔2017〕59号)，成立迎接北京普通高等学校党建和思想政治工作基本标准检查工作办公室，正式启动全校迎检工作。11月7日，以全国政协委员、市委教工委原常务副书记张雪为组长的《北京普通高等学校党建和思想政治工作基本标准》检查专家组来到学校，通过听取汇报、查阅材料、召开座谈会、实地考察等，对学校近五年来党建和思想政治工作情况进行全面深入的考核评估。本次检查，市教委副巡视员冯洪荣、葛巨众，市政府教育督导室副主任刘莉，北方工业大学党委副书记郭玉良，首都医科大学党委副书记刘芳分别担任整体组、党建组和宣教组组长；

市委教工委、市教委相关部门负责人和部分北京高校党建专家担任检查组成员。至12月底,结果尚未公布。

迎检工作历时6个多月,校院联动,以信息系统和纸质版两种方式展示迎检支撑材料。学校层面共整理出纸质版材料328盒,撰写1个自查报告、3个特色报告、10个专项报告共计11.5万余字的文字材料,编印900多页的支撑材料目录册,信息网络系统层面生成4万多个、共42G的电子文档,全面、客观、精确地呈现近五年来学校党建和思想政治工作的成果。

(宋杰)

【第五次党员代表大会】 9月8日,市委组织部批复同意学校于12月召开党员代表大会,可以进行大会筹备。接到批复后,校党委及时下发通知成立筹备工作领导小组和工作机构,并于12月28—29日,召开中国共产党北京联合大学第五次党员代表大会。

大会于12月28日上午开幕,李学伟同志主持,中共北京市委教育工委副书记、市教委主任刘宇辉,市委教育工委组织处处长李丽辉到会。大会的主题是:扎根京华大地、立足学以致用,增强新时代应用型大学建设的道路自信,以更高品质服务北京经济社会发展和北京人民美好生活需要,为加快建设高水平、有特色、北京人民满意的城市型、应用型大学不懈奋斗。

大会筹备工作组严格按照民主组织程序选举出席的学校第五次党员代表大会的174名代表,认真审议党委、纪委工作报告,听取提案工作汇报,并成功推荐提名新一届党委委员、纪委委员和常委。大会会后,中国共产党北京联合大学第五届委员会召开第一次全体会议,会议选举产生中国共产党北京联合大学第五届委员会常务委员会委员和书记、副书记,通过中国共产党北京联合大学第五届纪律检查委员会第一次全体会议选举结果的报告。2018年1月,学校收到市委批复,同意学校第五次党员代表大会和第五届委员会第一次全体会议、纪律检查委员会第一次全体会议选举结果。

(宋杰)

【市第十二次党代会代表选举工作】 5月19日,学校召开党员代表大会选举产生出席北京市第十二次党代会代表,成功选举韩宪洲同志为市第十二次党代会代表并出席会议。

(宋杰)

【基层党组织书记培训】 6月23日,学校举办2017年基层党组织书记培训班。校党委副书记付晨光出席开班仪式,全校各二级党组织书记、副书记,在职教工党支部书记,二级党组织专职组织员、组织工作负责人等两百余人参会。培训班以学习贯彻全国和北京市高校思想政治工作会议精神为主题,分为辅导报告、党务培训、经验交流三个环节。培训会由校党委组织部部长王玮主持。学员参加以“学习贯彻全国思想政治工作会议精神”为主题的党建工作会和二级党组织党务实操培训等活动,完成共计三天的培训。

(宋杰)

【校管中层干部专题培训】 1月和3月,全校中层干部参加“党的十八届六中全会精神”“全国高校思想政治工作会议精神”专题培训班,专题培训班分两个阶段举行。300余名中层干部除了聆听中国社会科学院辛向阳研究员做的题为《决定中国发展的政治新理念》的报告,还聆听了教育部思政司副司长张文斌、北京科技大学左鹏教授等专家做的专题报告。为便于不同校区干部的学习和交流,培训以远程视频方式在非北四环校区设立分会场。

(宋杰)

【第五次党员代表大会代表培训】 12月22日下午,学校举办学校第五次党员代表大会代表培训会,市委教育工委组织处副处长赵学智应邀做《肩负重任,履职尽责,做合格称职党代表》的专题报告,着力提高党代会代表责任意识、提高代表履职能力。

(宋杰)

【第三期教职工发展对象培训】 4月14—28日,学校党校顺利举办第三期教职工发展对象培训班,来自全校各单位(部门)的15名学员参加培训。培训班为期3天,分为专题辅导、交流学习、现场教学和结业考试等环节。原校人文社科部党总支书记孟宪东、马克思主义学院党总支书记仲计水应邀分别就《共产党宣言》和《中国共产党章程》为学员们开展专题辅导。大家还集中学习习近平总书记系列讲话精神解读和十八届六中全会精神解读的视频辅导报告。4月21日下午,学员们到北京市委党校党员领导干部党性教育基地进行现场教学,接受党性教育。

(宋杰)

【党外中青年骨干培训】 3—4月,学校举办2017年党外中青年骨干培训班。培训分为校内理论教学和重庆实践教学两个环节,为期8天。学校党外中青年骨干、统战干部近50人参训。学员聆听五场专题报告,包括北京交通大学党委宣传部部长蓝晓霞对全国高校思想政治工作会议精神的解读、校台湾研究院朱松岭教授对当前两岸关系热点问题的诠释、北京科技大学左鹏教授对系统学习习近平总书记系列讲话精神的领读等。

(宋杰)

宣传工作

【概况】 校党委宣传部(以下简称宣传部)负责组织实施学校宣传思想工作,组织制订和实施学校年度宣传思想工作计划,把握全校的舆论导向,树立典型、表彰先进,组织开展各级党委理论学习中心组学习和全校教职工政治理论学习。2017年,宣传部有工作人员11人,其中在编10人,部长1人、副部长2人,下设理论教育科、文化建设科、舆情信息科、宣传阵地建设科、新闻中心5个科室。

2017年宣传部组织学习宣传贯彻习近平新时代中国特色社会主义思想和党的十九大精神,全国和北京高校思想政治工作会议精神,形成联大实践;围绕北京"四个中心"建设,推动城市型、应用型大学建设宣传;深化校园文化建设,提升联大师生自我认同感;调整宣传导向,加强宣传舆论工作。

2017年,国家、北京市和学校大事多、喜事多、要事多。宣传部在校党委的正确领导下,高举中国特色社会主义伟大旗帜,深入学习贯彻习近平新时代中国特色社会主义思想和党的十九大精神,深入学习贯彻全国和北京高校思想政治工作会议精神、北京市第十二次党代会精神,牢牢把握意识形态工作领导权,围绕建设高水平、有特色、北京人民满意的城市型、应用型大学建设目标,凝练共识,汇聚力量,不断提高思想理论建设,增强宣传思想工作的影响力,为学校改革发展提供有力的思想保证,营造良好的舆论氛围。

(孔军)

【意识形态建设】 牢牢把握意识形态工作是一项极端重要的工作要求,按照"巩固马克思主义在意识形态领域的指导地位,巩固全党全国人民团结奋斗的共同思想基础"的要求,会同学校各二级党组织、相关职能部门一起,牢牢把握意识形态领导权。

认真学习宣传贯彻习近平新时代中国特色社会主义思想,深入学习宣传贯彻党的十九大精神、全国和北京高校思想政治工作会议精神,习近平两次视察北京重要讲话精神,十八届六中全会精神,习近平总书记在省部级主要领导干部专题研讨班开班式上的讲话精神,以及习近平总书记在十九届中共中央政治局常委同中外记者见面时的讲话精神,学习贯彻北京市委、市委教育工委关于"以习近平新时代中国特色社会主义思想为指引,进一步在京华大地形成生动实践" 的系列部署,多形式、全方位加强宣传教育力度,把师生员工的思想意识始终高度统一到牢固树立"四个意识"上来。

落实党委意识形态责任制,会同二级党组织和相关职能部门一起,明确责任和分工,研讨拟定《中共北京联合大学委员会落实意识形态工作责任制实施细则》,每半年开展一次意识形态督导,汇聚力量,做到胸中有大局,心中有大势,从行动上回答好"培养什么样的人,如何培养人以及为谁培养人"这个根本问题。重点加强同党委学生工作部、研究生工作部、马克思主义学院、团委、学报编辑部、图书馆等部门合作,形成部门职能合力,发挥意识形态引领作用。

(孔军)

【理论学习】 加强理论武装,制定全校教职工理论学习计划,推动教职工每月开展一次(半天)理论学习活动。组织教职工开展北京高校哲学社会科学教学科研骨干研修,组织青年教师开展北京高校青年教师理论学习短期培训,承办市委教育工委第13期北京青年教师理论学习培训班,筹划组织开展北京高校教师"城乡体验日"活动,筹备组织学校暑期青年教师中国特色社会主义理论培训学习,做好校党委理论中心组学习秘书。

按照学懂、弄通、做实的要求开展十九大精神学习,购买《十九大报告辅导读本》《党的十九大报告学习辅导百问》《习近平的七年知青岁月》《习近平谈治国理政(第二卷)》等辅导材料,成立十九大精神宣讲团,支持、关注、挖掘、发现各二级党组织开展十九大精神学习宣传典型,多层次全方位开展宣传工作,让习近平新时代中国特色社会主义思想入脑入心。

印制全国和北京高校思想政治工作会、习近平总书记在省部级主要领导干部专题研讨班开班式上的讲话、北京市第十二次党代会等相关学习材料,做好日常学习工作。在校报开设理论学习专版,开展党建和思想政治工作课题2016年度结题和2017年项目评选工作,组织开展青年教职工社会调查项目评选并获市委教育工委颁发的优秀组织奖,参与《应用型大学推进课程思政建设的研究与实践》课题。

(孔军)

【思想政治工作】 积极推动思想政治工作贯穿教育教学全过程。重视思想政治课程建设宣传,鼓励和支持马克思主义学院教师开展马克思主义的北京实践研究,鼓励和支持艺术学院、旅游学院、应用文理学院等开展"课程思政"建设研究,提炼"因专业施教""北京味儿""红色文化"等关键词用于校内宣传。

按学校党委部署组织召开好学校党建工作会、课程思政推进会,协调马克思主义学院、艺术学院等组织设计思政课程观摩课。按照市委教育工委要求,会同学校艺术学院和其他4所北京市属院校,共同承办"喜迎十九大，服务北京'四个中心'建设，北京高校师生主题作品展”。加强对人文社科专业关注，和教务处一起，积极探索构建具有北京特色的社会科学课程案例；同档案(校史)馆、马克思主义学院一起，探索校史进课堂可行性研究。

(孔军)

【文化建设】 深化“原创联大”文化建设，继续开展好“原创联大”素材挖掘、作品创作和宣传。围绕“身边人说身边事”这一主线，积极支持和鼓励师生创作符合学校发展需要的新作品。艺术学院老师创作歌曲《马安颂》，唱颂红色马安的革命精神；创作《年轻的我们》，诠释青年一代学生坚定理想信念，志存高远，脚踏实地，勇做时代弄潮儿的气魄。师范学院学生创作《育师院》，抒发学生对幼师职业的向往，立志做一名博爱孩童的好老师。北京联合大学教职工合唱协会演唱联大原创歌曲《清风如你》在第十一届首都职工文化艺术节“五月的鲜花”职工歌咏合唱比赛中荣获三等奖，校团委 2017“联大华音”合唱节也全部选用这些原创歌曲。生物化学工程学院学生创编微视频《我的生化我的家》，充分表达即将毕业的学生热爱母校、珍视青春，从母校出发，勇敢面对未来的奋进精神。艺术学院教师创编制作微视频《师恩难忘》，描绘大学生对名师的敬仰之情，在恩师思想引领下不断追求专业进步的热情。艺术学院教师创编微电影《和你一样》，以联大师生赴贵州山区支教事例为原型，讴歌支教者的奉献精神。

继续开展以“奋进路上联大人”为主题的“我与联大共奋进”宣讲活动。在校报开设文化专版，开展手绘创作。校报全年共出版 19 期。先后围绕城市型、应用型大学建设、深入学习贯彻习近平新时代中国特色社会主义思想、学校第五次党代会、党建和思想政治工作基本标准集中检查等专题开展新闻报道、理论探讨；围绕丰富校园文化生活，激发爱校热情，凝聚联大精神，宣传展示师生原创艺术文化作品，报道师生思想情感动态，颂扬践行和弘扬社会主义核心价值观的身边人和事。

着眼于 2018 年校庆四十周年，在校科技处支持下，开展文化课题立项，进一步丰富校园文化生活。与党委学生工作部、团委联合举办“中国梦”主题音乐会。与纪委办公室联合举办“新时代、新征程”主题音乐会。与图书馆、学生工作部、团委等共同举办图书文化节，倡导学习从读书开始，在微信平台开办朗读者专栏，营造阅读氛围。

(孔军)

【新闻宣传】 紧紧围绕习近平总书记两次视察北京重要讲话精神和北京市第十二次党代会精神，准确把握北京“四个中心”功能定位、“京津冀一体化”发展战略以及非首都功能疏解与学校建设高水平、有特色、首都人民满意的城市型、应用型大学办学目标的统一，做好城市型、应用型大学建设的宣传工作。通过在新闻网、校报、微信公众号等媒体开展全方位、多维度、多形式宣传报道，城市型、应用型办学定位成为师生共识，师生服务北京“四个中心”意识进一步彰显，形成学校发展软实力。

准确把握北京“四个中心”功能定位与学校办学定位契合点，重点关注学校的三山五园研究、北京学研究基地开展的“三山五园”和北京“三个文化带”研究；关注生物化学工程学院开展的草药大桃、废物质利用等服务北京民生的举措；关注学校围绕非首都功能疏解，积极主动开展减招，提升教学质量，服务北京发展战略的有力举措；关注台湾研究院、北京政治文明建设基地、北京学研究，加强智库建设，服务北京文化中心建设的系列研究成果；支持国际交流处孔子学院开展建院十周年成果宣传。在《北京日报》开展《减招提质，瞄准市场需求培养人才》报道等。

把立德树人根本任务同服务北京“四个中心”建设，建设高水平、有特色、北京人民满意的城市型、应用型大学的办学定位相结合，积累典型经验，开展人才培养特色宣传。在中国教育报开展《北京联合大学推进全方位育人，建立“课程思政”责任制——上好专业课种好思政教育责任田》报道；深入挖掘艺术学院开展的溯源红色北京师生主题展及“语言的基本技巧”教学团队、红色马安墙绘团队、西部支教团队、共享单车补牌侠的新闻点进行宣传报道。

以学校召开党建工作会、迎接党建和思想政治工作评估检查、召开第五次党代会为契机，在全校营造浓厚的立德树人氛围，形成人才培养共识。在人民日报和北京电视台开展《北京联合大学将十九大精神融入日常教学中》报道，依托中国教育电视台开展《北京大学生，坚定理想信念跟党走》主旋律报道。

继续加强同中国教育报、北京晨报、北京晚报、中国网等媒体宣传报道的基础上，召开媒体座谈会，加强和人民日报、光明日报、北京日报、北京电视台、新华网、人民网、光明网等主流媒体的沟通，V 思想(微信公众号——北京高校师生思想政治工作体系发布平台)为学校专题报道 4 次。进一步加强与《北京教育》杂志社的合作，发表 7 篇经验文章，系统介绍学校办学成果。进一步加强微信公众号在舆论宣传和学校影响力方面的塑造作用，开通今日头条报道。恢复微博运营，开放网友评论，展示更自信的联大形象。

(孔军)

【学术报告】 4 月 13 日邀请市人民检察院副检察长甄贞做《远离职务犯罪，做合格公职人员》的专题报告。

6 月 1 日邀请中国信息安全研究院副院长左晓栋做《落实网络强国战略，依法维护网络安全》的专题报告。

11月1日邀请国防大学国家安全学院颜晓峰教授做《谱写新时代中国特色社会主义新篇章——学习党的十九大报告》的专题报告。

11月9日邀请中央党校党建部教授谢峰做《坚定不移全面从严治党,不断提高党的执政能力和领导水平》的专题报告。

11月23日邀请国家安全局浦义富做《认清安全形势 维护新时代国家安全》的专题报告。

(孔军)

【十九大精神宣讲】 11月9日下午,学校召开十九大精神宣讲团成立仪式暨首场报告会,校党委书记韩宪洲做首场报告。校领导、各二级党组织书记、各学院院长、校机关职能部门负责人、直属单位负责人、全体辅导员、部分师生代表、校宣讲团成员参加。校党委宣传部常务副部长孔军主持报告会。

报告会之前,举行宣讲团成立仪式。校党委副书记周志成宣读《关于成立"北京联合大学学习贯彻党的十九大精神宣讲团"》的通知,明确宣讲团的组织机构、宣讲对象和工作要求。2017年12月全月全校共开展宣讲23场,校领导均做十九大精神的宣讲。

(孔军)

【"课程思政"推进会】 12月8日,在全国高校思想政治工作会议召开一周年之际,为继续深入贯彻落实全国高校思想政治工作会议精神,学校召开"课程思政"推进会。校领导韩宪洲、李学伟、周志成、张楠出席会议。会议由校党委副书记、校长李学伟主持。

校党委书记韩宪洲在会上讲话。他表示,选择在今天这个有纪念意义的日子召开本次会议,是学校精心组织的,是通过对十九大报告的学习,对立德树人根本任务的深入认识,旨在更进一步贯彻落实全国高校思想政治工作会议精神。一年前,在全国高校思想政治工作会议上,习近平强调,高校思想政治工作关系高校培养什么样的人、如何培养人以及为谁培养人这个根本问题。要坚持把立德树人作为中心环节,把思想政治工作贯穿教育教学全过程,实现全程育人、全方位育人,努力开创我国高等教育事业发展新局面。

为学习宣传贯彻十九大精神,继续推动全国和北京高校思想政治工作会议精神形成联大实践,深化实施北京联合大学《关于推进"课程思政"建设的实施意见(2017—2018)》,拟定在全国高校思想政治工作会召开一周年之际,召开北京联合大学"课程思政"推进会。

(孔军)

纪检监察工作

【概况】 2017年,在市纪委的指导下,在校党委、行政的直接领导下,纪委办、监察处以习近平新时代中国特色社会主义思想为指导,紧密围绕学校中心工作,层层压实全面从严治党主体责任和监督责任,加强党内监督,有效运用监督执纪"四种形态",推动全面从严治党向纵深发展,为城市型、应用型大学建设提供坚强保障。

(王琪 姚志敏)

【党风廉政建设责任制监督责任落实】 督促落实党风廉政建设责任制。制定《2017年落实党风廉政建设和反腐败工作部署分工的意见》,协助党委召开2017年全校党风廉政建设工作会。协助校党委与全校各二级党组织签订《落实党风廉政建设主体责任承诺书》,制定学校领导班子成员个性化承诺书。为全体中层干部配发《领导干部落实党风廉政建设主体责任纪实手册》并进行检查。

开展党风廉政建设责任制落实情况检查。向2016年接受党风廉政建设责任制检查单位反馈考核结果,并对整改落实情况进行"回头看"。开展2017年责任制落实情况中期检查和年终检查,加强《二级党组织定期向校党委和纪委汇报工作制度》落实情况检查力度,在全校自查基础上,重点抽查10个学院和部门情况,督促管党治党责任落实到每一级党组织。协助党委接受上级对学校贯彻落实《关于新形势下党内政治生活的若干准则》(以下简称《准则》)、《中国共产党党内监督条例》(以下简称《条例》)、落实党风廉政建设责任制及巡视整改情况检查。配合党委完成《关于落实党风廉政建设主体责任情况自查报告》。

建立健全落实全面从严治党制度体系。制定实施《党风廉政建设约谈工作实施办法(试行)》《落实党风廉政建设责任制党委主体责任实施细则(试行)》《落实党风廉政建设责任制纪委监督责任实施细则(试行)》《关于践行监督执纪"四种形态"的实施办法(试行)》《党委书记和纪委书记党风廉政建设工作会商制度》《纪检监察工作重要事项联席会议制度》《常委会带头落实全面从严治党主体责任的实施细则》7项制度。

在校党委领导下完成党建标准检查和校第五次党代会筹备工作。完成党建和思想政治工作《基本标准》集中检查工作,总结五年来学校党风廉政建设工作情况,准备支撑材料48卷,撰写党风廉政建设工作专项工作报告。完成校第五次党代会筹备工作,撰写纪委工作报告,认真做好党代表及两委委员资格审查工作,完成纪律检查委员会换届工作。

(王琪　姚志敏)

【践行监督执纪“四种形态”】 认真践行监督执纪“四种形态”。通过校纪检监察信访工作小组、联席会议和信访信息通报等形式,实现苗头问题早发现、初信初访早解决。严格落实约谈制度,综合运用批评教育、诫勉谈话、组织处理、纪律处分等方式开展问责,定期向上级报告追责情况。2017 年,对 6 个部门 15 人次开展约谈;办理信访件 25 件,初核 12 件,函询 13 件,办结 12 件。已办结案件中,批评教育 2 人,提醒谈话 2 人,对 2 个党组织进行问责。

接受北京市纪委等上级部门的专项检查,包括:党纪政纪处分执行情况检查、巡视整改及《准则》《条例》落实情况检查、信访举报件“大起底”检查、信访工作专项检查等,信访工作得到上级肯定,配合驻市教工委市教委纪检监察组在学校召开全市教育系统纪检监察信访工作现场会议。

落实《监督执纪工作规则》,加强信访举报工作规范化建设。坚持信访日登记、月报告、案管系统登记制,健全信访小组集体研究制、信访调查方案制、谈话提纲制、函询谈话反馈制、信访案件档案制等制度,构建规范化、制度化、科学化信访工作模式。全年上报党风廉政建设及信访工作信息统计 31 项。

规范信访档案管理,落实《纪检监察信访档案管理办法(试行)》,进一步细化档案材料的立卷和归档、接收和整理、统计和鉴定、查阅与借阅、保管和移交等工作程序。在信访档案管理中,采取档案室、保密柜两人三锁制度,同时要求借阅和查阅均登记在册。

(王琪　姚志敏)

【狠抓专项治理深化作风建设】 检查落实中央八项规定精神和市委实施意见,开展“四风”问题监督检查专项工作,紧盯重要节点,在元旦、春节、清明、五一、端午、中秋、国庆等时间节点,通过制发文件、召开会议、进行纪律宣传等方式开展提醒教育。采取随机抽查、专项检查等方式,强化动态监督,监督全校各单位及时传达上级要求并认真开展自查工作;赴应用文理学院等 4 个学院食堂库房排查高档白酒消费情况。公布举报电话和邮箱,畅通信访举报渠道,发挥群众的监督作用。

开展“为官不为”“为官乱为”和“严肃查处群众身边不正之风和腐败问题”以及违规公款购买消费高档白酒问题集中排查整治工作。督促 19 个二级党组织全面梳理排查问题,其中 3 个二级党组织梳理 5 个“为官不为”“为官乱为”苗头性问题并制定整改措施。纪委办公布举报电话,接受群众举报。建立问题线索处置情况台账,认真排查侵害群众利益的不正之风和腐败问题线索。

加强作风建设长效机制建设。注重立足日常工作,采取专项检查、随机抽查、信访受理等多种方式,对党员干部贯彻执行八项规定精神情况进行全面的、经常性的监督检查。

(王琪　姚志敏)

【持续深化正风肃纪】 驰而不息纠正“四风”。落实中央八项规定精神和市委实施意见,紧盯年节假期,及时提出廉洁自律和勤俭节约的纪律要求,制发《关于严明纪律强化监督执纪问责确保节俭文明廉洁过节的通知》和《关于中秋、国庆期间开展“四风”问题监督检查的工作方案》,安排部署“四风”问题监督检查工作,监督各单位要把上级有关精神和要求及时传达到广大党员干部及教职员工,继续严明作风建设各项纪律,驰而不息纠正“四风”。

监督检查作风建设各项制度落实情况。检查学校会议费、公务接待费、差旅费、因公出国(境)、严禁借公务之名旅游等各项规定的贯彻落实。截至 12 月,校纪委监督国际交流合作处完成 160 件因公出国任务公示,并对公示具体内容提出要求和质询。由党委办公室、校长办公室、纪委办公室、财务处共同组成的专项治理小组对每月全校落实中央八项规定精神情况进行认真清理,及时完成《落实中央八项规定精神情况月报表》,全年月报情况均为零报告。完成“违反中央八项规定精神问题情况”等各类党风政风统计报告 55 项。开展干部重大事项请示报告制度以及领导干部讲课、做报告、参加咨询活动有关规定落实情况检查。紧紧扭住“四风”不放,盯住领导干部,抓住重点节点,加强对办公用房、公务用车、公务接待、因公因私出国(境)等管理工作,以及“三公”经费预算控制管理的监督检查。将违反中央八项规定精神的行为列为纪律审查重点,明确对发生顶风违纪问题的部门、单位进行责任追究。

2016 年,抓作风建设更加注重立足日常工作,关注长效机制建设。采取专项检查、随机抽查、信访受理等多种方式,对党员干部贯彻执行八项规定情况进行全面的、经常性的监督检查。更加突出监督的针对性,针对群众反映强烈的突出问题、群众关注度高的重点领域开展监督检查,切实提高监督检查的针对性、实效性。

(王琪　姚志敏)

【深化权力运行制约监督】 统一编制学校《重点领域关键环节监督一览表(2017 年)》,形成权力事项清单,强化监督制约机制,进一步健全完善全程监督、重点监督与审查备案相结合的监督方式,继续加强对重点领域关键环节的监督,提升监督实效。坚持过程性监督与重点对顶层设计和制度流程的监督并举,从对具体环节监督转向对重点岗位和重要事项主体责任落实情况的专项督查。推动重点领域、重点环节涉权事项网上运行系统的建设。严把干部选拔任用"党风廉洁意见回复"关，出具廉洁自律意见书200份。

全面梳理风险点，创新行政监察方式。2017年更加注重提升监督效能，采用跟踪监督、现场监督、重点监督、备案监督等多种方式全方位、立体化监督，并提出监察意见和建议，防控廉政风险，推进权力规范运行。2017年针对国有资产管理处招标项目等开展备案监察147次，对研究生考试等开展现场监察21次。

监督廉政风险防控"三个体系"建设，督促提升"三个体系"运行实效。监督校人事处、校财务处、校国有资产管理处、校信息网络中心推进"三个体系"建设，促进学校各项工作科学化、制度化、规范化。

（王琪　姚志敏）

【廉洁文化宣传教育】 持续推进"廉创空间"廉洁主题教育品牌建设。面向全校师生开展廉洁文化作品创建系列活动，着力打造清风品典——弘扬传统文化、清风传播——新媒体传播、清风展现——艺术展示、清风文苑——系列讲座及读书等四大版块活动。组织图书漂流、经典诵读、书画征集、清风讲坛、非遗体验工作坊、舞台剧创编展演、主题音乐会等活动，通过"唱廉、诵廉、演廉、写廉、画廉、网廉"等多种途径，吸引4200余人次师生参与其中。通过融入式、参与式、体验式廉洁文化教育，有效引领师生增强廉洁意识，创建崇德尚廉的校园文化。

开展廉洁文化宣传教育活动。依托党风廉政宣传教育联席会议平台，开展20项专题活动，深入推进"坚定文化自信　涵养清风正气"主题党风廉政宣传教育月7项活动。运用新媒体，开设"廉创空间"公众号，与党风廉政建设专题网站相呼应，定期向师生推送"纪言纪语、典型案例、廉洁文化"，探索廉洁教育细致入"微"新方式。编写《入学第一课》《走向新征程》廉洁教育教材，开设《大学生廉洁教育》选修课程，深入推进廉洁教育进校园、进课堂、进教材。成功承办2017全国大学生廉洁领袖夏令营。

采取多种形式加强对党员领导干部的理想信念教育，持续推进纪检监察制度宣讲团工作，加强党员领导干部、教师、项目负责人、管理人员纪律教育、廉政教育和警示教育，全年开展6次专题宣讲。

（王琪　姚志敏）

【纪检监察干部队伍建设】 加强纪检监察干部队伍建设，新一轮聘岗后，校纪委办公室、监察处共设置审查审理科、监督科、综合科等3个科室9个岗位；5个副局级学院共设5个处级专职纪检监察员岗位。

加强纪检监察干部教育管理。完善"经常培训、以案代训、以研代训、以挂代训"四位一体纪检监察干部队伍培训模式，通过组织学习习近平总书记系列重要讲话精神、北京市第十二次党代会精神、法规条例报告、业务讲座、开设"纪检监察干部讲坛"、网络集训、案件协审查办、挂职锻炼、课题研究、考察交流等方式，提高纪检监察干部思想政治素质和业务能力。组织纪检监察干部各类专题培训22次，派出1名干部赴上级单位挂职锻炼，借调一名干部赴市纪委巡视组工作，不断提升纪检监察干部政治素质、政策水平和业务能力。

加强廉政理论研究。发挥学校廉政研究中心作用，开展广泛深入研究，指导工作实践。通过申报课题、专项调研、研讨交流等方式，深入开展高校纪检监察理论研究和对策分析。完成北京市政治文明研究基地《2016年度报告》中十八大以来党风廉政建设和反腐败制度建设部分，其中2017年《中国廉洁故事的讲述与传播研究》《"三转"形势下高校纪检监察工作研究——以北京高校为例》《国家监察体制改革背景下的高校监察工作趋势探索》等3项课题获批北京市政治文明研究中心研究课题。

（王琪　姚志敏）

学生工作

【概况】 校学生工作部(处)、武装部围绕学校中心工作，以学习宣传贯彻党的十八届三中、四中、五中、六中全会精神为主线，以立德树人为根本任务，以社会主义核心价值观为引领，以加强学风建设为重点，以促进学生全面发展为目标，认真贯彻落实学校"十三五"规划，全面推进，重点突破，创新平台，增强实效，助力培养高素质应用型人才。

（赵辉）

【思想引领】 学习贯彻全国和北京高校思想政治工作会议精神，践行核心价值观，加强学生思想政治教育。

围绕应用型人才培养目标和教育主题，制定学生思想政治教育实施方案。以"梦想中国"为主题统领政治教育，开展建军90周年音乐朗诵会、主题讲座、红色展览等多项教育活动和红色讲坛专家学术报告、主题班会、主题征文等活动，激励学生树立远大理想，励志报效祖国，推进政治教育。以梦想中国为引领，迎接学习十九大，统筹设计，积极推动，组织学生开展"学习十九大　筑梦联大人"系列主题活动，通过"领起来、动起来、绘起来、写起来、传起来、看起来"等多途径多形式，切实将十九大精神学习宣传与学生成长成才、学校发展相结合,努力让学生学思践悟,入脑入心。组织开展"学习十九大　筑梦联大人"主题班团会活动,推动班级、团支部以及戎光协会等学生社团建设,组建"学习小组"深入学习宣传贯彻党的十九大精神;开展"爱我中华·还看今朝"书画摄影征集、"梦想中国·立志笃行"主题征文和"不负韶华·砥砺前行"联大故事征集等活动;开展"学习党的十九大,不忘初心跟党走"——十九大报告和党史知识竞赛、我学我讲我践行等多形式主题教育活动。邀请党的十九大代表、中国心理学会理事长、中国科学院心理研究所所长傅小兰教授来学校为学生骨干、心理课程授课教师和辅导员宣讲十九大精神;先后组织5000多名学生和辅导员到北京展览馆参观"砥砺奋进的五年"大型成就展和铭记光辉历史开创强军伟业——庆祝中国人民解放军建军90周年主题展览,让学生全面了解十八大以来党、国家、军队事业发生的历史性变革,取得的历史性成就,激励学生不忘初心、砥砺奋进,增强责任和担当,为中华民族伟大复兴的中国梦而努力奋斗。

以"品味经典"为载体加强道德教育,编写经典诗词读本,涵养学生道德修养;利用传统节日推送"诗词鉴赏"活动。学校荣获第二届北京高校中华经典诗词诵读吟唱比赛二等奖和"优秀组织奖"。

以"沟通达人"为抓手统筹能力教育,举办沟通达人比赛和主题教育聚焦学生能力提升,通过即兴演讲和模拟实战活动,提升学生口头表达和沟通能力。

利用微博、微信等网络新媒体工具,加强新生入学教育,开展领航工程,强化专业教育和职业规划教育。通过读经诵典、主题教育、实践活动等载体加强学生的诚实守信、文明有礼等做人的基本素养的培养。

在新疆维吾尔自治区、西藏自治区党委和北京市委组织部招录优秀毕业生工作中,学校学生有18人(赴西藏13人、新疆5人)奔赴边疆扎根,建设边疆,报效祖国。人数位居北京地区高校前茅。

(李彩　景琪)

【学生党建】 加强学生党建,推进党员先进性教育。围绕十九大精神学习,对照合格学生党支部建设规范,加强学生党支部建设。制定学生党员先锋工程实施计划,组织学院项目申报、落实活动经费,扎实推进。组织开办寒假全校学生党员培训班和暑假新生党员、新生骨干培训班以及学生党支部书记支委培训班,发挥其先锋模范和辐射带动作用。

组织开展红色"1+1"共建活动,通过召开启动仪式暨经验交流会,优秀策划案评选、中期检查、总结评优工作,全校68个学生党支部积极参与,获北京市教工委22个推荐示范的名额。在2017年北京高校红色"1+1"活动评比中,1个支部获得二等奖,6个支部获得三等奖,15个支部获得优秀奖。学校获得北京市"优秀组织奖"。

做好学校北京市党建基本标准迎接检查学生党员培训工作,完成学生思想政治教育等部分自评报告和相应支撑材料收集整理工作。

(李彩)

【基础建设】 加强班集体建设,发挥主阵地作用。结合大类招生、学分制等新的教育管理模式,推进新班级组建模式探索。推进"我的班级我的家"实践活动方案,开展"示范班集体"创建评选活动,以班风带学风。全校所有班级参加,评选先进班集体和优良学风班133个,重点培育"我的班级我的家"市级示范班集体,共获得北京市5个展示名额,并组织评选出校级示范班级23个。目前学校已入围"我的班级我的家"示范班级最后的决赛,是进入决赛的25所高校之一。

丰富载体,加强爱校荣校教育。制定学校2017年迎新工作方案,与全校各部门、各学院一起营造出热烈隆重温馨安全的氛围,做好5300余名新生入学工作;做好新生绿色通道和入学教育;组织开展全校2017级新生开学典礼,组织新生参观档案(校史)馆、图书馆新馆等校园场所,增强学生的爱校荣校意识。凝练品牌项目,深耕北京,利用入学教育、毕业教育和校园服务等活动课程、寒暑期社会实践等环节,大力开展爱校荣校教育。邀请优秀毕业校友返校,成立村官校友会,搭建校友之间、校友与学校、校友与在校生之间的交流平台。

完善制度建设。根据教育部令第41号,修订了《北京联合大学学生管理规定》等6项学生规章制度,完善2017版《学生手册》,组织全校2万余名在校本专科生开展规章制度的学习,截止到11月底,共覆盖全校92.53%的在校生;举办北京联合大学第十一届学生规章制度知识竞赛。开展全校2017级新生入学教育,编制发放《2017级新生入学教育手册》,组织评选2016级优秀班级助理,遴选2017级新生班级助理。进行考风考纪宣传,建立考试作弊快速处理流程,加大作弊惩罚力度。

推进学生工作信息化建设,提升工作实效。

优化学务系统建设,学生基础信息模块、评奖评优模块、勤工助学和资助模块、辅导员工作模块均进行升级和完善,实现全线上操作。组织2017级新生军事理论课网络学习和网络化考试工作。

促进网络思想政治教育,加强微博、微信等媒体平台建设,开展"网上党校""师生交流""榜样宣传"等教育活动,并在学校新闻网、官微平台进行典型宣传;持续做好"北京联合大学学生事务中心"微信公众平台建设,年度推送信息200余条,开辟《问心黄博士》专栏回答学生提问,目前专栏已持续开展40余期,取得良好效果。

以生为本,做好学生安全稳定工作。组织春秋季学生思想动态调研，做好学生思想政治状况滚动调查和发展状况滚动调查。加强十九大召开等敏感时期、特殊时段舆情监控与维稳工作。关心少数民族学生，召开“少数民族学生教育管理”辅导员论坛，妥善处置学生应急突发事件。强化安全教育，以新生教育为契机，通过签订知情承诺书、专家讲座等形式，深入开展新生安全教育、生命教育工作。

（胡斯杰　李彩　张艺　黄大庆）

【学风建设】 注重“学专融合”，加强以评促建。以学情特点为切入点，完善“学专融合”模式，协同育人，全方位育人，强化责任传导。推进发展辅导和学业辅导，开展学生学业情况分析，选聘与考核班级助理，加强学业帮扶，促进学风建设；做好2017年新生入学教育指导方案，把新生骨干先期集中培训培养、使用与迎新工作有机结合起来。

推进学风建设，提升学习效能。坚持严格管理与精细服务相结合，加强学生考勤管理，促进优良学风。开展“上好第一节课”活动，通过辅导员深入课堂、看课、学生党员学风督查岗位等措施落实文明课堂建设行动计划。做好2017年违纪处分工作。

组织开展2016—2017学年学生评奖评优工作，共评选出校长特别奖8项，优秀学生奖学金3523人，三好学生、优秀学生干部和学风建设先进个人1343人，企业奖学金120人，共计发放300.72万元；另外还有360名北京市优秀毕业生、1406名北京联合大学优秀毕业生、390名毕业生考取研究生奖学金、23名新生入学奖学金等。召开学校2016—2017学年学生表彰大会，树立优秀典型，开展朋辈教育，以榜样教育促进学风。

围绕本科教学工作审核评估，加强学习研究，牵头完成本科教学审核评估“学生发展”项目自评报告，初步完成学生处承担部分审核评估支撑目录材料收集和整理工作。

（尹雪云　李彩　胡斯杰）

【辅导员队伍建设】 加强德育研究，促进德育工作提升。召开德育研究会年会，发挥德育研究会理论指导与引领作用；推进城市型、应用型大学的德育理论研究和实践研究，2017年已召开7期辅导员工作论坛；编辑出版《北京联合大学辅导员文集2016》和编著出版《应用型大学德育论纲》。

做好2017年德育科研课题结题和2018年度首都大学思政中心课题申报工作，获批6项课题。加大学校德育科研的支持力度，共有30多名辅导员思政项目结题。

加强教育培训，注重人文关怀，提升学工队伍水平。以岗位聘任为契机，调研各学院辅导员队伍建设现状，做好辅导员统计、选配、培训工作。加大培训，在全校范围内举行两期全校辅导员培训，并组织协调参加教育部、市委教育工委等举办的多个京内外业务培训。在校党委校行政的高度重视和关心下，出台《关于进一步加强和改进北京联合大学学生思想政治教育实施办法》，落实辅导员行政职级晋升待遇，提升辅导员队伍的获得感、价值感和成就感。

以年度评优答辩和职业能力竞赛为抓手提升队伍能力和水平，组织校“十佳辅导员”答辩，共评出7名十佳辅导员和15名优秀辅导员，105名优秀班主任，开展第三届辅导员职业能力大赛。注重人文关怀，看望2016年生病住院、新婚和添丁的辅导员20多人。

推进校院学生工作交流。定期举行工作例会、组织各类座谈会开展调研。利用月度工作例会以及年度特色工作交流，加强工作调研和绩效考核，对各学院学生工作实行月度考核以及特色工作和年度工作绩效考核制度；推进学生工作“一院一品一特色”建设。

（学生处）

【资助育人】 加强资助工作信息化。在学务系统中开通资助育人模块，包括困难生认定、助学贷款申请、补助发放、勤工助学管理模块，同时新增临时困难补助申请审核功能。通过学务系统进行2017年全校3128名困难生认定工作。通过系统管理勤工助学工作，根据学生职业兴趣安排勤工助学岗位、新设补助发放状态查询等功能。本年度学校获国家助学贷款人数222人，金额127.19万元；获学校生源地贷款人数781人，资金461.623万元。完成全校121名毕业生贷款提前还款及还款协议的签订。

打造助学帮困工程，推进资助育人。夯实“奖助贷勤补”五位一体的资助体系。组织全校资助工作人员进行资助政策培训。评审过程严格把关，学校报送北京市资助中心的国家奖学金材料受到评审专家的好评。2017年共完成7项国家和社会奖助学金评审，惠及4032人次。其中国家奖学金43人、国家励志奖学金686人、北京市助学金3128人（一等1902人、二等1226人）。完成社会奖助学金评选，其中平北奖学金100人，蓝海华业奖学金20人、爱心成就未来助学金55人。国家奖助学金共计1515.28万元；社会奖助学金共计28.5万元。

实施暖心工程，围绕学生、关心学生。通过座谈会、促膝谈心等形式了解经济困难学生在校学习、生活情况，全年共召开校院级座谈会15次。深入实施暖心工程，入学报到时为463名困难新生办理绿色通道，发放70个爱心大礼包，价值19980元；为家庭经济困难学生及重度残疾学生发放临时困难补助75.6万元；春节前夕，校院领导带队到特别困难的学生家进行家庭走访，暑期组织资助工作教师走访外地家庭经济困难学生。2017年共走访50余个家庭，发放慰问品价值

16196.7 元。按时完成学校副补发放工作,共计金额约1218.309 万元。

推进学生健康幸福工程,投入近 12 万元为 2017 级全体京外学生、退役学生发放中秋国庆水果月饼,送上温暖和关心。

(尹雪云　胡俊　胡斯杰)

【心理素质教育】 加强心理素质教育教学。开展《大学生心理素质教育》课程试卷自查;结合学校本科教学工作审核评估要求,进一步规范课程的考试环节和主讲教师教学文件。完善学生自我成长满意度调查。完成《大学生心理素质教育》必修课和 2 门次选修课的授课任务。完成 C1 级科研项目一项,发表 2 篇核心论文。

做好心理危机预防与干预工作。改进新生心理健康状况普查工具。通过网络测试的形式完成 2017 级本、专科生以及研究生的心理普查。完成两次学期初的心理危机排查并积极干预帮扶;完成毕业生心理追踪调查。与学院共同做好危机事件后期干预和总结工作。

夯实校内心理素质教育育人平台。组织参与北京市心理健康节系列活动,承办北京市心理健康节系列活动之心理健康知识竞赛;荣获北京市 2017 年心理健康节"优秀组织奖"以及 4 个单项奖。积极开展"沟通达人"主题教育活动,助力学生人际沟通能力提升。探索形成"我爱我家"班级团体辅导平台、"心理大讲堂"主题讲座平台、"家校合作"平台;开设家长学校;积极开展对外交流合作,与中华女子学院、北京体育大学签订学生实习协议,承担两校学生实习指导工作;接待兄弟院校及相关单位参观访问 20 余次。开展班级、社团的团体辅导 165 次,其中新生班级团体辅导 145 次;分 7 个小组,开展主题性长程团体辅导,开展活动 40 次。完成心理协会的换届工作,拍摄 6 期心理视频,组织学生创作《一位联大学子心中的十九大》图画 9 幅。

(晏宁　黄大庆　李凤英　刘学惠)

【国防教育】 完成军事理论课程授课工作。落实组织"军事理论"课程,聘请国防大学教授为学校学生授课 20 余次。根据北京市卫戍区军训办的通知要求,学校 2017 级军训工作暂缓进行,但前期的研讨、计划部署等工作已经落实,2018 年 5 月份将组织开展。

开展国防教育主题活动,提升育人效应。组织在校退役学生认真学习领会习近平总书记十九大报告以及给南开大学入伍学生重要回信精神;加强对退役学生的教育和戎光协会的指导,推动在校退役学生开展集体出晨操活动,让橄榄绿在校园文化中绽放;组织在校退役学生在校新生运动会上展示,传承精神、锻炼队伍,培育骨干。积极参加北京高校国防教育协会组织的论文和交流活动,组织学生参加教育部组织的全国高校军训营活动和北京市教委组织的军训特训营活动。

开展退役大学生学情分析,做好学业帮扶工作。组织召开首次退役毕业生校友会筹备会;召开退役学生座谈会,积极探讨退役学生在征兵动员工作中的助力作用。联系驻京部队,开展学校学生进军营活动,让学生与现役军人面对面座谈、全方位交流。组织优秀退役大学生士兵事迹宣讲活动,市教委、市征兵办、区武装部领导莅临指导。承办北京高校退役大学生典型事迹宣讲活动,学校学生在活动中被遴选为宣讲团成员。

做好征兵工作,2017 年共从学校走兵 103 人,其中男生 97 人、女生 6 人,从生源地走兵 11 人,合计 114 人携笔从戎,走兵位居北京地区高校前列。学校荣获"北京市征兵工作先进单位"。

(景琪)

【党风廉政建设】 深化推进部门党风廉政建设。认真落实上级和学校党委党风廉政建设要求,加强部门团队建设和作风建设;针对业务风险点和廉政风险点,扎实推进"三个体系"建设。邀请学校纪检办领导和校长办公室法务人员开展对全校辅导员的廉洁教育、法治教育,筑牢反腐防线。

(学生处)

统战工作

【概况】 至 2017 年年底,学校共有民主党派成员 174 人,覆盖除台盟以外的 7 个民主党派。其中在职民主党派成员 99 人。6 个民主党派组织:民盟联大校本部支部、民盟联大机器人学院支部、民盟联大师范学院支部、民盟联大生物化学工程学院支部、民进联大商务学院支部、民进联大师范学院支部。党外高级知识分子 309 人,其中正高级职称 64 人,副高级职称 245 人。

北京联合大学各民主党派人数统计表

名称	民革	民盟	民建	民进	农工党	致公党	九三学社	合计
人数	12	77	11	31	9	4	30	174

(勇天奇)

【主要工作】 1 月,学校获北京市港澳台侨学生交流活动优秀组织奖。

3月30日，民建朝阳区委副主委、中国化工产业研究院副院长杨扬，北京工商大学副校长方德英、民建朝阳六支部主委夏红卫、副主委张鑫一行四人来学校交流座谈。

3—4月举办2017年党外中青年骨干培训班。组织五场专题报告进行理论教学，赴重庆社会主义学院开展实践教学。

6月19日校四届党委第171次常委会听取党委统战部关于学校统战工作总体情况、主要成效及存在问题的专项汇报，并讨论通过《关于进一步加强新形势下党外代表人士队伍建设的意见》。

8月21—25日，外语教学部何芳（民盟）教授作为高层次新盟员参加民盟中央委员会举办的2017年“民盟双百人才工程”培训班。

9月对外语教学部何芳教授成为民盟北京市委中青年骨干进行政审。

9—10月校领导先后看望慰问了15名党外交友联谊对象。

11月推荐外语教学部何芳（民盟）教授参加2017年北京高校党外代表人士高级研修班。

7月7日学校成立党外知识分子联谊会，共有29名理事加入。市委统战部副部长张洋参加学校党外知识分子联谊会成立大会。

2017年下半年开展北京市人大代表、政协委员推荐提名工作，副校长杨宜成为北京市第十五届人民代表大会代表，校长李学伟、管理学院院长陶秋燕（无党派）、特殊教育学院教师毛颖梅成为北京市第十三届政协委员。

（勇天奇）

保卫工作

【概况】 2017年学校安全稳定工作由副校长张辉主管。保卫处处级干部1正4副（其中1人主管昌平校区），办公室科级机构设置综合科、治安交通科、消防科、平安校园服务中心（正科级），并在蒲黄榆校区、工体北路校区、北苑校区和昌平校区设置派驻保卫科。2017年9月，全校岗位聘任工作结束后，保卫处科级机构设置综合科、政保科、治安交通科、消防科、平安校园服务中心，并在上述校区设置派驻保卫科。

截至12月底，保卫处聘任科长（主任）9人、副科长（副主任）5人，在编正式职工35人、外聘人员12人。根据学校聘任方案，副局级学院设置后勤保卫处，保卫处长由主管院领导兼任，后勤保卫处设置副处长一人，主管学院安全稳定工作。

学校安全稳定工作坚持以提升平安校园创建成果、落实网格化安全管理和开展安全隐患排查治理为抓手，实现维护稳定、预防事故、促进和谐的安全建设目标，为学校改革发展提供坚实的基础性保障。2017年，学校获得“北京市同邪教斗争先进集体”称号，于熙获“北京市同邪教斗争先进个人”称号。

（杨强）

【校园安全稳定】 累计组织召开安全稳定工作会议9次、国家安全工作会议3次。分管校领导坚持每月到各校区深入开展安全隐患排查及安全工作检查，层层压实安全工作责任。

3月，组织全校各二级单位分别签订《安全稳定工作责任书》和《消防安全责任书》。

4月，学校召开网格化管理工作研讨会。落实网格化安全管理，完善各级安全网格台账，划分部门、部位、场所安全防范等级，明确重点部位、场所，落实防范措施。深入推进学校安全网格化管理工作，有效实施校园公共区域安全管理和综合防控，进一步推进“平安校园”建设提升工程。12月，保卫处重新梳理学校网格化安全管理工作。将学校各二级单位所属各级单元格逐级划分至最基层单位，二级单位区域内单元格划分覆盖所有自用空间场所，各单元格责任人明确、责任人安全职责明确，统一制作标识、在明显位置张贴公示并全覆盖。

全力做好敏感节点的维护稳定工作。认真落实敏感期维护稳定工作机制，启动校园等级防控措施，完成“两会”“一带一路”高峰论坛等重大活动期间安全稳定工作。落实敏感期对重点人教育稳控工作，协调昌平区维稳办，六里屯街道、派出所，确保党的十九大期间“零上访”。

11月，全校开展校园安全隐患大排查、大清理、大整治专项行动，校长李学伟主持召开专题会议，研究部署学校安全生产及隐患排查整治专项行动工作。副校长张辉带领学校督查组成员，对每一个校区逐个进行督查，重点对实验室危险化学品管理、校园消防安全、各类彩钢板建筑、食品安全进行检查，实地掌握安全隐患的实际情况，并对发现的安全隐患，要求立即进行整改。全校各单位积极落实专项行动，对相关隐患及时进行清理整治。

在元旦、春节、五一、十一及寒暑假等节假日放假前，会同各校区和有关部门开展校园安全隐患排查工作。节假日期间，加强校园值守，确保校园安全稳定。

（杨强）

【治安防范】 加强治安管理。开展治安重点部位巡查防控,对学生宿舍、教学楼等易发案部位、易发案重点时间段实施保安定时巡视和检查。在办公楼、教学楼、实验楼安装电磁门,经授权人员才能进出,降低治安事件发案率。完成大型活动保障40余次。处理校内纠纷26起。

加强技术防范。发挥技术防范在校园综合防范的作用,今年上半年,依托技防系统,帮助师生找回丢失物品91起,排除火情隐患3次。

(杨强)

【消防管理】 严格定期检查,全年对校园消防安全检查30次,节假日前进行安全检查9次,对室外楼顶消防水箱、泵房检查16次(加压、放水测试6次)。每月按时对重点单位户籍化平台资料录入、维护。每月上报大屯地区办事处重点单位消防安全自查评估报告。

按照应急预案要求,组织消防应急疏散演练。组织后勤宿管中心、11号楼女生宿舍楼和国际交流学院开展消防应急疏散演习及消防培训3次、管理人员培训2次,消防联勤队培训训练11次。

完成2017年灭火器检测及直属校区灭火器的更新工作,新购置灭火器1900具,报废756具小表灭火器;签订消防维修、采购合同16份,(完成北四环校区巡检51次,完成五校区消防主机调试维修9次),保障系统正常运行。

签订施工安全责任书及办理施工手续20人次,办理动火审批240余次。现场消防检查300余次,处理消防隐患30余起。

(杨强)

【交通管理】 严格机动车出入证办理,限制社会车辆进入校园,2017年办理机动车车证2000余个。最大可能满足在校教职工停车需求,保障来访车辆停放。

严格机动车管理,全年纠正违章停车1000余起,锁车30余起,保障校园良好交通秩序。大型活动的车辆确保有序停放。采用增加临时停车位等方式保障大型活动车辆停放。禁止摩托车和共享单车进入校园,维护校园秩序,杜绝碰伤师生等问题发生。

各校区保卫部门重视与属地公安、消防、街道等单位的合作联动,校保卫处与大屯派出所进行部门、支部共建,主动解决校门附近共享单车、快递、送餐造成的周边秩序影响,改善周边安全状况。蒲黄榆校区与蒲黄榆派出所和社区共建,促进校园和周边安全。

(杨强)

【宣传教育及培训】 成立北京联合大学安全协会,协助开展安全教育和安全隐患排查,提高个人安全意识和安全技能,影响和带动身边师生。

深入开展安全理论教育。升级改版平安联大微信平台,进一步拓宽安全教育在线学习渠道,普及安全防范常识。结合社会形势发布安全预警信息、作出安全提醒提示,增强师生安全防范意识。全年开展9次安全主题教育宣传活动。面向本、专科新生发放《大学生安全知识手册》《大学生反邪教知识手册》各4900册,面向各学院发放安全宣传材料7000份。针对大学生新生的特点,面向2017级新生开展消防、治安、防校园贷、防毒品、防传销、防诈骗、信息安全保护等基础性和针对性较强的专题安全教育14场。

扎实推进安全实践活动。结合“11.9”消防日,按照应急预案要求,组织全要素实战化应急疏散演练。积极为在校师生参加安全教育实践、训练安全技能搭建平台,改进安全在线教育方式,把安全教育做得更全面、更规范、更灵活。

通过校园网宣传安全工作,全年编辑发布《校园安保信息》46期。

组织干部赴多所高校开展学习交流,参加全国高校保卫工作学会和市委教育工委、市文保总队组织的业务培训。先后14次组织相关单位共计38人参加安全管理培训班,安排处内保卫干部开展政治思想学习和业务学习共计10次。通过开展专题培训和专业培训、鼓励考取资格证书、考察学习等多种形式,提高干部队伍的政策理论素质、专业能力和业务水平。

(杨强)

【安全与保密工作】 做好国家安全有关工作,11月23日,邀请国家安全局领导宣讲国家安全形势。配合做好出国(境)人员行前教育、访谈,春季、秋季分别对赴台交换生开展行前教育和回访工作。做好重点关注群体和重点人教育管控,加强境外非政府组织活动管理,防范和抵御宗教向校园渗透。开展反邪教警示教育,提高师生识别、防范、抵制邪教的能力。

做好相关考试保密工作,英语四、六级考试和研究生考试试卷在保密室存放期间,保卫处组织实施24小时保卫值班看护。

(杨强)

【户籍管理】 因新生入学、教职工调入等原因办理户籍转入324人,因教职工调出、学生毕业等原因办理户籍转出482人,因参军注销户口4人,退伍恢复户口7人,因补办身份证、购房、结婚等事宜办理户口卡借用手续3100人次。12月,保卫处对师生户籍管理相关流程进行完善梳理,以便更好地为师生服务。

(杨强)

【工作研究】 3月24日,到北京航空航天大学保卫部(处)参观学习。4月6日,到北京服装学院保卫处参观学习。双方探讨安全稳定工作机制体制、工作制度、队伍建设、经费保障、安全教育、网格化管理、重大活动管理、值班、车辆管理等内容。

注重安全工作研究。今年7月，于熙申报的课题《十八大以来首都高校维护稳定工作经验研究》获北京高教保卫学会立项，并被列为北京高教保卫学会重点课题。《“互联网＋”视域下高校安保队伍意识形态能力建设探析》等五项课题获校内资助。

（杨强）

【平安校园建设提升】 提升平安校园建设，2017年获批安全稳定活动经费108万元，向各副局级学院划拨21.5535万元；获批科技创安及安（消）防常规维护经费200万元，向各副局级学院划拨21.5535万元，推进安全稳定工作在一线单位进一步落实。

（杨强）

【支部建设】 2017年保卫部（处）党支部有党员23名，划分为3个党小组。支部注重党建基础工作，制定具体可行的支部工作年度计划并逐项落实，出台《保卫处党支部印章使用办法》《保卫处党支部经费使用管理办法》，将全面从严治党要求向纵深发展。新增6项工作流程，结合工作实践，查找工作风险点并制定防控措施，形成20个廉政风险防控流程图。试点北四环校区，设立监督公示栏和监督服务标牌，进一步强化监督。9月，支部按期进行换届，支委人数由3人增加到5人，保卫部（处）长于熙当选为支部书记。支部建设把理论学习作为切入点，狠抓党员干部素质提升。紧密结合新的形势和任务，着力在学习的“深化”上下工夫。坚持把“两学一做”长效机制的推进与部门工作相结合。结合学习贯彻落实十九大精神和新党章，积极开展学习型党支部建设。通过推进学习型党组织建设，严格落实“三会一课”制度，规范支部活动。一年来，支部共召开党员大会6次，支部委员会12次，党小组会12次，党课2次。5名处级干部全部严格对照落实主体责任的制度规定及党风廉政建设责任进行全程纪实，全处科级以上干部均签订处内《党风廉政建设承诺书》。

（杨强）

工会、教代会工作

【概况】 2017年，北京联合大学工会（以下简称校工会）扎实落实学校“十三五”规划之民生工程方案和工会“十三五”工作计划，继续坚持服务大局，围绕学校岗位聘任、《北京普通高等学校党建和思想政治工作基本标准》集中检查等中心工作“公转”，立足深化精准服务教职工“自转”，推进学校民主建设，促进校院二级教代会、工会规范化建设，开展送温暖、师德建设、教职工文化建设、工会自身建设等各项工作。

落实教代会民主制度，督办教代会代表提案，进行工会委员会改选，推进厂务公开工作；弘扬劳模精神，走访慰问劳模及困难职工；推动校级模范小家实体化建设；推进会籍制度建设，吸纳非事业编职工入会，规范二级工会更名；推进爱心互助基金工程；做好职工福利工作，继续“十送温暖”特色服务；为职工投保中国职工保险互助会“在职职工互助保障计划”，非事业编职工囊括在内；批准成立新的教职工文体协会，丰富协会活动内容，工会外宣卓有成效；搭建青年教师成长平台，举办学校第八届青年教师教学基本功比赛，推荐选手参加北京市青年教师教学基本功比赛并获得一等奖等奖项，举行“三十而立话责任”主题生日会、青年教职工厨艺大赛等特色活动；利用教师节契机组织优秀教职工与校领导座谈，表彰宣传优秀教职工事迹，对在教育系统工作满三十年的教职工进行表彰；对工会干部进行培训；举行亲子运动会、幸福之家表彰等女职工特色工作，进行女职工专项体检和女职工专题讲座；荣获上级工会各类优秀评定，推荐优秀教职工参评并荣获校级以上荣誉。

（李壮）

【教代会及民主建设】 5月5日至6日，北京联合大学第四届教职工暨工会会员代表大会第二次会议在北四环校区南院报告厅召开。校领导韩宪洲、李学伟、付晨光、周志成、张楠、张连城、鲍泓、杨宜、张辉等201名正式代表和33名列席代表出席大会。大会审议《校长工作报告》《工会、教代会工作报告》《学校财务工作报告》《工会财务工作报告》《工会经费审查委员会工作报告》和《教代会提案工作报告》。审议并通过《北京联合大学2017年岗位聘任文件》。

6月14日，北京联合大学教职工暨工会会员代表大会（专题会议）在北四环校区南院报告厅召开。大会通过张俊玲同志不再担任北京联合大学工会常务副主席、工会委员会委员的建议，补选操静涛同志为第四届工会委员会委员。会后召开第四届教代会常设主席团第四次会议，选举操静涛同志为常设主席团副主席，召开工会委员会第六次会议，选举操静涛同志为工会常务副主席。

第四届一次教代会立案提案3件,涉及学校教学科研管理1件,涉及教代会工作1件,涉及民生工作1件;立案代表意见、建议5件,涉及教学科研管理2件,涉及民生工作3件。所有提案、意见建议在2017年内办结,其中3件提案代表反馈均为"满意",5件意见、建议代表反馈"满意"的4件,"不满意"的1件。第四届教代会提案委员会将第四届二次教代会收到的代表提案进行整理,将5件代表提案,9件代表意见、建议进行立案。

9月29日下午,全国厂务公开民主协调小组召开"全国厂务公开民主管理工作经验交流暨先进单位表彰电视电话会议",北京联合大学被授予"全国厂务公开民主管理先进单位"称号。

(李壮)

【劳模优抚及遇困职工走访慰问】 校工会积极进行劳模优抚工作。春节前夕,校党委书记韩宪洲、校长李学伟等校领导和各单位工会干部、中层干部赴学校国家级、省部级劳模和遇困职工家中进行慰问。年内还组织部分退休劳模进行劳模休养、劳模体检等劳模优抚工作。特殊教育学院全国教育系统先进个人(省部级劳模待遇)高磊于年内4月去世,原自动化学院退休的曾获贵州省工业学大庆先进生产(工作)者的张钺于12月被核实省部级劳模待遇身份,他们的信息已在北京市总工会劳模数据库中进行变更。

(李壮)

【教职工之家建设】 校工会对应用文理学院、机电学院、自动化学院、信息学院、师范学院、生物化学工程学院、旅游学院、特殊教育学院、管理学院9个二级工会的校级模范职工小家实体化建设进行复验,最终7个教职工小家通过复验。

11月23日,北京市教育工会先进职工小家评选高校第五片组互查工作组莅临学校,对学校推荐的城市轨道交通与物流学院、商务学院职工小家进行检查验收。

(李壮)

【会籍管理及组织变更】 校工会认真实施《北京联合大学工会会员管理办法》和《北京联合大学编制外人员入会管理办法》,依托北京市总工会三级服务体系平台,随时更新全校会员数据库信息。细致进行会员入会和京卡办理工作,解答教职工关于京卡范畴的相关咨询。在会员中推广安装"北京工会12351"App,促力精准化服务。积极推动非事业编职工入会工作,保障他们的会员权益。截至年底全校共有会员3441人,其中女会员2065名,非事业编会员586名,会员的"京卡·互助服务卡"办理率达93%。

3月6日,校工会发文批准在工科综合实验教学示范中心建立工会组织,原电子信息技术实验实训基地工会组织撤销。

(李壮)

【爱心互助基金】 截至2017年12月31日,爱心互助基金收到学校行政拨款27万元。经学校爱心基金互助委员会批准,全年使用爱心基金资助在职职工患重大疾病、遇困职工和去世职工家属35人次,总计支出28.21万元;向市教育工会、温暖基金会申请各类救助12人次,累计12.544万元。

(李壮)

【福利工作及"十送温暖"特色服务】 校工会重视节日福利及职工休养工作。2017年使用工会经费30%的预算,以招标采购方式采买教职工节日慰问品,在"五一"劳动节、教师节和新年前夕发放到教职工手中。10月组织学校50余名先进教职工赴北京市工人疗养院(北戴河)进行休养。

截至2017年12月31日,经工会福利委员会批准,使用福利费为"十送温暖"特色服务共支出776.949871万元,惠及全校教职工2900多人次。其中资助遇困职工8人次,资助金额1.6万元。

(李壮)

【职工保险工作】 校工会使用福利费和工会经费分别为学校事业编和非事业编职工参保中国职工保险互助会推出的"在职职工互助保障计划"。使用86450元为3325名教职工投保在职意外保险,其中非事业编443人,使用11518元;使用81560元为2039名女职工办理在职女职工特殊疾病互助保障,其中非事业编女工201人,使用8040元。

校工会年内为9名在职教职工申请重大疾病保障,赔付款金额共计10.344万元;为1名教职工申请非工伤意外保障,赔付金额为0.2万元;为2名教职工申请北京市温暖基金会救助,救助款共计2万元。

(李壮)

【文体活动及宣传工作】 校工会文体委员会积极推进教职工文体协会建设,2017年新批准成立瑜伽、毽球、慢跑、飞盘运动、造型艺术、牌类、美食与健康7个文体协会,学校文体协会总数已达20个。探索完善文体协会工作新机制,着重体现校工会的领导和二级工会的支持,丰富校内教职工文体活动的内容。重视文体协会年度考核,经文体委员会评选,摄影协会、乒乓球协会、网球协会、棋类协会、合唱协会、书法协会、羽毛球协会、健美操协会被评为"2017年度优秀文体协会"。

配合健康幸福工程工作,校工会主办、教职工文体协会承办、体育部及相关二级工会协办网球、乒乓球、羽毛球、健美操、登山、篮球、徒步走、飞盘等一系列体育比赛和活动。校工会组织广播体操比赛并依托“健步121”手机App组织多次教职工健步走活动。校工会还依托文体协会举办书法笔会、合唱活动、棋类比赛、摄影展、造型艺术讲座等文化活动。年内利用“北京工会12351”App进行“祖国颂”新年音乐会演出票预定活动，改变组织教职工观赏高雅文艺演出的活动形式。7月，棋类协会组织学校教职工组队参加由北京市总工会和北京市体育局主办的2017第八届北京市职工象棋围棋系列比赛暨北京市职工象棋围棋比赛。最终围棋队获得团体第八名，象棋队获得团体第九名。

开展工会宣传工作，在北京联合大学工会网站上积极展示学校各类工会活动的风采。重视外宣工作，年内向北京市教育工会网站投稿33篇，被采用29篇，各类工会工作新闻先后被《中国教育报》《劳动午报》《现代教育报》《北京考试报》《健康咨询报》以及中国网、中工网、北京教工之家公众微信号等多家校外媒体宣传报道10余次，计22篇。

（李壮）

【青教赛及青年工作】 校工会积极搭建青年教师成长平台。3月，校工会正式启动学校第八届青年教师教学基本功比赛，赛前邀请中国人民大学马相武教授为参赛选手进行赛前辅导。比赛于4月23日在北四环校区开赛，师范学院张婍、体育教学部李津获文史类一等奖，基础课教学部玄祖兴获理工类一等奖。他们三人被推荐代表学校参加北京高校第十届青年教师教学基本功比赛。

9月，北京高校第十届青年教师教学基本功比赛成绩揭晓。学校教师张婍、玄祖兴分获文史类、理工类B组一等奖，李津获文史类B组二等奖；张婍、玄祖兴获最佳教案奖，李津获最受学生欢迎奖，玄祖兴获最佳演示奖；袁安锋、邢春峰、汪艳丽获优秀指导老师奖；北京联合大学获优秀组织奖。

校工会关注青年教职工需求，围绕青年教职工成长及生活开展系列活动。9月组织校内在2017年满30周岁的青年教职工和部分工会干部赴长春工业大学举行“三十而立话责任”青年教工主题生日会暨教职工之家建设学习交流活动。12月组织以“和谐联大温馨家庭——家乡的味道”为主题的第六届“厨厨动人”青年教职工厨艺大赛。

（李壮）

【庆祝教师节系列活动】 校工会以“迎接党的十九大　做好学生引路人”为主题，组织系列活动庆祝第33个教师节。学校党委、行政、工会联合发布“致全校教职员工教师节慰问信”，向教职工致以节日的问候；9月8日召开教师节座谈会，校党委书记韩宪洲、校长李学伟、副书记付晨光和部分职能部门负责人与23名优秀教职工代表进行座谈；教师节期间，通过网站、微信公众号、校园宣传栏、新闻网等渠道，对学校先进模范集体和个人进行了广泛宣传；对2017年在教育系统工作满30年的84位教职工给予表彰。

（李壮）

【暑期工会干部培训】 7月17日，学校2017年暑期工会干部培训在通州运河苑度假村会议中心开班。北京市教育工会副主席邱爱军、北京市工会干部学院工会理论研究所研究员郭庆和首都师范大学工会常务副主席于丽萍应邀到场分别做专题讲座，校党委书记韩宪洲出席并讲话，校党委副书记、工会主席付晨光做专题报告。校第四届工会委员会委员、常设主席团成员及二级工会主席、副主席，工会经审委、女工委、文体委员和各文体协会负责人等60多名工会干部参加培训。

（李壮）

【女教职工工作】 校工会重视女教职工家庭建设和女教职工身心健康，以“助力女职工成长，关爱女职工生活”为主题开展系列工作，着重打造品牌特色。每年都举行新婚教职工联谊暨幸福之家表彰会，对新婚职工家庭和幸福之家进行表彰；举行教职工亲子趣味运动会，教职工家庭踊跃参加；年内依托慈铭体检机构开展女工专项体检；“三八”节前夕通过校园网向全校女工发出节日慰问信，致以节日的祝贺；举办“女教师礼仪与职业形象塑造”讲座，联合全国心系系列活动办公室举办“贝壳行动　女教职工健康关爱课堂”。

（李壮）

【重要获奖】 2017年校工会获得多项集体荣誉。1月10日，根据北京市教育工会第九届委员会第十次全体（扩大）会议消息，校工会获2016年度北京市教育工会工作考评先进单位奖，校工会撰写的《促进中青年教师专业化发展的人文关怀环境支持体系的构建与探索》论文获中国教科文卫体工会2015年理论研究和调查研究征文三等奖。4月，根据《北京市总工会关于2016年度基层工会考评结果的通报》（京工发〔2017〕3号），学校工会被北京市总工会评为“工会工作标兵单位”。9月29日下午，全国厂务公开民主协调小组召开“全国厂务公开民主管理工作经验交流暨先进单位表彰电视电话会议”，学校被授予“全国厂务公开民主管理先进单位”。

旅游学院旅游实践教学中心于平教授荣获由北京市总工会、北京市人力资源和社会保障局颁发的2017年“首都劳动奖章”；旅游实践教学中心获得中华全国妇女联合会授予的“巾帼文明岗”荣誉称号。

（李壮）

【附表】

表 9.1　2017 年校工会(含文体协会)组织的文体活动一览表

序号	活动名称	活动时间	主办单位	承办单位	协办单位
1	“迎新春　颂联大　展风采”教职工合唱协会交流会	1 月 5 日	校工会	合唱协会	机关工会
2	2016 年新婚教职工联谊暨幸福之家表彰会	1 月 12 日	校工会		
3	“女教师礼仪与职业形象塑造”讲座	3 月 15 日	校工会		
4	羽毛球团体比赛	4 月 8 日	校工会	羽毛球协会	体育教学部
5	中国象棋赛	4 月 22—29 日	校工会	棋类协会	继续教育学院工会/图书馆工会
6	网球比赛	4 月 23—28 日	校工会	网球协会	体育教学部
7	“弘扬正能量　赞美主人翁”摄影比赛	4 月 28 日	校工会	摄影协会	旅游学院工会
8	书法讲座暨“喜迎十九大　铸造联大魂”教职工书法作品征集活动	5 月 11 日	校工会	书法协会	特殊教育学院工会
9	乒乓球团体比赛	5 月 13 日	校工会	乒乓球协会	体育教学部
10	广播体操比赛	5 月 12 日	校工会		
11	亲子趣味运动会	6 月 3 日	校工会		
12	暑期教职工“健步 121”比赛	7 月 1 日	校工会	户外登山协会	体育教学部
13	足球比赛	9 月 15 日至 10 月 13 日	校工会	足球协会	体育教学部
14	“三十而立话责任”青年教工主题生日会暨教职工之家建设学习交流活动	9 月 21—23 日	校工会		
15	“喜迎十九大　做好引路人”教职工秋季健走活动	10 月 11—17 日	校工会		
16	教职工钓鱼比赛	10 月 29 日	校工会	钓鱼协会	智慧城市学院工会
17	登山比赛	11 月 4 日	校工会	户外登山协会	体育教学部
18	“踏上新征程,共走复兴路”教职工健走活动	11 月 1—7 日	校工会		
19	造型艺术剪纸培训	11 月 7 日	校工会	造型艺术协会	

共青团工作

【概况】 共青团北京联合大学委员会(以下简称校团委)下设组织宣传科、文体实践科、科创实践科,人员编制 6 人,其中书记 1 人,副书记 2 人。全校 12 个学院分团委,1 个公寓团委。

2017 年,北京联合大学共青团深入学习宣传贯彻党的十九大精神,全面落实全国和北京市高校思想政治工作会议精神和中央群团工作会议精神,学习宣传贯彻学校第五次党代会精神,聚焦立德树人根本任务,围绕共青团“凝聚青年、服务大局、当好桥梁、从严治团”四维工作格局,以党建评估和审核评估为工作重点,不断加强和改进思想政治工作,提升共青团工作水平,强化思想政治引领,服务学生成长成才,团结带领广大团员青年为学校改革发展做出新贡献。

(李焱)

【团组织建设】 扎实开展“学习总书记讲话,做合格共青团员”教育实践活动。按照团中央、团市委的要求,研究制定《关于开展“学习总书记讲话　做合格共青团员”教育实践的通知》。在学习教育环节,扎实开展自学活动,组织团员深入学习习近平总书记系列重要讲话精神和治国理政新理念新思想新战略,特别是关于青少年和共青团工作的重要论述及全国、北京市思想政治工作会精神。以“三会两制一课”团员教育管理制度为基本依据,全校 528 个团支部召开组织生活会,进一步加强和整顿规范团支部工作。集中开展入团仪式,五四期间,校团委以“不忘初心跟党走”为主题,组织新发展团员观看《入团第一课》教学视频,组织老团员重温入团誓词。

构建和完善党领导下的“一心双环”团学组织格局。以团委为枢纽和中心,以学生会组织为学生自我服务、自我管理、自我教育、自我监督的主要学生组织,以学生社团及相关学生组织为外围延伸手臂,落实《高校学生社团管理暂行办法》,出台《北京联合大学学生社团管理办法》,对全校 256 个学生社团进行规范管理。履行对学生社团的主要管理职能,学生会组织配合团组织加强对学生社团的引导、服务和联系,促进学生社团规范有序发展。

加强制度建设，夯实共青团工作基础。修订《北京联合大学共青团“达标创优”实施办法》，研究制定《北京联合大学共青团工作2017年考评办法》《北京联合大学团学干部管理办法》，夯实共青团工作基础。

作为团中央试点高校，在城市轨道交通与物流学院推进“班级团支部与班委会一体化运行”工作，在全院范围内推动团支部书记兼任班长或班长兼任团支部副书记，团支部与班委会一体运行、协同工作，制定工作制度，完善工作机制，形成可推广的经验和模式。开展“骄傲吧，我的团”活力团支部提升工程，通过“新媒体”作品答辩的形式，评选出校级活力团支部10个，推荐两支团支部参与市级遴选。在首都大学、中职院校“先锋杯”评选中，学校推荐优秀团支部22支，优秀基层团干部24人，优秀团员24人。在2016—2017年度市级“三好学生”评选中，学校申报“三好学生”45名，优秀学生干部15名，先进班集体13个。

完善学生干部培养体系，着力提升学生干部的能力和素质。以校院两级学生干部为主体，以大学生骨干培训班为基础，以菁英学堂为重点，构建多层次、多模块、多类型的培养体系，着力提升学生干部的能力和素质。先后以“学习总书记讲话，做合格共青团员”“打造‘一心双环’组织格局、加强学生社团建设”“学习十九大精神”为主题，举办三期大学生骨干培训班，共培训542人次，基本覆盖全校的学生骨干。开办第8期菁英学堂春季班和秋季班，春季班招收17人，秋季班招收16人。每月平均开展两次活动，通过理论学习、交流研讨、社会实践、社会观察、能力训练等方式不断提高学员的思想政治素质、政策理论水平、创新能力、实践能力和组织协调能力。

从严治团，加强团干部队伍建设。坚持用习近平总书记系列重要讲话精神武装学校共青团干部头脑，牢固树立政治意识、大局意识、核心意识、看齐意识，坚决维护以习近平同志为核心的党中央权威，不折不扣地贯彻执行党的路线方针政策和决策部署。按照“三严三实”专题教育和“两学一做”学习教育的要求，继续做好校团委班子联系、服务院团委制度和校、院团委书记直接联系服务团员青年制度。

直接联系服务青年。健全工作机制，落实团干部联系青年“1+100”制度要求，突出困难帮扶，加大对经济困难、学业困难、心理问题、人际沟通困难、上进心不足等学生群体的帮扶力度，积极开展节假日送温暖、编印新生宝典等工作，解决学生的实际困难，促进学生积极融入校园生活。

加强维护青年学生合法权益工作。建立日常调研机制，搭建网络新媒体平台，及时收集、听取涉及广大同学切身利益和普遍要求的问题，并跟进推动问题解决。促进学生代表大会、学生会组织在学校治理和学生服务中发挥重要作用，强化制度建设，集中反映学生意愿和代表学生利益的职能，通过意见征集，推出十多份权益报告，帮助学生解决学习、生活中的多项问题。

（李焱）

【思想教育】 校团委把学习宣传贯彻党的十九大精神作为年度工作的重中之重，筹划一系列学习贯彻党的十九大精神的教育实践活动。9月初，在全校范围内开展“喜迎十九大·共筑中国梦”主题团日活动，号召团员青年学习习近平总书记系列重要精神，增强“四个意识”，谈五年变化，增强“四个自信”，创优异成绩，向党的十九大献礼，引领团员青年以昂扬的精神风貌迎接党的十九大的胜利召开。在十九大开幕当天，组织团员青年收听、收看开幕式，并以支部为单位开展学习讨论，实现收听、收看和学习交流两个全覆盖，确保第一时间把党的十九大精神传达到每一位团员。

党的十九大召开之后，开展以“学习贯彻十九大，勇做时代弄潮儿”为主题的教育实践活动。发挥学生理论社团的先锋带头作用，选配优秀的学生骨干，组建13支“党的十九大精神学生宣讲团”，深入团支部、学生社团、学生宿舍，广泛开展灵活生动的面对面宣讲交流。以“学习贯彻十九大，青春奋进谱新篇”为主题开展演讲比赛。举办“不忘初心跟党走　青春建功新时代”十九大精神知识竞答，覆盖人数近万人次。举办“砥砺奋进，不忘初心”校园合唱大赛，网络观看人数达10万人次。利用新生团校、学生骨干培训班，邀请校内外的专家、学者做辅导报告，把学习党的十九大精神作为增强共青团员先进性的核心要求，各学院组织各类宣讲学习活动近300场，参与学生近万人。

深入学习宣传习总书记系列重要讲话精神。校积极组织、动员各级团组织和团员及时学习习近平总书记讲话精神，认真开展“学习总书记讲话　做合格共青团员”教育实践，要求团干部和团员真学、真信、真用，做到入心、入脑、入行。按照上级团组织的部署和要求，全年开展“学习总书记讲话　做合格共青团员”教育实践活动。5月5日，召开学习习近平总书记在中国政法大学考察时的重要讲话精神座谈会。7月7日，召开团代表会议，学习传达《关于加强和改进新形势下高校共青团思想政治工作的意见》。9月初，召开团干部会议，学习习近平总书记7·26重要讲话精神。

积极占领互联网阵地，在网络空间弘扬主旋律。加强以“青春联大”微信平台为首的团属新媒体建设，打造团属新媒体矩阵，加强渠道建设、内容建设、队伍建设。在优质内容供给上下功夫，坚持众筹思维，策划推出传播广、影响大的拳头产品和品牌栏目。开辟学习十九大专栏，每天发送有关十九大精神解读的理论文章和宣传图片，通过新闻报道、人物访谈、理论文章、青年感悟等形式,持续开展对党的十九大精神的宣传解读,推动形成学习宣传舆论阵势。整合学校历史故事、各类仪式典礼、文化艺术活动、优秀师生案例等传统思想政治教育资源,制作微电影、微纪录等网络文化产品。创作《我有一个梦》音乐剧,讲好联大故事,激励学生爱校荣校,爱国奉献,通过网络直播的形式,实现16万余次浏览量。

目前,校团委微信平台已经有2.9万的关注量,全年推送内容664条,累计点击量837261人次,持续位列全国高校团委微信平台100强。公众平台已经成为团组织与青年沟通联络、双向交流的一个重要渠道,也成为对团员青年开展思想引领、推动组织建设、促进教育管理、营造校园文化的有力载体。

(李焱)

【社会实践】 立足北京,深入开展社会实践活动。坚持立足北京城市功能定位,面向京津冀,辐射全国,坚持将社会实践与学校学科专业紧密结合,引导学生发现和解决首都经济社会发展中的实际问题,积极构建实践育人长效机制,培养适应首都改革发展建设需要的高素质应用型人才。关注绿色生态,建设美丽北京,组织学生到北京农村基层,围绕节能减排、水资源保护、垃圾处理等内容,开展科普知识宣讲、社会调查研究、建言献策等活动。倡导健康北京,助力冬奥推广,组织学生宣传普及举办冬奥会对国家发展的重要意义,普及冬奥知识与冬季冰雪运动文化,积极引领和营造全社会关心、支持和参与冬奥会的良好氛围。2017年,学校社会实践项目共432项,共有4180名学生参与暑期社会实践。我校荣获首都高校社会实践先进单位,“智力西部行”团队获全国大中专学生志愿者暑期文化科技卫生“三下乡”社会实践优秀团队。

(李焱)

【科技活动】 深入开展学生创新活动,培养学生的动手能力和创新意识。做好“启明星”第七届大学生课外学术科技作品竞赛、智能车竞赛、节能减排竞赛以及学生科技创新项目立项、结题工作。其中,学生科技创新项目共立项532项,较2016年度提高20%,高水平人才交叉培养“实培计划”深化项目立项29项,参与学生1500余人。第九届“挑战杯”首都大学生课外学术科技作品竞赛,学校报送的15件作品,有11件作品获奖。其中,特等奖2项,二等奖4项,三等奖5项,学校荣获优秀组织奖。在第十五届“挑战杯”全国大学生课外学术科技作品竞赛中,获得二等奖1项,三等奖1项,学校获优秀组织奖(全国共97所高校,北京6所高校)。举办第十四届科技文化节,支持学生科协、科技类社团开展科技论坛、科技进社区等系列活动40余项,扩大学生参与科创活动的覆盖面。

开展创业培训和模拟,大力提升学生创业能力。落实《关于高校共青团积极促进大学生创业工作的实施意见》,加强学生创业能力提升训练和培训,举办第二期“未来CEO”创业训练营,切实提升学生的创业能力。强化“联合咖啡”“创业广场”学生创业实践平台的运营,“联合咖啡”分别在北苑校区、学院路校区开设运营。举办“创新创业大讲堂”,邀请行业专家给学生做报告,帮助学生了解行业的新动态,引导学生学以致用。校院联动,打造创业团队品牌,培育学生创业团队19支,成功孵化团队3支,1支团队入驻学校创业孵化园。其中,“玩转户外”团队成功融资500万元。

(李焱)

【校园文化活动】 加强大学生艺术团建设,推动艺术教育普及化。印发《关于进一步加强开展学生艺术文化活动的指导意见》,明确普及艺术文化活动的工作要求、工作开展方式、激励措施、经费保障等,鼓励各学院申办艺术类社团。加强大学生艺术团管理模式改革,加强课程建设,开设《舞蹈与形体训练》《歌唱训练》《交响管乐合奏》《戏剧与舞台表演基础训练》课程。本年度,艺术团共开展校内外巡演13场。以联大建设发展取得的成就及相关人物为原型,支持创编话剧2部,原创歌曲2首。在北京大学生戏剧节展演中,《天堂中转站》《青春之歌》获银奖。在北京大学生舞蹈节展演中,《笠风·沐雨》获金奖和优秀创作奖,《我们》获银奖,《flawless》获铜奖。

弘扬中华优秀传统文化和社会主义先进文化,努力在校园中传播正能量。结合校院自身特色,塑造“一院一品牌”的联大校园文化活动。加强“青春联大”校院文化活动平台建设,利用传统节日、重要纪念日等契机,依托校训、校史等载体,以“五节五专场”为重点,广泛开展形式多样、健康向上、格调高雅的校园文化活动685项,参与9885人次。举办“联大华音”校园歌手大赛,通过网络直播,共有12万余次的浏览量。

实施共青团“第二课堂成绩单”制度,规范课外活动的组织和管理。制定《北京联合大学“全天候、全方位、全覆盖”第二课堂活动体系管理办法(试行)》,面向全体2017级本、专科学生试行。第二课堂活动包括思想成长、实践实习、志愿公益、创新创业、文体活动、工作履历、技能特长共七大类。依托团中央第二课堂网络管理平台,建立第二课堂活动管理体系和学生成长评价体系。客观记录、有效认证、科学评价学生参与第二课堂活动的经历和成果,学生参加第二课堂活动达到要求,可获得相应参与记录、学生成长积分及荣誉称号、奖项等,并计入“第二课堂成绩单”。截至目前,共开展第二课堂活动数量3154项,参与活动74186人次,生均参与活动4.6次,学生对第二课堂活动满意率为99.22%。在使用团中央第二课堂网络管理平台的360所高校中,活动总次数排名前6位,学生人均参与活动数排名前 30 位。

（李焱）

【志愿服务活动】 学生志愿服务是团员青年服务学校建设、服务首都发展、展现联大形象的重要途径和手段。2017 年，学校在志愿北京平台上注册志愿者人数达到近 15000 人，新增人数近 800 人，志愿服务时长共计 87231 小时。组织志愿者积极参与"喜迎十九大"地铁志愿服务工作、"喜迎十九大"北京展览馆志愿服务活动、鸟巢宣讲、太阳村、敬老院、毕业生离校、迎新、运动会、招生宣传等数十项校内外大型志愿服务活动，在校内外树立联大学子的良好形象，为学校赢得口碑和声誉。开展志愿服务工作示范项目的评选，共评选院级优秀项目 34 个，校级优秀项目 22 个。

（李焱）

【学生公寓团委】 学生公寓团委是学校开展共青团工作的新阵地和基层组织，成立于 2009 年 9 月，学生公寓团委现设书记 1 名，副书记 2 名，由校团委老师担任书记，其余职务全部由学生担任。学生公寓团委下设办公室、组织部、文艺部、宣传部共 4 个职能部门，协同运作完成学生公寓团委的各项工作。

为提高同学外在形象，增进宿舍成员的友情，学生公寓团委于 3 月 8 日举办女神节。4 月 18—28 日，学生公寓团委举办"宿舍文化节"系列活动(包括文化节开幕式、T 恤涂鸦、最美宿管老师、男女生宿舍互访、最靓小空间评选、宿舍大咖秀，文化节闭幕式暨颁奖晚会)。9 月 26 日，举办中秋晚会，旨在增强同学在学校、在宿舍的归属感。10 月 13 日举行学生公寓团委第九届换届大会。11 月 4 日进行学生公寓团委内部团队建设。12 月 4 日举办舞蹈文化交流会。12 月 14 日、20 日举办"辞辩绽放光彩，安全伴我同行"主题辩论赛。

（李焱）

【北京联合大学学生会】 北京联合大学学生会(以下简称校学生会)是在校党委领导下、校团委指导下的学生自治组织。校学生会下设办公室、宣传部、生活权益部、文体活动部、学术实践部、国际交流部、公关外联部七个部门。

校学生会 1992 年成立，至 2017 年成立 25 年。2017 年，学生会深入同学之中，开展了系列意义深刻、形式多样、内容丰富、效果显著的活动。

5 月，校学生会与国际交流学院共同举办"一带一路一家人，和谐友爱世界梦——第七届北京联合大学国际文化展"，受到学校师生特别是留学生的一致好评。6 月，协同校团委文体活动部组织策划举办"不说再见——2017 年毕业晚会"。

9 月，校学生会全体成员投入到迎接新生的工作中，为同学们准备"怦然新动——2017 年迎新晚会"来展示自己的才艺。党的十九大开幕后，校学生会多次组织各学院学生会干部集体学习十九大报告精神，紧跟时代步伐。为深入宣传十九大精神，校学生会还与学校对口帮扶学校——丰宁实验中学学生干部深入交流。组织新生辩论赛、丢书大作战等学术实践类活动，调动同学们的学习积极性。12 月举办"廿五同行，骏业日新——北京联合大学学生会成立 25 周年庆典暨 2018 年元旦晚会"，总结校学生会 25 年以来的工作，也为同学们带来一场丰富的文艺表演。

坚持线上线下协同发展，不断加强团学组织宣传阵地的建设。截至 2017 年 12 月 31 日，联大青年公众号(学生会运营)关注量突破 7500 人次，阅读量超过 20 万，稳居学校团学组织微信公众号排行榜前三。

（李焱）

【北京联合大学学生科技协会】 北京联合大学学生科技协会(以下简称科创实践部)是校团委指导下的学生组织，负责科技立项"启明星"，暑假社会实践等科技创新活动，为同学们进行社会实践活动、科技创新、学术性研究提供广阔空间。

10 月 13 日科创实践部收到参加京东"极客帮"论坛的邀请，并于 10 月 21 日前往京东总部参观学习。10 月份协助校团委完成 2017 年暑期社会实践总结表彰工作，向团市委、团中央提交优秀团队材料，参加市级和全国"三下乡"大学生暑期社会实践总结表彰工作。

10 月份完成 2017 年"启明星"科技创新作品中期评审工作。11 月 7 日，举办第一届纸桥承重大赛，感受科技活动的魅力。11 月 9 日，协助"第十九届海峡两岸应用型高等教育学术研讨会"工作，与来自台湾、深圳、上海等地的参赛者建立深厚友谊。

12 月 1 日，科创实践部开展以"互联网主流 IT 技术分析和大学生职业 IT 技术规划"为主题的讲座，为学习互联网专业的同学们提供研究方向。12 月 2 日赴装甲兵工程学院科技大会参观；12 月 4 日组织举办中科院力学专家到校开办专题讲座；12 月 16 日参加北京市第六届大学生科技成果推介会；12 月 28 日举办 2018 年科创实践部元旦晚会。12 月完成 2017 年"启明星"科技创新项目结题材料整理及 2018 年项目申报。

（李焱）

【北京联合大学红十字会分会】 北京联合大学红十字会分会是小团队指导下的学生红十字公益组织。(以下简称校红会)2017 年校红会共完成招新面试 4 次，全体大会 2 次，团队建设 10 次，防艾同伴教育 8 次，禁毒同伴教育 1 次，手语公益课堂 12 次，急救培训 2 次，青春善言行 1 次，5·8 世界红十字日主题宣传活动 1 次，12·1 世界艾滋病日主题日宣传活动 1 次，对外交流活动共计 23 次。

开展五大类活动：一是手语公益课堂等常规性活动，二是 5·8 世界红十字日主题活动和 12·1 世界艾滋病日主题宣传活动等特色活动，三是防艾小课堂、心理团建等原创活动，四是青春善言行等新活动，五是全体大会以及团队建设等基础活动。校红会工作中主推急救培训、防艾同伴教育、青春善言行和 12·1 世界艾滋病日主题宣传系列活动，旨在为校内外师生提供必要的简单救护和防艾小知识，使师生受益。

2017 年 3 月，校红十字会荣获北京市红十字会先进集体称号；2017 年 3 月，6 名校红十字会骨干荣获北京市红十字会先进个人称号；2017 年 11 月，校红十字会荣获首都高校手语歌大赛第三名；2017 年 12 月，校红十字会荣获首都高校防艾话剧大赛优秀奖；2017 年 12 月，校红十字会第十二届会长郭祉祺荣获青春红丝带社团先进个人称号。

（李焱）

【北京联合大学青年志愿者协会】 北京联合大学青年志愿者协会(以下简称校青协)是校团委指导下的校级学生组织，主要负责公益志愿服务工作。2017 年 9 月校青协招募志愿者 98 名，据最新统计已注册“志愿北京”人数近 2 万人，新增注册人数近 5000 人，志愿服务共计 37231 小时，参与项目 100 余个。

常规活动如下：开展太阳村、敬老院、圆计划、西店支教、宋庆龄故居、爱心义诊、今日美术馆、志愿学堂等志愿服务活动，共计 100 余次，参与人数 500 余人，累计志愿服务学时 15000 余学时。

大型团建活动：开展 12·5 宣讲、“别吃朋友”公益宣讲会、城市穿越、鸟巢宣讲志愿服务、宣传学习十九大十二学院交流会、争当志愿者等活动。协助完成校级大小文艺晚会、开学典礼、党建评估等志愿工作 20 余项，为活动顺利举办做好保障工作。

特色工作：首次对学校新生迎新志愿服务工作进行统筹安排；开展十九大北京展览馆志愿服务和十九大地铁安全维护工作，为党的十九大顺利召开做出贡献；参与荷风慈善晚会志愿服务，得到合作企业的好评。

重点工作：开展 2017 年北京联合大学志愿服务示范评选工作，对志愿服务项目进行阶段性考查评定，为校青协未来更好的发展及时调整服务定位。校青协被评为最佳志愿团队，“圆计划”项目顺利完成，校青协被合作单位授予最佳合作伙伴、长期战略合作伙伴称号。对外合作交流显著提升，高校交流 10 次，校外企业合作 5 次。

（李焱）

【北京联合大学学生社团联合会】 北京联合大学学生社团联合会(以下简称社团部)负责全校学生社团的注册、运行指导及管理工作。社团部负责人由校团委老师兼任，下设副部长两名，主管级干部四名，由学生担任。社团部下设两个机构，分别为社团管理办公室、社联秘书处。社团管理办公室主要负责全校学生社团的组织管理工作，指导学生组建社团，受理新社团注册申请、登记、审核批复、考核和注销工作。指导学生社团组织不断完善自身建设和制度建设，受理并查处举报的各社团违规情况，实现学生社团规范化管理。社联秘书处负责指导学校学生组织(校级社团)学生社团联合会具体工作。

完善制度建设，进行社团审查工作。为加强学生社团管理，促进学生社团健康有序发展，按照学生手册上关于《北京联合大学学生社团管理条例》的相关要求，社团管理办公室开展全校社团审查工作，对学校成立满半年的社团进行逐一审查，各学院均召开学院社团审查大会，切实做到不漏报、不虚报，公示评议要严、数据审查要精、建档资料要全，在审查过程中，以社团名称规范、类别准确、有指导老师、达到社团最低人数为最低要求，以社团组织架构、制度建设、社团文化、精品活动四项为考核细则进行量化评分。

以活动建立沟通平台。把握文化性与娱乐性结合的原则，社团部负责社团文化节、百团大战以及社团嘉年华等活动，2017 年 4 月 26 日举办第十一届社团文化节魔术专场；2017 年 9 月 21 日举办百团大战，展示联大丰富多彩的社团活动，12 月 20 日举办社团嘉年华，进行社团工作总结和展示。以学院社团部及各类别社团为基础开展活动，以活动的形式为学生社团建立展示与交流的平台。

疏导学生社团活动渠道。鼓励社团开展活动，对各学院社团进行指导，对各校区社团活动进行公示，为不同校区的同类别社团开辟相互学习交流平台。

（李焱）

【北京联合大学国旗护卫队】 北京联合大学国旗护卫队在校团委的指导下，主要负责全校升旗工作，开展日常训练，由校本部国旗护卫总队和各校区国旗护卫支队共同组成。2017 年，国旗护卫队共完成日常升旗 163 次，包括新学期第一次升旗、五四主题升旗仪式；校团委委派升旗任务 7 次，包括毕业晚会出校旗任务、开学典礼升旗任务、运动会升旗、学生表彰大会出旗任务等。在 3 月和 5 月，组织学校国旗护卫队各支队的联合训练；10 月份与师范学院支队、特殊教育学院支队共同完成运动会升旗任务；10 月份组织北京联合大学第二十二届国旗护卫队换届仪式暨建队五周年庆典，选出 2017 年优秀支队：师范学院支队、特殊教育学院支队、商务学院支队。

9 月份参加第六届北京高校国旗护卫队队列动作评比，获得优秀奖；参加北京地区部分高校国旗护卫队(仪仗队)交流活动，与全国其他省市高校国旗护卫队建立起常态化交流，在第二十二届国旗护卫队换届之际收到数十所高校国旗护卫队（仪仗队）的祝福视频与贺信。

在校团委的指导下，国旗护卫队开展多项团队建设活动。加强队员凝聚力，组织爱国主义教育主题活动；为提升队列动作水平，举办训练辅导员聘任仪式，邀请从部队退役的学长担任教官；为提高升旗仪式质量，组织升旗队列动作评比；为进一步提升队员的爱国情怀，组织主题观影观看《邓小平登黄山》。

（李焱）

·直属教学部·

基础课教学部

【概况】 基础课教学部(以下简称“基础部”)是校本部直属教学单位,负责校本部各学院的数学课程和物理课程的教学任务。下设高等数学教研室、工程数学教研室、大学物理教研室(下设物理实验室)、行政办公室。2017 年,基础课教学部共有教职工 60 人(其中专职教师 54 人,干部和行政人员 6 人。专职教师中数学教师 40 人,物理教师 14 人,具有教授职务 6 人、副教授职务 21 人,具有博士学位 20 人,硕士学位 32 人)。基础课教学部在 2017 年调入 1 人,新入职 1 人,退休 3 人。

2017 年,基础课教学部多名教师在国家级和省部级教学比赛中获奖。积极探索与专业结合的应用型案例教学改革以及推进“课程思政”融入教学全过程。完成基础课程教师学术研修工作坊建设,积极参加北京高校数学教育发展研究中心教学观摩、研讨活动,共组织 23 人次教师参加了本市不同院校组织的课堂教学观摩活动。承担的“大学数学微课程在线教学资源建设”特色亮点建设项目取得成效。

组织和指导学生参加校级学科竞赛,学生参赛人数达到 1063 人次,获奖人数高于往年,达到 634 人次。指导学生参加市级以上竞赛,获得较好成绩。坚持学术立教,教研科研取得成效。成立了基础课教学部审核性评估领导小组和工作小组,扎实推进审核评估工作。

(王爱琴)

【教学工作】 基础课教学部圆满完成学校布置的常规教学任务。支持教师参加教学比赛,组织了多个教学竞赛指导教师团队,帮助参赛教师针对比赛内容进行了多次教学设计、研讨、试讲、演练,并请校外专家给予指导。1 位教师获得 1 项全国高校数学微课程教学设计竞赛一等奖,以及北京市和华北赛区特等奖;1 位教师获得北京高校数学微课程教学设计竞赛一等奖和华北赛区一等奖,1 位教师获得北京市青年教师教学基本功比赛一等奖并同时获得最佳教案奖、最佳演示奖等奖项;2 位教师被评为北京市青年教师基本功大赛优秀指导教师;1 位教师被评为全国数学建模大赛优秀指导教师(北京地区仅 6 位)。

(王爱琴)

【教学改革】 从学生现状出发,落实 2017 级人才培养方案课程教学大纲修订精神,进一步完善大学数学、物理课程教学大纲修订工作。按照因材施教和“横向分类、纵向分级”的指导思想,在调查和教学研究的基础上,起草大学数学分层分级教学改革试点方案。积极探索与专业相结合的课程教学改革,按照学生所在学科大类,重新划分课程教研室,将原有的高等数学教研室和工程数学教研室划分为工科类数学教研室、经管类数学教研室。

探索应用型案例教学改革,强调如何利用曾经学过的数学知识解决实际问题。完善大学物理实验课程仿真预习系统建设工作,新开发 5 项仿真实验。增加考研选修课,启动翻转课堂、雨课堂等教学探索活动。改革考核方式,将数学建模的思想融入教学过程,培养学生运用概率知识解决实际问题的能力。大学物理课程增加演示教学,探索物理知识在现代科技、生活中应用的拓展性学习;大学物理实验继续开发 5 个新的仿真实验项目;基础课教学部新申报的两个虚拟仿真实验教学项目获得学校批准(全校共批准 7 项)。

积极推进“课程思政”融入教学全过程。基础课教学部认真组织全体党员和教师学习习近平总书记在全国高校思想政治工作会议上的讲话精神和社会主义核心价值观,围绕立德树人根本任务,党支部制定《贯彻落实“两学一做”学习教育常态化制度化,坚持教育者先受教育,打造又红又专的大学生健康成长指导者和引路人》的教职工政治理论学习方案。结合教学大纲的修订,各教研室、党小组组织教师认真讨论研究,如何将思政工作体现到大学数学和物理课中。根据学校《关于推进“课程思政”建设的实施意见》,召开由基础部主任、教研室党小组长、教师个人代表三个层面的“课程思政”工作交流会。

(王爱琴)

【教师培训】 在校人事处教师发展中心的帮助下,完成基础课程教师学术研修工作坊建设,结合基础课程教学特点和教师实际,自主开发一系列的教师科研、教学学术研究工作,充分利用校内外专家资源,积极参加北京高校数学教育发展研究中心教学观摩、研讨活动。今年部门共组织 23 人次教师参加了多次本市不同院校组织的课堂教学观摩活动。教研室开展教学研究和集体备课制度化,每周各教研室有计划地组织一次教研活动，每月组织一次全校数学、物理教师教研活动；坚持开学初各教研室组织说课，研讨具体教学内容的细节处理问题，确定教学进度安排、阶段测验、期中考试时间等，坚持期中考试成绩分析，研讨教学改进措施制度。

期中考试后，基础部组织召开了全校各学院数学、物理课程负责人参加的统考课程联席会，通报和交流考试情况，积极协调和解决教学中存在的问题。在教研室广泛开展教学研究和集体备课的基础上，部门今年接待新疆和田地区教师来我部门进修学习，部门党政工一起举办新疆来我校挂职的8位教师参加的教学经验交流会。

（王爱琴）

【课程建设】 特色亮点建设项目取得成效。2017年基础课教学部承担了校教务处支持的“大学数学微课程在线教学资源建设”特色亮点建设项目，完成了以突出应用性为特色的高等数学、微积分、概率论与数理统计、线性代数四门微课程主要视频制作工作；完成部分已制作知识点（27课时）的补充、修改、完善和重新录制任务；完成微课视频提问问题设计与问题插入编辑工作，完成127个知识点（297课时），在学生辅助性学习中发挥作用且有一定成效。以手机等移动设备搭载大学数学四门统考课程主要知识点微课教学资源，方便学生学习，进一步显现出手机移动教学系统发挥的功效。实现在线学习教学平台软件系统搭载微课教学资源，形成有助于学生预习和复习的教学辅助系统，本系统实现了学生学习过程可跟踪，随机学习过程提问与测试，学习过程及结果可作为部分平时学习效果的发展性评价成绩记载。

（王爱琴）

【学科竞赛】 基础课教学部教师组织和指导学生参加校级学科竞赛，学生参赛人数达到1063人次，获奖人数高于往年，达到634人次。反映了学生参与挑战性学习的积极性增高。基础课教学部指导学生参加市级以上竞赛，获得较好成绩。2位老师指导学生参加美国数学建模大赛分别获得2个一等奖（国家级一等奖），并同时获得2017年校长特别奖；参与泰迪杯全国数据挖掘竞赛，有1个参赛队获得三等奖；教师指导学生获得北京市大学生数学竞赛一等奖2人，二等奖5人，三等奖10人；指导学生参加北京市数学建模竞赛，2个队获得二等奖；第34届全国部分地区大学生物理竞赛一等奖1人，二等奖2人，三等奖2人。

（王爱琴）

【教科研工作】 坚持学术立教，教研科研取得成效。科研到账经费：基础部完成了校科学技术处下达的60万元科研定额经费任务，实际完成到账经费69.67万元；批复经费、合同经费总额182.5万元（完成相关教师人均3万元的定额任务）；横向科研项目经费：2017年实际到账经费30.5万元；获得局委办级及以上项目到账经费39.167万元。科研项目：基础课教学部2017年申报省部级及以上项目15项，今年有1项国家自然科学基金青年项目开始获得经费资助；获批4项局委办级项目（1项北京市教育科学“十三五”规划课题、1项北京市青年拔尖人才资助项目、2项北京市教委资助科研计划项目）。获得1项校级科研立项，4项校级教改项目。获得学校批准2项虚拟仿真实验教学项目（全校仅批准7项）。科研论文：2017年基础部发表SCI、EI期刊收录等高水平论文8篇，CSCD论文3篇，出版专著3部；另有一名教师今年申报的1部学术专著获得校级优秀专著资助出版项目。

（王爱琴）

【审核评估工作】 根据学校审核评估领导小组工作部署，成立了基础课教学部审核性评估领导小组和工作小组。制定了《北京联合大学基础课教学部自评自建工作方案》。完成了评估自查工作，聘请专家检查指导，及时整改；完成学校评估专家组到我部门检查的汇报工作和整改工作。（1）学习领会评估精神，规范教学文件。组织教师认真学习审核评估专家反馈意见，及时制定整改方案。（2）围绕审核评估的“五度”要求，全面推进各项工作。在落实“办学定位和培养目标与社会需求的适应度”方面，重点完成了2015版2017级教学大纲修订任务。在落实“满足学生学习效果与培养目标达成度”方面，采取了因材施教、分层分类教学等手段，通过课程导师制、答疑辅导制度等对有考研需求、专业培养需求、通识教育基本要求的学生进行了分类指导。在落实“教师和教学资源对学校人才培养的保障度”方面，重点开展了以下工作：一是加强教师培训，各教研室每周组织开展教学研讨活动；二是聘请校内外专家检查、指导；三是通过微课设计制作，进行教学反思，根据学生学习反馈及时进行改进，形成教学改进闭环；四是积极组织教师参加校内外教学比赛，提升教师执教能力水平；五是以大学数学特色亮点建设和大学物理实验仿真教学建设、大学物理演示教学为途径，完善课程教学资源建设。在落实“教学质量保障体系运行的有效度”方面：一是坚持课程导师制和每周答疑辅导制度；二是建立了教师课程教学效果奖励机制；三是从组织落实方面，将原有的教研室依照学科大类，重新划分成工科类数学教研室和经济管理类教学教研室，满足教师对不同人才培养目标教学要求的专门研究。在落实“学生和用人单位的满意度”方面，对学生学习课程的满意情况进行了1700名学生问卷调查，根据调查结果进行统计分析，提出了教学改进措施。（3）积极主动迎接检查，认真进行整改。基础课教学部大学物理实验室被评估专家评价：“环境整洁，精心设计；日常管理规范；合理利用空间，突出教育教学功能”，并被推荐在全校审核评估工作交流大会进行了经验介绍和交流汇报。

（王爱琴）

工科综合实验教学示范中心

【概况】 2017年,工科综合实验教学示范中心主要承担信息学院、自动化学院、管理学院、艺术学院、机器人学院等相关学院工科类公共基础课和专业基础课理论教学与实验教学任务,工科综合创新实验教学任务,以及学校非工科专业的工程意识通识教育课实验教学任务。工科综合实验教学示范中心设1个综合办公室和5个实验室(工坊),即计算机应用实践与创新实验室、自动控制基础实验室、信息技术基础实验室、现代制造技术基础实验室、工科综合实验创新工坊。

2017年,工科综合实验教学示范中心设书记1人,主任1人,副主任3人。2017年中心有教职工46人,其中教师24人,实验人员13人,管理人员4人。工科中心有正高职称2人,副高职称18人,中级职称25人,初级职称1人;专科2人,本科12人,硕士24人,博士8人。

(王利荣)

【教学工作】 2017年,接受并完成机器人学院、城市轨道交通与物流学院的专业基础课的任务,保证教学的有序运行。邀请学院专业负责人与工科中心教师沟通交流。让老师掌握各个专业的人才培养目标和人才培养特色,针对各个专业的培养目标制定基础课教学内容,为专业课教学做好支撑。聘请企业工程师给全体教师培训,结合各专业培养目标,给中心老师培训工程师实践和技术开发,使教师能够更熟练地完成实际应用教学案例的开发。运用专门经费资助所有教师进行结合专业方向和人才培养目标的教学案例开发,并鼓励教师结合企业和社会需求把教学案例和专利开发相互融合。完成立项18项。以立德树人为根本任务,重视课程思政工作,聘请专家做《适应新时代 因势而新 积极推进工科中心“课程思政”工作水平》的报告并进行辅导。

制定《工科中心教学审核性评估方案》,成立教学审核评估领导小组,由专人负责。认真整理相关教学文件、课程档案以及相关存档资料。召开会议研究审核评估工作,对教师进行评估知识培训。

(田景文)

【学科竞赛】 组织全校10个学院,分初赛和决赛形式,协助校教务处,完成2017年校级程序设计大赛各项工作。竞赛分为C语言程序设计、VB程序设计和数据库程序设计三个类别(其中,C语言程序设计分本科通识课组、本科非通识课组、高职组三组)。

承担华北五省大赛技术组工作,协助校教务处,完成华北五省大赛网站方案设计、网站建设、网站测试以及报名、作品提交和专家网上评判作品的网站运行全程技术维护工作,完成大赛答辩机房的技术维护和组织工作,大赛专家与学生交流互动组织管理工作,以及答辩结束后的会商室技术支持工作。

承办全校计算机基础大赛,全校12个学院,90个班级,3200多名学生参加了比赛,比赛分为初赛和决赛,初赛在各个学院内进行,选出好的作品进入决赛。最终全校决赛分为一、二、三等奖。2017年全国大学生电子设计竞赛(北京赛区)中,指导教师张翠霞、许汇冬指导学生获得二等奖、三等奖。五组学生报名参加北京联合大学2017年5月举办的电子设计竞赛,获校级二等奖4个,三等奖1个;指导12名学生组成的四支参赛队完成“滚球控制系统”“室内可见光定位”两类参赛作品,并在2017年8月全国大学生电子设计竞赛活动中获北京市二等奖1组,三等奖1组;指导学生参加校团委2017年“启明星”大学生科技创新项目,5个项目全部通过中期检查,项目成果均为软硬件结合的创新性作品。

(和青芳)

【科研工作】 2017年工科中心到账经费共计69.1万元,其中国家自然科学基金到账8.8万元,横向课题到账16.3万元,市级项目到账10万元,校级项目到账34万元。以第一作者或通迅作者发表论文共计18篇,其中A类论文2篇,C类文章6篇,D类文章5篇,E类论文5篇,知识产权登记7项。

组织教师撰写申报市教委科技面上项目,提交项目申报书4个,科技处经过专家评定,工科中心获批2项。组织10名教师撰写国家自然科学基金项目申报书,并聘请校外4位有申请国家自然科学基金项目成功经验的专家指导。组织申报2018年学校基础研究基金项目6项,其中青年基金项目3项,面上项目3项。

(和青芳)

【实验室建设】 建成工科实验室智能化开放平台并验收通过。平台基本达到对中心工科类8间实验室“点位化精细管理”“全天候全过程化实验指导”等特色目标。紧密结合平台使用,初拟了面对学生、教师和管理员三类角色的《实验室共享开放管理办法》。此项目将从实验环境侧面落实“以学生为中心”,推进实验室全时共享与开放。

完成实验空间调整与部分改造,整合集中资源。根据《北京联合大学关于成立工科综合实验教学示范中心的决定》(京联党〔2016〕173号)精神和资源调整方案,完成实验楼二层、四层区域的室内装修改造,实验楼三层两间实验室的整体搬迁与调试、另两间实验室拆卸并申请报废;拆除一间电工实验室;部分整合了四层实验室布局,集中工科类实验室至实验楼四层,并整体将原教研室搬至实验楼二层,划定集中的办公区域，并重新命名实验室。

有序完成实验室建设追加项目，提高实践教学效果。平稳有序完成"计算机设备更新及相关设备购置"实验室建设专项。此项目主要涉及更新411、412工科实验室，508、509、510计算机室共五间实验室的235台计算机及增配实验相关辅助设施等。完成旧设备拆除、新设备安装、课程软件安装调试等系列工作。

筹建基于工业4.0的微型智慧工厂，以实验资源为应用载体汇聚学科。完成"基于工业4.0的微型智慧工厂综合实验与研究平台建设"专项申报并获批复。此项目将搭建教学改革所需的实验环境，注重动手实践能力，并补齐现代制造技术无专门实验室的不足。同时此项目将契合中心跨学科交叉创新实践的使命需要，旨在以智慧工厂这一综合实验环境驱动工科综合实验，以应用载体汇聚学科。此项目现已组建了由中心领导、校教务处领导、中心专任教师及实验教师构成的项目工作组，力求此项目与相关工科类课程更好地对接，满足课程实验的实际需要。

初步搭建工科综合创客实验室。为学生智能车团队提供课外科技活动和参加校级及以上"恩智浦杯"智能车竞赛（原"飞思卡尔杯"智能车竞赛）赛前实验场地，现已利用部分既有资源，在实验楼419室初步搭建了工科综合创客实验室。该实验室丰富了中心工科实验室类型，在条件资源有限的现状下探索实验室差异化建设之路。

完成中心负责管理的五间自主学习/考试室刷卡管理系统部署与调试，先后实施了将原有保护卡管理模式更新为虚拟桌面管理系统、多用户端软件调试、校园卡数据同步及虚拟桌面分区部署等工作。现已实现师生在任一计算机终端登录，可授权自由使用该设备的预期目标。同时系统将实时记录上机人员、上机登入及登出时间，为后续统计分析积累一定的基础数据。现已进入系统试运行阶段。

策划筹备创新电子产品制作及竞赛活动，以电子产品套件为基础引导学生参加科技创新活动；指导学生参加校电子设计竞赛并获二、三等奖，8月全国大学生电子设计竞赛中获北京市二等奖1组，三等奖1组；指导学生参加校团委2017年"启明星"大学生科技创新项目，项目成果均为软硬件结合的创新性作品；以实际成果为导向，创设部门级"工科类教改探索与实践"项目，培育"第二课堂"实验与创新项目。

完成《实验室安全制度》《实验室安全应急预案》《实验室仪器设备损坏丢失赔偿规定》《实验室学生守则》《自主学习中心管理制度》共五项制度修订，并完成设计印刷及全部实验室制度上墙公示；制定《实验室使用记录》《实验室维护记录单》《实验室维修记录单》《实验室耗材入库单》《实验室耗材使用单》共五张表单，多角度规范实验室管理。

在保障日常教学基础上，为学校多个学院及部门提供计算机实验室借用服务。截至11月底，涉及英语四六级口语考试、全国计算机等级考试、华北五省计算机应用大赛及全国大学生数学建模竞赛等共十三项。此外，为国际交流学院及继续教育学院全学期的多门课程解决了无实验场地难题，提高资源利用率。

（薛鹏）

【党建工作】 2017年工科中心党支部下设三个党小组，共有党员24人。党支部落实全面从严治党要求，严肃党的组织生活，强化党支部的战斗堡垒作用和党员的先锋模范作用。认真执行"三会一课"等制度，开好支委会、支部会和党小组会；认真召开专题组织生活会并开展党员评议工作；严格程序选举产生第一届支委会委员和党支部书记。围绕部门工作，党政同向促进发展。

继续认真开展并完成2016—2017年基层党支部培养项目"党政协同凝聚合力，关注青年教师成长"，同时申报并开展2017—2018年基层党支部培养项目"加强课堂思政，推进全程育人"。加强党员、教职工队伍建设，加强思想引领，贯彻党的决定。组织教职工听取《当前的经济形势与经济政策分析——2017年政府工作报告解读》《适应新时代　因势而新　积极推进工科中心"课程思政"工作水平》等专家报告；参观"北京高校师生主题作品展"和"砥砺奋进的五年"大型成就展；观看《大国外交》、教书育人榜样黄大年的先进事迹等视频。将"两学一做"学习教育融入支部组织生活，组织党员听取"坚定文化自信，弘扬中国民族精神——学习习近平总书记讲话精神""学习贯彻十九大精神，推进课程思政建设"的党课；组织"坚定文化自信，涵养清风正气""弘扬社会主义核心价值观，做合格党员"和"立足岗位，学习贯彻十九大精神交流会"等主题党日活动；组织党员教职工开展"共产党员献爱心"等活动。部门党员、教职工围绕部门发展建言献策、服务教学、努力工作。1名党员被评为校级优秀共产党员。

加强党风廉政建设，开展廉洁文化教育。贯彻民主集中制原则，加强党政领导班子建设，落实"三重一大"、党政联席会和教职工大会等制度。坚持党务、政务公开。落实学校党风廉政建设责任制和各项任务要求，根据党风廉政建设和反腐败工作主要任务分工，落实党风廉政建设"一岗双责"职责。落实《北京联合大学内部控制基础性评价工作实施方案》要求，开展内部控制基础性评价的自查、培训和内部控制工作流程的完善工作，完善规章制度，严格各类经费、项目的管理。加强干部、党员、教职工廉洁文化教育和师德师风学习活动，开展党风廉政建设宣传月活动。组织党员、教职工学习中央、北京市和学校党风廉政建设相关文件、会议精神，学习李小凡、黄大年等师德榜样事迹；组织党员观看党风廉政教育警示片和开展"坚定文化自信，涵养清风正气"等主题党日活动等。

（苏幼香）

【工会工作】 2017年3月17日召开工科综合实验教学示范中心第一届工会会员大会。选举出工科中心第一届工会委员会及工科中心工会主席薛鹏、常务副主席许汇冬。

组织本部门代表参加第四届双代会。加强师德建设，配合党组织做好课程思政的改革。针对家属去世的教职工，工会组织慰问并发放补助；探望得病住院的教职工。指导教职工安装和使用“健步121”手机App和北京工会12351手机App。组织教职工参加校工会组织的广播操、羽毛球、乒乓球等团体比赛，组织教职工参加摄影协会、徒步协会、登山协会、乒乓球协会、羽毛球协会、网球协会等。2017年工科中心工会组织教职工摄影比赛、书法比赛等活动。

（许汇冬）

校体委、体育教学部

【概况】 2017年度，体育教学部全体教工共同努力完成了北京市教委对学校《高等学校体育工作基本标准》执行情况的前期评估工作，自评得分95.5分。深化体育教学改革，全面落实我校人才培养方案。完成全校2万余名学生《国家学生体质健康标准》测试工作，测试率达98.5%。首次作为牵头单位负责组建北京学生体育代表团健美操队参加第十三届全国学生运动会，历史性地取得了3金1铜的好成绩，被市教委授予“最佳突破奖”和“突出贡献奖”。积极培养学生参与课余体育锻炼与竞赛，全面开展体育活动，成功举办了2017年新生运动会。科学管理体育场馆，师生网上预约进馆健身达14000人次，承接各类大型活动45场。

（杨洪志　祁春利　李静）

【党建工作】 2017年体育教学部党支部调入党员3人，调出党员2人，退休党员1人，截至2017年12月共有党员30人，党员比例71.4%。2017年9月，经校党委任命，祁春利同志任体育教学部党支部书记，10月支委会调整委员分工，设立专职纪检委员，由隗河娟同志担任。

2017年，体育教学部党支部在校党委和直属单位党委的领导下，深入学习贯彻党的十九大精神和市十二次党代会精神，以习近平新时代中国特色社会主义思想为指导，按照校党委和直属单位党委的工作部署，围绕“立德树人”根本任务，抓住关键，夯实基础，促进发展，不断提升党组织的政治核心和领导作用，充分发挥党支部的战斗堡垒作用和党员先锋模范作用，凝心聚力，为学校体育工作的开展创造和谐稳定的环境，推动体育教学部各项工作向前进。

2017年，体育教学部党支部深入推进“两学一做”学习教育常态化制度化，建立了党政班子成员集体学习制度，党支部书记带头讲党课。深入落实全国高校思想政治工作会议精神，积极推进体育“课程思政”建设。认真落实组织生活制度，建立3个党小组，进一步夯实基层党组织建设基础。

坚持和完善集体领导和分工负责制度，建立党政联席会制度，坚持“集体领导、民主集中、个别酝酿、会议决定”的原则，加强党在各项工作中的领导核心作用，落实“一岗双责，党政同责”，落实党风廉政建设长效机制，持之以恒纠正“四风”，教育引导广大党员干部向先锋模范学习，按照双合格标准，持续加强党的基础性建设和先进性建设，以加强党建工作支持和带动业务工作向前发展。

（祁春利）

【教学工作】 依据教育部《高等学校体育工作基本标准》及我校关于2017版教学大纲的文件精神和具体要求，完成了2017版体育教学大纲的制修订工作，共涉及30门体育必修课，12门特教课，23门体育选修课，共计65门体育课程。圆满完成了4个教学区、8个学院共计321个教学班的教学任务，全年无教学事故发生。开设了篮球、足球、羽毛球、乒乓球、健美操、啦啦操、初级剑、武术扇、排球、体育舞蹈(特教)、瑜伽、艺术体操、摔跤、网球、美式橄榄球等20多项的体育必修课程，开设了篮球比赛组织与规则裁判法、羽毛球规则裁判与实践体育选修课程，极大满足了学生对大学体育课程的多样化需求。

注重青年教师培养，不断加强教法及教学改革研究。本年度重点开展了羽毛球、篮球等项目的集体备课。组织同专项任课教师间的教法研讨，统一考核方法与尺度；为提高体育教师执教能力，组织了技能大比武，并积极鼓励教师外出参加业务培训。经过不懈努力，王彬老师获得2017年学校中青年教师执教能力比赛二等奖；李津老师获得2017年学校青年教师基本功比赛第一名，并代表学校参加2017年北京市青年教师基本功比赛获二等奖。

（王光军　毛永强）

【科研工作】 在第十三届全国学生运动会科学论文报告会中，学校教师共获得一等奖1个，二等奖2个，三等奖1个。共发表科研论文15篇，其中核心期刊论文2篇，包括C1级期刊论文1篇，D1级期刊论文1篇；国内普通期刊论文13篇。出版著作5部，其中独立撰写著作1部，参与撰写著作4部，合计承担完成84.5万字。共有9位教师申报各类课题9项，到账经费35.8万元。

（杨洪志　张宗程）

【体质测试】 顺利完成2017年的体质测试任务，达到了预计的测试目标，测试率达到 98.79%，及格率达到了 91.33%。具体测试数据分析如下：

2017 年体质测试总成绩统计表 单位：%

项目	不及格率	及格率	良好率	优秀率
百分比	8.67	66.09	23.99	1.25

2017 年体质测试各单项测试成绩统计表

单位：%

项目	不及格率	及格率	良好率	优秀率
体重指数	1.45	6.38	27.23	64.94
肺活量	4.94	18.16	11.50	65.40
50 米跑	13.00	65.82	10.57	10.61
坐位体前屈	12.91	52.23	16.57	18.30
立定跳远	28.54	53.78	9.51	8.17
男生引体向上	72.85	14.93	3.48	8.74
女生仰卧起坐	7.26	57.61	21.65	13.48
耐力跑	29.53	59.27	5.98	5.22

（王光军　闫晓鹏）

【高校群体竞赛工作】 2017 年参加了高校群体竞赛 32 项，获 9 金 6 银 12 铜，获前八名奖项 85 项，约 350 人次。参加赛项及获奖详情见表 10.1。

（杨洪志　陈金堂　魏志珍）

【校内群体竞赛】 校内群体竞赛活动使学生树立“健康第一”的生活观念，养成良好体育锻炼习惯，学校校内群体竞赛参与人员多、范围广、赛程长、组织难，2017 年度举办了足球联赛、篮球联赛、羽毛球比赛、乒乓球比赛、校园篮球争霸赛、五人制足球对抗赛、纪念12·9 长跑比赛以及啦啦操、健美操 8 项形式多样、不同层次的校园群体活动，并成功举办了 2017 年新生运动会，参与学生近 5000 人次。详情见表 10.2。

（杨洪志　陈金堂　魏志珍）

【高水平运动队】 高水平运动队参加市级及全国比赛 10 项，获得 16 金、12 银、15 铜。完成组建北京学生体育代表团健美操队参加第十三届全国学生运动会的工作，高水平运动队队员先后获得女子单人操冠军、五人操冠军和三人操季军。详情见表 10.3。

（杨洪志　陈金堂　魏志珍）

【体育中心工作】 年内组织场馆管理人员学习场馆各项管理规章制度，明确职责与分工；定期检查场地设备，进行维护、保养，保障教学工作、代表队训练顺利进行。

1—11 月，有约 1.4 万名学生通过预约的方式使用场地；同时，尽最大可能为师生体育社团提供场地服务及技术指导。保障本年度体质健康测试工作顺利完成。

年内承担校内组织的 2017 年羽毛球赛、2017 年乒乓球赛、北京联合大学新生运动会、2017 年五人制足球赛、学生篮球争霸赛、纪念 12.9 火炬接力赛、啦啦操大赛七项赛事的后勤保障工作。配合学校相关部门组织的大型活动详见表 10.4。

（杨洪志　郑毅）

【附表】

表 10.1　2017 年参加北京市高校群体竞赛一览表

序号	比赛名称	比赛时间	比赛地点	教练员	具体成绩	参赛人员
1	2017 年首都高校大学生第十一届滑雪比赛	1 月 16 日	北京延庆石京龙滑雪场	王　忠	团体第四名	滑雪队
					女子双板第四名	丁　晨
					男子双板第三名	高智乾
					男子双板第七名	王　煊
					男子单板第七名	张　皓
2	第三届全国大学生滑雪挑战赛华北赛区预赛	1 月 17—19 日	北京平谷渔阳国际滑雪场	王　忠	团体第四名	滑雪队
					男子双板第五名	王　煊
					男子单板第七名	张　皓
					男子双板第三名	高智乾
					最佳教练	王　忠
3	第三届全国大学生滑雪挑战赛总决赛	2 月 13—14 日	河北省张家口市崇礼区万龙滑雪场	王　忠	团体第六名	滑雪队
					男子双板第三名	高智乾
					女子双板第八名	丁　晨
					女子单板第八名	舒　畅
					最佳教练	王　忠
4	第五届北京高校徒步大会	4 月 8 日	鹫峰森林公园	王　彬	最佳组织奖	健美操队
5	2017 年高校足球联赛（乙组）	4 月 8—30 日	北京邮电大学、北京建筑大学、对外经济贸易大学等院校足球场	朱　超	小组未出线	足球队

续表

序号	比赛名称	比赛时间	比赛地点	教练员	具体成绩	参赛人员
6	2017年首都高等学校“弗雷斯杯”羽毛球锦标赛	4月15日	清华大学羽毛球馆	宁方毅	乙B组男子团体第五名	刘东、郭籽瑞、侯靖、赵哲轩等8人
7	2017年首都高校CUBA篮球联赛	4月8—26日	五棵松体育馆	隗河娟	16强	女篮队员
				柴力达	16强	男篮队员
8	首都高等学校春季触式橄榄球比赛	5月13日	北京工商大学	陈思宇	第二	橄榄球队
9	2017年首都高等院校第55届学生田径运动会	5月14—17日	北京体育大学	陈维富、王庆宇、张剑	男子铅球第五名	王朕
					男子铅球第七名	刘斌
					男子铁饼第三名	王朕
					男子铁饼第七名	刘斌
					女子铅球第四名	宋文曼
					男子三级跳第四名	陈翰明
					男子400米第七名	王啸鹏
					男子800米第四名	王啸鹏
10	2017年首都高校第四届健身气功比赛	5月21日	北京建筑大学大兴校区	刘朝霞	集体导引养生功十二法第二	李聪、陈丽、史浦昇、周淼、部先成、李小婷
					女子导引养生功十二法第四	李小婷
					团体总分第八	武术队
11	第七届首都高校拓展运动会	5月26—27日	中央民族大学	王彬	毛毛虫比赛第八名	健美操队
					“团队优胜奖”	健美操队
12	首都高校轮滑比赛	5月29日	对外经济贸易大学	张宗程	未取得名次	轮滑队
13	2017年首都高校乒乓球锦标赛及“校长杯”乒乓球比赛	6月3—4日	北京邮电大学	文婧	体育道德风尚奖	乒乓球队
14	北京市首都高校击剑团体赛	6月4日	海滨国际击剑俱乐部	宋大维	女子第二名	李琅
					男子第三名	葛元利
15	首都高等学校2017年阳光体育排球挑战赛“宇生富杯”气(轻)排球比赛	6月6—7日	清华大学	张岩	女排第一名	女排队员
					男排第五名	男排队员
16	2017年第十三届首都高等学校跆拳道锦标赛	6月3日	中国政法大学	许文	女子乙组73kg级第一名	张忱
					女子竞技乙组73kg第二名	张源荣
					男子甲组58kg第一名	刘飞荣
					女子乙组62kg第三名	付娜娜
					男子乙组品势第四名	张裕坤
17	2017年首都高校第九届学生运动会	10月14—15日	北京第二外国语学院	陈维富、张剑、陈思宇	男子铅球第七名	贾锟
					男子铅球第八名	刘斌
					女子铅球第四名	宋文曼
					男子三级跳第八名	陈翰明
18	2017年首都高校学生“指北针杯”徒步定向锦标赛(第三站)	10月28日	兴隆公园	宋涛	男子短距第五名	候天宇
					女子短距第八名	阚宇佳
					女子积分第五名	李慧钰

续表

序号	比赛名称	比赛时间	比赛地点	教练员	具体成绩	参赛人员
19	首都高校大学生第五届“乔波杯”高山滑雪追逐赛	11月15日	北京乔波滑雪馆	王　忠	团体第三名	滑雪队
					男子双板第一名	高智乾
					男子双板第六名	王　煊
					女子双板第五名	丁　晨
					女子单板第五名	舒　畅
20	首都高等学校第十届大学生藤球比赛	11月22日	对外经济贸易大学	王法涛	女子甲组第四名	藤球队
					男子乙组第三名	藤球队
21	第九届首都高等学校体育舞蹈比赛	12月2日	中国人民大学	申秋燕	交谊舞吉特巴单项第一名	张戍、于爽
					交谊舞吉特巴单项第六名	付澳、王程蒙
					交谊舞探戈单项第三名	黄渊林、王程蒙
					交谊舞探戈单项第五名	赵越超、张冕琳
					男子六人组拉丁舞斗牛单项第三名	熊维灿、田野、张政、赵越超、张戍、岳赫然
					C组交谊舞两项第三名	熊维灿、陶艺云
					C组交谊舞两项第七名	张政、李嘉明
					C组交谊舞两项第七名	田野、崔妍
					女子六人组标准舞探戈单项第四名	陶艺云、董媛、李莹、崔妍、张楠、张冕琳
					女子六人组标准舞华尔兹单项第四名	陶艺云、董媛、李莹、崔妍、张楠、张冕琳
					A组交谊舞四项第四名	熊维灿、董媛
					A组交谊舞四项第七名	张戍、王怡然
					A组交谊舞四项第八名	岳赫然、冯珺
					男子六人组标准舞探戈单项第六名	熊维灿、田野、张政、赵越超、张戍、岳赫然
					交谊舞慢三单项第七名	岳赫然、冯珺
					交谊舞伦巴单项第五名	张政、李嘉明
					B组交谊舞三项第七名	田野、周佳
					交谊舞平四单项第八名	窦文捷、刘雅昭
22	首都高校鹫峰越野攀登赛	10月28日	鹫峰国家森林公园	王　彬	最佳组织奖	田径队
23	首都高等学校跆拳道精英赛	11月4日	北京科技大学	许　文	女子乙组 73kg 第一名	张　忱
24	2017—2018年全国啦啦操联赛(清华大学站)暨首都高校啦啦操比赛	11月3—5日	清华大学	张羽佳	丙组规定动作组第一名	李婧、陈曦、宋洁、马千涵、施佳圻、周芳如、唐小珂、石佳鹭

续表

序号	比赛名称	比赛时间	比赛地点	教练员	具体成绩	参赛人员
25	2017 年首都高校乒乓球锦标赛(单项比赛)	11 月 25—26 日	北方工业大学	文　婧	未取得名次	乒乓球队
26	首都高校第十八届传统养生体育比赛	11 月 25 日	北京建筑大学	刘朝霞	集体八式太极拳第二名	王历敏、李聪、姚尹、史浦昇、李小婷、常滢
					集体二十四式太极拳第八名	李聪、李小婷、陈丽、蓝金宝、史浦昇、陈绮玲
					男子太极功夫扇第五名	部先成
					女子二十四式太极拳第三名	陈绮玲
					女子三十二式太极剑第五名	
					女子八式太极拳第七名	常　滢
					女子四十二式太极拳第八名	姚雨鹤
					男子八式太极拳第一名	李　聪
					男子二十四式太极拳第八名	
					体育道德风尚奖	武术队
27	2017 年首都高等学校羽毛球锦标赛	12 月 3 日	李宁中心羽毛球馆	宁方毅	乙 B 组男子单打第一	姜　丰
					3V3 第五名	郭子睿、刘金正、奚珊薇
					3V3 第五名	杨佰川、丁小雨、刘晟
					乙 B 组女子单打第五名	程　成
28	2017 年高校排球联赛	12 月 17 日	中国传媒大学	张　岩	A 组男排第六	排球队
					A 组女排第七	
29	2017 年全国大学生五人制足球联赛(北京赛区)	12 月 3 日	北京大学	朱　超	未取得名次	足球队
30	2017 年首都高校第二十五届大学生跳绳比赛	12 月 3 日	华北电力大学	李芬花	未取得名次	机器人学院学生
31	2017 年首都高校第二十五届大学生踢毽比赛	12 月 3 日	华北电力大学	李芬花	未取得名次	机器人学院学生
32	2017 年全国大学生健美比赛	12 月 30 日	北京建筑大学	王　月	第二名	汤亚博

(杨洪志　陈金堂　魏志珍)

表 10.2　2017 年校内群体竞赛成绩一览表

序号	比赛名称	比赛时间	比赛地点	负责人	组别	第一名	第二名	第三名	第四名	第五名	第六名	第七名	第八名
1	2017 年北京联合大学"联大杯"足球联赛	5 月 12—26 日	北四环校区足球场	康　健	男子	国际交流学院	应用文理学院	信息学院	旅游学院	生化学院	管理学院	商务学院	
2	2017 年北京联合大学羽毛球比赛	4 月 27—28 日	北四环校区羽毛球馆	王　勇	团体	应用文理学院	生物化学工程学院	自动化学院	商务学院	管理学院	机电学院	应用科技学院	机器人学院

续表

序号	比赛名称	比赛时间	比赛地点	负责人	组别	第一名	第二名	第三名	第四名	第五名	第六名	第七名	第八名
3	2017年北京联合大学三对三篮球赛	5月12—19日	北四环校区篮球馆	李　津	男子	信息学院	旅游学院	应用科技学院					
					女子	管理学院	师范学院	特殊教育学院					
4	2017年北京联合大学乒乓球比赛	6月2—3日	北四环校区乒乓球馆	文　婧	男子团体	应用文理学院	师范学院	商务学院	特殊教育学院	生物化学工程学院	旅游学院	应用科技学院	管理学院
					女子团体	应用文理学院	生物化学工程学院	自动化学院	管理学院	师范学院	商务学院	特殊教育学院	艺术学院
5	2017年北京联合大学“联大杯”篮球赛	10月16—27日	北四环校区篮球训练馆	李　津	男子	应用文理学院	管理学院	智慧城市学院	机器人学院	城市轨道交通与物流学院	艺术学院	应用科技学院	
					女子	生物化学工程学院	城轨、管理、智慧学院联队	旅游学院	商务学院				
6	2017年北京联合大学五人制足球联赛	10月21—27日	北四环校区足球场	朱　超	男子	机器人学院	城市轨道交通与物流学院	文理学院	旅游学院	健康与环境学院一队	应用科技学院一队	艺术学院一队	艺术学院二队
7	北京联合大学2017年纪念12·9长跑比赛	12月8日	北四环校区田径场	张　剑	团体	生物化学工程	应用文理	机器人	管理	商务	应用科技学院	旅游	艺术8 城轨9 智慧10
8	2017年北京联合大学啦啦操、健美操比赛	12月15日	北四环校区综合馆	朱　艳	团体	旅游学院	艺术学院	管理学院	师范学院	商务学院	特殊教育学院	城市轨道交通与物流学院	应用文理学院

（杨洪志　陈金堂　魏志珍）

表10.3　2017年高水平运动队竞赛成绩一览表

序号	比赛名称	比赛时间地点	教练员	比赛项目	成绩	备注
1	2017年全国健美操联赛（厦门站）	4月12—17日 厦门	唐红斌	成年精英组女单	第一名	李秋阳
				成年精英组女单	第三名	陈　昱
				成年精英组男单	第七名	欧亚龙
				成年精英组男单	第十二名	陈万业
				成年精英组混双	第二名	李秋阳、白帆
				成年精英组三人	第八名	陈万业、欧亚龙、孙宏茂
				成年精英组五人	第六名	陈昱、任智铭、白帆、欧亚龙、白景武
				成年健将组男单	第四名	罗思雨
				成年健将组女单	第二名	王　荃
				成年健将组女单	第三名	申雨卿
				成年健将组三人	第二名	高子钧、李阿娇、申雨卿
2	首都高等院校第38届健美操、艺术体操比赛	6月10—11日 北京理工大学	张　强	女单	第三名	申雨卿
				女单	第四名	李秋阳
				男单	第三名	任智铭
				男单	第七名	吴　疆
				混双	第四名	李秋阳、白帆
				三人操	第五名	孙宏茂、陈万业、欧亚龙
				三人操	第七名	申雨卿、李阿娇、高子钧
				五人操	第二名	陈万业、陈昱、白景武、白帆、任智铭

续表

序号	比赛名称	比赛时间地点	教练员	比赛项目	成绩	备注
3	第十三届全国学生运动会健美操赛	9月8—10日 浙江,中国美术学院	唐红斌、张强、朱艳	决赛	第一名	杜莞圆
				混双	第一名	丁思劼、张泽铖
				五人操	第一名	毕竟、杜莞圆、丁思劼、张泽诚、孙小童
				三人操	第三名	毕竟、罗思雨、王荃
4	国际健美操比赛	10月5—9日 满洲里	朱　艳	女单	第一名	杜莞圆
				女单	第二名	李秋阳
				女单	第三名	申雨卿
				男单	第一名	罗思雨
				男单	第二名	任智铭
				男单	第三名	欧亚龙
				混双	第一名	李秋阳、白帆
				混双	第二名	王荃、孙小童
				三人操	第一名	罗思雨、王荃、孙小童
				三人操	第二名	孙宏茂、陈万业、欧亚龙
				三人操	第三名	高子钧、李阿娇、申雨卿
				五人操	第一名	高子钧、李阿娇、申雨卿、杜莞圆、任智铭
5	全国啦啦操联赛(清华大学站)	11月3—5日 清华大学	朱　艳	高水平组	第三名	张诗函、常玉洁、柳杨、钟静轩、陈雅天、张雨涵、孙瑞、夏境泽、李美琪、罗奂妹、刘栋、李俊国、贺徐宇曦、韦薇
6	2017年全国大学生健康活力大赛	11月20—26日 浙江淳安	唐红斌、张　强	女单	第一名	杜莞圆
				女单	第三名	申雨卿
				男单	第二名	罗思雨
				男单	第四名	欧亚龙
				混双	第一名	王荃、孙小童
				混双	第三名	白帆、李秋阳
				女子三人操	第二名	高子钧、李阿娇、申雨卿
				男子三人操	第二名	孙宏茂、陈万业、欧亚龙
				混合三人操	第一名	罗思雨、王荃、孙小童
				混合五人操	第三名	高子钧、李阿娇、申雨卿、杜莞圆、任智铭
				男子八人踏板	第三名	吴疆、孙小童、孙宏茂、侯孝诚、齐浩敏、高梦圆、白景武、白帆
				有氧舞蹈	第三名	吴疆、贺徐宇曦、罗奂妹、侯孝诚、齐浩敏、白帆、陈昱、白景武
7	2017年全国健美操冠军赛	11月16—20日 福建大田	唐红斌、张强	成年健将组女单	第二名	杜莞圆
				成年健将组女单	第七名	申雨卿
				成年健将组混双	第七名	王荃、孙小童
				成年健将组三人操	第六名	罗思雨、王荃、孙小童
				成年精英组女单	第七名	李秋阳
				成年精英组女单	第八名	陈昱
				成年精英组混双	第一名	李秋阳、白帆
8	2017足球年首都大学生足球甲级联赛	11月4—18日 中国农业大学	康健、王彬		第七名	足球队
9	五人制足球甲组联赛	12月16日 北京大学	康健、王彬		第六名	足球队

(杨洪志　陈金堂　魏志珍)

表 10.4 2017 体育馆承担校内活动一览表

序号	日期	名称	主办单位
1	2 月 20 日	艺术类学生考试	招生就业处
2	2 月 22 日	2017 年寒假学生党员培训班	学生处
3	3 月 9 日	高水平运动员测试	招生就业处
4	3 月 12 日	信息学院足球赛	信息学院
5	3 月 24 日	北京联合大学排球赛	校体委
6	3 月 31 日	艺术学院广播操培训	艺术学院
7	4 月 6 日	教职工足球赛	教工足协
8	4 月 8 日	教职工羽毛球赛	教工羽协
9	4 月 10 日	联大杯选拔赛	信息学院
10	4 月 14 日	校审核性评估动员会	评估办
11	4 月 17 日	联大杯选拔赛	自动化学院
12	4 月 17 日	联大杯选拔赛	管理学院
13	5 月 12 日	联大教职工广播操比赛	校工会
14	5 月 13 日	联大教职工乒乓球比赛	教工乒协
15	5 月 20 日	联大离退休教职工乒乓球赛	老教协乒协
16	6 月 3 日	联大教职工亲子运动会	校工会
17	6 月 9 日	管理学院趣味运动会	管理学院
18	6 月 11 日	橄榄球友谊赛	橄榄球队
19	6 月 16 日	2017 年北京艺术毕业季展览	艺术学院
20	6 月 18 日	梦想中国主题教育活动音乐朗诵会	校学生处
21	6 月 20 日	2017 年联大毕业晚会	校团委
22	6 月 24 日	2017 年北京联合大学校园开放日	招生就业处
23	7 月 4 日	旅游学院毕业典礼	旅游学院
24	7 月 5 日	艺术学院毕业典礼	艺术学院
25	7 月 6 日	管理学院毕业典礼	管理学院
26	7 月 7 日	智慧城市毕业典礼	智慧城市学院
27	9 月 4 日	本科迎新	学生处
28	9 月 5 日	入学教育	旅游学院
29	9 月 5 日	研究生迎新	旅游学院
30	9 月 6 日	开学典礼	学生处
31	9 月 7 日	入学教育	艺术学院
32	9 月 8 日	入学教育	管理学院
33	9 月 19 日	2017 年特殊类型考生专业复测	招生就业处
34	9 月 29 日	联大教职工足球赛	教工足协
35	10 月 12 日	艺术展览	学生处

续表

序号	日期	名称	主办单位
36	10月18日	观看十九大开幕式	学生处
37	10月19日	联大杯篮球赛	体育部
38	10月27日	联大杯足球赛	校体委
39	10月27日	军事理论课	学生处
40	10月28日	教职工乒乓球赛	教工乒协
41	10月29日	国旗班展示	校团委
42	11月3日	新生运动会带妆彩排	校体委
43	11月10日	2017年大学生计算机应用大赛	教务处
44	11月10日	2017联大新生运动会	校体委
45	12月3日	国旗班篮球赛	校体委

(杨洪志　郑毅)

公共外语教学部

【概况】 北京联合大学公共外语教学部(以下简称外语部)是学校直属教学部门,承担智慧城市学院、管理学院、城市轨道交通与物流学院、机器人学院、艺术学院和特教学院等6个学院的大学英语教学工作。

外语部现有教职工54人,其中教师49人。职称结构:教授3人,副教授14人,讲师31人,助教1人;学位结构:博士3人,硕士38人,学士8人;年龄结构:50岁以上8人,40—49岁25人,30—39岁16人。

(何芳)

【教学工作及教学改革】 为更好地落实评估评建工作,外语部成立了迎评估领导小组、评建工作小组、评建工作办公室,认真研读审核评估材料,深刻领会本科教学工作审核评估指导思想、基本原则、审核评估范围、评估重点等,组织讨论和撰写《外语部审核评估自建工作方案》《外语部提升四六级通过率的整改方案》《外语部试卷工作整改方案》和《本科教学工作审核评估自评报告》等;多次召开迎评动员会、评估推进会、自查自建工作部署会和教学工作整改会,剖析部门工作的问题和压力,共同商讨解决方案。经过近半年的推进,"迎评工作,人人有责"的观念深入人心;对照审核评估方案,以"五度"为主线,系统梳理、总结、思考本单位教学工作,凝练特色,找准存在问题和薄弱环节,采取切实可行的措施和办法,进一步凝聚共识、改进工作、提高教育教学质量。

深化教育教学模式改革。外语部承担了校特色亮点校内专项项目——大学外语"线上线下"教学改革实践探究。为此,外语部进一步完善和利用大学英语线上资源,延伸课堂效果,培养学生自主学习能力,强化外语教学质量,进一步推动全校大学英语教育教学改革。

推进课程资源建设。完成了一门在线课程和一门微课系列的制作:"轨道交通英语"和"小旋风机器人英语",其中"小旋风机器人英语"微课系列与机器人学院"小旋风英语周"活动紧密结合,在学生、学校、社会和业界中均产生了良好的影响,探索出了外语与专业融合的新途径。原有的"新闻英语"和"机器人英语"被列为"'十三五'国家重点图书、音像、电子出版物出版规划"重点在线课程建设项目。

语言实验室建设。本年,实验室建设进入收尾工作,即将投入使用,用于数字课程资源建设和发布、慕课和微课制作,学生在线学习和学习过程跟踪监控、教师教学研讨等。

推进教学模式改革。组织10名教师进行线上线下准备,落实到人,期末在全校范围交流研讨线上线下混合式教学方法,代表老师分别就如何结合慕课、微课、云课堂App等资源进行线上线下混合式教学、翻转课堂教学改革分享实践经验,引发全校参会教师的热烈反响;第二学期,将线上线下混合式教学模式改革团队扩大到21人,组织教师进行线上线下混合式教学方法探索与研讨,在全校范围内推进线上线下和翻转课堂教学实践,同时开展教学研究,撰写论文,目前正在组织出版关于混合式教学模式改革和课程思政的论文集。

外语部牵头全校大英教学大纲的修改工作。聘请校外专家审查大纲提出修改意见,外语部带领教研室主任和教学点负责人谈论修改方案,经大英核心组认真讨论修改,最终确定修改稿。新版大纲尤其重视体现全校的办学定位,在教学内容和教学重点方面加以调整,更好地体现应用性和城市性。此次修改过程中将艺术类、特教类在课程号和课程名称与普通类加以区分,撰写了新的教学大纲,梳理了艺术类和特教类教学安排。

以习近平新时代中国特色社会主义思想为指导，立足本校实际，借助审核性评估，进一步贯彻和落实立德树人的根本任务，党员教师带头，不断推进大学英语“课程思政”融入教学大纲的建设。

（何芳）

【教研室建设】 围绕教学周期、教学检查、评估评建，开展教研室、教学改革团队、外语部、全校大英教研核心组等各种层面、各种形式的教学研讨活动。

教研室每学期至少组织三次教研活动，开始形成规范的教研活动记录。本年度主要围绕如何推进线上线下混合式教学模式改革、如何在教学中融入四级、如何将思政教育融入大学英语课堂、如何在教学中体现城市型应用型的大学特点等问题深入开展讨论，并在假期开展集体撰写教案、在期中开展说课活动。

教学改革团队开展了“大学英语教学总结会暨混合式教学模式研讨会”和“线上线下混合式教学模式改革推进会”。

组织全校大学英语教研核心组定期召开学期初启动会、期中沟通会、教学研讨会、期末总结会等各种形式的教研活动，统领全联大的大英教学工作。各校区轮流承办教学研讨会，本年度外语部承办了“大学英语教学总结会暨混合式教学模式研讨会”，为外语教学模式改革在全校的推进起到了很好的促进作用。

坚持走出去，请进来。领导班子带领骨干教师团队到首都经贸大学观摩教学和教学研讨；聘请全校“全球理解”课程的合作伙伴波兰克洛斯纳州立大学师生代表来校外语部进行一系列跨文化交流活动；围绕全校大学英语教学工作重点任务，邀请北京工商大学梁桂霞副教授介绍该校近年开展的四六级教学目标驱动下大学英语分级教学“三六九”改革探索的实践经验。

（何芳）

【科研及学科建设】 采取多项措施，充分调动教师进行科研工作的积极性，强化科研意识，创造各种有利条件，发挥团队的作用，大力全方位推动部门的科研工作，努力提升科研水平。

外语部聘请多位知名专家，助力提升科研水平。

组织开展项目申报评审会，聘请专家点评指导教师们的课题申报书，帮助提升申报水平。以课题工作为抓手，引导教师围绕全校及部门重点工作开展研究。

在学校领导和校科技处的大力支持下，外语部组织科研骨干教师申报并批准设立了外语部课题。选题指南围绕全校及部门的重点工作设计，包括思想政治教育融入大学英语教学研究、线上线下混合式教学模式改革研究、大学英语教学与专业学科融合研究、大学英语教学质量评价研究、培养学生自主学习能力研究等。通过鼓励教师们开展上述研究，目的是解决全校目前急需解决的实际教学问题，力争做到科研工作促进教学提升。这批课题的设立，很好调动了教师们开展研究的积极性，为培育高级别课题打基础。横向课题方面，经过努力，今年立项 5 项，经费达 14 万元。

加大科研支持力度，强化激励机制。做好部门科研工作制度建设，引导激励教师做科研工作，对科研工作强化管理和考核，提高科研绩效，加大科研支持力度，奖励高水平成果，对申报高级别课题和发表高水平研究成果的教师予以经费奖励支持。逐渐集中力量，突出重点，培育和发展几个有明确研究方向的研究团队。派出 50 余人次科研骨干教师外出参加科研学术培训及学术会议。全力构建良好的科研帮扶体系。

组织遴选应用型期刊，体现应用型科研评价。支持校科技处建设应用型科研评价体系，鼓励外语教师结合全校办学定位，开展应用型研究，多出应用型研究成果。组织全校英语教授、英语负责人及骨干教师充分商讨论证，遴选确定了五本应用型期刊报给校科技处作为升级成果认定。

及时传达学校科研工作精神，整理汇编外语部科研管理文件。由于今年学校出台更新了部分科研管理及科研项目经费管理文件，外语部重新挑选整理汇编了适合外语教师查阅的科研管理文件，印发给每位教师，作为科研工作指导性文件。开会传达学校的科研工作精神并带领学习解读文件，指导教师们及时细致了解学校的科研工作精神及具体要求。

（何芳）

【师资培养】 为提升教师科研能力及水平，开阔学术视野，通过“请进来”“走出去”的方式，为教师们提供尽可能多的学习机会。举办面向全校外语教师的科研学术讲座，开展小型学术研讨，聘请包括四川外国语大学副校长董洪川教授、北京师范大学朱志勇教授、华中科技大学博士生导师徐锦芬教授、北京林业大学范莉教授、对外经贸大学徐珺教授等国内知名专家做课题申报及论文撰写、质性研究方法、外语课堂研究、学术文献查阅管理等方面的学术讲座。这些高水平讲座的举办，大大开阔了教师们的学术视野，营造了良好的学术氛围，促进提高了教师们的科研意愿和信心。

资助外语部 1 位教师参加国外访学，资助北京联合大学 3 位英语教师参加北京大学和对外经贸大学的国内访学，以及支持教师发展基地 1 名教师参加北京外国语大学的学习，还有与外语教学与研究出版社合办的多个学术研修班，外派 40 余人次教师参加北京市高等学校师资培训中心的培训，拓展教师们的学术视野。

（何芳）

·学　院·

应用文理学院

【概况】

学院英文名称：College of Applied Arts and Science

学院网址：http://www.cas.buu.edu.cn

副校长兼学院党委书记：张连城(任职至2017年11月)；院长：张宝秀。

2017年，学院招生本科专业10个：法学、汉语言文学、新闻学(含影视传播方向)、历史学(文遗保护与利用)、文物与博物馆学、人文地理与城乡规划、地理信息科学、广告学、网络与新媒体、档案学(信息开发)，覆盖法学、文学、史学、理学、管理学5大学科门类；设有硕士学位授权点5个，其中1个一级学科硕士点：考古学，2个二级学科硕士点：专门史、文化遗产区域保护规划，1个专业硕士点：法律，1个自主设置交叉硕士点：信息资源管理。

学院拥有国家级实验教学示范中心1个：北京联合大学应用文科综合实验教学中心；国家级虚拟仿真实验教学中心1个：北京联合大学文化遗产传承应用虚拟仿真实验教学中心；国家级特色专业建设点、北京市级特色专业1个：人文地理与城乡规划(原资源环境与城乡规划管理)；国家级综合改革试点、北京市级特色专业1个：历史学；北京市重点建设学科2个：经济法学、人文地理学。

截至2017年12月31日，学院在编教职工272人，其中教师163人，教师中有教授21人、副教授54人，具有博士学位人员82人。学院占地面积37650.67平方米，校舍建筑总面积74614.71平方米。固定资产总值2.76亿元，其中教学科研仪器设备资产1.74亿元；图书馆藏书52.71万册。

2017年，学院全日制在校生2642人，其中本科生2528人、研究生114人。招生648人，其中本科生608人，招生计划完成率100.41%，研究生招生40人，招生计划完成率100%。2017届毕业生共计744人，就业率99.6%，签约率77.69%。其中本科毕业生700人，就业率99.60%，签约率80.66%；研究生44人，就业率100%，签约率67.6%。国内升学37人，占毕业生人数的4.97%；出国留学29人，占毕业生人数的3.90%。

(董媛　原迪)

【机构设置】　2017年6月—7月，学院进行2017—2021年聘期全员岗位聘任，设科级及以下管理岗位62个；对135名专技(教师)和39名专技(非教师)人员进行岗位分级工作。

学院设有城市科学系、法律系、历史文博系、新闻与传播系、档案系、基础教学部、应用文科综合实验教学中心(文化遗产传承应用虚拟仿真实验教学中心)、教学保障中心8个教学部门；设有北京三山五园研究院、民族与宗教研究所、文化遗产研究所、人居研究中心、城市与区域发展研究中心、奥林匹克文化研究中心、考古学研究中心、首都法治研究中心、档案事务研究所、广告学研究所10个校级研究机构，受学校委托，9月以后代为管理校级科研机构北京学研究所；设有党政办公室、组织宣传部、教务处、科研处、学生处、人事处、后勤保卫处、产学合作与服务地方办公室8个党政机关部门及团委、工会2个群众团体。

原学院图书馆归属学校图书馆统一管理。

原行政管理处和保卫处合并，成立后勤保卫处，设后勤保障科和保卫科。

原应用文科综合实验教学中心(文化遗产传承应用虚拟仿真实验教学中心)职能调整，原网络中心、多媒体教学部、卡务中心管理职能剥离，成立教学保障中心(科级)，为学院直属单位。

(梁磊)

【教学管理】　2017年，学院推进专业建设和综合改革，以本科教学工作审核评估指标体系为参考，根据学校"城市型、应用型"大学定位，在分析历年校内专业评估数据和第三方学科专业评估数据的基础上，10—12月组织督导专家分别对10个专业建设情况进行全面总结分析，推进专业综合改革和特色建设。

开展本科教学工作审核评估教师教学基本规范建设。7—12月组织10个专业规范整理2015—2016学年、2016—2017学年的课程档案和课程试卷，制定学院教学文件整改措施，先后进行四次教学基本规范教师培训，完成课程档案和课程试卷的归档工作；完成本科教学工作审核评估中期检查工作，协助学校主管部门完成年度本科教学工作审核评估数据平台报表填报工作，完成学院本科教学工作审核评估自评报告。

进一步深化完全学分制改革。2017 年 7 月学院实现完全学分制教务系统的数据迁移和平稳运行，学生选课等教学运行保持基本稳定；在 2016 级本科学生中推行修读双学位、第二专业、辅修专业（双二辅）制度，9 月单组班修读“双二辅”学生人数 68 人，占比 13.77%。

8—11 月组织开展 2017 级完全学分制本科培养方案和课程大纲修订工作，遵照审核评估和学习成果导向标准，落实“课程思政”和创新创业教育相关要求。

建设优质课程资源，制定《北京联合大学应用文理学院优质课程评选和奖励办法（试行）》（京联文理〔2017〕12 号），5—7 月进行首批院级优质课程评选工作；组织拍摄第一批 31 门重点建设课程宣传视频；获批校级专业核心课程项目 2 项、应用型课程项目 1 项，设立院级重点建设课程立项 9 项。黄宗英教授完成北京联合大学第一门教育部“爱课程网-中国大学MOOC”课程“英美诗歌名篇选读”，并且于年内两次正式开课，选课学生分别超过 2 万人和 1.8 万人。

推进“课程思政”教学改革，制定学院《关于推进教师“课程思政”责任制的意见》（京联文理党〔2017〕71 号），组织教师挖掘整理 23 个“课程思政”案例，建立“课程思政”优秀教学案例库，召开“课程思政”案例教学研讨会，开展院级“课程思政”专项教改立项工作，共立项 15 项。

梳理学科竞赛体系，组织举办 2017 校级大学生人文知识竞赛、非物质文化遗产知识竞赛、红黄蓝摄影摄像大赛等校级学科竞赛，组织学生参与 2017 大学生书法竞赛等多项校级以上级别学科竞赛，学生全年获得 2017 校级学科竞赛各类奖项 175 人次，市级三等奖 11 项、市级二等奖 4 项、市级一等奖 1 项、国家级三等奖 5 项，以及其他各类行业协会主办学科竞赛奖项共 90 余人次。

加强校外人才培养基地建设，2017 年获批北京联合大学校级校外人才培养基地 2 个，组织建设校外人才培养基地院级重点建设项目 6 个。

提升人才培养国际化水平，围绕文化遗产传承与应用，利用学校特色亮点项目支持，推进新闻与传播系、历史文博系等学科与加州州立大学弗雷斯诺分校（California State University, Fresno）相关院系的合作，支持城市科学系实施与美国高校合作进行的跨国联合地理学实习，支持档案系、法律系邀请外专 2 人次来校讲课和举办讲座。

做好招生宣传和录取工作。2017 年组建专门招生宣传队伍，统一制作学院和 10 个专业文字宣传材料，以及学院招生宣传视频和两个国家级专业宣传视频，通过学院微信、微博官方平台进行即时招生信息发布，并在中国教育电视台、《北京青年报》、“教育圆桌”微信公众号等传统媒体和新媒体上进行招生宣传，组织各专业到中学开展宣传活动，全年完成招生宣传活动 150 余次。

完成 2017 届毕业生毕业论文工作。2017 届本科生毕业论文共有 636 篇、专升本毕业论文 31 篇和专升本实务专题 40 组，其中 31 篇论文被评为 2017 届校级优秀本科毕业设计（论文），6 组实务专题被评为 2017 届校级优秀专升本实务专题；获批 2017 年度北京市大学生实培计划毕设项目 10 项，19 名 2018 届毕业生参与。

（刘守合）

【研究生教育】 2017 年，学院有 44 名研究生毕业并获得硕士学位；其中，2 名毕业生考取博士研究生，3 名毕业生获得 2017 届校级优秀研究生毕业生称号，1 名毕业生获得市级优秀毕业生称号。2017 年，硕士研究生招生 40 人，涉及考古学、专门史、文化遗产区域保护规划、法律硕士 4 个硕士点学科。

8 月，学院成立学生党总支，历史文博系研究生党支部、法律系研究生党支部并入学生党总支，冯霞担任学生党总支副书记，负责学院研究生党支部建设和组织管理工作。9 月，学院研究生会成立，宋凯丽担任学院研究生会主席。11 月，启动“文理研究生学术系列讲座”。

（黄宗英　冯霞）

【科研管理】 2017 年，学院科研项目到账经费 1656 万元，合同经费 2236.83 万元，师均到账经费超过 10 万元。全年承担横向项目 75 项，纵向项目 33 项，其中包括科技部重点研发联合申报项目 1 项、国家社科基金项目 3 项、国家自然科学基金项目 2 项、教育部人文社科项目 2 项、北京市哲学社会科学规划办项目 5 项。2017 年，全院教师共发表论文 205 篇，其中 CSSCI/CSSCD 级别以上刊物学术论文 43 篇，包括 SCI 收录论文 3 篇、EI 收录 2 篇，权威期刊论文 4 篇；资助出版学术著作 15 部，包括资助出版博士论文专著和博士后出站报告专著共 8 部；获批专利及软件著作权 3 项。

学院获北京市级科研奖项 2 项，韩建业教授的专著《早期中国——中国文化圈的形成和发展》（上海：上海古籍出版社，2015 年）和陈悦新教授的专著《5—8 世纪汉地佛像着衣法式》（北京：社会科学文献出版社，2014 年）获北京市第十四届哲学社会科学优秀成果二等奖。

12 月，“三山五园区域文化认知与传播”学术研讨会暨第四届北京联合大学三山五园研究院学术论坛在学院举行。本次研讨会由北京联合大学和中共海淀区委宣传部联合主办,来自北京大学、中国人民大学、北京联合大学、北京文物研究所、故宫博物院、首都博物馆等京内外高等院校、科研机构以及文化产业等领域的专家学者百余人,围绕三山五园区域文化认知、三山五园区域文化的国际化传播、三山五园与西山永定河文化带的保护与传承等问题展开热烈的讨论。

(黄宗英　冯霞)

【学科建设】 2017年,学院获批"中国史"和"地理学"两个一级学科学术型硕士学位授权点,同时获批"新闻与传播""图书情报"和"文物与博物馆"三个硕士专业学位授权点,至此硕士学位授权点覆盖学院所有学科。

(黄宗英　冯霞)

【管理服务】 学院办学条件得到进一步改善。完成图书馆改建装修工程并交付使用;完善图书馆周边配套设施建设;完成学生公寓(致远楼)收费审批工作;完成公车上交及配套落实。

(果小峰　刘清平)

【人才队伍】 学院积极开展人才招聘与引进,2017年新进教师6人,其中2人为高级职称,1人为博士后。进行专业教师整合,岗位聘任期间来自其他3个学院的4名专业教师调入法律系。处级干部调离3人、调入3人;图书馆11人整建制调入北京联合大学;3人解除合同调离,7人退休。6个市级人才项目及4个校级人才项目经费结题,6人获批国外访学项目,3人获批国内访问学者项目,派出1人赴英国任孔子学院教师,2人获2017年北京市高校教师发展基地研修项目;组织申报"'十三五'时期北京市属高校高水平教师队伍建设支持计划"项目,获批2017年人才项目3项(特聘教授2人,青年拔尖人才1人),年度资助经费共计30万元;获批2018年人才项目3项(创新团队1个,长城学者1人,青年拔尖1人);获批2017年校级人才资助项目共计14项:学术探究计划2项,百杰5项,百优7项,年度到账经费共计48万元。11人获得教师资格证,18人获得"双师"素质教师资格。2人获评2015—2017学年市级优秀教师,4人获评校级优秀教师。截至2017年年底,高级职称人员占教师队伍比例为47.59%。

(梁磊)

【学生工作】 学院依托学知书院开展育人实践。贯彻落实习近平总书记在全国高校思想政治工作会议上的讲话精神,落实立德树人中心任务,探索书院思政新路径,通过学生党员到书院党员工作站报到,学生党支部接受书院党员工作站双重领导的方式,把学生党建覆盖到以宿舍为主的生活空间。结合学分制教学改革,探索以学生为本的学风建设模式。开展以早自习为抓手,读书节为特色,学知讲堂、学知发展辅导为平台的学风激励活动,努力激发学生学习兴趣、提升学业水平。结合岗位聘任工作,辅导员从归属各系到归属学生处,在人事管理上有新变化,通过团队建设、辅导员岗位职责学习、辅导员发展论坛和培训,提升团队凝聚力、向心力及战斗力。结合学校2017版《学生手册》颁布,加强学生规章制度教育。邀请学校新版《学生手册》修订执笔人为学生干部进行培训,开展规章制度主题班会,通过电话、微信、电子邮件等方式告知休学学生、交换生等,全院在校学生登录学校网络学堂完成"学生规章制度"考试。

2016—2017学年,6人获国家奖学金,77人获国家励志奖学金,362人获国家助学金,获评校级先进集体14个(校级先进班集体6个,校级优良学风班8个)、校级先进个人173人(学风建设先进95人,三好学生57人,优秀学生干部21人)、院级先进个人270人(三好学生99人,优秀学生干部65人,单科优秀奖105人,学习进步奖1人),获校级优秀学生奖学金515人(特等3人,一等14人,二等159人,三等339人)、获院级优秀学生奖学金666人(一等515人,二等151人),获社会企业奖助学金31人:获得奖学金10人,"爱心成就未来"助学金6人,"平北奖学金"13人,"蓝海华业奖学金"2人。学院获校级党的十九大精神和党史知识竞赛二等奖、学生规章制度竞赛三等奖。在"红色1+1"学生党支部共建活动中,2个党支部获市级三等奖,2个党支部分别获校级一等奖、二等奖。在"我的班级我的家"实践活动中,1个班级获校级十佳示范班集体称号,1个班级获校级优秀示范班集体称号。

(章延文)

【党群工作】 学院深入学习宣传贯彻党的十九大精神,落实全国和北京高校思想政治工作会议精神,通过组织报告会、宣讲会、座谈会以及主题党日活动等多种形式,开展学习培训,不断提升教职工党性修养。围绕人才培养中心工作,从严治党、严肃党内政治生活,制定印发《应用文理学院2017年党建工作计划》《2017年党建"七个一"工程指导意见》,巩固"两学一做"学习教育成果,加强基层党建工作,从严治党,推进"两学一做"教育常态化、制度化建设。加强基层组织建设,完成支部考评和党员民主评议,8月完成基层组织调整,并在31个基层党组织设立纪检委员。在"两优一先"评选中,共评选出校级先进基层党组织3个,优秀共产党员8名,优秀党务工作者3名;院级先进基层党组织3个,优秀共产党员20名,优秀党务工作者10名。历史文博系教工党支部与机关第六党支部共建,获评校级优秀共建支部。规范党员发展转正工作,全年发展96名党员,转正74名。全年组织处级干部参加学校党委理论学习中心组学习10次。配合学校完成《北京普通高等学校党建和思想政治工作基本标准》入校检查的各项工作。配合学校筹备学校第五次党代会的召开，选举出学院参加学校第五次党代会的党代表，通过“三上三下”酝酿讨论出校党委委员初步人选名单和校纪委委员初步人选名单。组织完成高校青年教师优秀调研成果立项和结项，2名教师获奖。设立党员之家，作为党员活动与学习培训的平台。统战工作方面，推荐孟斌教授、沈蕾教授加入学校党外知识分子联谊会。

（杨丽华　石小川）

【宣传工作】 2017年，加强学院党委中心组的学习并制订学习计划，制定《关于深入学习宣传贯彻党的十九大精神的通知》，重点学习党的十九大精神及全国和北京高校思想政治工作会议精神。对学院开展的大型活动和讲座实行严格的审批手续，重新制定审批程序、配合学校严格管理电子屏幕。设计制作橱窗展示，先后完成“廉创空间”宣传、招生宣传、迎新宣传、十九大宣传、迎接《基本标准》入校检查宣传等的氛围营造。组织第六届“我与联大共奋进”主题宣讲活动，宣讲一线教师与联大的故事，树立榜样。全年在学院新闻网发布新闻277篇、学术动态31篇和通知公告51篇。

加强宣传理论研究，开展党建课题立项研究，进行党建课题的立项工作。党委中心组每名成员结合工作实际主持一项课题，相关的职能部门都参与到课题研究小组，并于年底结题。扩大学院对外宣传。配合校宣传部进行学院专业介绍、学校宣传片的拍摄工作。

（杨丽华　石小川）

【交流合作】 开展教师国际交流与合作。依托学院学科专业资源和特色，做好教师访学和进修，提高出国出访的效果。全年共派出19个团组28人次教职工赴美国、英国、德国、瑞典、日本等十余个国家和地区执行学术会议、访问学者、学术交流、商谈合作等任务，提升学院的国际化程度，为学生出国境项目创造更广阔的平台。顺应学校大力开展国际交流工作的形势，本年度共接待外宾来访69人次，分别来自英国、美国、澳大利亚、匈牙利、德国、俄罗斯等近十个国家和地区。

进一步扩大学生国际交流学习领域。深化落实已签约项目，在课程对接、学分互认、教师和学生互换、学生出国读研读博等方面有实质性进展。加大鼓励和扶持的力度，配合专业建设，有重点地推进学生交流交换项目，开展本硕博联合培养，提高学生出国(境)学习的比例；加强与“一带一路”国家高等院校的教育合作，与波兰哥白尼大学、匈牙利埃斯特哈奇卡洛里大学、俄罗斯乌拉尔国立法律大学等高校深入交流，在互派学生、教师、学术和科研等方面不断拓宽合作领域。全年共有112名学生赴国外和境外合作院校交流学习，其中1至3周短期交流生94人次，长期交流学生18人次，学生派出数量和派出学生质量都稳步提升。

加大引智工作的力度。加强科研国际合作，增加聘请外国专家的数量、提高质量；加大引智力度，全年邀请国、境外专家学者来院讲学26人次，涉及城市科学、考古学、语言学、法学、管理学、新闻学、图书信息学、教育学、旅游危机管理等多个领域，使各专业学生广泛受益。

2017年学院共有来自韩国、印度尼西亚、越南等国家的本科生24人次。

（董媛　安亚男　张艳春）

【共青团工作】 2017年度，学院团委引导广大团员青年坚定跟党走中国特色社会主义道路的理想信念，举办“不忘初心，砥砺前行”联大华音合唱比赛。团委组织全院学生干部开展党的十九大精神学习座谈会等，在各团支部中开展学习总书记讲话，做合格共青团员、学习十九大精神系列主题团日活动。打造学院独具特色的“青春文理”微信平台，平台的关注量为6662人，2017年阅读量13.7万余次。学生会负责的微信平台关注量已达到2200人，累计阅读量14.8万余次。

在2017年共青团系统“达标创优”竞赛活动中，学院2个团支部被评为“校级十佳团支部”，2名学生获得“校级十佳团干部”的称号，3名学生获得“校级十佳团员”的称号。

学院团委加强志愿服务与专业的结合，形成志愿服务工作的长效机制，全年共开展志愿服务100余次，参与学生达到近2000人次，全体志愿者累计服务时长达到12400小时以上。学院青年志愿者协会获北京市优秀献血志愿团队。

在本年度的“启明星”大学生科技创新立项活动中，学院获批国家级项目1项、市级项目4项、校级项目48项，经费共10万元。

2017年内，学院团委开展“五四青年文化节”“主持人大赛”“校园歌手大赛”“走秀大赛”等传统校园文化品牌活动。其中，五四青年文化节2017年已办至第二十二届，主持人大赛2017年已办至第六届、校园歌手大赛2017年已办至第十八届、走秀大赛2017年为第二届，校园品牌文化活动已成为文理青年的传统节日。

学院2017年共有各类社团50个，多个社团在市级校级比赛中获得优异成绩。滑雪社、箜篌乐团、新航线话剧社等优秀社团已经在社会上形成一定的影响力。其中，新航线话剧社获得2017年北京大学生戏剧节银奖；箜篌乐团受邀参加孔子学院举办的十周年纪念活动、中俄未来科技创新创业论坛开幕式等活动。

（朱丽华）

【实验教学探索】 7月15—17日国家级实验教学示

范中心文综组在黑龙江大学举办国家级实验教学示范中心管理与建设能力提升研讨会。7月16日,学院文化遗产传承应用国家级虚拟仿真实验教学中心主任张连城教授主持会议,常务副主任王辉在会上做题为“虚拟仿真技术在文化遗产传承中的运用”的主题报告。

8月“首都之窗”与文化遗产传承应用国家级虚拟仿真实验教学中心合作共建的“探究皇家园林,开启数字体验之旅”三山五园专题正式上线,向公众展示三山五园文化遗产的相关知识、历史故事以及景观等。

12月18日,文化遗产传承应用国家级虚拟仿真实验教学中心与“首都之窗”合作共建的“寻找京西皇家第一御苑——畅春园”专题上线,向公众展示“畅春园”相关知识、历史故事以及景观等。

(王辉　靳雅群)

【实验室建设】 2017年初,文化遗产传承应用国家级虚拟仿真实验教学中心成为北京市教委实培计划的“文化遗产传承实验教学开放共享基地”,以“文化遗产传承应用”为主题,服务于北京地区的高校和中小学学生的实验教学活动。

7月11日,北京市海淀区文促中心、北京联合大学、中海智旅科技有限公司联合启动“三山五园数字体验之旅”。在为期六个月的活动中,学院累计接待大中小学生952人。

7月,为提升实验教学团队的能力,密切与学科专业在实验教学领域的协同合作,在新一轮岗聘中,学院设置专业大类实验室主任岗位,并聘请相关专业教师担任实验室主任。

10月,北京市委教育工委主办“迎接学习党的十九大　服务北京‘四个中心’建设”北京高校师生主题作品展巡展活动,先后在北京联合大学、北京印刷学院、北京服装学院、北京工业大学、首都师范大学5所院校巡回展出,文化遗产传承应用国家级虚拟仿真实验教学中心受邀参加“科创未来”板块展示活动。

(王辉　靳亚群)

【产学合作】 学院依托北京学研究基地和三山五园研究院等科研平台,推进服务地方文化智库建设,聚焦“一城三带”研究应用。2017年,与北京出版集团美术摄影部共同策划组织编写“西山文脉”系列文化读本(10本),计划2018年出版;组织策划非遗丛书外文版权书的翻译;为八一学校附属玉泉中学策划打造三山五园特色精品课程“三山五园的园林之美”和“三山五园诗文”;牵头对接横向课题9项,八一玉泉中学特色校本课程项目1项,海淀文化发展专项3项,北京出版集团非遗丛书翻译项目等2项;推动将三山五园研究院列为海淀区特色思想文化宣传示范点;联手海淀区花园路街道推出“学知讲堂进社区”品牌项目,12月上旬作为特色品牌赴市级十九大宣讲团进行工作交流汇报。

完善产学合作内外交流机制,构建学院产学合作推介体系,搭建平台,推进产学合作交流出成效。密切对接行业,与北京出版集团、八一中学、首都之窗运营管理中心等单位建立战略合作关系;通过组织课题调研,与八个区县宣传部建立沟通机制。

(范晓薇)

【北京全国文化中心建设服务】 2017年,学院与北京学研究所合作,依托北京学研究基地、三山五园研究院和周成虎院士工作站等科研平台,发挥文化智库作用,服务北京全国文化中心建设,围绕“一核一城三带两区”重点任务,承担国家自然科学基金项目、北京市社科基金项目和北京市委、市政府、市政协有关部门委托项目多项,在北京中轴线、三山五园、西山永定河文化带、大运河文化带和长城文化带保护传承与发展方面开展深入调查研究,承担有关规划编制任务,理论联系实际,取得一批研究成果,西山永定河文化带保护规划成果受到市委和市政府有关部门领导的高度评价,独立完成的成果要报《加强北京历史文化资源向文化创意产品的创造性转化》和与北京市政协文史委合作完成、执笔撰写的北京中轴线保护、大运河文化带保护调研报告和建议得到多位市委市政府领导批示,产生良好的社会影响,提升学校的社会声誉。

(董媛　杨熙　原迪)

【“档案在你身边”主题活动】 6月6日,为迎接“国际档案日”,北京市教委、北京联合大学档案(校史)馆、学院档案系、北京文源涵远管理咨询有限公司联合举办“档案在你身边”主题活动。校纪委书记张楠、《北京档案》杂志副总编辑孙艳芝、北京市档案局业务指导一处处长白巍、学院副院长叶晓、校档案(校史)馆馆长姜素兰和档案系全体教师,以及来自50余所高校的100余名档案工作者参加活动。

(董媛　杨熙　原迪)

【箜篌乐团演出】 10月4—6日,学院箜篌乐团在北京西山大觉寺举办专场演出。以“宣扬箜篌文化,传承民族音乐,铭记传统节日,发扬爱国情怀”为主旨,产生良好社会影响。

(董媛　杨熙　原迪)

【中西诗歌朗诵会】 10月12日,学院成功举办相聚北京:中西诗歌朗诵会;美国现任桂冠诗人 Tracy Smith、美国艺术与科学院院士 Kevin Young 以及国内当代著名诗人西川、欧阳江河等应黄宗英教授邀请出席盛会。

(董媛　杨熙　原迪)

【《新时代 新征程 新篇章》报告会】 11月3日,学院与海淀区委花园路街道工委联合举办的学习宣传贯彻党的十九大精神报告会在文理小剧场举行,北京市纪委常委、海淀区委常委、海淀区委宣传部部长陈名杰博士为来自花园路街道的企事业单位代表、社区支部书记及居民，以及学院全体教职工党员、学生党员以及离退休党员代表做题为《新时代 新征程 新篇章》的报告，共计600余人到场聆听报告。

（董媛　杨煦　原迪）

【三山五园区域文化学术研讨】　12月17日，"三山五园区域文化认知与传播"学术研讨会暨第四届北京联合大学三山五园研究院学术论坛在京隆重举行。本次研讨会由北京联合大学、中共海淀区委宣传部联合主办，来自京内外高等院校、科研机构以及文化产业等领域的各位专家学者、国外专家代表及研究生百余人，围绕三山五园区域文化认知、三山五园区域文化的国际化传播、三山五园与西山永定河文化带的保护与传承等问题展开热烈的讨论。

（董媛　杨煦　原迪）

【与北京大学考古文博学院共建协议】　12月18日，北京大学考古文博学院杭侃院长一行8人来学院就文化遗产保护人才培养及实验室共建签署协议，并参观三山五园数字体验馆及历史文博实验室，院长张宝秀，副院长叶晓、教务处、双中心、历史文博系教师参加签约仪式。

（董媛　杨煦　原迪）

师范学院

【概况】

学院英文名称：Teachers' College of Beijing Union University

学院网址：http://tc.buu.edu.cn/

院党委书记：陈志刚；院长：张志斌。

师范学院占地面积12985.3平方米，建筑面积42231.62平方米。学院坚持教师教育办学方向，坚持全科教育和单科教育并行的教师教育格局，实施多层次、多类型办学模式，以普通本科教师教育为主，积极推进"3+2+2"贯通式师资培养项目，稳步发展硕士研究生教育，努力为北京基础教育、学前教育事业培养更多优质师资。现设有小学教育、学前教育、应用心理学、汉语言文学、英语、音乐学、计算机科学与技术、数字媒体技术等本科专业；还设有教育硕士（小学教育、心理健康教育、职业技术教育方向）和教育智能化技术硕士点；建有市级示范性校内创新实践教学中心1个、校级重点建设学科1个。

学院的党政机构设置有：党政办公室、组织宣传部、人事处、教务处、学生处、科研处、后勤管理处。

教学机构设置有：中国语言文学系、英语语言文学系、教育信息技术系、艺术教育系、心理学系、学前教育系、小学教育系及基础教学部。

党群团体设置有：工会和团委。

科研机构设置有：北京联合大学教师教育研究所、英美文学研究所、北京文学与文化研究所。

截至2017年底，学院现有全日制在校生1824人，教职工207人，其中专任教师141人。学院有高级职称79人，教师队伍中教授及副教授共65人，并聘请了一批国内外学者、专家为学院名誉教授或兼职教授。

学院建有创意媒体实践中心、基础语言实验室、应用心理学专业实验室、信息控制技术实验室、数字媒体专业实验室、音乐/舞蹈专业教室等校内实践教学场地；在北京市城区50余所知名中小学、幼儿园建立多所"校外实践教学就业基地"，为学生更好地胜任教师角色、融入教育岗位搭建了平台。

（孙雪松　成洁）

【教学管理】　学院在2017年把本科审核评估工作与学院的办学定位、教育教学、人才培养紧密结合，作为促进学院内涵建设的重要抓手，将审核评估工作融于各项日常工作中。

鼓励学院教师加大人才培养模式综合改革方面的探索，2017年第五届中青年教师执教能力比赛，一等奖1人，二等奖2人。2017年北京市级教学名师1人。获批学校2017年度教育教学研究与改革项目5项。拥有校级专业核心课程2门，校级应用型课程3门。2017年"十三五"校级规划教材讲义获批14项。

学院共建立10所小学、8所幼儿园实践就业基地。组织学生参加各级学科竞赛，全年共30余人次获市级及以上奖项，200余人次获校级奖项；组织学校第三届未来教师技能大赛。组织学生申报各级人才强教项目，院级学生自主实践项目总计立项55项。在北京市高校"高水平人才交叉培养毕业设计（论文）项目"遴选工作中学院有22个项目入选。

2017年本科招生实际录取人数为372人，计划完成率超过100%。录取音乐学（专升本）9人、学前教育（专升本）75人；贯通教育（3+2+2）实际录取270人。

全年共组织1119名学生参加英语四级考试，487名学生参加英语六级考试；参加英语专业四级考试（TEM4）人数86人，英语专业八级考试（TEM8）人数109人。加强毕业设计的管理工作，2017届共有17人获评优秀本科毕业设计（论文），2人获评校级优秀高职毕业综合实践报告。完成2017届师范毕业生197人的教师证申报办理工作;组织普通话水平测试、培训445人。完成2017级456名新生报到注册和学籍信息建立工作。完成学院第二届小学教育专业、英语专业,第一届“音乐学”专业“双二辅”学生录取及学籍管理工作。

2017年,组建新一届学院教学督导委员会,加强对日常教学工作的检查与指导。

完成成人高等教育2017年春季毕业(高起本2012级毕业6人,其中1人授予学士学位)、2017年夏季毕业(2015级专升本69人,高起专13人,共82人,其中18人授予学士学位)的系列工作,以及2013—2017级4个专业158名夜大学学生的教育教学的组织、运行和管理工作。学院基础部组织学生参加多项竞赛并获奖。

9月作为健美操项目组队单位代表北京队参加全国学生运动会获得3项冠军。在10—11月国家体育总局体操运动管理中心主办的全国冠军赛中获得冠军一项。在2017年全国大学生健美操锦标赛中获团体冠军、单项冠军三项。11月参加北京联合大学新生运动会群体项目的比赛,获得女子团体冠军、群体项目团体总分第六名。

在北京联合大学第七届数学建模竞赛中共16队获奖。其中,一等奖1队,二等奖7队,三等奖8队。在北京联合大学第九届大学生数学竞赛中共10人获奖。其中,一等奖1人,二等奖4人,三等奖5人。

在全国大学生数学建模竞赛中共组织9个队参赛,最终获成功参赛奖。

2017年北京联合大学“高参小”项目共开设体育类、美术类、音乐类、舞蹈类、表演类、戏曲类、科技类、心理类等8大类29门课程,共计10049课时;出版相关教材3本;组织展演、展示(参赛)、观摩等活动21场,参加人数13714人;参加北京市各类体育竞赛共获得一等奖12项,二等奖17项,三等奖9项,总计38项;参加各类舞蹈竞赛共获得一等奖1项,二等奖4项,三等奖5项;组织各类培训92场,参与培训教师8320人次;进行了“教师口语传播能力养成(基础)大师班”培训等活动。北京联合大学师范学院荣获北京校外教育先进集体。

(孙晓鲲　张鑑　唐红斌)

【科研工作】 学院共获批2项省部级课题,分别是杨丹博士负责的教育部社科基金一般项目“上古汉语并列复句发展演变研究”和何璇博士负责的教育部社科基金青年项目“小学生数学核心素养生成机制研究”。

(安雪飞)

【学科建设】 完成了2015级教育硕士研究生的培养工作,学院首批13名研究生毕业;完成了2017级硕士研究生招生工作,录取教育硕士研究生共16人;完成2017版教育硕士培养方案及大纲的修订工作;完成新一批导师遴选工作,新增校内外导师19名,通过校研究生处对我院教育硕士研究生培养工作的检查,受到专家组的好评。

(安雪飞)

【图书馆服务】 学院图书馆面积约2080平方米,报刊阅览座位267个,电子阅览室机位72个,研习室座位40个。截至12月31日,在编人员10人,外聘人员7人。

2017年,购书3977种、7140册。其中采购教育类图书3157册,占年购书册数的44%。积极统筹学校图书资源,做好艺术类部分图书随艺术设计系调整移交至校本部图书馆的后续工作,核对册数,共31046册,计2080433.30元。

全年共借、还、续借图书8054册,接待自习阅览21411人次。

4月10—14日,新疆和田地区教育学院图书馆馆长加沙热提加帕尔(教育学专业讲师、维吾尔族)从校本部图书馆到本馆挂职一周。4月19日统一全校图书馆管理机制工作会议召开,全校图书馆合并。

本年度开展以“阅读相伴人生　智慧文明相随”为主题的“世界读书日”主题宣传月系列活动、新生入馆教育和“师院书香,阅读启航”阅读推广活动。

学院教材征订工作从2017年秋季起转交学院教务处。

(甄旭)

【人才队伍】 截至2017年底,全院共有教职工207人,其中专任教师141人。学院有高级职称79人(其中正高15人,副高64人);教师队伍教授及副教授共65人,其中教授15人;博士51人,在读博士11人;35岁及以下青年教师共29人,其中含辅导员6人。

2017年5月开展了2013—2017聘期考核工作。6月开展新聘期岗位聘任工作。机构设置调整为:党政办公室、组织宣传部、人事处、科研处、工会、教务处、学生处、后勤保卫处、基础教学部、教育信息技术系、英语语言文学系、中国语言文学系、艺术教育系、心理学系、小学教育系、学前教育系。

2017年学院有3名教师晋升为副教授,1人晋升为教育管理系列副研究员,2人晋升为讲师(思政)。

4月中旬,启动职业年金补缴工作,2017年4月及以后年度的职业年金按月做实,按月做实前单位应缴纳的职业年金,将由社保经办机构一次性征缴。

(杨咏)

【学生工作】 学习宣传贯彻党的十九大精神,引导学生“学、思、悟、行”,广泛开展主题征文、联大故事征文、书画摄像比赛、主题班会等活动。

成立学生党总支。全年发展预备党员94人;小学教育系陈志豪同学获得北京联合大学“十佳学生党员”称号;教育信息技术系学生党支部获得“十佳学生党支部”称号；教育信息技术系学生党支部获得北京联合大学红色“1＋1”志愿服务活动二等奖；心理学系学生党支部、英语语言文学系学生党支部、艺术教育系学生党支部、中国语言文学系学生党支部、小学教育系学生党支部、学前教育系学生党支部获北京联合大学红色“1＋1”志愿服务活动三等奖。

组织开展2017级新生入学教育系列活动。9月5日上午，学院党委书记陈志刚教授以“立德树人全面发展——学做‘四有’好老师”为主题，为我院2017级全体新生做了入学教育专题讲座。

稳步推进就业创业工作。毕业生383人，签约人数356人，签约率92.95%，就业人数381人，就业率99.48%，学院获评2017年北京联合大学就业工作先进集体，77名毕业生被评为北京联合大学优秀毕业生，19名毕业生被评为北京市优秀毕业生。

持续组织开展“未来教师大讲堂”系列活动，结合“四有好老师”，开展系列精品讲座。

做好资助育人及评奖评优工作。2016—2017学年评选国家奖学金5名，国家励志奖学金7名，获校院级以上荣誉称号、奖学金794项；2017—2018学年共认定困难学生51名，资助北京市国家助学金51名。

加强学生工作队伍建设。辅导员本年度申请获批校级以上课题1项，发表论文6篇；朱丽华获2016—2017学年学校“十佳辅导员”称号，冯英获学校“优秀辅导员”称号。王涛在学校第二届辅导员职业能力大赛中获三等奖，冯英获优秀奖。朱丽华获北京联合大学资助育人工作先进个人、北京市资助育人工作先进个人。

（吴庆）

【共青团工作】 学院团委下设教育信息技术系、中国语言文学系、英语语言文学系、艺术教育系、心理学系、教育系6个共青团总支部委员会（以下简称团总支），包括52个学生团支部以及1个教工团支部。团委设书记1名，学生副书记1名，常设机构包括组织部、宣传部、实践部、科技部和社团部。学院共有共青团员1745人，其中女团员1445人，少数民族团员122人，申请入党团员345人，推荐优秀团员作党的发展对象184人，发展新团员1人。学生社团共31个，开展“新生杯”辩论赛、“12.9”文艺晚会、书法大讲堂、演讲比赛、原创剪纸展览、社团文化节、“5.25全国大学生心理健康周”、各类文体比赛等大型校园活动，参加人数约为2000余人次。2017年，评选院级优秀团员74人，优秀团支部11个。在此基础上，根据团市委、北京联大团委有关文件的要求，评选出北京联合大学优秀团支部3个，优秀团员14人，优秀团干部4人。2017年团委组织了2次团校，为425名经过层层选拔脱颖而出的团校学员做了高水平的团课讲座，向党组织推荐了289名优秀团员作为党的发展对象。

暑期社会实践中，共有449支团队、538名学生参与。获得市级先进工作者2人，先进个人1人；校级优秀团队11支（一等奖2支，二等奖4支，三等奖5支）、优秀成果奖10项（一等奖2项，二等奖4项，三等奖4项）。在“活力团支部”评选当中，我院推选的3个团支部均被评为校级“活力团支部”，有一个团支部还被推荐参加市级评选。

参加学校创业训练营，参与学生7人，其中2人获得“北京联合大学第四届创业生存赛”第一名、5人获得“北京联合大学第四届创业生存赛决赛”第四名。在“挑战杯”学生科技竞赛中一组获得校级三等奖。

我院现有3项“北京联合大学志愿服务工作示范项目”，分别是：牛街民族敬老院英文歌曲教唱、联大师院爱心支教、文明校园。

（杨希）

【党群工作】 学院共有党员454人，其中在岗教工党员156人，离退休党员120人，学生党员151人，其他27人。学院共2个党总支，24个党支部，其中教工党支部13个、离退休党支部4个、学生党支部7个。2017年新申请入党人员288人，共发展党员94人，转正党员41人。

师范学院共有22名处级干部，其中正处级干部4人，副处级干部18人；平均年龄48岁；硕士学位15人，博士学位1人，硕博比例为72.7%；正高级职称3人，副高级职称8人，高级职称比例50%。

学院有民主党派人士22人，分别属于民主促进会、民主同盟、九三学社三个民主党派。

2017年，学前教育系、小学教育系党支部成立；学院召开庆祝中国共产党成立九十六周年暨“七一”表彰大会；成立学生党总支；奔赴井冈山开展了“学习井冈山精神 坚定理想信念”为主题的学习培训；学院离退休党总支召开党员大会，进行换届选举工作；学院召开全体党员大会，选举产生出席学校第五次党员代表大会代表；《北京普通高等学校党建和思想政治工作基本标准》党建检查组一行3人在北方工业大学党委副书记郭玉良的带领下到我院实地走访；学院党委理论中心组举行了扩大学习活动，党委书记陈志刚带队，一行近50人赴房山区窦店村，与村党委书记、十九大代表仉锁忠座谈。

6月，在北京联合大学第二届优秀党课征集评比活动中，杨金花获得优秀微党课奖，李荣华、田汉、杨楚翘获优秀微视频奖，师范学院党委获优秀组织奖。

7月，心理学系党支部被评为北京联合大学2015—2017年度红旗党支部，张佐友被评为北京联合大学2015—2017年度十佳党员标兵。

（曹丽华 牛桂荣）

【宣传工作】 分别组织参加学校和组织学院理论中心组学习各5次;制定《师范学院2017年理论学习指导意见》;组织学院教职工、党员、中层干部集中理论学习6场次。

通过座谈、网络、电话等形式组织各支部进行教职工思想调查,思想动态舆情研判,撰写学院调研报告。

全面更新学院校园网,实现校园网服务器由校网络中心统一管理,完成学院新闻网站的构架和内容的进一步优化与更新,审核学院2017年新闻487余条,上传校新闻网54余条;参与校院各类活动报道及照片采集工作143次。与中国教育报、现代教育报、北京考试报、中国网、千龙网等媒体积极合作,围绕学院人才培养发表外媒宣传10篇。

学院现有师院图话、师院之声、师院故事、师院人说、党建、分享、悦读7个常规栏目,平台订阅用户数稳定在5000余人,学院官方微信平台推送节目144期。

全年更换校院橱窗共计174块,内容涉及喜迎十九大、迎接《北京普通高等学校党建和思想政治工作基本标准》专家进校检查、“七一”表彰宣传、学雷锋、成就“未来之师”。

精心组织“我与联大共奋进”宣讲活动。7月举办师范学院专场宣讲会,黄淑梅、唐红斌、杨希、杨金花四位教师组成学院宣讲团,用自己的成长故事诠释了如何将“德”作为教书育人第一要素。

12月8日,在2号楼1层展厅,以“走进新时代　共创新未来”为主题的“学院第六届师生书画摄影作品展”开幕,展出师生作品139幅。

(牛桂荣)

【工会工作】 2月,开展“伸出援助之手,奉献我们的爱心”活动,为身患心力衰竭、重度高血压、尿毒症等重病的保洁员吴秀碧募集捐款34094元。

3月,宋福春家庭被北京市总工会女职工委员会与北京职工婚姻家庭建设协会评为2016年北京职工“幸福家庭”。

4月,在学校第八届青年教师教学基本功比赛中,张婍获一等奖,汪梦翔、吴素娟、赵瑛获三等奖。

5月,在学校教职工广播操比赛中,师范学院代表队获一等奖。

6月,召开第六届教职工暨工会会员代表大会第七次会议,原则通过《北京联合大学师范学院2017年岗位聘任实施方案》。

8月,张婍获北京高校第十届青年教师教学基本功比赛文史类B组一等奖和最佳教案奖,汪艳丽获优秀指导教师奖。

为教职工申请北京市在职职工重大疾病互助金10000元、申请校爱心互助基金慰问金38500元。开展推进“健步121”手机App普及安装活动、举办“健步121”比赛、举办教职工乒乓球单打比赛。

12月,与组织宣传部、学生处共同举办第七届师生书画摄影展。

12月,在校工会开展的建家复验工作中,学院再次被评为模范职工小家。

(张艳杰)

【交流合作】 2017年学院共派遣16个团组,赴国外院校进行访问交流活动,人数共计21人次;同时,接待来自美国、英国、韩国、白俄罗斯等国家及我国香港、台湾地区的来访团组共14个,接待人员共计74人次。派出境外培训教师共4人次,赴台湾彰化师范大学分别进行1个月的研修学习。

(韩天炜)

【实验室建设】 新建师范生形体训练实训室,建筑面积245平方米,用于师范生的形体训练、快乐体操等教学活动。

新建虚拟现实实训室,建筑面积145平方米,用于师范生自然、历史、科技类知识拓展及高危环境的仿真体验。

新建书法实训室,建筑面积82平方米,用于师范生的软笔和硬笔书法训练。

新建奥尔夫实训室,建筑面积78平方米,用于师范生的奥尔夫课程的教学。

新建小学教育远程互动实训室,建筑面积85平方米,用于小学教学观摩及远程互动教学。

新建学前教学实训室,建筑面积280平方米,用于学前教育专业学生上岗前实训教学。

更新工作站51台,用于数字媒体等对硬件要求较高的专业软件日常教学工作。

更新普通PC机89台,用于改善学生语音听力和基础课程的上机实训环境。

对我院12间多媒体教室设备进行更新,使多媒体教室的显示效果得到了极大的提高。

新购置立式钢琴20台,钢琴自主练习纠错大师70套,用于改善艺术教育系、学前教育系和小学教育系学生的自主练习环境。

新建、更新实验室及多媒体教室涉及面积共计1827平方米,经费投入共计724余万。实践中心支持各类会议及学生社团活动百余次,各种教学活动摄像达500余小时,微格教学提供服务和保存数据300余小时,日常多媒体教学设备维护2400余台次。

完成多媒体教室教学监控改造,上课铃声改造,以及考试屏蔽系统升级改造工作。

实验室除保障正常实践教学外,累计对外开放时间4000余小时,维护计算机5000余台次,服务社会考试6000余人次。

(马涛)

【师范学院 2017 年教师教学技能大赛】 2017 年 9 月 25 日—12 月 5 日，师范学院组织开展了 2017 年教师教学技能大赛。

大赛本着“全员参与、真实场景、真实对象、真实内容、多元评课、评议结合、重在改进”的比赛原则，全院本学期任课的 105 位老师全部参赛，最终评选出优胜教师 34 名。

此次比赛最突出的特点，是实现了竞赛模式的创新。比赛由任课教师自主选定讲课时间和讲课内容，由学院组织院内外专家深入真实课堂，课堂全程录像，课后进行集中评议，及时向讲课老师反馈评价意见。另外，学院专门开发了学生评课指标体系，重点关注学生对课程质量的满意度、本节课与此前其他课的质量比较、授课老师对所授知识与能力培养间的关系把握、课程内容对学生将来所从事职业的相关度如何等，并开发了“问卷星”手机评课系统，学生参与评课率接近 100%。

本次比赛是学院全面落实“十三五”发展规划，落实以学生为中心，全面推进人才培养模式改革的一次有益尝试。

（韩天炜）

商务学院

【概况】

学院英文名称：Business College of Beijing Union University

学院网址：http://www.bc.buu.edu.cn

院党委常务副书记：尹福斌；副院长（主持工作）：陈建斌。

2017 年，北京联合大学商务学院设有教学系 3 个：国际商务系、电子商务系、金融会计系；校级研究所 3 个：北京联合大学管理科学与应用研究所、北京联合大学服务经济与贸易研究所，北京联合大学首都金融研究中心；院级研究机构 4 个：国际商务研究所、企业理财研究所、北京现代服务业发展研究院、社会责任研究所；校级重点建设学科 3 个：金融学、国际贸易学、管理科学与工程；国家级特色专业建设点 1 个：金融学；校级骨干专业 1 个：财务管理；学院拥有工商管理一级学科硕士学位授予点，下设两个研究方向：一是大数据与知识管理，方向带头人为陈建斌教授；二是投融资管理（自主设置目录外二级学科），方向带头人为杨宜教授。此外，学院还具有金融专业硕士学位授权点，负责人为杨宜教授。本科专业 7 个：国际商务、财务管理、市场营销、国际经济与贸易、金融学、信息管理与信息系统、会计学（国际会计）。

学院设置党群及教学机构 15 个，其中党群机关 9 个，包括党政办公室（含国际交流合作处）、组织宣传部、人事处、教务处、科学技术与研究生工作处、学生处、保卫后勤处、工会、团委。教学及辅助单位 6 个，包括国际商务系、电子商务系、金融会计系、基础教学部、经贸实验教学中心（东校区）、培训中心。

教职工 172 人，其中专任教师 107 人。专任教师中，具有正高级职称 19 人、副高级职称 41 人、中级职称 46 人。（截至 2017 年 9 月 1 日）

学院占地面积 19471.10 平方米，校舍建筑总面积 22781.03 平方米。图书馆现有藏书 217178 册，固定资产总值 0.75 亿元。本年学院高考录取线：本科理科 439 分、文科 468 分。

（龚文婷）

【教学管理】 2017 年，学院召开本科教学工作审核评估动员会和培训会，对审核评估的“五个符合度”进行全面自查，以学习目标为导向重新修订本科培养方案。根据本科教学工作审核评估要求，组织完成 2015 至 2017 学年试卷和毕业论文的自查与检查工作，并聘请督导专家进行抽查，对检查中发现的问题进行研讨并制定改正措施。修订毕业论文、试卷管理以及教学文件等相关管理办法。组织完成本科教学工作审核评估相关数据填报、学院本科教学工作审核评估自评自建工作方案报告、自评自建中期检查汇报、学院自评报告撰写等与本科教学工作审核评估相关的各项工作。

重新调整学院课程委员会组织机构，梳理、完善 AOL 体系及工作流程。对检测课程负责人进行全面培训，并建成 11 个重点建设课程团队。优化 AOL 检测过程中所涉及的课程大纲、教学方案、检测报告、项目成果报告等模板。召开学院课程委员会成员研讨会共 9 次，研讨会不断修正学院 6 个专业（项目）的课程图谱及 Rubrics 等关键内容，进一步优化、确定各专业的人才培养目标及课程图谱。2017 年度两个学期共完成 40 余门次课程的检测，并形成 2016 至 2017 学年各专业 AOL 报告。

在普通本科专业核心课程建设项目方面，2017 年度学校立项共计 30 门课程，学院共推荐 5 门课程参与学校的评选，最终均被批准立项；在应用型课程建设项目方面，学院共推荐 2 门课程参与学校的评选，最终 1 门课程被批准立项。

完成学校 2015 年校级教学改革建设项目结题和 2017 年校级教学改革建设项目申报工作，获批 4 项，其中一般项目 2 项，青年项目 2 项。完成 2017 年校级规划建设教材和讲义申报工作。其中，获批产学合作特色规划教材1项，新编教材1项，讲义4项。在学校第五届中青年教师执教能力比赛中，学院教师获校级一等奖1名、二等奖1名。

参加第十九届海峡两岸应用型高等教育学术研讨会论文征集活动，共有7位学院教师撰写的论文被研讨会录用，并参加论文交流，占全校总数的43.75%。

设立“校级、院级全英语教学实验班”，会计学(国际会计)ACCA方向班。校级全英语教学实验班专业调整为国际经济与贸易专业，设立国际商务专业院级全英语教学实验班及会计学(国际会计)ACCA方向班。为2017级新生开设48学时的英语听说读写课程。

2017年共有8门课程聘请行业、企业专家进课堂，结合本科教学工作审核评估要求，研讨制定和完善实践教学环节的系列管理文件。本学年共完成赴香港2个团、赴美国1个团的境外实习项目；在实践教学环节完成2017年校级人才培训基地的申报工作，学院刘迎春教授申报的《金融学专业校外人才培养基地》被批准为北京联合大学2017年校级校外人才培养基地。另外，与德昂信息技术有限公司合作举办教学研讨会。

2017年，创新创业团队出版教材两部、专著一部，新引入创业企业(已注册)孵化两家，组建新的创业社团，开展社团团建一次，孵化基地硬件场所逐步完善，提出创新创业实验室建设方案，举办全国性创新创业培训一次，与社会孵化基地对接，深入开展交流合作，全年培训超过10次，邀请北京信息科技大学专家做创业沙龙6次。

2017年共计录取四年制新生300人(京内221人，京外79人)，京内新生专业一志愿率为59.73%，京外录取新生专业一志愿率保持100%。实际报到人数288人(京内214人，京外74人)。京内录取分文科最高535分，高出二本线67分；理科最高达到523分，高出二本线84分，京外录取文科最高分574分，理科最高分576分。

(郑丽　龚文婷)

【科研工作】 截至2017年9月，学院教师共发表C类以上论文19篇，出版专著7本；获批省部级以上项目4项，其中北京市社科基金2项，教育部人文社科项目2项，在研的省部级以上项目达到30项(含2项国家自然科学基金项目参与)。

全年合同经费总计达到753.6万元，校级以上(含)纵向课题经费64万元，横向课题到账经费185万元，竞争性课题经费总计249万元。其中区域服务方面，尤其是与朝阳区商务委员会、北京市商务委员会和北京时尚控股有限责任公司等的合作方面，取得进一步发展。

2017年，学院举办大数据应用与创新论坛和系列讲座，分别邀请香港城市大学王怀清教授、中国人民大学毛基业教授、北京邮电大学傅湘玲副教授、解放军总医院曹德森主任、易通远见(北京)科技有限公司创始人葛亮以及学校校长李学伟教授，围绕大数据的基本概念、特征、应用案例和研究方向等进行演讲。

9月初，学院举办城市型、应用型大学时尚产业校企合作研讨会，会议以“北京时尚文化商务融合与创新”为主题进行品牌企业与教授团队之间的交流，寻找切实的合作项目和领域。经过会后3个多月的持续沟通，截至2017年11月底，已经落实北京京工服装集团有限公司、北京时装周、北京雪莲集团有限公司等多个委托项目，经费共计100多万元。

通过学院挂职干部，与新疆九鼎集团签署战略合作协议，进行合作项目研讨，拟在九鼎农产品指数、九鼎优选电子商务推广等方面展开合作。

举办青年教师科研工作坊，尤其是在纵向课题申报等重要时间节点，邀请毛基业教授为青年教师提供个性化、针对性辅导。

(陈建斌　龚文婷)

【学科建设】 经过专业论证和社会调研，学院在工商管理一级学科下申请设立“大数据与知识管理”招生方向。同时，在学校统一协调组织下学院与旅游学院、管理学院合作申报“应用经济学”一级学科硕士授权点。

(陈建斌)

【基础建设】 2017年暑期在学校大力支持下，在2016年公寓改造工程的基础上，先后完成教学楼实验室装修改造、平房男生公寓装修改造、学生宿舍二期装修改造，截至2017年8月，学院学生公寓共有房间122间，其中男生35间，女生87间，共有床位1080个，男生床位272个，女生床位808个。7月至9月，将校外797名学生搬迁新住宿地点，完成校外学生搬迁工作。此外，作为学生宿舍改造配套项目，将原消防烟感拆除、工程完成后恢复，由于格局调整，增加新烟感报警器，实现与中控室报警系统联通。将19间实验室、2间会议室、39间办公室及其他办公用房改造为126间学生宿舍及学生服务中心，对学生浴室改造并增加烟感探测器。

(梁玉勇)

【师资队伍建设】 截至2017年年底，学院专职教师高级职称比例为59.34%；现学院专职教师博士达到56人，在读博士3人。教师博士比例达到59.18%；教师中有海外访学经历的达到60.20%。专业教师博士比例达到80.30%；有海外访学经历的达到65.15%；有企业实践经历的比例为66.67%；高级职称比例为60.61%。

2017年2位教师申请晋升教授、8位教师申请晋升副高职称。申报市教委人才强教项目拔尖人才2项，市教委特聘教授1人。申报获得校级人才强校项目资助3人。2017年国内访学4人，北京市教师研修基地参加培训 2 人。

根据学校安排，学院进行新聘期的聘任工作。截至 2017 年年底，学院在职职工 164 人，新聘上岗 155 人，两年内退休 8 人，待聘 1 人。其中专任教师 100 人，管理人员 50 人，非教师专业技术 44 人（纯专技 8 人）。

按照 AACSB 国际认证的标准，结合学院的实际，2017 年完成教师简历输出、核对修改工作，初步建立教师个人成长与职业发展档案；对教师参与企业实践提供经费支持，使学院具有企业实践经历的教师比例达到 67%；聘任 2 名特聘教授、2 名相关企业行业的高管做客座教授、聘请企业行业讲学专家 9 人；进一步改善教师分类比例，各专业未达标比例小于 10%。

（赵振武）

【学生工作】 开展强化学风新常态的学生"五要五不要"基本规范，开展"喜迎十九大　筑梦联大人"等主题活动；做好"三位"一体新生入学教育，开展新生"引航工程"，抓好早晚自习强化管理，提升自主学习能力。在学校"我的班级我的家"创建工作中获得一、二等奖；依托学生服务中心，强化全员服务意识，搭建集事务办理、咨询服务、信息发布、师生交流等功能于一体的"一站式"服务新型学生工作平台；对考研自习室加强管理，制订规章制度。

截至 10 月 30 日，就业率为 99.67%，签约就业率为 97.04%，位居学校第一，参加国内外研究生考试人数 55 人，考研率 9.1%。

依托第三方麦可思对往届毕业生的培养质量进行跟踪评价，通过数据收集和采集，麦可思为学院提供《商务学院人才培养质量跟踪评价报告》。组织开展 2017 届毕业生离校出口调查，完善校友沟通系统。暑期，完成学院毕业 10 年杰出校友访谈工作，完成校友基金会捐款 50 万元任务，并申报使用学校校友基金会基金 30 万元，持续做好校友捐赠和使用工作。

3 月、6 月，分别举行"怎样才能做一名合格团员""青年大学生的责任与使命"主题团课教育；10 月，举办学院第八期团校培训班，共有 180 余名学员结业。在 2017 共青团达标创优活动中共获得校级奖项 26 项，院级奖项 94 项。

2017 年"启明星"科技创新项目成功立项 88 项（含国家级 7 项、市级 32 项、校级 49 项），获批项目经费 28.2 万元。学生参加各类科技创新活动，全年获得各类奖项 18 项（含国家级 10 项，校级 5 项，行业协会 3 项）。

组织 400 余名学生、40 余支团队参与区域发展的社会服务，开展京津冀一体化调研活动，赴天津、河北开展校企游学，对农村建设、城市发展、学校建设进行调研；在学校暑期社会实践总结评选中，院团委获社会实践先进单位、社会实践调研成果先进单位称号，获评先进工作者 1 名、优秀指导教师 3 名，先进个人 4 名，优秀团队 10 支，优秀成果 10 个。同时，有目的、有计划、有组织地参与"全天候、全方位、全覆盖"第二课堂活动，组织各类讲座、比赛、志愿服务活动等共 100 余次。

（曹海娟　鹿然）

【党群工作】 截至 2017 年年底，学院共有党员 353 人，其中教工党员 126 人，学生党员 138 人，离退休党员 89 人。全年发展党员 70 人，其中学生 70 人。党委下设党总支 2 个（离退休党总支和学生党总支），党支部 19 个（含学生党支部 3 个，离退休党支部 6 个）。1 人获得校级十佳党员标兵称号，5 人获得校级优秀共产党员称号，2 人获得校级优秀党务工作者称号；2 个支部获得校级先进基层党组织称号。

2017 年，学院召开"课程思政"研讨会，开展"课程思政"典型案例征集活动，推进课程思政建设。根据学校组织生活指导意见，对党支部学习做出安排，明确学习内容和要求；加强和改进教职工理论学习，制订学习计划。

迎接《北京普通高等学校党建和思想政治工作基本标准》检查，按照《条例》《标准》，准备自查报告、支撑材料，配合学校完成相关工作。

以"两学一做"为基本内容，以"三会一课"为基本制度，以党支部为基本单位，推动学习教育融入日常、抓在经常。认真学习十九大精神和十八届六中全会通过的《准则》《条例》等法规文件，以"迎十九大，做合格党员"为主题开展专题学习讨论和立足岗位做贡献等实践活动。建立"党员之家"活动室；开展基层党支部"1+1"共建和基层党支部活动结项和新立项工作，推进党建工作创新。获得学校 2016—2017 年度基层党支部"1+1"共建活动优秀结对项目，2017—2018 年度获批一个"1+1"共建创建项目，2 个支部获校级重点培育项目，3 个党支部获校级一般培育项目。成立学生党总支，完善学生党组织建设。

截至 12 月 8 日，学院网站上传 2017 年新闻 115 条，在报纸、杂志及网站上发表外宣 13 篇，学院辅导员丘莉老师在第十个"世界自闭症日"受访中国网首席记者，中国网"世相""帧像"栏目分别推出网页和视频新闻。

2017 年，学院党委理论中心组和全体党支部组织开展党风廉政专题教育学习 30 余次，深入开展党风廉政教育月活动，覆盖面达到 100%。按照学校纪委办和监察处各项工作部署，开展纪律建设，特别是政治纪律和政治规矩，做好重点领域关键环节的监督工作，做好党风廉政建设全程纪实工作。

（王颖　龚文婷）

【对外交流】 2017年开拓与AACSB国际认证或会员单位合作,与美国密苏里大学堪萨斯分校签订框架协议及“3+1+1”合作项目协议,12名学生赴该校参加为期3周的创新创业模块课程学习。与英国谢菲尔德哈勒姆大学签订“3+1”本科双学位项目合作协议;因公出国(境)团组11个,出国(境)人员18人次,执行率100%,接待来访团组14个,58人次。同时借助学校优势,拓展宣传途径与模式,组织多样化活动,发挥师生能动性,共有151名学生参与各类交流、交换、游学项目。

(翟晶)

【实验室建设】 按照学院统一规划和部署,经贸实验教学中心于2017年5月完成实验室迁建项目的方案设计、申报与答辩等工作,9月完成实验室的暑期施工监督和新建任务,并从原实验室楼三至六层搬迁至教学楼七至九层。经贸实验教学中心新建实验室总面积约700平方米,拥有各种教学用计算机380余台,下设计算机基础实验室、专业综合实验室和语音实验室等8个实验室,实验室综合利用率达到60%以上。

(黄金燕)

【实训基地建设】 学院有校外人才培养基地30个,其中2017年新签订校外人才培养基地7个:金融学专业4个,由刘迎春老师牵头先后与南京银行、平安人寿北京分公司、中盛国际保险经纪有限公司、启迪创业投资管理(北京)有限公司签订;国际经济与贸易专业2个,由郑春芳老师牵头分别与中国国际贸易分会、雅宝路贸易商会签订;还有由学院培训中心与新道科技股份有限公司签订校外合作协议,将该公司作为学院校外人才培养基地,金融学、会计学(国际会计)、国际经济与贸易、信息管理与信息系统4个专业的学生均可以参与其中。

(俞翔琦)

【首都金融研究中心】 北京联合大学首都金融研究中心成立于2010年,通过与北京经信委(现北京市经济和信息化局)、北京中小企业服务中心、中国农业银行、北京银行、银河证券、荷兰格罗宁根大学、美国威斯康星大学等政府部门、金融机构、企业、高校的密切合作,围绕中小企业融资中的金融创新、资本市场和上市公司的风险防范和国际金融热点问题进行深入的理论研究和实践调研,为首都金融的可持续发展提供理论依据和解决方案。

研究中心所长由北京联合大学副校长杨宜教授兼任,研究中心校内兼职在编人员共22人,其中教授6名,副教授12名,讲师4名,具有博士学位21人。主要研究领域为中小企业融资、资本市场与投资银行运作管理、国际金融三个方向。研究特色体现在服务首都经济和金融发展,以北京的金融服务作为主要研究领域,并取得了显著的研究成果。

首都金融研究中心开展多种形式的学术交流、学术讲座、社会服务等活动,经常召开课题研讨和学术交流会议。先后与北京市发改委、内蒙古乌海市政府等相关部门联合进行课题研究,服务于地方经济。开展校企合作,与台湾保险行销集团合作举办国际理财规划师培训项目。

2015—2017年中心主持各级各类课题30余项,其中省部级以上科研项目14项,公开发表C类以上论文32篇。2017年研究中心申报多项课题,获批省部级2项、局委办2项、校级2项。

(聂秀平 刘微)

【服务经济与贸易研究所】 北京联合大学服务经济与贸易研究所成立于2010年4月,为校级院管研究机构,依托于校级重点建设学科国际贸易学。研究成员主要来自商务学院国际经济与贸易、国际商务两个专业的师资队伍,现有成员15人,全部具有博士学位,其中教授5人、副教授5人、讲师5人,研究所所长为崔玮教授。

研究所主要研究方向包括两个方面:一是国际服务贸易理论与政策研究;二是北京服务业与服务贸易研究。

2017年新增省部级科研项目1项(北京市哲学社会科学基金项目——北京市服务业扩大开放综合试点绩效评价研究),市局级项目1项,横向课题10项,新增到账经费62.6万元,同时在研国家级课题2项、省部级1项、市局级2项,以及多项横向课题及校级课题。发表A类论文2篇,B类1篇,C类论文5篇,北大核心2篇,出版专著1部。在承担横向课题、服务区域经济发展方面取得一定的成果。承担北京市商务委项目《北京市服务贸易便利化》,经费20万;承担北京市商务委项目《北京商务发展报告2017》的撰写工作,经费12万;通州区商务委项目《北京市现代服务业国际化发展策略研究》及《北京市生活性服务业品质提升策略研究》,经费共6万元。科研服务于区域经济发展成为本研究所的标志性成果与亮点。

2017年,研究所有20余人次参加包括第十六届全国高校国际贸易学科协作组会议暨2017年中国国际贸易学科发展论坛、2017年中国国际贸易学会年会暨国际贸易发展论坛等各类学术会议;在学院内组织新形势下中巴经济走廊发展研讨会;开展与韩国京畿大学的科研交流与合作,通过学术交流与合作,研究所整体科研能力与学术影响力不断提升。

(崔玮)

【管理科学与应用研究所】 北京联合大学管理科学与应用研究所成立于2010年4月,是校级院管研究机构,依托于校级重点建设学科“管理科学与工程”,地点位于北京联合大学商务学院。本所主要研究领域包括：管理复杂性与知识管理、信息系统与知识工程、供应链管理等。研究所主要研究队伍已经形成结构合理、方向稳定、高度协作的学术团队，研究所所长由商务学院副院长陈建斌教授担任，研究团队有教授5人，副教授8人，讲师5人。

2017年，紧密结合地方经济和社会发展需要，聚焦大数据相关理论与应用的创新研究，开展多项大数据科研合作项目，包括与301医院合作开展的急救大数据与分级诊疗协同决策项目、与北京时尚控股有限责任公司签订的时尚产业大数据研究项目等。同时联合国内顶尖科研团队和机构，共同着力搭建大数据商务应用研究创新平台，开展金融、文创、旅游、交通、医疗、农产品等领域的大数据商业价值创造、模式创新、协同决策等应用项目研究及成果转化。研究所在IT服务与管理研究领域持续开展研究，集中研究知识管理领域的最新前沿"知识协同理论及其应用"，取得系列成果。申报各级各类课题17项，获批省部级2项，局委办5项，校级2项。在研课题多项，包括：1项国家自然科学基金委面上项目，2项北京社科基金项目，1项省、市、自治区社科基金项目，2项局委办项目，2项校级项目。发表学术论文30篇，其中C类以上论文12篇。

研究所积极开展科研讨论和学术交流，参加学术会议42人次，参加各种培训35人次，企业挂职锻炼1人，1人参加北京市属高校教师发展基地研修。

（孙洁）

【AACSB国际认证】 9月，学院获得AACSB通知，初始自我评估报告之第一年年度更新报告一次性通过AACSB初始认证委员会审核。学院明确提出以"项目制"全面推进战略计划的实施。年初，学院召开总结研讨会，总结工作成效，分析问题，制定计划与经费预算，9月组织进行项目中期检查，截至2017年11月，学院各项目稳步推进，完成预期目标；按照学院战略规划的要求，国际交流合作处牵头、团委、英语教研室共同配合，全面拓展学生国际视野，2017年全年开设4个班全球沟通课；暑期，团委、学生处与商业伦理教学团队教师共同组织学院60余名师生实地考察调研国内游学实践项目，把调研成果转化为学术科技作品，参与学校"启明星"项目大赛，并制作成果集。2017年共选派15人参加AACSB全球年会、本科课程体系重构研讨会，AOL应用研讨会及认证标准培训，组织认证骨干分别赴2017年通过认证的国内高校调研学习；2017年麦可思对学院国际认证进行专访。

（翟晶）

【大数据金融分析与应用联合实验室暨产学合作基地揭牌】 4月20日，学院与杭州明览智能科技有限公司（以下简称"明览科技"）战略合作签字仪式及"大数据金融分析与应用联合实验室暨产学合作基地"揭牌仪式在杭州举行。杨宜副校长、陈建斌副院长和学院部分教师代表出席本次活动。明览科技董事长、联合创始人金光晖致开幕词。金董事长表示与北京联合大学合作建立大数据分析实验室，进行供应链金融分析与应用研究，对明览科技具有重要的战略意义。明览科技也愿意为北京联合大学教师实践、学生成长提供必要的服务与平台。杨宜副校长指出，大数据金融分析与应用联合实验室暨产学合作基地的建立，是北京联合大学和明览科技合作的第一步，也是未来开展进一步合作的基础。双方在产学研合作平台上，开展技术交流、教师实践、学生创新创业、教学资源开发等多个方面的合作，能够在实现对社会企业服务的同时，有效提升学校教师实践研究水平，促进先进企业实践经验"进课堂"，为学生提供良好的课外实践基础与实习机会。北京联合大学对这一次的校企合作非常支持。陈建斌副院长代表商务学院教师团队介绍初步的项目研究结果。与会双方就进一步研究模型设计、合作平台开发、学生实践实训基地建设等具体合作内容进行充分讨论和协商，初步确立阶段性合作目标，设立基本合作安排与项目推进日程。

（李丽君）

【承办城市型、应用型大学时尚产业校企合作研讨会】

9月5日，由学校与北京时尚控股有限责任公司共同主办，学院承办的城市型、应用型大学时尚产业校企合作研讨会，在商务学院召开。校党委书记韩宪洲、副校长杨宜，北京时尚控股有限责任公司党委副书记顾伟达、副总经理贠天祥出席会议。本次研讨会以"北京时尚文化商务融合与创新"为主题，北京时尚控股有限责任公司旗下相关品牌企业负责人，学校艺术学院相关系部负责人，学院系部主任、学科带头人、全体教师、中层干部等百余人参加研讨会。大会由学院副院长陈建斌主持。韩宪洲书记在致辞中指出：在北京"四个中心"建设过程中，作为市属高校和市属国有企业，双方都面临着共同的机遇和挑战，也都共同承担着建设北京的社会责任，都要主动适应北京发展要求，聚焦北京时尚文化，携手打造融合创新平台，推动双方的事业共赢发展。研讨会上，韩宪洲书记向顾伟达、贠天祥颁发北京联合大学客座教授聘书，双方共同签署"产学研"合作框架协议。贠天祥副总经理做题为《推动共建北京时尚产业生态圈的愿景与行动》的主题报告，介绍北京时尚控股有限责任公司转型发展时尚产业的战略转型，并从理念和路径等方面阐述北京时尚控股有限责任公司举旗引领北京时尚产业发展，打造时尚产业生态圈的愿景与行动。北京时尚控股有限责任公司下属铜牛集团、光华集团、雪莲集团、京工集团、大华时尚品牌负责人分别介绍品牌建设运营情况；学院教授团队分别从企业投融资、大数据分析、国际贸易等专业领域做研究方向说明和研究成果介绍。艺术学院张旗院长介绍学院的学科和专业建设情况并重点展示服装设计专业的特色和优势。双方还开展品牌建设沙龙。杨宜副校长在总结讲话中,高度肯定多年的合作给双方带来的双赢局面,并希望深化合作共享共赢、建立长效沟通机制、聚焦目标狠抓落实、做好成果转化。顾伟达副书记在讲话中肯定本次研讨会对推动双方进一步深化合作具有重要意义,并强调围绕"四个中心",双方在新的起点上加强协同创新,推动品牌战略高水平发展,号召双方肩并肩、心连心,聚焦北京时尚产业生态圈携手奋进。

(郭毅靖)

【**2017 大数据应用与创新论坛**】 12 月 6 日,2017 大数据应用与创新论坛在学院举办。李学伟校长做主题发言,题为《大数据及其未来关键技术》的学术报告。李学伟校长从大数据的概念与现状梳理入手,深入剖析数据搜集与分析的方法、类型、挑战与问题,特别指出数据分析要明确应用目的和服务对象,创新性地提出"大数据应用目标谱系"的概念及其发展方向。基于数据粒度跨层关系的研究提出大数据模型群理论,从"纵向维度——精确计算;横向维度——不确定性转化"双维视角实现方法论创新。李学伟校长最后以预期理论中的人类行为模式获取为例,指出大数据应用的关键技术问题。论坛同时邀请解放军总医院(301 医院)医学工程与维修中心主任曹德森高级工程师和易通远见(北京)科技有限公司创始人葛亮先生,分别以《医疗大数据及人工智能应用》和《领域知识驱动数据消费》为题,展示不同行业领域大数据的典型应用。论坛由学院党委副书记、副院长陈建斌教授主持,学院领导和来自商务学院、管理学院和基础教学部等的 200 多名教师、研究生、本科生参加论坛。

(陈建斌)

【**学院社会责任研究所正式成立**】 11 月 24 日,学院社会责任研究所正式成立,举行启动仪式暨首场研讨会。学院党委常务副书记尹福斌,党委副书记、副院长陈建斌,研究所的核心骨干成员参加会议。会议由社会责任研究所副所长姜鹏飞主持。姜鹏飞首先介绍社会责任研究所的基本情况。研究所所长陈建斌宣布研究所正式成立,并为两位校外特聘专家:北京时尚控股有限责任公司党委副书记顾伟达、北京湘悦东方广告有限公司总经理郑润凡颁发聘书。两位特聘专家分别致辞,顾伟达副书记表示:北京时尚控股有限责任公司多年来一直不忘初心,致力于打造有责任、敢担当、重品质的企业。作为特聘专家,希望与研究所成员一道,共同加强社会责任研究,助推企业的品牌构建,助力社会的可持续发展。作为资深的媒体人,郑润凡总经理建议研究所拓宽社会责任教育、研究、传播的渠道,创新社会责任理论与实践,提升服务价值。随后,与会人员展开讨论。研究所所长陈建斌教授最后总结发言,他首先肯定研究所成立的重要意义并表示研究所将秉持"专业、优质、共赢"的理念,整合各方资源,与客户真诚合作,希望做有责任的机构、提供负责任的服务、搭建可持续发展的品牌研究平台。

(姜鹏飞)

生物化学工程学院

【**概况**】

学院英文名称:College of Biochemical Engineering, Beijing Union University

学院网址:http://www.bec.buu.edu.cn

院党委书记:范宝祥;院长:张恩祥。

生物化学工程学院面向首都城市发展,以多学科交叉融合、学生个性化培养为特色,围绕"美丽中国""健康中国"的建设目标,培养适应京津冀经济社会发展需求的城市型、应用型人才。

学院占地 7.4 万平方米,拥有技术先进、设备完善的教学科研设施,校园网覆盖所有教室、实验室、学生宿舍和食堂;学院公寓全部安装空调,能够满足全部在校学生住宿的需求;拥有篮球场、足球场、网球场、多功能厅和创格空间,以及"一站式"服务的学生事务中心。

学院学科专业涵盖制药类、生物工程类、食品科学与工程类、土木类、机械类、工商管理类和管理科学与工程类等 7 个学科;拥有食品科学与工程一级学科硕士点、食品生物分离技术目录外二级学科硕士点和工商管理硕士点的人力资源管理招生方向。

目前,学院有全日制在校生 1800 余人,硕士研究生 40 余人。共有 8 个本科专业:生物工程、制药工程、建筑环境与能源应用工程、工程管理、工业设计、食品科学与工程、食品质量与安全、人力资源管理。

学院拥有国家食品药品监督管理总局遴选认定的保健食品功能检测机构"保健食品功能检测中心",北京市科学技术委员会认定的"生物活性物质与功能食品北京市重点实验室""生物质废弃物资源化利用北京市重点实验室",以及北京联合大学功能食品科学技术研究院、北京联合大学人力资源管理研究所、绿色建筑节能与信息化技术研究所、生物工程研究所等研究机构,成立国际产学合作促进中心,助力学院学科建设、专业发展。

学院现有专任教师 151 人，其中教授 32 人，副教授 54 人，具有博士学位的教师 65 人，其中北京市教学名师 2 名，北京市师德先进个人 3 名。近两年，学院教师主持完成国家级科研项目五项，发表高水平论文近 30 篇，获授权专利 35 项。

学院致力于促进学生个性化成长，不断深化本科生导师制、完全学分制、创新创业教育等教育教学改革，创新人才培养模式。完全学分下，学生可自主选专业、选课程、选讲台，辅修第二专业和双学位。纵向建班突破学生入学时间限制，以导师为核心，以大带小，对学生性格养成、学科兴趣培养等产生积极影响。30 余个学生社团各具特色，国际文化节、大学生论坛等校园文化活动精彩纷呈，为学生全面发展提供条件。学院获得多项学生课外科技竞赛国家级、市级奖项，已连续 13 年获“启明星”校级竞赛团体金奖，多次在“挑战杯”全国大学生课外学术科技作品竞赛中取得优异成绩。学生在中国大学生跆拳道比赛、首都高校学生运动会、首都高校跆拳道等全国、北京市及学校体育比赛中取得一系列优异成绩。

学院加速国际化人才培养进程，与美国、德国、英国、挪威、韩国、澳大利亚、白俄罗斯等国家及我国台湾、香港地区的院校建立长期稳定的人才交流培养合作关系；开展对外学术交流与合作，成立国际产学合作促进中心，召开 2017 届开放创新论坛、第二届健康与环境学术交流会，邀请国内外知名专家开展多方位、深入的学术交流与研讨。

截至 2017 年年底，学院教职工总数为 280 人，其中专技岗 244 人，包括教师 151 人(其中，教授 32 人，副教授 54 人)，专技岗(非教师)93 人；管理岗 29 人；工勤岗 7 人。学院在职教职工中，具有博士学位 67 人，具有硕士学位 128 人。2017 年学院共有毕业生 934 人，其中研究生 11 人，本科毕业生 496 人，专升本毕业生 305 人，高职毕业生 122 人，招生数 453 人，在校生 1895 人。学院占地面积 74870.24 平方米，校舍总建筑面积 53429 平方米。图书馆现有藏书 32.5986 万册，固定资产总值 2.19 亿元，其中仪器仪表设备、机电设备和电子设备等资产共 0.4 亿元。

（陈雄鹰　李敬　王建强）

【机构设置】 2017 年，北京联合大学生物化学工程学院机构数为 20 个。党政管理机构：党政办公室、组织宣传部、教务处、科学技术与研究生工作处、人事处、学生工作部(处)、后勤保障处。群团机构：工会、团委〔与学生工作部(处)合署办公〕。

教学机构：工程与艺术系、生物医药系、资源管理系、食品科学系、公共基础课教学部。

科研机构：功能食品科学技术研究院〔校级(校管)科研机构〕、生物工程研究所、人力资源管理研究所、测控技术研究所、生物质废弃物资源化利用北京市重点实验室。

直属非教学机构：创新创业与成果转化中心。

（李志刚　谢飞　冯琨）

【教职工】 学院人员编制 434 人，至 2017 年年底，教职工总数为 280 人，其中专技岗 244 人[其中，教授职称 32 人，副教授职称 54 人，专技岗(非教师)93 人]，管理岗 29 人，工勤岗 7 人。学院在职教职工中，获得博士学位 67 人，获得硕士学位 128 人。

学院调入人员 4 人，招聘硕士辅导员 1 人，博士 2 人，博士后 1 人。调出人员 44 人，退休 17 人。

（李志刚　谢飞　冯琨）

【教学管理】 2017 年学院招生的本科专业有：建筑环境与能源应用工程、工业设计、生物工程、制药工程、人力资源管理、工程管理、食品科学与工程、食品质量与安全。

2017 年完成《北京联合大学“十三五”专业建设规划》中学院专业建设的相关内容。结合中国科教评价网《学科专业诊断分析报告》和 2016 年校内专业评估结果，制定各专业 2017 年度的《专业建设任务书》。开展 2015 版(2017 级)的各本科专业培养方案的修订工作，按照“学习成果导向教育”(OBE)的理念根据新的培养方案完成总计 385 门各类课程教学大纲的编写和修订工作。

以评促建，以评促改，做好本科教学工作审核评估自评自建工作。设置评建领导小组、工作小组和专项工作组。制定学院自评自建工作方案，明确指导思想、工作目标和重点工作，制定整体进度计划，提出 11 大类 70 余项的自评自建工作任务。

对两学年试卷、教学文件、毕业设计(论文)实践教学开展情况等进行自查工作，共审核试卷约 780 余份、检查教学文件 870 余份，重新检查审核 2016 届、2017 届毕业设计(论文)的规范性，接受学校抽查论文共 21 本，7 个专业每专业 3 本。针对 2015—2016 学年、2016—2017 学年试卷和毕业设计(论文)现状，进行两次教学档案的大范围整改，根据整改情况撰写学院试卷、毕业设计检查报告。根据前期自评自建工作的开展，对 11 个分项进行评议，提出修改意见，撰写完成学院本科教学工作审核评估的自评报告。

加强教学研究，申报北京教育科学研究“十三五”规划 2017 年度课题，进行院级机构审核，学院有 2 位老师被推荐参评北京市级立项。

组织完成 2017 年申报“十三五”校级规划教材和讲义申报，共申报参编教材 2 本，新编教材 2 本，讲义 8 本，全部获得校级立项。

组织完成 2015 年的 14 项校级教改立项的结题工

作。申报2017年度校级教改项目12项,经学院评审,上报校级重点项目1项,一般项目3项,青年专项2项,完全学分制委托教研项目4项。

完成2016年度4门校级专业核心课程中期检查工作。学院共有8门课程申报2017年度校级普通本科专业核心课程,推荐5门课程申报校级立项,3门课程获批。

完成2017年度校级应用型课程建设申报工作。共有4门课程申报,推荐3门申报校级立项,2门课程获批。

组织开展学院通识选修课建设工作,有4门新开课程批准开设。

本年度进行院级教育教学督导遴选工作,经报名、审核、公示等程序,遴选出4名院级督导专家。

2017年学院制(修)定的文件包括:《教师参与创新创业教学活动教学工作量认定办法(试行)》《北京联合大学生物化学工程学院全日制普通高等教育学分制学生学籍管理补充规定》和《课程考核材料归档要求》等。

完成2017届学生的毕业论文各项教学工作,2018届毕业论文的选题工作。2018届共提交毕业设计题目567个,其中会计专业75个,食品专业95个,工管专业86个,人力专业104个,建能专业46个,工设专业67个,制药工程专业50个,生物工程专业44个。完成培养方案中的各类课程的实践环节、实习实训课程。组织申报2017年度实培计划,学院共有14个大学生科研训练项目,19个实培计划(科研类),6个实培计划(创业类)获批。

本年度学院共新增2个院级校外人才培养基地。

加强教学管理信息化建设,落实导师制的各项管理制度。完成"教师导学辅助系统"的数据统计和数据库更新等各类数据信息核对工作。加强对导师工作的监督和管理,提高"教师导学辅助系统"的使用率和利用率。

(于春洋　王暄)

【科研工作】 截至2017年11月20日,学院共组织申报包括国家自然基金、社科基金、北京市自然基金等在内的40余项纵向科研课题,申报数量与往年持平。学院魏微教授获得国家自然基金面上项目1项、任虎林教授获批国家语委2017年科研项目1项、张元老师与北京中医药大学等共同获批贵州省科技计划项目1项、葛喜珍教授参与北京农业大学主持的国家重点研发计划项目1项,武双、万鹰昕、王浩宇、彭莹莹四位老师获得2017年度北京市教委面上项目,尚小雅教授与中国医学科学院药物研究所联合申报获批的国家自然基金面上项目1项,荣瑞芬教授获批本年度校级成果转化课题立项1项。

截至12月11日,共承担纵向课题26项,合同经费998.2万元,到账经费715.0万元;签署横向科研课题,且前录入系统的共计49项,合同经费841.7万元万元,实际到账经费696.0万元;检测中心及成果转化经费合同及到账946.0万元。上述三项合同经费合计2785.9万元,实际到账2357万元。

2017年,学院审核通过的已发表论文共计213篇,其中A刊论文6篇,B刊(含EI)论文7篇,C刊论文43篇,D刊论文80篇,出版学术著作6部。

截至2017年11月底,学院获授权发明专利共18项、实用新型专利2项;软件登记3项。申请发明专利28项、实用新型专利4项。

(马榴强　罗旭东)

【学科建设】 组织申报食品科学与工程学科博士学位授权一级学科点,组织各学科应用型学术期刊遴选工作,完成2018级研究生入学、导师遴选工作。

完成研究生国家奖学金、学院奖学金和学院公派出国(境)交流研究生相关文件制定工作,组织食品科学与工程一级学科研究生培养检查工作。

为了使2018年研究生招生获得突破,从5月研究生招生经费下达至放假前,食品科学与工程学科负责人及导师近40人次,对兰州农业大学、兰州理工大学、西北师范大学、兰州交通大学、山西农业大学、太原师范学院、晋中学院、山西中医药学院,聊城大学、安康学院、郑州轻工业大学、河北科技师范学院、邯郸学院及本院学生开展广泛的研究生招生宣传工作。参加在中国农业大学校园内的2018年全国研究生招生推免现场咨询会。

8月5日,学院承办首届益生菌、益生元产业创新发展大会。此次大会由学院和食品科技杂志社、中国食文化研究会民族食文化委员会共同举办。来自相关研究领域的领导和权威专家,以及益生菌产业代表们齐聚一堂,共同探讨未来我国益生菌、益生元产业创新发展的最新趋势。

(马榴强　罗旭东)

【管理服务】 截至2017年12月31日,学院新增退休人员15人,离退休人员总数为326人,其中离休人员3人,退休干部247人,退休工人76人。学院有3名专职离退休管理人员,负责全院离退休人员的服务和管理工作。2017年共走访慰问80人次,为7位大病人员申请爱心互助基金,为14位困难人员申领困难补助。进行节日和日常慰问走访共计80人次。

9月,南院教学楼教室空调与照明远程控制系统投入使用。该系统基于网络远程控制,有效解决了教室空调和照明管理上的难题。

学院现有三座学生公寓,拥有宿舍435间。2017年,学院为所有学生宿舍安装空调设施,实际安装壁挂式房间空调器445台,学生的住宿环境得到明显改善。

学院对浴室锅炉进行节能减排改造。学院浴室原有两台燃气锅炉，于2009年投入使用。至2017年两台燃气锅炉的氮氧化物排放明显超标。10月，学院对排放超标锅炉进行更换改造，新锅炉的氮氧化物排放符合北京市最新标准，有助于改善首都环境。

（李志刚　孙勇强　刘力　李海鹰　孙静梅　李建华）

【学生工作】 学院2017年共有专兼职辅导员10名。学院重视党员的培养与发展工作，共发展党员78名，超额完成计划。

开展红色“1＋1”共建党支部活动，践行“一支部一特色”主题活动。生物医药系学生党支部和资源管理系第一学生党支部参选校级红色“1＋1”成果评选；工程与艺术系学生党支部获评校级十佳党支部。

迎接党建评估工作，将2013—2017年所做的工作进行梳理、汇总，共整理出7盒评估材料。

以纵向班级为单位组织“我的班级我的家”的创建工作，经过推荐评选，1个班级获评十佳示范班集体，2个班级获评优秀示范班集体。

2017年学院共有毕业生934人，截至10月末学院就业人数915人，就业率为97.97％；签约人数671人，签约率为71.84％。

学院实施2017年就业奖励政策，发放奖金合计148600元，并评选校级就业先进个人与集体。

开展助学贷款工作，2017—2018学年第一学期共有14名同学在校内申请国家助学贷款；65名学生申请生源地贷款。

学生事务中心自成立以来，始终以“学生第一，服务至上”为指导思想，全年为近5000人次提供服务，其中接待校外参观10次，开展各类活动48次、各类会议50余次，网上解答学生各类问题3000余人次，与各部门协调解决各类问题10余次。

完成2016—2017学年第二学期包括《职业发展》《毕业教育》《就业指导》《公益劳动》等4门课程和2017—2018学年第一学期《大学生心理素质教育》《就业指导》《职业发展》《入学教育》《军事理论》等5门课程的教学任务和成绩管理、教材征订等工作。

2017年学院有6位同学体检政审完全合格，经上级征兵部门批准，光荣参军入伍。

12月15日，学院组织开展无偿献血公益活动，同学们踊跃参与。共计104名同学献血，为无偿献血事业留下爱的印记。

（孙冰玉　闫云霞）

【共青团工作】 学院现有学生1854人，共青团员1772人，院团委下设有4个团总支，74个以导师为核心纵向团支部。

开展主题实践活动6次。上好“开学第一课”、参观爱国主义教育基地、“学习总书记讲话　做合格共青团员”教育实践、“喜迎十九大·共筑中国梦”主题团日活动、开展学习贯彻党的十九大精神主题教育实践活动、开展以“践行新思想 拥抱新时代”为主题的组织生活会等活动，组织学生干部、团课学员参观“砥砺奋进的五年”大型成就展，开展“联大青年说”微团课展评和主题征文活动。

校级评优31人次，另获首都“先锋杯”优秀团支部2个。本年度推优173人，占团员总数的8％。

46支小分队近500人参加暑期社会实践。累计志愿服务项目16个，志愿服务2261人次，志愿服务超过2万学时。签订“天街支教”志愿服务、12355心理咨询热线志愿服务两个基地。星火志愿者协会的“天街支教”项目获得校级示范项目。成功组织百名志愿者参与学院国际产学合作研讨会志愿服务工作。

2017年“启明星”科技立项108项，国家级项目5项，市级立项项目24项，校级立项项目79件，累计申请项目资金40.9万元。全院学生累计参加科技创新活动近2000人次，覆盖学生约85％；指导教师超过学院教师总人数的70％。

开展大学生论坛、辩论赛、“金话筒”主持人大赛等活动，举办生化吉尼斯、科技年会、趣味运动会、合唱比赛、歌手大赛、社团文化节等活动。在2017年新生运动会上，学院代表队获团体总分第一名、田径团体总分第一名、精神文明奖第一名等荣誉，取得学院参加历届学校新生运动会最好成绩。

学院学生在各种竞赛中取得了优异成绩。2017年在北京市大学生工业设计大赛中获市级二等奖1项，市级三等奖4项；在第三届中国“互联网＋”大学生创新创业大赛中获市级二等奖3项、市级三等奖4项；在第三届北京市大学生生物学竞赛中获得市级二等奖2项、市级三等奖8项；在2017年全国大学生数学建模竞赛中获市级二等奖1项。

（王子君　姜永波）

【党群工作】 截至2017年底，学院党委下设3个党总支，24个党支部，其中教工党支部13个，学生党支部6个，离退休党支部5个。

学院共有党员459人，其中教工党员173人，占在职教职工总数的62％；学生党员164人，占本院在校学生总数的8.3％；离退休党员110人；其他党员12人。2017年共发展党员78人，全部为学生党员。转正党员44人。

学院中层以上干部共有40人，其中局级干部3人，处级干部21人，无行政级别的中层干部16人。

迎接《北京普通高等学校党建和思想政治工作基本标准》集中检查。制定迎检工作方案，全面梳理总结学院近五年的党建工作，撰写自评报告1份、特色报告2份、进校检查汇报材料3份，整理支撑材料97卷。

在学院基层党组织中开展“两学一做”学习教育专

题组织生活会和开展民主评议党员工作。全院41个党支部的516名党员参加民主评议,其中117名党员被评议为优秀;1名教工党员被评议为基本合格,学院对其进行党性教育;1名学生党员被评议为不合格党员,对其进行劝退处置。

严格规范做好失联党员的处置工作,停止2名无法取得联系的党员党籍;经本人申请,取消1名预备党员的预备党员资格。将4名失联党员重新纳入组织管理。

学院党委设立党总支(党支部)组织建设经费,经费从校拨党建和基层组织建设经费和学院自留党费两项经费中支出,共下拨建设经费18.5万元,其中日常建设经费15.1万元;特色活动立项经费3.4万元。

规范调整支部设置。上半年,撤销党员人数不足50人的生物医药系党总支、基础课教学部党总支、后勤党总支,分别成立党支部,直属学院党委。下半年,撤销教学系党总支,成立教工党支部及学生党总支,隶属学院党委;保卫处党支部和后勤党支部合并为后勤保卫处党支部,隶属机关党总支。

指导党总支和党支部进行换届选举,指导新成立的5个教工党支部和学生党总支成立支委会。

开展"一支部一特色"活动立项,立项重点项目9项,一般项目16项。组织参与学校2017年党支部活动立项,获批"1+1"项目1项,重点项目1项,一般项目5项。

开展2015—2017年度先进基层党组织和优秀共产党员优秀党务工作者评选表彰活动,共评选院级先进基层党组织6个、优秀共产党员17名、优秀党务工作者6名;获评校级红旗党支部1个、十佳党员标兵1个、先进基层党组织3个、优秀共产党员7名、优秀党务工作者1名;获评北京高校优秀共产党员1名。建设成立党员之家。

制定《北京联合大学生物化学工程学院院管中层干部管理规定(试行)》。

健全党内激励关怀帮扶机制,关爱生病困难党员和干部,共慰问27人次,发放慰问金22000元;开展"共产党员献爱心"捐献活动,共捐款22612元。

学院党员积极参与社区志愿服务活动,学院党委被垡头街道工委评为先进党建共建单位。

截至12月,学院共有民主党派16人,其中民革1人、民盟4人、民建2人、民进4人、农工党2人、九三学社3人;党外高级知识分子46人。

(李霞　朱香敏)

【宣传思想建设】 在组织参加学校党委理论中心组(扩大)学习的基础上,结合学院实际,形成党委会前集中学习机制,共组织18次中心组学习,其中扩大学习5次。结合学院的中心工作、重点工作以及教职工的思想实际,制定了本年度学院教职工政治理论学习计划,建立每月一次学习制度;组织北京联合大学第四届"教职工政治理论学习特色项目"申报,申报1个项目。印发《学习文选》7期,保证教职工人手一册。

加强师生思想政治工作。组织教职工开展2015年、2016年3个党建课题的结题、验收工作,开展2016年2个党建课题的绩效考核工作,做好2017年党建课题的申报工作,共申报课题3项;组织参与北京市青年教师社会调研项目的申报工作,共申报4项,有2项调研成果获北京市优秀成果二等奖;推荐1人参加北京高校青年骨干教师理论培训班;推荐3人参加学校暑期青年教师中国特色社会主义理论教育培训班。

深入学习习近平总书记重要讲话精神。制定学习宣传贯彻十九大精神工作方案,组织4个分会场集中观看十九大开幕会,为每位教职工及党员订购了《十九大报告辅导读本》《党的十九大报告学习辅导百问》,为每位党员师生订购了新党章和《十九大党章修正案学习问答》,确保党员人手一册。推荐4名教师参加学校"十九大精神宣讲团"。

推动"课程思政"建设。将全国高校思政会精神列入教职工学习计划,起草制定"七个一"的行动计划实施方案。落实立德树人根本任务,开展"课程思政"的探索与实践,学院汪昕宇老师在学校党建工作会上做关于"课程思政"建设的交流发言。

对学院官网9个一级栏目、近30个二级栏目的信息进行信息清查和更新;根据学院办学实际,及时调整完善栏目建设,为适应招生工作需要,增设2017年本科招生专栏。2017年发布学院新闻近170篇。

建设学院官方微信公众号,2017年共计刊发微信公众号140余篇;公众号关注人数增加至近1300人。

人民网、凤凰网、中国网、中国教育电视台、BTV晚间新闻、今日头条、北京晨报、新浪教育、北京考试报等媒体刊发报道学院情况近30篇次。学院成立国际产学合作促进中心、葛喜珍教授植物源农药科研成果、学生挑战杯项目"老旧社区垃圾匹配分类处理"、校企合作让科技成果走向田间地头、与延庆教委开展合作等成果得到多个媒体的关注和报道。

以"聚焦核心价值观,实现人心化行"为目标,开展校园文化建设。学院党委被垡头街道工委评为十佳精神文明单位。

做好"城市型、应用型建设"征文及"原创联大"校园文化活动征集活动。共上报微评论8篇,论文8篇。做好"原创联大"校园文化活动征集相关工作,征集"原创联大"老故事2篇,组织拍摄微电影1部。

举办第六届"我与联大共奋进"宣讲活动生物化学工程学院专场报告会。组建学院宣讲团,对汪昕宇教授、霍清教授、任颂老师、创新创业与成果转化中心团队、倪凯松同学、张艳贞教授、李春旺教授等七位个人及团队的优秀事迹进行宣讲。

制作完成学院历史纪录片《传承·记忆》。纪录片共分为3个篇章：启程、成长、追梦，回顾了学院38年的发展历程，凝练学院在办学过程中不断传承的艰苦创业、积极进取、严谨治学、奉献社会的精神。

（李霞　张志丹）

【交流合作】 学院外事工作由党政办公室主管，负责各项涉外事务。2017年度，学院的外事工作取得了很大进展。

为深入了解国（境）外大学的办学情况，进一步开展合作与交流，2017年度学院有22人次出访了捷克、葡萄牙、比利时、美国、法国、白俄罗斯、德国7个国家及我国台湾和香港2个地区，参观、访问了多所国（境）外大学。

外籍专家、学者以及教师来院进行学习交流、学术讲座、参观考察等活动，共18人次。

4月，学院与德国德累斯顿工业大学合作的“职业教育与人力资源开发”硕士项目派遣11名学生前往德国学习。9月，学院与英国哈德斯菲尔德大学的项目派遣2名学生前往英国学习。学院与西班牙巴塞罗那自治大学的项目派遣1名学生前往西班牙学习。

交换生项目主要是联大与国（境）外合作院校之间开展的短期学生交流项目。2017年度，学院共有12名学生作为交换生赴韩国的建国大学、檀国大学和我国台湾地区的东海大学、龙华科技大学进行学习交流。

寒假及暑假期间组织学生参加学校或者学院组织的学生实习、专业实习、夏令营、冬令营等短期交流活动。2017年度，学院共有90名学生参加了美国华盛顿大学、韩国新丘大学、俄罗斯莫斯科人文大学、白俄罗斯维捷布斯克（马舍洛夫）国立大学、英国安格利亚鲁斯金大学、德国曼海姆大学和我国香港理工大学、台湾龙华科技大学等学校的交流活动。

第二届健康与环境学术交流会胜利召开，来自中美两国的众多专家学者与会。

学院第一届英语听力口语高级研修班和青年博士英语写作研修班成功举办，7名教授和14名青年博士参加学习并结业。

学院严格遵守北京联合大学因公出国出境管理制度，严格执行出国出境人员的审批手续，要求公职出国出境人员及时上交出访总结。学院还特别加强对学院领导干部的出国出境的管理，严格管理学院教师因私出境，严格请假制度，提交请假申请表及因私出国申请表。严格管理学生因私出境证明材料开具流程。

（陈雄鹰　李昕）

【实验室建设】 共获批实验室建设项目4个。分别为生物食品类基础实验室共享平台建设项目，80万元；健康建筑环境实验平台建设项目，100万元；生物制药食品类实践教学共享平台建设项目，100万元；食品科学系实验台购置项目，133万元。

除此以外更新36座语音室1间，分两批更新机房及相关实验室电脑共计229台。

（于春洋　王颖）

【实训基地建设】 建立2处校外人才培养基地。其中一处是由宋瑞芬老师牵头的、与北京市理化分析测试中心合作建设的北京市理化分析测试中心校外人才培养基地；另一处是由蔡红老师牵头的、与东易日盛家居装饰集团股份有限公司合作的东易日盛家居装饰集团股份有限公司校外人才培养基地。

（王颖）

【人力资源管理研究所】 人力资源管理研究所拥有一支由20人组成的研究队伍，其中教授5人，副教授12人，博士13人；3人入选北京市青年拔尖人才，3人入选北京市青年骨干教师。人力资源管理研究所设立了劳动就业与劳动关系、人力资源管理技术与方法、人力资源培训与开发三个研究室。研究方向有：劳动就业与劳动关系；人力资源管理技术与方法；人力资源培训与开发。

近年来，人力资源管理研究所积累了一批研究成果，共发表论文190余篇（其中核心期刊90余篇），出版著作20余部；研究所承担了30多项国家级、省部级、委办局级课题，以及企业委托项目。

（陈雄鹰　李晨）

【夜大教学】 2017年夜大五个专业共有毕业班学生86名，其中本科毕业生63人，专科毕业生19人，另有4人肄业。2017年录取新生84人。

2017年7月，新一轮岗位聘任后，培训中心业务转型，名称变更为创新创业与成果转化中心。原夜大教学业务由北京联合大学继续教育学院承接，本院不再开办夜大教学工作。

（段辉琴）

【创新创业教育】 2017年，学院举办“创咖汇”企业家讲座2次、展览2次、创新创业工作坊训练5次，沙龙及交流活动5次，累计参与活动人数近千人。开设创新创业类通识选修课4门，编写融合专业的创新创业特色案例10个，收集创业校友创业案例12个。

（段辉琴）

【科技成果转化】 完成了对学院原有74项成果的收集和整理，利用创格之星对教授们的成果进行展示，让科研成果可视化，让更多的人熟悉和传播。

开展基于创新创业教育的科教融合试点工作，尝试将老师的科研成果转化为案例用于创新创业导向的专业教育，转化为课程用于创新创业集中实践，转化为课题用于创业类毕业设计，通过以研促教和以教促研，真正实现教研相长。

(段辉琴)

【国际产学合作促进中心成立大会暨2017开放创新论坛(中日专场)】 12月9日，学院在北京联合大学北四环校区成功举办国际产学合作促进中心成立大会暨2017开放创新论坛(中日专场)。国家发展和改革委员会价格监测中心主任卢延纯，江苏省农业委员会主任吴沛良，北京市科学技术委员会国际合作处副处长郭睿，原住房和城乡建设部总工程师姚兵，日本国立千叶大学理事、副校长关实，北京科技大学副校长王维才，北京联合大学党委书记韩宪洲、校长李学伟等出席会议。

本次大会由北京联合大学、日本金嘉株式会社、早稻田大学理工学术院、日本东急休闲度假等单位联合举办。邀请中日知名大学及企业界的领军人物，结合中国企业的需要，以国际联合、平台转化、实际落地为主题进行专题交流和分享。

“国际产学合作促进中心”由学院与日本金嘉株式会社共同发起成立，以“国家创新驱动发展战略”为引领，以“政产学研协同创新聚焦科技成果转化，国际平台资源汇聚助力企业转型升级”为目标，聚焦“健康”“环境”和“生态智慧城市”等领域，通过研发和市场结合，国内和国际接轨，以市场化运作模式实现技术研发、成果转化和商业运作的高效率和可持续性，为高校、科研院所和企业搭建国际产学合作与成果转化平台。

百余家企业负责人和部分教授代表近200人参与了论坛。

(段辉琴)

【承办2017年新生运动会】 健康与环境学院承办2017年北京联合大学新生运动会，学院经过6个月的准备，于2017年11月10日、11日在北四环校区田径场胜利召开北京联合大学新生运动会。本届运动会主题是“挑战自我，超越未来”，本届运动会竞赛项目多、参与面广，设立22个竞技项目，6个集体趣味项目。参加各类项目比赛人数达到2200人。运动赛场上，各学院代表队参赛选手为践行“更快、更高、更强”的奥林匹克精神，挑战自我，全力拼搏，参与运动，享受运动，形成良好的校园体育氛围。学院代表队全力拼搏，奋勇争先，喜获佳绩。获团体总分第一名、田径团体总分第一名、男子团体总分第一名、女子团体总分第一名、群体总分第三名、精神文明奖等，取得学院参加历届学校新生运动会最好成绩。

(张美娟)

【承办学校第十二期辅导员论坛】 8月30日，由校德育研究会主办、学院承办的第十二期辅导员论坛“完全学分制下的学生教育与管理创新”成功举办。校党委副书记周志成出席并讲话，学院党委书记范宝祥致辞。校学生处副处长常海斌、部分学院主管学生工作副书记、学生处(办)负责人以及辅导员近30人参加此次论坛。论坛由校德育研究会常务副秘书长吴巧慧主持。

范宝祥介绍学院试点完全学分制的背景以及取得的成果和经验；学院党委副书记马振龙从学生发展理论的角度介绍学院在完全学分制下开展学生事务的理念、架构以及运行模式；学院学生处处长孙冰玉介绍学院实行完全学分制3年来学生工作的实践与探索；学院辅导员蒋丽平、陈静、马丽萍分别从学生党建、辅导员和导师协同育人、书院育人的角度分享完全学分制下的育人工作的具体做法；学院教师蒋丹从专业导师的角度，结合工作中遇到的问题，提出完全学分制下加强导师队伍建设的对策和建议；学院辅导员郭一超把完全学分制下学生事务管理的研究流派进行梳理，为进一步深入研究和实践做好前期铺垫。

周志成肯定论坛取得的成绩，认为学院在推进完全学分制下的思想政治工作方面进行的探索，符合全国高校思想政治工作会议上提出的发展方向。他强调，在工作和研究中要处理好三大关系：一是处理好概念和工作的关系，要把概念落地，进一步推进工作；二是处理好一般和个别的关系，研究做好应用型大学德育工作的“三个三”，即：围绕学生、服务学生、关照学生，全员、全过程、全方位，以立德树人为核心、以理想信念为内容、以社会主义核心价值观为引领；三是处理好工作研究和理论指导的关系，充分了解北京联合大学的德育目标、内容和实施途径，学院不同，培养目标的侧重点也不同，辅导员只有认真研究，才能做到有的放矢，最终实现三个发展，即事业发展、队伍发展和学生发展。

此次论坛为学校开展完全学分制下的学生教育与管理提供了借鉴和参考。

(孙冰玉　闫云霞)

旅游学院

【概况】

学院英文名称：Tourism College of Beijing Union University

学院网址：http://www.tc.buu.edu.cn

院党委书记：曹长兴；常务副院长：严旭阳。

学院创建于1978年，前身是北京旅游学院，是新中国设立的第一所旅游高等教育本科院校，是中国旅游高等教育的开创者。学院拥有第一代旅游管理知名专家，创设我国大学的第一个旅游管理系，曾编撰中国第一代旅游高等教育教材，培养出中国第一届旅游管理本科专业大学毕业生，编辑出版中国第一本旅游学科学术期刊《旅游学刊》，该刊也是国际上最具权威的旅游学科中文学术期刊。

旅游学院现有旅游管理、酒店管理、会展经济与管理、英语、日语、烹饪营养与教育6个本科专业，酒店管理、烹调工艺与营养2个高职专业，设有工商管理一级学科下旅游管理方向硕士点1个，职业教育专业硕士点（旅游服务方向）1个，与对外经济贸易大学联合培养旅游信息化方向博士，建有旅游信息化博士后科研工作站。

2017年学院进行岗位聘任工作，机构进行调整，现有党政办公室、组织宣传部、人事处、教务处、科研处、学生处（团委合署）、对外交流与合作处7个党政管理机构；工会、团委2个群团组织；旅游管理系、会展经济与管理系、酒店管理系（含酒店管理实践教学中心）、餐饮管理系（含餐饮管理实践教学中心）、旅游英语系、旅游日语系、旅游实践教学中心7个教学单位；《旅游学刊》编辑部、培训中心2个直属单位；旅游规划与发展研究院、国家智慧旅游重点实验室2个科研机构。

截至12月31日，学院有教职工242人，其中教师142人，教授20人，副教授50人，具有博士学位的63人。毕业生671人，其中研究生8人，本科生511人，高职152人。招收新生563人，其中硕士研究生22人，本科生319人，高职升本科166人，高职56人。

（龙润湘　鲍卫华　王培雅　田夏）

【教学管理】 本科教学工作审核评估自评工作。2月28日，学院党委会专题研究本科教学工作审核评估工作，成立旅游学院本科教学工作审核评估工作领导机构，出台《旅游学院本科教学工作审核评估方案》；全年共召开4次全院教职工大会，动员、部署本科教学工作审核评估工作；扩充了督导队伍；成立了互查工作小组；开展了三轮10余次课程档案、试卷和毕业论文的抽查和互查工作；举办了学院本科教案展示评比及交流活动；撰写了旅游学院本科教学工作审核评估自评报告。

教学研究方面，获批校级50万元特色亮点项目1项、核心课程项目1项、应用型课程建设项目1项和教改项目7项；学院1名教师推荐到北京市参评市级教学名师；获批“十三五”规划教材立项9项；资助学院14个教研项目；完成4项北京市教学成果奖申报。

实践教学方面，成功举办“移动互联＋旅游创意”2017年全国大学生旅游创意大赛；承办学校2017年高职人文知识竞赛；举办了第四届旅游学院烹饪技能大赛；举办2017年全国旅游院校（旅游类实践教学）师资培训班。

（龙润湘）

【学科竞赛】 组织学生参加2017年第八届华北五省（市、自治区）及港澳台大学生计算机应用大赛、“外研社杯”全国英语阅读大赛、“移动互联＋旅游创意”全国大学生旅游创意大赛和全国商业高校挑战赛等市级以上学科竞赛，并获得国家级一等奖10人，国家级二等奖8人，国家级三等奖5人；市级一等奖1人；市级三等奖3人。

（龙润湘）

【科研管理】 2017年各类科研课题经费共到账1141.9413万元，比2016年（1131.1799万元）有所增加并创历史新高。其中纵向课题到账经费187.9309万元，横向课题到账经费954.0104万元；立项各类课题72项，其中纵向课题41项，横向课题31项，纵向课题中A级课题3项，B级课题3项，C级课题35项；发表论文80篇，其中A类论文8篇，B类论文5篇，C类论文12篇，其他论文（D、E级）55篇；出版学术专著17部；获2016年国家旅游局优秀研究成果奖4项；获得国家知识产权——实用新型发明专利1项。

举办以“中国旅游研究40年：反思与前瞻”为主题的第七届《旅游学刊》中国旅游研究年会和第三届中国青年旅游学者沙龙；创办以旅游发展中的土地问题为主题的专题研讨会；出版《旅游学刊》创刊30年纪念画册；举办以“长城·旅游”为主题的第七届首都旅游发展论坛；《旅游学刊》连续6年被评为中国最具国际影响力学术期刊（人文社会科学），在2016年度人大复印报刊资料管理学期刊中综合指数排名第七。

（鲍卫华　黎巎）

【专业建设】 深入贯彻落实全国高校思想政治工作会议精神，召开7次本科人才培养方案评审论证会，组织修订2017级本科人才培养方案和课程大纲；旅游管理专业获批北京市一流专业；成功申报酒店管理专业全英实验班；申报西班牙语本科专业，待教育部审批。

（龙润湘）

【人才队伍】 完成学院考核管理权限内的188人的聘期考核和168人的岗位聘任工作。

全年共派出进行企业（行业）实践教师15名，国外访问学者9人；认定双师素质教师22人；1个团队获学校2017年度“人才强校优选计划”学术探究计划立项、6人入选百杰计划、1人入选百优计划。

1名青年教师获批2017年北京市教委“高水平教师队伍建设”项目青年拔尖人才项目；1名教师入选国家旅游局2017年度万名旅游英才计划；接收3名博士充实教师队伍，其中海外留学归国博士1名，中国旅游研究院副研究员1名。

组织开展学术讲座、培训班6次,支持教师参加国际协会会议管理培训、全国酒店管理专业(本科院校)师资培训、全国旅游管理专业师资培训等旅游业发展前沿与趋势培训30余人次;组织教师参加高师培、学校的新教师研习营、新晋教授副教授培训、岗前培训、教育技术培训等各类培训50余人次。

健全教师工作业绩考评体系和激励机制;开展2016—2017年度教师绩点考核工作,对教学、科研和服务工作突出的近60名教师进行奖励。

(王培雅)

【学生工作】 通过开展自学、主题团课、组织生活会、征文比赛、"不忘初心跟党走"网络主题团日等活动,认真贯彻学习党的十九大精神;举办学生"透过行业时代变迁坚定四个自信"图文展;结合建军90周年承办国家旅游局主办的红色旅游进校园宣讲会;全年共有11名学生光荣入伍。

组织开展"发现北京的美""让我带你游北京"活动;组织学生党支部与十渡镇马安村签订红色1+1共建协议,为偏远贫困乡村的旅游发展建言献策。

组织两次学期初心理危机排查,对重点关注对象制定帮扶和干预措施;完成2017级新生班级团体辅导,成立"蜗心花园"心理工作坊;举办学院"5.25心理健康节"活动。

学生各类竞赛获奖29项,其中国家级25项,北京市级4项;获"2017年度校征兵工作先进单位";1个学生党支部获北京市红色"1+1"共建活动优秀奖,2个支部获校级红色"1+1"共建活动二等奖;获校级十佳学生党支部称号1个,获十佳学生党员称号2名及其他各类奖项。

获批6项课题、发表论文12篇;制定旅游学院辅导员工作手册,量化考核标准;组织辅导员参与业内交流和培训学习。

学院在以往工作经验基础上,创造性地提出了"四维八化"就业工作体系,将就业工作聚焦在"就业指导、就业服务、就业管理和就业研究"四个维度,为做到精细化指导,在"四维"的基础上进一步细化为就业指导全程化、多样化;就业服务人性化、信息化;就业管理制度化、精细化以及就业研究专业化、实践化。举办《职业素养与就业能力提升计划》之"职业体验日"系列活动;截至12月31日,毕业生实际就业人数650人,就业率为98.19%,签约率为88.67%,在全校毕业生就业工作年度考评中获得总分第二名,被评为2017年校级"就业工作先进单位"。

(韩松)

【研究生工作】 招收硕士研究生22人,其中学术硕士13人,职业教育专业硕士(旅游服务方向)9人;硕士研究生共发表论文18篇,其中CSSCI论文2篇,会议论文12篇,其他期刊论文4篇;参编学术著作1部;获得校级立项3项、国家级立项1项;1名硕士研究生获"挑战杯"首都大学生课外学术科技作品北京市二等奖;1名硕士研究生获得校级优秀毕业生称号。

(鲍卫华 黎巎)

【党群工作】 开展党的十九大精神集中宣讲活动和党支部微党课活动;设计制作十九大精神学习宣传栏、宣传条幅和展板;组织全院师生参观"砥砺奋进的五年"大型成就展;举办喜迎十九大学生主题演讲比赛、合唱比赛;组织十九大精神暨党史党章知识竞赛;中国教育电视台专访学院十九大学习研讨活动,并以"抢抓机遇,扎根中国大地办教育"为题在中国教育新闻中重点报道。

贯彻落实全国高校思想政治工作会精神,制定《旅游学院"专业课程红旗渠"工程实施方案(2017—2018)》;举办学院"专业课程红旗渠"公开课交流展示活动和研讨活动;北京市委教育工委微信平台对此进行专题报道;北京卫视以"坚持首善标准,让十九大精神进教材、进课堂、进头脑"为题报道学校和学院深入贯彻落实党的十九大精神及全国高校思想政治工作会议精神的情况。

召开3次迎检工作部署会和推进会,撰写《旅游学院党建评估自评报告》《旅游学院党建评估特色报告》和《青年教师思想政治工作专刊》,通过《北京普通高等学校党建和思想政治工作基本标准》集中检查。

召开学院党员大会,成功选举学院出席学校第五次党员代表大会的代表;切实做好学校第五届两委委员提名候选人选举工作。

落实《关于推进"两学一做"学习教育常态化制度化的意见》,推进"两学一做"学习教育常态化、制度化,巩固"三严三实"专题教育成果,增强学院领导和干部"四个意识";坚持和完善民主集中制;扎实推进院领导班子2016年民主生活会整改方案的落实。

制定《关于进一步加强基层党组织建设的意见》,对学院部分基层党组织进行调整,成立教师党支部6个,学生党总支1个,学生党支部6个,调整机关支部4个;建设6个教师党员之家;完成任期届满的3个党支部换届选举;组织开展2017年支部书记培训;获批2017—2018年的"1+1"共建项目和支部立项4项;获评2015—2017年度校级先进基层党组织2个,优秀共产党员5名,优秀党务工作者2名。

以党风廉政教育宣传月为平台,强化党员和领导干部的党风廉洁教育;通过制定党风廉政建设责任制任务分工、召开党风廉政工作会、签订党风廉政建设责任书、开展各层次廉政谈话、落实党风廉政建设责任全程纪实制度,层层压实全面从严治党主体责任。

举办“‘城市型、应用型’办学探索之路成果展”；完成《走在城市型应用型办学道路上——北京联合大学旅游学院产学研融合办学纪实》书稿编写；改版学院网站，并入学校网站群，全年发布新闻120篇，公众号阅读量近8万次，从“微信朋友圈”打开近2万次；实施外宣工作“请进来”工程；打造学院卡通形象“游游(yoyo)”，举办“我为旅院代言”活动。

完成3个支部的换届选举；开展新任支部书记培训；全年慰问65人；组织“喜迎十九大”老同志书画展示活动和“砥砺奋进、辞旧迎新”2018年团拜会。

开展“不忘初心跟党走，立德树人做表率”师德师风建设主题教育研讨活动；建成集学习教育、文化娱乐、休闲放松于一体的“教职工之家”；举办学院教师教案展示交流评比活动；旅游实践教学中心获全国妇联“巾帼文明岗”称号、1人获“首都劳动奖章”；1人获校第八届青教赛文史组二等奖；获得校级教职工文体活动奖8项；新建美食与健康协会，成功承办学校第六届“厨厨动人”厨艺大赛，餐饮管理系获“特殊贡献奖”；在年度考核中获校级“优秀分工会”；通过“模范教职工之家”复检，获校级“模范教职工之家”称号；1人获校级“优秀工会主席”，1人获“优秀工会副主席”；承办的校教职工摄影协会获校级“优秀文体协会”称号；餐饮管理系被学校推荐为北京市“三八红旗集体”候选单位。

完成平安校园网格化管理自查整改工作；建立重要时期安全检查、值班巡查制度及应急预案；加强实验室安全管理制度建设；开展校园安全综合防范和隐患排查治理工作；构建辅导员安全信息网格，滚动摸排学生动态舆情，持续深化“平安校园”建设。

完成基础设施改造的申报和评审工作；完成部分教师办公室、实验室及公共区域搬迁改造工程，新增及改扩建面积达480余平方米；完成资产清查工作，共计处置报废资产2000余万元。

（王宝石　马飞翔　朱明跃　汤湛　孔繁潮）

【交流合作】　5月5日，得到波兰共和国副总理兼科学和高等教育部长的高度认可；组织学院四个教学系积极申报“一带一路”人才培养建设基地。

完成与波兰托伦哥白尼大学“一带一路”学生交流项目课程互认申报工作；组织6名学生赴台湾高雄参加海峡两岸游程规划大赛总决赛；启动与美国鲍林格林州立大学“3＋1＋1.5”本硕连读项目；全年共派出因公出访团组14个，派出教师23人次，学生90人；接待来访问团组26个，来访人员397人次；受南非驻华使馆委托，举办南非旅游从业人员在华导游专业培训。

开展校内外及海外的英语、餐饮、导游、留学生、传统文化等各类培训，培训人员约2500人次；完成2017年优秀高职毕业生和夜大学优秀专科毕业生免试入学专升本的推荐工作、夜大学和自考助学的招生工作；完成对洲际英才班第二学期在洲际品牌酒店的实习实践指导等工作。

学院专家主笔起草的《中国旅游业“十三五”规划》《中国旅游信息化“十三五”规划》，撰写的《关于拓展入境游相关情况的报告》《北京城区特别是核心区旅游人口疏解研究的阶段性结论报告》，得到国家旅游局领导和市委主要领导的高度认可；学院团队承担的故宫旅游公共服务课题的研究成果《故宫服务》被北京市旅游委作为标杆在全市旅游行业推广；学院团队帮扶的北京市教委“引智帮扶”工程项目“清水花谷旅游概念性规划”得到清水镇政府的高度肯定；1名教师的《北京市社区休闲服务的需求调查研究》获北京市教委2017年北京高校青年教师社会调研优秀项目资助二等奖。

（高珣　田雅琳　陈艳杰）

【实验室建设】　完成同声传译实验室建设、2项餐饮类实验室建设和3项酒店实验室建设专项；完善餐饮实践教学管理制度。

（龙润湘）

【招生工作】　凝练并出版2017年《旅游学院招生简章》《旅游学院国际交流项目介绍》；在《北京教育》杂志社、《北京考试报》上发布6篇报道宣传招生；充分利用校、院微信公众号、学院网站等媒体宣传各专业。

（龙润湘）

【中波旅游文化中心揭牌】　3月7日，与波兰托伦哥白尼大学共同建立“中波旅游文化中心”，并举行揭牌仪式。“中波旅游文化中心”是在我国“一带一路”的政策指导下建立的。学校响应国家“一带一路”重大发展战略，充分利用旅游学科在国际国内的领先优势，大力拓展与“一带一路”国家院校在旅游教育及文化上的交流与合作。早在2015年10月，学校就与波兰托伦哥白尼大学建立交流与合作关系，并签订校际合作协议。学院与波兰托伦哥白尼大学地球科学学院率先开展师生互访、学术交流等活动。通过这些交流活动，增进彼此旅游高等教育与文化的交流。

（高珣）

【职业体验日活动】　4月14日，学院学生处组织的“职业体验日”活动在诺金酒店拉开帷幕。活动目的旨在通过“企业参观、企业文化宣传、职业道德与专业技能提升、企业高管成长历程分享”为一体的体验项目，帮助学生了解旅游行业，认识旅游企业，从而对旅游岗位有一个正确的认知，并提前做好心理与能力方面的准备。

（韩松）

【2017全国旅游院校师资培训】　8月21日，学院成功承办由中国旅游协会旅游教育分会主办的2017年全国旅游院校（旅游类实践教学）师资培训班。培训班充

分利用旅游学院国家级旅游实验教学示范中心、国家智慧旅游重点实验室等优质平台，汇集全国 25 省、57 所院校共 102 位教师参加本次培训。培训班旨在共同探讨旅游实践教学前沿的教学理念、教学方式、教学资源，了解旅游行业、产业发展新动向，从而拓宽旅游教育视野，进一步促进旅游实践教学创新与发展。

（龙润湘）

【发起“16＋1”旅游院校联盟】 由学院发起建立的“16＋1”旅游院校联盟，在当地时间 9 月 15 日黑山第二届中国—中东欧国家 16＋1 市长论坛期间隆重成立。该联盟本着“相互尊重、平等互利、合作共赢”的原则，旨在通过建立中国与中东欧国家院校之间的合作伙伴关系，深化多方在旅游及教育领域的交流与合作，包括成立旅游文化中心，举办旅游文化节，在旅游研究和培训、学生赛事和互访、国际学生学历教育、旅游目的地推介等领域开展项目合作。截至 2017 年 9 月 15 日，16＋1 旅游院校联盟成员有黑山下戈里察大学、地中海大学、黑山大学，波兰哥白尼大学，塞尔维亚贝尔格莱德旅游学院，波黑巴尼亚卡卢大学，马其顿圣奥赫里德克利门特大学。

（高珣）

【《故宫服务》发布】 10 月 16 日由学校和北京市旅游发展委员会、故宫博物院、北京旅游学会和社会科学文献出版社共同主办的《故宫服务》发布会在故宫博物院成功举行。《故宫服务》是学院的科研团队承担故宫旅游公共服务课题的研究成果，是对故宫博物院在旅游公共服务方面的大幅度提升举措及其效果进行的总结和思考。目前，该成果已经被北京市旅游委作为标杆在全市旅游行业推广。

（高珣　田雅琳　陈艳杰）

【专业课程红旗渠工程】 为深入贯彻落实党的十九大精神和全国高校思想政治工作会议精神，学院制定《旅游学院“专业课程红旗渠”工程实施方案（2017—2018）》，于 10 月 27 日举办“专业课程红旗渠”公开课交流展示活动，来自各系的 15 位青年教师陆续登台讲授 20 分钟公开课，重点展示如何将思政、德育教育内容有机地融入专业课的讲授。北京市委教育工委微信平台对此进行专题报道；北京卫视以“坚持首善标准，让十九大精神进教材、进课堂、进头脑”为题报道学校和学院深入贯彻落实党的十九大精神及全国高校思想政治工作会议精神的情况。

（王宝石）

【“城市型、应用型”办学探索之路成果展】 11 月 7 日，学院展出“城市型、应用型”办学探索之路成果展，本次展览主要展示近年来学院在“城市型、应用型”建设过程中，在教育教学、学科建设、科学研究、社会服务、国际合作等方面所取得的成果。

（王宝石）

【承办第七届首都旅游发展论坛】 11 月 11 日，学院成功承办以“长城·旅游”为主题的 2017 第七届首都旅游发展论坛。

（鲍卫华）

【2017《旅游学刊》中国旅游研究年会】 11 月 18 日，学院举办第七届《旅游学刊》中国旅游研究年会。本次年会的主题为“中国旅游研究 40 年：反思与前瞻”，重点关注旅游公共服务与管理、旅游研究的理论与实践关系、旅游管理系统与科学范式、旅游制度变革的热点与焦点、“一带一路”与旅游、乡村旅游与旅游乡建等理论与实践相交融的富有中国特色的前沿问题，引领中国旅游学术研究的发展，共商中国旅游及旅游研究的未来发展之路。30 余位国内外著名旅游专家、学者以及来自全国各高校的代表共 500 余人参加此次年会。

（鲍卫华）

继续教育学院（北京联合大学培训中心）

【概况】

学院英文名称：College of Continuing Education

学院网址：http://jxj.buu.edu.cn

院党委副书记、副院长：张文杰（主持学院党委、行政工作，任职至 2017 年 10 月 24 日）；张健民（主持学院党委、行政工作，2017 年 10 月 24 日起任职）。

北京联合大学培训中心主任：张文杰（任职至 2017 年 10 月 24 日），张健民（2017 年 10 月 24 日起任职）。

继续教育学院位于北京市朝阳区北四环东路 97 号，北京联合大学北四环校区东院。

继续教育学院是北京联合大学成人与继续教育管理部门，承担统筹全校成人高等学历教育和社会化培训、考试管理工作，为学校的成人继续教育改革提供总体方案和发展规划并组织实施。学院负责组织成人夜大学等成人高等学历教育招生、学籍管理、教学计划、毕业生资格审核和学位审核工作，协调教学计划落实和教学日常管理工作；负责成人非学历继续教育培训项目开发和运行、社会化考试考证，承担北京市高等教育自学考试部分专业的主考组织协调和自考助学工作。学院针对高校教师和管理干部组织各类培训项目，诸多培训项目获得委托单位和社会的好评。学院还组织开展成人继续教育的科学研究和学术交流，开展对外合作办学等工作，是北京联合大学对外开展成人继续教育的窗口。

北京联合大学培训中心是经朝阳区教育委员会批准，北京联合大学出资举办，由北京市机构编制委员会办公室登记的一所具有事业单位法人资格的教育培训机构，主要负责成人非学历继续教育培训项目开发和运行、社会化考试和考证。

学院设置6个科级管理机构：综合办公室、教学运行办公室、招生与学生管理办公室、自考与远程教育办公室、培训与考试办公室、教育研究与资源开发办公室。

2017年底，学院在职教职工26人(9月，外派孔子学院1人)，其中副高级职称2人、中级职称21人、初级职称2人。编外人员1人，为中级职称。学院夜大学教学聘任兼职教师126名。

(张金辉　肖梅)

【学历教育】 学院成人高等学历教育有6个办学单位，开设专业涉及管理、艺术、计算机、旅游、针灸推拿等多个领域。学习形式为业余，分专科、本科、专升本三个层次。在办专业33个，其中专科14个，高起本3个，专升本16个。2017年学校高等学历继续教育共计录取总人数为1816人，其中专科823人、专升本813人、高起本180人。

根据《北京市教育委员会关于部分成人高校招生考试改革试点的通知》(京教函[2014]301号)要求，学校优秀全日制高等职业教育应届毕业生、应届成人专科毕业生(综合测评排名前15%)可以免试入学就读学校成人高等教育专升本的相同或相近专业。2017年学校共计推荐满足免试入学条件优秀应届毕业生390人，实际确认339人。

2017年注册新生(2015年录取2016年入学)1801人，报到新生共计1801人，其中专科932人、高起本94人、专升本775人；在校生共计4665人，其中专科2319人、高起本654人、专升本1692人。

全校共有成人高等学历教育学生1423人参加考试，84人通过成人学位英语考试。

自学考试管理工作，共组织3个主考专业阅卷教师58人次网上阅卷1008份。组织各类非笔试、实践课考试及论文评审391人次；网上审定、授予学位72人。全年共派出72位教师参加命题，完成命题36科次。

北京联合大学校外学习中心依托北京师范大学优质的教育教学资源，利用现代技术手段，面向北京市开展网络学历教育。2017年在校生577人，新招学生97人，毕业生67人，开设高中起点专科、专科起点本科和高中起点本科3个层次、18个专业，累计毕业学生数1921人。

在成人高等学历教育中进一步推进线上与线下相结合的“混合式”教学模式。使用超星泛雅系统作为学院线上课程的学习平台，2017年，学院在网络平台共开设课程132门次，为1000余名学生提供在线网络学习。

(朱丽娟　张娟　孟岩　刘振华)

【管理服务】 进一步完善校园网格化管理方案和各项应急预案。做好防火、减灾、国家安全教育日等安全宣传教育工作，制作宣传板、组织参加防火防盗教育培训，签订校区安全责任书、消防安全责任书。全力做好各敏感节点的安全稳定工作，加强各类问题隐患排查和整治，定期检查教职工办公环境的安全隐患，密切关注师生的思想状态。

(张金辉)

【党群工作】 截至2017年12月学院共有党员19人，设有3个教工党支部。

学习宣贯彻党的十九大精神。开展多形式、多渠道、全方位的宣传、学习、培训活动。学院领导班子成员围绕十九大主题为教职工讲党课4次；邀请校宣讲团做报告2次；各党支部组织自主学习活动共2次。积极参与“十九大精神在线答题”、组织手抄十九大报告、党章等活动，使全体教职工能结合本职工作学懂弄通。

强化党委抓党建工作的责任意识，理论中心组学习保持与时俱进，党委会集体研究促进学院改革发展。严格教学和培训人员及其教学内容把控，加强教学课堂和学院网站阵地管理，召开两次全院工作会加强教职工思政工作，落实意识形态工作责任制。

加强支部建设，参与2017—2018年基层党支部“1+1”共建项目，组织涣散支部排查开展整改及工作指导，完成薄弱支部整改。加强党员队伍建设，开展先进基层党组织、优秀共产党员、优秀党务工作者评选；组织“共产党员献爱心”捐款活动；1名预备党员转正。开展党建研究，推进“以‘互联网+’为重点，加强学习型党组织建设”的党建特色项目建设，探索开展成人教育“课程思政”研究。第二、三党支部共建项目获评学校2106—2017年度“1+1”支部共建优秀项目。参加学校七一表彰评选，1名优秀党员和1名优秀党务工作者入选。

通过“三重一大”制度、民主决策机制、层层把关制，确保落实“一岗双责”。制定《2017党风廉政建设和反腐败工作主要任务分工》；加大监督执纪的力度，扩大监督范围，支部书记、党风廉政监督员列席院长办公会；开展党风廉政宣传月活动，学院领导班子讲廉政党课2次；学院与领导班子成员及相关部门责任人签订廉政建设责任书，并与科室负责人及支部书记进行廉政集体谈话;组织党员旁听公职人员职务受贿案件庭审、赴教育基地参观调研;组织学习《准则》和《条例》,开展知识问答。

结合现有资源进行教工活动室改造,“教工之家”基本建成。重新设立教职工文体协会;参加学校工会组织的各项活动,并取得佳绩;推进“健康幸福工程”,营造健康、快乐、和谐、幸福的工作环境。学院工会连续三年获校“先进二级分工会”。学院承办的棋类协会被评为“优秀协会”。

(张金辉　夏臻)

【交流合作】 4月17日,学院领导班子一行6人到首都师范大学继续教育学院开展专题调研。首都师范大学继续教育学院领导热情接待并参加座谈。双方就新形势下继续教育工作的转型与发展深入交流,涉及继续教育管理体制与运行机制、业务范畴与主攻方向、质量保证与特色优势、激励措施与风险防控等多个方面,并就遇到的发展困惑进行探讨,对今后开展广泛合作达成初步意向。

(张金辉)

【培训考试】 完成2017年职业教育国家级培训申报工作,获得“学前教育”“电子商务”“旅游服务与管理”三个专业的批复。

10月23日,根据北京教育考试院《关于设立北京地区全国大学英语四、六级口语考试中心考点和考点的通知》(京考社考[2017]8号),学院被批准设立为北京地区全国大学英语四、六级口语考试中心考点。全年完成23点次试点考点审核及26000余考生服务工作。

学院培训考试办公室加大市场调研,服务教学科研,努力开发拓展培训项目。全年开展专升本辅导(考前+基础)、公务员考前辅导、广东轻职院师资培训班、西班牙语、BOEC英语口语考前辅导等培训10项,累计培训7000余人次。

组织教育部考试中心的“全国英语等级考试”“全国计算机等级考试”“高校网络教育公共基础课全国统一考试”;组织人事考试中心负责的“一级建造师资格考试”等精品考试54次,共计85757人次,提高学校教学资源利用率。加强学生助理及监考教师两支考试支持队伍建设,总计425人。

9月,完成多功能培训教室建设,设置多功能培训位78个。

(郭向光　程绪琦)

【获奖情况】 5月11日,北京联合大学习中心(北京师范大学网络学院)获得北京师范大学现代远程教育优秀学习中心称号。

10月,组织成人夜大学生参加北京市教委主办的2017年北京高等学校学历继续教育大学生英语口语竞赛,获得非英语专业专科组团体优秀奖。

11月17日,培训考试办公室获得北京教育考试院的表彰,郭向光、程绪琦、毛羽获得2016—2017年度“全国计算机等级考试先进工作者”(京考社考[2017]10号)。

2018年1月8日,学院获得2017年北京市高等教育自学考试 一等奖。

(孟岩　孙擘　程绪琦)

智慧城市学院

【概况】

学院英文名:Smart City College

学院网址:http://it.buu.edu.cn

院党委书记:张俊玲(2017年5月15日起任职);院长:刘在云(2017年5月15日起任职)。

原名信息学院,经校四届党委第164次常委会(2017年4月24日)研究决定,学院更名为“智慧城市学院”。其前身是1978年建立的清华大学分校、北京邮电学院分院等,致力于培养城市智能化服务的信息技术高端人才。

学院使命:崇德尚能,智慧精英。

培养目标:学院围绕“城市型,应用型”办学定位,立足于城市智能化服务的信息技术高素质应用型人才培养,重点为北京市智慧城市建设培养智慧教育、智慧办公、智能家居、智慧社区、智能交通、智慧旅游等方面人才。

学院是教育部和北京市教委批准的国家和北京市“服务外包人才培养模式创新实验区”的核心学院,拥有计算机科学与技术一级硕士学位点。学院依托“北京市信息服务工程重点实验室”“国家级服务外包人才培养模式创新实验区”“国家智慧旅游重点实验室”“北京市旅游信息化研究基地”等高水平教学、科研平台,培养服务于智慧城市的信息技术高端人才。

为适应学院的定位和转型发展,学院配置数千万元的实践教学场地,建设物联网技术、移动通信、智能电子系统、计算机网络集成、单片机与嵌入式系统、移动终端、多旋翼无人飞行器、软件工程、数字信号处理(DSP)、光纤通信、机器人技术等实验设备和实验环境。学院在物联网、移动通信、大数据、人工智能等方面拥有高水平的科学研究设备和高水平的科研成果,学院教师与学生共同获得拥有授权专利、软件著作权等知识产权60余项，合同经费566万元。

学院以培养服务于智慧城市的信息技术高端人才为目标，毕业生就业方向广泛，可在企业、事业、信息服务业等相关部门从事与智慧教育、智慧旅游、智慧办公、智能家居、智慧社区等领域相关的工作，学院毕业生一直受到用人单位的广泛欢迎。

学院设有三系（通信工程系、计算机工程系、电子科学系）、三办（综合办、教科办、学工办）、三所（信息技术研究所、微电子应用技术研究所、可靠性检测与传感网技术研究所）和工程技术应用中心。

截至2017年底，学院教职工人数79人，其中专任教师59人，管理人员20人，专任教师中教授7人，副教授23人。

（陈婷婷　秦广军）

【教学工作】 学院组织2015版（2017级）计算机科学与技术、电子科学与技术、通信工程等3个专业培养方案的修订完善工作。各个专业相继多次召开2015版（2017级）培养方案研讨会，系统、细致、全面地做好调研与讨论工作，了解相关产业、行业现状和未来发展趋势，细致有序地做好培养方案修订工作。在培养方案中引入创新创业内容，召开智慧城市学院2015版（2017级）培养方案推进会，特别邀请校教务处林妍梅副处长做专项培训，指导培养方案和课程大纲的修改完善工作。经过全体老师的努力，确定2015版（2017级）培养方案，完善所有课程大纲，并聘请校外专家进行审核。

学院高质量地完成本科教学工作审核评估相关工作。召开全体教职工大会，讲解审核评估重点审核的“五个度”、六大审核项目划分的25个要素、审核要素的核心内容体现的79个审核要点；召开学术委员会，修订学院本科教学工作审核评估工作方案，组织教师采用自查—系内互查—院级教学督导抽查—反馈—总结—整改、学校抽查—反馈—总结—整改的方式整理教学文件、毕业设计（论文）和试卷。通过学院本科评估自评自建中期检查，召开本科教学工作审核评估推进会，邀请评估专家毛智勇教授指导，明确审核评估与水平评估的区别，从学校办学宗旨与办学定位、城市型应用型的特点、专业发展与城市发展的关系等方面，梳理学院发展目标和人才培养目标支撑学校定位和人才培养总目标的关系，以及适应国家和区域经济社会发展需求的关系；结合自评自建中期检查情况，特别是针对课程试卷、毕业设计、教学文件等存在的问题，提出相应的整改建议和意见。在全院各部门的共同努力下完成学院本科教学工作审核评估自评报告的撰写和自评自建工作总结报告。

承办并参加“鑫台华杯”2017年华北五省（市、自治区）及港澳台大学生计算机应用大赛和北京联合大学第六届电子设计竞赛，参加港澳台大学生计算机应用大赛、全国大学生电子设计竞赛、第八届蓝桥杯全国软件和信息技术专业人才大赛、世界机器人大赛机器人格斗赛、北京市大学生集成电路设计大赛、美国大学生数学建模竞赛、第八届华北五省（市、自治区）及港澳台大学生机器人大赛、第三届中国“互联网＋”大学生创新创业大赛北京赛区总决赛、第十二届全国大学生“恩智浦”杯智能汽车竞赛、2017年“挑战杯”首都大学生课外学术科技作品竞赛等市级及以上各学科竞赛，最终有27人次获得国家级竞赛奖项；80人次获得市级学科竞赛奖项。

发表教改和学术论文47篇，开展教学管理规章制度、流程梳理与制修订工作。

落实学院专业社团，明确学生的研究方向，组织学生科技活动，以社会需求为导向，以实际工程为背景，以工程技术为主线，着力提高学生工程意识，工程素质和实际应用能力。学院现有专业社团12个，共计参与教师47人，参与学生325人。

结合实验区和特色专业建设，以教学方法改革和推进开放式实践教学为突破点，聘请行业专家、企业技术人员来校讲课，建立校企合作，共建“产学研”人才培养基地。

开展专业课程思政工作，召开工科专业课程思想政治教育研讨会，各系专业教师代表结合自己的教学经验介绍思政融入专业课程的可行性和方法，学院组织各系专业教师申报课程思政院系教学改革项目，邀请院内外多名专家对申报项目进行评审，共立项9个项目。

学院共计474人参加毕业设计，共计460份毕业论文，22份优秀论文。

作为国家级特色专业建设点，通信工程专业在实验课程设置和实验室建设上加大投入，移动通信技术实验室引进大批华为设备组件，构建“LTE移动通信实践平台”。依托“LTE移动通信实践平台”，通信工程专业已经开设现代交换技术实训课程，后续计划开设“4G移动通信技术”“无线网络优化”等其他课程。

（付立新　李冬云　陈阳）

【科研工作】 学院成功申报北京市局委办科技研究计划项目3项，专项项目5项，教研项目7项，其他纵向课题5项，其他横向课题18项，总经费566万元。

3月5日，由信息学院开发的企业委托项目“电动汽车高压中控盒生产线信息管理系统”在北京市意耐特科技有限公司完成项目验收工作。该项目主要用于北汽新能源轿车EV260高压中控盒的装配生产。

全院共撰写学术论文47篇（包括录用），其中录用和发表EI/SCI期刊论文15篇，CSCD论文9篇，其他

23篇。出版著作5部,软件著作权授权22项。

(邹莹)

【学科建设】 2017年计算机科学与技术学科共毕业8名硕士研究生,8名学生通过硕士学位论文答辩,毕业率100%,授予工学硕士学位率100%。1名学生获得国家奖学金,15名学生获得学业奖学金,9名学生获得新生入学奖学金。

学院完成研究生招生、考试、复试、录取工作,计算机科学与技术专业录取11人。

围绕学院发展目标,全面推进学院科研建设,从而有效提高教师执教能力,突破教学品质提升瓶颈,学院教师积极参与企业横向课题开发。

(邹莹)

【人才队伍】 截至2017年底,学院在职教职工数为79人,其中专业教师59人(含双肩挑5人),教授7人,副高职称26人(其中副教授23人,副研究员1人,高级工程师2人),专职辅导员7人。硕士以上学位67人,博士学位29人。

学院青年教师刘晓晓获得北京联合大学第八届青年教师教学基本功比赛三等奖。

(秦广军　刘宝姝)

【学生工作】 开展"我和社会主义核心价值观"主题班会 、"喜迎十九大,筑梦联大人"主题教育系列活动,以及 "不忘初心牢记使命"学习贯彻十九大精神主题征文、演讲系列活动。

发展党员60人,转正21人,积极分子238人,入党申请人有492人。举办小营校区学发展对象培训班1次。

开展"十佳党支部"和"十佳学生党员"评选、毕业生党员七个一工程、开展"以党风带班风,以班风促学风"活动,把支部建在项目上。2017年党支部"1+1"共建项目和活动立项评审中,计算机科学与技术学科党支部申报的"实施量化考核,规范支部建设"获批立项;通信系学生第二党支部和计算机第一党支部分别与教工支部共建,获批2017—2018年度基层党支部"1+1"共建项目;计算机工程系学生第一党支部获2017年北京高校红色"1+1"展示评选活动三等奖,通信系学生第一党支部获得2017年北京高校红色"1+1"展示评选活动优秀奖。计算机工程系第一党支部、计算机工程系第二党支部、通信工程系第二党支部获"十佳学生党支部"称号,有2名学生党员获北京联合大学"十佳学生"党员,有1名学生党员获北京市优秀党员,计算机工程系第一党支部获"五四红旗党支部"。

开展"不忘初心,牢记使命"主题团课,围绕深入喜迎十九大、深入学习十九大、宣传十九大精神等内容开展主题教育,进行优秀团支部、优秀团干部、十佳团干部、优秀团员、十佳团员评选,2017年全院共评选200名优秀团员。

举办联大华音、新生运动会、辩论赛、歌手大赛、元旦晚会,开展我的班级我的家评选活动,举办第八届科技创意大赛、首都挑战杯"手拉手"科技普及活动和各类学术科技讲座、培训等。

对2017级毕业生做好分层教育、分类指导、精心管理的就业服务和帮扶;为2017级新生引入曙光基金,资助20名家庭贫困的学生四年的学费。

组织"智力西部行"和"彩云之南"支教团,"带本书,给家乡的孩子"的活动,其中"智力西部行"爱心支教项目获得团中央"千校千项"最具影响好项目、全国"三下乡"优秀团队。

成立书院学生自我管理委员会,建立宿舍长QQ群,开展宿舍风采大赛,评选卫生标兵宿舍、学习标兵宿舍、智慧城市学院优秀宿舍和大一优秀宿舍创建。举办"宿舍文化月"、宿舍文化节等活动。

2017届毕业生共计519人,其中本科生507人,研究生12人。通过毕业生资审的本科生469人,研究生10人。本科就业率98.06%、本科签约率58.42%,34人考取国内研究生,14人出国读研;研究生就业率100.00%,其中考博升学率20%、签约率80%。

学院有27名学生报名参军,经过筛选,16位同学体检和政审完全合格并光荣参军入伍,其中5名为毕业生。

获奖学金学生228人,其中特等奖学金6人,一等奖学金7人,二等奖学金83人,三等奖学金132人。国家励志奖学金97人,先进班级4个,优良学风班6个,三好学生30人,优秀学生干部15名,学风先进个人45人。市级优秀毕业生28人,校级优秀毕业生99人;院级优秀毕业生111人。同时,学院共有9支团队获得暑期社会实践优秀团队,优秀成果3项,社会实践先进个人4人,优秀指导教师4人,先进工作者1人,并获2017年校暑期社会实践调研成果先进单位及校暑期社会实践先进单位。在达标创优中获得校级优秀团支部3个,优秀团干部5人,十佳团员1人,优秀团员10人。

组织师生200余人次参加的"砥砺奋进的五年"大型成就展;参加学生处组织的北京联合大学"党的十九大精神和党史知识竞赛"获三等奖;承担北京联合大学第五届计算机应用大赛120名志愿者招募和培训工作;指导智力西部行团队暑期社会实践,获社会实践优秀成果、爱心支教项目获得团中央"千校千项"最具影响好项目,同时获评全国"三下乡"优秀团队。

(詹小冷)

【党群工作】 学院党委以党的十九大精神和高校思想政治工作会议精神为指导,按照"两学一做"常态化的工作要求,规范"三会一课",认真组织理论学习,开展党建研究项目立项，夯实干部队伍的理论基础，有效提升干部的素质能力。

为学习贯彻党的十九大精神，学院党委组织丰富多彩、覆盖到各个层面的十九大宣传学习活动，包括组织全院师生员工观看十九大开幕式实况、观看“砥砺奋进的五年”大型成就展，党委书记给全院教职工及学生骨干宣讲解读十九大报告，邀请专家进行十九大精神辅导讲座，校宣讲团成员宣讲十九大精神，学生学习十九大系列活动等。

学院按照学校党建基本标准检查的要求将4年来的成果进行梳理总结，完成学院党建基本标准检查自评报告、特色报告、整理党建评估资料54盒，并坚持以评促建，加强党建工作宣传，突出党建对于工作中的引领，切实做到对于党建基本标准检查的全院动员、全员知晓、全院落实。

学院党委制定《智慧城市学院课程思政实施细则》，组织教职工开展课程思政建设研讨、课程思政内容的课题立项等活动。学院第一批院级课程思政项目申报，选择9门课程给予立项，为探索工科课程思政建设的路径和方法提供途径。

为全体教职工党员购买党建学习资料，并通过中心组学习和党支部学习开展相关内容的学习。

开展学院2017年先进党支部、优秀共产党员和党务工作者评选表彰工作，经党内外民主评议、基层党组织推荐、院评审小组审核、学院党委会讨论通过，共评选出院优秀共产党员15人、院优秀党务工作者4人、院先进党支部5个。其中苏利敏、部鹏飞获得校级优秀共产党员，李京平获得校级优秀党务工作者，通信工程系教工党支部获得校级优秀基层党组织，计算机学生第一党支部获得校级十佳党支部。

各支部保质保量完成日常党建工作任务，按时收缴党费，组织党员为北京市和校爱心基金捐款献爱心，2017年共计捐款6490元。

开展十佳支部创建工作。计算机工程系第一党支部、计算机工程系第二党支部、通信工程系第二党支部获“十佳学生党支部”称号。计算机工程系学生第一党支部获2017年北京高校红色“1+1”展示评选活动三等奖、北京联合大学红色“1+1”示范活动一等奖，通信系学生第一党支部获得2017年北京高校红色“1+1”展示评选活动优秀奖、北京联合大学红色“1+1”示范活动二等奖。陈宝峰、郭亚骅获得2016—2017学年校十佳党员称号。

加大培养力度，规范党员发展工作。合理设置发展结构，严把质量关，确保发展质量。2017年共发展党员61名，其中学生党员60名，教师党员1名。

学院更名智慧城市学院后，于2017年6月13日组织召开第一届教职工暨工会会员代表大会，选举产生第一届常设主席团、工会委员会及女教职工委员会，并召开智慧城市学院第一届双代会第一次会议。学院工会工作成绩突出，在2017年校工会年终考核评比中，学院工会获模范职工之家。在全校厨艺比赛中，曹国良、于镝、肖明明代表学院中青年教师参赛，获得铜勺奖。

以学院更名为契机，学院加强在校内外各大媒体的宣传力度，建设宣传队伍。截至12月5日，学院新闻网上共发表稿件143篇，学院英文网上发表稿件7篇，学校新闻网发表稿件40篇，校外宣传媒体对于学院的宣传新闻达10余篇。

（陈婷婷　吕毅　刘宝妹　詹小冷）

【实验室建设】 2017年工程中心配合计算机科学与技术系和通信工程系完成实验楼0503“网络系统集成实验室”、实验楼0709“移动通信技术实验室”2个实验室重新改造建设。其中“网络系统集成实验室”建立信息安全对抗实验环境，是用于培养信息安全人才的专业性实验室平台，可以支持培训、教学、实验、研究、测试、比赛等综合性培养；“移动通信技术实验室”为了提高程控交换技术教学实验，购置LTE移动通信实践平台，包括DBS3900无线接入网、eSCN—M宽带集群核心网、eOMC网管服务器以及终端设备四大功能模块。

对“单片机与嵌入式技术实验室”“信息工程实验室”2个实验室的90台计算机设备进行设备更新，采用新的保护卡管理方式。对6个实验室的实验环境（投影仪、网络交换机和实验工具等）进行改造，并对600多台仪器设备做了报废先期处理。

学院国家级特色专业建设点通信工程专业，在实验课程设置和实验室建设上加大投入，移动通信技术实验室引进华为设备组件构建“LTE移动通信实践平台”。依托“LTE移动通信实践平台”，通信工程专业已开设现代交换技术实训课程，后续计划开设“4G移动通信技术”“无线网络优化”等其他课程。

（刘瑞祥）

【智慧城市学院成立大会】 6月16日，学院成功召开智慧城市学院成立大会，国务院参事、中国城市科学研究会理事长、原住建部副部长仇保兴，中国工程院院士、深圳大学教授、中国城市科学研究会副理事长郭仁忠，国家“千人计划”特聘专家、中国网络空间安全协会常务理事、国家科技部“科技创新创业人才”、杭州安恒信息技术有限公司董事长兼总裁范渊出席会议。

校党委副书记付晨光宣布学校关于成立智慧城市学院的决定，校党委书记韩宪洲向仇保兴参事颁发了智慧城市学院名誉院长聘书。新任名誉院长仇保兴发言，智慧城市学院院长刘在云发言，提出学院未来发展的设想。校长李学伟发表讲话。他指出，新的学院成立必然孕育着新的机会,也同时会面临新的挑战和机遇:第一,要做好适应智慧城市发展需要学科方向的凝练;第二,新学院成立是适应智慧城市需求人才培养的新模式;第三,是适应智慧城市发展需求。通过深入研究,进一步提升我们学院捕捉研究和解决智慧城市的科学和技术的能力,提升我们服务智慧城市人才培养的能力,以及服务北京"四个中心"的定位,服务首都和京津冀区域的经济社会的能力。

(杨燕)

【第八届"鑫台华杯"华北五省(市、自治区)及港澳台大学生计算机应用大赛】 11月,由校教务处主办、智慧城市学院承办的第八届"鑫台华杯"华北五省(市、自治区)及港澳台大学生计算机应用大赛举行。本届赛事共吸引华北五省、市、自治区以及台湾地区的87所高校的395个代表报名参赛,经过各赛区预赛选拔,来自5个分赛区46所学校的96支代表队(其中台湾地区2支)进入总决赛答辩,参加答辩的学生近500人,其中学院有三支队伍参与决赛并分别获一、二、三等奖,由刘振恒老师带队的牛选龙、郑泽、倪明、郝宇同学组参赛作品"石全石美"获一等奖。

(杨燕)

【智慧北京建设与发展论坛】 12月26日,学院成功举办首期"智慧北京建设与发展论坛"。本次会议由北京联合大学智慧城市学院、中国低功耗物联网产业联盟、国家物联网标识管理公共服务平台、广州中国科学院计算机网络信息中心主办,中国大数据产业应用协同创新研究院、中国区域经济学会智慧城市专业委员会、中国科学院智慧城市产业联盟、中国科学院大学智慧城市产业协同创新联盟、中国科学院遥感所智慧城市工程部协办。

(陈婷婷　付立新)

机器人学院

【概况】

学院英文名称:College of Robotics

学院网址:http://jqr.buu.edu.cn

院党委书记:杨奇红;院长:李德毅,执行院长:程光。

经校四届党委第164次常委会(2017年4月24日)研究决定,原机电学院与原机器人学院合并,成立新的"机器人学院"。原信息学院软件工程专业和原自动化学院自动化专业并入新的机器人学院。根据学校《关于相关学院调整的决定》(京联党〔2017〕43号)文件精神,新的"机器人学院"两址办学:工体北路校区和北四环校区。新的机器人学院在北四环校区设立改革试验区,试验区享有原机器人学院的相关政策,且遵照学校《关于机器人学院试验区管理体制机制问题的若干规定》(京联发〔2017〕46号)文件精神运行。

学院设有综合办公室、教学科研办公室、学生工作办公室、工会、团委等管理部门,以及改革试验区、机械工程及自动化系、软件工程系、工业工程系、控制工程系、汽车服务工程系、工程基础教学部和金工实习中心等8个教学单位。

学院现有学科专业涉及2个一级学科(计算机科学与技术和软件工程),拥有目录外二级学科制造业信息化技术(这个是设在一级学科计算机科学技术下面的)。2017年获批机械工程领域工程硕士专业学位授权点,将于2018年招生。

本科专业7个,即机械工程专业、软件工程专业(含实验班和普通班)、工业工程专业、自动化专业、汽车服务工程专业、电子信息工程专业、材料科学与工程(检测与质量管理)专业(已停止招生);其中,机械工程专业是国家级特色专业建设点和北京市级特色专业,软件工程专业获批市属高校首批"一流专业",机械工程专业、工业工程专业是校级优势本科专业,工业工程专业和材料科学与工程(检测与质量管理)专业是校级骨干专业。学院有专升本专业2个,即机械工程专业和工业工程(物流管理)专业。经学校决定,新的机器人学院成立后,原机电学院材料科学与工程专业停止招生。

学院北京京城机电控股有限公司校外人才培养基地为市级校外人才培养基地。2017年学院校级校外人才培养基地增加到9个,名单如下:北京京城机电控股有限公司校外人才培养基地、华德液压有限公司校外人才培养基地、奔驰-戴姆勒克莱斯勒汽车有限公司校外人才培养基地、SMC(中国)有限公司校外人才培养基地、北开电气有限公司校外人才培养基地、北京北起意欧替起重机有限公司、北京爱生科技发展有限公司、美国国家仪器中国有限公司校外人才培养基地(新增)、大唐电信科技股份有限公司校外人才培养基地(新增)。

设有市级工科综合实验教学中心分中心;校级校内实践教学中心1个,即现代制造工程技术实践教学中心。

拥有北京市工程技术研究中心1个,即"北京市智能机械创新设计服务工程技术研究中心";协同创新中心1个,即与北京京城机电控股有限责任公司下属4

家单位联合成立“北京智能机电创新中心”。学院设有校级院管科研机构 1 个，即北京联合大学传动研究所。学院与企业共建高新技术研发和成果转化基地 2 个，即华德液压—北京联合大学高新技术研发及成果转化基地，北起意欧替—北京联合大学高新技术研发及成果转化基地。

2017 年，学院与平安保险北京分公司、北京千锋互联科技有限公司、达内时代科技集团有限公司北京第六分公司、中航材导航技术北京有限公司、中航材物流科技有限公司、北京凌阳爱普科技有限公司 6 家企业签订校外人才培养协议；与北京一维弦科技有限责任公司签署校企合作框架协议。

截至 2017 年 12 月 31 日，有教职工 127 人，其中专任教师 89 人。专任教师中，教授 11 人、副教授 35 人，具有博士学位的教师 46 人，在读博士学位的教师 12 人，全院教师（含思政教师）中的博士比例达到 52%。新增 12 名双师素质教师，学院具备双师素质教师资格的专任教师比例达到 31.5%。具有海外留学、访学、培训背景的教师比例达到 50%。

截至 2017 年 12 月 31 日，有全日制本科生 1635 人（含高职升本科层次学生）；成人学历教育学生 354 人，其中有 138 人来自合作企业 SMC（中国）有限公司。

全日制本科毕业生 285 人（含高职升本科层次学生，不含原信息学院和自动化学院并入专业毕业生）；成人学历教育毕业生 143 人。

全日制本科招生 383 人（其中普通本科 248 人，高职升本科层次 135 人）；成人学历教育招生 108 人（其中本科 12 人，专升本 58 人，专科 38 人）。

（王锐　杨俊荣　苏慧　李明海）

【教学工作】 进一步明确专业人才培养目标。新的机器人学院成立后，学院先后举办新工科背景下专业建设与创新发展论坛、一流专业建设、国际工程教育专业认证等汇报、推进、研讨会议，明确学院各专业在人工智能时代、新工科背景下内涵发展的方向。根据学校城市型、应用型大学的建设目标和学院特色以及发展定位，在坚持立德树人根本要求的基础上，完成 2015 版（2017 级）普通本科培养方案及课程大纲的修订。

提升教师执教能力，推进教育教学研究与改革。组织年轻教师观摩优秀教师课堂教学、参加各项教学比赛，提升中青年教师执教能力，马勇杰获得学校第五届中青年教师执教能力大赛一等奖。金晓明、王慧获得第八届中青年教师教学基本功比赛三等奖。

全力以赴开展本科教学工作审核评估自评自建。学院对四个学期总共 52 门次、3056 份试卷进行自查和互查，全面梳理学院本科教学建设、教学改革和教学管理工作，发现本科人才培养工作中存在的问题和不足，提出完善教学管理和激励措施，全面提高本科教学水平和质量。

组织教学研究与改革。2017 年获批校级校外人才培养基地 1 个，校级教改项目 3 个，应用型课程建设 1 门，普通本科专业核心课程建设 3 门。获评 2017 届本科优秀毕业设计（论文）7 篇。

（杨爱君　王超　王锐）

【科研工作】 学院聚焦北京科技创新中心定位，加强与北京卫星制造厂等企事业单位的沟通和科技合作，开展应用型研究。举办和参加中英“科技创新”合作交流会、第二届中国制造 2025 报告会暨京津冀协同创新发展论坛等高水平科技会议，成立北京机械工程学会机器人分会，学院执行院长程光教授当选机器人分会主任委员。

2017 年学院合同及到账经费 483.8 万元；专利授权 29 个，其中发明 7 个，实用新型 4 个，软件登记 18 个；出版著作 2 部；发表 B 类及以上期刊学术论文 7 篇；新增国家自然科学基金面上项目 1 项，军委科技部项目 1 项，北京市自然基金—市教委联合资助项目 1 项。

（王超）

【学科建设】 学院进一步凝练学科方向与特色，依托市级科研平台和人才培养基地，围绕智能机器人、智能制造与服务等领域工程技术人才培养定位，开展自主设置二级学科“制造业信息化技术（0812Z2）”硕士研究生（学术型）工作，完成 2017 级硕士研究生录取工作，2018 级硕士研究生招生工作。学院现有硕士研究生导师（学术型）6 人，硕士研究生导师（专业型）3 人。明确“制造业信息化技术（0812Z2）”硕士研究生（学术型）研究方向为“智能化设计与制造”；申报并获批机械工程领域硕士专业学位授权点。

（王超）

【人才队伍】 加强教师队伍建设。聘任学校北京市特聘教授、中国工程院院士戴琼海教授为改革试验区无人机系系主任。2017 年，学院晋升教授 1 人，副教授 1 人；调入博士研究生 4 人。

鼓励并指导青年教师提升执教能力。充分利用教学赛事，搭建教学沟通平台，组织年轻教师观摩老教师的课堂；遴选机械工程及自动化系刘长青老师参加第四届学校教学优秀奖的决赛；机械工程及自动化系马勇杰老师和汽车服务工程系刘丹丹老师参加第五届校级中青年教师执教能力比赛决赛。

以项目促进中青年教师学术水平和科研能力提升。获批 2017 年度优秀人才培养资助青年骨干个人项目 1 个（刘德馨）。

学院教师发展中心做好各类师资培训项目。杨静馨获得国外访问学者资助（赴美国，为期 10 个月）；选派5名教师参加北京市和学校教师发展中心组织的培训(刘健、门森、孙浩、蒋北艳、李佳洪);入选学校人才强校优选计划5人(田娥、马楠、刘元盛、佟世文、杨静馨)。

(杨俊荣)

【实验室建设】 升级改造试验区智能驾驶实验室、无人机实验室、天地协同实验室、3D打印增材制造实验室等实验室,为学生创造良好的实践教学环境和创新实践场所,也为学生参加专业设计和创新大赛提供保障。

(王锐)

【学生工作】 将社会主义核心价值观渗透到学生教育教学活动的全过程。在第十一届学生规章制度知识竞赛中,学院与管理学院联合组成"王牌队"参赛,获第一名。在十九大报告和党史知识竞赛中,2017级学生组队参加并获第一名。

创新住宿学生思想教育。开展"优秀宿舍、优秀床铺"活动,创建温馨文明的宿舍。

通过思想引领抓学风建设并取得优异成绩。机器人实验班1701B和机器人电子1701B期中考试高等数学成绩在全校排名第一和第二。学生获得校长特别奖2项,国家奖学金5人,国家励志奖学金74人,市级优秀班集体1项、优秀学生干部1人、三好学生4人。校级先进集体15项,先进个人196人,优秀学生奖学金275人,其他奖学金31人。院级奔跑奖学金"学习之星"35人、"进步之星"30人、"英语之星"221人,"奉献之星"49人,"科创之星"个人39人,团队56个。

学生科研成果丰硕。在全院范围内开展"小旋风"兴趣活动,召开"小旋风"兴趣活动启动会、"小旋风"兴趣活动开放项目评审会和"小旋风"英语周李德毅院士专题英语报告会等系列活动,邀请以院长李德毅院士为代表的行内高水平人士做相关一流学术报告。

辅导员工作研究逐渐产生效果。辅导员吴巧慧获得第九届全国高校辅导员年度人物提名奖;发表E1级别论文1篇;C2级人才强校计划1项;著书1本:《高校辅导员标准研究》;参与《应用型大学德育论纲》一书撰写工作。

落实国家在大学生中征兵的政策。共选送11名学生光荣入伍。

就业工作取得新的突破。截至2017年10月31日学院已签约人数为175人,签约率为66.79%,就业率达97.33%。考取国内各高校硕士研究生达12人;学生王希、赵安迪经选拔前往西藏高原地区就业,学生吴嘉豪经选拔前往新疆地区就业。

(王玉　卢丹蕾　李伟华　吴巧慧　张文娟)

【党群工作】 截至2017年12月31日,机器人学院共有党员229人,其中在职教工党员91人、在校学生党员125人,其他党员(含毕业离校后党员档案及组织关系暂存学院党员、退伍后组织关系转回学院党员、其他原因未转出组织关系党员等)13人;正式党员158人,预备党员71人(在校学生党员68人,其他党员3人)。全院17个党支部中教工党支部9个,均为学院党委直属党支部;学生党支部8个,其中2017年12月份新成立2个,均隶属学生党总支。2017年学生入党积极分子201名,发展党员51名(均为学生),年底本科学生中党员比例为7.8%。

学院党委从严治党,领导班子成员"一岗双责",强化党风廉政建设和反腐败工作,加强干部队伍建设和全院作风建设。与领导班子成员、中层干部、专业负责人签署《机器人学院党风廉政建设责任书》;院党委书记讲授《以坚定的文化自信推进全面从严治党》主题党课。在学校部署2017年党风廉政建设工作大会上以《党风廉洁建设 重在落地生根》为题交流发言。

学院党委推进"两学一做"学习教育常态化制度化,与贯彻落实全国和北京高校思想政治工作会精神紧密结合,确立把"种好课程思政责任田,构建立德树人共同体"纳入"两学一做"学习教育常态化制度化建设重点,把"课程思政"建设既融入日常、抓住经常,又成为培养"政治过硬、本领高强"的高校教师的重要载体。

推进党建工作科学化、规范化水平。"以评促建",全力准备迎检支撑材料,迎接《北京普通高等学院党建和思想政治工作基本标准》检查专家组进校检查。11月7日,以市教委副巡视员葛巨众为组长的整体组对学院党建和思想政治工作进一步整体检查。迎检工作历时6个多月,以信息系统和纸质版两种方式展示迎检支撑材料,学院共整理出纸质版支撑材料58盒(含支撑材料目录册);自查报告、特色报告几易其稿,最终文字资料近1.7万字。围绕新时代党的建设的总要求,开展党支部书记培训、党支部书记每月例会、每月检查《党支部工作手册》;扎实落实"三会一课"制度;通过党员先锋工程、"红色讲坛"生动开展学生理想信念教育。获评2016—2017年度基层党支部"1+1"共建活动优秀结对项目3项;机械工程及自动化系教师党支部获评2017年北京市先进基层党组织。学院党委设专职纪律检查委员,学生党总支设专职纪律检查委员,全院各党支部设兼职纪律检查委员。2014级学生党支部和2015级学生党支部完成换届工作。5个党支部选举产生支部委员会。

加强宣传思想工作。贯彻落实意识形态工作责任制相关要求,推进"课程思政"建设。学院党委把党的十九大精神和习近平新时代中国特色社会主义思想进校园作为首要政治任务。截至2017年12月31日,学院举办各类十九大精神宣讲活动26场,覆盖全院师生。学院党委召开纪念中国共产党成立96周年大会，以“传承 融合 发展——奋进路上的联大人”为主题举办学校第六届“我与联大共奋进”学院专场宣讲活动。

2014级学生党支部、2016级学生党支部两个支部的红色“1＋1”活动成果同时获得校级三等奖和北京高校红色“1＋1”示范活动评选优秀奖；许明东获得校十佳学生党员；2014级学生党支部与机械工程及自动化系教工党支部共建活动获校十佳共建项目；2014级学生党支部的微党课“弘扬志愿精神　坚定理想信念”在校第二届微党课微视频评比中获优秀微党课。

召开新的机器人学院首届教职工代表暨工会会员代表大会，选举产生葛雪亮、程永清等工会委员会。学院工会获评学校先进分工会和模范职工小家奖；在学校“家乡的味道”第六届“厨厨动人”青年教职工厨艺大赛中获得金勺奖；学院开展第二届“工会喊你回家做饭”活动、“喜迎党的十九大　我在岗位做贡献”教职工岗位风采展示活动、女教工“爱生活爱美丽”形象设计沙龙等特色活动。

院团委加强区域化团建模式。依托街道社区、公益组织、社会单位、校园建设四个平台，大力开展社会实践和志愿服务工作。2017年共组织参与志愿服务项目31项，涉及学生707人次。在暑期社会实践中，9个团队分别获得学校暑期社会实践优秀团队奖励。

2017年，原机电学院党委共召开学院党委会7次（含扩大会），主要议题总数17项；机器人学院新任党委共召开学院党委会15次（含扩大会），主要议题总数43项。全年编印学院党委会和党政联席会的《会议通报》25期，其中原机电学院9期，新的机器人学院16期。

（李红　程永清　孙丽娟　王锐）

【对外交流】 2017年共有22位专业教师赴国（境）外访学、攻读博士学位、参加国际会议等。（杨静馨赴美国开展为期10个月的国外访问学者项目；孙秀芳赴韩国攻读博士学位；院长程光随团出访白俄罗斯；杨爱萍赴美国参加国际学术会议；雷保珍赴德国开展学术访学；郑业明、李永霞带领学生赴台湾大学进行专业实践教学；赵林惠到美国学术访学；院长程光、副院长杜煜、教师金晓明、马勇杰出访日本；龙浩赴台湾攻读博士学位；刘伟、李军出访美国等）。

通过国际学术交流促进学科队伍学术水平和人才培养质量的提升。学校聘任德国布伦瑞克大学计算数学研究所Harald Löwe教授为北京联合大学客座教授。

学院国际交流与合作由单向输出实现双向交流。完成历时4个月的对来自南非8所大学16个专业101名学生的全英文项目式教学。鼓励学生参与国（境）外交换学习项目。2017年学院共57名学生在国（境）外高校学习交流，参与学生数量持续增加，涉及学校包含美国华盛顿大学（短期）、英国安格利亚鲁斯金大学（短期）、德国曼海姆大学（短期）、马来西亚博特拉大学（长期）、中国台湾东海大学（长期）。机械工程专业和自动化专业暑期组织学生赴台湾开展专业实践。

（杨俊荣　卢丹蕾　陈雪花）

【改革试验区】 改革试验区设置2个系（所）及1个中心，即：轮式机器人系（所）、无人机系（所）、综合研发创新中心。设置综合办公室，内设办公室主任、行政秘书、教学秘书、科研秘书等岗位，承担试验区人才培养、科学研究和科研成果转化等管理职能。截至2017年12月31日，改革试验区在册学籍登记人数279人。

2017年由改革试验区牵头申报北京市一流专业，软件工程专业成功获批北京市一流专业。投资290万元，完成无人机实验室建设。

在院长李德毅院士倡导下，启动“小旋风”兴趣活动。“小旋风”兴趣活动，遵循“科学任务带动人才培养，载体汇聚不同学科，创新驱动发展”的模式，是以车辆动力学基本相同的专用低速电动车辆为开发平台，共计10种类型，包括巡逻车、情侣车、高尔夫球车、救护车、接驳车、送货车、物流车、洒水车、消防车和无障碍车，每种类型两队，组建“小旋风”系列车队。学生可跨专业、跨年级自由组合，形成多专业交叉融合解决科学问题的教学改革特色。举办“小旋风”英语周活动，院长李德毅院士出席专题英语报告会，并做题为“Challenges & Mass Production of L3 Vehicles”（《L3的挑战与量产》）的英语报告，学校公共外语教学部主任张殿恩教授应邀做“小旋风”中英文摘要学习辅导讲座并录制《小旋风英语微课系列》。举行“小旋风”兴趣活动开放项目评审会，校长李学伟教授，校长助理兼科技处处长杨鹏教授出席，院长李德毅院士、改革试验区无人机系主任戴琼海教授、北京理工大学方浩教授、中科院计算技术研究所张云泉研究员、清华大学李升波副教授、北京航空航天大学余贵珍副教授、北京智尊保汽车科技有限公司杨华军董事长作为评审专家参加会议。

组队参加2017年中国机器人大赛，获无人机大战水果项目一等奖、无人机续航挑战项目二等奖及无人机续航挑战项目三等奖；参加2017年华北五省（市、自治区）大学生机器人大赛，获大赛一等奖和二等奖；参加2017年中美创客大赛，联合1号快递机器人获康邦特别奖；参加第14届Robot Challenge国际机器人挑战赛，获“Air Race”项目“BRONZE MEDAL”（铜奖）。

组队参加2017世界智能驾驶挑战赛（WIDC），“京龙1号”智能车获无人驾驶领先奖及最佳启停奖单项奖两项大奖，“京龙5号”智能车获无人驾驶领先奖及最佳信号识别奖单项奖两项大奖;参加2017年中国智能车未来挑战赛,获城乡道路第三名及综合成绩三等奖,并获得一辆广汽传祺GE3电动汽车,奖金5万元。

院长李德毅院士出席GAITC 2017全球人工智能技术大会并做《无人驾驶的图灵测试》主题报告;出席在天津大学举办的新工科建设专题培训班并做题为"智能时代新工科"的主题报告;出席2017南通新一代信息技术博览会开幕式并做主题报告《人工智能:经济发展新引擎,社会发展加速器》。

副院长杜煜、马楠及智能车团队师生参加第六届多智能体协同控制学术研讨会"2017 TCCT Workshop on Cooperative Control and Multi-Agent Systems";刘元盛教授参加第二十届中国北京科技产业博览会2017智慧城市论坛,并在人工智能应用分论坛做《区域共享无人车在智慧城市中的应用》的报告;刘元盛教授受邀参加第五届先进计算智能与智能信息学国际研讨会并担任大会" Autonomous Vehicles"主题分论坛主席。

副校长鲍泓、改革试验区张军副教授应英国皇家工程院邀请,参加在英国伯明翰召开的2017访问教授大会;副校长鲍泓、学院副院长杜煜、改革试验区张军副教授到英国帝国理工学院就牛顿基金项目进行学术交流。英国工程技术协会(IET)中国区总监杜伟、英国工程技术协会学术出版发展经理姚贯虹、英国驻华大使馆科技创新官员林雨一行拜访院长李德毅院士,并就中英科技创新合作进行学术交流。美国瓦尔珀莱索大学代表团参观学院创新工场。

智能驾驶技术团队研制的EX200无人驾驶汽车应邀在2017年全国科技活动周暨北京科技周活动汽车博物馆分会场智能汽车体验区进行展示。EX200无人驾驶汽车以北汽EX200为平台,是改革试验区轮式机器人系刘元盛教授主持的北京市科委项目"基于专用嵌入式实时处理器的无人驾驶电动汽车智能控制系统开发"的研发成果。北京电视台记者进行现场采访;京龙智能高速乘用车、"小旋风"智能低速专用车等应邀在第三届中国军民融合技术装备博览会暨第五届中国指挥控制大会展示。

(张睿)

城市轨道交通与物流学院

【概况】

学院英文名称:College of Urban Rall Transit and Logistics

学院网址:http://jtwl.buu.edu.cn

院党委书记:丛森;院长:方建军。

2017年6月2日,北京联合大学城市轨道交通与物流学院成立大会正式举行。校党委书记韩宪洲、校长李学伟共同为学院揭牌。

学院下设三个办公室:综合办公室、学生工作办公室、教学科研办公室;三系一中心:交通工程系、电气与控制工程系、物流系,实践教学中心。学院共有教师57人,专任教师33人,管理人员17人。

学院获批市教委科技研究面上项目3项,"人才强校优选计划"项目3项,北京教育科学研究"十三五"规划2017年度课题1项,获批朝阳区协同创新项目1项,中俄合作科研项目申报跨欧亚大陆铁路快捷货运物流服务系统建设1项;市思政研究会课题完成结项;全年科研相关合同经费共计约353万元,其中竞争性项目合同经费约280万元,到账竞争性项目经费共计约168万元。

学院开展教育教学改革研究,成绩显著,共成功申报立项校级教改项目3项:其中李平负责的项目《基于科教融合的物流工程应用型人才培养模式的研究与实践》获批为重点项目,于丽杰负责的项目《"城市轨道交通概论"课程线上线下混合教学模式研究与实践》获批为一般项目,刘景云负责的《基于导师制的物流工程专业学生创新能力培养研究》获批为青年专项。

学院学生争创先进:获国家奖学金3人、校长特别奖2个(全校共8个)、市级三好学生2人、市级优秀学生干部1人、市级先进集体1个,获奖比例稳步提升。1名辅导员被评为全国高校辅导员年度人物,1名辅导员获校级十佳辅导员,4名辅导员评为校级暑假社会实践优秀指导教师。

(范维)

【教学工作】 学院设置电气工程及其自动化、物流工程、交通工程(城市轨道交通)和轨道交通信号与控制(中外合作办学项目)4个本科专业。其中,电气工程及其自动化是学校骨干专业;交通工程(城市轨道交通)是学校专业综合改革试点专业;物流工程专业是学校优势专业;轨道交通信号与控制专业是目前教育部批准的中国北方地区唯一中外合作办学专业。

学院十分重视专业建设和创新创业人才培养,坚持以教学为中心,改革教学内容和教学方法,强化校内为实践教学条件建设和教学质量监控,不断提高应用型、创新性人才培养质量。学院同中国中铁股份有限公司、中铁电气化集团有限公司、北京地铁运营有限公司、北京京港地铁有限公司、北京交通控股有限公司、北京控股集团有限公司的智慧城市公司、智能交通公司等企业保持紧密合作关系，为学生提供校内外实践教学基地。

学院重视国际化教育，同俄罗斯乌拉尔国立交通大学、莫斯科国立交通大学签订合作培养协议，实施“3＋1”或“2＋2”合作培养项目。2017年与乌拉尔国立交通大学合作培养项目“轨道交通信号与控制”专业（“3＋1”项目）首次招生57人。

学院开展教育教学改革研究，成功申报立项校级教改项目3项，校级专业核心课2门。其中李平负责“物流信息技术”，刘艳霞负责“微机原理与接口技术”。

（梁爱琴）

【科研工作】 学院组织申报各级各类科研项目43项，获批市教委科技研究面上项目3项，2017年“人才强校优选计划”项目3项，北京教育科学研究“十三五”规划2017年度课题1项，获批朝阳区协同创新项目1项，2018年度北京市科技新星计划1项，共计9项；中俄合作科研项目申报跨欧亚大陆铁路快捷货运物流服务系统建设1项；市思政研究会课题完成结项；全年科研相关合同经费共计约353万元，其中竞争性项目合同经费约280万元，到账竞争性项目经费共计约168万元，其中，横向科研课题13项，合同经费121.4万元，到账经费106.9万元；获新授权专利19项，新申报专利3项；已出版著作2部，申请著作出版6部。

学院与新加坡国立大学、乌拉尔国立交通大学、中铁集团、中邮物流有限责任公司、北京地铁运营有限公司等单位合作开展大物流、交通应急方面的研究。院、系分别开展多场学术讲座。聘请新加坡国立大学院士李德紘教授为学校特聘教授并开展学术交流，围绕“Navigating the Future of Urban Transportation”主题，开展多方位、深入的学术交流与研讨。邀请俄罗斯乌拉尔国立交通大学副校长和科研处处长访问学院，学院也派出多个师生团组去往乌拉尔进行互访，针对中俄合作办学项目、教学及科研工作进行交流讨论；为轨道交通与信号控制专业2017级学生开设专题讲座，介绍乌拉尔国立交通大学的教学环境、科研条件等，增强学生对未来国际交流学校的了解，坚定学习的信念。

配合人事部门完成2017年聘任及考核相关工作。

（张兆莉）

【学科建设】 学院目前共有两个硕士研究招生学科：智能交通工程学科，是设在软件工程一级学科下自主设置的交叉二级学科。2017年新增硕士生导师1人，新增硕士生2人。教育硕士（职业技术教育领域）交通运输方向，新增硕士生1名，目前本方向共有学院教师指导的3名学生。

学院教师同时也是计算机科学与技术一级学科硕士点（主要从事大数据、知识图谱方面的研究）、软件工程一级学科硕士点指导教师（主要从事智能交通、控制理论与控制工程方面的研究）。

学院完成2017年度新增硕士授权点申请工作，工程硕士点的办学定位是为满足中国“一带一路”倡议、中国制造2025和京津冀一体化发展战略对新工科人才的重大需求，面向交通运输工程领域培养以“轨道交通安全、装备制造智能化”为特色的高端应用创新型人才，使毕业生具备从事轨道交通综合安全保障、装备智能制造领域的工程设计与实施、技术开发与应用、工程管理等方面的综合素质和专业技能且具有较强的工程实践和创新能力。在申报过程中集全院之力，同时协同其他学院优势力量完成本次申报工作，目前处于教育部报备阶段。

（孙连英）

【人才队伍】 截至2017年12月31日，学院有教职工57人，专任教师33人，管理人员17人（含院领导6人，学生办思政教师3人，综合办公室人员3人，教学科研办公室5人），实验人员7人。专任教师在职攻读博士2人，已具有博士学位15人，其中博士后2人；专任教师中教授2人，副教授14人，讲师17人。

城市轨道交通与物流学院现有教授8名，副教授16名；博士生、硕士生导师8名，原铁道部突出贡献专家1人，北京市特聘教授、国家杰出青年基金获得者1人，北京市优秀教师1人，北京市教学名师1人，北京市学科带头人1人，北京市长城学者1人，北京市学术创新团队带头人1人。

学院围绕北京交通、物流建设和国际化人才培养规格，进行中俄工程领域教育的深度合作，与俄罗斯莫斯科国立交通大学（现俄罗斯国立交通大学）开展联合专业人才培养合作、专业课程对接等工作。结合学国“一带一路”建设联合开展俄罗斯交通部《中俄货物贸易及快捷物流服务系统建设研究》科研课题的申报和研究工作，开展北京市“一带一路”国家人才培养基地项目建设，以培养国际化人才为目标，整合国家“一带一路”发展战略的需求，开展与“一带一路”沿线国家的人才培养教育合作建设专业核心课程。

学院采取国际国内深度学习的方式，鼓励和资助教师参加国际、国内学术交流合作，加大青年后备人才的培养力度。2017年公开招聘博士应届毕业生1名。学院健全章程和制度，稳妥地推进院内人事工作；做好人才强教、人才强校、教师资格、双师认定工作，学院目前有双师型教师9人。完成2017年度各系列各等级的专业技术职务评审工作。组织教师到企业做实际工程项目和专业实践，提高教师实践能力。

（张兆莉）

【学生工作】 以建立优良的学风为载体，制定切实可行的措施，调动学生学习的积极性，加强辅导员、班主任和任课教师的沟通。开展期中教学检查学生意见征集、学专融合及学业辅导、经验交流、学习困难学生帮扶等活动。

完成学生各类奖项的评选,并对获奖学生的先进事迹编辑成册进行大力宣传。以先进人物、先进事迹感召学生,促进"学先进、赶先进、当先进"的良好氛围形成。2017年学院学生获国家奖学金3人、校长特别奖2个(全校共8个)、市级三好学生2人、市级优秀学生干部1人、市级先进集体1个,获奖比例稳步提升。2017届毕业生国内考研率名列全校前列。

结合创新党支部的建设,开展"以党风带班风,以班风促学风"活动;持续以"四进方式"即"党建进班级、党建进社团、党建进网络、党建进宿舍"开展党员教育活动,发挥学生党员的先锋模范作用。本年度获评校级十佳党支部1个,十佳党员1人。

在建军90周年之际,学院为部队输送优秀人才14人,其中1人为17级新生,1人为17级专接本二次入伍。学工办被评为校级征兵先进单位。学院由退役大学生组成的"兵心兵语"团队获校级"活力团支部"并推荐参评市级评选。

学院及早召开就业总结会及启动会,动员全院合力促就业。学院2017年学院就业率近98%、签约率比2016年的67%大幅上升至71.67%。有1名同学相应国家号召支援西藏,有2名同学创办公司,注册资金达千万余元,完成既定就业目标。

1名辅导员被评为全国高校辅导员年度人物,1名辅导员获校级十佳辅导员,4名辅导员评为校级暑假社会实践优秀指导教师。2017年学院2名辅导员在核心期刊发表文章,1名辅导员在普通期刊上发表论文。2名辅导员成功申报校级课题。辅导员工作水平再上台阶。

(冯玮)

【党群工作】 截至2017年12月,学院共有党员111人,其中教职工党员41人,占教职工总人数的70%,学生党员71人,占学生总人数的8.5%。学院党委下设一个学生党总支,包含5个学生党支部,教职工党支部6个,其中学生工作办公室党支部为教工学生混合型党支部。

学院党委班子定期召开学习研讨会,加强对支部书记和支委的培养,在2017年支部书记换届中,学院5个教师支部全部进行换届选举。开展党支部书记培训活动,不定期举行支部书记会,向支部书记介绍国情、党情、市情和校情,每次都由各支部交流最有特色和最为困惑的问题,相互启发,共同提高。

2017年,学院党委积极开展"人人讲党课,人人起作用"微党课活动,全员讲党课。各支部开展包括全员的学习十九大精神相关活动。学院组织多场学生党校学习十九大活动,学院党委委员到学生党校讲党课。

完成教学单位100%的基层支部换届。及时将学生党总支、学工支部及机关支部的支部书记调整到位,保证党建工作深入展开。以党员信息核查、党费缴纳情况自查及党费补缴为契机,进一步夯实基层党组织建设。对基层党组织进行专项检查,督促基层党组织按期进行换届选举;认真开展党员信息核查工作,完善基层党组织信息;开展党费缴纳情况自查及党费补缴工作,增强党员的政治规矩和组织纪律意识;开展党支部工作考核评议暨薄弱党支部排查整改工作。

学院机关党支部获批校2016—2017年度基层党支部"1+1"共建活动优秀结对项目。学院工会之家获得北京市优秀"职工小家"称号。

(范维)

【交流合作】 加大中外合作办学力度,推进中俄合作。学院作为主要参与单位,申报并成功获批北京市"一带一路"国家人才培养基地,成为首批26个北京市"一带一路"国家人才培养基地之一,与俄罗斯莫斯科国立交通大学(现俄罗斯国立交通大学)开展联合专业人才培养合作、专业课程对接等工作。

交通系组织24人次的师生赴俄罗斯乌拉尔国立交通大学为期两周的短期实践活动。与俄罗斯莫斯科国立交通大学(现俄罗斯国立交通大学)结合"一带一路"建设联合申报俄罗斯交通部《中俄货物贸易及快捷物流服务系统建设研究》科研课题。学院负责以下两个子课题:中俄铁路快捷货运物流服务系统建设研究;中俄铁路快捷货运物流基础设施建设研究。在长安大学承办的第四届中俄交通大学校长论坛会议上,北京联合大学正式接受为中俄交通大学联盟的成员;

学院邀请新加坡国立大学李德紘、俄罗斯乌拉尔国立交通大学校长加尔金、科研处长舒马科夫.康斯坦丁.根纳季耶维奇及俄罗斯交通大学校长廖文等6位教授来学校进行短期访问、讲学。同时支持学院亓呈明、张福贵、刘景云、孙雪等8位教师参加出国培训、访学及国际学术交流会议等。学院结合专业双语课程建设,先后选派相关课程曹丽婷、刘景云等6名主讲教师参加北京外国语大学"英语听说能力高级强化班",提高外语授课和交流的水平。

组织申报与莫斯科国立交通大学(现俄罗斯国立交通大学)合作申报中俄交通学院,为轨道交通和智慧物流培养急需人才。

(冷冰)

【实验室建设】 截至2017年12月31日,实践教学中心共计有16个实验室,房间20间,使用面积1665平方米,其中科技活动创新实验室是专门为学生提供的创新创业活动场所。共有资产4514台件,合计5010.42194万元。专职实验教师7名,负责为学院四个专业提供和维护好实践教学环境以及参与实践教学。

实践教学中心组织学生参加2017“西门子杯”中国智能制造挑战赛的连续过程控制设计开发、连续过程控制应用实施、逻辑控制设计开发、逻辑控制应用实施四个赛项，获得三个全国总决赛特等奖和一个二等奖；同时实践教学中心教师参与前两个赛项华北一赛区比赛的承办会务组织工作。

开放实验室，以学科竞赛、创新项目为载体、以使用效益为目标，指导教师负责制，实验室教师监督，学生自主管理。大学生科技项目、学科竞赛、校级优秀毕业设计、学生考研等方面都取得很大的收获。

加快老旧设备淘汰，提高实验室老师参与实验室建设、更新实验设备的程度，不断改善实践教学环境。共报废老旧损设备约280万元；实践教学中心先后主持PLC实验室、电气传动实验室合计230万元的实验室的建设工作，分别是PLC实验室升级建设项目以及电气工程与轨道交通动力系统综合实践教学建设。

（钱琳琳）

【智能机器人研究所】 机器人研究所现有校内外专兼职人员10人，高级职称人员比例40%；具有博士学位人员比例80%。

2017年，机器人研究所主持国家自然科学基金项目1项，北京市属市管高校高层次人才项目：长城学者项目1项；成功申报北京市教育科学规划课题1项，北京市组织部优秀人才项目1项，申报国家自然科学基金项目5项，北京市自然科学基金-北京市教委联合基金1项，进入学科组评审阶段；申请国际合作项目1项：跨欧亚大陆铁路快捷货运物流服务系统建设；主持横向课题到账经费30多万元。发表学术论文15篇，ESCI/EI收录论文7篇。

方建军教授被俄罗斯交通科学研究院授予外籍院士称号。成功申报工程专业学位硕士点，招收硕士研究生2名。

（方建军）

【现代物流研究所】 北京联合大学现代物流研究所是校级院管研究所，成立于2010年，研究所负责人为李平老师。截至2017年12月31日，现代物流研究所共有校内专兼职人员14人，其中：高级职称人员比例29%；具有硕士以上学位人员比例100%；博士后1人、具有博士学位5人、在读博士3人；北京市优秀教师1名，国家留学基金委奖教金获得者4名，北京市中青年骨干教师4人，IBM中国优秀教师5人，11人获得国家高级物流师资格。研究所同时聘请北京邮电大学、北京交通大学、北京科技大学等知名高校的教授和中国物流与采购联合会、IBM等行业专家作为研究所专家团队指导科研工作。

北京联合大学现代物流研究所成功申报2018北京市教委计划项目3项；完成3项物流学会科研课题，横向课题1项；在研物流学会课题5项；新增横向课题1项；和俄罗斯国力交通大学联合申报中俄合作科研项目申报：跨欧亚大陆铁路快捷货运物流服务系统建设，负责子课题二和子课题三；各类科研到账经费（含计划到账）共计54万。获得中国物流学会全国优秀科研课题三等奖两项。共发表学术论文18篇，EI期刊录用1篇，授权软件登记4项。获得“中国物流学术年会优秀论文”3篇。

李平主持完成的《医药物流配送中心系统优化研究》、亓呈明主持完成的《物流企业客户关系信息挖掘技术的应用研究》项目分别获得中国物流学会全国优秀科研课题三等奖；孙雪撰写的《Analysis and design of the logistics system for rope manufacturing plant》、曹丽婷等撰写的《基于共同配送的优化节能配送系统》、胡立栓等撰写的《基于改进蚁群算法的物流配送车辆路径优化》论文分别获得“中国物流学术年会优秀论文奖”。共成功申报立项校级教改项目4项。

（曹丽婷）

【自动化工程研究所】 北京联合大学自动化工程研究所依托学校城市轨道交通与物流学院（原自动化学院），于2010年5月成立，是学校在自动化领域的重要研究平台。研究所负责人为张益农老师。截至2017年12月31日，自动化工程研究所共有校内专兼职人员10人，其中：高级职称人员比例60%；具有硕士以上学位人员比例100%；具有博士学位5人、在读博士1人。

自动化工程研究所加大与企业的合作力度，积极联系与承接企业的新技术研发项目，新承接企业委托的横向课题共计6项（项目负责人分别为：钱琳琳、杨清梅、张福贵，吴帆，张益农2项），合同金额61.5万，到账金额48.5万元，为企业解决技术难题。成功申报北京市教委项目1项，获批朝阳区协同创新项目一项，北京联合大学人才强校优选计划一项。

本年度，研究所相关教师发表SCI/EI期刊论文1篇，会议论文1篇；CSCD期刊论文1篇；学生普通期刊论文1篇；实用新型专利获批1项，发明专利在审3项。

研究所聘请北京航空航天大学知名教授来校进行学术讲座，派2名教师参加新技术培训，与北京京能集团高安屯燃气热电有限责任公司、NI公司、掌握主动科技技术有限公司等进行多次技术交流。

（张益农）

【城市轨道交通与物流学院成立】 2017年6月2日，北京联合大学城市轨道交通与物流学院成立大会正式举行。校党委书记韩宪洲、校长李学伟共同为学院揭牌。北京市交通委科技处副处长邹迎、中铁电气化集团有限公司总经理李爱敏、北京地铁运营有限公司工会主席贾鹏、俄中文化教育发展基金会副会长崔凡、欧亚商会会长冯耀武,有关单位、学校领导参加。

学院设置电气工程及其自动化、物流工程、交通工程(城市轨道交通)和轨道交通信号与控制(中外合作办学项目)四个本科专业。其中,电气工程及其自动化是学校骨干专业;交通工程(城市轨道交通)是学校专业综合改革试点专业;物流工程专业是学校优势专业;轨道交通信号与控制专业是目前教育部批准的中国北方地区唯一中外合作办学专业。学院重视国际化教育,同俄罗斯乌拉尔国立交通大学、莫斯科国立交通大学签订合作培养协议,实施"3+1"或"2+2"合作培养项目。

(范维)

【李德紘特聘教授聘任仪式】 9月7日,由城市轨道交通与物流学院举办的"特聘教授聘任仪式暨学术报告会"在实验楼报告厅召开。北京联合大学校长李学伟、党委副书记付晨光出席仪式,学校相关职能部门负责人、城市轨道交通与物流学院全体教师及2017级新入校新生参加聘任仪式暨学术讲座。聘任仪式由城市轨道交通与物流学院党委书记丛森主持。付晨光代表学校宣读聘任特聘教授的决定,并与特聘教授李德紘签约。李学伟为李德紘教授颁发特聘教授聘任证书。

聘任仪式后,由方建军院长主持关于"Navigating the Future in Urban Transportation"的学术报告。李德紘教授以新加坡为例,介绍智慧国家、智慧城市交通所面临的主要挑战及未来交通的发展趋势和迎合目标,如何依靠科技的手段和力量提高城市的公共交通服务水平。

李德紘教授在全球都市综合交通享有盛誉,是新加坡国立大学终身教授、新加坡国土交通管理局—新加坡国立大学联合交通研究中心主任、新加坡工程师学会会士、注册工程师。李德紘教授在交通规划、交通政策、智慧交通、港口物流、智能城市等领域取得丰硕研究成果,在国际学术界享有声誉,是*EURO Journal on Transportation and Logistics*主编,*IEEE Transactions on Intelligent Transportation Systems*等国际期刊副主编;担任多个国家、地区政府的咨询顾问。李德紘教授重视学术成果转化,受到工业界和国际媒体的格外关注。

(范维)

管理学院

【概况】

学院英文名称:Management College

学院网址:http://glxy.buu.edu.cn

院党委书记:杨积堂;院长:陶秋燕。

管理学院成立于2002年4月。学院现有教学系3个:金融与会计系、工商管理系、信息管理与电子商务系。校级研究所3个:北京中小企业研究中心、创新企业财务管理研究所、首都经济与发展研究所;院级研究机构6个:创业管理研究所、人力资源开发与管理研究所、服务科学与管理研究所、会计信息及应用研究中心;文化创意产业研究院、低碳经济与研究所、校级重点学科1个:企业管理学;校级重点建设学科1个:金融学;市级实验教学示范中心2个:经济管理实验教学中心;市级现代服务业人才培养创新实践基地、国家级特色专业建设点1个:金融学;北京市专业综合改革试点1个:金融学;校级骨干专业3个:金融学、工商管理、电子商务;校级骨干建设专业1个:信息管理与信息系统;学院设有硕士学位授予学科点1个:工商管理学;本科专业5个:金融学、工商管理、电子商务、会计学、财务管理 。

教职工128人,其中专任教师95人。专任教师中,具有正高级职称12人、副高级职称44人、中级职称39人。

学院深入学习党的十九大会议精神,以习近平总书记系列重要讲话精神和全国高校思想政治工作会精神为指导,秉承应用型、城市型大学的办学宗旨,探求管理智慧,开发个人与组织潜能,逐项落实"十三五"规划各项任务,构建人才培养价值链,突出学科交叉和融合创新,突出与产业发展、社会需求、科技前沿紧密衔接,深化产教融合,全面提升学院在人才培养、科学研究、社会服务、文化传承创新和国际交流合作中的综合实力。

(谭兵)

【机构设置】 学院现有金融与会计系、工商管理系、信息管理与电子商务系,学院办公室、学生工作办公室、教学科研办公室,经济管理实验教学中心。

(谭兵)

【党建工作】 以北京市《党建标准》检查为契机,梳理学院近五年党建和思想政治工作开展情况,提炼总结工作成绩,梳理查找问题不足,提出加强党建和思想政治工作的措施,明确努力整改方向,为下一步党建和思想政治工作开展奠定了基础。

探索开展"课程思政"建设,结合"一院一特色"实际,以企业家精神为抓手,以塑造创新型人才为目标,以专业为落实平台，遴选“课程思政”示范课并予以资助，结合专业特点，挖掘和充实各专业蕴含的思想政治教育元素，有机融入本专业的建设内容、方法和载体，使“课程思政”的建设有机融入学院整体的教育教学，培养学生“爱国敬业、遵纪守法、创业创新、服务社会”的优秀企业家素养。

开展“两学一做”学习教育，推进领导班子民主生活会整改任务落实。夯实基层党建基础，组织各党支部召开专题组织生活会，开展支部工作和党员评议，加强基层组织建设。开展并完成薄弱党支部的整改提升工作。继续推进“1＋1”党支部联合创建和党支部活动立项工作开展，内容丰富有特色，与房山区北四位村党支部合作的“青少年公益课”志愿服务荣获学生党支部红色“1＋1”优秀策划方案学校一等奖，并代表学校参加北京市支部红色“1＋1”共建活动的评选。

选出典型，表彰先进，学院开展 2015—2017 年度先进基层党组织、优秀共产党员、优秀党务工作者评选表彰活动，评选出 3 个先进基层党组织、8 名优秀共产党员、2 名优秀党务工作者，推荐并获得校级红旗党支部 1 个、十佳党员标兵 1 名、先进基层党组织 1 个、优秀共产党员 3 名、优秀党务工作者 1 名。

落实理论中心组学习制度，领导班子积极参加学校理论中心组学习，贯彻学习党的十九大会议精神、习近平总书记系列重要讲话精神、以及全国高校思想政治工作会精神，加强领导班子建设，强化“四个意识”。开展十九大会议精神学习活动，邀请校领导以“学习贯彻十九大，凝心聚力促提升”为主题对全体教职工开展培训，以“新时代、新使命、新思维”为关键词，详细解读十九大，督促全体教职工不忘初心、牢记使命，以学生为中心，坚持立德树人，坚持内涵发展，不断促进人才培养质量提升。

做好党风廉政建设工作，深入落实党委主体责任，根据校纪委工作要求，开展 2017 年“党风廉政宣传月”系列活动，梳理处级干部“一岗双责”履行情况。开展师生廉洁教育，学生党总支、“燧石”理论学习社与党风廉洁社举办“廉洁”主题演讲比赛，以此树立大学生廉洁修身，提高其修身养德的品质，传播反腐倡廉正能量。

召开党员大会，选举产生学院出席学校第五次党代会代表 9 名，组织党代表认真开展提案工作，履行好党代表职责。做好党员教育管理，完成了党员信息系统维护、统计工作。完成 1 名青年教师和 69 名学生入党积极分子发展入党工作。对 2 名失联党员进行停止党籍组织处置。配合校党委完成了北京市党代会代表、学校“两委”委员候选人推荐工作。

引领学院思想政治建设，开展宣传、保卫工作，指导团委工会组织做好群团工作，关心爱护党外人士，做好统战工作。

（谭兵）

【教学评估】　为迎接本科教学工作审核评估，贯彻落实学校评建任务；确保实现学校的评估工作目标，学院组建评建组织机构，制订管理学院评建工作方案，组织开展学院评建工作，完成评建中期检查工作，进一步规范考试、毕业设计（论文）以及主讲教师教学文件等教学基本运行环节，完成学院教学基本状态数据、教学档案及支撑材料的收集、整理。完成学院审核评估自评报告。

开展近三届毕业生情况追踪调研，重点分析培养目标达成、教学培养质量以及学生学习发展情况，形成管理学院本科教学质量评价报告，为下一步迎评促建工作提供依据。

（谭兵）

【人才培养】　继续拓展和提升专业与产业对接的深度和层次，结合城市型、应用型办学定位，进一步深化专业整体改革，修订完成 2015 版（2017 级）专业培养方案，修改完成学习成果导向的课程教学大纲。继续深化金融学实验班、会计学“双培计划”、工商管理影视制片管理等人才培养模式改革。

拓展财务管理专业“对接国际专业资格认证项目（CIMA）”、电子商务专业依托创新创业大赛，提升学生创新创业能力培养等教学改革项目。

依托特色亮点项目重点开展创新创业教育系列课程改革，持续推进典型专业课程多种形式的教学模式与方法改革，遴选 5 门专业核心课程或专业骨干课程，重点开展案例教学、翻转课堂、校企共建课程等多种形式的教学方法和考核方式改革，引进行业专业进课堂，建设和完善相应的教学资源，固化形成可推广的教学模式；按照“创意＋专业＋服务＋互联网”模式，打造 4 门创新创业的特色课，并获得国际设计思考协会授权建设培训基地；系统整合校内外资源，设计课外创新创业实践项目课程，举办北京地区电子商务“三创”大赛、全国大学生网络创新大赛等多项创新创业类学科竞赛。

进一步深化课程改革。获得校级本科专业核心课程建设项目 5 项，校级应用型建设课程立项 1 项。依托一带一路国家人才培养基地，建设全英文课程 5 门。获批校级“产学合作”特色教材选题 2 部，校级新编教材选题项目 4 项，校级修订教材选题项目 4 部，校级教材讲义选题建设项目 21 项。校级第五届中青年教师执教能力比赛获二等奖 1 人。校级教育教学改革重点项目 1 项，校级教育教学改革一般项目 2 项，校级教育教学改革青年专项 3 项，组织申报 2017 年市级教学成果奖。

（谭兵）

【本科生招生就业】 稳步推进本年度的本科招生及专业分流工作。积极应对招生制度改革,强化专业宣传,实现招生与专业培养相衔接。学院借助中国教育电视台、千龙网、现代教育报、北京考试报等各类媒体平台,采取多渠道、多角度、多视野等方式开展本科招生宣传工作,在学校招生宣传工作评比中排名第一。

扎实推进就业工作,完善三级管理模式,保障就业。注重在校生大学期间就业素养的培养和就业能力的提升。聘请业内专家举办关于就业能力提升及培养、职业规划等相关方面的讲座,通过职业生涯规划大赛来提升学生就业意识及就业能力。以实习促就业,联系多家实习单位与学生暑期社会实践对接,为学生暑期提供数百个实习岗位。积极开拓就业市场,组织专题小型招聘会,提高就业对口率和成功率。学院2017届毕业生就业率完成99.26%,签约率85.74%,就业率及签约率均超过学校平均线,获得就业先进集体荣誉称号。

学院招生530名,完成招生计划的119%。学院2017届毕业生669人,669人参加毕业资格审查,638人获得毕业证书,590人获得学位证书。有25名同学的毕业论文被评定为优秀。

首届金融学和会计学的"双二辅"专业学生完成学业,其中50人获得金融学专业的经济学学士学位,39人获得会计学专业的管理学学士学位;3人获得金融学专业、6人获得会计学专业的第二本科专业证书,2人获得金融学专业、2人获得会计学专业的辅修专业证书。

(谭兵)

【研究生招生就业】 做好研究生教育工作,拓展研究生的招生渠道,与临沂大学、泰山学院建立研究生生源基地,首次举办研究生招生开放日活动,持续推进研究生教育教学的各项改革工作。

学院2017年招收工商管理学术型硕士研究生8名,完成金融专硕和职业教育专硕(财经商贸)招生计划。

2017年企业管理学科方向10位学生(含5名国际生)、会计学方向5位学生顺利毕业并获得管理学硕士学位,并有2名硕士生分别考取北京科技大学、北京交通大学的博士研究生,4名获得校级优秀毕业生、1名学生获评优秀论文。研究生就业率达100%,就业质量稳步提升。

(谭兵)

【实践教学】 进一步推进实践教学工作。完成创新实验室、创意工坊等实验室建设项目,联合企业建设智慧金融实验室,依托评建工作,进一步优化实践教学环境,推进虚拟仿真实验项目建设工作和校外人才培养基地,开展实践教学专项自查自建工作,进一步梳理实践教学体系、实验室建设规划落实情况以及实践教学管理制度建设情况,为下一阶段的持续改进奠定良好基础。

(谭兵)

【学科与科研工作】 深化科技创新能力提升计划,构建"应用导向、特色引领、创新驱动、融合聚焦"的应用型科研创新体系,形成"服务小微企业,聚焦创新管理,深入城乡基层,助推智慧管理"的科研特色,与朝阳区科委、麦子店社区等合作,建立智能机器人创业公共服务平台和麦子店社区治理创新研究基地,构建开放的科研创新网络。

以工商管理一级学科硕士点为基础,申报工商管理一级学科博士点。组织完成会计专业硕士点的申报工作,新增会计学专业硕士点。

发挥特聘教授工作站的引领作用,深化企业创新系列指数的研究和应用。聘请校内外专家对教师进行有针对性的辅导,聚集资源,聚合力量,使科研团队的梯队成员递进开展孵化、培育、提升,优化项目申报目标和层级,使项目申报更具实效。

以举办"全球化背景下营销科学与创新国际研讨会"为契机,提升教师的科研创新能力;主办"京津冀无形资产与科技创新智库联盟高峰论坛—知识产权与小微企业创新",与国际TRIZ学会共同举办"从企业到高校的创新实践与创新教育"国际论坛,继续与对外经贸大学合办"第五届国际文化管理学术年会",进一步提升学科的学术话语权和影响力。与湖南商会小微企业分会共同举办"小微企业发展论坛"。学院共举办16场学术讲座,通过多样化的科研组织形式,推进学院科研水平提升。

细化科研项目培育,深度孵化高级别项目。学院获批国社科项目1项,获批教育部规划基金项目2项,获批北京社科基金项目1项,获批朝阳区协同创新项目4项,获批校级新起点项目2项,校级研究生教育教学改革项目1项。学院横纵课题到账经费逾500万元,完成学校下达的科研经费指标任务。

积极培育高水平论文,论文成果稳步增长,截止到目前,学院教师2017年共发表论文92篇,其中SCI论文4篇,A类期刊论文1篇,CSSCI论文22篇。

(谭兵)

【师资队伍建设】 构建和完善"师德高尚、突出应用,分类明确、结构合理"的人才队伍体系,推进城市型、应用型大学师资队伍建设。积极鼓励教师参加"人才强校优选计划"推选工作,"学术探究计划"入选1个团队,"百杰计划"入选2名教师,"百优计划"入选7名教师。

不断加强师资队伍建设,提升教师教学水平。学院推荐参评市级"高创计划"本科教学名师1名,推荐参评市级创新团队项目1项(通过市级答辩和公示),推荐市级长城学者项目1项(通过市级答辩和公示)。1名教师获得市级"优秀教师"称号。另有7名教师获得工商管理学术型硕士导师资格,4位教师获得学术型副导师资格。

加大对中青年骨干人才的支持力度,完成教师资格认证5人。建立长期培养基础研究人才和教学名师的稳定支持机制和人才储备机制,鼓励和支持青年教师开展科学研究和教学研究,1名教师入选青年拔尖人才培育计划。在学校组织的第八届青年教师教学基本功比赛中,1名教师获得文史组三等奖。

加强"双师型"教师队伍建设,鼓励教师参加本行业高级证书考试,到企业兼职。组织申报学校的"双师"资格认定,双师认证47人。聘请客座教授1人。

着眼学院科学发展大局,坚持"以人为本",加大改革力度,以充分调动广大教职工的积极性和主动性为总体思路,根据学校聘任工作安排,结合学院发展需要,制定《管理学院2017年岗位聘任实施细则》及各系列岗位的任职条件和岗位实施细则,圆满完成2017年122名教职工岗位聘任工作,顺利完成全院6名教职工的《北京市事业单位聘用合同书》续签工作。全员聘任完成后,举行了三次新时代、新聘期教职工培训班。

根据各个岗位的特点和聘期任务与目标,制定细致的考核文件并严格执行,完成全院教职工的2013—2017聘期考核工作,保证考核工作真正考出成绩,考出差距,充分地发挥广大教职工的积极性、主动性和创造性。

开展2017年专业技术职务晋升评审工作。根据学校文件,结合学院实际情况,制定《管理学院2017年专业技术职务晋升聘任工作实施细则》,按照工作流程,工作组审核申报材料教授2人、副教授8人,高级实验师1人,讲师1人,助理研究员1人。

推进师德建设,提升教职工队伍素养。学院承办由校德育研究会主办的主题为"大学生创新、创业研究"的辅导员论坛,论坛围绕创新创业教育、创新创业人才培养、大学生志愿者的创业精神、创新创业活动管理等进行研讨,进一步开拓创新创业教育工作思路,提升辅导员的研究能力。

(谭兵)

【合作交流】 深化开放合作计划,全面构建校企合作生态圈。与乌苏市政府签署合作框架协议,提升合作层面。继续与慈文传媒集团等企业合作,构建校企合作人才培养价值网络。与临沂大学泰安学院签署学科专业建设研究生培养等方面的合作协议,拓展校企合作资源,与湖南商会、百思传媒、国云数据、北京理正软件股份有限公司、自然度(北京)科技有限公司、高顿教育等共建多元化校企合作基地。

专业深度对接,推动专业建设。学院五个专业与国外院校完成专业深度对接:分别为会计与财管专业与爱尔兰阿斯隆理工学院会计学专业对接;工商管理(影视制片管理)专业与西苏格兰大学文化、传媒和社会学院的影视制作管理专业对接;金融学专业与美国西切斯特大学金融学专业、德国FOM大学金融与会计专业对接;电子商务专业与荷兰格罗宁根大学的数字营销专业德国安哈尔特大学网络营销专业对接;并通过专业教学计划、网络课程引进、教师互派、学生长短期交换项目、学位项目、学术研究等完成深度对接,推动专业建设发展。

深化与俄罗斯对外经贸学院的合作,互派交换生,深入科研合作,俄方邀请我院2名教师参加2018年的学术会议。拓展新的合作,分别与澳门城市大学、德国经济科技应用技术大学(FOM)、德国安哈尔特应用技术大学、德国电子商务研究所确定合作方向与内容。建立与国际学术组织的合作关系,与IEEETEMS(电气电子工程师学会技术与工程管理分会)洽谈合作,达成以北京联合大学为主成立中国分会的共识,并开展科学研究、主办学术论坛、举办专业竞赛等活动。

加强学生双向交流,实现中外学生深度互动。接待美国西彻斯特大学夏令营交流团17人,俄罗斯对外经贸学院交换生10人。学院学生参加短期出国(境)交流96人,长期项目24人。学位项目6人,考取境外研究生27人。

教师通过带领学生出国(境)参加实习实践、学术会议、学术合作、项目洽谈等,累计出访18人,提升了教师的专业化能力,推动学院的发展。

以"一带一路"国际合作倡议为契机,成功获批北京市人才培养基地项目,其中国际经济管理专业建设等5门课程成为全英文建设课程。

(谭兵)

【学生工作】 培育和践行社会主义核心价值观,根据学校思想政治教育"三大板块"活动要求,组织实施"唱响青春梦想,传承红色经典"管理学院纪念五四合唱比赛、"廉洁"主题演讲比赛、参观校史馆、"革命传统代代传"红色讲坛、"品诗诵典——做中华传统文化的传承人"文艺竞演活动、"十九大"知识竞赛、党史竞赛等,从政治教育、道德教育、能力教育三个方面对学生进行思想政治教育,提升育人实效。

以深度辅导为切入点,开展学生学业情况分析,以沟通帮促的形式解决重点班级、重点学生的问题。构建学风建设长效机制,提升学生学习效能。强化班集体建设,发挥骨干在学风建设中的作用。开展新生班级助理的总结、交流和表彰,增强学生自主管理能力;开展学习竞赛、科技竞赛、学习互助等活动,调动学生学习积极性;开展"我的班级我的家"实践活动优秀策划案评选,推荐2个班级的策划案参加校级评选。

推进学专融合,构建“五位一体”学专融合学生科技活动模式。学生参与科技活动超过2000人次,参与率达85%;教师参与指导科技活动超过150人次,参与率达到90%。

以赛带练,学生科技竞赛成绩优异。获批“启明星”科技立项84项,其中国家级项目8项,市级33项,校级43项。资助经费额度超过25万元。第九届“挑战杯”首都大学生课外学术科技作品竞赛,获市级二等奖一项,第七届全国大学生电子商务三创竞赛,获国家级特等奖一项,二等奖一项,省部级一等奖一项,二等奖两项,三等奖一项。第五届全国大学生服务外包大赛获国家级一等奖一项。第五届“泰迪杯”数据挖掘挑战赛获得国家三等奖一项,第六届全国模拟集体谈判大赛获国家级二、三等奖各一项。CIMA商业精英挑战赛,荣获华北高校赛区八强。

承办系列赛事,提升学生创新创业能力。承办第十届全国大学生网络商务创新应用大赛全国总决赛、第七届全国大学生电子商务“创新、创意及创业”挑战赛北京赛区总决赛,与商务学院共同承办北京联合大学“寻蜜人生”营销大赛。

推进创新创业工作,整合校企合作资源,为有创新创业热情的大学生提供培训帮扶、实训实践,加强大学生创新创业意识培养和创新创业能力的实践与训练。10支团队入驻蜂巢创意空间。“片刻校园”团队获百万风投意向,“行知高校”“宝贝记录”等团队在创业大赛中获得佳绩。承办“百万菁英创业分享会”,与百万菁英(北京)教育科技发展有限公司建立长期的合作关系,为学生创业团队提供专业导师及项目诊断等服务,实现双创人才加项目“双孵化”的模式探索和成果转化。

夯实基础工作,服务学生成长成才。做好学生心理健康教育和困难生资助工作。开展“525”心理健康节活动、举办“生命不易,且行且珍惜”主题讲座,开展2017级新生心理普查及建档工作。对477名贫困生发放资助金1737300元,同时学院设立8个勤工助学岗,发放助学金7650元,学院高度关注家庭经济困难的学生,举办“我在你身边”家庭经济困难学生座谈会,对4名贫困生进行走访慰问。

(谭兵)

【管理工作】 认真贯彻经费管理制度,根据学院各项工作开展需要,对学院2017年教学、科研各项经费进行分配,对经费使用进行过程监控,加强财务监管,确保经费执行科学、有效,履行好财务廉政风险防控职责。

加强民主管理,召开第三届第六次教职工代表暨工会会员代表大会,全体代表积极主动地为学院的聘任工作建言献策,审议《管理学院2017年岗位聘任文件》。对于教师关心的问题,学院采取院内微信交流平台和网络平台以及实体平台同步发布,使老师及时了解学院各项事务动态,切实做到院务公开,保障教职工利益,发扬民主。

发掘学院亮点特色,建立“管院风采”公众号,做好宣传报道。学院编辑印发信息181期,简报5期;校新闻网采用76期,其中新闻导读15篇,新闻放送25篇,其他11篇;外媒报道25篇,其中深度报道2篇,跟踪报道4篇,学院工作被中国教育报,北京考试报、光明网、千龙网、人民网等20多家媒体报道。完成《2016年管理学院大事记》《2017管理学院年鉴》编写。开展“我与联大共奋进”宣讲活动。通过制作宣传片、宣传册等多种形式,提升学院影响力。

落实安全稳定工作预案,完成学院安全台账、应急预案、突发事件上报、安全检查等工作。及时稳妥处理学生突发事件,细致做好家长和师生思想工作,确保学院教学秩序稳定有序。

关心爱护教师,在学院年终大会上对有突出贡献的教职工进行表彰奖励,对30年及以上教龄的教职工进行表彰和慰问。继续实施教职工幸福工程,通过开展“十送温暖”活动、开展丰富多彩的文体活动、组织聆听健康知识讲座、安排亚健康理疗、开展“缘太极”太极拳沙龙活动等,缓解教职工工作压力,促进教职工身心健康。升级改造“教工之家”,为教师提供工作之余休闲、健身等活动的场所,构建温馨的工作氛围和良好的沟通平台。

完善学院文化环境建设,利用实验室、办公室楼道空间,打造各具特色的文化环境。

完成学院2016年党、政、教、学、团等文书档案归档工作,共整理归档125卷。

完成固定资产清查工作。

(谭兵)

特殊教育学院

【概况】

学院英文名称 Special Education College

学院网址:http://sec.buu.edu.cn

院党委书记:张伟;院长:滕祥东。

根据《关于印发〈北京联合大学特殊教育学院内设机构设置办法〉的通知》(京联特〔2017〕7号),自2017

年9月起，学院设置综合办公室（与院工会合署）、教学科研办公室和学生工作办公室（与院团委合署）三个管理部门；特殊教育系、医学与音乐系、艺术设计系和信息技术系四个教学部门；实践教学中心、特殊教育资源支持中心（含文献室）两个教学辅助部门；特殊教育研究所。

学院设有校级研究所1个：北京联合大学特殊教育研究所。北京市重点建设学科1个：特殊教育学。校级重点学科1个：特殊教育学。校级重点培育学科1个：针灸推拿学。北京市级特色专业1个：特殊教育。校级骨干专业1个：特殊教育。学院设有硕士学位授予学科点3个，分别是：软件工程（信息无障碍辅助技术，学术型）、中医学（针灸推拿学，专业型）、教育学（特殊教育，专业型）。本科专业上半年7个：特殊教育、学前教育、教育康复学、视觉传达设计（听力残疾生）、计算机科学与技术（听力残疾生）、针灸推拿学（视力残疾生）、音乐学（视力残疾生）。9月起本科专业调整为6个：特殊教育、教育康复学、视觉传达设计（听力残疾生）、计算机科学与技术（听力残疾生）、针灸推拿学（视力残疾生）、音乐学（视力残疾生）。高职专业3个：视觉传达艺术设计（听力残疾生）、计算机应用技术（听力残疾生）、园林技术（听力残疾生）。

学院占地面积58亩，总建筑面积约46698平方米，其中：综合楼21000平方米、实验楼4379平方米、食堂风雨操场等3525平方米、学生第一宿舍7444平方米、学生第二宿舍4325平方米、科技楼6025平方米。图书馆有藏书11万余册。

在校生814人，其中硕士研究生19人、本科生750人、专科生64人。毕业学生309人，结业学生0人，其中本科生219人、专科生90人。

2017年全日制本专科招生人数194人，其中健全生55人，听力残疾生103人，视力残疾生36人。2017年研究生招生人数6人。

毕业生（结业）309人，其中健全生158人，就业人数153人，就业率96.84%；残疾生151人，就业人数150人，就业率99.34%。

普通高考录取线：本科理科486分、文科500分。

至2017年底，学院有教职工99人（含在编人员96人、聘用人员3人），在编人员中学院领导6人，综合办公室（含工会）8人，教学科研办公室7人，学生工作办公室9人，特殊教育系12人，艺术设计系16人，信息技术系13人，医学与音乐系15人，实践教学中心6人，特殊教育资源支持中心4人。专职教师57人，其中教授7人，副教授21人；具有博士学位教师18人，具有硕士学位教师36人。

（刘国华　李芳　祝平　陈昕　葛明明）

【教学管理】　为适应残疾人高等教育的发展，2017年停招园林技术（听力残疾生）高职专业。

开展各级各类教研活动，组织各专业制定符合本专业特点的教研活动计划。组织全体教师集中学习校、院有关主讲教师教学文件管理、考试管理、教师评学规定等教学管理文件，规范教师教育教学行为。

开展本科审核评估工作，重点检查近三年试卷、课程文档、毕业论文，对出现的问题进行整改。做好教学质量督导工作，配合学校的各项教学检查，及时反馈专家意见，组织全校学生开展随堂评教、期末评教工作。做好教学运行保障，开展四个盲生专用教室的改建工作。组织学院教师开展2017校外人才培养基地申报，学院有1个项目获批。

2017年教育教学改革项目申报，学院4个项目获得立项；立项“十三五”规划教材新编教材4部，修订教材2部，讲义1部，参与编写教材2部。

2017年学院在学校招生工作考核中并列第一名。

（张雷　陈昕　李颖　祝平）

【成人教育】　2017届成人教育学生毕业：2017年夏季毕业生211人。其中专科111人，专升本100人。申报学士学位并获得授予的共计9人。其中：教育学专业4人，针灸推拿学专业5人。

成人教育工作划转：特殊教育学院和继续教育学院分别于2017年9月7日和10月17日召开特教学院成教工作划转到继续教育学院工作会议，并于17日会后进行交接。

（刘彦民）

【科研管理】　2017年立项校级以上课题23项（其中省部级3项、委办局级3项、横向课题15项），除校级项目外，项目到账经费达292.44万元，新增校内北京市财政专项项目达361.97万元。学院获批科技工作引导项目1项，到账经费90万元，竞争性项目1项，到账经费30万元。对于学院申请局委办以上项目没有获批的项目，经学院评审认定后，立项学院科研项目11项进行培育。学院教师出版专著4部，发表论文66篇。

加强残疾人研究生培养，完善修订中医专硕2017版培养方案和教学大纲，突出城市型、应用型人才培养特色。推进研究生实践平台建设，建立北京健翔学校、东城特教学校、北京盲人学校特殊教育专硕实践基地。中医专硕依托北京按摩医院实践基地，共同推荐和遴选研究生实践指导教师、实践教学带教教师，开展必要的培训工作，打造高水平实践教学师资队伍。

学院获批学校支持的科研水平提高计划财政专项项目两项：“基于CRPD核心理念的全纳教育支持技术研究”“国家通用盲文语料库建设与信息化研究”，总到账经费120万元。

（祝平）

【学科建设】 加强残疾人研究生培养,完善修订中医专硕2017版培养方案和教学大纲,突出城市型、应用型人才培养特色。推进研究生实践平台建设,建立北京健翔学校、东城特教学校、北京盲人学校特殊教育专硕实践基地,探索特殊教育专硕实践教学模式。中医专硕依托北京按摩医院实践基地,共同推荐和遴选研究生实践指导教师、实践教学带教教师,开展必要的培训工作,打造高水平实践教学师资队伍。

(刘国华)

【管理服务】 协助学校对蒲黄榆校区进行总体规划和实施园区改造工作,启动实施学院无障碍标牌标识项目,进一步落实无障碍校园建设。

进一步推进学院国有资产管理工作。组织召开2017年国有资产管理工作会、国有资产清查工作部署会暨国有资产管理工作培训会。开展国有资产全面清查工作,厘清学院的国有资产现状。成立学院采购工作小组,严格规范资产采购相关工作职责与流程。根据新聘期学院内设机构和岗位聘任的实际情况,调整学院办公用房。

推进学院安全稳定工作。深化和巩固"平安校园"建设,学院与各部门主要负责人及系支部书记签订《维护安全稳定工作责任书》和《消防安全责任书》,明确安全职责。规范和明确蒲黄榆校区及学院二级、三级、四级的安全网格化管理,对排查出的问题逐一进行落实和整改。做好重要敏感和节假日节点的安全教育和保障工作,顺利完成十九大会议期间的安保维稳工作,确保学院安全稳定大局。

加强师生安全教育,11月8日,开展2017年新生消防安全疏散演习及培训,提高师生的安全意识。

按照学校相关文件精神,11月20日起至12月底,开展为期40天的安全隐患大排查大清理大整治专项行动,学院对发现的安全隐患进行台账记录、上报,归类分析,商讨解决方案。专项行动共发现7处安全隐患,逐一进行整改落实。专项行动切实集中清查整改一些具有隐患的问题,消除隐患,进一步保障校区安全。

(李芳)

【人才队伍】 根据学校优化人才队伍建设要求,做好人才招聘工作,新进教师1人,硕士。

完成2017—2021聘期岗位聘任工作。针对学校新一轮岗位聘任要求,开展调研工作,聚焦城市型、应用型大学办学定位和结合学院发展要求,制定新一轮聘任的学院岗位聘任系列文件,强化岗位管理、明确岗位职责、进行校院两级聘任。

组织2017年"人才强校计划"项目结题工作,1人结题。"人才强校优选计划"推选工作,1人入选百优计划。组织和推荐2017年"校级优秀教师和优秀教育工作者"评选,1人被认定为校级优秀教师。"北京市优秀教师和优秀教育工作者"评选,1人被认定为北京市优秀教师。组织推荐教育部、中残联、交通银行联合颁发的"交通银行特教园丁奖"1人。2017年北京市属高校教师发展基地研修人选推荐工作,1人入选。2017年双师素质教师获得资格认定16人。学院教师发展中心开展一系列教师活动,支持教师参加各种培训。

(葛明明)

【学生工作】 学院以扎实推进社会主义核心价值观教育为主线,制定学生思想政治教育实施方案。特教学生事务中心、青春特教、特教辅导员工作室微信推送,为学生深入学习十九大精神,加强对社会主义核心价值观解读等提供有益的平台。开展学生喜闻乐见的专题讲座、实践体验、品读经典等的教育活动。组织学生党员到房山区马安村老区奉献爱心、到中共一大会址现场学习,各班以三人小组形式学习十九大精神,将社会主义核心价值观教育和十九大精神落到实处。

学院依托"残健融合"大学生成长辅导工作室,从就业、心理健康、学业辅导、创新创平台建设等方面开展工作,探索残健融合学生德育工作体系。工作室聘请孟宪东教授为辅导员工作室导师,2017年组织三次思想教育工作研讨会、两次外出调研和学习;在V思想平台上展示视频歌曲《用手指描绘　用心灵歌唱　特教师生献礼"十九大"》;工作室负责人在全国高等教育研究会特殊教育分会上就工作室建设发言。

学院在学生支部建设和学生党员培养中成绩突出。医学与音乐系党支部《心达手到护康健,以知促行铸人生》项目和特殊教育系学系学生党支部《青春同行,学业提升"1+N"活动》项目列为校级重点培育项目。特殊教育系学生支部党员刘洁被评为"十佳"党员称号。应用技术系和特殊教育学生党支部在红色"1+1"活动获北京市高校红色"1+1"活动三等奖。学生党校共举办各层次培训4次,380人次参加。按计划完成全年学生党员发展和转正工作,共发展学生党员30人,预备党员转正21人。

5.25心理健康节活动中获校级"说句心里话"活动团体一等奖、北京高校大学生欢乐嘉年华暨心理趣味运动会三等奖;梁子璇、李梦捷创作的漫画《心灵启示录》获首都大学生心理健康节"情绪双面人"心理漫画创意大赛二等奖。

2017年签定两所院级就业基地,分别为双井第二社区卫生服务中心、北京鲍蕙荞钢琴城签约并挂牌。

在"我的班级我的家"学风创建活动中再创佳绩。医学与音乐系音乐学1601B班以第一名好成绩获北京市"十佳"示范集体称号。

(陆忠华　王昕)

【共青团工作】 共青团开展“一学一做”“学习十九大精神”系列活动。学院视力残疾研究生李鹏在校级“联大青年说”学习宣传十九大精神微团课评选中获一等奖，听力残疾学生陈敬之获优秀奖。学院为北京市少年宫“最美宫娃娃”系列比赛、少年宫“锋行少年”系列比赛等活动提供全程服务；学院少年宫活动志愿服务项目、“光彩敬老院”志愿服务项目和“启明星针推社”志愿服务项目被评为校级精品“志愿服务项目”；组织暑期实践团覆盖全国六个省份，其中山东临沂实践团和山西支教实践团获得校级暑期实践一等奖。视觉传达设计专业4名听力残疾学生在第十五届“挑战杯”全国大学生课外学术科技作品竞赛中获国家级二等奖；学院大学生参与的第九届“挑战杯”首都大学生课外学术科技作品竞赛中上报的2项作品均在北京市获奖，其中特等奖1项、三等奖1项；视力残疾大学生在“互联网＋”大学生创新创业大赛中获得北京地区优秀创业团队一等奖，听力残疾大学生在“互联网＋”大学生创新创业大赛中获北京市三等奖；听力残疾学生在校“启明星”第四届节能减排社会实践与科技竞赛中获得二等奖。

在2017年全国盲人锦标赛上，由学院残疾人和北京盲人学校组成的北京队，取得女子亚军、男子季军的优异成绩。张思齐同学在全国盲人锦标赛中获得道德风尚奖。8月泰国曼谷亚泰地区盲人门球锦标赛上，学院盲生高梅作为中国女子盲人门球队主力出战并获亚军。新生运动会中，学院青年取得多项优异的成绩，获得男子团体第八名、女子团体第七名、田径项目团体第七名以及精神文明奖。

学院残疾人大学生艺术团再创佳绩。在第九届全国残疾人艺术汇演（东部片区）中，由民乐队成员参演的节目《长城随想曲》获器乐类一等奖，由舞蹈队成员参演的节目《夏天来了》获得舞蹈类二等奖；舞蹈队的现代舞《我们》在北京大学生舞蹈节比赛中获银奖。举办第二十七个“全国助残日”暨北京联合大学残疾人大学生艺术团成立七周年文艺演出活动。合唱队在北京联合大学第三届“联大华音”校园合唱大赛中获得团体一等奖。

（赵磊）

【党建工作】 截至12月31日，学院共有党员113人，其中教职工党员59人，学生党员54人，正式党员82人，预备党员31人。按照学院年度党员发展计划，完成学院党员发展工作。2017年共发展学生党员30名，教工党员1名；预备党员转正教师1人，学生21名。

学院“两学一做”学习教育常态化制度化。领导班子开展集中学习、交流研讨，共计12个半天。以“让党的旗帜飘起来、让党的声音亮起来、让党员形象树起来”为主线，全面推进党员“主题党日”活动。6月2日，院党委书记张伟以《激浊扬清　扶正祛邪　涵养风清气正》为题给全院党员讲党课。

3月31日，学院召开党员大会，选举产生中国共产党北京联合大学特殊教育学院新一届委员会。新一届委员会召开第一次全体会议，选举出党委书记和副书记。10月13日，召开党员大会，选举产生出席中国共产党北京联合大学第五次党员代表大会代表六名。

做好迎接北京普通高等学校党建和思想政治工作基本标准检查工作。5月10日，召开会议部署学院迎检工作方案。6月30日，在学校召开的2017年党建工作会上，学院获评校级“红旗支部”1个，校级十佳学生党支部1个，校级优秀基层党务工作者1名，校级优秀党员1名。7月6日，学院召开纪念中国共产党成立96周年暨落实学校党建工作会精神座谈会。

通过各种形式组织学习十九大精神和习近平总书记系列讲话。9月8日，各党支部组织党员学习习近平总书记7月26日在省部级主要领导干部专题研讨班上的重要讲话精神和学习问答。11月2日，院党委书记张伟做题为《十九大精神引领学生成长成才》的专题党课。11月10日，学院举办题为《十九大50后领导层：特殊时代经历及其治国理念》讲座，深入学习十九大精神和全国高校思想政治工作会议精神。2月13日，学院举办《新时代新境界——中共十九大对社会主义发展的重大意义》专题讲座。院党委书记张伟做《以十九大精神为指引，迈向充满希望的未来》的专题党课。12月15日，校十九大精神宣讲团副团长、校党委副书记周志成为全院教职员工做学习宣传贯彻党的十九大精神专题辅导报告。12月1日至24日，各党支部组织开展赴中共“一大”会址主题教育活动。

开展“课程思政”教学改革。12月6日，学院召开“课程思政”教学改革推进会。

落实廉政责任，参与“廉创空间”的各项活动。5月16日，学院举办2016年“廉创空间”获奖作品展。10月20日，学院举行廉洁自律及财务规范专题讲座暨廉政责任书签订仪式。

（孟丹）

【宣传工作】 组织教职工参观“喜迎十九大、高校师生作品展”“砥砺奋进”大型成就展参观活动；开展学院的特色亮点以及凝聚提炼学院十九大特色亮点官微推送工作。以专题报告的形式组织全院师生员工学习十九大报告精神。专题报告分别为：十九大“50后”领导——特殊时代经历及其治国理念；新时代、新境界、中共十九大对社会主义发展的重大意义；“以十九大精神为指引，迈向充满希望的未来”专题讲座；十九大精神专题辅导报告诠释党的发展精神。

2017年全年共发布院内新闻240条，学校新闻网采用65条，人民日报、教育头条、CCTV焦点访谈、BTV、中国网、中青在线、央视专访等外媒报道12篇，其中CCTV焦点访谈以“认识无障碍 共享有通途”为专题报道学院无障碍教学建设成果。

学院巩固和加强政治理论宣传教育工作，编印《北京联合大学特殊教育学院政治理论学习文选》(第14期)；为提升广大党员学习的有效性与新途径，为学院党员之家和全院党员配置政治理论学习用书，总计订书285本。

发挥学院宣传橱窗的对外宣传展示功能，制作“迎新入学”“7.26讲话”“十九大专题”“庆祝建党96周年”“迎评促建”和“见证发展、坚定信心、以党的十九大精神指引建设城市型、应用型大学”“校第五次党代会专题”等9期专题宣传展板。

结合学院特点参与申报2015—2016党建和政治思想成果奖工作；2017年高校北京青年教师社会调研项目的申报工作。

(李珍)

【工会工作】 召开北京联合大学特殊教育学院第三届“双代会”第三次会议、第四次会议，通过《北京联合大学特殊教育学院2017年岗位聘任文件》(审议稿)。

选拔教师参加学校第八届青年教师教学基本功比赛，获得文史组二等奖的好成绩；协助举办“2017年特教学院教师手语风采大赛”。邀请马列学院的张利老师为全体教职工做“学习十九大精神，坚持立德树人，将思政工作推向深入”的专题报告会。

学院召开2016年度总结表彰大会；组织春季、秋季教职工健步走比赛及乒乓球、羽毛球比赛；举办教职工摄影展和春游龙庆峡活动；组织教职工趣味运动会和教职工电影专场；女教授协会特教学院分会开展多项活动。

参加学校工会举办的各项活动，广播操比赛取得三等奖；教职工篮球比赛取得第三名的好成绩。学院承办的校教职工书法协会在北四环校区举办教职工书法讲座和书法作品展。

开展十送温暖活动，为教职工多做好事实事。在2017年组织的教职工生日、暑期慰问、教师节慰问等活动中，通过互联网第三方平台为教职工发放慰问品，解决教职工慰问品选择、领取、运输的实际问题。完善教职工信息库的建设，受到广大教职工的一致好评。2017年学院工会被评选为模范职工之家，由学院承办的校教职工书法协会被评为优秀协会。

(马学军)

【交流合作】 2017年，学院共派出俄罗斯、美国、日本3个出访团组，落实合作办学、科学研究、学生交流等具体事宜，提升教师的国际化视野。学院选派7名学生赴台湾东华大学、韩国檀国大学参加春季学期交换生项目，派出7名学生赴美国华盛顿大学、德国曼海姆大学、韩国新丘大学、日本筑波技术大学开展短期交流项目，进一步提升学生出国(境)交流学习的比例，为落实学校开放兴校战略，培养具有国际视野的应用型人才，打下良好的基础。

(边丽)

【实验室建设】 2017年，根据学院部署，由校内实验室建设资金、校内科研资金、特色亮点项目、彩票公益金专项等项目资金支持八百余万元，进行“创客实验室”“计算机专业实验室改造”“面向聋生的苹果实验室改造”“特教学院无障碍实验室管理系统”“针灸推拿专业盲生专用教室”建设等项目，通过项目对“生物力学工程实验室”“功法测评室”“视听觉信息认知计算实验室”等实验室中的科研仪器设备进行补充，完成实践教学基地的无障碍管理系统及配套的环境改造，并进行“2D触摸及语音图谱”及“无障碍资源平台”的配套资源库建设。

(张琳)

【实训基地建设】 新建三个实训基地：特殊教育学院与北京觅乐优声乐器经销有限公司建立北京联合大学视力残疾大学生音乐学专业校外人才培养基地；与北京融易一点咨询有限公司建立计算机科学与技术专业实践教学基地；与北京听力协会建立教育康复专业实践教学基地。

(张雷　刘彦民)

【资源中心】 3月，资源中心完成2017年残疾人高等教育单考单招盲文试卷6个科目，475份盲文试卷的翻译印制工作。9月，完成2017年北京市成人高考面向残疾人单考单招6个科目，885份盲文试卷的翻译印制工作。12月，完成北京联合大学招收硕士研究生—针灸推拿学专业考试3科试卷的翻译印制工作。10月，组织开展2017年北京联合大学特殊教育学院教师手语风采大赛。比赛包括笔译手语与课堂展示两个环节，激发教师学习手语、使用手语的性。10月，组织开展新教师手语盲文培训，聘请国家通用盲文与手语课题组的资深专家为新教师开展系列培训活动。2017年在学院进行《国家通用盲文方案(试行)》二期试点工作。通过对两套新版的通用盲文阅读材料的摸读试验，收集整理反馈意见，为课题组的进一步研究提供基础。与中国科学院计算技术研究所合作，开展盲文信息化研究，利用机器学习的方法进行汉语—盲文识别转换的技术研究，研发创新型技术，提升盲文信息化的水平，对盲人教育领域具有较好的应用前景。2017年文献室订购中文期刊10种、外文及港澳台期刊16种，联系赠送给文献室的中文内刊8种。新购买并存放特教类书籍108本。采购140本特殊教育类外文图书并存放在校图书馆。收集存放17年特教系本科毕业论文81本。新增音乐专业学生教材3种共95本。接待师生查阅文献、复印资料、检索咨询。整理完成2017年度特殊教育大事记，为师生解中央和地方政府特殊教育的政策和活动、了解国内特殊教育高等院校的发展动态提供支持。

（阎嘉　钟经华）

【北京市特殊教育中心】　1月13日北京市特殊教育中心召开2016年度全市特殊教育、融合教育教研总结交流工作会。北京市特教中心主任、特教学院院长滕祥东研究员、北京师范大学教育学部丛立新教授、市特教中心专家、市级教研组指导专家、各教研组组长、全体教研员等近200人参加会议。

为实施教育部新颁布的三类特殊教育学校义务教育课程标准（2016年版），进一步提升全市特殊教育质量，办好特殊教育，北京市特殊教育中心于2月27日组织开展《培智学校义务教育课程标准（2016年版）》解读及培训会。市特教中心的专家、全市培智学校及综合型特教学校校长、骨干教师等近200人参加。本次课标解读及培训会对在教育教学实践中深入落实课程标准、提升特殊教育质量具有重要的指导意义。

为贯彻落实《特殊教育提升计划》和《北京市中小学融合教育行动计划》文件要求，提高全市特殊教育指导及工作人员科研能力，5月14—15日北京市特殊教育中心邀请台湾东华大学特殊教育系林坤灿教授为全市特殊教育骨干教师作《单一被试实验法及在特殊教育研究中的应用》系列培训。全市各特教中心、各特教学校、学校本位融合教育试点研究区、试点校校长及骨干教师等60余人参加。

根据北京市教育委员会2017年第8次主任办公会审议通过《北京市特殊教育师资培训中心调整工作方案》，"北京市特殊教育师资培训中心"由北京联合大学划转北京教育科学研究院。

（孙颖）

【中国高等教育学会特殊教育研究分会】　4月19日，在北京召开中国高等教育学会特殊教育研究分会常务理事会，总结2016年分会工作，研究确定2017年研究分会工作计划及2017年研究分会年会的主题和内容。

7月4日，参加中国高等教育学会第七次会员代表大会，副理事长庄树范、王怀彬、邓猛当选为中国高等教育学会理事，秘书长滕祥东当选为中国高等教育学会常务理事；方俊明理事长获中国高等教育学会优秀学会工作者。

11月10日，在杭州召开中国高等教育学会特殊教育研究分会常务理事会，研究确定2017年研究分会年会的内容及相关安排。

11月11—12日，在杭州组织召开"2017年中国高等教育学会特殊教育研究分会学术年会"，本次学术年会的主题是"深化改革、融合创新"，来自全国22个省份、自治区和直辖市，60多个高等院校的250多名专家学者和研究生参加本次年会。学术年会共举办2个主论坛和5个分论坛，涵盖4个主报告和28个分论坛报告。

（边丽）

【中国教育学会特殊教育分会】　3月17日，在北京召开中国教育学会特殊教育分会常务理事会，传达中国教育学会关于分支机构换届相关工作的要求，研究讨论第六届特殊教育分会5年工作总结和未来5年工作计划。

7月15日，在北京参加中国教育学会第八次会员代表大会，理事长唐淑芬当选为中国教育学会理事。

8月25日，在北京召开中国教育学会特殊教育分会工作研讨会，通报了第七届特殊教育分会换届进展情况，研究讨论了特殊教育分会工作规程和工作计划。

11月18—19日，在上海参加中国教育学会第三十次学术年会。

11月17—18日，在湖南省衡阳市召开"全国听障教育2017年年会暨作文教学研讨会"，来自全国32个省、自治区和直辖市的特殊教育专家学者及特教学校老师共533人参加本次年会。

（边丽）

【无障碍教学环境建设】　6月13日晚，中央电视台《焦点访谈》节目以"认识无障碍　共享有通途"为主题报道中国近年来在无障碍环境建设方面取得的突出成绩和变化，其中的信息无障碍以专题报道对学院滕祥东院长、李晗静教授和聋人大学生的采访及学院教师在无障碍智慧语音教室中为计算机专业大二学生上课的场景。学院开展教学无障碍建设，建设高水准的智能语音教室的问题。学院听力残疾生，在以往的教学中，因为手语教学无法完整表现计算机专业术语，对教师授课内容存在不同程度信息遗失，影响学习效果。该教室通过智能语音识别技术，将教师的口语即时转换为字幕投影到屏幕上，通过双屏显示，同步呈现教师的PPT讲稿和教师的口语字幕，帮助聋人大学生实现从"听课"到"看课"，减少课堂信息交流障碍和信息遗失。系统生成的课堂教学视频还可以供学生课后随时多次复习上课内容。无障碍智慧语音教室的使用，使师生交流在速度和效率上发生很大变化，也让老师的讲课内容更加精准高效，受到学生的普遍好评。

（边丽）

【首届盲人音乐学专业本科毕业生汇报演出】　6月30日晚7点，在中山音乐堂举办一场特殊的音乐汇报演出。演出的主角是学院音乐学专业2013级的15名盲人大学生。这场音乐会是他们的毕业汇报演出，也是学院首届盲人音乐学专业本科毕业生实践教学成果展演。中国残联执行理事会理事、中国盲协副主席兼秘书长李庆忠，北京联合大学副校长张连城分别为晚会致辞。经过四年的培养，音乐学专业首届15名本科毕业生全部找到心仪的工作，演出现场还举行优秀毕业生分别与中残联残疾人艺术团、北京博爱盲人调律发展中心的就业签约仪式。

（张爱民）

【“挑战杯”喜获佳绩】 11月18日，第十五届“挑战杯”全国大学生课外学术科技作品竞赛决赛在上海大学落下帷幕。由学院吕会华老师指导的吴迪、路文杰、袁生慧、臧晓宇等同学的作品《融教育，能否打破那道“墙”？——对聋人大学生的访谈调查报告》获全国二等奖。

（吕会华）

艺术学院

【概况】

学院英文名称：College of Arts

学院网址：http://adc.buu.edu.cn

院党委书记：张祖明；执行院长：张旗。

学院以传承民族文化、探索艺术真谛、服务文创产业为使命，坚持以“文创引领、创教融合的学科专业建设”为特色，将“文化传承、创意引领”的文化创意设计(创作)领域作为发展方向，采用教师的研究创作与教学工作紧密融合的应用型人才培养模式，培养具有知识面宽、实践能力强、具有创新精神和国际视野的应用型艺术人才，努力建设国内一流的城市型、应用型艺术学院。

学院现有在校研究生、本科学生1754人。拥有设计学、美术学、戏剧与影视学3个一级学科，有数字媒体艺术、服装与服饰设计、环境设计、视觉传达设计、产品设计、工艺美术、绘画、表演等八个本科专业。招收有“数字艺术”“职业技术教育”两个专业的硕士研究生，2017年学院组织申报设计学一级硕士学位授权点。

学院设置数字媒体、创意设计、美术、表演、工艺美术五个系及一个艺术教研室，共六个教学单位；设有北京手工艺研究院、艺术设计研究所、城市设计与公共艺术创研中心、白马藏族工艺美术研究所和一个艺术实验教学中心；设综合办、教科办、学工办三个行政办公室。全院教职工134人，来自国内外一流高校及研究院所的专任教师107人，其中：教授11人，副教授37人，教师中具有博士学位者27人。

学院始终坚持面向市场需求、立足行业的办学方向，与首都广告、家具、影视、新媒体和工艺美术等行业开展全方位合作。2017年学院与北京工美集团、圆明园等知名文创企业签署战略合作协议，新增校外人才培养基地9个，深入开展产学研合作，为学生提供充分的实习和就业机会。学院是“北京市文化创意产业人才培养基地”，“北京市示范性艺术类校内创新实践基地”，是北京市重要的艺术类人才培养基地。

（杨沛）

【教学管理】 2017年学院共开设8个本科专业，5个专升本专业，在校生1711人，其中本科生1456人，专升本255人。学院招生录取437人，其中本科367人，高职升本科69人，报到418人，报到率96%。2017届毕业生毕业率为92%。7个专业共572名毕业生，毕业设计(论文)中共产生28个优秀毕业设计(论文)。

学院推进人才培养模式改革，完成修订8个本科专业和3个专科起点专业的培养方案和课程大纲的修订。在优化整合课程体系方面，立项专业核心课建设3项，应用型课程建设2项，校级教育教学研究与改革项目5项。为课程的创作内容提供产业化内容导向，立项艺术创新实践项目4项，产教融合课程建设8项。申报跨专业任选课15门，申报通识教育选修课18门，辐射全校艺术教育。

组织名师讲座34次，高水平外聘教师讲学计划15场。组织2017年北京市高水平人才交叉培养计划实培项目，北京市教委共批复科研类1项，创业类8项。依托行业企业深入开展合作，新增院级校外人才培养基地9个。在把“思政教育”贯穿于教学中，设立课程思政教学建设项目，包含各专业5门课程。北京联合大学第五届中青年教师执教能力比赛中6名教师参赛，姜喜龙老师获一等奖。北京联合大学第五届教学优秀奖评比中4名教师参加，2名教师入围半决赛。

3月起学院承办北京联合大学大学生广告艺术大赛、表演艺术大赛、学位服设计大赛、“新工艺”美术大赛等4项校级学科竞赛。同时，作为承办单位组织全校师生参加全国大学生广告艺术大赛，全校参赛作品共计1335件。艺术学院在第九届全国大学生广告艺术大赛，获得国家级二等奖3项、三等奖2项；北京分赛区二等奖3项、三等奖12项和北京市分赛区优秀组织单位和全国赛区优秀院校两项组织奖。

学院组织学生参加“莫斯科国际大学生广告艺术大赛”“红黄蓝杯”影像大赛、表演艺术大赛、书法大赛、未来教师教学技能比赛、新工艺美术大赛、学位服设计大赛等7项学科竞赛，共获奖314项。

（何一帆　梁启凤）

【学科建设】 2017年学院作为职业技术教育(文化艺术)的培养单位,共有研究生7名,其中2016级3名,2017级4名。

(何一帆)

【人才队伍】 截至2017年底,艺术学院院正式在编教职工共计129人,现有专职教师108人其中,教授11人,副教授37人;具有博士学位者28人;具有"双师证书"者过半数。艺术学院共有6个教学单位,分别为数字媒体系、创意设计系、美术系、表演系、工艺美术系、艺术教研室。学院在设计学、美术学、戏剧与影视学3个一级学科下设有数字媒体艺术、服装与服饰设计、环境设计、视觉传达设计、产品设计、工艺美术、绘画、表演等8个本科专业;招收"数字艺术""职业技术教育"硕士研究生;学院设有北京手工艺研究院、艺术设计研究所、城市设计与公共艺术创研中心、白马藏族工艺美术研究所和一个艺术实验中心。

艺术学院2017年师资队伍建设取得长足的进展,此项工作正向科学化、规范化迈进。2017年完成人才引进、教师培训、人才强教、人才强校、职称聘任、教师资格认定和双师认定等工作,新进博士研究生2人充实到教师队伍中。1人晋升为教授,4人晋升为副教授专业技术职务,2人晋升为助理研究员专业技术职务。9名教师参加国内访学项目,1名教师在国外访学。

(史桂林)

【学生工作】 学院以"文化育人"工作方案为引领,开展"红色印象"艺术作品展、红色"1+1"、党员先锋工程、诚信主题班会、端午诗词大会、系列讲座、"三行情书"好书推荐等活动,将大学生思想政治教育融入日常工作。

"心理中心"定期开展心理排查、新生心理普查等活动,做好心理危机预防工作;对新生、心理委员等开展"入学适应""认识自我"等团体辅导活动约400人次;结合专业开展第十届心理健康节,1人获得心理漫画北京市一等奖。认定困难生129人,资助194人次约71.5万元,开展走访、帮扶等暖心活动,关怀到每一位困难生。本年度共有10名学生应征入伍。

3月24日,艺术学院师生在综实2B楼1层大厅进行无偿献血活动。

学院选出校级先进班集体5个、校级优良学风班7个、校级三好学生39人、校级优秀学生干部13人、优秀学生奖学金328人、院级奖励113人。尚美奖6个创作团队、平北奖学金9人。学生获得国家级奖项58项、市级奖项169项、校级奖项923项。

学院2017届毕业生562人,429名毕业生签署就业协议或劳动合同,出国留学16名,考取硕士研究生7名,志愿服务西部1名,参军入伍4名,自主创业1名,共有547名毕业生落实就业去向,就业率97.33%。

2018年1月5日,学工办举办以"德艺双馨作表率 携手唱响新时代"为主题的艺术学院"尚美奖"颁奖典礼暨原创歌曲新年音乐会。

(张奕)

【党群工作】 艺术学院党委下设共有15个党支部,其中9个教工党支部(机关党支部、学生工作办公室党支部、艺术实验中心党支部、数字媒体系教工党支部、美术系教工党支部、表演系教工党支部、创意设计系教工党支部、工艺美术系教工党支部、艺术教研室党支部),6个学生党支部(数字媒体系学生第一党支部、数字媒体系学生第二党支部、美术系学生党支部、表演系学生党支部、创意设计系学生党支部、专升本学生党支部)。

截至12月31日,全院党员总计201人,其中正式党员143人、预备党员58人,学生党员126人、教工党员75人。全年共发展学生预备党员57人。

4月28日,艺术学院党委召开全体党员大会,选举产生了新一届党委委员5人,其中书记1人、副书记1人。

5—11月,迎接党建和思想政治工作《基本标准》检查工作,整理党建和思想政治工作材料48盒。

7月14—19日,艺术学院19名教工党员和1名九三学社社员,赴井冈山参加"两学一做"常态化制度化培训班。

10月13日,艺术学院召开全体党员大会,选举产生出席学校第五次党员代表大会代表,校党委副书记周志成以普通党员身份参加选举。

10月16—26日,各基层党支部积极组织参观我校承办的"迎接学习党的十九大,服务北京四个中心建设"北京高校师生主题作品展、观看了党的十九大开幕实况、北京展览馆"砥砺奋进的五年"大型成就展。

2017年艺术学院获批首都思政课题1项,校级党建课题8项,横向课题1项,委办局课题1项,发表党建研究论文11篇。在北京高校红色"1+1"示范活动评选中获市级二等奖。

(王丹)

【艺术学院党委换届】 4月28日,中共北京联合大学艺术学院召开党员大会,总结学院成立一年来的工作,提出今后四年的目标和任务。大会选举产生学院新一届党委委员:张祖明、张旗、卜晨光、裴朝军、王竹宝。

(王丹)

【工会工作】 学院工会在校工会和学院党委的领导下,切实履行工会四项职能,增强教职工的凝聚力和战斗力,为学院的建设发展发挥积极作用。加强民主建设,6月9日组织召开学院第一届教职工暨工会会员第二次代表大会,审议通过学院岗位聘任文件;关爱教职工,为教职工送温暖、送关爱,组织召开2017年退休教师座谈会、第33个教师节庆祝大会,关注教职工健康,开展健康理疗、工间操及健步走等活动,组织教职工参加学校多项竞赛活动,并取得优异成绩(校广播操比赛获三等奖,第八届青教赛获二等奖1名、三等奖1名);开展学院特色工作,组织申请承办两个校级教职工文体协会——造型艺术协会、飞盘运动协会,丰富校园文化。在2017年工会工作总结评比中,艺术学院工会被评为"优秀分工会"及"先进小家"。

(刘红英)

【实验室建设】 艺术实验中心于2017年1—5月完成2号楼D座"传统文化艺术沉浸体验(VR/AR)实验室""文创产品设计制作一体化(3D打印)实验室""文创设计创新与开发实验室""教科研成果多媒体展示区"的建设。5—12月完成2号楼D座服装车间、黑匣子剧场、三维模型实验室、金工实验室、数字化影棚等区域设施、设备补充建设。

(刘锐)

【展览】 2017年完成9个展览展示活动:4月25日至5月5日"孔子学院十周年庆艺术展及体验活动";5月10—19日"艺术学院一周年庆艺术展";5月16日、6月9日"传创2017中国国际大学生时装周"展示以及校内展示活动;6月16日至7月16日"绢缘——北京绢人大师精品及唐娃娃作品展";6月24—30日"2017北京艺术毕业季—百校联展(北京联合大学站)";9月19日、23—30日"溯源红色"北京革命历史遗址采风创作展;11月3日至12月29日童年的回忆——民间玩具收藏展 。

(刘锐)

【赛事组织】 3—11月联合主办"2017圆明园文创设计大赛"。6—11月承办'民间瑰宝·魅力之都'2017北京非物质文化遗产时尚创意设计大赛。

(刘锐)

【2017届毕业生概况】 艺术学院2017届毕业生共有562人,其中,北京生源260人,占毕业生总人数的46.26%,京外生源302人,占毕业生总人数的53.74%;男生188人,占毕业生总人数的33.45%,女生374人,占毕业生总人数的66.55%;毕业生中困难毕业生共有78人,占毕业生总人数的13.88%

(史桂林)

【2017届毕业生就业情况】 艺术学院2017届毕业生就业基本情况:截至10月29日北京高校就业平台数据,共有毕业生562人,其中429名毕业生签署就业协议/劳动合同,16名毕业生出国,7名毕业生考取硕士研究生,1名毕业生志愿服务西部,4名毕业生参军入伍,签约率81.32%;还有89名毕业生提交工作证明,1名毕业生自主创业。合计有547名毕业生落实就业去向,就业率97.33%。

(姜紫宸)

【就业服务】 建好"桥头堡",强化工作统筹指导。学院明确书记院长为就业工作第一责任人,形成学校统筹、学院主导、部门配合、全员参与的就业工作格局。学院与各系主任签订就业工作责任书,建立交叉检查、常态调研、定期交流等机制,定期召开毕业生就业工作会,做到及时通报、重点分析、有效解决。学院建立以班主任老师为核心,辅导员为支撑的工作体系,明确各自的责任和分工,通过就业工作计划和各阶段例会开展实施就业工作。

当好"引路人",开展就业创业指导服务。学院完善就业创业教育体系。将就业创业教育融入人才培养全过程,建立以课堂教学为主渠道,讲座、论坛、培训为补充,职业生涯规划大赛、创新创业大赛等实践活动为载体的多元化、全方位就业创业教育体系。加强就业创业工作队伍建设。学院聘请主动人生研究院院长程颢为艺术学院创新创业导师,聘请创业校友高升为艺术学院双馨学堂校外讲师,为学生就业创业提供指导服务。

做好"联络员",开展暖心就业帮扶。学院建立困难毕业生台账,区分不同困难毕业生类型,动态跟进学生就业情况。学院组建包括院领导、专业教师、辅导员在内的帮扶团队,有针对性地进行就业能力提升、就业心理辅导和经济资助等。针对困难毕业生,开展心理辅导、学业指导、求职指导、就业信息提供"四个全覆盖",2017届困难毕业生实现100%全就业。

(姜紫宸)

【首届城市型、应用型艺术学院发展论坛】 6月30日,艺术学院举办首届"城市型、应用型艺术学院发展论坛",论坛是国内首次定位于艺术院校的城市型、应用型论坛,为推进综合性大学艺术学院建设,为各学院、校企之间合作与交流提供良好的平台。来自北京、上海、广州、贵州、福建、台湾等10余个省市的高校、科研院所、企业代表近150人参加本次论坛活动。

(杨沛)

【北京工美集团战略合作框架协议】 7月20日,北京联合大学与北京工美集团签订合作协议。校长李学伟,校党委副书记周志成,副校长杨宜,北京工美集团党委书记、董事长李节,党委副书记、总经理魏连伟,总工艺师郭鸣等领导出席签约仪式。成功签署合作协议后,双方将在探索建立"国家工艺美术创新基地",联合建立工艺美术材料、技艺国家级实验中心,联合申报工艺美术领域重点项目,联合培养工艺美术行业人才和行业专家,联合申请文化创意基金,联合建立工艺美术学术研究、文化传播基地六大方面展开具体合作。

(杨沛)

【第五届北京工艺美术年会】 11月4日学院举办传承·聚合——工艺美术学术论坛暨第五届北京工艺美

术年会，论坛由艺术学院、北京工艺美术行业发展促进中心、北京工美集团北京工美艺术研究院共同主办，出席论坛的嘉宾包括工业美术行业领导、全国近三十所艺术类院校教师代表、企业代表、手工艺爱好者以及在校师生。

（杨沛）

【不忘初心 再谋发展 艺术学院成立一周年系列庆祝活动】 5月9日至27日，艺术学院举办成立一周年系列庆祝活动，共涵盖话剧演出、学术讲座、艺术展览、河北定兴校企合作签约等11项活动，充分发挥学院学科专业优势和外部影响力，着力围绕学校“建设高水平、有特色、首都人民满意的城市型、应用型大学”的发展目标，践行传承民族文化、探索艺术真谛、服务文创产业的学院使命，在彰显建院一年来特色成果的基础上，也展现建设一流艺术学院的潜质和风采。

（杨沛）

【助力定兴文化创意产业发展】 艺术学院依据“文创引领 创教融合”办学特色，助力文化创意产业发展，借势京津冀协同发展机遇，从北京延展到河北定兴。先后于2017年5月17日，与河北省定兴县赵进副县长一行召开合作交流会，并与河北定兴燕都刺绣工艺品制造有限公司签署合作协议书；9月12日，艺术学院来到河北省定兴县考察；9月21日，艺术学院赴河北定兴参加首届保定市旅游产业发展大会，执行院长张旗为定兴博物馆开馆仪式致辞，学院党委书记张祖明为“北京联合大学艺术学院京绣传承与创意研发基地”揭牌，“北京联合大学艺术学院师生文创作品展”也在定兴“非遗小镇”成功举行，此次展览为艺术学院与定兴县燕都刺绣工艺品制造有限公司合作的成果。艺术学院与定兴的产业合作将有利于拓展京冀校地合作的广度与深度，发挥高校在人才培养、创意研发方面的优势，服务河北地方文创创意产业发展，同时有助于依托定兴县悠久的历史文化资源，建立大学生校外实践教学基地，提高大学生的综合实践能力。

（刘红英）

【毕业大戏《护国胡同》《青春之歌》首演】 艺术学院表演系1501B班毕业大戏《护国胡同》，由2013届毕业生朱铭歆编剧，包括导演、表演、灯光、音乐、场记、LED等所有工作全部由本系师生负责，通过护国胡同拆迁过程中不同人物性格引发的不同态度，及随着拆迁政策推行而使人物态度及人物关系发生的变化，形象生动地反映当代都市人的苦乐悲欢和普通百姓在社会经济变革背景下的生活日常。全剧围绕着护国胡同是否拆迁的主线展开剧情，拥护拆迁与反对拆迁形成强烈的戏剧冲突，人物性格各有特色，故事情节一波三折，贯穿其间的京韵大鼓、京味儿RAP、泡茶遛鸟等元素使该剧京味儿十足，通过对胡同、民居、澡堂、院落的留恋，体现出浓郁的家国情怀和传承民族文化的自觉意识，最终决定变拆迁为修缮，皆大欢喜，故事情节体现互帮互助、团结友爱、诚信经营的主题思想和“课程思政”的创作倾向。

艺术学院表演系副教授罗琦任导演、讲师吴璇任副导演的毕业大戏教学剧目《青春之歌》作为一部以青春与爱国为主题的话剧，《青春之歌》展现20世纪30年代女性青年知识分子林道静的成长道路，刻画自“九·一八事变”后至“一二·九抗日救亡运动”前夕不同青年的群像。该剧向中国现代文学馆申请获得小说改编版权，艺术学院开展“课程思政”，在“文化育人”“创教融合”的理念指导下，受学院特色亮点项目经费支持创作完成。通过该剧目的排演，为研究在当今跨界融合的时代趋势下，艺术学院表演专业与各设计专业的合作教育与教学，培养具有综合能力、跨界思维意识的应用型人才探索具体途径。

（史桂林）

【与圆明园合作】 12月26日，艺术学院与圆明园管理处共同主办的2017年圆明园文创设计大赛暨优秀作品颁奖仪式在圆明园管理处多功能厅举行。校教务处副处长王浩、艺术学院党委书记张祖明、副院长楚天、张威、李红梅及艺术学院师生代表出席仪式，共同见证春华秋实般的累累硕果。此次设计大赛以“文创引领，创意改变生活”为主旨，以本年度的毕业设计及新工艺美术论坛为契机，艺术学院领导高度重视，师生参与投入，先后组织八场专题学术讲座、二十余次专业课程的设计调研、田野考察以及双方互访交流、汇报活动。最终收到217件/套参赛作品及实物，题材涉及工艺美术、服装服饰品、环境设施、陈设艺术、文化衍生品、数媒影像、信息交互、视觉传达、艺术插画、字体设计等全方位的文创设计领域。由来自清华大学美术学院特聘专家与本院专业教授共同组成的学术专业评委，最终评选出优秀作品50份，并从中评选出金奖一名，银奖二名，铜奖五名。

（史桂林）

【北京濒危手工艺传承人才培养项目】 “北京濒危手工艺传承人才培养项目”是2016年北京文化艺术基金资助项目，此项目由北京文化艺术基金提供支持，北京联合大学艺术学院联合北京市西城区非物质文化遗产保护中心共同主办。该项目经于3月10日正式启动招生，通过报纸、电视、互联网、微信等多种渠道向社会发布招募信息并得到广泛关注。截至29日晚，短短20天，共有134名社会各界人士报名，平均年龄25岁，其中多数为有一定艺术、设计基础的从业者和爱好者。

2017年培训结业成果展在北京方圆美术馆隆重举办。展览集中展示京派内画鼻烟壶、北京刻瓷、彩绘京剧脸谱、北京砖雕、传统灯彩、戏曲盔头制作技艺6大非遗项目的47名学员60天培训的学习成果。此次成果展以“传·承”为主题,不仅寓意传统技艺的传承,更代表历史记忆的传播以及工匠精神的传扬。活动现场,除展示学员们制作的非遗作品,还有培训期间的纪实图片,让观众可以直观感受非遗学习过程中学员们的努力和付出,珍惜传统技艺的精巧绝伦。每个班推选一名学员,自己讲解亲身感悟、创意来源、创作过程。传承人现场补充,传达出共同努力的工匠精神。

(史桂林)

【2017毕业生作品发布会】 5月20日晚,2017中国国际大学生时装周在北京落幕。艺术学院服装与服饰设计专业学生作品20日参加发布会,本届大学生时装周艺术学院获得2017中国国际大学生时装周人才培养成果奖,艺术学院服装与服饰设计专业汤宗齐同学获得2017中国国际大学生时装周男装设计奖。

5月13至20日,来自海内外的53所(5所海外院校)高等艺术院校的3355名师生参与发布,其中1525名应届毕业生展示毕业作品。来自国内外151家媒体近400名编辑记者现场采访报道,观众人数超过25000人次。在48所国内院校中,院校所在地区覆盖之广度非常大,如北京、上海、江苏、湖北、浙江、广东等19个省市,涵盖国内纺织服装产业集群主要地区。

(史桂林)

【北京革命历史遗址采风创作展】 “溯源红色北京——北京革命历史遗址采风创作展”北京市文化艺术基金项目首展4月12日举行,此次创作展是艺术学院贯彻习近平总书记在全国高校思政工作会议上讲话和在文艺座谈会上讲话的具体成果。该项目以北京市的革命历史遗址为采风创作基地,通过艺术创作传承革命历史精神,把社会主义核心价值观的培养贯穿到人才培养的每一个环节里,为我国社会主义事业培养德艺双馨的艺术人才。项目自2016年9月获批至今,师生全身心地投入到艺术采风和创作中,至目前完成作品400余幅。由于场地原因,精选学生作品85幅在校内首展,教师作品因为尺幅较大还未展出,作品有油画、水彩、水粉、版画等多种艺术表现形式。这是一次历史观与专业教育的碰撞与升华,我们会在后期的采风创作中加强弘扬革命历史精神,提升艺术创作品质,为高校教育和人文北京建设做出更多贡献。

(史桂林)

应用科技学院

【概况】

学院英文名称:College of Applied Science and Technology

学院网址:http://yykj.buu.edu.cn

院党委书记:于水波;院长:李宇红。

北京联合大学应用科技学院,现设有教学系部5个:经济管理系、电子信息系、外语系、媒体艺术设计系和公共基础部;校级研究机构1个:电子商务产业与教育研究所;院级研究中心1个:影视教育与产业研究中心;学院设有15个专科专业、10个专升本专业,其专业设置涵盖经济管理类、IT类、媒体艺术类和语言文化类;2017年:招生1147人,其中本科(专升本)生1007人、高职高专生140人。在校生2841人,其中本科(专升本)生1849人、高职高专生992人。本年毕业学生1501人,其中研究生14人、本科(专升本)生866人、高职高专生621人。

教职工127人,其中专任教师114人。专任教师中,具有高级职称47人、中级职称及以下80人。

(张晓华)

【教学管理】 学院加强师资队伍能力建设。通过职业教育教师发展中心活动,提升青年教师课堂教学水平;鼓励教师提升学历,鼓励教师参加执教能力比赛和教学优秀奖比赛,逐步提升教师职业能力。1人获得市级教学名师奖;1人获得校级执教能力比赛二等奖;6名教师被评为校级优秀高职毕业综合实践指导老师。

注重精品课程和教材建设。获批2项校级应用型课程建设项目;1个校级“产学合作”特色规划教材建设项目;3个校级规划讲义建设项目。

加强实验室和实践教学基地建设。获批4个实验室建设项目;1个校级仿真实验室建设项目;1个校级校外人才基地;3个院级校外人才培养基地。

鼓励教师申报教学研究和教学改革课题,通过课题研究,了解行业动向和动态,促使不断更新教学内容,促进教学质量提高。获批6个校级教育教学改革项目。

教师指导学生在各级各类高水平竞赛中取得好成绩。获得国家级一等奖12人,二等奖21人,三等奖23人;获得北京市竞赛一等奖2人,二等奖14人,三等奖31人;获得校级一等奖44人,二等奖66人,三等奖84人。

完善2016版培养方案。

(李秋惠)

【科研建设】 2017年,依据学校对科研工作的各项要求,以学校下达给学院的科研任务为重点,以培养教师科研意识、引导扩大科研团队、激励教师申报科研项目、开拓教师科研途径、探索职业教育科研模式为工作思路，切实提高教师的科研参与度及科研水平。学院教师共发表论文 86 篇，其中 B 级 2 篇、C 级 4 篇、D 级 6 篇、E 级 74 篇；出版专著 7 部；艺术作品 2 项；软件著作权 2 项、实用新型专利 1 项。纵向课题 12 项，其中 B 级 2 项、C1 级 3 项、C2 级 7 项。横向课题 21 项，到账资金近 200 万元，比 2016 年横向课题到账经费增长 4 倍。

（刘琨）

【研究生工作】 制定 2017 年研究生工作的规划和部署。完成研究生的常规培养工作，确定对 6 个学院 5 个研究方向的管理机制，规范教学管理流程，探索良性运行机制。落实 2017 级研究生 5 个方向的教学任务和教学运行、研究生培养相关文件的制定，制定研究生奖学金评定规则及评定工作，组织编写研究生课程教学大纲和教学文件，2016 级研究生校外实践及校外实践基地建设，研究生导师资格认定及 2017 年指导研究生导师资格认定，2016 级研究生答辩及就业工作，2018 级研究生招生工作。

抓住职业技术教育领域专硕首批建设的契机，实施三项战略。一是将中国教育科学研究院职业与继续教育研究所和教育部职业技术教育中心研究所建成我校实践基地，带领研究生与其开展 4 项课题的研究工作；聘请新道科技高级副总裁和副总裁等企业名师、北京市商业校长等示范中职名师、国内职业教育大家姜大源、杨进、孙诚等指导研究生毕业论文。二是建设以京津冀为重点，辐射全国的研究生实践基地全国布点，建设北京市商业学校、井冈山经贸学校、信阳职业技术学院等多家校外实践基地，学校成为中国教育科学研究院中职示范基地联盟成员。三是利用学院专本衔接优势，对专本人才培养模式借势并延展，构建专、本、硕相互衔接的人才培养模式。2017 年，28 名研究生中，专本硕占 10.7%，本硕占 82.1%，有效保证生源及优秀人才的培养。2017 级刘遄同学为学院计算机科学与技术专业考取的研究生，其 2017 年出版的《Linux 应该这样学》在 2017 年双十一科技类图书 top10 中排名第一。

（刘琨）

【学科建设】 2017 年 8 月，职业技术教育硕士计划招生 20 人，实际招生 28 人。

为扩展科研途径，学院 1 月与天津红桥区人民政府合作成立京津冀产教协同研究院，开展京津冀范围内的联合课题开发。与教育部职成司、中国教育科学研究院的职业与继续教育研究所、中国职业技术教育中心研究所建立密切合作关系，跨越四系一部三办组建 6 支科研团队，研究主题涉及产教融合有效途径、中国产教融合特色、职业教育动态情报分析、职业教育研究主题变迁研究以及教学资源开发项目、信息化系统开发等方面。团队还参与国务院办公厅 2017 年 12 月份出台的《关于深化产教融合若干意见》文件的基础研究工作，提交的研究报告为该文件出台提供重要的参考价值。

（刘琨）

【人才队伍】 2017 年，学院有高级职称教职工 47 人，占全院教师总数的 37%；有中级及以下职称教职工 74 人，占全院教师总数的 58.3%。学院教师年龄情况：50 岁以上 19 人，占全院教师总数的 15%；36—49 岁为 78 人，占总数 61.4%；35 岁以下青年教师 29 人，占总数的 22.8%。学院教师学历情况：博士 17 人，占 13.4%；硕士 99 人，占 77.9%。其中经济管理系教师 32 人，具有高级职称者 20 人，中级及以下职称者 12 人，有博士 8 人，硕士 23 人；电子信息系教师 16 人，具有高级职称者 7 人，中级及以下职称者 9 人，有博士 5 人，硕士 7 人；媒体艺术设计系教师 13 人，具有高级职称者 3 人，具有中级及以下职称者 10 人，有博士 1 人，硕士 10 人；外语系教师 28 人，具有高级职称者 8 人，具有中级及以下职称者 20 人，有博士 1 人，硕士 25 人；公共基础部教师 10 人，具有高级职称者 4 人，中级及以下职称者 6 人，有博士 1 人，硕士 8 人；教学科研办公室教师中具有高级职称者 1 人，中级及以下职称者 3 人；学生工作办公室教师中级及以下职称者 10 人；综合办公室副高级职称者 1 人，中级及以下职称者 4 人。

（张晓华）

【学生工作】 2017 年，以“应科榜样”作为学生工作的主线。在 12 月“应科榜样”评比活动中，评选出 11 个示范班集体，其中一等奖 1 个，二等奖 2 个，三等奖 3 个，优秀奖 5 个。

9 月，共评选出三好学生、优秀班集体、各类奖学金等校级集体奖 13 个，个人奖累计 557 人次；院级集体奖 6 个，个人奖累计 308 人次。给予学生处分累计 5 人次。

全年落实助学贷款学生 79 人，勤工岗位 35 个，助学金共计 1342850。

党建方面，学生党支部调整前学院共有 11 个学生党支部，在校级“红色 1＋1”活动中均获得奖项，其中计算机科学技术第一支部取得一等奖、会计第二支部取得二等奖，其余为三等奖；红色“1＋1”活动成果评比中，计算机科学技术第一支部取得校级二等奖、北京市优秀奖。基层党建立项中，团学组织学生联合党支部受到立项支持。学生党员方面，崔朝阳获得校级十佳党员，李昌建获得校级优秀党员。

共青团工作方面，以“立德树人、立美育德”作为工作理念，开展相关工作。

共青团各项表彰中,孙亚东等 161 人次获得各类奖项、表彰和荣誉,信息管理 1601S 等 9 个团支部获得各类奖项、表彰和荣誉。组建退役士兵合唱团,获得校联大华音合唱比赛二等奖。在全校"学习贯彻十九大,青春奋进谱新篇"主题演讲比赛中候苗苗、李帅康获一、二等奖,并代表北京联合大学参加北京市比赛。

以"民族音乐进校园""传统文化进校园"等为主题开展行知大讲堂学生讲座。

开展社会实践活动,暑期社会实践中 4 个团队获校级二、三等奖。2017 年新增注册志愿者 1679 人,两个项目被评为"北京联合大学志愿服务工作示范项目"。

学院获新生运动会团体总分第三名,男子团体总分第二名,女子团体总分第五名,田径团体总分第二名,精神文明奖;一二 · 九火炬接力比赛第六名;啦啦操比赛健美操第七名、踏板操第八名。

国防教育方面,8 月,21 名同学入伍,征兵人数再次位居全校第一。

就业方面,截至 2017 年 10 月 30 日签约率为 79.8%,就业率为 98.06%。排名较 2016 年上升 1 位,从第 8 位上升为第 7 位。加强校企合作,做好双创教育。通过和相关企业、相关协会的合作,以"引进来、走出去"的形式,借助创业大赛、双创讲座、企业参观等形式,做好学生双创教育,同时借助企业资源,开设创业导师培训,加强创业导师队伍建设。

(黄若曼)

【党群工作】 学院党委下设 1 个党总支,21 个党支部,其中,教工党支部 7 个。整顿软弱涣散党支部 1 个。学院以习近平总书记两次视察北京重要讲话、习近平教育思想、全国和北京高校思想政治工作会议、市第十二次党代会精神和党的十九大精神为指导,围绕城市型、应用型大学定位,牢固树立现代高等职业教育理念,深刻认识学院发展面临的机遇与挑战,全面加强和改进学院党建和思想政治工作,推进"十三五"规划落实和高水平有特色职业教育学院建设。学院党委认真学习贯彻十九大精神,以推进"课程思政"建设和落实"两学一做"学习教育制度化、常态化为抓手,落实主体责任,强化思想引领,政治保证。评选和表彰育人标兵 7 名."最美"系列人物 45 名。

截至 12 月,学院共有党员 414 人,发展党员 44 人,转出 47 人。其中教工党员 87 人,学生党员 327 人,学生预备党员 67 人,本科学生党员 289 人,高职学生党员 24 人。入党积极分子 419 人,其中学生 419 人。学院 2017 年共计收缴党费 108519.3 元。

表彰院级 6 个先进基层党组织、25 名优秀共产党员和 8 名优秀党务工作者。学院党委获北京联合大学 2015—2017 年度红旗党支部 1 个、十佳党员标兵 1 人、先进基层党组织 2 个、优秀共产党员 4 人、优秀党务工作者 1 人。2016—2017 学年北京联合大学"十佳学生党员"1 人、"十佳辅导员"1 人、"优秀辅导员"3 人。

(李琳琳)

【交流合作】 2017 年学院共有 40 名学生出国(境)留学深造及暑期实践。其中,学位项目有赴日本长野大学项目 5 人;交换生项目:西班牙阿尔卡拉大学交换留学 9 名,台湾东海大学交流生 1 名,日本长冈大学学位项目 5 名,墨西哥拉萨耶大学交换生 3 名,马来西亚博特拉大学 3 名,西班牙巴塞罗那自治大学 2 名。应用科技学院在 2017 年暑期组织赴荷兰撒克逊应用科技大学实践团组 9 名,暑期赴澳大利亚新南威尔士州 TAFE 学院实践团组 5 名。

(何奕平)

【实训基地建设】 严格按照实训基地各项规章制度,规范运行管理,定期维护巡检机房设备,为每台电脑进行编号管理,建立学生上机登记卡,建立实验室各项管理制度,对教师和各系实践管理员进行流程规范培训。完成实验室安全监控系统的安装测试工作,实施实践教学全覆盖监控反馈系统,采取实验室排课系统进行系部自主排课管理。完成为媒体系机房更换固态硬盘工作;完成实训基地的固定资产清查整理工作,做到账物相符,为搬到北苑校区做好准备;制定了设备日常维护与更新制度,做到软件到位、设备到位、网络到位、维修到位,确保实践教学运行稳定和高效。

(李亚利)

【合作成立"京津冀产教协同研究院"】 2 月 21 日,北京联合大学与天津市红桥区人民政府合作成立京津冀产教协同研究院签订仪式在北京广电国际酒店三楼宴会厅举行。副校长鲍泓出席签约仪式,校长助理、科研处处长杨鹏代表北京联合大学签署合作协议。应用科技学院李宇红院长、王廷梅副院长、饶志强博士等参会。双方将围绕京津冀地区产业需求定向开展重点任务和重点民生的课题研究,研究京津冀产教协同创新模式、建设以跨境电商平台为主要载体的产教融合创新实验区、推动职业教育与产业对接协同等方面开展多方位、多领域、深层次的长期合作,实现学校与天津市红桥区的发展战略的互利共赢。

(李鹤)

【联合主办全国第二届影视文创类专业产教融合高峰论坛】 3 月 25 日,全国第二届影视文创类专业产教融合高峰论坛在北京联合大学实验剧场举行,论坛由容艺传媒、北京联合大学、中国艺术职业学会等单位联合主办,由北京联合大学应用科技学院和艺术学院承办。来自全国近 120 所影视文创类相关专业的院校领导和老师参加此次论坛。

(李鹤)

【第七届外语文化节】 5月31日，应用科技学院举行第七届外语文化节闭幕式颁奖典礼暨实践成果展示会，副校长张辉、国际交流学院院长谢职安、宣传部部长孔军、学生处处长赵辉、团委书记王鹤、应用科技学院党委书记于水波、院长李宇红、副书记唐昊出席展示会。

七年磨砺，芬芳春华！每年从3月份开始，外语文化节会历时两个多月。第七届外语文化节更是取得丰硕的成果。初赛和决赛活动及外教讲座达三十多场，决赛英文短剧大赛、英语口语大赛、英文 Presentation 大赛、英语写作大赛、西语电影配音大赛、“两学一做”英文朗诵大赛、大学生英语竞赛、日语背单词大赛、英语配音大赛、外文歌曲大赛、英语背单词、法国文化知识大赛等12个项目。很多同学力争上游，展现才华，获得优秀的成绩。

应用科技学院秉承学以致用的校训，重视学生实践能力的培养和提升，将语言实践课程直接对接外语文化节，成为学院实训课程和校园文化建设的亮点。实现有机三结合：外语文化节和实训课程相结合，各班实训课程的优秀成果在外语节上展示并参加全院比赛；外语文化节与各级大赛相结合，外语节的赛事为学校全英文案例分析大赛、北京市口语大赛、全国大学生英语竞赛、全国大学生英语写作大赛等选拔出种子选手；外语文化节与思政教育相结合，赛事活动注重培养学生的创新和进取精神、提高学生思想水平、培养道德品质和文化素养，让学生成为德才兼备、全面发展的人才。该活动通过各种具有实战性的活动营造学院浓郁的外语教学氛围，拓宽学生视野，提高学生的外语学习兴趣和外语综合运用能力。

（王成霞）

【合作成立京津冀职业教育教师协同发展研究中心】 11月29日，北京联合大学与天津职业技术师范大学、河北科技师范学院联合成立“京津冀职业教育教师协同发展研究中心”的签约仪式在秦皇岛河北科技师范学院举行。副校长张辉代表北京联合大学在合作协议上签字，应用科技学院院长李宇红、副院长王廷梅、职业技术教育领域研究生黄宝珠也参加此次会议。此次签约项目由应用科技学院牵头实施。应用科技学院院长李宇红在仪式之后的论坛上表示，中心应借力国家职教战略，整合京津冀优势资源，打造职教理论研究与人才培养的品牌基地。

（李鹤）

马克思主义学院

【概况】

学院英文名称：School of Marxism of Beijing Union University

学院网址：http://marx.buu.edu.cn

院党总支书记：仲计水；院长：韩强（任职至2017年4月）。

马克思主义学院是北京联合大学二级学院，承担着全校本科生、专科生、研究生等各类学生的思想政治理论课，负责组织全校马克思主义理论学科的建设。学院下设1个综合办公室、1个教学科研办公室、4个教研部：马克思主义基本原理教研部、马克思主义中国化教研部、中国近现代史教研部、思想政治教育教研部。截至2017年底，共有教职工78人，其中思想政治理论课教师73人，行政人员5人。在73位教师中，教授12人，副教授30人。教师中具有博士学位32人。2017年马克思主义学院深化思想政治理论课“问题导入式专题教学”改革和马克思主义理论学科建设，在教学、科研、师资队伍、党的建设等方面取得显著成绩和新的进展。

（仲计水）

【教学工作】 马克思主义学院深入贯彻落实全国和北京高校思想政治工作会议精神，认真落实学校“十三五”规划，服务学校城市型、应用型大学建设办学定位，以改革创新精神推进思想政治理论课课程建设。

推进教学质量提升。认真落实党政联席会议制度，建立每周一教学例会、部务会、集体备课、全员听课制度等制度，编印教学工作简报4期，督导工作简报5期；依托学院教学指导委员会和学院思政课教学质量提升专家督导组加强对教学各个环节的质量把关和教学质量监控，2017年学院五位督导专家共计听课70余次，完成对所有任课教师的听课，年底召开反馈总结会议；重视教学过程管理，做好开学第一课组织动员和检查，强化期中教学检查，各教研部通过学生座谈、问卷调查、教师听评课等形式了解教情学情；开展本科教学工作审核评估自评自建工作，完成自评自建中期检查，各个部门针对专家提出意见落实整改。

深化问题导入式专题教学改革。启动“学科资源（科研）向教学转化”项目，推动科研成果向教学运用转化；出台《马克思主义学院关于推进本科生参加课题研究的实施办法（试行）》，吸收优秀本科生参加科研课题；立足学生特点和成长成才需要，思政课程按学生专业特点分为文史、理工、特教、艺术、高职五类，探索开展分类分专业教学改革；把具有北京特色的思想政治教育资源，包括北京红色文化、联大校情校史以及中国特色社会主义北京实践的辉煌成就,融入思想政治理论课教育教学之中;探索开展思政课程支持、促进课程思政改革,在思政课程与课程思政融合发展上深化与提升,6月,发挥“思政课程”与“课程思政”的合力,传承革命文化,打造一堂融入原创革命文化作品的思想政治理论课示范课:《坚定共产主义的崇高信仰》。在“践行核心价值观 凝聚最美中国梦”全国高校学生讲思政课公开课展示活动中,学校参赛团队获全国一等奖。11月3日,与北京大学、清华大学12所高校一起参加人民网向全国直播的“90后心中的十九大”大学生讲思政课展示活动。

(宋志强)

【学科建设】 整合全校马克思主义理论学科资源,按照申报硕士点的具体要求,重点加强马克思主义原理、中国近现代史基本问题、思想政治教育三个二级方向建设,在每一个方向下新凝练若干三级方向。

(许峰)

【科研管理】 2017年马克思主义理论一级学科申硕工作是学院工作的重中之重。在校领导大力支持下,成立申硕领导小组,召开多次专家咨询评审会、并邀请外校多位权威专家对申报材料进行评审。12月份通过北京市教委和教育部组织的专家评审并公示。

充分挖掘科研和学科优势,逐步向教学和人才培养转化。设立高层次科研课题向教学转化项目,首批试点批准6个省部级课题的转化项目。吸纳本科生参与各级课题研究。专门制订《马克思主义学院关于推进本科生参加课题研究的实施办法》,在管理机制、经费资助、奖励、考核等方面制定相应的政策鼓励政策。

成立习近平新时代中国特色社会主义思想、大学生志愿服务、城市型应用型大学思想政治教育、抗战精神、残疾大学生发展问题、社会建设、宗教政策与宗教文化、道德与法治教育8个研究所。以从校外争取各类横向、纵向课题为目标,促进学院科研项目、经费以及综合实力的不断跃升,为思想政治理论课教学水平的不断提高提供更好的支撑。

全年共获批国家级项目1项,省部级项目3项。除省部级以上项目以外,还获批一些其他项目,项目总经费达270多万元,其中纵向经费150万元,横向经费120万元,横向经费取得历史最高水平。发表CSSCI(含扩展版)论文30篇。

(许峰)

【管理服务】 做好党建工作,完成中共北京联合大学第五次党员代表大会相关工作,召开院领导班子民主生活会,完成2017年度基层党建述职评议考核工作、党风廉政建设工作。做好宣传工作,加强新闻宣传报道。加强学院环境建设,完成学院教研室、会议室装修、走廊布置、宣传设备购置。做好学院人事工作,完成新一轮全员岗位聘任工作。2017年专业技术职务晋升聘任工作,王桂芝晋升副教授。完成思政课教师岗位津贴、绩效工资和奖励津贴发放工作。根据学校要求完成工会工作、教学科研管理工作、固定资产清查工作、2017年归档等工作。

(许亚玲)

【队伍建设】 开展师资队伍建设,促进教师专业化发展。加强青年教师培养培训,学院成立教师发展中心暨名师培育营,20名年龄在40岁左右的青年教师成为成员,选聘北京市特级教授作为教练,并为培育营配备校外导师,促进青年教师更快地成长与发展。派出15名教师参加市教工委组织的思政课教师培训班、中宣部和教育部主办的高校思政课骨干教师研修班等培训班。邀请校党委副书记周志成专门给教师做“问题导入式专题教学改革”辅导,学院客座教授周溯源给大家做科研论文撰写的辅导报告。全院74名思政课教师参加北京高校思政课“开放研修平台”的选课、听课等工作。新增2名教师在职攻读博士。学院还通过召开新进教师教学座谈培训会、举办思政课课堂教学改革专题报告会等多种形式进行多方面的培训。2017年,韩强教授成功当选全国高校思想政治理论课教师2016年度影响力人物。张泽一、刘晓云教授被评为北京市思政课特级教授。王京香老师获得校级优秀教师称号、贾少英教授获得北京市优秀教师称号,林宏彬老师获得北京市社会调研二等奖。高慧芳、王利红分获2017年度北京高校师生马克思主义经典著作学术论文征文奖一、二等奖、韩强教授成果获中央组织部党建研究所优秀调研课题二等奖。

(仲计水)

【党建工作】 贯彻落实全国和北京市高校思想政治工作会精神知识竞赛和征文比赛。组织召开“十九大精神进课堂”研讨会,学院7位教师加入北京联合大学学习贯彻十九大精神宣读团。加强意识形态工作,强化对学院网、微信平台、博客等内容的监控,使得网络呈现信息积极健康、正能量不断扩大的趋势。对思想政治理论课堂教学严格管理。学校领导以身作则,亲自投入管理第一线,深入课堂听课。韩宪洲书记2017年听取闫晓峰、严宗泽、罗慧老师讲的思政课,周志成副书记听取高惠芳、刘佳、张晓昀、刘福军4位老师讲的思政课,并就强化高校课堂教学纪律,改进课堂教学方法等问题,与学院班子及教师进行座谈交流。迎接党建基本标准检查,组织撰写党建和思想政治工作自评报告、特色报告、思想政治理论课建设专项报告,准备40盒支撑材料。11月7日,市委教育工委原常务副主任张雪、在校党委韩宪洲书记的陪同下,对马克思主义学院进行现场考察,对学院党建和思想政治工作充分肯定。召开党员大会,完成党总支换届工作,仲计水、王小满、许峰、宋志强、赵婷被选为新一届党总支委员。扎实推进党建特色项目创建，推进“两学一做”常态化制度化。马克思主义中国化教研部对云南省昌宁县温泉镇5名贫困小学生开展教育帮扶活动。马克思主义基本原理教研部组织教师到昌平区十三陵温馨老年公寓调研。马克思主义学院教职工一行40余人参观辽宁省盘锦市兴隆台区广厦艺术街以及大洼区石庙子村社会主义新农村建设，学习该村党支部“两学一做”宝贵经验。

（仲计水）

【海外中国学研究中心】 北京联合大学海外中国学研究中心批准成立于2012年6月，是校级院管的科研机构，挂靠校马克思主义学院，现有专兼职研究人员近20人。2017年1月，为了海外中国学研究中心申报市级平台，按照校领导统一部署，中心组织校政治文明研究中心、北京学研究所、台湾研究院、国际交流学院、图书馆等多家部门召开多次协调会，起草并拟定申报工作方案。组织约翰·拉贝（北京）交流中心的筹建工作。同时，配合马克思主义学院申报马克思主义理论学科一级学科硕士点工作，在马克思主义中国化二级方向下设立海外中国学研究。

在承担项目研究方面，2017年海外中国学中心承担教育部青年项目“海外中国崩溃论的应对问题研究”、国家外文局“全面从严治党背景下的对外话语体系建设”、中共中央对外联络部“国际社会对十八大以来中国特色社会主义发展的评价”等项目；中心成员还承担校级课题“美国关于中国国际角色的研究”“‘一带一路’背景下域外对华意识形态输出策略转向与中国应对”等项目。

12月16日举办北京联合大学海外中国学研究中心成立5周年暨“中共十九大与海外中国共产党研究”学术研讨会，以及约翰·拉贝（北京）交流中心筹备启动仪式2场大型的学术活动。参加这两次会议的有来自中央编译局、中央党史研究室、中共中央对外联络部、中国人民对外友好协会、中国人民抗日战争纪念馆、中国国际友人研究、北京档案馆、中国人民大学、中国社会科学院、上海社科院、北京外国语大学、北京市社科规划办、北京市委党校以及学校政治文明研究基地、台湾研究院、北京学研究所和海外中国学研究中心近20家单位、100多位领导、专家和老师的参加，取得良好的学术和社会影响。

（许峰）

【中央组织部党建研究所课题获奖】 3月20日，学院韩强教授主持完成的中央组织部党建研究所2016年重点调研课题“习近平总书记党建思想研究”的子课题“习近平总书记党建思想的理论和文化渊源研究”，被中央组织部党建研究所评为优秀调研课题二等奖，这也是学院主持完成的中组部课题中第四次获得二等奖。这一成果曾发表于《中共宁波市委党校学报》2016年第4期，人大复印报刊资料《中国共产党》2016年第11期全文转载。

（仲计水）

【马克思主义学院建设研讨会】 4月18日，学校在北四环校区召开马克思主义学院建设研讨会。会议旨在深入贯彻落实全国和北京市高校思想政治工作会精神，研讨马克思主义学院建设和发展的规律性，提高思想政治理论课教育教学和马克思主义学科建设水平，回顾总结北京联合大学马克思主义学院成立一年来的工作。校党委书记韩宪洲出席会议，市委教育工委宣教处干部刘冰，北方工业大学马克思主义学院院长、总支书记张加才，中央民族大学马克思主义学院副院长邵士庆，中国传媒大学马克思主义学院副院长刘东建等兄弟院校马克思主义学院负责人应邀参加会议。

（仲计水）

【教育部思政专家王炳林到学校】 为深入贯彻落实全国高校思想政治工作会议精神，切实增强大学生思想政治理论课的针对性、实效性，教育部启动2017年“高校思想政治理论课教学质量年”工作，派出专家到全国高校听评思政课。5月23日，教育部社科中心主任王炳林教授到学校听评思想政治理论课，马克思主义学院仲计水书记，副院长王小满、王恩江陪同听课。

（仲计水）

【市级思政课“名家领读经典”活动】 5月25日，学校市级思政课“名家领读经典”活动阶段性总结及后续工作启动会在校本部教学楼1013教室成功举办。马克思主义学院王恩江副院长、校学工部（处）李超副处长、学院刘福军副教授以及50名学员参加会议。学校市级思政课五个小组的学员代表陈宝峰、莫清宇、谢丽伟、薛丽娟、顾雨萌等同学分别上台发言，与大家分享自己前一阶段的学习体会和人生感悟，一致认为牢固树立科学的世界观、人生观、价值观对个人的成长成才至关重要，青年学子应更加坚定中国特色社会主义道路自信、理论自信、制度自信、文化自信。

（仲计水）

【建立辽宁省内社会实践基地】 为深入贯彻落实全国高校思想政治工作会议精神，培养能力强、综合素质高的优秀教师，提高思想政治教育的针对性和实效性，9月22至23日，学校马克思主义学院社会实践基地分别在辽宁省盘锦市、锦州市举行揭牌仪式。

9月23日，马克思主义学院社会实践基地揭牌仪式在盘锦市兴隆台区广厦艺术街举行。院党总支书记仲计水、副院长王小满、副院长许峰，兴隆台区区长陈宝库、副区长许文欣出席揭牌仪式。

（仲计水）

【北京高校学生讲思政课公开课展示活动获奖】 9月23日,在北京林业大学举行的北京市“践行核心价值观 凝聚最美中国梦”北京高校学生讲思政课公开课展示活动中,学校参赛团队在18个北京高校参赛团队中(包括所有北京高校教学改革示范点高校团队),获得总分第1名,获一等奖(一等奖共3个)。

学校参赛团队由应用文理学院李润杰同学,管理学院韩霄霞同学,艺术学院孙志玮、张冠森、欧阳子健、王新宇、赵紫圆、杜庆典共8位同学组成。他们在比赛中发挥出色,获得评委的热烈的掌声和充分的肯定。

接到市委教育工委的比赛通知,马克思主义学院高度重视,成立以学院党总支书记仲计水为组长,马克思主义基本原理教研部主任张英姣,思想政治教育教研部教授贾少英,马克思主义中国化教研部主任王桂芝为成员的工作组。此项工作也立即得到校团委和艺术学院领导的大力支持,分别指派李焱副书记和刘畅老师参加这项工作。大家开展准备工作,多次研讨参赛计划,仔细选择讲课章节,认真准备教案;校团委精心挑选参赛选手;艺术学院组织学生参加排练和合练。经过多次修改教案和反复排练,使讲课内容日益充实,表演技术不断纯熟,在比赛中充分展示努力的成效。这次比赛优异成绩的获得是马克思主义学院、校团委和艺术学院共同努力的结果,充分展示团队合作的力量。

(仲计水)

【院级研究所成立大会】 为了深入贯彻落实全国和北京高校思想政治工作会议精神,提升学院的科研实力和水平,促进科研教学深度融合,使科研更好地服务思想政治理论课教学。10月13日,马克思主义学院在3A楼五层第六会议室,召开院级研究所成立大会。校科研处副处长张波出席会议,学院全体教职工参加会议。会议由副院长王小满主持。

许峰副院长宣读马克思主义学院关于成立城市型应用型大学思想政治教育研究所、习近平治国理政思想研究所、残疾青年发展问题研究所、大学生志愿服务研究所、抗战精神研究所、社会建设研究所、宗教政策与宗教文化研究所、道德与法治教育研究所8个院级研究所的通知。

(仲计水)

【十九大开幕式观看及座谈会】 中国共产党第十九次全国代表大会18日在人民大会堂开幕。马克思主义学院组织教师在教学楼4029集中收看开幕式直播。

教师们聚精会神地全程听完习近平总书记代表第十八届中央委员会向大会做题为《决胜全面建成小康社会 夺取新时代中国特色社会主义伟大胜利》的报告,都深受启发和鼓舞。听完报告,学院立即举行座谈会,老师们发言畅谈自己对十九大报告的理解,普遍感受到作为思政课教师身上的责任更加重大,表示要尽快地加深领悟和吸收,把十九大精神融进课堂。

(仲计水)

【本科审核评估评建中期检查】 按照学校关于开展本科教学工作审核评估自评自建中期检查的工作要求,10月26日,马克思主义学院迎来以顾志良教授为组长、赵胜年教授为副组长的共9人的学校专家组到院检查指导工作。

根据中期检查基本工作要求及流程,专家组首先听取学院党总支书记仲计水关于学院开展评建工作的汇报。随后专家们分组分别审阅和检查教师教学文件和试卷、走进课堂考察教师授课环节、考察学院教学服务设施、听取学院领导班子成员、教师代表对于学校和学院评建工作中的意见和建议。

(仲计水)

【庆祝十九大中俄学者座谈会参会】 党的十九大胜利召开,引起世界的高度关注。俄罗斯《中国与俄罗斯》主编弗拉基米尔·别列日内赫、《新一带一路》编辑和奥列格·别列日内赫在会上介绍自己对十九大的感受和见闻。

曹耘山介绍近期受上级委托率团赴俄罗斯远东地区伊尔库斯科、赤塔、哈巴罗夫斯克、符拉迪沃斯托克4个城市的档案馆和相关资料机构查找档案资料的情况,并就在沿途遇到一些与党史研究、红色及生态旅游相关的问题同与会专家学者进行深入探讨,就进一步开展中俄远东地区合作研究的项目提出设想。

马克思主义学院副院长许峰向与会专家介绍海外中国学研究中心的研究特色、研究成果,表示马克思主义学院将在落实党的十九大精神过程中进一步推进海外中国学研究中心的工作更好地发展。

(仲计水)

【北京元素融入思想政治理论课研讨会】 11月7日,马克思主义学院召开北京元素融入高校思想政治理论课研讨会,校党委副书记周志成、马克思主义学院领导班子成员、部分教研部主任和教师一同参加研讨。

研讨会由马克思主义学院党总支书记仲计水主持,闫晓峰老师介绍北京元素融入高校思想政治理论课的设想、步骤和思路,与会成员充分发表建议和意见。周志成在认真听取介绍、建议和意见后与参会成员一道进行更为深入探讨,界定北京元素融入思想政治理论课的内涵与外延、探讨研究方案和实施方案及其成果形式,特别指出北京元素融入高校思想政治理论课是问题导入式专题教学的拓展与延伸,要结合北京联合大学的办学定位和业已展开的“因专业施教、分类教学”相互融通尽快推进,努力提高思政课的感染力和针对性,打造具有北京特色的高校思想政治理论课,更好地完成立德树人的根本任务，为建设“城市型、应用型”大学做出更大贡献。

（仲计水）

【马克思主义学院第一届“教代会”第四次会议召开】 11月17日，北京联合大学马克思主义学院召开第一届教职工暨工会会员代表大会第四次会议。大会审议并一致通过《马克思主义学院思政课教师岗位补贴发放办法》和《马克思主义学院奖励津贴发放方案》。大会由学院党总支书记、工会主席仲计水主持。

（仲计水）

【“名家领读经典”市级思政课】 11月29日，学校在北四环校区承办“名家领读经典”北京高校市级思想政治理论课第七讲，课程主题是由北京大学国家发展研究院李玲教授主讲的“新时代健康中国与深化医改”。来自北京联合大学、中国人民大学、北京理工大学、北京化工大学、北京航空航天大学、北京中医药大学、北京信息科技大学的290名学员及其班主任参加课程学习。学校马克思主义学院党总支书记仲计水、学生工作部部长赵辉出席。本讲由学校学员李亚泽同学主持。

（仲计水）

【社科院专家到院讲座】

11月30日，马克思主义学院邀请中国社会科学院马克思主义研究院陈亚联研究员在教学楼1013为学校师生宣讲十九大精神，马克思主义中国化教研部王桂芝主任、林宏斌老师以及北四环校区部分学院学生近200人参加报告会。王恩江老师主持报告会。

陈老师结合大会主题介绍十九大盛会基本情况。他紧扣十九大报告原文，从新时代、新思想、新矛盾、新目标、新成就、新部署、新要求等方面全面解读十九大精神，强调要从概念上、内容上以及理论方位上学懂弄通新时代中国特色社会主义思想，要引导青年学生更加深入、全面地学习理解党的十九大精神。报告会结束后，陈老师与在场师生进行互动交流。

（仲计水）

【北京高校思政课各课程研究会比赛获奖】 2017年，北京高校思想政治理论课各课程研究会教学比赛分别在北京大学、首都师范大学等高校举行，学校马克思主义学院共选派4名教师参加思政课教学比赛活动。李秀芝、刘福军老师分别获“毛泽东思想和中国特色社会主义理论体系概论”“中国近现代史纲要”课教学比赛三等奖，王京香、张英姣老师分别获“思想道德修养与法律基础”“马克思主义基本原理概论”课教学比赛优秀奖。

（仲计水）

国际交流学院

【概况】

学院英文名：College of International Education

网址：http://cie.buu.edu.cn

院党支部书记：谢职安（任职至2017年5月2日）；书记：牛爱芳（自2017年5月2日任职）；院长：谢职安（任职至2017年7月7日）。

2017年5月2日，经校四届党委第165次常委会研究决定：牛爱芳任国际交流学院党支部（直属）书记（副处级）；谢职安不再兼任国际交流学院党支部（直属）书记职务。

7月7日，经校四届党委第174常委会研究决定：谢职安不再担任国际交流学院院长（正处级）职务。

党支部书记、院长谢职安，党支部书记牛爱芳：谢职安主持学院党政全面工作，全面负责教学、科研、行政管理工作，分管学科建设和专业建设、质量工程、人事、财务；牛爱芳分管党建、组织、统战、纪检监察、工会、信息化建设。

副院长冯丽霞：分管教学、科研工作。

副院长马松涛：分管留学生招生、后勤、保卫等工作。

6—7月，学院根据《北京联合大学2017年岗位设置办法》（京联党〔2017〕74号）以及学校对学院所设岗位的批复，制定国际交流学院行政机构设置、岗位设置方案，报学校人事处批准后予以实施。随后，按照学校有关文件的要求完成教师岗和管理岗聘任的工作。

2017年，学院共有专职教师20名，其中40岁以上教师12名，30—40岁教师8名。拥有博士学位教师9名，硕士学位教师11名。教师中具有高级职称的7人，中级职称的13人。为保证教学任务的完成，学院另有外聘教师30余名。

学院设有综合办公室、教务办公室、招生办公室、公寓管理办公室和韩语中心等管理部门。

综合办公室是学院行政综合办事机构，负责统筹协调、信息枢纽、公文处理、对外联络等工作；招生办公室负责留学生招生及签证管理等工作；行政办公室全面负责留学生公寓的管理工作；教务办公室负责学院对外汉语教学工作的规划、组织、实施以及教学运行、教学管理、教学研究、教学质量监控管理等职能，包括对外汉语教学的课程设置、教学大纲、教学计划的制定、安排课程，保证教学质量的有效落实、教学进度的有序进行。韩语中心全面负责与韩国方面的留学生教学及管理工作。

学院对外汉语教学有语言生、本科生、研究生等多种层次,成绩合格的留学生分别获得学校颁发的结业证、毕业证及学位证书。

截至2017年底,学院有在读研究生53人,本科生162人,语言生334人。

(杨晓麟)

【教学工作】 2017年,本科生四个专业国际经济与贸易、汉语言(经贸)、汉语言(师范)、国际商务(英文授课)共开设85门次专业课程,同时国际经济与贸易专业四年级、汉语言(经贸)四年级的学生在学校管理学院与中国学生一起学习完成1门次专业课。完成长期语言生27个班次、26门课;完成泰国、美国、俄罗斯短期班学生100余人次的教学任务。

本年度汉语言(师范)、汉语言(经贸),国际经济与贸易,国际商务(英文授课),旅游管理,酒店管理,新闻学,法律学,英语语言文学专业共有88名本科毕业生。

新增南非中国来华留学实习项目,主要特色是汉语及专业课程学习和实习的结合,共105名学生3—7月在学校学习汉语及相关专业课,7—12月赴苏州、唐山以及本市房山区、大兴区等地工厂实习,取得一定的实效。

(申莉)

【学科专业与队伍建设】 学院继续"一体两翼三融合"人才培养模式,致力于培养"知华、友华、爱华"的人才,使语言教学、专业教学、文化教学相融合,将第一课堂、第二课堂和第三课堂有机结合,促进人才的培养,不断探索新的人才培养模式。

切实抓好语言平台课建设,细化级别,由原来的五个级别细分为五大级七小级,使各级别课程和难易度更加合理化。重新审定各级别的负责人,并制定相应的政策鼓励担任级别负责人的老师,拟定级别负责人的工作职责,增加级别总负责人,由教授带队,提高专业水平的管理能力。

(申莉)

【科研工作】 发表E1级期刊论文12篇;出版专业著作2部;获得和完成各级教研、科研项目14个,其中省部级项目2项、横向项目2项、B2级项目1项、校级项目7项。

(申莉)

【学生活动】 学院分别于3月和9月举办"新生新校心家"活动,共588人次参与此活动;3月和10月举办"一对一"中外学生交流活动,留学生参与活动人数为200余人次;5月举办"一带一路一家人,和谐友爱世界梦"为主题的第七届国际文化展,来自南非、泰国、韩国、俄罗斯、美国等10余个国家的留学生参与表演及本国文化展示活动。

以"品味中国"为主题的留学生文化社会实践系列活动为学院本年度新推出的特色活动。学院组织赴山西大同、河北承德及华东三市(苏州、无锡、上海)三次"京外"活动及"北京的秋"为主题的"京内"活动。并依托此系列活动,在院内开展留学生征文比赛及摄影比赛活动,共计400余名留学生参与其中。

组织学生参与"联大杯足球赛""联大华音歌手大赛"等校级比赛。均取得优异的成绩。

学院开展丰富多彩的传统文化研修课程,包括书法、国画、中医、剪纸与中国结、茶艺、功夫、餐饮制作等,来自俄罗斯、泰国、韩国、日本、德国、美国等多国留学生200余人次参加到文化研修课当中。

(申莉)

【北京市及"一带一路"外国留学生奖学金发放】 2017年北京市教委拨款240万元作为北京市政府外国留学生奖学金,对学院品学兼优的外国留学生的学费进行资助。学院本着公平、透明的原则,专款专用,对申请奖学金的留学生进行全面考核,综合留学生一年来的表现,根据学生出勤、平时成绩、期末考试成绩等,春季学期和秋季学期分别评选出225名和218名留学生并发放奖学金。

下半年,北京市教委拨款150万元作为"一带一路"专项奖学金,对学院来自"一带一路"沿线国家的品学兼优的外国留学生进行学费资助。学院高度重视,专款专用,对"一带一路"沿线国家的外国留学生进行全面考核,评选出71人并发放奖学金。

(申莉)

·毕业生名录·

硕士毕业生名录

一、毕业研究生名单(123人)

考古学(12人)

刘佳月　于觐诚　彭　媛　王亚红　岳嘉蕾
孙　涓　郭迎亚　陈琳旭　高峤朕　汪　洋
乔　婧　王晓光

专门史(26人)

王一鸣　钟　叶　敖成涛　周建伟　石　彬
吴陈舒　朱　佳　杨广霞　黄峻枝　何　露
张雅倩　郝辉辉　杨　帆　石爽毅　赵永康
乔　婷　陈诗琪　冯婷婷　郭涛利　郝　强
王　帆　刘会靖　王守印　王　娴　郭东东
长孙文正

计算机科学与技术(10人)

杨建锁　张熙峰　路凯强　宋晓帅　邢　邗
权　潇　廉腾飞　陈秋瑗　李　强　员娇娇

软件工程(17人)

郑永荣　池　悦　赵新超　李　超　张飞飞
刘彩霞　张　勇　关泉珍　唐　正　谭智勇
仝小露　张　琪　王　松　王　迪　周　杰
张雪鉴　陈　旭

食品科学与工程(11人)

高　亚　李勇超　陈世杰　曹雪莲　陈　琳
宋　瑜　魏文娣　齐心洁　武雪玲　李　萍
范慧珍

工商管理(19人)

王　言　潘　禹　屈　乔　吴昱芳　杨卓娅
左茹霞　董玉环　宋金飞　李　倩　岳润涵
张育芬　尹进文　张雅坤　朱子木　黄玉婷
张青松　马嫣阳　罗　丹　何子威

金融(硕士专业学位)(5人)

郑建伟　郭竞尤　张国君　凌丽萍　李冬梅

法律(法学)(硕士专业学位)(6人)

米泉硕　胥铁军　杨　佩　赵致冉　刘　月
洪　雾

教育(硕士专业学位)(17人)

刘　扬　佘丽娜　徐　亭　石　锐　胡佳硕
李迎秋　李梦娇　刘　楠　李　蒙　夏苗苗
徐娇娇　王启忱　李　佳　李　阳　李乔珊
耿胜男　徐丹丹

二、获得硕士学位的毕业研究生名单(123人)

历史学硕士(38人)

考古学(12人)

刘佳月　于觐诚　彭　媛　王亚红　岳嘉蕾
孙　涓　郭迎亚　陈琳旭　高峤朕　汪　洋
乔　婧　王晓光

专门史(26人)

王一鸣　钟　叶　黄峻枝　周建伟　石　彬
吴陈舒　朱　佳　杨广霞　长孙文正
何　露　张雅倩　郝辉辉　杨　帆　石爽毅
赵永康　乔　婷　陈诗琪　冯婷婷　郭涛利
郝　强　王　帆　刘会靖　王守印　王　娴
郭东东　敖成涛

工学硕士(38人)

计算机科学与技术(10人)

杨建锁　张熙峰　路凯强　宋晓帅　邢　邗
权　潇　廉腾飞　陈秋瑗　李　强　员娇娇

软件工程(17人)

郑永荣　池　悦　赵新超　李　超　张飞飞
刘彩霞　张　勇　关泉珍　唐　正　谭智勇
仝小露　张　琪　王　松　王　迪　周　杰
张雪鉴　陈　旭

食品科学与工程(11人)

高　亚　李勇超　陈世杰　曹雪莲　陈　琳
宋　瑜　魏文娣　齐心洁　武雪玲　李　萍
范慧珍

管理学硕士(19人)

王　言　潘　禹　屈　乔　吴昱芳　杨卓娅
左茹霞　董玉环　宋金飞　李　倩　岳润涵
张育芬　尹进文　张雅坤　朱子木　黄玉婷

张青松 马嫣阳 罗 丹 何子威

教育硕士专业学位(17 人)

刘 扬 佘丽娜 徐 亭 石 锐 胡佳硕
李迎秋 李梦娇 刘 楠 李 蒙 夏苗苗
徐娇娇 王启忱 李 佳 李 阳 李乔珊
耿胜男 徐丹丹

金融硕士专业学位(5 人)

郑建伟 郭竞尤 张国君 凌丽萍 李冬梅

法律(法学)硕士专业学位(6 人)

米泉硕 胥铁军 杨 佩 赵致冉 刘 月
洪 雾

(研究生处提供)

本科毕业生、结业生名录

一、应用文理学院

本科毕业生 639 人,专升本毕业生 164 人,本科结业生 1 人,专升本结业生 1 人。

法学(本科)

毕业生(65 人)

杨盈盈 谢冰伦 张 丹 车若雯 解 媛
帅 玲 周昕宇 杨 珝 徐凌凌 李永强
白一男 刘昊霖 邓晓彤 谢雨含 刘彦麟
杨建一 万佳琦 陈小木 楼航瑜 张春叶
杨佳訾 崔玉东 杨博涵 李清润 兰秀莲
肖 晶 王春霖 贾 梦 赵 萌 尹昊南
黄宏涛 刘超豪 安兰兰 张 瑗 许 雯
刘乐昕 张兴文 危芋鑫 胡学明 王可心
段 波 古丽米娜·玉素音 陈凯旋
胡童鹤 张明礼 胡京秀 李 伟 赵世豪
孙 鑫 刘 辉 孙 欣 王雪净 石 珊
齐家骏 杨 阳 张菀悦 吴 伋 王玥晨
李慧梅 刘艳娜 闫心语 杨宾调 刘 莹
田昆勋 赵佳音

法学(专升本)

毕业生(79 人)

田原彰 郝玉珊 牛 欢 王 丹 彭 森
邹 楠 胡娅琪 张 楠 纪文轩 张靖朋
毕 依 王亚楠 王艳艳 陈 雷 赵婷婷
王鑫阳 张 斌 薛媛媛 王誉然 佟世贤
赵天丽 李思柳 姜 娜 王昊腾 许新华
杨志义 王建新 孙玥玥 杨珺雅 何 卿
张 璿 马子彦 周佳毅 康佳旺 赵世龙
杨利伟 谢武松 熊志宇 李梦雅 陈天艺
解建元 王雪迎 谢依依 王 岩 吴 慧
赵思宇 杨 阳 张铁柱 刁忆南 胡 亮
李 贤 薛李媛 胡艳琦 陶 晗 刘天娇
张廷玉 万 瑶 柳 溪 王安琪 曹 杰
成训庭 李 宵 徐倩宜 万华柳 孟 旭
王 雪 王 雨 张 平 陈健华 司明明
黄薪宇 陈建新 刘冰冰 贾文丛 张佳楠
王 硕 魏志鹏 李博文 刘玉涛

汉语言文学(本科)

毕业生(31 人)

梁 丹 王梦雅 张子龙 王伟瑶 张子妍
柳天骄 柳皓宇 麻 悦 张怡培 刘一鸣
王子健 李吉洋 罗美靖 张京粤 赵月溪
苏 仪 隗梦頔 芦 颖 王梦雅 蔡紫薇
鲍俐文 金晓澜 李雪彤 李 响 王国丽
李乐晨 金瑀璠 马晓芸 杨 蕾 何佳兴
戴 慜

新闻学(本科)

毕业生(51 人)

段炳森 毕 成 王小瑜 彭玉全 褚雪洁
郭昱卿 邱 丽 左 佑 张心雨 郑慧欣
侯妍珈 严晓微 张 姣 张 柳 赵 畅
石 卉 姜 祎 于 萌 李秀华 罗沐寒
齐雅文 王 阔 成心如 张嘉悦 何丽丽
罗俊夫 吴崇伟 周 源 龚晓远 张雨恬
张 薇 连 润 李雅坤 李婷婷 王东升
裴 彤 曹家源 李煜辉 陈 坚 于惠蒙
袁丽娟 刘 倩 黄 达 徐星星 赵 壮
麻雅楠 吴弘磊 孙 涛 张 琳 范 琳
王 蓉

新闻学(影视传播)(本科)

毕业生(44 人)

陈经宇 秦琪琪 杨 芳 冯楚懿 孙宁悦
杨雨萱 苏鹏宇 黎 想 孙旭东 廖崇希
巫倩敏 李元军 章 玥 黎楚琦 席国斌
张晨雪 赵燕婷 刘 真 路 瑶 杨柳依

陈　阳　赵　晗　谢　跃　司　萌　李文旭
卢环嫡　徐修齐　李　涵　卢　晨　史鸾阳
王　晓　王温庭　刘　祎　金　鑫　赵　唯
张田宇　郑静怡　楚馥阳　廖常江　何　敏
陆子琪　黄钰林　戚　雰　胡耀中

新闻学(专升本)
毕业生(33 人)
柳　晓　曹亚敬　王　菲　闫晓芳　张　爱
王玉霞　耿子叶　杨城祥　赵晓月　王　桥
李唯倩　郭诗琦　周子申　邹晓懿　吴燕如
赵楠楠　赵丽星　杨郑宇　陈　蓉　王路遥
宋　帅　武　洋　张　莉　王楠楠　郭　南
贾晓茹　陈媛远　孟丽娜　魏文林　闫俊杰
李　惠　李　萌　范晓荟
结业生(1 人)
卢端君

广告学(本科)
毕业生(55 人)
左　爽　王　雨　杨思禹　袁　源　钟涵轩
赵　妮　刘家琛　王德志　尉迟明朗
尹　静　张　妍　孔令雪　郁璐辉　胡雯艾
何彦峰　闫一杰　贾小爽　王小东　陈荣康
王梓涵　赵祖祎　冯羽豪　杨　艺　王玥宁
吴　彤　丁丝蕊　蒋海妮　杨逸涵　黄萍安
刘　晴　臧家豫　赵春燕　高一童　王紫宸
郭小琳　齐琳琳　姚　冬　马　妍　黄　晶
郝佳俊　杨若蘭　李天星　孟关宇　赵　瑞
刘紫逸　侯一曼　赵云婷　李梦瑶　张渝萍
刘孟宇　唐　琦　李璐珈　张思雨　王　博
高　晶
结业生(1 人)
郭　豪

广告学(专升本)
毕业生(5 人)
班妍然　张艺飞　任思雨　曾梦琪　王　及

网络与新媒体(本科)
毕业生(30 人)
彭世春　段香琴　方　泽　侯姝曼　付圣杰
耿　硕　张子涅　张　蓉　段璎钊　王怡璇
张婷芳　张　帆　王　奕　袁铃坪　吴　迪
石雪晴　潘梓卉　刘　璐　赵天一　郑　悦
周稚仪　王　琳　徐　驰　陈逸桐　杜冬雨
穆晨翔　魏芳涵　周　赛　李　璐　常　帅

历史学(文化旅游)(本科)
毕业生(2 人)
温　馨　薄　乐

历史学(文物博物馆)(本科)
毕业生(29 人)
袁宇倩　杨　皓　李雪松　李　爽　李乐宇
翟　召　陈艾康　吴　桐　陈天奇　何　姗
南　希　郝　惟　李　晨　朱　敏　李　茹
芦宇桐　王　玥　刘　殷　刘　璐　佘雅彤
肖德胤　郭聿欣　王雪玚　杨　磊　孙　熹
唐　艳　邱雅楠　罗雅文　王　栋

历史学(文化遗产)(本科)
毕业生(52 人)
杨振铎　陈　磊　盖宇鑫　陈　姗　王雨晴
鲍司辰　朱颖文　宋可名　屈韵哲　张鹏飞
韩　琪　邓晶晶　王诗云　顾思琪　李婧楠
杨思佳　秦　依　倪　莎　刘东昱　刘　佳
王佳鑫　李夏普　杨　玘　孟昕蕾　牛　辰
杨　然　李劭君　唐博伦　马伟洲　邓婉莹
王　静　陈思羽　邢云翔　李　朦　王旺先
刘诗洋　孙旭彤　杜　爽　张　平　李昱含
黄文妍　陈靖尧　李鹏宇　沈　祎　李雅婧
张可欣　刘　畅　赵　晖　韦婧婧　马　研
范鑫维　陈文超

人文地理与城乡规划(本科)
毕业生(70 人)
付中康　路　顺　刘入玮　赵　凤　杨剑锋
王宇佳　徐天慧　刘孟君　张虹婧雯
韩永超　刘宇辰　白浩杨　李继宏　汪晓莉
苟盼盼　马亚菲　阮　萍　蔡　晨　曹普晋
周　洁　李　祎　徐　沫　桑宇坤　裴兴宇
卢思雨　马　腾　邢佳璐　胡　婷　方　烨
史　男　陈　醇　季晓染　李　璇　丁　怡
王　凡　李安琪　闵　阳　赵一帆　秦胜辉
郑艳菲　周英莺　田英民　崔莎曼　孙一宁
谭文昊　任利利　郭若男　刘　玥　来　天
冯薇文　陈兴儒　梅宇晨　张韵笳　罗红玉
范聪丛　张晓星　牟　燕　郭一鸣　段小彤
张政东　田　昕　张宇航　王　硕　刘　捷
郎添凯　蒲禹明　陈嘉瑛　郭琳月　李　洁
漆鸿玮

地理信息系统(本科)
毕业生(1 人)
武　闯

地理信息科学(本科)

毕业生(47 人)

周天泽 迟 帅 陈思雨 李佳丽 王佳贺
周 莹 张 凡 郭 翠 张 骕 柳相宇
马 凯 尤海蓉 贾雨昕 赵 洋 吴梦瑶
白慧文 王 玥 张 洋 刘 迪 张 冉
费思芸 马睿彤 许双双 朱 莹 寇成龙
王晨阳 史佳俪 杨 晨 石 蕊 郑雪冰
袁三明 雷 蒙 李熙旸 周运才 齐震宇
冉鑫迪 曹 可 丁 楠 金海宇 张梓祺
郑丽莹 席 萌 宋 鸽 张雨新 刘 艺
赵君柱 张平莲

生物技术(专升本)

毕业生(25 人)

邵振天 孟昭钧 付 晓 李 彤 胡小霞
房亚洲 李华鑫 李 燕 李 洋 费晋琳
王 蕊 吴安琪 杨 杰 王凌森 王笑妍
双宝莹 李 婷 赵燕婕 陈可心 侯思宇
崔贺雯 陶 陶 白司辰 李 莹 秦英晨

信息与计算科学(本科)

毕业生(5 人)

罗 悦 杜 昊 张天旭 方 舟 曹家兴

食品质量与安全(本科)

毕业生(51 人)

张仁嵩 田晨旭 张博恺 张赛杰 陈梦卿
赵 烜 金 蕊 刘思睿 黄 蓉 白松源
丁 宁 程玮琦 郭淑琴 柯丹乔 刘淏田
倪婧珲 张天怡 高踏雪 王 华 张荣颜
严 桐 袁 姗 刘明珠 陈欣妍 任 娜
朱光宇 何 芯 陈柳翡 陈梦松 岳小琪
张 凯 宫美玲 张 锐 崔倩倩 魏芬芬
岳利鑫 褚 妍 刘 瑶 赵天旭 李 依
王金霞 尹 畅 杨智杰 袁姗姗 李 萌
曲丽洁 刘笑红 王雨濛 杨泽锋 赵彦雪
鲍妍琳

食品科学与工程(食品营养)(本科)

毕业生(31 人)

刘 伟 杨泽旭 李伯超 栗 磊 祁 静
丁何畏 杨钦渌 杨清雪 王方辰 苏 杰
潘 妍 吴思韬 易 璐 杨 双 王骅悦
靳晓红 张文迪 刘 丹 张 意 王雨楠
卓婷烨 高新萌 姜 敏 刘思序 何 怡
钱逸璋 石 倩 毛坚毅 郭清介 舒文灏
杨郑敏子

档案学(信息开发)(本科)

毕业生(73 人)

朱博巍 董珂含 许 丹 伍嘉丽 赵 超
段 楠 马雪薇 封金利 高新竹 贾祎然
张 旭 李 莹 李明柳 刘 硕 韩 雨
孟 竹 李 悦 马靖云 刘 蕊 楼梦晗
王 斌 栾晓峦 苏 萌 许婉仪 杨 阳
姚婧宇 孟 欣 王雨珊 赵思萌 崔雪莹
张欣宇 张金然 王思琪 帅冠丞 温馨梦
谢丛薇 王天琦 田 甜 韩冬雪 霍沂辰
杨子豪 周春蕊 高若然 曹典典 代 君
金 蓝 曹 珊 付怡然 刘 琪 李 冉
王子洋 班 雯 刘丹阳 陈 畅 傅 晨
左安娜 郭 嘉 吴海波 张 蕾 王 雨
曾 锴 何羽馨 范欣宇 刘希宇 王梦璇
王 丹 张铭玮 闫梦然 吕婉婷 罗安娜
陈 雪 董松涛 王琳淇

档案学(专升本)

毕业生(22 人)

赵 琦 何静静 段欣迪 李 雪 陈狄馨
景 维 秦成琳 卢 伟 崔寒晴 蔡一丽
翁 曈 鲁香君 陈 曦 胡雪飞 史紫薇
王晨光 陈 稳 吴 凡 杨金泽 韩翠薇
田思凡 刘章一鸣

资源环境与城乡规划管理(本科)

毕业生(2 人)

贾佳琦 张 熙

二、师范学院

本科毕业生 320 人,专升本毕业生 11 人,本科结业生 3 人。

汉语言文学(本科)

毕业生(63 人)

穆欣宇 张 珊 朱 源 石 佳 刘一诺
赵京豫 李倩雯 刘 倩 赵 莹 徐 美
路思雨 扈紫薇 李文静 艺 赫 刘 芳
刘莉莉 孙婉婷 崔佳月 董歆歆 杨晓涵
裴思莹 张 楠 杜婧铭 刘依依 侯 俊
吴钰洁 牛瑞祺 康 超 徐 颖 刘雨涵
卢笑莹 李清煜 邢少东 高 雅 胡雨宁
刘安琪 李欣媛 傅春辉 王雨薇 刘炫彤
胡锦程 郑鑫园 白丽文 张童杰 刘 頔

郜　唯　郑鹤逸　李鑫蕊　郑海萌　张　悦
王婉娇　陈　辰　徐玟静　李　迪　刘　凯
郭馨蕊　王博翔　张云波　王　蒂　张宇飞
刘宇辰　王凤朝　张宁月

音乐学(本科)
毕业生(34人)
杨　桐　杨鸿蕾　周玄坤　张玲玮　姜雨萌
周　璐　王宣淇　金　梦　欧阳清蓉
安述琛　许可欣　桑　琳　高铁英　王媛旖
张　爽　李叶宁　郭　洋　张　琦　余梦琪
李　鑫　李汶嫔　胡　宇　张博学　黄馨谊
李佳遥　王之丹　于冠琪　成亦然　何振宇
陈　晨　周明铭　羊芊潼　高启翔　任申锦美
结业生(3人)
涂思承　苑仕林　于嘉麟

音乐学(专升本)
毕业生(11人)
刘佳莹　董晓玉　宋可馨　石　伦　张艺凡
曹　媛　吴众烨　张暄曼　李　爽　李伊敏
李　莉

应用心理学(本科)
毕业生(59人)
倪凯鸣　任海鑫　冯　思　牟雅洁　边　赞
魏　芳　马国玉　崔天爱　秦　越　赵　丹
张鸿超　孙冉皓　付昕妍　吴嘉颖　高　侨
洪思源　鲁欣培　谢允孟　王梦洁　张美林
程思雨　王皓月　丁　玥　宋美慧　尹若月
刘　铜　陈庆秋　张　弛　王　诺　吴若娇
魏宁婧　瓮　妍　康　玥　王天赐　雒欣蕾
于　帅　蒋思宇　王晓宝　于梦杰　张　禹
张　毅　王　林　崔佳玮　徐洪月　项　晴
刘振宗　张　锦　刘　悦　刘　娅　王梓钰
瑞璇玥　丁晨茜　王艺镝　魏　青　刘晓松
董思遥　王　佳　王　昊　刘丹阳

电子信息工程(本科)
毕业生(2人)
薛　明　王天威

英语(本科)
毕业生(58人)
王　妍　刘天华　车宇豪　马　可　朱　淼
刘婧怡　张　莹　肖茉含　盖靖雯　赵　阳
张鹤婷　张庆盼　柳露霞　李新禹　周玥彤
王　琪　廉　玮　田　冰　刘嘉琪　朱雅婷
郝凌一　张晓萌　王宝珠　周思湑　徐仁硕
田海潮　李　楠　李敬宇　许　诺　刘　烁
张义旋　王雨璐　贺敬雪　王　莹　许　诺
徐沛文　王　越　杨　熹　刘　晨　马　蒙
张祎恬　孙　衡　袁罗希　崔文静　胡雨欢
徐　岩　刘　楠　周楚昀　王　荻　徐　依
刘　靓　商钦尧　李　爽　薛伊琪　安立娜
张　哲　窦嘉雯　戴　路

计算机科学与技术(本科)
毕业生(49人)
郭铁麟　钟　征　李　跃　靳　宝　马思佳
王丽雯　丁　博　步晓庆　刘　壮　徐　乾
王　硕　张文帅　刘　晶　万兆元　王　欣
崔昊然　王海峰　王　峰　丁洪程　朱鑫宇
肖丹妮　陈晓月　韩　彬　刘　鹏　马　帅
李　靓　范田旭　马天祎　高宁蔚　隗浩然
于正月　张昊华　王博文　季丹阳　赵　亮
樊国枫　李晓兴　刘依萌　魏　佳　刘　涛
吴佳怡　任　鹏　胡晓南　柴仲泽　徐思宇
王　磊　于　达　蒋　森　尹佳宝

数字媒体技术(本科)
毕业生(55人)
马运涛　陈海鑫　王　惠　李　彤　赵雪晨
倪源婧　杜　聪　郑育旺　段　强　李　笛
黄　岩　简嘉莉　龙碧瀛　苏东兴　纪　可
杜佳宁　刘雨晴　关雪纯　王梦瑶　林可儿
张佳音　崔　浩　乔　健　闫　宇　陈子祎
姜思琦　曹雅芳　刘　雨　宋玉竹　汤蕾蕾
齐马利　刘　洋　袁　也　刘安慧　段　旭
李明孺　樊　跃　刘一铮　樊　奕　李赞名
步　繁　张雅静　李荣华　王　蕊　王　倩
徐　茜　高伟航　周　峥　唐　澎　徐霁冬
韩易丞　郎　朗　张思南　张晨磊　魏新月

三、商务学院

本科毕业生352人,专升本毕业生244人,本科结业生6人,专升本结业生0人。

金融学(本科)
毕业生(61人)
曹　畅　田恺洁　刘　飞　谷　丽　董丽媛
武莹莹　高　洁　姜　山　常　凯　周广岩
王冕翔　王　琳　倪　璋　张紫媛　倪继扬
安星宇　王明晰　孙伟姜　赵佳男　娄　杨

宋雨晴　王　静　文　东　燕　杨　邢　彤
王晓靓　林　萌　李思佳　孟子豪　马　鑫
李　琳　乔　琳　贾子威　李梦凡　汪　良
游中楠　李佳阳　周辰旭　李成一　房晓菲
阚子颖　李　晓　管慧慧　孟依云　谢孚嘉
刘　馨　李维瑄　张嘉伟　苏　煜　李　汝
卢剑兰　刘梦澜　刘　莉　王乐言　刘　蕊
潘雨婷　孙晓梅　阿卜杜瓦日斯·木它力甫
古丽柯孜·伊敏　迪丽拜尔·图尔贡
玛依拉·艾山

结业生(2人)

王北宸　程　浩

金融学(专升本)

毕业生(114人)

刘昕欣　黄　燕　王玉珠　张　萌　吴意婷
赵媛媛　王璐雯　陈　雪　乔　侨　韩唯一
冯晓锐　李俊杰　魏浩轩　尹佳乐　赵　楠
沈　茜　李睿怡　金永楠　郭　蕊　艾　明
程　颖　丁树云　朱晓玲　陈　卓　白林千
高　宇　王焕娣　李　迪　徐子尧　游晓平
刘聪慧　崔蓉蓉　黄睿宾　王玉婷　尚　辰
蔡圣旭　刘苏文　付菲菲　闫　琦　高　颖
谷攀霞　李　健　庞　婧　徐圆明　刘国伟
王馨涓　马芳芳　林　琳　王　晨　金圆圆
石　远　吴　越　王　逸　刘晓丹　王美霞
冯　华　董思彤　刘群群　陈明新　于小雅
刘　婧　张　琪　许晓娜　陈　艳　贺　楠
孙信蕊　岳媛媛　朱　洁　郭学兰　郑培秋
王素静　邢盼盼　王瑞林　张慧宇　刘　晗
姚明发　张彩红　廉欣彤　白　晨　张　凯
刘　爽　任婧红　任　政　吴俊豪　洪茹星
贺　冉　杨景曦　李新田　太建丽　杨　明
江　梅　陈　茵　温林芳　沙　莉　蔡　星
罗　堃　任　硕　张　丹　袁　鹏　丁雯雯
马　昇　王亚林　王妃妃　赵子一　许天一
刘胜男　韩煜豪　蒲海南　程佳琦　李宇笙
唐佳伦　汪艺芳　杨　迪　高　山

国际经济与贸易(本科)

毕业生(54人)

李　康　段琢珉　薛习鑫　刘　宇　秦　帅
刘佳丽　陈　璐　张书阔　陈晓萌　周　熙
赵轶超　刘雨思　邢　可　刘雨童　朱杉杉
刘玉玺　薛　俏　刘旻昱　郭馨阳　陈明玉
方俊凯　陈　倩　何　辉　耿珺瑶　卢京华
刘　畅　张　楷　盘　丁　乔艳林　祁丹华
王　焱　王楚涵　赵裕鹏　王虹敏　刘丝艳
孟殿生　顾伊卿　张　杨　杨墨涵　叶泽伟
杨　硕　吴妮娜　李泽珍　刘　丹　马　宁
王慧文　汪晓玲　武世强　龙　霞　张晓杰
胡　倩　谢建美　林伟健　郝婧伊

结业生(1人)

鲍晓旭

国际经济与贸易(专升本)

毕业生(41人)

田　野　龚　谨　徐永娟　程文林　张桐熙
田娅宁　马雯雅　崔　莉　齐　昕　徐加会
吴晓洋　戴文嘉　宋　佳　李海燕　田一宏
费　洋　管舒瑶　孔德淑　湛　莉　骆　娟
王　倩　傅小阳　明　鑫　邓沁波　王　娟
马　俊　赵至琦　姚　茜　郑媛希　曹　铮
卞　蕊　王　悦　高玉婷　高思缅　杨鑫泽
张宇宁　陈秋严　唐劼浩　李倩倩　刘程程
何　鑫

国际商务(本科)

毕业生(57人)

赵恺鑫　魏诚一　何媛媛　路鹤丽　李雪鸥
张钰婷　杨　婕　王诗雨　勾雪莲　迟雨辰
付晨曦　宸国超　郭丽娅　鲜　欢　张晓晗
杨　淳　李经纬　杨　杨　杨　茗　刘睿妍
郭　艺　姚向一　周亚萌　刘湘文　马小琴
丁　洁　尚　玥　赵志洁　张　娜　荣丹丹
王香婷　李　薇　蒋　雯　秦　青　徐　晶
王灵慧　李梦晴　岳　婷　李昕冉　陈嘉旭
许秋爽　王　晨　费适心　郭　婧　张逸冰
金　瑶　陈冬琪　袁　林　刘珊珊　吴　霜
赵津田　熊小花　蒋元晴　杨　枭　范　超
冯　盼　李亮亮

信息管理与信息系统(商务信息管理)(本科)

毕业生(55人)

朱　妍　赵　斌　赵晓珊　黄　翼　任　伟
邱显雯　茹春月　刘鑫玲　刘云渊　张根雪
绳佳齐　孙昀皓　熊雪萌　郝立进　苗晓峰
姜　辉　梁冬猷　赵　昀　欧　艳　王红红
杜成蓉　戴　生　田　昊　关　硕　李　丹
詹志林　李嘉瑄　孙　甜　薛观文　范思聪
卫　琼　李　凤　陈　怡　陈睿杰　高亚男
陈　浞　徐晓航　冯　强　蔡莹洁　王　玉
郭启新　张鹤宇　朱晓然　王春阳　刘　晨
向　帅　朱　颖　郝　敏　李禹翰　李博楠

易　维　马　悦　霍奕名　毕玉婷　郭云俭

结业生(1人)

宋海峰

市场营销(国际物流)(本科)

毕业生(56人)

王任之　王君鹤　杨宇超　王博伟　刘海瞳
李世源　任晓彤　刘　琳　梁焯贤　祝　贺
王伟莹　王桐乐　苗晓艺　王　浩　刘　馨
陈泰旭　郭　玥　祁　超　张　惟　韩　诚
冯　帆　顾智菊　尹思源　李嘉闻　叶众森
兰　迎　高俣培　徐志杰　赵生宙　王笑靖
张　鑫　杨雨桐　王怡萌　李　妍　高　晨
胡天洋　关　馨　郭宇婷　巩　鑫　秦　露
潘　玫　井忠谱　谭继辉　何立泽　王雨婷
刘雨薇　陈紫薇　张雨婷　王馨妍　周　坤
刘罂宇　董雅欣　王奕轩　朱珺璇　闫　博
郑苍一钢

结业生(2人)

王　希　郭　欢

市场营销(专升本)

毕业生(89人)

张依然　高子鹏　尹燕冲　仇孟琦　刘赛男
喻晓琴　范雪娟　胡　彬　陶雯雯　张　函
朱依娜　宋伟杰　王云腾　王　安　方琬婷
郑贤芹　张　露　吴志伟　秦立杰　王晓争
杨瑞芳　徐香香　杜曼曼　王彬彬　郭　坪
池志超　王婧祎　乔丹丹　李红梅　胡　俣
朱　晨　姜冬雪　刘炅翔　梁　超　郝培红
李　飞　刘琳博　李　洁　李肖鑫　王秋焕
胡继伟　李　婕　赵泓丞　张耀丽　韦春媚
罗永丽　李爱鹏　淮　楠　邓钦月　安　阳
李京雪　白崇伟　王　烁　汪　琛　左圆圆
刘舸峥　郭　华　孙青青　王慧敏　王　涛
汪鸣朝　曹　芸　王　彩　祝　贺　张泽平
杨　瑶　韦田田　赵佳佳　李　勇　詹嘉诚
张佳蓓　李美贤　高小翠　陈雨薇　骆姗姗
魏　珂　于　洋　杨文军　张　荣　王春雪
王　罗　朱焰坤　梁云亭　王慧霞　杨　楠
姬倩倩　周文琪　王凯杰　张宏婉

财务管理(本科)

毕业生(69人)

陈　焕　丁　蓓　袁聆轩　王　波　张　信
李云泽　李瑶瑄　安　迪　郭婧雅　王睿婷
高　也　黄筱博　高偲琦　谢冰玉　任　芳
刘延绰　齐浩然　张　赛　张　妍　李　姣
曹碧云　吴小敏　郭红娥　王炜耀　马　骁
张　唯　梁　宏　黄梓源　冯一春　吕增燃
沈思涵　李木子　李　航　万美美　刘新宇
于晓彤　刘亚星　陈思思　付昕源　赵　明
赵靖允　黄鹤元　刘蒙蒙　李秀苹　熊天炜
王　琳　漆红梅　吴家豪　江思琪　钟　方
杜雪滢　贾秦川　张祎蒙　刘冬悦　潘子琦
孙　钰　刘宏扬　马梦玮　叶欣侃　蔡诗萌
罗金石　袁　梦　汤　灿　杨东欢　闫思宏
田　洁　梁传珍　肖长俊　王帅帅

四、生物化学工程学院

本科毕业生407人,专升本毕业生280人,本科结业生7人,专升本结业生0人。

工业设计(本科)

毕业生(57人)

张　博　马西贺　张心宇　郑依敏　刘　铮
刘　均　刘菘媛　韩碧君　张　赛　李冬月
陈庭轩　倪凯松　贾会娟　黄　茜　陈　芮
赵海凡　孙　航　李谨瑞　赵浩晨　韩佳新
张京瑶　安青梅　初　月　张　震　郭梦庆
崔金伦　王中泽　肖培怡　何　源　赵　玥
戴　言　赵梦娇　周伊譞　段志华　苏墨文
董　伟　佟　鑫　曹　硕　倪　爽　王　舒
梅艳玲　李镓丞　彭瀚文　黄智刚　翟宇楠
姚凌云　张奇业　姚田蕊　顾　杰　陈游平
王井荣　田齐乐　王座华　朱俊宇　胡龙坤
盛亚伟　伊尔夏提·阿卜杜艾海提

结业生(2人)

张　思　陈宏宇

建筑环境与能源应用工程(本科)

毕业生(51人)

解润弢　史铭昕　张　涛　王浩明　任欣月
王九轩　郑小伟　李　响　刘卫昕　夏雨濛
陆佳伟　吴辉婷　易　凯　张璐璐　李　琴
胡晓尧　姜梦楠　胡恒齐　王　燕　冯　帅
张子超　胡矩旗　郝一平　王啸鹏　樊宁熇
陈思帆　闵廷正　桑　赫　邢雨辰　李　森
杨林棣　杨光洁　李　贺　周娇娇　张浩文
周羿旭　申泽军　王　杰　周家林　杨　咪
刘宇航　孙　然　梁子晨　徐东方　刘　学
郭家昌　匡　伟　王　标　陈思言
道·措玛吉德　再奴拉·买买江

结业生(1人)
胡泽文

制药工程(本科)
毕业生(38人)
段　达　孙　汉　赵明月　惠家豪　孙　睿
张利颖　胡　帆　贺志福　周皖晴　袁　静
张　萌　张玉娇　刘金蓉　程　铭　郭志远
谢彩鹏　李　晴　赵　莹　刘秉晨　党潇潇
刘宇莹　肖　伟　许　阳　张丛姗　罗　颖
邱东雨　潘福娣　林　倩　许枝霞　周银平
顾文月　熊威慷　郑逢佳　李京泽　周文平
彭枢才　徐秦梅　刘晓燕

生物工程(本科)
毕业生(43人)
胡星杨　黄荣豪　王思旭　毛慧玉　王　宁
刘晓宁　马明卓　王　硕　熊田田　柳宗保
郑慧玲　相禹萌　李亚男　龙泽鹏　刘　玥
鲍尹聪　孙　杨　谢　婷　倪　楠　王高杰
焦丽娜　叶丽红　谷瑶瑶　张兴民　冯亚娜
陈　晨　李思琪　刘　铎　李　多　李武一
赵　雪　王　飙　徐红珠　封白元　钟倩岚
董韵铮　程　浩　陈鹏飞　于亚萌　李晓宇
潘亚东　赵文洁　马圆圆
结业生(1人)
孙艺萌

工程管理(工程项目管理)(本科)
毕业生(1人)
郭　彧

工程管理(本科)
毕业生(78人)
赵　翔　邓淇文　金弋霏　豆佳钰　李　航
张嘉莉　王　明　夏安妮　倪东杰　欧珍珍
许国锋　高炳煜　罗　淞　郝淑晗　王　葛
王亚奇　李博宁　聂紫雨　张林达　王婧雯
李　萌　唐梓鉴　叶迪铭　封小艳　李梦楠
胡海杰　李晨南　王新博　朱晓腾　蒋曙凤
王　威　王丙亚　张　瑶　顾演博　景雅倩
郭宇轩　罗秋雨　陈　萌　毛文轩　高雨琪
孙略腾　李　博　喻　欢　贾　凡　荣雨昕
牛英海　何海宁　齐　馨　刘　彤　张晓蝶
陶敏雷　崔瑞恒　薛理漫　李　昂　付　畅
庞继慈　刘逸文　徐艳军　张一丁　柴鹏畅
代子然　苏光宇　刘　兴　张　悦　张　萌
汤亚琪　佘佳芮　孔令然　杨　义　王君航
王鑫宇　赵晓晨　赵雨晨　江裕婕　舒钧石
董　静　谢　娇　顾子臣
结业生(2人)
唐新颖　杜明兴

会计学(本科)
毕业生(63人)
杨　凯　范作辰　高婧文　郑　伟　闫晶晶
赵　禹　刘　晨　孙明珠　陈梦瑶　杨　琛
梁　可　闫鸿霞　张晓航　臧　璐　王　煜
张泽志　季　晶　郭海阔　那　莉　王兴达
刘媛媛　乔　溪　马凤岩　刘　宇　李雅倩
陈　露　郭　赛　赵天阳　谭　瑞　于松森
刁鹏程　李典娜　闫梦然　张　强　王　博
王　月　刘　璐　范云艳　张　俊　孟　旭
曹梦婕　刘芳玲　邵梦迪　王锦欣　车　静
乐　菲　尚永婷　王　珏　宋大猷　张　兴
申婧玥　胡嫣然　肖彦铭　陈　晨　范紫嫣
王芳芳　吴　瑶　高　艺　任腾达　张钟澜
谢梦依　刘　聪　张佳珺
结业生(1人)
杜思辰

会计学(专升本)
毕业生(251人)
高　柳　刘可鑫　李晓钰　席慧芳　沈　丽
曹姗娜　王钰琦　王丹阳　李馨苑　迟艺璇
胡永芳　孙雨培　王玉京　张　芳　马　瑶
刘梦倩　郭夏忆　朱聪聪　张晓琳　蔺佳馨
许歆蕾　石彩娥　姜云云　吴　丹　孙　爽
刘　学　田理西　孙欣妍　詹翔宇　董　欣
鲁海梅　曾　庆　吴子璇　黄　可　曹文杰
李雪岩　易宝妹　李雪玲　陈　丹　王小文
林庆伟　张五环　史雨涵　陈　碧　徐　超
孝　涵　朱美玲　赵芳芳　李慧莲　黄晓慧
金媛媛　商素岩　邵圣杰　张　京　李　蕊
刘潇依　王　婉　李巧玲　阮姗嵌　钱雪晴
于立昕　王　莹　徐铭慧　张　雪　于红艳
刘朝烨　李云翠　刘祥玉　张思婷　赵新鹏
张欣然　陶玉秀　叶　平　史晓萌　高　尚
张　欣　陈　雅　周塞纳　费迎梅　赵　琪
杨　芬　夏　雪　武思宇　王晓帆　尚新雅
杨　兴　高　明　孙亚楠　张永梅　温晓晗
麻玉双　王佳璇　石广东　吕正月　张　玲
魏美娇　梁博慧　母明明　陈　浩　席红洁
李　睿　暴　靖　闫　慧　许雨生　刘怡良

高　玮　郑泽奇　丁莹雪　黄嘉澍　刘佳欣
贾　萍　李娜娜　樊　星　梁　楠　梁　晨
刘　迪　武偲璐　尹晶玉　刘雅祺　刘翰雯
李婧美　崔　鑫　张思齐　黄姹敏　刘鑫鑫
李玉茜　马一潇　张境洁　张文豪　何月宁
刘潇潇　赵思录　刘　伟　邓　靖　段江华
钱　程　张晓雨　刘　欣　岳梦莹　孙　倩
曹利扬　杜开新　孙　薷　王晨玉　程丽洁
莫春霞　李　婷　安英杰　勇方玉　李鑫月
陈诗文　王　嘉　张　丹　李林梅　李　萌
娄　娜　笪圣路　王　甜　张　辉　殷秋芳
袁　芳　刘　宇　刘新源　王子骄　王思琦
武媛慧　穆兆鹏　李　娜　杨青娇　王　彤
刘　洋　张雪莹　朱文迪　吉佳彪　李　翩
刘莹莹　胡陈迪　于晓燕　高亚利　温素芹
张丽敏　杨　倩　何宇欣　王晓京　杨春雪
胡文月　隋　雪　陈宇濛　路　敏　卫曼娜
李洁明　孙鹏程　万新跃　詹慧敏　李　腾
曲祎禛　龚晓爽　苗　利　谷金伟　邵园立
苏芳霞　管春园　王天丽　赵宛欣　任婧伊
宋亚玲　逯莹莹　刘世杰　付孟琦　曹　冲
李月梅　孙　健　刘贞希　高　越　周晓丽
郭星彤　龚梦琦　单冬梅　陈　呈　王　莹
张　乐　李　博　刘佳琪　杜　凡　孙　羽
张　月　朱容智　靳晓萌　杨德秀　张天艺
王音超　李　烁　刘依依　宋晶晶　赵亚娇
陈伟彤　李　根　邹　萌　杜　伶　陈露露
吴成华　唐　建　王又晨　李梦琪　高　春
饶欣欣　查泽呈　刘柏玲　张晋芳　皇甫瑞瑞

人力资源管理(本科)

毕业生(76 人)

吕智麒　孟雨欣　吴盼盼　左　智　赵佳琛
丁格格　王　煜　刘玉婷　关　茜　吴克强
王碧茹　林晓婷　施　鹏　李　敏　张继岚
付佳明　赵锋杰　王妩妍　王佳星　史　冉
梁语恬　李卫思　李子健　张宇新　范力丹
陈贵斌　刘妍昕　周　源　方　慧　芮慧萍
任敏敏　霍　冉　张　萌　刘晓艳　翁士钰
赵　鑫　刘海龙　李　妍　邸丹宁　赖联晨
孙　爽　杨　彤　曲万通　张芸莹　邢雅鑫
程小芮　周　阳　卢　焱　李慧芳　汪　思
马　健　王玉秀　邢梦佳　陈　敏　李昕曈
郝　雪　于晓奕　张少波　李　琪　鲁　婷
车佳玉　刘　爽　李竹溪　李祎晨　刘梦辰
张炳坤　赵晓蕾　苏雨彤　李佳丽　裴明明
纪　旭　苏　妍　赵加荣　党丹阳　曾桂秀
肖阿河·阿格占别克

人力资源管理(专升本)

毕业生(29 人)

王　媛　边　颖　耿安琪　刘晓亚　王立博
夏文艳　邹　强　汪　雪　朱建航　侯培英
高旭攀　祁亚伟　王　双　李诗阳　毕学媛
王思遥　王　吉　孙　洁　谢　慧　王兴宇
陈季文　赵梦娜　李质隆　鲍　晴　尚梦宇
田亚楠　刘　惠　王宇晨　杨琳蒙娜

五、旅游学院

本科毕业生 298 人,专升本毕业生 207 人,本科结业生 5 人,专升本结业生 1 人。

英语(本科)

毕业生(31 人)

包晓芸　陈　红　邱馨怡　曾晓玲　李仕霞
王发平　王烜衡　丁　筱　林　琳　张　琪
王　涛　张　爽　董　安　王益婵　罗思思
胡利华　李庆博　刘梦瑶　刘圣臣　白雅娟
黄　倩　邓　卓　郭金鑫　张　囡　冯碧泉
姜佳敏　代世健　郑荣杰　赵辛梦　刘懿浓
沃轶茗

英语(专升本)

毕业生(130 人)

廖紫娇　黄晓晨　张　萌　康　宁　陈　阳
王雅仑　姜　颖　孙　笛　蒋军涛　常　睿
赵修明　王琳琳　王宗鹏　王守金　张　烁
高雪慧　王　丽　王赛楠　张　莹　赵雪贝
张　薇　张　楠　袁乃慈　田好雨　庞明姣
梁佳蕊　张俊霞　史丽阳　刘　莹　李　鑫
范恩杨　张　楠　方瑶瑶　王亚东　涂　敏
李　虹　豆佳佳　赵军节　齐思敏　苗思雨
马天峪　张媛颖　王　星　王　玉　王　玲
李　晶　张　爽　陈晓庆　张婷婷　陈思茹
管晓然　田　欢　谭喜莹　孙阳春　刘景彤
张　群　张宏歌　张　孟　余　爽　白　雪
严翠娜　鲜　文　张曼玉　刘　爽　沈诚露
王雨婷　杨瑞琪　罗洋洋　刘　叶　王甜甜
易　林　金明炎　孔一凡　乔惠芳　杨宇翔
何璐璐　曹瑞静　李娟娟　李晓佳　王晓宁
胡静昕　荣　誉　李佳欣　赵秀娥　朱思然
孙　欣　刘　娜　贾　祎　尤玉平　刘　蕊
刘　畅　张　雪　王秋实　史新页　芮　琨
董海红　田秀娟　张　琦　龚柔泽　焦　阳

谭家慧　朱培培　徐　昕　黄晶晶　姚诗睿
顾洹溪　郑双娟　陈露丹　何莉莉　茹奕杰
胡馨桐　刘润青　郑铖璟　杨静怡　宋伟红
方世双　敦楚寒　李　珊　史　健　户　宇
藏　梦　邢　欣　汪蕾蕾　周　浩　姜　森
杨文雪　柏敏娜　张　爽　孙　婷　周　瑶

英语(国际商务英语、英美文化)(本科)
毕业生(27人)
王　迪　王晓桐　娜荷芽　向　峥　潘晓琳
张　丹　邱珂欣　于　涵　鲍梦佳　贾艳月
张正瑞　顾竞玉　杨　拓　王晓弘　姜宏媛
王奕莹　谢　鑫　李文思　李祎森　马天悦
陆云帆　张　琦　李　峥　王京涛　杨　莹
王雅洁　王靖宇
结业生(1人)
李献宇

日语(本科)
毕业生(22人)
袁　润　樊　悦　孟雨佳　曹　灿　孙可意
潘冬雪　孙一倩　吴炳鑫　孙　迪　路晓萌
段杰明　石细娥　朱帅航　陈　逍　曾卓寒
陈　冰　霍佳雨　陈梦楠　张颖乔　郑欣妤
刘　梅　吴　雪
结业生(1人)
孔婧怡

日语(专升本)
毕业生(4人)
陈　曲　张妍君　刘星辰　王　茜
结业生(1人)
康嘉悦

旅游管理(本科)
毕业生(78人)
鞠东沛　雷　茂　李祁盛　陈楚骞　陈　琦
巩　晨　李　坤　陈　灶　于　跃　田波凤
韩清宇　李家佳　吴秀清　车方正　安　东
张岩英　李咏潇　李晓平　徐　洋　宋吉棚
倪河川　马浩昕　常　君　潘　慧　周建婧
简小易　余婷婷　杨　莹　毛兴文　谢林娟
张云潇　耿宏男　刘君逸　田林西　郭维华
高倩玉　雷欢欢　张作霖　张超男　王诗淇
刘思航　刘牧奇　荣毅玮　石京晶　董　莹
王昊琪　洪　艳　张倞祯　郭雁楠　汪　洋
高　蕊　胡笑楠　王子豪　张子涵　高　玥
崔振遥　王文靖　肖　雪　翼泽华　律嘉琪
张　妍　王冕晴　宋　莹　陈　雯　郭曼昭
贾思宇　赵瑾瑄　高琳娜　汪　敞　贺　楠
谭源临　陆江云　罗雨娇　张卓雅　姚　锦
杨　睿　彭　滟　郭奕含
结业生(1人)
熊艳军

旅游管理(博雅试验)(本科)
毕业生(30人)
唐佳媚　高琪程　王琬琳　路　璐　刘露涵
黄安宇　文瑜瑛　王子琪　战颖超　马钰莹
刘贝贝　高国徽　罗林圆　李佳宜　龚美瑶
房琳弦　张美柔　俸子渊　崔丹丹　王　希
朱昱洁　曹　青　杨佳钰　李佳忆　蒋红梅
吴俊宝　刘瑞璇　张　倩　李　莉　钱钰玺

旅游管理(专升本)
毕业生(49人)
周新洁　刘泽曦　赵　月　暴新慧　付　怡
于红瑶　李明明　韩　玥　王伟俊　许浩放
赵秋颖　路　月　马清秀　张文婷　齐　菲
王伊婷　刘铭伦　汪家豪　韩　晴　刘静桐
张　越　王玉博　孙雪聪　徐　雪　张　佳
刘秋华　朱明玥　朱金凤　陈　珉　杨昀中
文　雅　李　瑾　范生丽　安馨儀　张　瑜
常　爽　任　倩　刘旭伟　张海双　徐卉奇
韩　桐　祝慧畅　杨　畅　李新闻　宦　柃
赵彩娟　苏晓玲　金露露　李　露

酒店管理(本科)
毕业生(57人)
杨文乐　赵依轩　崔昊天　韩　磊　虞思尧
张　峥　陈睿冬　张　雪　牛天娇　张惠燕
刘思莹　张　颖　马娅宁　于素蕊　董义航
赵　硕　王敬峥　韩　蕾　宋逸凡　熊　颖
张　扬　傅　灏　慈晓旭　孙书畅　姚晓洁
黄　媛　张　薇　裴可馨　吴燕娥　潘顺燕
黄寿皇　苏　然　周　杰　张爱静　于建奇
郭于昂　苏　涵　彭新圆　李梦婷　杭星熠
姚德然　鲁学玲　胡慧慧　赵艳芳　粟泽辉
穆　特　邵静宇　冯　程　李英男　高雪兰
张明丹　钱　硕　李　阔　王可欣　王　虹
王予彤　陈晓娇
结业生(2人)
严　容　林　洲

酒店管理(专升本)

毕业生(24人)

吴丽华 宋昕怡 肖淑君 刘童童 刘双婧
纪 璐 崔 广 孙婷婷 戴志颖 陈 曦
韩 萌 刘 韡 刘 晶 刘双妍 王雨晴
陈雯雯 陈雁茹 刘小芳 王 欣 刘佳楠
于旦旦 刘秀秀 钱然然 乌云塔娜

会展经济与管理(本科)

毕业生(53人)

李琦萌 郑天明 李扬安 陈云丹 周明星
张 晗 周俊岭 王晓宇 高 慈 高 畅
韩烁烁 范婧雯 张天宇 陈立红 阮伊泓
傅 靖 郑华倩 曾思颖 李 艺 凌 祎
张 可 王 策 杨思思 陈 默 王笑莹
张 琦 何 蕊 秦婧昱 孙佳艺 钟明威
李 倩 朱厚成 沈梓亭 王秋悦 张雪琳
刘飞跃 宋美慧 赵紫叶 赵 楠 杜晨宇
范晓琦 杨 洵 李思雨 李雨田 刘 晶
何悦溪 王予涵 侯 爽 孟 哲 周 鑫
丁雨薇 周心雨 黄 丹

六、智慧城市学院(原信息学院)

本科毕业生450人,本科结业生9人。

电子信息工程(本科)

毕业生(71人)

刘星澳 陈鹏庆 陈 桐 李文祥 侯程量
赵茂宗 蒋 圆 高 圣 张志颖 刘 阳
张佳明 陈汉生 金俊凯 陈华松 王 男
刘丽萍 王 璠 赵菁磊 黄 山 王瀚晨
刘 赫 李紫祺 杜之凡 赵泽昊 刘 仁
张翰祥 王义伟 董 莹 王泽元 李易峰
王正夫 朱江晟 隗永勃 段 烁 张 玥
马 尧 池晓阳 任桐炜 贺俊杰 苏泽梅
刘 爽 于 珊 魏子峰 刘泽宇 秦浩然
李一平 宋春蕾 任重儒 徐 超 李 芳
栗军霞 张智良 李 莹 何麒瑞 孙蕾涛
车水修 刘 腾 牟永青 李海强 丘菊兰
黄福山 梁宝宁 黄长翼 王荣琛 李俊晓
莫倩雯 袁春华 龙 睿 叶傲霜 张安康
张 铭

结业生(2人)

刘东熠 陶泽宇

软件工程(本科)

毕业生(112人)

王海龙 解 兵 赵 晨 张 鑫 乔 航
娄云霄 范雨薇 高景平 辛文涛 白林蒲
张冰洁 李东东 陈维蛟 何开悦 邓宏博
刘永强 高润泽 董子轩 赵 泽 郭 奇
徐楚嫣 于书强 王 蕊 王亚楠 吴军军
胡康然 李永健 王 祎 杨 朋 韩 宇
胡锦涛 梁宇情 程雪慧 韩子琦 韦 硕
赵屹方 王靖杰 任晓云 王 鹏 郑金来
陈 优 周舰飞 马逸鹤 吴小芳 黄 杰
李政达 孙 珊 曾宪煌 黄嘉峰 陈裕坤
张族希 张 敏 刘 祺 彭艺林 陈方欣
邹 菲 桂子霖 温 翔 肖沪龙 王蕊珍
张卫康 李 涛 何静文 华靖桐 黎华银
张静怡 康紫健 王佳星 宋 健 王楷阳
穆晓彤 王宇瑶 黄首钰 刘 慧 荣佳斌
马 悦 吴 凯 李博洋 屈 佳 张浩博
陈赛飞 李嘉琦 张蓉蓉 王墨含 贾俊男
王雁鹏 展英英 吴 正 宋春宇 代 爽
田子恒 朱紫阳 王宏彦 张 帅 贯浩然
刘瑞忻 李大涛 侯 晨 蔡 奇 李鑫克
李 刚 钟 杰 李兆海 宋子琦 邓春文
伍国豪 夏天伟 夏 鹏 张 鑫 李大尉
蔡煦风 纪 宇

结业生(4人)

宋 轩 孙先迪 马若文 崔 博

软件工程(实验班)(本科)

毕业生(26人)

喻子恒 高广庆 何志涛 韩 旭 王 松
罗永盛 刘百博 孙琪翔 楚 敏 霍保海
时立新 王 岳 房博学 胡宇帆 王亮亮
王晓果 尹瑞荣 刘金松 马晶玲 程 超
谢 玲 魏 威 唐有莲 陈 丽 吴胜洋
冯俊辉

通信工程(本科)

毕业生(107人)

吕凯旋 梁星萱 马玉腾 邓 凯 张越强
韩立元 谢清德 孙 沛 赵雪松 吴春将
许 田 陈韵佳 韩沛玲 宋 兵 江 姣
周定梅 尹欣波 部鹏飞 纪晓亚 王松涛
王 月 李 威 何星珧 黄湛巧 刘 莲
王代辉 吴景涛 白 婧 王正东 龚 丽
宋印印 陈明军 陈晓全 杨 倩 赖开澄
苏 玲 尹 翔 吴鹏飞 冯子阳 尤福爽
王海晗 杨 光 于 蕊 常 邢 田瑞宏
钟火权 肖荣雪 肖 翔 丁 宁 孙学文
徐佳玉 许俊杰 朱若男 王 希 张 汉

王月鑫　龙晓艳　姜　雪　苏　爽　孟　天
吕　伟　田　轲　杨　博　黄亚美　王　丹
郑　臣　韩　飞　何　波　何　沛　冯志宇
刘涛涛　邢永鑫　张立新　蒲雨彬　赵　玥
杨　杰　吴　博　黎仕林　王小凤　陈庆程
周念念　程伟亮　张　茜　朱炜炜　王　超
刘　江　程子隽　薛锦娟　李佳珅　石　婷
高　阳　于士尊　赖俊光　郑　晗　林　威
翁晨傲　喻　贝　刘明晖　李　晨　张　伟
薛文广　余文杰　李志斌　赵宥淇　朱继明
杨晓琴　赵怡晴

电子信息科学与技术(本科)
毕业生(37人)
董行嘉　曹　跃　路　畅　于浩明　张昊玥
陈　琦　邢婉婷　张　辰　孟星亮　许　可
梁　晨　冯子豪　吴斯豪　张露露　张　傲
任鹏宇　魏奇迹　李　璇　温凯传　雷晓钰
刘思奇　邢洪艳　刘　松　黄　旭　李万韬
刘汉卿　孙　颖　薛　哲　孙　啸　徐翼龙
王景怡　张　强　李世臻　杨天明　辛程尧
张　娜　徐启槟
结业生(1人)
徐泽龙

计算机科学与技术(本科)
毕业生(97人)
刘兴宇　王纪元　陈　曦　徐皓晨　宋　扬
智圣达　吴家鑫　林珏皓　刘美美　宁浩声
杨　涛　雷　霆　罗海兵　侯佳怡　李　永
夏伯文　马启新　李志成　贾继征　杨　雪
张　楠　刘诚诚　何腾江　叶明洋　张子昂
方金霞　马可一　吴　刚　邓晰文　李竑森
李坤雨　龚红宇　曾　桐　王庭旭　石　阳
杨建松　陈　泽　郑　赛　左佳悦　周君爱
张　昊　张桂林　赵华君　刘思维　吕建秀
杨泽生　冯　智　宋　涛　高　蒙　王焕鹏
朱艳君　马　凯　司重远　刘佳敏　程　昊
王　跃　郭婵娟　朱子魁　贾宇涵　朱施同
万乾晟　柴梦娜　周纯洁　张赫伟　李昕妍
罗毅豪　武瑞强　杨　杏　欧阳涛　刘　祺
于　爽　梁　琼　杨攀攀　姚天琪　刘天皓
赵　平　季文健　张静怡　王　祎　周鹭燕
洪华英　骆胤均　霍洪馨　彭　斌　刘　垒
谭卫雄　高晨珍　伊国军　朱旭文　谢陈萍
谭　阳　梁文珠　赵梦鸽　石嘉铭　王　杰
阿代·阿扎提　阿卜杜艾则孜·艾拜杜拉
结业生(2人)
何　霄　杜宇航

七、机器人学院(原机电学院)

本科毕业生144人,专升本毕业生108人,本科结业生6人,专升本结业生4人。

机械工程及自动化(本科)
毕业生(1人)
祁　岭

机械工程(本科)
毕业生(81人)
安宇飞　赵正阳　王佳艺　任笑颖　范跃瑞
王　希　吴重光　王文强　闫成金　付　振
龙　董　锋鸿飞　郭　琪　宁明阳　赵炜炜
刘铸墀　刘乐晖　谢　天　董泽西　康智武
吴志超　张　泽　江　山　胡立辉　秦金周
张玲玲　董道伟　吴　磊　颜　超　董宇豪
宋梦雪　贾小海　李　明　吴　昂　徐东方
董　富　纪宪伟　王　乾　李小光　乔亚伟
宋思琪　黄　波　刘昱辰　徐　潮　耿超群
周　煜　范文东　孙　业　杨　洋　单俊涛
沈　阳　陈天麟　王　雨　汪　毅　张婷婷
郝朋飞　张芳涛　吕　琳　郑亚杰　赵军舰
黄　浩　裘伟基　江芙龙　董少君　李晨光
李　刚　姚经纶　刘　辉　鄂雪梅　王子墨
王雪彤　姜　天　戴英宸　李睿璘　屠　玥
杨　盼　李亚苏　王越遥　徐　统　王鹏辉
胡思雨
结业生(3人)
张　鹏　吕　钰　吕欢欢

机械工程(专升本)
毕业生(82人)
杨　欢　马　超　张轶博　姜　茳　郭　悦
雷　为　吴嘉豪　张博为　张炳义　杨　阔
刘小航　孟　帅　刘瑞晨　刘文彬　程　泽
郭宇腾　王佳伟　侯雪丽　卢卫东　许　弘
张　昭　边兆阳　王明敏　鲍重升　符善智
陈　恩　张　鑫　黄　欣　王　强　戎加韧
曲保行　迟华龙　景　凡　许　烽　张树奇
王立云　刘丽芳　王兴彩　李彦楠　潘文晋
王汉魁　郭　炜　侯书豪　李云鹏　李　岩
崔俊洁　曹　哲　史留杰　陈威志　王媛媛
黄江君　赵　娜　张家硕　高　鹏　吕家文
郭启鹏　刘靓靓　陈　东　陈　梅　赵育杰

魏　衍　闫月静　王　艺　刘　兴　赵雨萌
梁　雪　贾小平　左君毅　宋晓杉　吴　桐
姜　峰　崔传博龙　李　嘉　于文慧
亢　为　杨　浩　提培章　王　缓　殷　旭
陈　振　李琬嫱　果建龙

结业生(3 人)

苏圣杰　范恺晨　周　长

汽车服务工程(本科)

毕业生(14 人)

李天宇　李文越　那　鑫　董墨林　蔡　伟
刘　京　郭林烽　石　岩　周　枫　杨一达
孟　帅　刘学宇　李云鹏　耿　攀

结业生(2 人)

宋奕男　宋坤鹏

材料科学与工程(检测与质量管理工程)(本科)

毕业生(19 人)

杨祺威　王怀程　李　欣　朱　涵　刘　镇
项田雨　王润之　陈天鸽　王　圆　李婵媛
孙媛媛　董成旭　刘　安　王　齐　李天懿
张　爽　刘佳辉　焦　蕾　万子晨

结业生(1 人)

吴广泉

工业工程(本科)

毕业生(29 人)

徐　彤　徐营营　卜亚男　赵昕雅　高明宇
张莹雪　王　梁　陈　祺　张　勇　王　敏
陈　翰　柳祎超　赵安迪　张静媛　刘宝晶
潘　磊　刘　月　商　正　周鑫孟　李琬玉
姜　莹　白　爽　王天玉　张　萌　刘　懿
李子金　金梦迪　任　静　齐　淼

工业工程(专升本)

毕业生(26 人)

王一铭　舒　军　刘珊珊　王腾飞　安　地
刘　鹏　范　强　姜　辉　吕成伟　吴　强
王　腾　冯天阳　孟美娟　肖水泉　杨　宁
吴会楠　肖琳子　胡　杰　王明举　程园园
李露露　徐　飞　杨　杰　张雅楠　王　冠
吴　琨

结业生(1 人)

卢莎莎

八、城市轨道交通与物流学院(原自动化学院)

本科毕业生 326 人,专升本毕业生 11 人,本科结业生 9 人,专升本结业生 0 人。

电气工程与自动化(本科)

毕业生(4 人)

张晓平　刘洋洋　王　帆　何华岳

电气工程及其自动化(本科)

毕业生(116 人)

冯非凡　李红伟　吴天捷　杨思汉　刘　航
张兆超　汲言腾　陈晓湖　钟科娣　李晓晗
贾　岩　霍　亮　郭非凡　王建平　秦仲明
柏鹏飞　许益萌　胡文飞　邱　干　赵银福
赵家颖　马　杰　邓存国　邓凌云　李　权
董子文　张祖宁　高鸿彬　赵开学　何　洵
刘思美　韩方舟　黄　玺　赵赛飞　李瑞龙
郭　强　顾　然　贾司鸣　周　逸　李　峰
胡美娜　李舒宽　李　彪　司雨晨
郝赵美楠　苏静雯　姜　浩　袁非凡
张　彤　杨　翀　单文娇　周利杰　张诗野
谢华文骁　孟　涛　张翠翠　丁庆涛
李　冰　田钞文　陈丽冬　张　姗　吉世超
范伟强　柴斯琦　侯晓阳　余　巧　钟晓青
张城熙　黄佐恒　赵　磊　常桂加　黄周阳
陈　磊　张全军　杨　跃　薛伟杰　杨　月
黄晓鑫　史阳剑　苏秀珍　王照伟　柳　阔
韩嘉乐　成　魁　王　楠　于　悦　田　丽
刘　鹏　曲凯波　曹祎楠　郭浩翔　朱丽宁
张洪铎　张晨雪　任俊杰　刘婷婷　刘逸仁
夏伟杰　吴思凡　吕　孟　宋　亮　郑昌健
张楚君　王德锋　王　丹　郑智勇　韦杰龙
何　游　刘钟凯　张　杰　耿菡婷　张韩臣
罗大为　梁献鹏　蔺博勇　袁　宁

结业生(2 人)

刘　苏　畅　波

电气工程及其自动化(专升本)

毕业生(11 人)

仇俊楠　林丁棣　门晓杰　周　琪　杜浩文
郭　亮　王　建　刘　杰　刘绪英　孙　飞
杨　旭

自动化(本科)

毕业生(99 人)

吴　优　刘振生　杨　洁　王夕岩　张　笛
韩　博　商　尚　黄越卿　郭松廷　蒋卓然
伊佩程　王　磊　徐正杰　田倬璟　高禄良
周　政　肖汇文　朱博帆　迪娜拉·沙布尔艾力

包安杰　胡西达·瓦力拜　郭　磊　台辰远
朱　珊　贾仁杰　刘　伟　郭宇晴　付祯延
赵　艳　马　旭　沈家祺　李　楠　林晓峰
尤青松　崔利申　杜　敏　杨一帆　王昭辉
刘正德　陈嘉明　黄籍豪　郭俊豪　范仲儒
尹　颉　饶子旭　关　心　王志超　刘　强
隋亚婷　郑天骁　谭学超　储名杨　姬昊亨
郝　胜　马玉莹　马永辉　贺　萌　赵国强
吴开泽　左楚君　史仲阳　宫　越　赵　楠
刘　帅　张　祯　韩汶珈　李建东　郑思宇
杨　黎　邓　鑫　胡殷鸣　凌文浩　赵燕龙
何毅晨　彭伏彬　陈　林　黄　静　陆素仙
张　凯　余　鑫　孙　康　尹维凯　吴雪丽
雷盼兵　方　妍　罗　军　刘　祝　冯书情
张　桢　马福祥　付晓雪　张　岑　张文强
何文卷　杨　乘　赵　沙　张莹莹　罗安伟
杨莉芹
结业生(2 人)
张泽夫　郑博文

物流工程(本科)
毕业生(64 人)
侯　朔　赵晓轩　李　博　慕　童　贾晓萌
胡钰聪　陈莹莹　张　帆　陈　薇　夏晓松
张　彤　苑　浩　赵颖慧　王　茜　曹　鹏
刘　霞　贺思婷　韩冬临　昝雨童　曹碧莹
许晓容　牛　博　刘书成　彭志慧　李浩茹
李泽田　王安平　何定超　江晓杰　高　辰
王樱乔　齐维毅　黄石也　罗国伟　曹　政
陆明亮　王　练　陈晓阳　赵一凡　张思琪
李　松　骆秋霖　刘　锐　王　爽　李思佳
刘　润　赵珂文　马　铭　张　睿　李文博
张真真　王冠华　吴　雪　朱玉静　吴　林
孙　旭　王　伟　焦圆梦　钮凤桃　张运休
骆炜怡　王　禹　张浩隆　卢　印
结业生(1 人)
温　博

交通工程(本科)
毕业生(43 人)
郭俊豪　李英杰　海　南　赵玉林　刘思佳
刘祎鹏　郝志远　王梓璋　唐嘉岐　娇　婷
余海超　孙佳龙　汤文华　钟　飞　聂坤伟
李德彦　杨惠惠　李家男　孙　萌　李　威
叶剑豪　朱海宽　吕恒星　陈伟伟　王雪静
卢仁杰　魏秋明　徐明昊　李鑫星　张博远
张佳萌　高　源　崔　晨　王　宇　马　亮
薛雨欣　杨风钊　田荣华　张鸿基　董　辉
张　博　张　晗　朱时雨
结业生(4 人)
王　鑫　刘梦童　曾垣钦　姜怀策

九、管理学院

本科毕业生 409 人，专升本毕业生 247 人，本科结业生 14 人，专升本结业生 0 人。

财务管理(本科)
毕业生(44 人)
周　妮　张　倩　刘　欣　马　骄　申　坤
杨　蕾　乔　煜　刘少嘉　胡昕怡　宋莉娜
王秋月　张梦飞　刘子悦　张梓琳　周紫婉
温凤羽　葛　爽　高嘉慧　张　梦　李　丹
章　玉　宛　倩　高嘉鸿　刘青青　王金秋
卢　梅　何秋秋　樊禹盟　郦孝颖　刘天雄
张　路　张芯蕊　张　艺　孙　悦　时伟昊
武晨曦　张　佶　刘佳鑫　许祎航　史涵君
闫新颖　董文静　张文娇　王若然

金融学(本科)
毕业生(76 人)
王尧力　陈振铎　杨东晓　袁剑星　王晓琛
秦丽莉　华郡珂　祝孟月　韩　婷　李泽洲
张　颖　邢　妍　杨晨璐　郭亚东　于　琪
张舒程　陶柏州　石　炎　刘胜男　梁佳微
金玉莹　潘柯吟　汪玺旭　黄可然　邹　曦
章慧婷　罗俊格　林凤蕊　陈黛洁　杨　晨
武雪菲　袁　琳　王思琦　麻琴琴　王紫涵
何　婧　梁雅静　王晓丽　吴彩贞　杨万苍
李　倩　潘子秋　丁　柳　杨凤丹　姜发智
张澍校　任盈盈　姜博文　傅慧妤　吴亚琪
巨　晶　李　铭　何小华　张樱瀚　王婧瑶
张晓琳　梁　茜　荆少鑫　张雨琪　马连跃
罗　翩　赵海兰　王家国　刘益璋　叶　林
张　骞　谢勇勇　王添娇　王璐瑶　林　娴
张美慧　张　卉　王学博　余　厚　李天慈
崔　莹
结业生(2 人)
刘育廷　苏永政

金融学(实验班)(本科)
毕业生(32 人)
邢记楠　李勇雪　苏　昕　康少佳　耿美娟
董航铭　崔碧琳　范　杰　赵冠华　刘　玲
胡　倩　刘宇轩　白颀文　谢忠全　周梦玲

郭雨涵　张静文　姜博文　盛梦雪　王林籽
周子豪　喻思昕　剌文琪　陈洪顺　刘丽玮
李凌宇　陈俊彤　姚　婷　王梦琳　史国宁
曲英纶　龙　佳

信息管理与信息系统（本科）

毕业生（38 人）

王正阳　孙　悦　郑兆阳　程妍琦　岳　洋
吴　昊　范钰镇　乔欢欢　尹青霞　田思彤
王　雨　张雨彤　朱　跃　熊开浪　原　科
李　婍　李建祖　卫玲玉　黄豆田　李德坤
徐　君　韩晓东　杨　访　宁祯祯　李　源
赵　然　刘　新　郝　雨　赵芳红　都华丽
李晓桐　王晓萌　方　圆　邵宇佳　赵京蒙
汲　朋　图阿依姆古丽·图尔荪
别哈布力·巴依克孜

结业生（1 人）

龚　辰

信息管理与信息系统（专升本）

毕业生（47 人）

马志翔　刘　浩　韩雨珊　班　斓　张昕玥
王　梓　何　梅　武婷婷　高　淦　赵晓凤
李珊珊　高雅文　刘巧玲　吕　杰　李昱洁
洪　炜　焦　鹏　纪春银　左明璐　高　威
林源景　蒋今朝　仇凯迪　张　意　卢　兴
张雨晴　宗　晨　李国川　赵纯垚　侯　晗
蔡晶鑫　孙华雨　郭　杨　李　可　蔡锦辉
杜　婷　赵　响　李　森　刘娜欣　冀鹏镔
刘　冰　冯　洲　郭　浩　武国棠　武可馨
史金鑫　屈　明

工商管理（本科）

毕业生（61 人）

冯　岳　郝　男　张子豪　张　博　汪　雷
浦　娇　杨舜凯　杨文达　程　前　张　萌
周　乐　于汪洋　张嘉媛　贾东蕊　肖　雪
马俪铭　印光钰　谢晨晨　陶文龙　周　婷
刘　信　郭诗仪　曹燕婉　张　梅　宋泽明
刘　艺　张兵兵　王世垚　邹　雄　张　硕
王松华　焦润雯　纪　璇　潘苏宁　孙梦蝶
谷　欣　王　丹　何　达　于海洋　崔浩然
王子豪　李　洋　白陆佳　刘晓宇　张岳鹏
赵学俊　康建琦　姜博文　张钰淇　冯志伟
高　雅　郑宝贺　孙　雪　巢惠佳　张　瑞
王月颖　朱　彤　张　镇　罗　宁　高　宇
祖姆热提古丽·阿卜来提

结业生（1 人）

代伟豪

工商管理（体优班）（本科）

毕业生（13 人）

张　杰　谢英浩　赵圣玺　马梦婷　王如意
邢露宣　李　阳　王秋鹏　刘　潇　刘继川
王诗钰　乔伟瀚　王俊鹏

结业生（2 人）

胡志远　张敬一

工商管理（专升本）

毕业生（155 人）

郭腾飞　焦　萌　王子懿　李欣燕　王　英
周志芳　王钰轩　聂琳琳　崔　徐　白　晗
吴佳琦　郭　书　夏广宇　李　贤　吴　雪
张　琦　李　宇　朱一强　赵　彤　张敬敬
瞿晶晶　刘　颖　周　微　夏秋萍　张方芳
张　雯　刘婷婷　王　虎　瞿成基　王　嵘
孙玉风　程国瑞　陈星童　乔　莲　常淮秀
谢秋然　丁江丽　李丹丹　张梦鸽　孙梦雪
崔一凡　关　鑫　郭莹莹　李　彤　李　娜
吕园园　李晓彤　贾梦迪　李　鑫　王晶晶
朴金鑫　刘振杰　张令言　刘金哲　杨　婷
许佳琦　成　蕊　李　静　祁美灵　杜　婷
刘　萌　乌　琼　付　雪　陈雪涵　王昊宸
李宗容　褚江楠　赵亚男　刘　璐　王　滔
王梦迪　罗能夕子　李红艳　赵　楠
张　烨　李鑫淼　王光文　王小培　郭　纵
张莎莎　杜钰彰　林雅婷　帅亚琴　付　丽
何立群　李秋霞　袁京徽　张　雪　贾志军
刘玉敬怡　于丽欣　何嘉文　葛鹏伟
王　靖　杨金鸿　王冠雄　李梦欣　田　梦
齐　畅　郭　硕　杜　勍　王　伟　耿湘鹃
韩雪军　陈　晓　朱宏宇　白旭东　赵安岚
张　旭　曹　琳　马　瑞　贺丽丽　翟春雨
原梦雨　孙梦晨　邢　涛　田海楠　冯晓红
陈　倩　马鹏勃　张　琦　董佳佳　米立楠
柴庆华　王梦醒　季晨晨　刘　爽　黄馨艳
刘　青　曹　帅　冯莉莉　谢文丽　王　珊
刘大伟　芦　杰　李腾通　黄天宇　黄丹妮
王　梅　侯家彬　赫佳卉　叶慧敏　姜红朝
贺霁雪　刘彤彤　赵　燕　李羽涵　张　楠
郭　冉　顾晓凡　颜　萍　代连杰　周　洁
韩　孝　刘雅楠

会计学(本科)

毕业生(82 人)

吴　航　刘　聪　王宇琦　肖　莹　程作荣
张卓宇　董青青　田　甜　马　芮　刘烜宇
刘丽铭　兰芳萱　刘　洋　孙美娇　黄颖婕
王　铭　张　鹏　何琪芳　余雪蕊　杨　晶
史舒捷　田　然　朱容谦　王　通　曹志伟
凌　燕　苗建壮　黄　堃　高丽萍　李小弟
和文娟　贾变变　韩　玥　刘柯显　邓成刚
张元乾　梁永兰　兰诗琳　陈容容　刘利娜
崔霞飞　闫梦杰　刘　鑫　王璐琇　姚步晨
邹盼盼　刘　昊　王香梅　刘国芝　胡慧君
张新笛　佘　雯　钟　佩　欧阳建利
王睿绮　乐晓雅　林淑芳　陈青青　闫艺锦
张　楠　韩伟伟　王瑶珍　刘春丽　赵路平
于伟娇　刘佳洋　王晓乐　宋炳东　黄姗姗
刘文靓　任雅倩　唐　琛　赵若希　霍思扬
刘聪聪　张　晗　刘孟琪　季若迪　孟　欣
李　贞　王静怡　王畅丽

电子商务(本科)

毕业生(63 人)

方　元　陈垚木　任剑锋　宋　浩　于　芳
杨海涵　张信诺　张嘉越　张久棣　张家乐
曲嘉文　王鹏程　田佳佳　杨安策　刘　爽
李晓洁　吴　飞　金　鑫　刘　丽　安　历
金　娜　于　淼　王高见　余　柴　郑凯梦
宗　琳　郭思雨　王晓爽　冯俊意　廖春晓
陈佳乐　左　思　李　响　秦　琪　郭立金
佀传伊森　刘必成　王艺敬　邵佳豪
李雯静　张司斯　李　晴　许依然　张依娜
刘　佳　呼娅萌　杨旭东　陈　璐　万艺飞
胡颖慧　赵蓝华　马　卉　赵玉莹　臧宏宇
李　添　崔　菁　戴　悦　窦新蕾　刘　琛
田英东　张海军　李　琦　李　凯

结业生(8 人)

张　一　张如意　程子豪　应　炜　郝　毅
刘嘉星　汪　波　欧阳雨辰

电子商务(专升本)

毕业生(45 人)

王大伟　赵静姝　游玉婷　张琳璠　尚丹丹
陈　强　朱斌超　李　娜　韩冬杨柳
王琪琪　曹　洁　赖莹云　周　昕　魏亚杰
李文瀚　曾召祥　巩佼菲　徐京京　季　帅
张　姗　李　菁　童　番　田孟晴　王晓芳
柴桢桢　董敏娜　王　娟　张秀秀　李肖云
曾宪坤　郭　萌　阎继超　范晓铭　宫庆影
李　琪　韩璐瑶　刘心怡　刘　斌　王林雪
唐萧萧　张梦梓　李　根　周颖茜　康诗婧
吕　梦

十、特殊教育学院

本科毕业生 167 人,专升本毕业生 52 人。

学前教育(本科)

毕业生(28 人)

王沐飏　朱　珊　要京男　佟宗燕　何晓蕊
徐晓茜　郑丹丹　王　晶　赵　月　孙文怡
郭　月　李凯文　张晓玥　付　玉　耿澜馨
王婷婷　刘靓月　夏媛媛　刘　鑫　马　凌
李　昱　王可心　刘　妍　李　欣　韩　从
崔菁菁　申东旭　史鑫钰

学前教育(专升本)

毕业生(45 人)

李　妮　孟　倩　张　珊　马雪莲　李馨怡
吴宇晨　余凤羽　吴蕊蕊　陈　茜　王明明
郭思雨　马春兰　张巧巧　赵　莹　韩　蕊
邓　翌　罗　群　焦　梦　黄　琳　徐　硕
李冬琪　沈余霞　祁虹霞　俞梦莹　王瑾璟
丁　艺　张梦南　王斯楠　韩园园　王佳媛
王　宇　王　露　孙仕琪　李炜烨　齐祥鹤
马天红　白蒙雪　宋　佳　郭慧敏　孙娟娟
李　爽　余　雅　张雨媛　陈　硕　杨　靖

特殊教育(本科)

毕业生(58 人)

杜智娟　焦　阳　张　浩　陈　鑫　李　晶
李　京　王　梓　曹　阳　席梦颖　尹胜南
高　阳　李国屾　崔　杰　李　缘　杨爱佳
赵　琦　马钰骐　刘晓溪　杨　燕　张　鑫
王思远　王　炎　郭　佳　李司琪　王迎雪
李　雪　刘思玉婷　贾新欣　康兆鑫
王　悦　孙超凡　袁　满　王晨雪　杨　雯
何　静　腾　欢　高延吉　卢　宇　刘　璐
张　梦　王佳硕　张　琦　宋金媛　姬　蕊
郭馥睿　申　安　贾金钰　刘馨伊　韩　爱
亢泽榕　郭宇桐　叶小舟　霍禹杉　王　颖
李宏枭　张　伊　罗艺璇　刘　硕

计算机科学与技术(本科)

毕业生(12 人)

秦　楠　于润泽　倪晓苗　秦　鹭　朱　苗

郑熙峰　廖泽南　华明瑶　葛　俊　朱昭静
朱　婷　季姚星

计算机科学与技术(专升本)
毕业生(1人)
李　亮

针灸推拿学(本科)
毕业生(15人)
徐　森　崔静文　覃　丽　秦　攀　郭腾飞
冀肖豫　赵悦丞　钟　科　解观有　马玉婷
郭　俊　郭恩滋　李冰心　陈潇雅　曹贺翔

视觉传达设计(本科)
毕业生(43人)
姜　皓　房梦璐　于　蕾　赵文清　李　毅
王　杰　李栋笙　庄晓昊　田笑凯　康丽佳
陈　哲　夏晚艳　林冬冬　王子涵　郭　北
王　萌　孙　瑜　吴　江　陈莎莉　任杰平
蔡素梅　项聪慧　朱一文　李　斌　丁　宇
胡本超　陈雨蒙　曾晓崎　董旭燕　梅正林
王　冉　张玉平　于　蓓　何玉昕　胡　波
李又霖　胡倩玉　陈韩东　姚丹妮　杨茜茜
魏福彤　杨　涛　何英择

视觉传达设计(专升本)
毕业生(2人)
陈志仨　吴竹青

音乐学(本科)
毕业生(11人)
周昊雨　蔡琼卉　李忠泽　陈佳慧　王　昶
黄琪玥　张丽娟　刘　静　王一木　陈　伟
蒋　灿

音乐学(专升本)
毕业生(4人)
李梦琪　侯劲松　张　葆　谭伟海

十一、应用科技学院
专升本毕业生153人。

计算机科学与技术(专升本)
毕业生(99人)
师得月　张纪鹏　岳　彤　于　典　张　玉
王庆闪　祖　聪　李欣源　张　彤　张　璐
金　涛　刘　阳　刘孝东　贾宇铭　杨凤苗
秦奥运　孙鸿宇　周嘉瑛　邢晓潇　朱　然
林　康　张　月　谢　苏　董素芬　许超群
郝　鑫　刘　燊　张　瑞　吴天昊　董　赢
王汉臣　徐　畅　韩　蕊　胡志强　石玉娇
黄兰华　吕新新　尤佳叶　李唤东　田婧楠
高　智　何　旭　冯茹茹　苏浩东　冯义万
程则山　李　建　张雪鹏　张佳盼　刘成丽
孟　强　李春罗　鲁天晴　张　帅　郭　颖
符　熹　尹　磊　朱良帅　何　超　朱　宁
茆立坤　王　康　郑飞龙　赵胜珺　武　帅
高　妍　景　华　窦晟豪　宋紫妍　田星宇
任艳超　韩晓楠　付洁琳　周　璐　张斯瑀
王立达　李盛耀　孔凡娇　施其振　福　声
刘　琮　袁　岳　麻亚丽　王晶晶　田一廷
刘　泰　武秀华　赵冠骅　周雪峰　赵　莹
杨晓孜　赵王吉　王宪亮　颜丽歌　李　晶
尚　葛　赵　森　张树为　沈周繁星

电子信息工程技术(专升本)
毕业生(54人)
乔慧芳　张舒强　王泽平　赵宏宇　梁冬雪
陈　锴　连振振　鲁维科　武　枭　孙佳佳
王　挺　刘夕琛　任丽军　李信信　王晶晶
戴健非　刘志杰　牛学康　冯永发　张星月
陈思宇　朱钰莹　张仕同　张开翼　陈　冰
王申浩　陈毅枫　迈　阔　刘　佳　张媛媛
张奥运　陈慕菡　张普亮　李　如　解海明
董德山　范浩然　陆音迦　黄家祥　王　超
吴一凡　韩雪峰　费战全　方阳阳　张国庆
蔡　特　邢　鸽　郑　磊　伍息凡　苏　姝
姚伟东　朱海光　张晨博　王　超

十二、艺术学院
本科毕业生370人,专升本毕业生162人,本科结业生28人,专升本结业生4人。

表演(本科)
毕业生(47人)
田力丹　孙　川　徐贞一　张佳婕　李浩嘉
郑　峥　张　斌　张　翔　李昊洋　蔡宇琪
王紫君　刘冰倩　耿诗越　赵思源　于永至
李小羽　孔　甜　纪俊涛　牛　改　罗　淦
高勇正　韦雨溪　陈美若　邓博瀚　刘　菲
吴晓墨　王雅洁　刘竞阳　丛　嘉　马　畅
张静怡　齐　莲　戴润哲　李诗韵　李沐子
杜　天　吴　奇　王　珂　侯金宗　曾　珉
龙梦雅　王　淇　张皓伦　蒋婷婷　彭小艺
张　昊　高苗苗*

结业生(10 人)
王　赛　韩碧茹　任子豪　杨非同　孙耀震
蔡得雨　王祎萌　张轩语　周沫楠　武　轩*

表演(专升本)
毕业生(7 人)
魏紫祎　盛　轲　曲越歆　邱碧瑶　巴　玮
黄佳琪　吴　琼
结业生(1 人)
吕悦绮

产品设计(本科)
毕业生(29 人)
郭一伶　游美瑶　李子昂　王玉粟　王　京
苏孙京　卢烨璇　陈艺璇　刘　迪　李梦洁
周娅冰　曲纪仲　李旭阳　孙文杰　刘蒙蒙
何紫君　钟　怡　蒋佳莹　刘志星　李　琦
田艳玲　李　智　张拓昊　武雨桐　左思寒
刘占五　魏嘉霖　徐　伊　柳靖媛
结业生(1 人)
王　祎

服装与服饰设计(本科)
毕业生(49 人)
贾戊庚　王　妍　陈佩柔　于本罡　李宜瑾
高　源　刘　冰　刘　畅　刘　畅　赵玉蓉
谷　阳　卫康敏　汤宗齐　张　齐　李一飒
杨　琳　张　薇　陈　晨　朱斯琪　魏　玮
庞怡萌　钱海欣　孔德佳　刘　戈　解　冬
夏思琦　张家琪　高　沙　赵依然　江宇星
孙　溪　徐　威　姜　珊　莫心愉　李　玥
高爱伦　见佳其　吴小艳　张　硕　王紫薇
李天歌　闫　畅　杨冠宇　李　畅　彭红杰
冯刘学　曹文斌　李玉涵　郭子言
结业生(1 人)
邓宇晨

服装与服饰设计(专升本)
毕业生(8 人)
李　想　李　旭　徐子萌　李孟维　王　璐
薛　锐　余玲丽　王　雪

环境设计(本科)
毕业生(55 人)
李　明　王圣恩　冯世玉　孙美艳　马迎妍
刘　洋　陈　彦　连梦露　王巍崴　尚晓婷
崔光皓　韩佳齐　陈洁莹　王建鑫　王羽茜
郝　梦　印　晨　刘新颖　王路路　王梦月
赵智然　朱　珊　常李雪　姚　凯　程善良
窦艳艳　徐李汇文　贺新宇　温环环
杨　柳　荆　鑫　张中远　安　爽　张艳男
安静逸　邓梦颖　申琪静　李伊萌　周彦楠
王鑫跃　高　宇　梁若良　张　涛　曾　艺
任　博　刘　冉　刁小雪　李婧瑶　周佳越
王　琪　王　蕊　王　健　刘孟涵　于　淼
白志远
结业生(5 人)
曾　婕　侯　峥　魏钰营　王　萌　王浩然

环境设计(专升本)
毕业生(45 人)
王佳佳　李雪莹　李洛浅　陈　瑶　王　思
吕程乘　张　蕊　汤伊漪　李　琳　梁佩琛
张立庆　张宇辰　马振斌　马亚娟　张　磊
李尚贤　谢思奇　孙羽擎昊　李芳心
寇岩雷　胡晓晓　刘　铁　杨　明　刘　璐
俞思敏　任晓宇　赵腾飞　鲁奕舒　张一祎
乔　臻　史欣宇　付昕雨　玄潇悦　姚淑文
王　丽　姜　华　赵　帆　徐昊明　武秋华
吴思佳　岳丽娇　白　珺　司木城　张笑燕
汪珍晶

绘画(本科)
毕业生(23 人)
于　澍　张亚婵　李　婷　张　赛　皮雨珊
邓嘉南　董晓雪　杨有耕　王少波　李　升
高　芸　李　萍　薛　爱　肖凯诗　何泉禹
马天禹　赵　琪　王紫钰　梁语轩　庄　静
张晓雨　赵小康　李　丹

视觉传达设计(本科)
毕业生(32 人)
李如霞　梁碧和　赵　哲　刘子茹　张思禹
张洋洋　刘燕广　李　岩　厍士颀　王　颖
邵佳苗　华睿婷　郭　露　瞿　义　贾子龙
袁晓玥　孔宪祎　刘举庆子　张子航
芦迪一　丁子叶　杨　洋　刘寒梦　刘傲霜
赵标帅　季川力　徐乐阳　袁　源　何海秀
关雅匀　孙　拓　王卿秀怡

* 注：按照文件京联党〔2015〕88 号，学校撤销广告学院建制，整合相关资源成立艺术学院，标 * 为原广告学院毕(结)业学生。

视觉传达设计(专升本)

毕业生(44 人)

曹亚莉 米园园 李晓娟 周欣宇 刘思雨
董明明 果 鑫 韩媛媛 王 艳 葛 雪
李永乐 吕金萍 郭梦欣 单炳天 金 姗
刘思语 关 雪 徐雯清 于 依 张 一
刘琳靖 李明淞 李 娇 瑞 妍 张维维
王佳宁 郭晶晶 胡思婷 马 萃 郑绣花
宋超冉 葛涵宇 万美丽 李思敏 张 蓓
郭禹奇 孙 琰 朱佳茜 龙鑫岩 郭子成
张 然 贾博涵 何姝瑶 刘泳芝

结业生(1 人)

刘 韧

数字媒体艺术(本科)

毕业生(130 人)

吴天强 彭 明 刘浩楠 吴 帆 盛健平
周 妍 徐闻笛 李 扬 易林晓醇
高 超 王晓宇 李 硕 赵维佳 何紫悦
金 祎 唐子岳 杨嘉鑫 李 力 陈孟乔
陈志超 李 盈 王天瑶 李宇佳 李元川
秦 弘 辛栋强 杨清双 朱 萍 侯雪冬
乔 琨 侯 雪 赵子元 徐 硕 李彩娟
刘博文 李 静 范佳成 余梦琳 艾 民
郭乐天 钟晓璐 钱占平 司淑敏 杨 煜
李文刚 解小涵 徐 缘 乐 凯 郜一凡
贺嫣茹 孙 薇 张彩彩 李冬冉 孙 超
高辛同 刘琪琳 刘 玥 李静雯 张羽然
杜 鑫 高欢玉 徐雅菲 高 帆 鲁恒优
冯宇帆 杨 川 赵文魁 王雪梅 李晓萌
刘天祎 于若凡 刘 冬 张炎炎 董佳鑫
王思琪 王娅菲 陈佳煜 杨开鹏 石佳航
姚云超 浮文婷 刘蓓蓓 胡 馨 张 静
汤焕钊 潘 理 李晓甜 陈 娇 赵 健
孙浩榕 王嘉艺 姚 檬 杨紫薇 朱庭毅
胡晓瑞 刘 霞 王开颜 李亚男 王京宇
丁 乙 于 雪 曹国庆 时源钊 申荔君
龚姗姗 魏钰静 张 珊 付 玙 关圣钰
孙嘉元 李 然 贾安琪 郅粟迪 杨可欣
王嘉硕 任可欣 王佳琪 程绪雄 李婧瑶
郭建文 崔 婷 马云飞 赵 牧 周宇翔
孙佳雨 张 校 肖 萌 夏培伦 王 珊
包 杰

结业生(10 人)

张正伟 周 健 赵 童 胡 靖 高嘉阳
朱智豪 李劲翔 左佳宁 霍云龙 孙一博

数字媒体艺术(专升本)

毕业生(58 人)

马子凯 张航宁 邵洪生 刘月月 胡晓彤
杨婧宇 陈永杰 张 璐 李 刚 刘 喆
马梦成 董思佳 李嘉晨 潘瑞琦 李嫣然
段媛媛 郝星晨 安 娜 杨 絮 张 钰
曹 来 居亚彬 顾安麒 关睿骁 汪笑如
柴 钰 薛印然 朱云峰 蒋 懿 冯 凡
庄家靖 张子豪 唐 慧 李 翔 陈博宇
高 武 路佳兴 谢 宇 张佳琦 胡焕卿
刘 盼 张华林 高一鸣 曹丝莹 胡石磊
王羽乔 付彦棋 王潇健 岳 盟 马 琛
赵凌玥 徐艺丹 林凯茜 赵星澄 郭瀛璐
周立雪 崔晓萌 窦嫣然

结业生(2 人)

白 杨 余智伦*

广告学(本科)

毕业生(2 人)

赵文轩* 赵静雅*

艺术设计(数字艺术)(本科)

毕业生(3 人)

陈宥霖* 袁 泽* 高诗淇*

结业生(1 人)

孙 飞*

专科(高职)毕业生、结业生名录

一、师范学院

高职毕业生 33 人,高职结业生 3 人。

文秘(高职)

毕业生(21 人)

杨艳晓 郭东宸 许 翰 王子悦 张 聪
王小竹 杨鑫玉 汪婉琦 奚璆玥 王泽豫
赵羽佳 侯 畅 薛 怡 孙婕琳 赵宇彤
郭 玥 刘 莹 孙 茜 种 骁 鲍 芳
王 姗

结业生(3 人)

王 帅 刘 岩 刘钰婕

音乐表演(高职)

毕业生(12人)

许茗赫 张蕾 郎朗 王笑晗 王可欣
孙赫泽 冯玖月 易梦瑶 刘浩然 李明君
郝佳丽 王乐陶

二、生物化学工程学院

高职毕业生107人,高职结业生15人。

供热通风与空调工程技术(高职)

毕业生(11人)

胡满全 徐云峰 刘雨晴 刘欣雨 邓泽辰
王轩 徐浩天 吴凡 张佳豪 李彤
张锐崎

结业生(4人)

刘汉雷 高博文 常金雄 孙贺

楼宇智能化工程技术(高职)

毕业生(15人)

贾庆国 金彦琦 李晓宇 王雨晴 申鹏
景然 杨东辉 赵宇鹏 张殿威 王林璞
刘浩 赵悦 于金晖 唐慧敏 王猛

结业生(9人)

曹彬 屈彤 庄杰 张世玉 毛鑫
王宇恒 刘依菠 王冠群 耿飞跃

药物制剂技术(高职)

毕业生(81人)

杜翟亮 张朝宇 徐兆艺 刘辰堃 赵文炜
李童 张琳琳 徐璐 郑轶丹 高策
李建伟 鄂敬文 赵晨晨 史黎明 浦方晴
张意茹 付寒 骆睿 王天祎 马思静
陈思 张鑫洋 李帅峰 何静 王琦
马雪 张洪铮 张楠 王博宇 姬晨阳
历威 王帅 徐天宇 丁吉 裴毅
李丹娜 刘功颖 刘海洋 刘婉婷 陈琳
张雪莲 相羽 康莹 王欣彤 张宇晴
韩菲 屈金月 杨蕊 王晨 赵勇
王越 赵一鸣 焦曼茹 张云梦 杨璇
孙爱博 郭琪 甄雪婷 张敏 刘禹森
郗婉真 石泽禾 彭田 薛嘉慧 范子轩
方冉 郭宇 刘晓萌 马玉岭 李子君
张亚楠 王春雪 谭旭 潘磊 李浩然
闫秋彤 魏子墨 吴尤 扈丹宁 马依娜
杨依

结业生(2人)

徐昕 周子嫣

三、旅游学院

高职毕业生144人,高职结业生8人。

酒店管理(高职)

毕业生(73人)

曹子健 陈师鞠 胡百根 宋学宇 蒋浩
魏紫霄 马昊涵 宋佳琪 刘嘉慧 刘映辰
刘建新 李妙玲 裴文鑫 何颖 夏豫京
彭思文 夏凡 王双临 韩晓东 孟子月
齐啸 高硕 王晓旭 沈晓彤 李清欢
王文浩 闫晋泽 高璇 马雪 卞喆
宋敏 孙睿豪 陈浩文 高峰 杨晓宇
杨梦冬 刘子豪 汤一凡 王新宇 李平
李晨 杨可欣 肖东艳 熊晓蕾 董紫玥
白文君 董晓培 魏喆 高桐 高荣荣
孙艳萍 张松 谷雨菲 李岩 段明臻
王美琪 何梦菲 吴朕 黎佳 刘帅
王静萱 熊佑敏 尚俣光 朱旭 梁国欣
王杰 戴博钧 杨喆 樊雪莲 程丽欣
孙天汉 李彬 王宇宁

结业生(5人)

石博文 邓思凡 冯月 李晶 江倩怡

酒店管理(餐饮管理方向)(高职)

毕业生(5人)

张斌弛 张子彬 李楠 戴天猛 马博伦

酒店管理(全聚德订单培养)(高职)

毕业生(9人)

杨瀚弓 王晓悦 王莎莎 郭佳星 丁志刚
刘朝 徐晨茜 孙丽媛 杨森

烹饪工艺与营养(高职)

毕业生(57人)

王佳佳 霍岩 付秋爽 吴筱菲 吴梦泽
詹子鉴 李佳琪 马丹宁 司家悆 袁杰
李秋垚 马鑫蕊 杨宇彤 闫玉童 郁美珠
魏屹钢 贾梦竹 宋祖扬 李昂 王寅丁
康嫱 苗雪征 马源 王思琪 杜鑫
吴浩 刘春亮 陈波 陈美奇 周航
崔雪松 赵思怡 姚欣彤 田佳欣 李景淳
罗东东 王明佑 马玥琪 江晓舒 王健
林菁 刘若宸 张雅坤 赵墨 李帅
王志羽 田煜铭 赵天意 刘若萌 黄友淦
董金仪 徐苗 王娟 张恒 范新娆
樊星 王韵迪

结业生(3 人)
孟　静　李　佳　严　宇

四、特殊教育学院

高职毕业生 90 人。

计算机应用技术(高职)
毕业生(15 人)
袁晓玲　王　伟　雷良贤　林宇彤　孙　月
王静静　宫　欣　王紫云　范紫茹　张　杰
李林峰　姜泽旭　林宇欣　韩贺龙　鲁　莹

视觉传达艺术设计(高职)
毕业生(34 人)
张　彪　王晓玉　张　敏　赵程杰　关志强
秦诚洋　谭景文　吴小艳　唐　红　张燕彬
崔书畅　王青湖　许　晋　杜劲威　叶　鹏
何　浩　魏育松　洪　裕　黄　悦　张志新
郑小晶　张丽霞　曹　原　薛全东　冯森浩
黄超夙　谷　蜜　张瑄芷　刘亮亮　赵晓鸣
邵珂珂　王培培　李　佳　柳知雨

听力语言康复技术(高职)
毕业生(27 人)
张玉鹏　田莹莹　皮珺琪　张新阳　朱　林
张　颖　孙京楠　邢海敬　张　枭　王　洋
李　爽　张　晨　庞　昊　韩　笑　曹　涵
王　淳　王　松　王雪笛　王　慧　刘腾晓
张鑫宇　王　倩　普　明　张　彦　李凤麒
王启龙　周　薇

园林技术(高职)
毕业生(14 人)
喻　佩　程　瑶　林伯文　易　凡　丁宪瑀
徐　明　斯日古冷　宋　宇　张诗杨
孙晓芳　周四画　杨　柳　陈晓薇　过　迪

五、应用科技学院

专科毕业生 744 人,专科结业生 33 人。

电脑艺术设计(高职)
毕业生(59 人)
丁　硕　马海洋　王浩然　孟子昂　赵一帆
张子威　张闻宇　李雨豪　赵炜杰　刘　皓
张　砚　刘　浩　吕　然　方博川　李　行
常　玉　文曼翎　赵玉田　胡圣丹　钱迎新
康　艺　徐　凯　朱子妍　孙国轩　赵天阳
李洵洵　邵　帅　赖芳琪　杨辰磊　陆靖雯
陈秀夫　高天阔　王晓琪　雷晓楠　秦梓赫
李　冉　郑　磊　付子豪　林　明　张　振
王子豪　朱思琪　崔文彬　江泽坤　李晓梦
薛　晨　张　卉　殷爽爽　贾东泽　王子逸
王　淼　李　享　李　佳　欧阳婧荷
黄梓源　毕　婧　戴　岩　梅晓菲　杨世超
结业生(10 人)
季琰松　刘雨林　邹　睿　杜昕宇　贾士杰
任梦羽　杨宇凡　凌嘉骐　王鑫垚　米思蒙

电子商务(高职)
毕业生(30 人)
胡佳莹　苏学斌　刘　帆　郃　浩　贡　蕾
孙　旭　郑依轮　王宇晨　鲍　强　刘晓杰
郭　浩　陈俊华　鲍伯琳　潘梓晨　王泽琪
谢鹏浩　张懿心　沈　啸　刘四同　张健哲
王京爽　高云颢　蓝　琦　杜婧铱　帅子申
郝　羽　麻智远　王梦楠　王梦璇　顾　昊
结业生(2 人)
杨　江　陈　玮

电子信息工程技术(高职)
毕业生(54 人)
许　赢　蔡　珊　刘如龙　林　智　王浩楠
高　跃　田志远　王宏涛　李昊阳　杨云鹏
刘佳峰　殷德琛　王　业　宋　杰　赵子涵
祝嘉孝　张世豪　宋　佳　王　齐　朱荣升
褚钧晖　张伟达　李佩杰　马佳佳　王子健
汪　硕　薛　杰　徐佳彬　张弘毅　张雅茜
满运峥　王依凡　张子成　刘　璐　刘梦箫
张子豪　侯檀洋　于　群　尹傅豪　张　祎
蔡宏伟　刘万琪　刘维硕　赵　超　芦　旭
王紫薇　薄璐峰　李　虎　李　媛　梁宇轩
石　悦　郭维帅　孟帅屹　王明浩

广告设计与制作(高职)
毕业生(31 人)
郝天祥　张　妍　辛小艺　罗　璇　范玉洁
宫佳一　郝芳旌　商梦彤　冯　琦　刘　峥
梁　红　王子爲　赵宇欣　赵冉頔　李皓妍
高　乐　衡梦轩　李　豪　程鼎涵　胡爱雪
温鹏飞　王子旭　李　珺　贝芝兰　赵雨超
李东雪　冯　博　王金波　商春艳　田　乐
田立娜
结业生(1 人)
尚方恝

会计(高职)

毕业生(188人)

孟昊枫　刘卓然　杨　柳　李绍宸　李　静
赵佳慧　梁　立　李　傲　胡　月　程　威
王晓博　张　梦　马　迪　张　庸　李　烨
张思远　郭　楠　白　月　张　彬　张天宇
史　悦　温可欣　黄苑博　陈笑天　穆　硕
陈　思　翟淑佳　王怡冰　赵文捷　申　旭
刘晓玉　褚泽爽　刘昱新　赵　彤　李欣蕊
刘海旭　黄旭东　尹　君　段　宇　惠　玥
潘梦璇　孟令坤　文　艺　罗　旭　池　冉
王　宇　辛梦圆　陈少洁　姜可心　刘　畅
李　允　杜雨晴　高　菲　胡　悦　于　泳
都业昕　景申强　郭　宁　穆文娇　王雅彤
孙　鹤　王　洵　王　冉　张　玥　武思傲
石璟莹　马　宁　艾　彤　马惟妙　高美琦
蒋新然　周　力　毛紫欣　张婉莹　任梦凡
来博洋　陈嘉静　支雪彤　徐美菊　宛　璐
刘宏泽　刘　彪　武慧文　张　迪　王宇晨
梁思宇　李晗熙　高　雅　黄志城　黄思帆
胡珊瑚　张　雪　赵　阳　刘若兰　熊婷婷
甘　璐　刘　彪　陶　冶　徐　伊　周宇航
马　瑾　刘悦欣　张　煜　何建颖　张　萌
韩　微　魏千千　张晓宇　邓　瑶　李倩颖
郝嘉风　赵　媛　李　蒙　陈　然　李　尊
肖　迪　梅　童　姚　瑶　谢晓妍　徐浩然
尚文杰　杜欣悦　吴鹏博　江　琦　李翔宇
于海月　王　祎　郭心宁　芦九洲　张琳婧
张　晴　张丽纯　王明月　任瑞鹏　王云琪
高　鑫　刘宝婧　林嘉美　张梦浩　刘小童
邢丽静　王　猛　赵一擎　王梦杰　魏朴坤
董　娜　潘　晴　王镇翰　贾春燕　木雨晴
张瑶玥　郭思奇　李可欣　刘宇鑫　蒋子川
王　爽　冯　博　张　纯　吕　越　钟子凯
王瑾雯　吴晓颖　杜轩昊　赫梦媛　熊　英
高　凡　王　玥　夏菲菲　杨　阳　张　放
隋　爽　王凯丽　霍紫蒙　余　晴　曾文艺
田　悦　高　珊　孟钦然　刘嘉洋　丁梦琪
赵　宇　李伊雯　孙　晨　张　蕊　商　怡
梁　红　朱文敬　张展悦

结业生(6人)

李婉婷　赵笑雨　及　澍　安　震　钟瑞鑫
宋琳芊

计算机多媒体技术(高职)

毕业生(55人)

张睿昭　杨原江　金博涛　耿　硕　蒲　通
孙　傲　陈　雨　贾寓茹　陈　松　牛泽楷
张　璐　吴思琪　祁　夏　安　迪　张伊欣
邵文琪　张墨林　桑铁朋　侯宗佚　白晓军
李添添　林世杰　赵雨情　王喜晨　苗宇超
赵雨然　陈凯锋　张贤柱　陈博远　曹博远
郑嘉成　赵　赢　高　晨　韩仟仟　王　頔
寇　依　周　赛　王　淼　马梦琦　关舜天
赵　翔　梁鸿浩　关　宏　胡皓清　鲍　晗
张铁梁　王　楠　闫嘉豪　蔡融天　李孟哲
张天华　张玉玺　王伟杰　朱旭辉　李普阳

结业生(1人)

胜　鑫

金融保险(高职)

毕业生(26人)

鲍思同　付国桐　岳　莹　王　佳　朱乐陶
李　淼　张效禹　姬　玉　鞠　岩　包图雅
胡　杨　董晨龙　唐天予　张　彤　刘政伦
赵　宣　李双驰　李稀琛　李　超　马闻笛
李萧涵　魏　萌　廖成琳　吴　瑕　刘佳琦
何　腾

结业生(2人)

高　鸣　李雨峰

旅游管理(高职)

毕业生(22人)

张宇航　乔梦佳　李玉府　马晓玥　于　楠
门丽婷　郑中平　马欣蕊　褚胜男　魏　娜
李　爽　郭久辉　杨　晨　蔡　阳　丁宇喆
安　岩　孙曼雪　刘梦时　马欣宇　王　博
黄靖雯　高　枫

结业生(3人)

张聪慧　王　丛　曹　搏

软件技术(高职)

毕业生(60人)

李尚远　徐天雷　赵瀚闻　孙　鑫　宋　哲
焦金浩　陈雨初　李　帅　李　西　刘　阳
于梓涵　张守业　刘　畅　李元琪　张之平
周重齐　于化龙　于佳祺　董宸宇　柴烨博
闫海涛　张　山　赵鑫煜　王豫杨　朱帝安
王晓明　马云珩　范子晨　张　晨　李明峰
张洁雅　刁溢涵　尚丙子　于　鑫　赵晨硕
李政良　张东旭　王怡玲　王鑫源　魏　铭
贾雨新　郭　溢　赵晓亮　付英豪　贾蕴普
孙恺然　谢　鹏　张成泽　秦浩然　左　杨
王晓龙　陈　晨　赵　硕　王　垚　支蔚翔
高可馨　任致豪　施　伟　庞　博　赵　旭

结业生(1人)

赵博文

商务日语(高职)
毕业生(21人)
魏东东　刘丹逸　唐丹凤　高　尚　杨　哲
高泽基　吴　昊　刘元格　冯子倓　胡贤依
郭　楠　林子婕　阳凯枫　任雨彬　王可心
王子杰　荣　睿　诸葛子玄　梁　爽
杨　光　王砚文
结业生(2人)
韩子豪　侯珺夫

商务英语(高职)
毕业生(68人)
张　初　张晓琦　刘　蕾　梁天艺　姬　鹏
崔　妍　张心宇　裴德龙　李　帆　曹　蕊
袁　烨　王双萍　王利超　代旭鑫　方　旭
孙　爽　李　健　王悦君　赵　倩　于渴鑫
郝可越　付　奥　韩馨雨　夏　程　郭　玮
王　楠　翟超然　张丽荣　游禹鑫　李梦迪
郭娅婷　刘　喆　刘　晓　刘鑫磊　杨宇赫
刘梦岩　张子媛　杨雨慈　王　超　张　博
任晓旺　周　硕　李雨秋　王嘉兴　侯梦鸽
蔡元皞　张晓宇　王　源　张　雨　翟佳羽
何鹏源　岳　玥　孟安琪　麦　睿　徐雅婧
乔　鑫　董利萌　张梓欣　高润雄　王智萱
曹　帅　王一帆　王馨蕊　吴冬蕊　徐　晋
李文頔　彭　鹏　李佳洧
结业生(1人)
郭弘帼

市场营销(高职)
毕业生(38人)
王　萌　何　硕　汪子健　李　涵　田子轩
李雪丽　李　岩　李文琪　刘明月　陆　迪
张亚南　张　桀　谢心蕊　张志政　陈思涵
余　跃　廖　航　张建杰　杨　娜　宋　硕
肖晨茜　侯颖杨　徐珺然　郭子文　韩云楠
孔德馨　王思童　高建鹏　段佳婧　王　梦
张馨文　杨明达　彭智远　程　艳　李子洋
袁　凯　亢波雯　贺晨阳
结业生(2人)
秦龙洋　彭　程

市场营销(医药)
毕业生(1人)
王依冉

视觉传达艺术设计(高职)
毕业生(31人)
张　然　李晶淼　张建颖　张裕坤　贾　旖
邢　东　王　玥　姜　昱　王雨濛　张婉璐
唐诗琳　周慕楠　游　雅　李　珊　付迁生
李　斯　薛朝媛　颜　根　孙伟轩　刘欣怡
王　扬　李耕旭　孙　帅　林原可鑫
连　杰　于泽临　胡　玮　韩　磊　贾玉春
聂鑫蕊　杨　烨

应用西班牙语(高职)
毕业生(60人)
褚学良　刘月萌　马佳慧　张梦圆　于伯瑶
李　畅　肖　月　石梦瑶　宗　柳　李　悦
张子祎　马振川　潘　倩　高彤彤　王子君
林　梦　郭子强　窦一珂　敖菡冬　蔡涵文
沈紫辰　刘　源　张嘉馨　郭绍华　韩子龙
马　妍　董　坤　赵思雲　张　然　李沐子
王雪荔　李冬妮　聂豪男　刘若冰　史慧彬
范鑗珊　魏伶伊　张　维　陈佳微　张　萌
齐晟轩　马玥竹　宋　烁　谢婧怡　李　颖
李　霏　肖乃培　张天懿　李孝延　陈　卓
李　明　何子钰　王子乔　陈　思　孙欣宇
郭立宸　降晨曦　齐　琳　郭　慧　牟容淼
结业生(2人)
裴子安　曹海岩

(以上由校教务处提供)

成人学历教育(夜大学)毕业生名录

一、本科层次(87人)
艺术设计(春季,6人,办学单位:商务学院)
李梦娜　吴　然　周靖然　张　琳　宋燕红
张鹤汀

艺术设计(春季,6人,办学单位:旅游学院)
宋竹婷　周鑫雅　钟　芳　钟　珊　李　娜
赵　亮

艺术设计(春季,36人,办学单位:继续教育学院)
李苗旗　高　瑾　郭鑫蕊　王海丽　郝钰沁
李习习　王　玮　肖蓓和　陆　婷　贺　煦
孟　丽　杨　霞　刘映金　张　溪　周星汝
郑歆丛　白　雪　孙水淼　靳　悦　杜梦月

韩雨洪　张　哲　王雅春　安磊磊　张茂梁
李　宇　李　玉　郑晓乐　尹泽旭　宋俊标
倪瑀康　何翼凯　宁　靖　李月月　王　磊
赵婧亦

旅游管理(春季,17人,办学单位:旅游学院)
江　凌　吴德龙　孟庆玉　李晓敏　汪　鑫
李红美　何合合　高启虎　赵雪儿　马娇娇
宋崧杨　王雪晴　徐青悦　樊松辉　梁梦真
薛晓丹　张　超

专业:旅游管理(夏季,5人,办学单位:旅游学院)
寿昂琦　付　萍　张　丽　王　浩　冯　烨

工商管理(春季,8人,办学单位:继续教育学院)
赵柏雄　黄　蔚　王　萌　陈　曦　范学兰
金翌薇　毛彩云　张　明

工商管理(夏季,3人,办学单位:继续教育学院)
张　晨　霍萌萌　张　萌

工商管理(春季,6人,办学单位:机器人学院)
赵　明　杨文艳　袁晓杰　陈富昌　胡红伟
吴　桐

二、专升本层次(639人)
工程管理(23人,办学单位:机器人学院)
宋　波　刘慧伊　孙静静　刘　成　孙　宇
吉洋铭　王俊华　张　鹏　王振芳　鲍　宇
李　海　夏　冬　孟凡超　刘亚楠　韩　乐
费卫杰　王海霞　杨鹏程　韩立国　张成龙
贾建波　朱文娟　金　星

工程管理(36人,办学单位:生物化学工程学院)
骆　军　马洪亮　张鸿昌　李永波　常凯月
卜泽恩　陈虹宇　董亚会　权　羿　李靓婷
彭　彬　韩　林　王亚楠　郭宇浩　运涵烨
李慧敏　苗　玥　韩　帅　刘孟月　姜　申
李　硕　王依依　杨有楠　赵天星　刘　聪
刘　富　张雪妮　毛慧莹　哈晓伟　王贵宝
董　昊　刘建凤　马跃春　于　越　刘　莉
张斯明

工商管理(24人,办学单位:继续教育学院)
许　悠　李元明　张　弛　刘旭晨　张炎逸
王弘宇　任　悦　刘雯滟　李卓亭　安　芮
张腾吉　饶家林　赵艳华　柏贵连　张　凯
于　涵　张莛麟　范　佳　范　围　翟　乐
杜　倩　芦馨妍　池丽亮　安亚飞

工商管理(37人,办学单位:机器人学院)
胡竟涛　王　晶　尹　华　王贵文　张　旭
刘志琪　张红美　陈思岩　马　丽　仇昊辰
徐若展　王英杰　路小侠　李　根　牛　雨
李　宁　郑　韬　李　欣　王冬梅　石静艳
王　伟　曹建晶　刘　波　张　鑫　尹　晶
王伟成　郝自强　闻金苹　尚　剑　王　浩
王贺赫　高　斌　韩　鹏　赵立伟　王　超
赵　铮　颉思雨

工商管理(26人,办学单位:商务学院)
夏浩然　杨晓煜　孙勇强　刘宇翔　刘　达
董　磊　李熙贤　宋玉田　王　晴　乔玉帅
蔡思宇　龚晓茜　石　蕊　闫　岩　翟志斌
王　娜　刘礼文　高春芳　张仲宇　张　宇
张小红　徐银萍　王璐瑶　王冰冰　何海林
师梦恩

公共事业管理(1人,办学单位:商务学院)
毕家振

公共事业管理　(36人,办学单位:继续教育学院)
刘　鼎　康　静　边　悦　崔丽娜　石伟龙
俞秋雅　张　宇　朱　蒙　闫婧雅　杨庆杰
崔　昌　孙艳菊　王冰澈　鲁斯杰　刘　翔
孙鸣杰　周璐璠　王可为　王　彦　赵　旭
徐　洋　魏素娅　高　杨　王雪霏　薛　策
郭绍燊　杨　淼　王　超　卓静春　高庆甫
李　航　张　鹤　张轶朋　李　峥　高　媛
孙　爽

汉语言文学理(16人,办学单位:师范学院)
郑　娜　张　萌　杜　颖　张雅君　赵雷雷
宋　艳　张思明　刘　琪　王思又　刘　悦
李子鹏　董　鑫　李　佳　王　冲　郭桠宁
张伟杰

会计学(48人,办学单位:继续教育学院)
张克恭　吕　婕　张　星　孙　宇　彭　赛
杨晓珩　张晓轩　王　荻　董丹濛　金晓禹
赵　丹　仝　舟　鲁　晶　武文慧　任　帅
刘　璇　成思宇　陈美容　张雪莹　赵晓晔

卢倩文　赵兴妍　宁宏娜　叶娟娟　殷焱焱
田宏健　乐　佳　苏卫卫　曹雨晖　冯　彬
高全胜　王　雄　尹树艳　刘李同　罗洪伟
侯　捷　赵　杰　祁丹妮　刘　燊　李云凤
隋风辉　刘玮男　杨　娜　闫冬梅　宋思婧
邵　帅　张　硕　达　巍

会计学(10 人，办学单位：商务学院)
李　昕　田　媛　史红焰　李安安　傅铃铃
刘　精　刘亚军　侯亚辰　夏艳君　付　强

会计学(35 人，办学单位：商务学院)
徐　鲲　荣海玲　冯　硕　裴新莹　常　颖
张　涛　夏伏晨　王瑶函　李　然　贾晓爽
陈　艳　刘兴华　李　艳　胡秀华　张　擘
李　彤　曹丽霞　郎亚平　冯　磊　张　萌
付金艳　张　涛　杨云飞　张　静　李文静
刘　璇　张洛宁　张艳丽　张彦红　何媛媛
刘亚英　柳文军　张珊珊　范利花　王蕾坡

机械设计制造及其自动化(52 人，办学单位：机器人学院)
郑　毅　闫　旭　刘　军　丁　瑞　王灵利
刘国鹏　彭大志　魏　玥　郭岩伟　杨海波
寇佳杰　麻　凯　王　峥　蒋世杰　陈　昆
张　超　梁伟强　吴　军　闫　凯　倪艳春
李　岩　许　璠　张　赛　冀东冉　付立伟
杜志武　任卫新　张　意　王　磊　董　彪
王忠祥　勾晓腾　张金鹏　杨宇莘　刘　辉
陶　峥　张建雄　王　京　张　博　李峙林
满智伟　邢　鑫　薛东会　李　佳　曹燕宝
石玉福　闫　禛　李　超　时爱军　刘海龙
王万田　赵金冬

计算机科学与技术(16 人，办学单位：继续教育学院)
刘海涛　鲁　帆　王　珏　李京徽　柴文鑫
王　韬　杨　泽　王　博　岳新珊　邢天智
朱　贺　黄玉龙　张　博　刘　鹏　杨新武
孔祥剑

教育学(12 人，办学单位：特殊教育学院)
张桂香　王祎阳　王洁冉　杜斯慧　曹　蕊
唐源昊　马　燕　殷天姿　韩云星　王凯悦
秦　赛　王敬媛

旅游管理(18 人，办学单位：旅游学院)
李　瑶　白轩祎　崔佳婧　李雅婷　王静雯
张安琪　李曼恬　冯艳蕾　魏　童　耿　笑
谢晓晓　刘　龙　彭悦琪　常　甜　刘春宝
郑文民　刘国辉　王　丽

信息管理与信息系统(23 人，办学单位：应用文理学院)
刘　佳　张　蛟　王　鑫　果　然　陈　亮
刘树义　赵春良　马　琰　刘兴明　杨金刚
梁乃辉　吴双雄　李　杰　胡侨珍　薛依群
邓连兵　董佳彬　张　晨　刘　洋　高　跃
刘诗艺　龚先权　王显全

学前教育(19 人，办学单位：师范学院)
吕文慧　高丽华　叶含蕊　刘紫薇　梁　雪
王语彤　苏　颖　谢焕焕　宋　欣　历文娟
贾毅雪　胡　菲　徐　星　巨　晨　徐　琪
王　安　郭荣荣　徐雅楠　张　婧

艺术设计(41 人，办学单位：继续教育学院)
张　震　尚陈辉　孙玉玲　李　聪　丁　杰
刘奥平　张佳升　陈　松　王志炜　牛逍遥
栾　琪　李　丽　罗红艳　张钰雪　周雪建
赵　倩　张莹莹　雷　杰　张钰琪　韩　旭
刘孔明　孟　伟　史伟兵　逯　遥　金　鑫
黄孝慈　侯婧怡　侯啸峰　闫文麒　郭晓曼
姚　烛　皮潇阳　侯　磊　宋欣媛　崔宇桐
王　锐　高　宇　王梓豪　陆　爽　李　强
郭　亮

艺术设计　(5 人，办学单位：生物化学工程学院)
刘　衡　吴大山　杨无极　魏恩平　李　纯

艺术设计(19 人，办学单位：生物化学工程学院)
王孟璐　董洛昕　张　坤　陈　磊　张宏愿
赵彦卉　赵　晨　钱　震　骆　腾　方　雪
曹　丹　王　杰　刘　莹　龚　悦　禹萌萌
董春媛　王晓彧　朱秋蕾　郭　艺

艺术设计(8 人，办学单位：特殊教育学院)
孙　哲　马　静　亓　斌　李雪娇　谢　頔
刘　燕　宋　震　李春旺

艺术设计(12 人，办学单位：应用文理学院)
李智童　王佳莹　许学伟　吕　铮　王　昆
胡川萍　王月华　田晓晨　侯　斌　周灵敏
薛宇辰　杨牵蓉

音乐学(15 人，办学单位：师范学院)

吴冬乐　刘　洋　张瀚月　李　欣　赵旭峰
黄娜娜　高圣涵　吴珊珊　季晓丹　杨　宇
韩欣玉　石　瑀　刁　萌　马晓萌　王　倩

英语(5 人,办学单位：继续教育学院)

杨　莉　张　鸥　何芳敏　张　烁　丁利利

针灸推拿学(80 人,办学单位：特教学院)

王　皓　李　攀　薛聪明　吴爱林　杨晓清
夏永胜　莫爱军　吴剑雄　黄邦潇　杨定定
刘文闻　刘晓玲　刘　洋　刘金歌　崔瑞敏
于培培　李　琪　刘　超　陈秋莲　王　飞
刘景伟　尹晋平　王　旭　杨　玉　韩智睿
张　波　郭　义　吴巧玲　王一娇　齐宏超
李　飞　李晓梅　蒲德明　柴淑英　王奕斌
刘　辉　赵志欣　张建民　李　胜　张　萌
冯科文　王罗芳　梁鑫鑫　张　扬　赵智鸿
孔　芳　刘松榕　李　倩　周合成　刘培兰
杨文禄　郑达权　斯　勇　王召民　王国庆
田　鑫　李海军　回　亮　王俊华　赵美伶
高　弘　陈胜利　杨爱军　郑华志　席志强
杨宝磊　谢　演　王经慧　刘海波　陈桂冰
李　桃　郭俊清　聂继锋　张　健　郝彦红
王志军　董士新　李富杰　王　杰　梁春吉

制药工程(22 人，办学单位：生物化学工程学院)

梁瑞明　刘海燕　徐　丹　张齐瑛　王加斌
柳连喜　李立平　张立尧　田　颖　顾思娜
端正平　李梦媛　张鑫洋　许思奇　张　雨
唐志刚　蔡春芳　蔡伶艳　王　蕊　鞠丹妮
孙京伟　宗瑞兴

三、专科层次(1309 人)

多媒体设计与制作(34 人，办学单位：继续教育学院)

王东彬　吴文燕　赫佳磊　雷锦涛　朱良辰
崔可心　张宏扬　冯金秋　杜壮壮　孙佳岳
周士贤　王　希　崔　鑫　王　楠　黄超静
孟　星　袁　振　周思维　张　皓　高　森
赵　辉　穆　凯　葛　悦　黄慧琳　吴晨华
张玮楠　吕梦奇　杨梭丽　尹家咏　沈　楷
徐浩楠　李一鸣　陈　松　于美佳

广告设计与制作(59 人，办学单位：继续教育学院)

许曹骏　邓可铮　时　伟　宋　鹏　王嘉来
吕琦天　刘津硕　关　萌　钱韦妤　王阿龙
王　晶　顾鸿宇　田枝荫　曹英玮　朱宇鹏
白　燕　刘　磊　王　勇　何智超　高志鹏
武智强　熊作云　吴迪安　尹泰城　孙小童
邵　强　计文杰　刘杉桐　杨明龙　张建昌
胡修鹏　王高云　张　禹　孙　俊　冯灵凯
孙钎峰　邓学文　夏明衍　叶　茜　刘舒瑞
段佳君　杨宏坤　仝　童　盖俊颖　尹　莉
高　雅　娇　玉　侯海龙　张家亮　包　楠
方洪东　黄　淇　马梦雪　孙　燕　谭雨桐
王婷婷　张维佳　张雯惠　赵欣然

会计(178 人，办学单位：继续教育学院)

刘文慧　杨　露　吕祥祥　宁　鑫　彭阿芳
谢金伶　王雪颖　王　凯　尹　苹　何海红
王素焕　张思源　张姣姣　郝乐媛　李芸芸
王康悦　江海潮　赵梓杰　黄继倩　赵　静
杨发荣　周　丹　王春梅　李　慧　陈国秀
毕志宽　陈姗姗　许　佳　王平亚　顾成语
董　英　宋丽丽　廖浩浩　魏小杰　韩　磊
谭　伟　曹　娜　李文霞　韩子月　王　冉
邱照华　夏旭东　王爱文　查　艳　陈　丽
张志赛　王静杰　高同凤　王清梅　高雨薇
周丹丹　徐婷婷　崔译文　窦玉德　段平巧
阴艳茹　赵亚婷　张　莹　段选鹏　高凯强
陈一菲　钟娴仪　何佳佳　宋伟欢　王　丹
杨永涛　胡雨秋　张　宁　刘妙琳　单奥林
赵　敏　陈俊霖　董美君　李迎春　江佳琪
冯　丹　冯晓菲　罗生桂　陈红艳　陈美红
李　瑞　程晓兰　赵　薇　王倩芸　姜慧雯
张美琦　易桂珍　张　蕊　邓益梅　叶　娟
张　倩　周　娜　张红梅　郝旭丽　张　椋
赵安琦　苏华文　穆相冰　王春杰　赵　山
赵宝刚　陈亮亮　张　敏　陈可欣　刘小琴
任泽东　石子陵　赵　敏　于云秀　孙　蓉
李　娟　张馨月　吴杰敏　杨　璠　谢玉文
汪　鹏　苟章霞　李　思　王　虹　郑　燕
陈金勇　贺　希　闻开琼　林　霞　汤婷婷
曹盼盼　于旭光　朱啟芳　王河生　冯雨晴
李枝鸿　高　堤　安　爽　程颖玲　陈　蕊
徐嘉英　张晨静　马娇娇　董海洋　郝晓婷
张小娟　王　晓　王　贺　王　静　王丽群
王　倩　王　霞　王　英　严燕梅　李　芳
李　丛　叶胜发　郑　雨　崔潘东　杨宝林
郝祥龙　李佳艳　温佳丽　郝朵朵　黑文华
粟小梅　焦　娟　曹　莹　田婷婷　杨兰洁
杨毛丕　詹晗烨　张忠燕　杨文艺　陈玉涵

王志勇　马　涛　魏李珍　闫春雨　吕如堂
张子文　赵慧娜　王娜娜

会计(8 人，办学单位：商务学院)
陈会菊　刘馨文　南晓东　王占娟　黄立民
李康媛　张文君　董映雪

会计(24 人，办学单位：应用文理学院)
田　雨　王　璐　徐　超　吴玲琳　刘美玉
董红英　查万杰　王晶晶　于俊春　孙　巍
于燕燕　郎亚丽　张　鹏　崔　宁　刘　丹
路翔铭　高亚杰　刘海娇　崔亚南　杨荣祥
王玉松　李金颖　王文龙　刘海影

机械制造与自动化(19 人，办学单位：机器人学院)
姜　华　李云松　陈　鹏　赵　涵　于海霞
吕云坡　张　虎　高晓峥　高　猛　李　柱
段　然　焦　浩　管晨旦　王　超　万军松
张鹏山　刘雪征　孟　硕　卢贺男

计算机信息管理　(11 人，办学单位：机器人学院)
卢凤姣　刘　冰　计云城　何　蓉　贾思杰
仲继堂　李莹莹　赵春梅　陈立芳　安博伦
刘　海

计算机信息管理(12 人，办学单位：应用文理学院)
张　颖　高佳林　王海森　刘海军　刘新宇
牛高君　刘梦泽　张子岩　高广东　多小雷
胡嘉凯　侯继虎

旅游管理(19 人，办学单位：旅游学院)
李雨歆　顾雨昕　陈　皓　王一涵　蒋朝红
周　凡　王　菲　刘宏业　蔡齐馨　郑尧文
郑月峰　李全成　陈思澄　喜永飞　袁宏励
张子薇　王梦雅　陈梦婷　吾尔开西·库尔班

商务管理(434 人，办学单位：继续教育学院)
苏　婷　吴元峰　李晨晨　冯忠丽　蒋雪煌
郑亚丹　付　京　申士林　刘磊磊　谢　静
息海峰　兰志伟　马政泽　王世文　李少东
彭　盛　程　霞　方胜彬　张　芳　文国林
闫亚杰　雷振华　董明超　郭红冉　马　超
马奕妃　杨加富　杨　也　徐小强　徐盈盈
许尧尧　林鼎皓　冯　瑞　何顺兵　周虹云
杜家硕　王永健　林宏伟　饶历英　孙垚垚
陈乾昆　高　权　张惠霞　杨　蓉　付景景
王　帅　焦　灿　姜泽文　韩　雨　周艳芳
杨　馨　高　讴　唐　乾　郭宗富　杨　君
刘嘉丽　彭晓飞　刘树雅　陈冬雪　贾杰森
安路程　王　飞　上官浩浩　高娟娟
吕志飞　白建彤　何风卫　孙　艺　高技科
朱雪萍　井萍萍　李文龙　袁　攀　陈　维
武铁鑫　张　跃　刘　健　桂岩云　黄彩花
杨　丽　李丹阳　魏佳霖　张子安　程张驰
任志凯　边　玉　马敬梅　黄瑾然　李雅琪
张雯钧　李国金　张少霞　董紫藤　邹德昂
李亚杰　杨　敏　丁念勤　唐连佳　程伟强
王国强　张柱明　苏露露　张艺之　农　立
吕正远　高海燕　李国芬　赵　洋　王蕙慧
王　玉　黄福栋　田小会　钱婉迪　钱卓珊
王强生　秦　影　曹保龙　姜洋洋　薛　东
王文莉　杨文兰　崇晓铭　程　炼　刘逸斌
刘　雨　杨佳佳　汪小二　邱　菊　蒋英田
刘　洋　张博文　郭宇航　张洪浪　杜少伟
曹舒越　缴明蕊　王　为　张大勇　梁新飞
李玉兵　茹金龙　李　童　赵亚楠　管如意
高世伟　白　昂　高　磊　李　解　张琼艳
亢仕华　李鹏超　安　孟　杜玉玺　曹娜丽
王　茜　张雪儿　孙丽娟　马乐乐　何章燚
侯亚娇　赵海燕　赵西培　朱浩明　黄政政
韩增霞　常炳祥　曾现伟　张云涛　郭延辉
任克寒　王　旭　胡洪春　陈　莎　周　萍
赵　洋　张　瑞　李　牵　王　涛　胡毓秀
姚刘杰　付江雪　赵永琴　李　凯　郑立状
石建路　朱　勇　刘　健　张秀娟　李　皓
刘小康　邓　磊　李文耕　王秋燕　惠　玲
贾恩慧　陈亚霜　黎欣蕊　林盟裕　刘　健
贺惠英　赵　晨　钱红光　王雅楠　邹　娟
李　帅　马茂平　吴鑫鑫　王国庆　马　光
马晓东　高　菲　张祎平　赵梦姝　赵舒雅
张俊娇　李兆兆　辛路遥　霍景辉　张　鑫
王新蔚　何金标　姜　彭　张倩影　宋东东
董　靓　宋丽华　赵福利　朱宗兵　王　凤
曾开全　周海超　陈　虎　白保青　丁　力
杨俊峰　刘容名　乔宏健　高红岩　陈小妮
李朝琼　陈金飞　何　凉　李　娟　宋　芳
陈　玲　赵世华　刘国辉　张　雪　陈晚晴
王小曼　高　萌　刘世苧　刘晓燕　马鼎杰
袁林焰　王彦龙　魏延文　易　涛　罗守藩
王子超　闫　炜　苏　博　张利康　焦世杰
连健康　白润福　胡彦生　李国玉　李　娜
欧阳骄玲　高彦江　任汝正　牛　彬

张志鹏 苏杰 赵艳蕊 吴奇 张静
蒋偲慧 袁欢 张忠仁 李科科 侯亚东
李晶 甘鑫 刘东 李帅 陈钱
安营 陈洋 王海明 徐影 郑新
田池 郭伟 陈静 刘瑞娜 贾鸿达
杨瑞 梁仁旭 张圆圆 赵锋 王舒婷
李州 魏士新 李曼雪 韦智达 周涛
吴乐 张野 段晓林 蒋奉波 李春久
陈硕 李凡 李军 张清凯 梁世豪
李甜甜 刘芷伶 马祥 刘发强 李豪欣
陈洪飞 巩姗 边慧 王妙吉 陈希言
冯志鹏 段孝钦 王妃璇 乔春莲 赵莲莲
张晓梦 张婷婷 王雯 郝华 张弘瑜
崔德鹏 杨艳艳 乔星星 郭旭 李嘉仪
余瑶瑶 杨绍奇 杨坤 蒋晓婷 喻自卫
云慧慧 李黎 侯晶晶 张姗姗 崔海龙
丑珂 聂祝胜 邓俊 吴培忠 吴彤彤
韩翔宇 栾莉莉 张梦瑶 代航 胡澎波
王林芳 薛梅 黄灵 周国旺 张静
梁勤 李远凤 陈秋东 王志文 吴涛
游永兴 赵容 王欣 郭冬梅 李明思
李光耀 杨书兰 晁少婷 王慧 杜伟
朱超杰 王静 蒋哲 王淑青 王喜
王晓 冀绍康 田浩然 孙婷 王文明
曹仁涛 马蕊 杨玲玲 侯振稼 沈芳铭
石璿旭 苏婷婷 王欢欢 孙振洋 冷坤
吴维新 黄建材 江德才 詹来生 刘春
王康 裴俊学 杨燃 杨震 王悦
李惠惠 陈思雨 文静红 付瑜 温珂
张慧芳 刘芮彤 罗添龙 刘薇 李彬
刘珺 郑宏 陈薪 尚艺璇 乔亚东
李静雨 彭发 郑源 李金牛 李翔
帕丽扎·叶尔太

商务管理(20人，办学单位：商务学院)
白雪 孙漪滢 何子名 陈威 苗翔
夏天 向宇珏 崔琦 蔡东宇 李美嘉
田雨 梁新顺 郑涛 闫小东 刘娟娟
郭珊珊 张雪娇 王超 邢德仕 李萌凯

商务管理(11人，办学单位：生物化学工程学院)
李阳丹 陈霄 李金铎 蒋春恺 甄荀
张秀风 吴航 李琦 种阳 刘婷
余芙玲

艺术设计(65人，办学单位：继续教育学院)
李蓉蓉 武楠 李倩 高宇 王思
乔磊 阳丽 张强 李政希 侯俊锐
马泽伟 刘欢 罗素 马忠华 李展翅
夏宏俊 郭庆 韩学勤 丛煜 陈艳
马梦娜 陈君君 刘伟 王巧悦 毕研彬
王猛 刘杨宇曦 杨祖英 曾庆昌
蒲吉莉 王酝卜 宣安振 马志恩 乔素
胡晓敏 秦苏凡 李风娇 葛振雨 李宝松
袁滔 廖美堤 刘宇冉 孙明月 蔡启鸣
李明尧 刘昱良 熊毫吉 吕丽辉 郑美
赵琳李 黄明飞 王亚楠 杨姝 相梅雪
马显婷 刘杨 王雪松 张东月 季娟娟
蔡孟妮 何嘉鑫 焦晶 李荣华 刘晓霞
杨佳佳

影视动画(58人，办学单位：继续教育学院)
孔令轩 胡立智 张硕 廖海鹏 陈建玮
张恒 杨逸 夏凤锴 张晨 李鹏尧
孙天罡 于航 韦成 陈燕飞 曾枳源
张光焰 叶首亨 杨正峰 吴志豪 温政
谭金松 陈鑫 赵怡程 李沐伦 陈小彬
黄振杰 梁慧敏 石妙雪 莫雨涵 赵娇娇
才多 李潇程 王天童 黄怡菲 刘伟
臧馨宇 李艳 温芹 徐铭悦 王平兰
熊志琪 杨絮 丁晓雯 马帅 杨瑞仙
张立春 郭丹丹 尹倩 杨清竹 吴姗
赵慧南 李一帆 韩传蓉 樊入祎 陈妍伊
赵文俊 卢艺 关向阳

影视动画(7人，办学单位：生物化学工程学院)
桂嵩尧 肖然 董家宇 宋世杰 田杨
杜永腾 吴慧

幼儿艺术(226人，办学单位：继续教育学院)
周淑瑶 王欢 王宇 丁燕乐 颜菁
付麟云 齐子琳 肖婉玉 胡佩 王翠丽
甘晓于 李若婵 李昭敏 邓利婷 吕佳佳
王润元 宗孟 梅花 张盆盆 张梦齐
张思奇 田静 任栖瑶 尹彩娥 陶开秀
范镔 高留留 闫雪彤 张胜男 任芳
程诗倚 余艳 闫晨 秦一萌 段喆红
杨庭庭 刘强 白寒 国家慧 李玲玲
向飞飞 麻婷婷 侯本琴 陈亭亭 刘徐伶
高晓玉 李玉花 李萌 张宇婷 史安芳
崔志慧 付春青 郑森 陈天敏 刘艾琳
杨云帆 孔馨荣 张金鑫 江婷 刘小凤
许帅 谭佳佳 邓钰丽 龚志勤 高乐
陈伟燕 吕晨 丁冬 钱仲英 丁惠伦

余志诚　张宇欣　文枫阳　郑　艺　韩　静
沈　芳　韩幸辰　胡媛媛　杨珊珊　李　涛
陈　信　沈笑益　胡　睿　陈镜羽　孙梦悦
王灿灿　郭　婧　王　芳　洪楚茹　张津津
梁丽端　于婉丽　王雨洁　胡　月　高　澜
潘　兰　魏　娜　吴皓玥　李金梦　张　颖
樊若男　邓丽君　陈　晓　郝　缘　王思錡
张艳琳　管娜娜　李霏鹭　常紫渲　陈　曦
张　洁　陈　敏　高雨菲　赵诗萌　刘　洋
聂　雪　马碧莹　朱　璐　武海星　张新川
金　芮　王璐瑶　刘思霏　奚　琪　林　雪
杨　柳　李爽爽　邢青文　卜佳明　曾雅碟
柴玲玲　柴　宇　陈　静　陈佩瑶　陈鑫雨
陈中秀　杜丽娜　段　烁　樊　夷　范可鑫
冯晓静　何思蓉　胡爱森　黄昭晖　纪乃文
金昌菊　李朝阳　李　萌　李明洋　李　娜
李赛男　李天聪　李艳霞　李英杰　李紫微
梁婉莹　刘　洁　刘京京　刘　娜　刘思晗
刘思维　刘鑫宇　刘　雪　刘杨杨　刘怡佳
刘瑜佟　罗　晨　吕　鹏　吕思佳　马凯鑫
苗雨晴　邱　萍　邵梦丽　申　擎　宋柯星
宋　谣　孙　畅　孙　玉　涂　静　汪玉莹
汪　玥　王　晨　王点点　王　芳　王　杰
王京玮　王　萌　王　爽　王雯雯　王小林
王　雪　王　雪　王　雁　王意杰　王　缘
王　悦　吴凡凡　夏　玥　徐美伦　杨沫嘉
杨思琪　杨文轩　杨　钰　杨泽旭　于含笑
于　杰　于锦钊　贠丽伟　张　勃　张　敏
张敏霞　张倩倩　张晓萱　张雨薇　章蓝天
赵宏蕾　赵丽萍　赵　倩　赵　颖　陈　琦
周　曼　竹永花　宗　旭　马　杭
乌兰格日乐

幼儿艺术(13 人，办学单位：师范学院)

张　醒　高亚清　赵淑萍　李　腾　宋玉琳
马丽彪　李淑月　马丽丽　王迎雪　张晓煜
杨飞杰　薛艳敏　王婧雯

针灸推拿(111 人，办学单位：特殊教育学院)

奚秋林　唐　伊　张　锟　李卫忠　周　南
刘　云　崔　烁　董金林　杨亚峰　孙睿峥
曹廉民　许　建　杨海东　刘　森　任瑞生
张贵友　王　晨　郭耀辉　唐　勇　贾建军
张　磊　姚　勇　黄国芳　刘京余　吴玉青
杜建忠　王更心　李建兵　王学利　贺彼得
梁彦飞　杨增长　王志东　沈　臻　梁宁宁
李玉凤　李相杰　许　雷　钟洪波　周建江
刘　慧　张秀丽　张少康　冯庆明　韩晨光
裴智明　季作然　李欣颖　董虹丽　贾红兵
魏　民　张　斌　李春鸣　吴富梅　杨建强
陈佳星　陈立辉　颜建国　呼明法　马旭君
杜　燕　刘　宇　杜泳东　程瑞玲　戴胜雄
王咏梅　张雪钦　耿学兵　郭雪侠　叶　智
于春凤　廖玥环　肖　佳　刘保明　张　福
张鹏飞　金玉宝　张　锐　次　罗　刘怀海
张新生　李奇迹　陈建刚　赵晓新　王三翔
庞云东　姚　斌　王燕滨　吴志刚　鲁玥熙
陈辉卫　曹淑琼　高钟华　杨云峰　刘　勇
朱万友　杨春宏　杨　勇　梁亚军　连秀高
肖日古　李进加　张　乐　余春发　李飘航
郝德跃　字顺祥　王忠坤　李林武　王文才
李晴辉

(以上由继续教育学院提供)

· 表彰与奖励 ·

2017 年集体表彰奖励

序号	获奖名称	获奖单位	申报单位/组织参评单位	授奖单位
1	2017 北京高校青年教师社会调研优秀成果奖励资助项目及组织工作先进校	北京联合大学	北京联合大学	中共北京市委教育工作委员会
2	2017 年度宣传工作先进单位	北京联合大学	北京联合大学	北京教育杂志社
3	首都教育新媒体联盟最佳新秀奖	北京联合大学	北京联合大学	北京教育新闻宣传学会首都教育新媒体联盟
4	2017 年度北京高校心理素质教育工作先进单位	北京联合大学	心理素质教育中心	北京市委教育工委宣教处、北京高教学会心理咨询研究会
5	2017 年北京高校心理健康节优秀组织奖	北京联合大学	心理素质教育中心	北京市委教育工委宣教处、北京高教学会心理咨询研究会
6	北京市征兵工作先进单位	校党委武装部	校党委武装部	北京市政府征兵工作办公室
7	第二届北京高校“诵吟经典 品味书香”中华经典诗词诵读吟唱比赛二等奖	北京联合大学	校学生处、艺术学院	中共北京市委教育工作委员会
8	第二届北京高校“诵吟经典 品味书香”中华经典诗词诵读吟唱比赛优秀组织奖	北京联合大学	校学生处、艺术学院	中共北京市委教育工作委员会
9	2017 年北京高校红色“1＋1”共建活动优秀组织奖	北京联合大学	校学生处	中共北京市委教育工作委员会
10	全国厂务公开民主管理先进单位	北京联合大学	北京联合大学	全国厂务公开协调小组
11	北京高校第九届青年教师教学基本功比赛优秀组织奖	北京联合大学	工会	中共北京市委教育工作委员会、北京市教育委员会、北京市教育工会与教育部全国高校教师网络培训中心
12	巾帼文明岗	旅游学院旅游实践教学中心	工会	中华全国妇女联合会
13	2017 年华北五省(市、自治区)及港澳台大学生计算机应用大赛优秀组织奖	北京联合大学	教务处	北京市教育委员会
14	2017 年第九届全国大学生广告艺术大赛全国优秀院校奖	北京联合大学	教务处	大赛组委会
15	北京高校网络图书馆参考咨询三等奖	北京联合大学	图书馆	北京高校网络图书馆管理中心

续表

序号	获奖名称	获奖单位	申报单位/组织参评单位	授奖单位
16	2017年度BALIS馆际互借服务先进集体三等奖	校图书馆	图书馆	北京地区高校图书馆文献资源保障体系(BALIS)馆际互借中心
17	2017年度BALIS馆际互借服务先进集体三等奖	应用文理学院图书馆	图书馆	北京地区高校图书馆文献资源保障体系(BALIS)馆际互借中心
18	2017年度BALIS馆际互借服务先进集体三等奖	生物化学工程学院图书馆	校图书馆	北京地区高校图书馆文献资源保障体系(BALIS)馆际互借中心
19	2017年第九届全国大学生广告艺术大赛北京赛区最佳组织奖	北京联合大学	应用文理学院新闻与传播系	北京市教育委员会
20	“启课程杯”第四届两岸大学生会计与商业管理案例竞赛大陆地区选拔赛最佳院校组织奖	商务学院	商务学院	中国国际商会商业行业商会、中国商业会计学会
21	巾帼文明岗	旅游实践教学中心	旅游实践教学中心	中华全国妇女联合会
22	2016—2017年度首都大学 中职院校“先锋杯”优秀团支部	管理学院2015级实验班团支部		共青团北京市委员会
23	2016年度北京高校离退休干部党支部优秀主题党日活动评选一等奖	离退休人员工作处	离退休人员工作处	中共北京市委教育工作委员会离退休人员工作处
24	2016年度北京高校离退休干部信息工作先进单位	北京联合大学	离退休人员工作处	中共北京市委教育工作委员会
25	2016年北京教育系统关工委信息宣传工作先进单位	关心下一代工作委员会	校关工委	北京市教育系统关心下一代工作委员会
26	北京教育系统老党员先锋队	关心下一代工作委员会	校关工委	中共北京市委教育工作委员会
27	北京市校外教育先进集体	师范学院	师范学院	北京市青少年学生校外教育工作联席会议办公室、北京市教委、北京市人力资源和社会保障局
28	首都高校大学生第十一届高山滑雪比赛团体总分第四名	北京联合大学	体育部	北京市大学生体育协会 北京市大体协滑雪分会
29	首都高校第四届健身气功比赛集体总分第八名	北京联合大学	体育部	北京市大学生体育协会
30	北京市高校2017年版爵士啦啦操规定动作第一名	北京联合大学	体育部	国家体育总局体操运动管理中心
31	2016—2017第三届全国大学生滑雪挑战赛华北赛区团体组第四名	北京联合大学	体育部	中国滑雪协会
32	2016—2017第三届全国大学生滑雪挑战赛总决赛团体组第六名	北京联合大学	体育部	中国滑雪协会
33	第五届北京高校徒步大会最佳组织奖	北京联合大学	体育部	北京市大学生体育协会
34	2017年首都高校乒乓球锦标赛体育道德风尚奖	北京联合大学	体育部	北京市大学生体育协会
35	2017年首都高等学校羽毛球锦标赛男子团体乙B组第五名	北京联合大学	体育部	北京市大学生体育协会

教育教学类获奖

一、2017 年参加各级教学类比赛获奖教师名单

比赛名称	组别	获奖等级	获奖教师	所在单位	授奖单位
北京高校青年教师教学基本功比赛	文史组	一等奖	张 婍	师范学院	中共北京市委教育工作委员会、北京市教育委员会、北京市教育工会与教育部全国高校教师网络培训中心
		最佳教案奖			
	文史组	二等奖	李 津	体育教学部	
		最受学生欢迎奖			
	理工组	一等奖	玄祖兴	基础课教学部	
		最佳演示奖			
		最佳教案奖			
	文史组	优秀指导老师奖	汪艳丽	师范学院	
	理工组		袁安锋、刑春峰	基础课教学部	
第三届(2017)全国高校数学微课程教学设计竞赛	全国	一等奖	夏伶莉	基础课教学部	教育部高等学校大学数学课程教学指导委员会、全国高等学校教学研究中心、高等学校大学数学教学研究发展中心
	华北赛区	特等奖	夏伶莉		
		一等奖	常广平		
		特等奖	夏伶莉		北京高校数学微课程教学设计竞赛组委会、北京市教育委员会高教处
		一等奖	常广平		
第四届北京高等学校物理基础课程(实验课)青年教师讲课比赛		三等奖	母小云	基础课教学部	北京物理学会
北京高校第十届青年教师教学基本功比赛	论文比赛	三等奖	黄建毅	应用文理学院	北京市教育委员会
第四届全国高校 GIS 青年教师讲课竞赛		三等奖	王 娟	应用文理学院	教育部高等学校地理学科类专业教学指导委员会
地方(财经)高校金融教育联盟教学竞赛		二等奖	谢博婕	商务学院	地方(财经)高校教学竞赛评审委员会、中国金融教育发展基金会
北京联合大学第八届青年教师教学基本功比赛	文史组	一等奖	李 津	体育教学部	北京联合大学
			张 婍	师范学院	
		二等奖	周筱真	艺术学院	
			张琳琳	旅游学院	
			吴丽颖	自动化学院	
			陈 昱	特殊教育学院	
		三等奖	汪梦翔	师范学院	
			任 颂	生物化学工程学院	
			毛美娜	艺术学院	
			崔 婧	管理学院	
			吴素娟	师范学院	
			刘 佳	马克思主义学院	
			鲁 莹	国际交流学院	
			谢博婕	商务学院	
	理工组	一等奖	玄祖兴	基础课教学部	
		二等奖	夏伶莉	基础课教学部	
			黄建毅	应用文理学院	
		三等奖	赵 瑛	师范学院	
			金晓明	机电学院	
			刘晓晓	信息学院	
			王 慧	机电学院	

续表

比赛名称	组别	获奖等级	获奖教师	所在单位	授奖单位
北京联合大学第五届中青年教师职教能力比赛	一等奖		姜喜龙	艺术学院	北京联合大学
			耿　燚	师范学院	
			武　双	生物化学工程学院	
			史丽媛	商务学院	
			马勇杰	机电学院	
	二等奖		徐　华	师范学院	
			刘燕繁	旅游学院	
			陶金元	管理学院	
			王　彬	体育部	
			谢博婕	商务学院	
			吴　帆	自动化学院	
			张春华	应用文理学院	
			杨　丹	师范学院	
			饶志强	应用科技学院	

（校工会、教务处提供）

二、2017年获得各类教学相关荣誉称号教师名单

获奖名称	获奖教师	所在单位	授奖单位
第十三届北京市高等学校教学名师奖	汪艳丽	师范学院	北京市教育委员会
	王廷梅	应用科技学院	
北京市优秀教师	张远索	应用文理学院	中共北京市委教育工作委员会、北京市教育委员会、北京市人力资源和社会保障局、北京市财政局、中国教育工会北京市委员会
	杭孝平	校人事处	
	贾少英	马克思主义学院	
	徐　鲲	管理学院	
	袁安峰	基础课教学部	
	鲁彦娟	特殊教学学院	
	沈晓平	生物化学工程学院	
北京市优秀教育工作者	沈蕾、安继芳、李彦冰、曹莹	应用文理学院	北京联合大学
北京联合大学2015—2017学年度优秀教师	曹颖娜、冯艳娜、张军丽	师范学院	
	崔玮、宗艳红	商务学院	
	蔡红、陈雄鹰、赵有玺、米生权	生物化学工程学院	
	汪秋菊、罗东霞、胡嫣茹	旅游学院	
	李月琴	智慧城市学院	
	韩玺、田娥	机器人学院	
	刘艳霞	城市轨道交通与物流学院	
	鲍新中、裴一蕾	管理学院	
	李江、刘楠	艺术学院	
	刘东明	特殊教育学院	
	张耘、吴霞	应用技术学院	
	王京香	马克思主义学院	
	申莉	国际交流学院	
	晏宁	机关党委	
	张艳、封国华、张立新	直属单位党委	

（校工会、人事处提供）

三、2017年市级及以上高等教育精品教材、经典教材

序号	教材名称	主编	所在单位	出版社	适用层次	类型
1	数据库原理与应用(第3版)	张俊玲，王秀英	智慧城市学院	清华大学出版社	本科	委办局级

（智慧城市学院提供）

四、2017年校级优秀硕士学位论文

序号	学科	硕士生	导师	论文题目
1	软件工程	李　超	刘宏哲	基于视觉的多地面标志线融合检测与定位研究
2	计算机科学与技术	张熙峰	田景文	基于轻型模块化机械臂的运动控制研究
3	食品科学与工程	范慧珍	周考文	食品气味的催化发光光谱表征及其测定方法研究
4	工商管理	王　言	鲍新中	知识产权质押贷款决策与风险监控研究
5	专门史	朱　佳	顾　军	敖汉旗旱作农业历史传承与遗产保护研究

（研究生处提供）

五、2017年校级本科优秀毕业设计(论文)

序号	专业	学生	指导老师	题目名称
1	财务管理	章　玉	孟秀转	大学生校园金融服务认知、借贷需求及行为研究
2	财务管理	温凤羽	鲍新中	基于银行视角的知识产权质押贷款风险影响因素分析
3	电子商务	曾宪坤	李立威	“产品铺子”公众号运营与推广
4	电子商务	左　思	李英侠	儿童教育类音频节目听众满意度调查及分析——以喜马拉雅音频分享平台节目为例
5	电子商务	侣传伊森	李立威	槐房村社区卫生服务平台网站策划与实施
6	电子商务	郑凯梦	盛晓娟	大学生社交网络特征与创业意愿及创业能力的关系调查分析
7	电子商务	于　芳	王晓红	典型购物网站在线商品评论内容关注点对比分析
8	工商管理	郑宝贺	王　娜	众创空间孵化器运营模式
9	工商管理	张　硕	张选伟	百度金融产品品牌策略研究
10	工商管理	邹　雄	何　勤	共享经济下灵活就业人员人力资源服务创新研究——基于“微工网”的调查分析
11	工商管理	柴庆华	朱晓妹	关于北京地区摩拜单车顾客满意度的分析
12	会计学	季若迪	严鸿雁	资产结构、资本结构与企业业绩关系的实证研究
13	会计学	王香梅	崔　婧	审计定价的影响因素研究——基于创业板公司的实证检验
14	会计学	杨　晶	尹夏楠	高新技术企业经营风险与利益相关者关系研究
15	会计学	董青青	梁　红	股利政策对企业价值的影响研究
16	金融	赵冠华	李雅宁	科技金融对经济增长影响的区域性差异研究——基于八大综合经济区面板数据的实证分析
17	金融学	叶　林	杨泽云	从北欧经验看我国医疗责任保险的发展
18	金融学	杨凤丹	傅巧灵	P2P网贷的异化和风险研究
19	金融学	张静文	肖文东	非利息收入对商业银行风险和绩效的影响分析
20	金融学	邢　妍	李雅宁	我国金融支持科技创新的效率评价
21	金融学	华郡珂	程翔	网贷行业发展的时空演绎研究
22	金融学	范　杰	陈　岩	基于电商平台的供应链金融风险管理研究
23	信息管理与信息系统	蔡锦辉	马丽仪	数据挖掘在反金融诈骗中的分析及应用
24	信息管理与信息系统	韩晓东	于丽娟	分享交流平台的设计与开发
25	信息管理与信息系统	朱　跃	杜　梅	基于机器学习的文本分类方法在“科学前沿领域”遴选文献的应用研究
26	工业工程	王明举	杨爱萍	驾驶姿态下人体关节舒适角度范围测试研究
27	工业工程	刘珊珊	季红益	中国银行某支行服务窗口优化分析之二
28	工业工程	赵安迪	杨爱萍	单膝跪姿下的人体可达域测试研究
29	机械工程	王明敏	马勇杰	O形圈静态密封性能试验设备设计
30	机械工程	张炳义	张子义	利用路由器配合实现设备远程监控
31	机械工程	郑亚杰	刘　惠	Baja赛车变速器设计
32	机械工程	吕　琳	李立新	有限元法对厚壁圆筒的承载能力分析
33	机械工程	李　明	杨志勤	履带式爬楼轮椅车的创新设计
34	会展经济与管理	钟明威	汪秋菊	来华留学生对中国传统节日感知的研究
35	会展经济与管理	何　蕊	庾　为	专业观众参观展览会的决策影响因素研究——以北京礼品展为例
36	会展经济与管理	周明星	王春才	北京新国际展览中心竞争力问题研究

续表

序号	专业	学生	指导老师	题目名称
37	酒店管理	冯　程	肖轶楠	北京市五星级酒店一线员工情绪劳动的影响因素研究
38	酒店管理	赵艳芳	田彩云	北京经济型酒店在线评论对顾客预订行为影响研究——基于携程网在线评论的分析
39	酒店管理	牛天娇	丁于思	不同在线旅游平台的酒店评价比较研究——以北京地区五星级酒店为例
40	旅游管理	肖　雪	徐菊凤	北京城市观光车产品的市场结构与游客满意度分析
41	旅游管理	张倞祯	荆艳峰	金牌泰传奇旅游产品游客体验质量研究
42	旅游管理	毛兴文	乔向杰	大学生对旅游 App 的满意度研究
43	旅游管理	杨　莹	孙惠君	游客感觉寻求特点与旅游行为相关性研究
44	旅游管理	常　君	王　恒	基于网络论坛的北京城市旅游网络口碑传播研究——以到到网为例
45	旅游管理	安　东	彭　霞	基于微博签到数据的北京市热门景点挖掘与研究
46	旅游管理(博雅实验)	曹　青	黄　莉	微博对游客决策行为的影响研究—以大学生为例
47	旅游管理(博雅实验)	刘贝贝	李　享	基于补偿性消费理论对北京城市老年人的旅游行为研究
48	旅游管理(博雅实验)	战颖超	刘　宇	国内 Airbnb 客人情感特征研究
49	日语	孙一倩	穆洁华	現代日本語における終助詞のはたらきとその相互承接について——『千と千尋の神隠し』を中心に
50	英语	冯碧泉	刘志红	高低语境视角下的软硬新闻汉译英—以中国日报双语新闻为例
51	英语	刘圣臣	张殿恩	广告语英译中翻译策略研究初探
52	英语(商务)	李　峥	黄宗英	约翰邓恩诗歌中的科学奇喻研究
53	英语(商务)	向　峥	陈建华	英语科幻小说文本中 there 构式的功能分析
54	英语(专接本)	方世双	杨　昆	基于礼貌原则下邮轮实习中委婉语的应用研究
55	英语(专接本)	王秋实	鲜于静	夹缝中生存的他者——论《灶神之妻》中的华裔女性
56	英语(专接本)	李娟娟	胡嫣茹	《瓦尔登湖》中的精神追求与生态思想
57	英语(专接本)	孔一凡	陈建华	英语旅游产品广告中的词汇衔接手段
58	英语(专接本)	袁乃慈	鲜于静	从概念隐喻角度透析华兹华斯诗歌中的神性自然观
59	财务管理	田　洁	陈　华	我国电力行业碳绩效评价研究
60	财务管理	闫思宏	单令彬	营改增对我国商业银行的影响分析——以 15 家商业银行为例
61	财务管理	付昕源	季　皓	价值链视角下投资行为对企业价值的影响——以昆仑万维收购 Grindr 为例
62	财务管理	吴小敏	朱传华	京东商城盈利模式及发展趋势分析
63	国际经济与贸易	马　俊	崔　玮	中韩电子信息产品出口竞争与互补关系的研究
64	国际经济与贸易	王慧文	郑春芳	中国石油对外贸易依存度分析
65	国际经济与贸易	杨墨涵	邓晓虹	中国机床产品国际竞争力及影响因素分析
66	国际经济与贸易	刘旻昱	梁　瑞	中美 FTA 原产地规则比较研究
67	国际经济与贸易	张书阔	郑春芳	美德能源结构转型目标、路径与效果比较及启示
68	国际商务	刘姗姗	钱春丽	中国金融出版社数字化转型战略及其实施研究
69	国际商务	张　娜	潘月杰	国家电网的跨国并购策略研究——以欧洲市场为例
70	国际商务	刘湘文	赵　进	京东商城生鲜电商平台竞争战略研究
71	金融	孙信蕊	江晶晶	互联网金融背景下我国商业银行转型研究
72	金融	刘　莉	谢博婕	科技型中小企业融资环境分析——基于生态学视角
73	金融	房晓菲	刘迎春	社区银行金融产品需求及营销策略研究——以北京银行美丽园小区为例
74	金融	游中楠	王　玲	北京市大学生消费信贷发展现状与前景研究
75	金融	燕　杨	崔佳宁	我国证券公司资产管理计划的对比研究
76	金融	迪丽拜尔·图尔贡	刘迎春	新疆金风科技股份有限公司投资价值分析
77	市场营销	张　鑫	于　苗	Carine Queen 精修礼仪公司品牌营销策略
78	市场营销	兰　迎	汪　蓉	优胜教育密云校区服务营销策略研究
79	市场营销	祁　超	韦　恒	北京隆盛泰贝利达牙膏市场营销策略研究

续表

序号	专业	学生	指导老师	题目名称
80	市场营销	陈泰旭	郭慧馨	北京格力电器有限公司绿色营销研究
81	信息管理与信息系统	李　凤	付丽丽	水果类农户电子商务平台选择研究
82	信息管理与信息系统	范思聪	沈桂兰	大学生手机游戏用户使用意愿的影响因素分析
83	信息管理与信息系统	孙　甜	高书丽	移动支付用户使用意愿对比研究一以支付宝和微信支付为例
84	信息管理与信息系统	绳佳齐	陈建斌	大学生手机 App 使用行为影响因素研究——以北京联合大学商务学院为例
85	信息系统与信息管理	向　帅	石　彤	基于移动商务的零售业个性化需求研究
86	工程管理	代子然	李树贤	江宁邮政生产综合楼项目投标报价书编制及分析
87	工程管理	王丙亚	郭　霞	首开国风悦都项目商务标造价编制与分析
88	工程管理	朱晓腾	蔡　红	BIM 的跨界资源整合在新型建筑工业化中的作用研究
89	工程管理	封小艳	吕　明	北京 LH 公司研发主体楼 BIM 模型构建及管线综合设计
90	工业设计	黄智刚	刘丽霞	基于情感化的交互式咖啡机设计
91	工业设计	韩碧君	冯豫韬	特殊群体坐便辅助设计
92	工业设计	张心宇	许翰锐	微型数据采集分析仪设计
93	会计学	乐　菲	段　华	上市公司股利政策研究——以北京同仁堂股份有限公司为例
94	会计学	曹梦婕	詹细明	混合所有制改革背景下中国联通财务效益分析
95	会计学	张晓航	李俊林	北京地区上市公司无形资产与企业创新能力研究
96	会计学	李　根	韩瑞宾	个人所得税综合征收制度改革研究
97	会计学	娄　娜	俞　娜	小企业财务管理问题调查研究——发票管理
98	会计学	张思齐	张　革	农村财务管理问题及对策——以北京市 H 镇 11 个村为例
99	会计学	丁莹雪	郭明曦	论房山区小型民营企业的管理与效益
100	会计学	许雨生	刘　莹	美的集团利润质量分析
101	会计学	李　蕊	邵俊波	新三板造纸和纸制品行业挂牌公司信息披露质量研究——基于对问询函的分析
102	会计学	黄晓慧	王献东	家用轻工业上市公司财务分析
103	会计学	李晓钰	贾丽智	基于需求导向的纳税人满意度提升对策
104	建筑环境与能源应用工程	梁子晨	吴义民	建筑风环境小型风洞实验平台设计
105	建筑环境与能源应用工程	陈思帆	皮　伟	冷站 BIM 族库动态参数接口设计及实际工程应用
106	人力资源管理	赵晓蕾	汪昕宇	失独人群的社会服务需求及其基于网络表达的验证研究
107	人力资源管理	陈　敏	刘凤霞	陕西经贸学院教师绩效考核现状及问题研究
108	人力资源管理	孙　爽	邸耀敏	爱康集团员工忠诚度问题研究
109	人力资源管理	陈贵斌	陈雄鹰	大数据视角下失独人群的网络表达差异研究
110	人力资源管理	史　冉	许明月	延庆区医院医生工作满意度调查与分析
111	人力资源管理	吴克强	穆红莉	福建华兴会计师事务所绩效考核问题分析
112	人力资源管理	李质隆	张玲玲	北京东城区社区青年汇绩效提升对策
113	人力资源管理	高旭攀	陈雄鹰	慈爱嘉养老机构养老护理员流失现状及影响因素研究
114	生物工程	王高杰	冀颐之	色氨酸生物传感器的构建
115	生物工程	李亚男	武双	蛋白质降解菌株的分离与筛选
116	制药工程	潘福娣	韩永萍	生化黄腐酸融雪材料的研制
117	制药工程	张玉娇	李可意	黄瓜与生菜叶际微生物的初步筛分
118	汉语言文学	陈　辰	杨　丹	“很＋NP”的结构及语用研究
119	汉语言文学	张　悦	党圣元	民国以来国学启蒙读本中的《龙文》与《幼学》
120	汉语言文学	牛瑞祺	李小贝	“全民明星”:文化狂欢背后的冷思考
121	计算机科学与技术(师范)	隗浩然	王永平	基于微信的智能考勤簿的设计与实现
122	计算机科学与技术(师范)	范田旭	王永平	小学智慧数字课堂的设计与实现
123	计算机科学与技术(师范)	丁　博	翟红英	基于 Arduino 的智能家居系统设计与实现
124	数字媒体技术	李荣华	沈永亮	纪录片《访问老妇救会主任——李復琴》拍摄与制作——前期拍摄与剪辑
125	数字媒体技术	刘一铮	徐燕妮	微电影《原路》的光线设计拍摄与制作
126	数字媒体技术(师范)	黄　岩	沈永亮	Motion Graphic 技术在动画短片制作中的应用开发

续表

序号	专业	学生	指导老师	题目名称
127	音乐学	李汶嫔	王小力	钢琴组曲《鱼美人》的创作风格及后续影响研究 2013020312028
128	音乐学	安述琛	黄淑梅	蒙古族古老乐种阿斯尔传承的田野调查与思考
129	英语	徐沛文	张军丽	A Study on the Feminist Idea in Jane Eyre from the Decline of Patriarchy
130	英语	周思湑	马可利	On Influence of Cultural Differences on Understanding English and Chinese Advertisements
131	英语	周玥彤	陶能为	On the Symbolism in Animal Farm
132	应用心理学	蒋思宇	刘视湘	U 型座位模式在小学英语课堂教学中的应用研究
133	应用心理学	陈庆秋	吴　南	幼儿知恩图报意识的发生发展
134	应用心理学	尹若月	何　丽	基于社区国画学习小组对于失独者心理健康的干预效果的质性研究
135	计算机科学与技术	于润泽	姚登峰	Leap Motion 手语识别系统
136	视觉传达设计	杨茜茜	陈　昱	动物保护主题绘画创作——《美丽的残忍》
137	视觉传达设计	李　斌	刘晓陶	装饰绘画——我和伙伴
138	视觉传达设计	林冬冬	何海燕	综合材料绘画与创作——情系山水
139	特殊教育	赵　莹	刘　颂	数学绘本在幼儿园数学活动中的应用研究
140	特殊教育	霍禹杉	徐　娟	孤独症儿童步态周期特点的分析研究
141	特殊教育	郭宇桐	毛颖梅	小学低年级学生沙盘游戏作品特征的研究
142	特殊教育	何　静	毛荣建	不同语文水平学生朗读能力的实验研究
143	特殊教育	刘思玉婷	刘全礼	近 5 年中国大陆特殊教育学校的办学条件的研究
144	特殊教育	刘　鑫	刘　颂	4—8 岁儿童模式认知能力发展
145	电子信息工程	张　铭	张　军	车辆智能停靠监管系统设计
146	电子信息科学与技术	徐翼龙	杨　萍	基于超声波测距的三维结构空间的二维重构
147	电子信息科学与技术	李万韬	杭和平	远程电子听诊器的设计与开发
148	电子信息科学与技术	张　辰	杨　萍	基于 VR 技术实现汽车模型的展示与互动
149	计算机科学与技术	张静怡	王育坚	基于深度神经网络的无监督图像识别与分类
150	计算机科学与技术	朱子魁	王育坚	大数据处理中的基本操作分析及特征提取
151	计算机科学与技术	程　昊	王郁昕	十指灵音音乐公司交流管理系统的设计与实现
152	计算机科学与技术	冯　智	娄海涛	无人出租车用乘员安全系统
153	计算机科学与技术	刘诚诚	刘振恒	基于 Android 平台的美食生活助手 App 设计与实现
154	计算机科学与技术	黄田刚	黄静华	教学直播系统研究与实现
155	计算机科学与技术	陈　曦	张敬尊	基于用户偏好的电影推荐系统研究
156	软件工程	纪　宇	何　宁	基于 CAMShift 方法的目标跟踪研究——以人脸识别为例
157	软件工程	李兆海	彭　涛	中文微博数据情感计算的研究——以奥运会为例
158	软件工程	陈方欣	马小军	基于 Android 的多功能荐书 App 的设计与实现
159	软件工程	赵屹方	彭　涛	大学生自主学习平台及 Android App 的开发
160	软件工程	吴军军	刘　畅	诗词检索及智能分析系统的研发
161	软件工程	刘金松	马小军	教学任务统计管理 App 的研发
162	软件工程	王　松	马小军	基于 Android 的 AR 景区助手设计与实现
163	通信工程	翁晨傲	刘在云	基于云端的通用组考管理系统
164	通信工程	何　沛	吕彩霞	无线体感鼠标
165	通信工程	杨　博	陈婷婷	“自动排队椅子”的设计与实现
166	表演	彭小艺	刘　欢	浅析微表情在影视表演中情绪的表达与引导作用
167	表演	张佳婕	罗　琦	创造性儿童戏剧活动特点初探
168	产品	曲纪仲	滕雪梅	圆明园服饰 箱包类文创产品的开发设计
169	产品	卢烨璇	周　茜	什刹海文化——“旅行回忆”生活化旅游产品设计
170	服装	高　沙	车卫东	墨客——借鉴水墨艺术的创意服装设计
171	服装	汤宗齐	曹建中	借鉴二战时期军旅元素的男装设计
172	服装	贾戊庚	王　健	以皮影戏为元素的创意女装设计
173	环艺	杨　明	王党荣	“微世界”良乡亿莱恩微影院室内设计

续表

序号	专业	学生	指导老师	题目名称
174	环艺	曾　艺	王　宇	“再定义”社区微型图书馆空间设计
175	环艺	赵智然	王　宇	中国科学技术馆展厅设计
176	环艺	陈　彦	李　江	“蔓·旅”咖啡书店室内空间设计
177	环艺	李　明	姜喜龙	老年人多功能家具设计
178	绘画	王少波	王　欢	《寻找》油画创作中的创意表现
179	绘画	皮雨珊	李宁宁	点菜技法在油画创作《沉寂》中的运用
180	视传	朱佳茜	王洪瑞	圆明园十二兽首扁平化设计及衍生品开发
181	视传	李永乐	张　旗	圆明园地图信息设计
182	视传	关雅匀	余云斌	圆明园装饰纹样在整体视觉形象的应用设计
183	视传	赵标帅	景怀宇	“圆明园剧场”宣传设计
184	数媒	杨婧宇	邓亚楠	白马藏族十二生肖“麻昼”原创插画设计
185	数媒	丁　乙	王竹宝	《猫头猫脸儿》在书籍排版版式中的研究与运用
186	数媒	陈　娇	戴文俊	板绘技法在绘本“九个梦”中的运用与研究
187	数媒	赵　童	夏　航	动画短片《Chi》
188	数媒	刘蓓蓓	曲　音	浅谈情绪在绘本《若啃肉》中的视觉化呈现
189	数媒	刘　玥	刘　佳	洛可可风格在数字插画中的运用与研究——以《灰姑娘》为例
190	数媒	徐　硕	杨慧子	新疆主题唐娃娃人偶创意造型设计
191	数媒	赵子元	丁　超	纪录片《探秘黄蜡石》的后期创作
192	数媒	侯雪冬	刘　楠	文字游戏插图设计
193	数媒	王天瑶	曾　珠	CG 插画《FairyLand》的设计
194	计算机科学与技术	王立达	李爱菊	基于 PHP 框架的智能售货机云平台系统开发
195	档案学(信息开发)	左安娜	孙爱萍	档案在纪录片《震撼世界的长征》中的利用研究
196	档案学(信息开发)	金　蓝	王　顺	北京市顺义区档案馆网站建设问题研究
197	档案学(信息开发)	曹典典	徐　华	国家图书馆数字资源利用服务研究
198	档案学(信息开发)	张欣宇	沈　蕾	古代行移勘合制度研究
199	地理信息科学	郑丽莹	陈　静	北京中心城区绿地系统生态服务价值时空分异特征研究
200	法学	陈凯旋	邵彦铭	我国食品安全食药警察设置的完善研究
201	法学	肖　晶	鞠　晔	网络平台服务商的注意义务研究
202	法学	万佳琦	吴　梅	“一带一路”下国际服务贸易争端解决机制的确立和完善
203	广告学	张　妍	张立梅	优酷网视频节目的社会化营销策略研究
204	汉语言文学	戴　�	房艳红	论网络流行语“你×”和“贵×”的修辞语义
205	汉语言文学	杨　蕾	吴　蔚	从“物色”看《诗经》中的联绵词
206	汉语言文学	刘一鸣	李彦东	村上春树小说中的音乐描写
207	历史学(文化遗产)	李鹏宇	尹　凌	亚述学在中国的研究历史和现状
208	历史学(文化遗产)	刘东昱	吕红梅	国家级非物质文化遗产“抖空竹”传统技艺及传承现状研究
209	历史学(文物博物馆)	罗雅文	李若水	陕南地区古蜀道沿线商业会馆建筑调查与研究
210	历史学(文物博物馆)	陈天奇	李　扬	从周口店发掘看民国地质调查所的实践及其意义
211	历史学(文物博物馆)	陈艾康	黄可佳	北京西顶碧霞元君庙的考古学考察
212	人文地理与城乡规划	田　昕	黄建毅	北京火灾事故的时空分布特征——基于北京应急网数据
213	人文地理与城乡规划	田英民	杜姗姗	小西山绿道系统规划及其多功能开发研究
214	人文地理与城乡规划	白浩杨	陈媛媛	颐和园露陈座石雕纹饰文化解析
215	生物技术	王笑妍	米生权	膳食补充维生素 D 对骨质疏松大鼠钙吸收率的影响研究
216	食品科学与工程(食品营养)	靳晓红	戴涟漪	核桃发酵乳配方改进与杀菌工艺研究
217	食品质量与安全	赵彦雪	劳凤学	食品中金黄色葡萄球菌 PCR 检测方法的建构
218	食品质量与安全	李　依	张艳贞	发酵麦胚对大鼠脂代谢相关酶活力的影响
219	食品质量与安全	张　锐	郭俊霞	抗帕金森疾病的候选化合物筛选
220	网络新媒体	张婷芳	刘　丽	直播营销对企业品牌传播的影响
221	新闻学	王　蓉	冯春海	微信表情在人际传播中的作用——以大学生群体为例
222	新闻学	何　敏	杜剑峰	赛博朋克电影中的人工智能形象研究
223	新闻学	连　润	刘文红	数据新闻发展困境——以财新数字说为例

续表

序号	专业	学生	指导老师	题目名称
224	新闻学	张嘉悦	冯春海	公共议题网络舆论扩散过程研究——以八达岭野生动物园老虎伤人事件为例
225	新闻学(影视传播)	廖常江	刘文红	传播学视野下央视真人秀节目《开讲啦》研究
226	电气工程及其自动化	罗大为	李　战	基于红外遥控的步进电机控制器设计
227	电气工程及其自动化	韦杰龙	牛瑞燕	基于 PCS7 的反应器综合控制系统设计
228	电气工程及其自动化	柏鹏飞	刘艳霞	具有自主跟踪能力的自平衡小车设计与实现
229	电气工程及其自动化	陈晓湖	杨清梅	基于 Arduino 的机器人小车控制系统设计
230	交通工程	李鑫星	郭文荣	基于微信公众平台的校园地理位置导航系统的设计与开发
231	交通工程	魏秋明	梁　军	异构计算平台图像边缘检测算法优化研究
232	交通工程	朱海宽	郭文荣	基于微信公众平台的综合交通信息查询系统的设计与开发
233	物流	张真真	孙　雪	工厂物流系统的规划与设计
234	物流	李浩茹	程肖冰	基于电子商务平台的农产品供应商评价系统设计开发
235	物流	许晓容	胡立栓	基于百度地图的联大主校区信息查询系统的开发
236	物流工程	高　辰	李　平	医药物流配送中心运作流程分析与优化
237	物流工程	王安平	刘景云	六轴无人机设计及其在物流配送中的应用
238	自动化	赵　沙	钱琳琳	基于单片机的循迹智能车系统设计与实现
239	自动化	何毅晨	牛瑞燕	自校正控制器的设计与研究
240	自动化	刘　伟	佟世文	网络化跟踪控制系统分析与设计
241	自动化	朱博帆	钱琳琳	基于 MATLAB 与 OPC 的倒立摆滑膜变结构控制研究与实现
242	自动化	陈嘉明	任俊杰	风力发电机变桨控制系统设计
243	自动化	迪娜拉·沙布尔艾力	任俊杰	两部电梯联动控制系统设计

（校教务处提供）

六、2017 年校级专升本优秀毕业实务专题

序号	专业	学生	指导老师	题目名称
1	法学	郝玉珊 王昊腾 胡娅琪 邹　楠	郭娅丽	网络订餐食品安全问题的调研分析
2	法学	何　卿 佟世贤 杨志义 王誉然	吴　梅	环境公益诉讼情况调查
3	档案学	景　维 翁　曈 陈　曦	吴晓红	某高校食品科学系档案管理方案设计与实施
4	新闻学	魏文林 宋　帅 王楠楠	徐梅香	农村题材纪录片《我的父亲母亲》创制研究
5	新闻学	孟丽娜 郭诗琦 杨郑宇 赵丽星	杜剑峰	文化名人与大西山——《铸梦黄叶村》
6	新闻学	闫晓芳 赵晓月	徐梅香	《北京法源寺》宣传册
7	酒店管理(专接本)	刘双妍 刘双婧 刘　韡 刘　晶	张玉凤	中外酒店集团财务状况与经营业绩对比研究

（校教务处提供）

七、2017年校级高职优秀毕业综合实践报告

序号	专业	学生	指导老师	题目名称
1	电子商务	孙　旭	常胜军	FFG网络游戏评测挑错网站策划
2	电子商务	刘晓杰	薛晓霞	“选软件网”运管现状及对策分析
3	电子商务	陈俊华	陈道志	面向大学生市场的金融P2P企业商业模式研析
4	电子商务	鲍伯琳	薛晓霞	ofo运营模式分析
5	会计	郝嘉风	李亚梅	互联网环境下共享经济对现有商业模式冲击的调研与思考——以ofo、摩拜单车为例
6	旅游管理	褚胜男	李　伟	天坛公园的游客满意度调查
7	视传	杨　烨	李　鑫	“植本”App的设计与制作
8	视传	贾　旖	李　鑫	《风林火山》系列简约原创首饰设计与制作
9	电艺	赵炜杰	陈昱西	《童话》主题手机界面系列设计
10	广告	高　乐	俞必忠	创意微电影《意外》拍摄与制作
11	商务英语	梁天艺	侯晓丽	吕克贝松镜头下《这个杀手不太冷》的人性善恶
12	商务英语	张晓宇	冯媛媛	中国小学四年级语文与美国小学四年级英语对比分析报告
13	商务英语	李　帆	王小梅	《阿甘正传》电影中阿甘人物性格分析
14	商务日语	唐丹凤	杨俏村	浅析东野圭吾小说的魅力——以《白夜行》为中心
15	商务日语	荣　睿	李润华	日本垃圾分类处理机制
16	商务日语	刘元格	郝金梅	浅谈日本动漫对日本人生活的影响
17	应用西班牙语	陈　思	周敬文	留学行业西班牙文案翻译常见问题及校对
18	酒店管理	杨梦冬	肖轶楠	大学生自助出境游酒店选择偏好研究
19	酒店管理	刘嘉慧	田雅琳	北京香格里拉饭店客务关系部客务关系主任工作研究
20	酒店管理	王双临	田　彤	名人国际大酒店餐饮部酒廊酒吧服务工作研究
21	酒店管理	马　雪	孙　琼	人济万怡酒店客房部协调员工作研究
22	酒店管理（全聚德订单培养）	郭佳星	陈　涵	全聚德集团奥运村店服务岗位工作研究
23	烹饪工艺与营养	闫玉童	乔支红	家常泡菜制作中的安全性评价及其控制
24	烹饪工艺与营养	王　娟	许荣华	《水晶之恋》梦幻主题婚宴设计书
25	烹饪工艺与营养	田煜铭	姜　慧	爱的港湾
26	烹饪工艺与营养	张　恒	姜　慧	爱的港湾
27	听力语言康复技术专业	庞　昊	刘晓明	助听器个性化验配对儿童助听听阈的影响
28	视觉传达艺术设计（动漫）	李　佳	牛博鹭	公益广告(一次性纸杯的制作)
29	视觉传达艺术设计（平面）	关志强	何海燕	雕塑设计
30	计算机应用技术	王静静	毛世春	大学生形象大使评选平台(VB制作)
31	园林技术	张诗杨	付涌玉	万寿菊黑斑病菌产孢研究
32	音乐表演	王乐陶	王小力	关于音乐录音与萨克斯演奏的实践报告
33	文秘	薛　怡	王秀梅	文化传媒类企业的前台接待员实践工作报告——以上海沃卡文化传播有限公司的前台实践工作为例
34	药物制剂技术	王　琦	韩永萍	川木通指纹图谱的研究
35	药物制剂技术	薛嘉慧	霍　清	不同反应条件下碱性磷酸酶与其底物反应的动力学参数的影响
36	药物制剂技术	孙爱博	李可意	Tolbutamide药物对比格犬的毒理研究
37	药物制剂	张琳琳	葛喜珍	洛芬待因的生产与包装流程及问题分析

（校教务处提供）

2017 年学生学科竞赛市级及以上获奖

一、2017 年中国大学生服务外包创新创业大赛

级别	组别	等级	获奖学生	所在学院	指导教师
国家级	本科	一等奖	彭啸之、郭雪莉、邹思源、韩中媛、马函晖	管理学院	李立威，王晓红

（校教务处提供）

二、2017 年高教社杯全国大学生数学建模竞赛

级别	组别	等级	获奖学生	所在学院	指导教师
国家级	本科	二等奖	才奇、杨佳兴、孙磊	应用科技学院	陈艳燕
市级	本科	二等奖	许书铌、汪雨馨、杨东明	智慧城市学院	崔海英
			王健平、李方辉、张丹	机器人学院	常广平
			朱俊达、杜晓闯、杨一雄	生物化学工程学院	黄春娥

（校教务处、基础部提供）

三、2017 年美国大学生数学建模竞赛

级别	组别	等级	获奖学生	所在学院	指导教师
国家级	本科	一等奖	王正、冯杨、周朗	智慧城市学院	张　静
			姚明清、吴颖亮、徐靖琳	城市轨道交通与物流学院	张　静
		二等奖	张晓、王倩、李阔	机器人学院、城市轨道交通与物流学院	徐玉洁
			张哲源、王亚辰、熊雪萌	智慧城市学院、机器人学院、商务学院	徐玉洁
			吴修平、闵泽昱、逄桂林	机器人学院(试验区)、机器人学院	玄祖兴
			王丽佳、杨绪超	机器人学院(试验区)、管理学院、机器人学院	玄祖兴
			熊雪萌	商务学院	徐玉洁

（校教务处提供）

四、第七届全国大学生市场调查与分析大赛总决赛

级别	组别	等级	获奖学生	所在学院	指导教师
国家级	高职	二等奖	赵瑞伊、李丹阳、王晓鹏、李秀秀、张富慧	应用科技学院	李胜、邱红、黄毓慧
		三等奖	麻鹏、张子川、宋珊、孟繁超	应用科技学院	邱红、李胜、黄毓慧
			姜寒梅、白栩铮、刘颖、张广荣、张慧	应用科技学院	李胜、邱红、黄毓慧

（校教务处提供）

五、2017 年"挑战杯"全国大学生课外学术科技作品竞赛

级别	组别	等级	获奖学生	所在学院	指导教师
国家级	本科	二等奖	吴迪、臧晓宇、路文杰、袁生慧	特殊教育学院	吕会华
		三等奖	王文琪、李翀、李雪静、谢宇雪、曾子豪	生物化学工程学院	汪昕宇、陈雄鹰
市级	本科	特等奖	王文琪、李翀、李雪静、谢宇雪、曾子豪	特殊教育学院	汪昕宇、陈雄鹰
			吴迪、臧晓宇、路文杰、袁生慧	生物化学工程学院	吕会华
		二等奖	郜童、童黄松	应用文理学院	李雪妍
			贺嘉俊、张剑雄、梁雨菲、秦蕊、江河晓	管理学院	盛晓娟
			胡帆、郭晓媚、崔晓爽、伍媛、张骞、于珊	生物化学工程学院	霍清、王晚晴
		三等奖	潘禹、马嫣阳	旅游学院	刘啸
			王迪、张欢	特殊教育学院	赵磊
			孔德乐、刘志旺、麦观天、洪亚军	智慧城市学院	娄海涛
			伍江、江贤杰、牟文杰、姚露、顾剑飞	机器人学院	张罡，刘元盛
			韦杰龙、张永亮、王德峰、潘培晖、阳鑫、张凯、赵沙	城市轨道交通与物流学院	钱琳琳

（校教务处提供）

六、第八届"蓝桥杯"全国软件和信息技术专业人才大赛

级别	组别	等级	获奖学生	所在学院	指导教师
国家级	嵌入式设计与开发大学组	三等奖	李万韬	智慧城市学院	邵明刚
			焦孟科	智慧城市学院	杨　萍
	Java 软件开发大学 B 组	三等奖	谢官兴	智慧城市学院	刘晓晓
	单片机设计与开发组	三等奖	罗照海	智慧城市学院	
市级	嵌入式设计与开发大学组	二等奖	刘　海	智慧城市学院	邹　莹
			裴　燕	智慧城市学院	杨　萍
			随　欣	智慧城市学院	姜余祥
			李　炳	智慧城市学院	杨　萍
		三等奖	王　钱	智慧城市学院	姜余祥
			郭　乙	智慧城市学院	姜余祥
			姬　春	智慧城市学院	姜余祥
			李　思	智慧城市学院	邹　莹
			郭　乐	智慧城市学院	杨　萍
			徐　敏	智慧城市学院	邹　莹
			徐　英	智慧城市学院	杨　萍
			陈　慧	智慧城市学院	杨　萍
			单　莹	智慧城市学院	张争珍
市级	C/C++程序设计大学 B 组	三等奖	张雨轩	智慧城市学院	
			魏天保	智慧城市学院	

(智慧城市学院提供)

七、第七届全国大学生电子商务"创新、创意及创业"挑战赛

级别	组别	等级	获奖学生	所在学院	指导教师
国家级	本科	特等奖	贺嘉俊、张剑雄、江河晓、秦蕊、梁雨菲	管理学院	盛晓娟、薛万欣
		二等奖	彭啸之、马函晖、周倩、郭雪莉、韩中媛	管理学院	李立威、王晓红
		三等奖	田汉、李雪、宋佳莹、王文君、文泽豪	师范学院	朱淑琴、冯艳娜
市级	本科	特等奖	贺嘉俊、张剑雄、江河晓、秦蕊、梁雨菲	管理学院	盛晓娟、薛万欣
		一等奖	彭啸之、马函晖、周倩、郭雪莉、康锴	管理学院	李立威、王晓红
			田汉、李雪、宋佳莹、王文君、文泽豪	师范学院	朱淑琴、冯艳娜
			夏尔巴提・努尔兰别克、熊雪萌、林秋磊	商务学院	陈默
		二等奖	符宁雪、吴瑾、杨惠芳、石清平、卫玲玉	管理学院	黄艳
			杨天一、赵忻雯、盛鑫、张涵、刘彦欣	应用科技学院	薛晓霞、王秦
			李姣、肖媛媛、杜亚萍、陈子曼、王博雅	管理学院	郭凤英
		三等奖	李欣、王施培、时迎君、李于洋、段岩	师范学院	翟红英
			朱彦霖、闫雨朦、刘玉拙、黎隽、熊晓昀	管理学院	盛晓娟
			白杨、曾子文、李瑞雪、胡欣雨、张凌兵	应用科技学院	吕广革、滕曦

(校教务处提供)

八、2017 年第九届全国大学生广告艺术大赛

级别	组别	等级	获奖学生	所在学院	指导教师
国家级	本科	二等奖	秦梦鸽	艺术学院	贾冉
			裴馨仪	艺术学院	王洪瑞
			安娜	艺术学院	乔鸿雁
			汪海月、郭楚琪	应用科技学院	崔亚娟、袁红波
		三等奖	薛月	艺术学院	王丹谊
			王卓悦	艺术学院	贾冉
			曹晔	应用文理学院	解嵩
			周开娇	应用文理学院	傅晓琦
			崔志蕾	应用文理学院	
			郑楚岚	应用文理学院	付晓琦
			焦小葭、张佳佳、杨璐、张嘉宇	应用文理学院	马君蕊
			宋岩	艺术学院	王洪瑞

续表

级别	组别	等级	获奖学生	所在学院	指导教师
市级	本科	一等奖	王子宜	应用文理学院	解嵩
		二等奖	王蕊	应用文理学院	解嵩
			钟玥	应用文理学院	傅晓琦
			黄依铃	艺术学院	邓亚楠
			张婧	艺术学院	王洪瑞
			王妍	艺术学院	贾冉
		三等奖	宋岩	艺术学院	王洪瑞
			罗斯	艺术学院	贾冉
			曾德辉	艺术学院	郭巍
			王潇健	艺术学院	乔鸿雁
			王然	艺术学院	王洪瑞
			安娜	艺术学院	乔鸿雁
			孟天成	艺术学院	王洪瑞
			夏天翔	艺术学院	刘佳
			傅佳伟	艺术学院	邓亚楠
			李琛、吴晓洁	艺术学院	刘佳
			杨祾潇、张宇含、李依铭	艺术学院	贾冉
			马跃原	艺术学院	郭巍
			张誉俪	应用科技学院	周文辉
			李双	应用科技学院	陈昱西
			师凡	应用科技学院	李鑫、王丹妮
			郭雯琦	应用科技学院	王丹妮、李鑫
			李子豪	应用文理学院	付晓琪
			屠雨朦	应用文理学院	张立梅
			刘芯蕊	应用文理学院	解嵩
			李婧艳	应用文理学院	解嵩
			郭艳茹	应用文理学院	解嵩
			焦小蔆、张佳佳、杨璐、张嘉宇	应用文理学院	马君蕊

（校教务处提供）

九、全国职业院校创业技能大赛“物流创业设计竞赛”

级别	组别	等级	获奖学生	所在学院	指导教师
国家级	本科	二等奖	张齐齐、牟晓晓、姜桂英、陈文婧	应用科技学院	李亚梅、吕广革

（校教务处提供）

十、2017年全国节能减排社会实践与科技竞赛

级别	组别	等级	获奖学生	所在学院	指导教师
国家级	本科	三等奖	季恩澎、刘逸飞	城市轨道交通与物流学院	高蕾
			高鹏宇、王欣	机器人学院	龙浩
			韩倩倩、周菲、张迪修、江深	城市轨道交通与物流学院	曹丽婷

（校教务处提供）

十一、2017年中国智能制造挑战赛

级别	组别	等级	获奖学生	所在学院	指导教师
国家级	本科	特等奖	姚明清、张永亮、孔德豪	城市轨道交通与物流学院、机器人学院	张益农
			阳鑫、刘自谦、陈仕伟	城市轨道交通与物流学院、机器人学院	钱琳琳
			羊刘、乔植、王月仙	机器人学院	任俊杰
		二等奖	吴磊、程卓欣、张嘉榕	城市轨道交通与物流学院、机器人学院	刘彦彬

续表

级别	组别	等级	获奖学生	所在学院	指导教师
市级	本科	特等奖	阳鑫、刘自谦、陈仕伟	城市轨道交通与物流学院、机器人学院	钱琳琳
			闵泽昱、王琪、阳玲	城市轨道交通与物流学院、机器人学院	任俊杰
			吴磊、程卓欣	机器人学院	刘彦彬
		一等奖	姚明清、孔德豪、王禹佳	城市轨道交通与物流学院	钱琳琳
			李锴荣、贺子天、卢欣怡	城市轨道交通与物流学院、机器人学院	张益农
			张永亮、王先晨、张越美	机器人学院	钱琳琳
			刘自谦、张子帅、李浩	城市轨道交通与物流学院	钱琳琳
			羊刘、王倩、罗宗樾	机器人学院	任俊杰
			李培峰、刘玥、张丽芳	城市轨道交通与物流学院、机器人学院	任俊杰

(校教务处提供)

十二、2017 年全国大学生先进制图技术与技能大赛

级别	组别	等级	获奖学生	所在学院	指导教师
国家级	本科	二等奖	贯怀光	机器人学院	刘自萍、付文宇、夏齐霄
			白松岩	机器人学院	刘自萍、付文宇、夏齐霄

(校教务处提供)

十三、2017 年"移动互联+旅游创意"全国大学生旅游创意大赛

级别	组别	等级	获奖学生	所在学院	指导教师
国家级	本科	二等奖	张萌、张霈雯、张宏、胡建成、田一豪	旅游学院、智慧城市学院	汪秋菊、彭涛
			李亚泽、曾磊磊、李璐莹	旅游学院、智慧城市学院	刘畅、刘宇
		三等奖	郑菁菁、刘子健、任远志、刘宏章、李可	旅游学院、智慧城市学院	刘志华、张冰峰
			韩志国、肖翼、冯杨、詹文、贾晓云	旅游学院、智慧城市学院	林峰、秦岭南
			吴坚、龚君梦、李尚娴、兰宇航、史凌寒	旅游学院、智慧城市学院	乔向杰
			张海鲲、王晓婷、陈强、林贝贝、张荣福	旅游学院、智慧城市学院	汪秋菊、陈艾东

(校教务处提供)

十四、2017 年全国商业高校挑战赛

级别	组别	等级	获奖学生	所在学院	指导教师
国家级	本科	一等奖	张萌、薛振威、王哲、纪雨馨、姜傲雪	旅游学院	庾为、王春才
			丰滢、王宁、詹文、贾晓云、苏欣	旅游学院	王春才、庾为
			姚子程、宋双丽、何源源、刘岩	应用科技学院	李伟、邱晓星
			姚子程、宋双丽、何源源、刘岩	应用科技学院	李伟、邱晓星
		二等奖	丰滢、王宁、詹文、贾晓云、苏欣	旅游学院	王春才、庾为
		三等奖	韩思雨、侯雨洁、罗皓月、蒋春晨、蔡新坤	应用科技学院	牟蘋 、邱晓星

(校教务处提供)

十五、2017 年(新加坡)全球品牌策划大赛中国地区选拔赛

级别	组别	等级	获奖学生	所在学院	指导教师
国家级	本科	一等奖	姚子程、宋双丽、何源源、喻雯雯	应用科技学院	李伟、杨永芳
			韩思雨、侯雨洁、罗皓月、蒋春晨、张爽	应用科技学院	邱晓星、牟蘋
			孙金、李子云	应用科技学院	刘军、李胜
		三等奖	惠禹豪、刘帅坤、王硕	商务学院	汪蓉、韦恒
			刚爽、郑家昕、赵紫嫣、赵文筠、李毓玮	商务学院	郭慧馨、俞翔琦

(校教务处提供)

十六、全国职业院校创业技能大赛

级别	组别	等级	获奖学生	所在学院	指导教师
国家级	高职	三等奖	缪国涵、才奇、甘辉、赵勇	应用科技学院	刘军、赵玮
			张宁、张馨文、吕墨涵、李彦蓉	应用科技学院	覃永贞、张苏雁

（校教务处提供）

十七、全国大学生投资理财规划大赛

级别	组别	等级	获奖学生	所在学院	指导教师
国家级	本科	三等奖	孙士超、张秀莹、杨燕慧、雷石芳	应用科技学院	黄毓慧、彭爱美

（校教务处提供）

十八、第六届全国大学生金相技能大赛

级别	组别	等级	获奖学生	所在学院	指导教师
国家级	本科	二等奖	张思涵	机器人学院	王训伟、马永新
			许毅	机器人学院	马永新、王训伟
			许明东	机器人学院	王训伟、马永新

（校教务处提供）

十九、2017年全国高校商业精英挑战赛“智欣联创杯”国际贸易竞赛

级别	组别	等级	获奖学生	所在学院	指导教师
国家级	英语组	一等奖	耿怀旭、王童、夏时雨、刘双奇、徐星晨、武雨婷、杨笛	商务学院	崔玮、修媛媛

（商务学院提供）

二十、2017年世界机器人大赛机器人格斗赛

级别	组别	等级	获奖学生	所在学院	指导教师
国家级	大学组	一等奖	高晓磊、徐伊雯、宾砺圆、杨小亮	智慧城市学院	邹莹、李月琴
			刘海邦、宾砺圆、徐伊雯、裴皓祥	智慧城市学院	邹莹、李月琴
		二等奖	高晓磊、涂帅、司家鹏	智慧城市学院	吴晶晶、于镝
		三等奖	刘海邦、高晓磊、宾砺圆、杨小亮	智慧城市学院	邹莹、于镝
			刘海邦、司家鹏、裴皓祥、涂帅	智慧城市学院	于镝、吴晶晶

（智慧城市学院提供）

二十一、2017年第15届中国大学生广告艺术节学院奖

级别	组别	等级	获奖学生	所在学院	指导教师
国家级	影视广告	铜奖	瞿田果 祁鸿浩 李孜琦	应用文理学院	张立梅
	平面广告	佳作奖	瞿田果 李孜琦	应用文理学院	解嵩
	广告文案	优秀奖	瞿田果	应用文理学院	傅晓琦
			瞿田果	应用文理学院	傅晓琦
			瞿田果	应用文理学院	张立梅
			瞿田果	应用文理学院	张立梅
			李璐	应用文理学院	张立梅
			李筱萌	应用文理学院	张立梅
		佳作奖	屠雨朦	应用文理学院	张立梅
			李筱萌	应用文理学院	张立梅

（应用文理学院提供）

二十二、2017 年第五届海峡两岸大学生国际经贸与商务专题竞赛

级别	等级	获奖学生	所在学院	指导教师
国家级	二等奖	周晓童、李琳钰	商务学院	田园
		牛蕾、王天辰、韩丹宁	商务学院	邓晓虹
	三等奖	李戴悦、李怡然、王琪	商务学院	徐枫

(商务学院提供)

二十三、2017 年全国高校商业精英挑战赛“信达杯”商务谈判竞赛全国总决赛

级别	等级	获奖学生	所在学院	指导教师
国家级	三等奖	高腾、唐嫣、陈曼青、孙蕊、李苏婷、石佳宜	商务学院	乔莉、赵进
		蔡宗炎、王文韬、隗鹏旭、王续缘、田书宇	商务学院	乔莉、潘月杰

(商务学院提供)

二十四、2017 年第六届“石狮杯”全国高校毕业生服装设计比赛

级别	组别	等级	获奖学生	所在学院	指导教师
国家级	男装组	铜奖	汤宗齐	艺术学院	曹建中

(艺术学院提供)

二十五、2017 年大学生时装周

级别	组别	等级	获奖学生	所在学院	指导教师
国家级	男装组	最佳设计奖	汤宗齐	艺术学院	曹建中

(艺术学院提供)

二十六、2017 年中美青年创客大赛

级别	组别	等级	获奖学生	所在学院	指导教师
国家级	创客	康邦教育特别奖	耿亚军	艺术学院	周茜
			刘焱森	艺术学院	周茜

(艺术学院提供)

二十七、第五届“泰迪杯”数据挖掘挑战赛

级别	等级	获奖学生	所在学院	指导教师
国家级	三等奖	陈姝然	研究生处	王信峰
		曾磊磊		
		刘子健		

(基础部提供)

二十八、2017 年“外研社杯”高职高专全国英语写作大赛

级别	组别	等级	获奖学生	所在学院	指导教师
市级	高职	二等奖	洪逸雯	应用科技学院	赵培
			王静怡	应用科技学院	冯媛媛

(校教务处提供)

二十九、2017 年全国大学生英语竞赛

级别	组别	等级	获奖学生	所在学院	指导教师
市级	C 类	一等奖	夏时雨	商务学院	张秀清、宗艳红
			刘思圆	商务学院	张秀清、宗艳红

(商务学院提供)

三十、2017 年第十二届全国大学生“恩智浦”杯智能汽车竞赛

级别	组别	等级	获奖学生	所在学院	指导教师
市级	本科	一等奖	陶郅杰、严赟、靳浩杰、蔡元焱	城市轨道交通与物流学院、机器人学院	张东波、赵林惠
		二等奖	张琪琪、李祥、芦争	机器人学院	李一男、郑业明
			勇吉鹏、周洋、蒋明锐	机器人学院	李军、席巍
			胡世雄、蒋卓一、王昕宇	机器人学院	郭洪红、雷保珍
			张铭、王先、陈阳	智慧城市学院、机器人学院、城市轨道交通与物流学院	刘长青、李明海
			李中道、侯中生、章宇、苏致玉	智慧城市学院、机器人学院	潘峰、张东波

（校教务处提供）

三十一、2017 年第八届华北五省(市、自治区)及港澳台大学生计算机应用大赛

级别	组别	等级	获奖学生	所在学院	指导教师
市级	本科	一等奖	牛选龙、郑泽、倪明、郝宇、季薇	智慧城市学院、旅游学院	刘振恒、张琳琳
		二等奖	李翰翔、褚天舒、宋建峰、张子豪、刁光浩	智慧城市学院	刘畅
			刘成成、霍达夫、吴鹏飞	应用科技学院	刘琨
			郝飞、白维、旋逸飞	智慧城市学院	娄海涛
		三等奖	陈思、张燕飞、李洁雯	应用科技学院	陈景霞、路铭
			买热巴·居来提、乐海丰、刘阳、罗玉棋	城市轨道交通与物流学院、机器人学院(试验区)、智慧城市学院、旅游学院	林志英、孙力红
			王赛、闫少泽、徐明相	智慧城市学院	王育坚、骆曦
	高职	一等奖	吴颖健、张宁	应用科技学院	王廷梅、陈景霞
		三等奖	常佳明、王辰	应用科技学院	陈景霞、肖琳
			李伯炀、冯建凯、周耀轩、刘子萱、张子建	应用科技学院	赵海燕、李爱菊

（校教务处提供）

三十二、第 34 届全国部分地区大学生物理竞赛

级别	等级	获奖学生	所在学院	指导教师
市级	一等奖	张哲源	智慧城市学院	母小云
	二等奖	李昌泽	城市轨道交通与物流学院	陆军
		王然	机器人学院	陆军
	三等奖	邓路	城市轨道交通与物流学院	孙会娟
		韩文静	智慧城市学院	陆军

（基础部提供）

三十三、北京市第十届大学生物理实验竞赛

级别	等级	获奖学生	所在学院	指导教师
市级	三等奖	陈姝然	城市轨道交通与物流学院	高兴茹、宗广志
		何乔鹏	机器人学院	
		王然	机器人学院	
		张鑫	智慧城市学院	高兴茹、母小云
		杨超江	智慧城市学院	
		欧阳友章	智慧城市学院	

（基础部提供）

三十四、2017 年北京市大学生英语演讲比赛

级别	组别	等级	获奖学生	所在学院	指导教师
市级	本科	三等奖	赵晨曦	师范学院	曾玲琴

（校教务处提供）

三十五、2017“外研社杯”全国英语演讲大赛

级别	组别	等级	获奖学生	所在学院	指导教师
市级	本科	三等奖	武光智	应用文理学院	张艳

(校教务处提供)

三十六、2017“外研社杯”全国英语阅读大赛

级别	组别	等级	获奖学生	所在学院	指导教师
市级	本科	二等奖	杜佳乐	师范学院	郑静
		三等奖	尹天宇	应用文理学院	张艳、石文静
			兰雪婷	旅游学院	
			张文芊	旅游学院	

(校教务处提供)

三十七、2017“外研社杯”全国英语写作大赛

级别	组别	等级	获奖学生	所在学院	指导教师
市级	本科	二等奖	尹天宇	应用文理学院	张艳、苗苗
		三等奖	管霞	应用文理学院	石晓佳、夏耘
			庞雪梅	应用文理学院	时娜娜、崔鲜泉

(校教务处提供)

三十八、第一届“京津冀”职业学校创新创业大赛

级别	组别	等级	获奖学生	所在学院	指导教师
市级	高职	特等奖	李瀛宇、郑浩、张昊、李丹阳	应用科技学院	李胜
		一等奖	李丹阳、李志莲、李孟迪、沈启英、胡成	应用科技学院	李胜

(校教务处提供)

三十九、2017年北京市大学生工业设计大赛

级别	组别	等级	获奖学生	所在学院	指导教师
市级	本科	二等奖	张伊铭、杨柳青、张天琪	生物化学工程学院	何伟民
		三等奖	张心宇	生物化学工程学院	许翰锐
			周伊譞	生物化学工程学院	张媛媛
			王舒	生物化学工程学院	许翰锐
			黄智刚	生物化学工程学院	刘丽霞

(校教务处提供)

四十、第三届中国“互联网+”大学生创新创业大赛(北京赛区)

级别	组别	等级	获奖学生	所在学院	指导教师
市级	本科	二等奖	胡嫣然、蔺平、陈晨、冯静爽	生物化学工程学院	李鹏
			梁雨非、贺嘉俊、许鹏、张剑雄、江河晓、秦蕊	管理学院、师范学院	盛晓娟、杨冰、谢飞雁
			李文竹、徐倩、王茜、康雨馨、赵晓东	生物化学工程学院	张媛媛、许翰锐
			林倩、宸国超、沈意家、池雨晴、王丽梅	商务学院、生物化学工程学院	李可意、葛喜珍
			宣寒宇、华丽燕、赵海莉、沈新誉、刘璐、苑洋	管理学院、机器人学院	刘宏哲
			苏烨、邹思源、郝永超、宋恒达	管理学院、机器人学院	梁磊、张建国、梁晔

续表

级别	组别	等级	获奖学生	所在学院	指导教师
市级	本科	三等奖	黄鹏、钟瑞琪、张文宣、丁俊杰、张瑞林、李婧、付丹丹、向玉婷、宣宁	商务学院、生物化学工程学院	黄静华 马丽仪
			阎小丝、翟鲁皓、苑婧婧、牛梦媛	商务学院、机器人学院	王缅
			王子辰、倪天娇、王睿恒	智慧城市学院	王育坚
			王起航、王威、周奇、张艳春、张斌、刘晶北、徐旭、郝雪松	商务学院、生物化学工程学院	蔡红、李鹏、王宗意
			李子太、魏矗舶、杨泽辉、卜洁、杨展	生物化学工程学院	李鹏、辛俊卿、殷建松
			申琪、李言、左雪倩、王宇航、赵瀚辰	应用科技学院	滕曦
			蒋荣林、刘燕华、李云平、范端麟、于晓军、黄欢艳	管理学院、智慧城市学院	梁磊、周晓璐、郑凡
			刘玉拙、朱彦霖、熊晓昀、黎隽、闫雨朦	管理学院	李英侠、盛晓娟
			王丰、王静婷、张爱琪、商春月	商务学院	陈默
			贺嘉俊、许鹏、梁雨菲、江河晓、秦蕊、张剑雄	师范学院、管理学院	盛晓娟、谢飞雁
			赵京川、吕新培、蒋昌昊	艺术学院	李江
			李鹏、石晓达、张曦月	特殊教育学院、智慧城市学院	宋志强
			符宁雪、杨惠芳、吴瑾、石清平	管理学院	黄艳
			陈荟任、穆伟怡、彭丽萤、陈茜茜、张高玉	生物化学工程学院	霍清
			王超然、郝蕴、陈达、宋君宝、黄建斌	特殊教育学院	李晗静
			陈丹、李森、马子豪	生物化学工程学院	李鹏
			安鑫、宋子宁、王蕊、王迪	应用文理学院	马君蕊

（校教务处提供）

四十一、2017 年第六届北京市大学生书法大赛

级别	组别	等级	获奖学生	所在学院	指导教师
市级	本科	三等奖	黄年婷	特殊教育学院	姚铁力
			李元馨	应用文理学院	
			王晓彤	特殊教育学院	姚铁力

（校教务处提供）

四十二、2017 年华北五省大学生机器人

级别	组别	等级	获奖学生	所在学院	指导教师
市级	本科	一等奖	吴修平、钟昊、谢姜添、桂雨晗	机器人学院（试验区）	马楠、孙慧荟
			龚昊昕、武鹏、王勋、张智明	智慧城市学院	张敬尊、曹国良
		二等奖	李青灿、张瑞林、郭丽、曹聪	机器人学院（试验区）、智慧城市学院	蒋北艳、张军
			李祥、王嘉翌、王青云	机器人学院	李明海、郑业明
			唐瑞廷、韩钰胧、王兴楠	机器人学院	刘长青、李军
			杨鹏、卢迪	机器人学院	刘伟
			张文启、刘鹏	师范学院	冯艳娜
			刘祺、李欣	师范学院	冯艳娜
		三等奖	管伟夺、钟欣宇、才智、韩钰胧、赵胜利	机器人学院	李一男、张东波
			张琪琪、王治虎、李晨熙	机器人学院	孙丽娟、张东波
			李永强、魏天保、周金伟	智慧城市学院	黄静华、张宇宏
			张璇、张甜笑	机器人学院	王淑芳
			周洋、蒋明锐	机器人学院	席巍
			王渤涵、马维平	机器人学院	王淑芳
			许鹏、田润韬	师范学院	冯艳娜
			张圆、卫子夜	师范学院	冯艳娜
			马瑞寅、岳言博、李海艳、韩冰	机器人学院	郭洪红、张东波

（校教务处提供）

四十三、2017 年第三届北京市大学生生物学竞赛

级别	组别	等级	获奖学生	所在学院	指导教师
市级	本科	二等奖	牛昊、孙春晓、陈春梅、徐越	生物化学工程学院	华威、程艳玲、王晚晴
			李晗、孙倩、曹传岱、刘晓慧	生物化学工程学院、特殊教育学院	黄迎春、蒋丹、张雷
		三等奖	欧阳一东	生物化学工程学院	程艳玲
			史昌磊	生物化学工程学院	蒋丹
			王凯	生物化学工程学院	荣瑞芬
			王娅茹	生物化学工程学院	荣瑞芬
			罗鲲	生物化学工程学院	武双
			池雨晴	生物化学工程学院	李可意
			李晴	生物化学工程学院	冀颐之
			李亚丽	生物化学工程学院	华威

(校教务处提供)

四十四、2017 年第三届北京市大学生工程设计表达竞赛

级别	组别	等级	获奖学生	所在学院	指导教师
市级	本科	三等奖	周佳宇	机器人学院	刘自萍
			贯怀光	机器人学院	刘自萍
			周佳宇	机器人学院	付文宇
			王先	机器人学院	刘自萍
			贯怀光	机器人学院	付文宇
			孙浩然	机器人学院	付文宇

(校教务处提供)

四十五、2017 年北京市大学生集成电路设计大赛

级别	组别	等级	获奖学生	所在学院	指导教师
市级	本科	一等奖	李中道	智慧城市学院	薛琳
			侯中生	智慧城市学院	吴晶晶
			吕浩光	智慧城市学院	李晶
			喻树斌	智慧城市学院	薛琳
		二等奖	费天翔	智慧城市学院	沈晋慧
			吴寿彪	智慧城市学院	李晶
			焦孟科	智慧城市学院	沈晋慧
			王钱瑞	智慧城市学院	吴晶晶
		三等奖	李督菁	智慧城市学院	吴晶晶
			刘子健	智慧城市学院	沈晋慧

(校教务处提供)

四十六、2017 北京市高职院校技术技能比赛

级别	组别	等级	获奖学生	所在学院	指导教师
市级	高职	二等奖	李籽菁、吕墨涵、赵勇	应用科技学院	彭爱美
		三等奖	缪国涵、董磊、才奇、王骞	应用科技学院	覃永贞、吕广革
			朱世晨、程子雄、甘辉、李彦蓉	应用科技学院	薛晓霞、王秦
			蒋雅雯、孙筑勋、徐子剑	应用科技学院	黄毓慧
			史宏伟、宋德凤、童艺	应用科技学院	姚迪

(校教务处提供)

四十七、"启课程杯"第四届两岸大学生会计与商业管理案例竞赛大陆地区选拔赛

级别	等级	获奖学生	所在学院	指导教师
市级	一等奖	云映彤、程嘉童、吴婷婷、任梦涵、李建硕	商务学院	刘新颖、李春玲
		刘乐怡、涂强、刘顺意、高雄梅	商务学院	王彤彤、白庆辉
		张华欣、郑伟坤、汤思源、康昊杰、董崇薇	商务学院	索玲玲、季皓
	二等奖 最佳创意奖	郭洁、陈炜、丁湛峰、马思茹、张君琦	商务学院	朱传华、邵军

（商务学院提供）

四十八、2017年"国泰安"杯全国大学生商务谈判大赛总决赛

级别	等级	获奖学生	所在学院	指导教师
市级	三等奖	高腾、李苏婷、田鹤、唐滟、陈曼青	商务学院	潘月杰、乔莉、赵进

（商务学院提供）

四十九、2017"创新创业"全国管理决策模拟大赛全国总决赛

级别	等级	获奖学生	所在学院	指导教师
市级	二等奖	李晶、杜宁、庞蕾	商务学院	潘月杰、赵进

（商务学院提供）

五十、第六届大学生科技创新作品与专利成果展示推介会

级别	等级	获奖学生	所在学院	指导教师
市级	一等奖（创新金奖）	谭茵、段敏、刘鹭	商务学院	邓晓虹

（商务学院提供）

2017年学生获得的表彰奖励

一、2017年市级研究生优秀毕业生（6人）

2014工商管理 何子威
2014计算机科学与技术 杨建锁
2014教育 刘　扬
2014软件工程 王　迪
2014食品科学与工程 李勇超
2014专门史 郝　强

（研究生处提供）

二、2017年市级本科、高职、专升本优秀毕业生（360人）

应用文理学院（36人）

彭玉全　车若雯　徐凌凌　万佳琦　陈凯旋
胡童鹤　柳天骄　柳皓宇　张　柳　赵　壮
巫倩敏　何　敏　陈天奇　杨　玘　陈思羽
王旺先　徐天慧　白浩杨　田英民　梅宇晨
费思芸　马睿彤　冉鑫迪　崔雪莹　张金然
曹典典　左安娜　陈　雪　张　妍　蒋海妮
赵春燕　张　蓉　袁铃坪　曹　杰　成训庭
王　菲

师范学院（19人）

朱　源　牛瑞祺　陈　辰　袁罗希　周楚昀
薛伊琪　李叶宁　张博学　赵　丹　王　诺
王　佳　刘　涛　吴佳怡　于　达　苏东兴
宋玉竹　汤蕾蕾　薛　怡　孙赫泽

商务学院（32人）

王虹敏　王慧文　王冕翔　房晓菲
玛依拉·艾山　谢冰玉　梁　宏　江思琪
陈泰旭　鲜　欢　熊雪萌　张　鑫　刘梦澜
张晓杰　刘　莉　王乐言　孙　甜　范思聪
卫　琼　高亚男　祁　超　杨　淳　田　洁
苏　煜　李　汝　刘湘文　朱　颖　王雨婷
李博楠　王帅帅　李京雪　迪丽拜尔·图尔贡

生物化学工程学院（47人）

倪凯松　王座华　李　响　胡恒齐　胡矩旗
邢雨辰　谢彩鹏　林　倩　王高杰　程　浩
豆佳钰　朱晓腾　蒋曙凤　喻　欢　赵　禹
赵晓蕾　曾桂秀　付　寒　刘海洋　孙爱博

彭　田　刘雨晴　曹姗姗　黄　可　黄晓慧
钱雪晴　许雨生　杨青娇　李　根　高旭攀
曹梦婕　乐　菲　陈　晨　吴克强　王碧茹
陈贵斌　方　慧　芮慧萍　刘梦辰　赵梦娜
李质隆　王　华　靳晓红　杨智杰　袁姗姗
卓婷烨　李　燕

旅游学院(37 人)

王　迪　潘晓琳　陆云帆　张　琦　胡利华
刘梦瑶　冯碧泉　孟雨佳　潘冬雪　曾卓寒
王琬琳　战颖超　安　东　凌　祎　何　蕊
丁志刚　夏豫京　杨梦冬　李　岩　熊佑敏
程丽欣　李　彬　周　航　王　娟　张　恒
范新娆　徐　洋　赵瑾瑄　高琳娜　牛天娇
张惠燕　刘思莹　袁乃慈　于红瑶　路　月
徐卉奇　陈　曦

智慧城市学院(28 人)

路　畅　黄　旭　喻子恒　任重儒　郜鹏飞
陈明军　黄亚美　王　丹　何　波　张立新
赖俊光　喻　贝　李志成　贾继征　何腾江
朱子魁　柴梦娜　周纯洁　欧阳涛　梁　琼
张静怡　楚　敏　赵屹方　马逸鹤　李政达
荣佳斌　王宏彦　陈　丽

机器人学院(15 人)

王　希　王文强　闫成金　刘铸墀　刘乐晖
吴志超　张玲玲　徐东方　李小光　宋思琪
吕　琳　董少君　高　鹏　陈　梅　王明举

城市轨道交通与物流学院(18 人)

王　磊　朱博帆　李　楠　何毅晨　张莹莹
马　杰　周利杰　曹祎楠　夏伟杰　郑智勇
韦杰龙　贺思婷　曹碧莹　李浩茹　崔　晨
朱时雨　杜浩文　迪娜拉·沙布尔艾力

管理学院(35 人)

张　倩　韩　婷　李　琦　王畅丽　张　颖
邢　妍　白颀文　谢忠全　杨　蕾　曲嘉文
王香梅　姚　婷　钟　佩　章　玉　叶　林
郑凯梦　李德坤　徐　君　韩晓东　邹　雄
仇凯迪　杜　婷　郭　书　赵　彤　谢秋然
关　鑫　王晶晶　李宗容　林雅婷　朱宏宇
柴庆华　冯莉莉　刘彤彤　李　菁　柴桢桢

特殊教育学院(16 人)

解观有　张　浩　刘　鑫　刘思玉婷
王迎雪　周昊雨　梅正林　张诗杨　张　晨
王晓玉　曹　原　袁晓玲　葛　俊　庄晓昊
徐　硕　李　爽

艺术学院(29 人)

贾戊庚　张思禹　袁晓玥　赵标帅　王梦月
窦艳艳　杨　柳　曾　艺　苏孙京　柳靖媛
孔德佳　薛　爱　张佳婕　张　翔　吴　奇
王　淇　陈志超　侯　雪　徐　硕　刘琪琳
王嘉艺　姚　檬　胡晓瑞　于　雪　程绪雄
王　珊　朱佳茜　杨　明　刘　璐

应用科技学院(48 人)

梁天艺　包图雅　张　彤　张　彬　史　悦
李欣蕊　刘海旭　任梦凡　武慧文　梁思宇
张　煜　郝嘉凤　李伊雯　张亚南　廖　航
刘晓杰　陈俊华　鲍伯琳　张健哲　马欣蕊
王　超　张晓宇　彭　鹏　刘元格　荣　睿
陈　思　张建颖　付迁生　赵炜杰　赵玉田
戴　岩　梅晓菲　张　妍　郝芳旌　梁　红
李皓妍　赵雨情　赵雨然　张玉玺　王伟杰
王晓明　范子晨　庞　博　任丽军　孙鸿宇
石玉娇　付洁琳　李盛耀

(校学生处提供)

三、2017 年校级研究生优秀毕业生(19 人)

2014 食品科学与工程	李勇超　魏文娣
2014 专门史	郝　强　乔　婷 朱　佳
2014 软件工程	王　迪　郑永荣 张　勇
2014 工商管理	何子威　李　倩 王　言　罗　丹 屈　乔　宋金飞
2014 计算机科学与技术	杨建锁　邢　邘
2014 教育	刘　扬　徐丹丹 王启忱

(研究生处提供)

四、2017 年校级本科、高职、专升本优秀毕业生(1406 人)

应用文理学院(144 人)

彭玉全　杨盈盈　张　丹　车若雯　帅　玲
徐凌凌　万佳琦　楼航瑜　兰秀莲　肖　晶
贾　梦　陈凯旋　胡童鹤　刘　辉　石　珊
吴　伋　李慧梅　闫心语　杨宾调　赵一帆
周英莺　田英民　谭文昊　来　天　梅宇晨
罗红玉　范聪丛　郭一鸣　陈思雨　李佳丽
郭　翠　张　骕　费思芸　马睿彤　雷　蒙
齐震宇　冉鑫迪　丁　楠　柳天骄　柳皓宇
张怡培　罗美靖　苏　仪　王国丽　李乐晨
杨　蕾　侯妍珈　张　姣　张　柳　赵　畅
张嘉悦　连　润　袁丽娟　刘　倩　黄　达
赵　壮　麻雅楠　张　琳　冯楚懿　黎　想
巫倩敏　刘　真　路　瑶　高新竹　李明柳

刘　硕 许婉仪 赵思萌 崔雪莹 张金然
王思琪 温馨梦 曹典典 金　蓝 曹　珊
付怡然 刘　琪 刘丹阳 左安娜 范欣宇
陈　雪 尉迟明朗 杨思禹 钟涵轩 张　妍
赵祖祎 蒋海妮 杨逸涵 李文旭 卢环嫡
徐修齐 何　敏 袁宇倩 陈天奇 朱　敏
芦宇桐 罗雅文 盖宇鑫 王雨晴 刘东昱
刘　佳 杨　玘 孟昕蕾 杨　然 李劭君
马伟洲 邓婉莹 陈思羽 王旺先 徐天慧
白浩杨 阮　萍 周　洁 黄萍安 赵春燕
高一童 黄　晶 李璐珈 段香琴 侯姝曼
张　蓉 段璎钊 袁铃坪 刘　璐 张　斌
李思柳 何　卿 周佳毅 赵世龙 陶　晗
柳　溪 曹　杰 成训庭 张　平 曹亚敬
王　菲 耿子叶 张　莉 李　祎 卢思雨
丁　怡 赵　琦 崔寒晴 古丽米娜·玉素音

师范学院（77人）

朱　源 石　佳 赵京豫 艺　赫 刘　芳
牛瑞祺 徐　颖 卢笑莹 邢少东 郑海萌
王婉娇 陈　辰 王博翔 张庆盼 周玥彤
王　琪 周思湑 徐仁硕 徐沛文 王　诺
吴若娇 徐洪月 张　锦 刘　悦 刘　娅
王　佳 马思佳 王丽雯 徐　乾 王海峰
范田旭 隗浩然 于正月 刘　涛 吴佳怡
于　达 蒋　淼 王　惠 杨　熹 刘　晨
袁罗希 崔文静 周楚昀 薛伊琪 窦嘉雯
周　璐 李叶宁 李汶嫔 张博学 黄馨谊
任申锦美 于冠琪 何振宇 牟雅洁
边　赞 魏　芳 赵　丹 陈庆秋 段　强
黄　岩 苏东兴 杜佳宁 姜思琦 宋玉竹
汤蕾蕾 李荣华 周　峥 魏新月 王子悦
薛　怡 赵宇彤 郭　玥 刘　莹 孙赫泽
王乐陶 李伊敏 李　莉

商务学院（127人）

陈　焕 段琢珉 薛习鑫 刘湘文 龙　霞
尚　玥 陈　璐 张书阔 周　熙 刘雨童
郭馨阳 陈明玉 王虹敏 杨墨涵 王慧文
武世强 董丽媛 王冕翔 倪继扬 孙伟姜
贾子威 房晓菲 李　晓 刘　馨 张　信
高　也 黄筱博 谢冰玉 任　芳 张　赛
吴小敏 孙昀皓 熊雪萌 张　娜 荣丹丹
徐志杰 张　鑫 李　薇 秦　青 杜成蓉
刘梦澜 徐　晶 李　妍 王灵慧 李梦晴
张晓杰 戴　生 刘　莉 王乐言 郭宇婷
王　晨 张逸冰 金　瑶 李嘉瑄 孙　甜
范思聪 张　唯 梁　宏 沈思涵 付昕源
赵靖允 黄鹤元 刘蒙蒙 李秀苹 漆红梅
江思琪 杜雪滢 张祎蒙 刘冬悦 袁　梦
汤　灿 杨东欢 何媛媛 闫思宏 杨　婕
王诗雨 迟雨辰 陈泰旭 鲜　欢 张晓晗
祁　超 卫　琼 刘珊珊 李　凤 陈　怡
梁传珍 高亚男 刘　晨 肖长俊 朱　颖
王雨婷 郝　敏 刘　蕊 潘雨婷 李禹翰
李博楠 王帅帅 朱珺璇 闫　博 徐永娟
马雯雅 湛　莉 马　俊 崔蓉蓉 黄睿宾
尚　辰 杨　淳 李经纬 杨　茗 田　洁
郭　艺 苏　煜 姚向一 周亚萌 李　汝
古丽柯孜·伊敏 迪丽拜尔·图尔贡
玛依拉·艾山 王美霞 王瑞林 太建丽
杨　明 王妃妃 罗永丽 李京雪 杨文军
王慧霞

生物化学工程学院（182人）

陈梦卿 白松源 郭淑琴 刘淏田 王　华
袁　姗 任　娜 陈柳翡 潘　妍 张　凯
靳晓红 范紫嫣 高　艺 赵佳琛 吴克强
王碧茹 李　敏 王妩妍 王佳星 梁语恬
李卫思 李子健 张文迪 尹　畅 刘　丹
杨智杰 袁姗姗 曲丽洁 卓婷烨 姜　敏
张心宇 郑依敏 韩碧君 李冬月 倪凯松
黄　茜 安青梅 陈游平 王井荣 王座华
王浩明 任欣月 李　响 刘卫昕 陆佳伟
易　凯 胡恒齐 陈贵斌 方　慧 芮慧萍
翁士钰 张芸莹 王玉秀 张少波 刘梦辰
赵晓蕾 李佳丽 苏　妍 赵加荣 曾桂秀
张琳琳 郑铁丹 鄂敬文 张意茹 付　寒
王　琦 刘海洋 刘婉婷 屈金月 杨　璇
孙爱博 张　敏 胡矩旗 陈思帆 邢雨辰
杨林棣 杨　咪 刘宇航 梁子晨 刘　学
赵明月 刘金蓉 谢彩鹏 潘福娣 林　倩
周银平 熊威慷 李京泽 马明卓 鲍尹聪
谢　婷 王高杰 谷瑶瑶 张兴民 钟倩岚
程　浩 豆佳钰 郗婉真 石泽禾 彭　田
薛嘉慧 刘雨晴 李　燕 费晋琳 刘可鑫
李晓钰 席慧芳 曹姗娜 姜云云 黄　可
李雪玲 王小文 史雨涵 黄晓慧 商素岩
张　京 李　蕊 钱雪晴 于立昕 于红艳
赵新鹏 史晓萌 张嘉莉 王　明 夏安妮
封小艳 朱晓腾 蒋曙凤 王　威 王丙亚
景雅倩 罗秋雨 陈　萌 高雨琪 喻　欢
荣雨昕 牛英海 齐　馨 薛理漫 刘逸文
柴鹏畅 代子然 苏光宇 张　悦 赵　禹
张晓航 王　煜 高　尚 费迎梅 赵　琪
杨　芬 温晓晗 麻玉双 许雨生 武偲璐
尹晶玉 黄姹敏 张文豪 杜开新 安英杰

王　嘉　娄　娜　杨青娇　高亚利　龚梦琦
王音超　李　根　饶欣欣　耿安琪　汪　雪
朱建航　高旭攀　曹梦婕　邵梦迪　王锦欣
乐　菲　陈　晨　祁亚伟　赵梦娜　李质隆
刘　惠　肖阿河·阿格占别克

旅游学院(144人)

王　迪　潘晓琳　王奕莹　谢　鑫　李祎森
马天悦　陆云帆　张　琦　李　峥　王雅洁
李扬安　包晓芸　陈　红　李仕霞　林　琳
王益婵　胡利华　何　蕊　刘瑞璇　李　倩
范晓琦　杨　洵　王莎莎　丁志刚　李妙玲
何　颖　夏豫京　沈晓彤　高　璇　马　雪
卞　喆　宋　敏　杨梦冬　董晓培　刘梦瑶
刘圣臣　邓　卓　张　囡　冯碧泉　赵辛梦
刘懿浓　樊　悦　孟雨佳　潘冬雪　孙一倩
石细娥　曾卓寒　王琬琳　路　璐　王子琪
战颖超　马钰莹　安　东　徐　洋　马浩昕
周建婧　简小易　毛兴文　张云潇　李　岩
王美琪　黎　佳　熊佑敏　王　杰　程丽欣
李　彬　马鑫蕊　杨宇彤　苗雪征　吴　浩
周　航　罗东东　马玥琪　赵　墨　李　帅
王志羽　徐　苗　王　娟　张　恒　范新娆
王韵迪　张　薇　袁乃慈　梁佳蕊　耿宏男
高倩玉　洪　艳　张倞祯　律嘉琪　赵瑾瑄
高琳娜　汪　敞　谭源临　罗雨娇　张卓雅
曹　青　牛天娇　张惠燕　刘思莹　张　颖
马娅宁　董义航　王敬峥　吴燕娥　赵艳芳
冯　程　高雪兰　张明丹　陈晓娇　张俊霞
王亚东　管晓然　田　欢　谭喜莹　刘　爽
罗洋洋　曹瑞静　孙　欣　顾洹溪　胡馨桐
方世双　周　浩　姜　森　柏敏娜　于红瑶
路　月　韩　晴　徐　雪　朱金凤　任　倩
徐卉奇　韩　桐　杨　畅　李　露　周明星
张　晗　阮伊泓　凌　祎　陈　默　吴丽华
宋昕怡　刘童童　崔　广　陈　曦

智慧城市学院(98人)

吕凯旋　梁星萱　刘美美　杨　涛　路　畅
冯子豪　雷晓钰　黄　旭　李世臻　喻子恒
陈华松　王　男　刘丽萍　王瀚晨　张　玥
任重儒　张智良　车水修　刘明晖　薛文广
马启新　李志成　贾继征　刘诚诚　何腾江
龚红宇　冯　智　宋　涛　刘佳敏　程　昊
郭婵娟　朱子魁　万乾晟　柴梦娜　周纯洁
武瑞强　黄福山　郜鹏飞　王　松　纪晓亚
王松涛　刘　莲　白　婧　龚　丽　陈明军
杨　倩　于　蕊　田瑞宏　丁　宁　朱若男
张　汉　龙晓艳　苏　爽　孟　天　杨　博
黄亚美　王　丹　何　波　何　沛　张立新
张　茜　杨　杏　欧阳涛　于　爽　梁　琼
赵　平　季文健　张静怡　骆胤均　谭　阳
石嘉铭　孙琪翔　楚　敏　董子轩　赵屹方
陈　优　马逸鹤　吴小芳　李政达　张　敏
陈方欣　宋　健　荣佳斌　屈　佳　王墨含
吴　正　刘　江　薛锦娟　石　婷　赖俊光
翁晨傲　喻　贝　宋春宇　代　爽　王宏彦
钟　杰　陈　丽　夏　鹏

机器人学院(57人)

王佳艺　徐　彤　徐营营　任笑颖　赵昕雅
王　希　吴重光　王文强　闫成金　郭　琪
张莹雪　刘　镇　刘铸墀　刘乐晖　吴志超
张玲玲　董道伟　吕　琳　郑亚杰　赵军舰
黄　浩　董少君　李晨光　鄂雪梅　王子墨
姜　天　刘　懿　金梦迪　焦　蕾　吴嘉豪
刘文彬　王　强　黄江君　赵　娜　颜　超
董宇豪　贾小海　李　明　徐东方　陈　翰
李小光　乔亚伟　宋思琪　黄　波　徐　潮
陈天麟　高　鹏　陈　梅　王　腾　魏　衍
闫月静　杨　浩　孟美娟　杨　宁　王明举
程园园　张雅楠

城市轨道交通与物流学院(73人)

王　磊　朱博帆　郭　磊　刘　伟　李　楠
王昭辉　刘正德　陈嘉明　关　心　贺　萌
李建东　刘　鹏　曹祎楠　刘婷婷　夏伟杰
张楚君　郑智勇　韦杰龙　罗大为　梁献鹏
张　帆　贺思婷　何毅晨　黄　静　陆素仙
孙　康　吴雪丽　方　妍　赵　沙　张莹莹
李晓晗　秦仲明　许益萌　马　杰　邓存国
邓凌云　高鸿彬　刘思美　黄　玺　胡美娜
顾　然　单文娇　周利杰　张翠翠　李　冰
余　巧　王　楠　昝雨童　曹碧莹　许晓容
牛　博　李浩茹　高　辰　张思琪　王　爽
马　铭　吴　雪　孙　旭　焦圆梦　张运休
骆炜怡　唐嘉岐　娇　婷　余海超　李　威
吕恒星　王雪静　魏秋明　崔　晨　薛雨欣
朱时雨　杜浩文　迪娜拉·沙布尔艾力

管理学院(136人)

张　倩　崔碧琳　范　杰　华郡珂　韩　婷
张　颖　邢　妍　白颀文　谢忠全　金玉莹
周梦玲　张静文　杨　晨　武雪菲　麻琴琴
何　婧　梁雅静　王晓丽　杨凤丹　喻思昕
吴亚琪　马梦婷　秦　琪　李　源　刘必成
何　达　陈　璐　万艺飞　赵京蒙　汲　朋
白陆佳　季若迪　李　添　崔　莹　郑宝贺
巢惠佳　李　琦　王畅丽　李珊珊　高雅文

李昱洁　焦　鹏　左明璐　高　威　刘　潇
程作荣　兰芳萱　田　然　高丽萍　邓成刚
闫梦杰　马　骄　李　铭　杨　蕾　曲嘉文
邹盼盼　刘少嘉　王香梅　王秋月　杨安策
马连跃　贾东蕊　姚　婷　张梓琳　温凤羽
乔欢欢　尹青霞　佘　雯　钟　佩　仇凯迪
蔡锦辉　杜　婷　冀鹏铗　武可馨　白　晗
郭　书　赵　彤　瞿晶晶　夏秋萍　刘婷婷
谢秋然　崔一凡　关　鑫　李　娜　王晶晶
刘振杰　刘金哲　刘　萌　李宗容　王光文
林雅婷　何立群　于丽欣　葛鹏伟　田思彤
高嘉慧　张　梦　章　玉　金　娜　余　柴
叶　林　刘　艺　郑凯梦　陈青青　李　婍
张　楠　黄豆田　李德坤　徐　君　王晓乐
韩晓东　邹　雄　张　硕　宁祯祯　左　思
李梦欣　朱宏宇　赵安岚　曹　琳　张　琦
董佳佳　柴庆华　王梦醒　季晨晨　刘　青
冯莉莉　叶慧敏　刘彤彤　颜　萍　张　姗
李　菁　童　番　田孟晴　柴桢桢　曾宪坤
别哈布力·巴依克孜

特殊教育学院(62人)

冀肖豫　朱一文　解观有　李冰心　田莹莹
朱　珊　郑丹丹　孙文怡　张　浩　郭　月
付　玉　刘　鑫　李　京　杨　燕　张　鑫
王思远　刘思玉婷　王迎雪　王晨雪
何　静　卢　宇　亢泽榕　郭宇桐　周昊雨
李忠泽　陈佳慧　于润泽　梅正林　胡　波
何英择　徐　明　斯日古冷　张诗杨
孙京楠　张　晨　王　松　李凤麒　王晓玉
关志强　郑小晶　张丽霞　曹　原　谷　蜜
李　佳　袁晓玲　范紫茹　韩贺龙　郭思雨
马春兰　赵　莹　焦　梦　徐　硕　葛　俊
赵文清　李栋笙　庄晓昊　项聪慧　俞梦莹
王　宇　李　爽　张雨媛　吴竹青

艺术学院(115人)

李如霞　贾戊庚　刘子茹　张思禹　张洋洋
库士颀　王　颖　袁晓玥　杨　洋　赵标帅
袁　源　关雅匀　冯世玉　陈　彦　王梦月
赵智然　窦艳艳　杨　柳　陈志超　李　盈
李宇佳　朱　萍　侯　雪　赵子元　徐　硕
李彩娟　司淑敏　乐　凯　郜一凡　贺嫣茹
刘琪琳　刘　玥　李静雯　王娅菲　杨开鹏
刘蓓蓓　安静逸　曾　艺　苏孙京　卢烨璇
李梦洁　李　琦　柳靖媛　刘　冰　赵玉蓉
谷　阳　陈　晨　魏　玮　孔德佳　高　沙
于　澍　张　赛　皮雨珊　王少波　李　升
薛　爱　孙　川　张佳婕　张　斌　张　翔
李昊洋　潘　理　陈　娇　孙浩榕　王嘉艺
姚　檬　胡晓瑞　刘　霞　李亚男　于　雪
程绪雄　王　珊　曹亚莉　刘思雨　韩媛媛
葛　雪　李永乐　刘思语　刘琳靖　郑绣花
朱佳茜　吕程乘　梁佩琛　张宇辰　孙羽擎昊
李芳心　于永至　李小羽　孔　甜　纪俊涛
高勇正　吴晓墨　李沐子　杜　天　吴　奇
侯金宗　王　淇　蒋婷婷　盛健平　徐闻笛
赵维佳　杨　明　刘　璐　俞思敏　鲁奕舒
武秋华　王　璐　余玲丽　刘月月　杨婧宇
潘瑞琦　蒋　懿　胡焕卿　王潇健　徐艺丹

应用科技学院(191人)

马海洋　孟子昂　张睿昭　梁天艺　岳　莹
姬　玉　包图雅　张　彤　肖　月　李　悦
张　维　陈　思　张　然　张建颖　贾　旖
王　玥　李萧涵　魏　萌　吴　瑕　何　腾
李　傲　张　庸　张思远　白　月　张　彬
张天宇　史　悦　穆　硕　李欣蕊　刘海旭
陈少洁　姜可心　杜雨晴　王雅彤　武思傲
马惟妙　任梦凡　陈嘉静　刘宏泽　武慧文
王宇晨　李　珊　付迁生　李　斯　薛朝媛
刘欣怡　王　扬　李耕旭　胡　玮　贾玉春
聂鑫蕊　杨　烨　李雨豪　赵炜杰　张　砚
吕　然　常　玉　赵玉田　徐　凯　朱子妍
孙国轩　李洵洵　杨辰磊　薛　晨　戴　岩
梅晓菲　梁思宇　李晗熙　陶　冶　徐　伊
马　瑾　刘悦欣　张　煜　何建颖　张　萌
郝嘉风　于海月　张梦浩　邢丽静　贾春燕
张瑶玥　王　爽　王瑾雯　田　悦　李伊雯
李文琪　刘明月　陆　迪　张亚南　谢心蕊
陈思涵　杨世超　张　妍　宫佳一　郝芳旌
梁　红　李皓妍　贝芝兰　李东雪　贾寓茹
赵雨情　王喜晨　赵雨然　寇　依　关舜天
闫嘉豪　蔡融天　张天华　张玉玺　王伟杰
朱旭辉　周重齐　王晓明　范子晨　王鑫源
庞　博　廖　航　韩云楠　胡佳莹　刘　帆
贡　蕾　孙　旭　刘晓杰　陈俊华　鲍伯琳
张健哲　王京爽　王梦楠　门丽婷　马欣蕊
褚胜男　魏　娜　杨　晨　张心宇　李　帆
曹　蕊　袁　烨　王双萍　于渴鑫　郭　玮
王　楠　马佳佳　薛　杰　徐佳彬　刘梦箫
张舒强　任丽军　李信信　王晶晶　张普亮
董德山　张国庆　姚伟东　王庆闪　张　璐
孙鸿宇　周嘉瑛　邢晓潇　石玉娇　田婧楠
冯茹茹　程则山　李春罗　鲁天晴　符　熹
朱良帅　刘　晓　杨雨慈　王　超　任晓旺
张晓宇　张　雨　彭　鹏　吴　昊　刘元格

任雨彬　王可心　荣　睿　诸葛子玄
赵胜珺　景　华　宋紫妍　付洁琳　周　璐
王立达　李盛耀　刘　焘　赵　莹　赵王吉
沈周繁星　　　张树为

五、北京联合大学 2016—2017 学年国家奖学金(7)

生物化学工程学院(2 人)
刘馨君　王　海
特殊教育学院(1 人)
李　鹏
智慧城市学院(1 人)
徐小龙
应用文理学院(2 人)
曾宝栋　周　悦
旅游学院(1 人)
潘　禹
北京市信息服务工程重点实验室(1 人)
宣寒宇

六、北京联合大学 2016—2017 学年特等奖学金(26 人)

应用文理学院(3 人)
楼佳飞　邹璐鲕　管　霞
师范学院(1 人)
马佳艺
生物化学工程学院(3 人)
崔晓爽　郭思彤　毛昊莹
旅游学院(1 人)
丰　滢
智慧城市学院(6 人)
王　勋　孔文萱　刘宇霏　刘俐媛　尹铭志
冯　杨
机器人学院(3 人)
张　旺　许明东　夏　旸
城市轨道交通与物流学院(2 人)
林嘉皓　姚明清
管理学院(2 人)
张　瑞　沈新誉
特殊教育学院(1 人)
张晓雪
应用科技学院(4 人)
宋德凤　郗平平　黄　毅　王小晨

七、北京联合大学 2017 级新生入学奖学金(24 人)

北京生源新生入学奖(1 人)
师范学院
陈羽菲
京外生源新生入学奖(22 人)
京外生源理科入学奖
旅游学院
王语菡
机器人学院
冷友松
管理学院
张　乐　罗电电　易宇洁　徐文杰　刘佳晔
牟永菲　张淑琴　王丽琳　赵加丽
京外生源文科入学奖
管理学院
马虎忠　李会丹　李　赛　金浩正　叶丽清
常佳伟　钟家琪　王　琦　马　磊　王　维
李萌萌

八、北京联合大学 2016—2017 学年校长特别奖

机器人学院　美国数学建模竞赛参赛队

在 2017 年美国(国际)大学生数学建模竞赛(MCM/ICM)中,代表学校参赛的王正、冯杨、周朗荣获一等奖。

机器人学院、城市轨道交通与物流学院　全国大学生"西门子杯"工业自动化挑战赛参赛队

在 2017 年第十一届全国大学生西门子工业自动化挑战赛中,代表学校参赛的刘自谦、姚明清、孔德豪、乔植、王月仙、羊刘、陈仕伟、张永亮、阳鑫荣获全国总决赛特等奖。

城市轨道交通与物流学院　美国数学建模竞赛参赛队

在 2017 年美国(国际)大学生数学建模竞赛(MCM/ICM)中,代表学校参赛的吴颖亮、姚明清、徐靖琳荣获一等奖。

管理学院　知识界团队

在 2016 年"创青春"中航工业全国大学生创业大赛中,代表学校参赛的李慧琪、黄鹏、余石伟、杨绪超、王丽佳、夏珊珊、叶林灵、刘思佳、胡继丹、魏松荣获全国决赛银奖。

管理学院　左邻右舍团队

在 2017 年第七届全国大学生"创新、创意及创业"挑战赛中,代表学校参赛的贺嘉俊、江河晓、梁雨菲、秦蕊、张剑雄荣获全国特等奖。

特殊教育学院　聋生团队

在 2017 年第十五届"挑战杯"全国大学生课外学术科技作品竞赛中,代表学校参赛的吴迪、路文杰、袁生慧、臧晓宇荣获全国二等奖。

艺术学院　任甜甜

艺术学院学生任甜甜,学号 2014120315056,平均学分绩点 4.62,在全校本科生中排名第一,学习成绩

特别优异。

应用科技学院　黄　毅

应用科技学院学生黄毅，学号 2015191264009，平均学分绩点 4.42，在全校专科生中排名第一，学习成绩特别优异。

九、北京联合大学 2016—2017 学年优秀学生干部(180 人)

应用文理学院(21 人)

岑　贝　苑　楷　胡楚倩　贾亦非　左　艺
孙露萁　胡　悦　浦焱垚　王念琴　东　京
左朝榕　朱勃霖　李筱萌　徐明喆　宗赫男
刘梦然　刘栩清　闫　格　吴　丹　秦泽敏
杨　璐

师范学院(16 人)

方腾飞　张悦彬　管梓桐　谭　璐　刘金铭
黄一放　张　博　宋全东　赵意玲　王雨菲
范聪颖　杨雯靖　赵倩颖　秦海琦　王　欣
韩光伟

商务学院(9 人)

刘景昕　朱雅静　田　振　杨　帅　李　沫
王秋菊　李梦雅　刘乐怡　全胡洋

生物化学工程学院(14 人)

丁　淼　李　昳　顾传林　李　卓　彭李想
冯靖楠　包欣悦　辛　栋　张　看　邢雅雯
任月朗　李桦楠　崔天宇　张晨玥

旅游学院(18 人)

郑菁菁　薛振威　曹梦女　王　惠　孙　杰
王丽君　白海鸥　顾箴语　李泓潇　陈丽淇
张　萌　余月月　龚君梦　刘皓阳　刘亚涵
吕明佳　胡嘉欣　廖文峰

智慧城市学院(16 人)

郑　帅　郝　宇　刘翰林　徐犇港　苏　斌
王嘉程　郭　丽　来呈呈　马　然　宋晓丹
陈富强　刘思莹　张乙鹏　杜　珍　赵京浩
杨超江

机器人学院(17 人)

周子钰　白雪纯　喻　青　吴　振　黄美玲
王皓杰　张　鹏　刘志栋　刘　阳　张可可
刘泽强　刘一依　张　帅　田梦怡　王浩然
李皓玮　李　杰

城市轨道交通与物流学院(8 人)

姜　帅　李　琳　王子豪　王　欣　李　曦
田鑫垚　张迪修　孟安琪

管理学院(23 人)

周　蕾　刘熙佳　佟　娜　刘俸仪　孙泽宇
孙铭洋　王凯炫　张　晨　董　可　陈文鹏
张　萌　李云平　叶银健　熊泽文　宋子臣
李思嘉　王艺璇　何宛霏　王丽佳　吕　君
阿　荣　汪敏辉　纪　晨

特殊教育学院(6 人)

李双彤　王跃龙　乔　琛　张艾慧　刘丹阳
宋君宝

艺术学院(14 人)

展　星　郭潇骏　高嘉旺　王　然　张　晗
张嘉琳　耿亚俊　李　琛　赵　乐　王天宇
金富玉　马东欢　冯祎晨　李瑞怡

应用科技学院(18 人)

徐鹏飞　林　立　王京宁　马梓翔　郭楚琪
陈　思　常佳明　刘　帅　杨　珅　宋　珊
惠　馨　郝嘉风　王子祺　于欧楠　麻　鹏
王鑫蕊　吴冬龙　张泽宇

十、北京联合大学 2016—2017 学年三好学生(441 人)

应用文理学院(57 人)

赵秸米　王卓尔　刘汝佳　孙铭遥　张梓琦
邹璐鳊　管　霞　杨江秀　杨　玲　孙乐晨
宋雅子　李忻妍　武　璇　李海兰　赵宇曈
金　畅　孙宇宁　李　希　王　璨　杨艾頔
邹晨旭　黄小凤　田　博　赵韫卿　陈科宏
刘锦玲　朱　沙　张嘉宇　金若虚　廖嘉妍
邓思宇　李一恒　梅慧峰　王海瑄　赵志花
刘冬慧　石　诺　徐　伟　孙铭心　赵景盛
侯丽君　尹天宇　孟庆菲　谭雨慧　张　羽
何　岩　师佳蕊　张欣然　杨佳妮　石文超
杨　岚　赵友盟　陇莉莎　王辰阳　李洪微
罗智超　李彦君

师范学院(36 人)

王曼笛　胡子超　马佳艺　胡珍婷　史晓宇
张博云　左骁尧　宗星眸　綦凯伦　池可心
赵润琪　李姣姣　王艾宁　龚雅歆　孙胡蝶
马啸尘　刘阳光　肖钧予　胡雅鑫　赵经纬
杨楚翘　林雨微　董雅倩　陈佳华　赵禹晴

商务学院(28 人)

常一凡　石佳宜　丁君怡　刘　梦　陈曼青
夏时雨　范　婷　王　晶　荣雨晨　涂　强
季诗雨　周　鹏　唐玉佶　周楚菲　王佳昕
姚佳俊　温雪梅　刁　然　刘　畅　张子琦
唐　滟　管芸笛　杨美莹　郭　洁　李圣元
肖文瑾　孙　力　胡慧雁

生物化学工程学院(42 人)

牛慧灵　马修远　谢　玉　冯　欣　邹纯纯
郑艾佳　陈荟任　郭晓媚　玛尔江·吾塔尔

卜洁 张绳展 欧星 龙影 吴迪
李京鄂 努尔麦麦提·阿布拉江 廖裕洋
任丽娜 邵芙蓉 魏竹雪 耿雪营 李泓利
吴琴 杜晓扬 郭思雨 谭珍诺 吴悔
牟文锐 何映莹 王晓艺 杨展 王怡
谢艳萍 罗琼 李静珍 李巧玲 钟丽玲
罗鲲 崔晓爽 姚凤平 江玮 李月鲜

旅游学院(41人)

张婧瑜 丰滢 裴文净 吴开文 罗琴
田崇月 金虹利 王月珂 马迪 陈娟
王宇聪 张婉修 赵伟 张心满 孟玉
王一帆 班缘娟 王雯 王晓京 戴鑫容
韩亚丽 詹文 高姝好 杨娟 张丹迪
王曼茜 张雅欣 杜笑笑 卢颖 薛轲
安婷 刘学磊 张文芊 兰雪婷 秦静怡
粟梦华 唐倩 王婉珩 任欣雨 黄希希
孔雯雯

智慧城市学院(30人)

刘子健 刘海邦 李佳利 焦孟科 李兆南
邓佳 刘宇霏 刘俐媛 陈佳 陈斌杰
杨岱晓 刘辉 罗双 尹铭志 刘淦楠
相旭旸 孔文萱 单莹 姬春尧 凌艳
谢强 王勋 买热巴·居来提 赵非凡
韩文静 张洁 张利娟 罗章 钟淑淑
张哲源

机器人学院(37人)

陈晨 苑婧婧 罗刚 潘飞 章宇
李霏 赵原 贯怀光 杨旅游 李畅
周云婵 薛荣强 汪之琛 赵明芳 赵今
尹晓杰 唐银芳 雷健 张旺 马俊杰
勇吉鹏 李纯 欧阳宇 李军 胡燕红
高大鹏 范林萱 热孜娅·艾斯卡尔
阳鑫 顾明羽 胡世雄 周理煌 冯俊辉
兰贵富 訾吉龙 韩志国 王程

城市轨道交通与物流学院(19人)

王皓辰 任美琪 赵叶 周菲 宋文倩
林嘉皓 徐靖琳 吴颖亮 陈武 赵娅楠
聂煜峰 倪畅 韩倩倩 蒋萧猛 曲雯
花赛月 李错荣 熊华德 李昌泽

管理学院(42人)

程梦云 陈欢 刘羚 原国芮 李成豪
张涵 彭啸之 马艳杰 张楚乔 黄文婕
王玮 王馨靓 张立婵 杨苏东 向玉婷
万子佳 杨韵夕 谢丽伟 吴康莉 符宁雪
张瑞 宿杰 韩霄霞 相里媛 江然
李慧芬 张文硕 于红菲 林婷 崔雅静
赵琴琴 贺嘉俊 明华 朱婕晟 梁启琳
张慧 熊晓昀 肖媛媛 雷鹏飞 陈汀怡
李昔非 李宇翔

特殊教育学院(19人)

曹传岱 张晓雪 张雨涵 方舟 刘洁
石翔宇 魏晓炎 邵安琪 徐佳蓉 金芮伊
侯照昆 袁苑 杨加林 柯静美 朱莉
王亮月 张曦月 朱一天 吕绍川

艺术学院(39人)

钟彩云 陈硕 姜娜 胡晓静 孙羽琦
李兆宇 申若希 张宇晨 田凯 朱若怡
谢楠 张昌钰 李俊毅 张达 邸睿芳
刘雅琳 张欣 贾蔓莉 郑泓雨 童珍
王天天 范依宁 张玉 庞雨濛 钱燚
王金蕾 王彤 郝凯龙 唐雨荷 李妍红
陈禹 吴定聪 李萌 刘雅迪 任甜甜
焦鸿宇 郑星雨 房天娇 王雨

应用科技学院(51人)

宋德凤 秦海悦 边欢 朱雪丹 梁巧巧
曹雨婷 祁美 吴双 马畅 郭增增
白栩铮 李丹阳 陈飞 王昊雅 张子越
马睿 齐晨明 赵忻雯 何忆雪 于伊凡
陈晓艳 李宇威 杨燕慧 段晨茜 肖柯
刘艾琳 周盈盈 刘子洋 张春雨 黄毅
王子妍 卢会超 王濛 姜寒梅 赵瑞伊
李昌建 孟昶兆 赵赫 段英楠 余竹玉
常惠 孙冬逊 李彦蓉 张茗柳 张少岩
王大晨 徐颖 王雪 王小晨 王瑞丰
吕墨涵

十一、北京联合大学2016—2017学年先进班集体(54个)

应用文理学院(6个)

文理档案1502B 文理地理1601B
文理法学1502B 文理汉语1501B
文理文博1601B 文理新闻1501B

师范学院(5个)

师范汉语1402B 师范数媒1501B
师范小教1501B 师范心理1602B
师范英语1403B

商务学院(4个)

商务财务1402B 商务国贸1502B
商务金融1501bB 商务信管1501B

生物化学工程学院(5个)

生化工管红帮 生化行者班
生化秋实班 生化人力精英班
生化人力求实班

旅游学院(5 个)
博雅实验班 1601B　旅游会展 1502B
旅游酒管 1601B　旅游烹调 1602Z
旅游英语 1602B
智慧城市学院(4 个)
信息电子 1501B1　信息计算机 1404B
信息计算机 1601B3　信息通信 1501B3
机器人学院(5 个)
机电材料 1401B　机器人软件 1601B01
机器人软件 1601B02　信息实验班 1501B
自动化自控 1601B
城市轨道交通与物流学院(2 个)
自动化电气 1601B　自动化物流 1402B
管理学院(5 个)
管理工商类 16012B　管理会计 1501B
管理金融 1502B　管理实验班 1501B
管理实验班 1601B
特殊教育学院(3 个)
特教计算机 1601B　特教音乐 1601B
艺术学院(5 个)
艺术环艺 1601S　艺术绘画 1501B
艺术视传 1501B　艺术数媒 1503B
艺术主持 1501B
应用科技学院(5 个)
应科工商 1603S　应科会计 1501Z
应科计算机 1603S　应科商日 1501Z
应科信管 1601S
应用文理学院(8 个)
文理法学 1501B　文理法学 1503B
文理历史 1501B　文理网媒 1501B
文理汉语 1601B　文理广告 1601B
文理规划 1601B　文理档案 1601B

十二、2016—2017 学年北京联合大学学风建设先进个人名单(722 名)

应用文理学院(95 人)
宗琪越　周真杨　赵伯川　王熙然　潘季哲
阿依古尔汗·斯迪克　刘澈人　海云飞
武雨晴　马久之　曹子龙　魏甲涛　张博羽
李　璐　刘芯蕊　张艺琳　白　雪　王舒欣
刘烨汶　燕慧慧　高　阳　李　澄　王安然
李梦想　赵一頔　王　毓　张德博　李　彤
马　玥　宋　凡　王逸凡　马腾宇　郑千千
聂安旗　鲁赫然　孙　艺　梁子丹　刘淑卫
李文苹　兰凯茹　张　帆　李　双　张　月
阿丽娜·阿力比斯巴依　吕耀华　林伟吉
王厚厚　赵静怡　李　娜　吴昔曦　尤瑛圻
马睿君　史雪萌　刘　丹　马嘉成　苑　楷
秦思薇　张天娇　陈晓艳　王丹璐　刘伊濛
王鑫冉　李亚馨　钟　玥　郭　昊　杨语嫣
孙孝男　李梦涵　黄楚倩　唐佳璐　许　瑶
章芷瑜　王安琦　刘　昀　彭　勃　韩　养
王文思　段慧珺　夏小茵　付梦雨　逄　媛
马雪婕　王礽琴　习　悦　梁宗平　李　杰
尹宗姗　赵之澜　杨瑜頔　高　兰　李沅桐
曹亚敏　曹　晔　许　诺　尹　洋
师范学院(64 人)
高　冉　李可心　赵雅欣　朱园园　龚美珊
闫佳琛　黄泽洋　郭　文　刘晶晶　关昊然
肖梦楠　韩佳艺　张　萌　崔梦泽　胡　媛
尹静怡　孙楚乔　王子侯　路　易　李　硕
张焱杰　田宇莹　董新慧　张　希　杜彦儒
伊梦缘　杨若晴　侯婷岳　刘　悦　隗若凡
赵　琦　于雅婧　郭　蒙　孙　婧　梅　璠
沈李幸子　赵　曌　钟加俐　田　静
段依娃　张钰林　刘明扬　屈泽悦　沈　畅
张　鑫　刘思含　高　宇　宋雅欣　郭　羽
刘宗蕊　孙　彤　段秋琦　马　宁　韩博闻
孙嘉慧　徐　子　王　添　李　欣　刘新月
尹安然　张祎宁　魏　星　李　铭　王昕雨
商务学院(47 人)
安　娜　赵欣悦　张羽欣　周悦玲　林秋磊
刘梓峰　王秋菊　陈　蕾　裴珍辉　孙　露
汪佳蕊　万宇轩　郑国隆　张铮铮　常　颖
尤雪鹏　纪佳欢　王梦雅　过小萍　宋　莎
田傲然　杨冬玲　董占齐　张铭慧　晁思宇
赵翎竹　刘子金　孙鑫宇　张紫薇　蓝　昊
程　乐　肖国庆　潘　颜　魏佳贤　梁靖雯
王欣欣　张　冉　林　祎　李　欣　胡亨昊
王郁婷　汤思源　洪琪儿　李凤鸣　侯佳慧
王　同　李梦圆
生物化学工程学院(70 人)
王　睿　贾思齐　寇欣然　李叶丹　曹正大
钟　畅　王　晨　陈晓霞
古力皮亚·它西布拉提　李　珊　程青也
李海燕　熊维灿　汪　聪　王丹明　周丽平
刘昭志　赵晓东　丁　赟　李紫纯　郝雪松
郑欣月　李帅楠　曹玉洁　丁　宁　张　云
薛晨笑　付娜娜　沈　娇　杨宇静　于博洋
康钰莹　齐　琳　姚昊天　高　源　李　翀
唐　洁　刘哲辉　赵　彤　曹孙旭　朱　玉
李寅昊　张　震　王可心　石祥睿　王新月
王　童　王鑫菲　吴明思　陈晓璇　李　蒙

卫子刚　陈中瑶　任洪瑶　王赟旭　肖淇腾
李明明　刘昕辰　薛明洋　赵鑫伟　张　洵
易　辉　王文丽　杨　昊　甄　新　吴　丹
黄姗婉　王镓洛　张虹璇　付佳璇

旅游学院(68人)

龙湘川　吴　桐　薛振威　郎泽群　于　萌
杨静雯　李祎一　张焕宇　兰佩昀　尹玉荷
严丽媛　金文静　杨俐然　张景雯　景昕悦
陈　健　张　婉　欧阳权　田　雨　王　颜
郑宏玲　于海艺　高　燕　王　颖　赵美静
梁　涵　赵博鑫　王一聪　吴天琪　杨丝雨
冯　妍　陈耿香　毕　茜　魏泽堃　李天瑜
卢　峥　周　灿　申雨晴　郝思媛　王静馨
张　蕊　张子一　刘　彤　兰宇航　赵　晴
王倩倩　韩紫微　王雪迪　佟明赫　梁佳琦
张　佳　王慧林　郑逸霏　曲文璞　汤存良
杨雅楠　杨思岑　姚培君　张添悦　陈健锋
袁　媛　王　芳　赵偲璇　张　英　杨璐畅
刘琬迪　董晨露　刘明昊

智慧城市学院(45人)

邬　娜　张　佳　来呈呈　徐　英　郑晶晶
贺　磊　柳婧南　袁毅豪　高新龙　王　赛
麦观天　肖翔宇　晏　康　林海君　张　浩
黎燎宇　张聪聪　陈莹莹　孔文平　钟　伟
李诗爽　柳　睿　鲁红飞　司家鹏　傅　莹
郭乐乐　解　君　徐佳童　张　宇　兰豪康
李焜伟　程　浩　姚天晔　张　娜　焦毅翼
刘翰林　龚昊昕　张铂雅　李　娇　叶峻材
张　淼　刘　冲　于栎瀛　胡方选　霍星群

机器人学院(61人)

王　帅　张瑞嘉　李娟娟　周永健　郑　涛
李傲然　周　洋　岳克歌　王云龙　刘泽强
朱蒙蒙　石　凯　任景悦　王立轩　何振滔
李　琳　卢林波　赵海莉　徐鹏飞　张玉莹
王召阳　王先晨　杨柳青　秦智成
阿依古再丽·艾尔肯　丁润泽　赵安飞
李健鹏　陈瑞基　杨雯钰　张瑞林　纪　里
李　腾　王灵光　王宇航　商冀辉　刘佳磊
赵文杰　吴成昊　韩振宇　晁婷婷　白雪纯
李　烁　金子丰　刘一依　喻　青　高鹏宇
许苗苗　江　涵　高崇森　陈仕伟　程卓欣
刘家铭　琚　玲　张文倩　张　萌　杨　君
赵新宇　李亚泽　张淑珍　赵洪星

城市轨道交通与物流学院(30人)

陈　骏　杨倩楠　姜　帅　刘　然　王士荣
陈　爽　武　宁　李　浩　李卓玥　孔德豪
张占宇　裴志伟　陈筱萌　韦孟卓　李欣颖
张　慧　曾军飞　刘玥茜　吴兵杰　曹红蕊
王子璇　孙婉淇　赵　峥　刘思宇　王国梁
陈思阳　徐圣瑞　曹珂宁　庞　辉　郑昊辰

管理学院(62人)

任　颖　张浩娟　茹司特木·司马义
李　莹　王金贵　张晗彧　李　玲　陈文立
李思嘉　尹露露　章　昕　王艺璇　张剑雄
陈　兴　高　隆　赵一曼　段秀英　刁东晨
鲁鑫颖　张岩旭　胡定通　路　鑫　郑　爽
刘金金　于　慧　赵　彤　吕　君　张鹏飞
李潇潇　董　可　郭子众　司徒适怡
巩海玲　王海涛　王逸琳　李美超　赵　盼
涂星宸　游丽霞　唐　佳　赵俊成　王　澈
陈　钊　刘佩雯　刘思瑶　孙铭洋　黄欢艳
李云平　陈悦悦　游上人
阿曼尼沙·努尔买买提　周　琳　曹如霞
姜　璐　吕倩倩　石　硕　王亚男　曹玉婵
陈文鹏　周　娜　谭　诏　张换换

特殊教育学院(31人)

麻德彬　王子荣　金至静　王　迪　梁占平
唐思语　胡　倩　白宗帅　杨雨薇　吴　琦
王海涛　丁辽楠　魏冠冲　杨国顺　陈　倩
康靖怡　任欣然　杨　柳　裴　欢　贾雨涵
张　姗　王　艳　车玲玲　卞玉龙　韩　姣
赵　亮　季　慧　杨　鹏　肖　菱　吴宇航
王国新

艺术学院(64人)

彭亚宁　隗佳豪　郑　宁　阚梦涵　赵　莹
张　扬　谢昌鑫　杨　涵　陈锦愉　刘阳春晓
张定力　王可心　张亚楠　张　芮　王晓红
曹胜楠　范钰烽　周新宇　林斯斯　石　杨
包忆芬　都　炎　叶丽文　王孝慈　吴烨琼
李　奇　许佳伟　侯媛媛　王敬博　张　赫
邱新月　过莉欣　孔　爽　顾　杰　李媛媛
亓金慧　师庆升　苏　丹　杨　清　韩阿湘
邹佳城　燕宇明　于子茜　陈　靓　陈彬雅
付琳珊　丁璐璐　李　凯　许雯乔　崔雪梅
吴　晋　易　迪　赵薇薇　秦一平　陈瑞萱
赵紫圆　程馨儿　郜一冰　刘　丹　于　蕾
赵明珠　雒杰仪　陈晶晶　邢建平

应用科技学院(85人)

张笑语　田馨慧　卢逸菲　张玲玥　倪张凤
王　赛　李爱迪　王　于　杨文婧　刘　飞
桂静雯　孙钟韵　温嘉楠　徐佳星　赵瞳瞳
赵天宇　喻雯雯　刘飘飘　李婷婷　邢梦雨
梁丝雨　刘梦迪　张富慧　毕佳钰　苗子恒
高　森　李辰蕊　武思涵　周彩霞　张　征

许浩威 曹文欣 王健民 刘泽蔚 齐 祎
张家畅 冯爱雯 张翠翠 周 楠 高 佳
温 鹏 李 婵 贾煦颖 郭仪伟 王靖琪
屠立炜 刘丽娜 李 华 刘敏达 訾雪飘
孔胜男 潘秀秀 苏 杭 于紫薇 白 宇
王雪茜 甄雪蒙 姚子程 南 淑 杜 佳
常 璐 吴新竹 王莉枝 贾 晨 杨超智
陈俊豪 秦松梅 王 硕 周 婵 梁少奇
王子健 陈佳琪 古 雷 杨泽林 屈晓帅
李金武 商 京 王 昱 刘霄喆 董 琨
栗 菁 王振山 贾瑞雪 肖 雄 徐子剑

十三、北京联合大学 2016—2017 学年“我的班级我的家”实践活动获奖集体(23 个)

十佳示范班集体(10 个)

应用文理学院 新闻 1501B
师范学院 小教 1501B
商务学院 国贸 1502B
生物化学工程学院 工设革物锐思班
管理学院 实验班 1601B
管理学院 实验班 1501B
特殊教育学院 音乐 1601B
特殊教育学院 针推 1601B
艺术学院 产品 1501B
应用科技学院 会计 1603S

优秀示范班集体(13 个)

应用文理学院 文博 1601B
师范学院 学前 1402B
师范学院 汉语 1401B
商务学院 信管 1501aB
商务学院 会计 1501aB
生物化学工程学院 生物素馨班
生物化学工程学院 人力昕阳班
旅游学院 实验班 1601B
旅游学院 英语 1602B
智慧城市学院 电子 1501B1
城市轨道交通与物流学院 交通 1502B
艺术学院 主持 1501B
应用科技学院 会计 1604S

十四、北京联合大学 2016—2017 学年红色“1+1”示范活动获奖集体(22 个)

一等奖(5 个)

应用文理学院
城市科学系地理信息党支部和城乡规划党支部
智慧城市学院
计算机工程系学生第一党支部
城市轨道交通与物流学院
2014 级交通物流党支部
特殊教育学院
应用技术系和特殊教育系学生党支部
艺术学院
数字媒体系学生第二党支部

二等奖(7 个)

应用文理学院
新闻与传播系第二党支部
师范学院
教育信息技术系党支部
商务学院
国际商务系第一学生党支部
旅游学院
国际旅游系党支部
智慧城市学院
通信工程系学生第一党支部
机器人学院
2014 级学生党支部
应用科技学院
计算机科学与技术专业学生第一党支部

三等奖(10 个)

商务学院
电子商务系第一学生党支部
生物化学工程学院
生物医药系学生党支部
生物化学工程学院
资源管理系学生第一党支部
旅游学院
旅游经济系学生党支部
机器人学院
2016 级学生党支部
城市轨道交通与物流学院
电气 2014 党支部
管理学院
工商管理系学生党支部
管理学院
金融与会计系学生第二党支部
特殊教育学院
联合学生党支部
艺术学院
美术系学生党支部

十五、北京联合大学 2016—2017 学年学生“十大标兵党员”(10 人)

师范学院(1 人)
陈志豪

商务学院(1人)
王佳昕
旅游学院(1人)
余月月
智慧城市学院(2人)
郭亚骅　陈宝峰
城市轨道交通与物流学院(1人)
莫清宇
特殊教育学院(1人)
刘　洁
艺术学院(1人)
程玮毓
机器人学院(1人)
许明东
应用科技学院(1人)
崔朝阳

十六、北京联合大学2016—2017学年学生"十佳学生党支部"(11个)

应用文理学院
历史文博系研究生党支部
应用文理学院
法学第一党支部
师范学院
教育信息技术系学生党支部
生物化学工程学院
工程与艺术系学生党支部
旅游学院
旅游管理系学生党支部
智慧城市学院
计算机工程系学生第一党支部
智慧城市学院
计算机工程系学生第二党支部
智慧城市学院
通信工程系学生第二党支部
城市轨道交通与物流学院
2014级学生党支部
特殊教育学院
医学与音乐系学生党支部
艺术学院
美术系学生党支部

(四至十六由学生处提供)

十七、北京联合大学2015—2017年度红旗党支部(学生支部2个)

生物化学工程学院
生物化学工程学院工程与艺术系学生党支部
智慧城市学院
智慧城市学院计算机工程系学生第一党支部

(组织部提供)

2017年教职工获得的表彰奖励

一、北京联合大学2015—2017年度红旗党支部(教师支部8个)

师范学院(1个)
师范学院心理学系党支部
机器人学院
机器人学院检测与质量工程系教工党支部
管理学院
管理学院金融与会计系党支部
特殊教育学院
特殊教育学院综合办党支部
艺术学院
艺术学院表演系教工党支部
应用科技学院
应用科技学院经济管理系教工党支部
校机关党委
校机关党委宣传部党支部
离退休党委
离退休党委退休第一支部

二、北京联合大学2015—2017年度十佳党员标兵(10人)

师范学院(1人)
张佐友
商务学院(1人)
郑　丽
生物化学工程学院(1人)
汪昕宇
继续教育学院(1人)
张文杰
机器人学院(1人)
潘　峰
城市轨道交通与物流学院(1人)
莫清宇
管理学院(1人)
徐　鲲
艺术学院(1人)
刘　锐

应用科技学院(1人)
王成霞
马克思主义学院(1人)
张　利

三、北京联合大学2015—2017年度优秀党务工作者(28人)

应用文理学院(3人)
董　媛　叶盛东　郭　炜
师范学院(2人)
牛桂荣　操静涛
商务学院(2人)
赵俊雪　梁玉勇
生物化学工程学院(3人)
赵欣华　蒋丽平　周　杰
旅游学院(3人)
张　京　谢瑞佳　张逸薇
继续教育学院(1人)
朱丽娟
智慧城市学院(1人)
李京平
机器人学院(1人)
李伟华
城市轨道交通与物流学院(1人)
吴巧慧
管理学院(1人)
任旭刚
特殊教育学院(1人)
边　丽
艺术学院(1人)
王　丹
应用科技学院(1人)
谢　鑫
校机关党委(3人)
张利东　吕　毅　王　琪
校直属单位党委(2人)
翟金忠　刘　庄
离退休党委(2人)
张淑琴　白志平

(一至三由组织部提供)

四、北京联合大学2015—2017学年优秀教育工作者(15人)

应用文理学院(1人)
刘守合
师范学院(1人)
汪艳丽
商务学院(1人)
孙桂生
生物化学工程学院(1人)
李　敬
旅游学院(1人)
田　彤
继续教育学院(2人)
张　娟　唐　武
应用科技学院(1人)
张晓华
机关党委(5人)
方祖成　王君卓　王维国　魏　靖　李　昕
直属单位党委(2人)
薛文静　董秀凤

(人事处提供)

五、北京联合大学2016—2017学年十佳辅导员(7人)

城市轨道交通与物流学院:刘欣欣
机器人学院:李伟华
特殊教育学院:寇蕴
应用科技学院:孟祥影
商务学院:鹿然
管理学院:詹小冷
师范学院:朱丽华

六、北京联合大学2016—2017学年优秀辅导员(26人)

应用文理学院:刘建钢、郑伟、于立锦、徐云
师范学院:冯英
商务学院:李斌
生物化学工程学院:马丽萍、陈静、辛俊卿、周杰
旅游学院:相丹、谢瑞佳
智慧城市学院:李茜、沈春玲、王玉
城市轨道交通与物流学院:冯玮
管理学院:陈芊锦、王项
特殊教育学院:王昕、王文明
艺术学院:赵芯琦、卜轶琼、姜紫宸
应用科技学院:窦天悦、王艳菊、谢鑫

七、北京联合大学2016—2017学年优秀班主任(105人)

应用文理学院(11人)
黄建毅　李雪妍　张一红　聂卫锋　吕红梅
李若水　解　嵩　冯春海　魏　琦　吴　蔚
徐　云
师范学院(8人)
陶能为　汪梦翔　于红军　乔　雷　冯艳娜

朱淑琴　齐海滢　吴　芳

商务学院(8 人)

张秀清　崔佳宁　王彤彤　赵俊雪　李剑玲

赵绍全　高书丽　迟秀湘

生物化学工程学院(14 人)

马晓钧　许翰锐　付美平　张传钊　韩永萍

武　双　穆红莉　李　晨　张　璋　李可意

严　昉　张　爽　周　杰　闫文杰

旅游学院(12 人)

荆艳峰　李　飞　黄丽丽　何　滢　林　晓

谷惠萍　张丽峰　杨柳青　张　琦　桑　建

王蕴喆　冯　燕

智慧城市学院(8 人)

沈晋慧　陈晓丹　梁　晔　刘振恒　王　玉

商新娜　邹　莹　孙　悦

机器人学院(5 人)

孙　静　杨永丽　张保钦　张　睿　郑业明

城市轨道交通与物流学院(5 人)

任　俊　吴　帆　李永霞　郭文荣　孟秀霞

管理学院(9 人)

李英侠　董　爽　詹小冷　杨艳芳　陈芊锦

程　翔　刘方方　李秀芹　徐　鲲

特殊教育学院(7 人)

张海丛　阎　嘉　张　雷　刘志丽　张　颖

张爱民　安俊英

艺术学院(10 人)

周筱真　吴　璇　王　瀚　刘　佳　杨　沛

卜铁琼　王党荣　江　山　刘少帅　刘红英

应用科技学院(8 人)

张进生　赵海燕　周文辉　班　莹　罗晨晖

邱　红　梁少梅　任　斌

八、北京联合大学第二届辅导员职业能力大赛

一等奖

特殊教育学院　　赵　磊

二等奖

管理学院　　徐　娟

旅游学院　　谢瑞佳

三等奖

应用科技学院　　胡斯杰

商务学院　　鹿　然

艺术学院　　姜紫宸

优秀奖

应用科技学院　　赵　欣

机电学院　　孙丽娟

应用文理学院　　石小川

师范学院　　朱丽华

(五至八由学生处提供)

九、先进基层党组织(30 个)

应用文理学院(3 个)

应用文理学院机关党总支

应用文理学院新闻与传播系党总支教工党支部

应用文理学院历史文博系党总支研究生党支部

师范学院(2 个)

师范学院心理学系党支部

师范学院机关第三党支部

商务学院(2 个)

商务学院直属三党支部

商务学院国际商务系第一学生党支部

生物化学工程学院(3 个)

生物化学工程学院工程与艺术系学生党支部

生物化学工程学院学生工作党支部

生物化学工程学院工程管理系直属党支部

旅游学院(2 个)

旅游学院机关第一直属党支部

旅游学院餐饮管理系直属党支部

智慧城市学院(2 个)

智慧城市学院计算机工程系学生第一党支部

智慧城市学院通信工程系党支部

机器人学院(2 个)

机器人学院检测与质量工程系教工党支部

机器人学院 2014 级学生党支部

城市轨道交通与物流学院(1 个)

城市轨道交通与物流学院学生办党支部

管理学院(1 个)

管理学院金融与会计系党支部

特殊教育学院(2 个)

特殊教育学院综合办党支部

特殊教育学院医学与音乐系学生党支部

艺术学院(2 个)

艺术学院学工办党支部

艺术学院表演系教工党支部

应用科技学院(2 个)

应用科技学院经济管理系教工党支部

应用科技学院外语系教工党支部

校机关党委(2 个)

校机关党委宣传部党支部

校机关党委人事处党支部

校直属单位党委(2 个)

校直属单位党委信息网络中心党支部

校直属单位党委后勤绿化保洁党支部

离退休党委(2 个)

离退休党委退休第一支部

离退休党委退休第二十五支部

十、优秀共产党员(64名)

应用文理学院(8个)

周爱华　王巧玲　张　艳　刘文红　田　博

杨丽华　孙　睿　董丽莎

师范学院(35个)

张佐友　张　亮　杨　咏　苏东兴　李淑琼

商务学院(5个)

郑　丽　陈　恒　黄金燕　刘　静　李智玲

生物化学工程学院(7个)

汪昕宇　李春旺　霍　清　张艳贞　王　浩

段辉琴　倪凯松

旅游学院(6个)

姜　慧　李　白　田彩云　刘志华　郝志成

张倞祯

继续教育学院(1个)

张文杰

智慧城市学院(2个)

苏利敏　郜鹏飞

机器人学院(2个)

张东波　潘　峰

城市轨道交通与物流学院(2个)

莫清宇　亓呈明

管理学院(3个)

徐　鲲　马丽仪　王　项

特殊教育学院(1个)

杨　光

艺术学院(2个)

刘　锐　周　茜

应用科技学院(4个)

王成霞　李爱菊　彭爱美　李昌建

马克思主义学院(2个)

张　利　赵　伟

国际交流学院(1个)

赵永忠

校机关党委(4个)

田守志　薛玉翠　管炳文　孔庆来

校直属单位党委(4个)

许汇冬　孙俊青　赵庆龄　姜素兰

离退休党委(5个)

陶静宜　胡文斗　张敏鲜　陈保平　丁荣武

（九、十由组织部提供）

十一、2017年教职工获得的其他市级及以上奖励

序号	单位	获奖人	获奖名称	授奖单位
1	党委宣传部	白　琦	北京市高校新闻宣传工作优秀先进个人	北京市高等学校新闻与文化传播研究会
2	学生处	黄大庆	2017年度北京高校学生心理素质教育工作优秀标兵	北京市委教育工委宣教处、北京高教学会心理咨询研究会
3	学生处	李凤英	2017年度北京高校学生心理素质教育工作十年奉献奖	北京市委教育工委宣教处、北京高教学会心理咨询研究会
4	教务处	钟　丽	2017年华北五省(市、自治区)及港澳台大学生计算机应用大赛先进工作者	北京市教育委员会
5	教务处	张建国	2017年华北五省(市、自治区)及港澳台大学生计算机应用大赛先进工作者	北京市教育委员会
6	工会	宋福春	2016年北京职工"幸福之家"	北京市总工会女职工委员会北京职工婚姻家庭建设协会
7	离退休处	诸天寅	北京教育系统关心下一代工作有突出贡献的"五老"代表	北京市教育系统关心下一代工作委员会
8	图书馆	齐秀霞	2017年BALIS原文传递服务先进个人奖	北京高校图书馆文献资源保障体系(BALIS)管理中心
9	图书馆	钟学军	2017年BALIS原文传递服务先进个人奖	北京高校图书馆文献资源保障体系(BALIS)管理中心
10	图书馆	薛文静	2017年BALIS原文传递服务先进个人奖	北京高校图书馆文献资源保障体系(BALIS)管理中心
11	图书馆	沈　鑫	2017年度BALIS馆际互借服务先进个人二等奖	北京地区高校图书馆文献资源保障体系(BALIS)馆际互借中心
12	图书馆	周红焰	2017年度BALIS馆际互借服务先进个人二等奖	北京地区高校图书馆文献资源保障体系(BALIS)馆际互借中心
13	图书馆	张培红	2017年度BALIS馆际互借服务先进个人二等奖	北京地区高校图书馆文献资源保障体系(BALIS)馆际互借中心

续表

序号	单位	获奖人	获奖名称	授奖单位
14	档案(校史)馆	王　岩	2017年北京市地方志工作先进个人	北京市地方志编纂委员会办公室、北京市人力资源和社会保障局
15	应用文理学院	张远索	北京市高层次创新创业人才支持计划领军人才	北京市委组织部
16	应用文理学院	张远索	北京市属高校高水平教师队伍建设支持计划：长城学者	北京市教育委员会
17	应用文理学院	孟　斌	北京市属高校高水平教师队伍建设支持计划：高水平创新团队	北京市教育委员会
18	旅游学院	于　平	首都劳动奖章	北京市总工会；北京市人力资源和社会保障局
19	旅游学院	李　享	2017年度万名旅游英才计划——旅游数据与旅游统计专业技术人才培养项目	国家旅游局
20	智慧城市学院	刘振恒	2017年华北五省(市、自治区)及港澳台大学生计算机应用大赛先进工作者	北京市教育委员会
21	管理学院	何　勤	市级学术创新团队项目	北京市教育委员会
22	管理学院	鲍新中	市级长城学者项目	北京市教育委员会
23	管理学院	盛晓娟	市级青年拔尖人才项目	北京市教育委员会
24	管理学院	盛晓娟	2017北京高校青年教师社会调研优秀项目 二等奖	中共北京市委教育工作委员会
25	艺术学院	李红梅	北京市属高校公共艺术课程展评三等奖	北京市教育委员会
26	艺术学院	杨慧子	北京市属高校公共艺术课程展评二等奖	北京市教育委员会
27	艺术学院	杨慧子	《非物质文化遗产在文化创意产品设计中的应用研究》获“乡土奖”二等奖	中国工艺美术学会
28	艺术学院	周　茜	工美杯工艺美术创新大赛银奖	北京工艺美术协会
29	艺术学院	高璐静	北京市属高校教师发展基地优秀学员	北京市教委人事处
30	艺术学院	宋广荣	2017年度北京高校学生心理素质教育工作先进个人	北京市委教育工委宣教处、北京高教学会心理咨询研究会

·人　物·

2017年硕士生导师名录

(共188人,按姓氏笔画排序)

丁于思　于　洪　于　镝　万鹰昕　王　平
王　恒　王　秦　王　静　王　慧　王廷梅
王育坚　王春才　王维国　方忠权　方建军
孔令学　邓亚楠　石金莲　石美玉　田景文
冯小波　冯艳娜　玄祖兴　宁淑荣　朱　莉
朱永杰　朱松岭　朱晓姝　刘　洁　刘　峰
刘　啸　刘　敏　刘　琨　刘　微　刘元盛
刘文忠　刘东明　刘全礼　刘迎春　刘宏哲
刘建国　刘彦文　刘艳霞　刘晓明　刘婧娟
刘瑞祥　齐再前　闫文杰　米生权　许家成
孙　诚　孙业红　孙连英　孙爱萍　孙梦阳
孙雅煊　牟　书　劳凤学　杜　煜　李　立
李　伟　李　克　李　享　李　胜　李文法
李立威　李自典　李宇红　李红星　李育芳
李学伟　李宝明　李柏文　李剑玲　李祖明
李振广　李娟华　李晗静　李雅宁　李慧凤
杨　宜　杨　鹏　杨金花　杨积堂　杨靖筠
肖文东　时少华　吴　南　吴　梅　何　丹
何　宁　何　丽　何　勤　佟世文　汪昕宇
汪艳丽　沈　蕾　宋淑玉　张　宁　张　军
张　雨　张　波　张　波(女)　张　勃
张　威　张　峰　张　婍　张　琳　张　蓉
张　楠　张　旗　张永敬　张远索　张丽峰
张泽一　张宝秀　张艳秋　张凌云　张益农
张景秋　陈　文　陈　华　陈　岩　陈　星
陈建斌　陈悦新　陈道志　邵彦铭　武家璧
林　强　尚小雅　周考文　郑　晶　郑春芳
郑海霞　房　燕　孟　斌　赵　卓　赵连稳
赵晓红　荣瑞芬　钟经华　钮文良　段素菊
饶志强　袁家政　顾　军　徐　华　徐　娟
徐　鲲　徐永利　徐英俊　徐菊凤　高丽萍
郭彦丽　郭娅丽　陶秋燕　黄汉昌　黄先开
黄迎春　盛晓娟　常　敏　崔　玮　崔英楠
符亚明　梁　瑞　彭　涛　葛喜珍　韩　澄
韩建业　韩宪洲　程　光　程艳玲　傅巧灵
傅宏宇　曾美英　曾博伟　雷保珍　腾祥东
鲍　泓　鲍新中　裴一蕾　黎　巎　霍　清
戴文俊　戴雪伶　魏　涛　魏　微

(研究生处提供)

2017年正高级专业技术职务人员名录

(共238人,按姓氏笔画排序)

2017年度教师岗位教授名录(209人)

正高级二级(12人)

冯小波　刘全礼　许家成　李学伟　杨　鹏
杨　宜　张宝秀　钟经华　顾　军　陶秋燕
韩　强　鲍　泓

正高级三级(36人)

于　平　王美萍　王德领　方建军　石美玉
叶　晓　田景文　付晨光　刘在云　许　峰
孙爱萍　杜　煜　李　享　李宇红　李红梅
杨积堂　汪艳丽　张　波　张　旗　张恩祥
张景秋　陈建斌　范清惠　林　强　周考文
孟　斌　钮文良　高丽萍　黄宗英　葛喜珍
程　光　曾美英　谢职安　鲍新中　薛万欣
霍　清

正高级四级(161人)

于丽娟　于春洋　于增信　万鹰昕　马小芳
马榴强　王　平　王　梅　王　静　王利红
王育坚　王春才　王信峰　王晓红　王瑞丰
王德领　韦　恒　牛洁珍　方忠权　孔令学
石金莲　田彩云　邢春峰　朱　莉　朱传华

朱晓姝　任　靓　任虎林　刘　丽　刘　莹
刘　啸　刘　敏　刘元盛　刘迎春　刘宏哲
刘彦文　刘晓云　刘晓玲　闫喜霜　许晓平
孙连英　孙梦阳　孙雅煊　严旭阳　劳凤学
杜剑峰　李　克　李　胜　李　媛　李九丽
李孔文　李世刚　李春旺　李柏文　李俊卿
李剑玲　李祖明　李娟华　李晗静　李慧凤
杨岸青　杨洪志　杨靖筠　何　宁　何　芳
何　勤　汪昕宇　汪秋菊　沈　蕾　宋长来
张　宁　张　波　张　威　张　峰　张　蓉
张　静　张士玉　张子义　张玉凤　张永敬
张宇馨　张远索　张丽峰　张明贤　张泽一
张建成　张俊玲　张艳贞　张艳秋　张爱民
张益农　张路光　张殿恩　张嘉秋　张慧姝
陆　军　陈　文　陈　琳　陈玉花　陈世红
陈志刚　陈金堂　陈悦新　陈雄鹰　邵　军
杭孝平　杭和平　罗振鹏　周文华　周玉基
周志成　郑　丽　郑春芳　赵　卓　赵　睿
赵杰民　荣瑞芬　茹秀华　郜世奇　段素菊
姜素兰　姜继为　秦立栓　贾少英　夏齐霄
徐　华　徐　玲　徐志军　高引民　高冬梅
高兴茹　高美娟　郭娅丽　郭素红　唐少清
黄迎春　黄金龙　曹建中　龚　平　龚秀敏
常　敏　崔　玮　符亚明　逯燕玲　董　焱
董南萍　董琦琦　惠东坡　惠伯棣　程艳玲
程德林　傅宏宇　鲁彦娟　谢崇桥　楚　天
雷保珍　蔡　红　蔡　春　穆红莉　魏　涛
魏　微

其他专业技术系列岗位人员名录(29 人)

正高级二级(2 人)

卢振洋　徐永利

正高级三级(11 人)

王　彤　齐再前　李振广　张　勃　张祖明
尚小雅　周小华　赵连稳　赵晓红　崔英楠
滕祥东

正高级四级(15 人)

马晓钧　丛　森　朱松岭　刘文忠　孙俊卿
李亚青　宋立荣　宋淑玉　张　楠　武家璧
范　蓓　周华丽　郑广永　韩宪洲　窦　群

(校人事处提供)

2017 年新聘客座教授

(共 14 人，按姓氏笔画排序)

商务学院　负天祥　顾伟达
生物化学工程学院　柳自强　真部保良　唐　全　阎占斌　森豊史
城市轨道交通与物流学院　王春玲　李爱敏　邹　迎
管理学院　马　宇
艺术学院　李　节　苏高礼　魏连伟

(校人事处提供)

2017 年认定的双师型教师

(第七批，共 56 人，按姓氏笔画排序)

应用文理学院(3 人)

李玉红　常　敏　逯艳玲

师范学院(10 人)

于红军　吴　培　吴宏兰　汪艳丽　陈卫红
姜喜龙　姚聪燕　曹建中　曹颖娜　裴朝军

商务学院(5 人)

朱传华　刘迎春　李春玲　张宇馨　崔　玮

生物化学工程学院(4 人)

汪昕宇　张念鲁　陈雄鹰　黄迎春

旅游学院(5 人)

田　彤　田雅琳　孙惠君　张丽娟　庾　为

机电学院(4 人)

马永新　王　缅　王淑芳　刘　建

自动化学院(0 人)

管理学院(12 人)

王晓红　尹夏楠　田　玲　刘方方　杨积堂
何　勤　张　波(科技)　张　革　邵俊波
段　华　黄　艳　温　强

特殊教育学院(1)

安俊英

艺术学院(2 人)

王竹宝　刘　锐

应用科技学院（10 人）
王小梅　龙建雄　吕广革　朱东星　刘　琨
李爱菊　范　洁　赵　玮　赵海燕　薛晓霞

（校人事处提供）

2017 年担任各级人大代表、政协委员人员名录

（按姓氏笔画排序）

北京市第十五届人大代表
杨　宜
北京市第十二次党代会代表
韩宪洲
北京市海淀区第十六届人大代表
张宝秀
北京市朝阳区第十六届人大代表
王永平　王瑞丰　张恩祥　杨　鹏　雷　红
北京市丰台区第十六届人大代表
滕祥东

（组织部提供）

2017 年"从教三十年"教职工

（共 83 人，按姓氏笔画排序）

应用文理学院（15 人）
叶　晓　兰京培　朱建邦　孙爱萍　杜剑峰
杨广林　张　恒　张　瀛　陈红宇　周红旗
侯长存　聂清林　董　媛　韩文艳　解建红
师范学院（4 人）
叶　磊　孙雪松　张　鑑　朱喜福
商务学院（3 人）
许德才　李海文　张喜娟
生物化学工程学院（8 人）
马榴强　卢志兴　刘　崇　张晓东　陈　文
赵国群　霍子莹　戴涟漪
旅游学院（11 人）
王玉洁　王宝石　闫喜霜　宋长来　宋素然
罗桂霞　赵　欢　赵小丽　高　山　黄育红
蒋　涛
智慧城市学院（2 人）
王郁昕　曹国良
机器人学院（1 人）
宋今朝
城市轨道交通与物流学院（1 人）
李　平
管理学院（2 人）
龚秀敏　董　焱
特殊教育学院（1 人）
张　伟
艺术学院（3 人）
王京菊　张海华　张路光
应用科技学院（6 人）
田建敏　付春茹　张　耘　张洪颖　陈玉花
尉林明
马克思主义学院（3 人）
范红雨　杨　伦　唐荣滨
国际交流学院（1 人）
杨晓麟
校机关（4 人）
马振伟　田占朝　刘亚玲　徐永利
基础课教学部（2 人）
于　深　王信峰
工科综合实验教学示范中心（1 人）
邱中梅
体育教学部（1 人）
武淑香
图书馆（7 人）
关晓明　李习异　杨宗琳　张亚文　陈桂琴
庞昊勇　翟金忠
后勤保障中心（7 人）
史国富　刘文军　张　宽　尚显彪　胡荣祥
崔　刚　蒋建国

（校工会提供）

·媒体报道·

媒体重要报道要目

序号	报道时间	媒体名称	报道名称/报道内容
1	2017年1月6日	《中国教育报》	“一带一路”国际俄语人才培养高峰会议举行
2	2017年1月9日	中国日报网	保持政治定力　把全面从严治党引向深入
3	2017年1月10日	中国日报网	坚持文化自信　点亮理想信念之灯
4	2017年1月16日	《劳动午报》	北联大教职工分享幸福秘诀，职工说——“经营好小家，才有心力建设好大家”
5	2017年1月18日	《北京考试报》	北京智创中心落户北联大机电学院
6	2017年1月20日	《现代教育报》	北京联合大学与延庆教委签署教育合作协议
7	2017年1月20日	中国网	北京联合大学生物化学工程学院与延庆区教委签订合作协议
8	2017年1月20日	人民网	延庆区教委再度牵手高校“开放办学”模式助力教育发展
9	2017年1月20日	中青在线网	延庆教委开放办学　携手北京高校助力教育发展
10	2017年1月20日	《现代教育报》	延庆区教委牵手北京联合大学
11	2017年1月24日	《劳动午报》	工会5年资助53项调研　联大教代会代表调研立项课题制为学校支招儿
12	2017年3月4日	求是网	习近平总书记的政协民主监督思想——学习习近平总书记关于政协民主监督的重要论述
13	2017年3月4日	中国日报中文网	始终坚持党对政协民主监督的领导
14	2017年3月8日	中国日报中文网	政协民主监督要树立“公、和、诚、实”的理念
15	2017年3月13日	中国网	助力新能源汽车发展　联合大学开发项目通过验收
16	2017年3月13日	人民网	传承匠心　“北京濒危手工艺传承人才培养”项目启动
17	2017年3月13日	中考网	北京联合大学师范学院贯通培养项目7年走出能歌善舞“孩子王”
18	2017年3月27日	《北京考试报》	工业工程：技术＋管理＝核心竞争力
19	2017年3月28日	《劳动午报》	让旅游实践教学脱胎换骨——记北京联合大学旅游学院旅游实践教学中心团队
20	2017年3月29日	《现代教育报》	校企合作培养商务人才
21	2017年3月29日	《现代教育报》	北京联大首推中俄合作办学项目
22	2017年3月29日	《现代教育报》	北京联大首推中俄合作办学项目
23	2017年4月1日	中国网	科学健身、运动营养食品与大众健康论坛在北联大举行
24	2017年4月1日	《北京晨报》	北联大生物化学工程学院举办艺术惠民系列活动
25	2017年4月1日	《北京考试报》	北联大生物化学工程学院校地携手　艺术惠民
26	2017年4月2日	中国网	我愿星星知我心
27	2017年4月5日	《思想理论教育导刊》	聚焦立德树人根本任务 在改进中加强思想政治理论课
28	2017年4月5日	新华网	权威·易懂·清新——通俗理论读物《全面从严治党面对面》走进社区高校
29	2017年4月13日	《人民日报》	凝聚推进伟大工程的强大正能量(新书评介)——评《全面从严治党面对面》
30	2017年4月14日	千龙网	北京高校师生骑车出行倡导共享文明
31	2017年4月18日	中国日报中文网	贯彻习近平重要讲话精神　练好网上群众路线基本功
32	2017年4月20日	求是网	北京联合大学政治文明建设研究基地与中国社会科学院法学研究所签署合作协议

续表

序号	报道时间	媒体名称	报道名称/报道内容
33	2017年4月20日	中国日报中文网	北京联合大学政治文明建设研究基地与中国社会科学院法学研究所签署合作协议
34	2017年4月21日	国际在线	“波中旅游研究中心” 成立仪式在托伦举行
35	2017年4月24日	《北京考试报》	北联大机器人学院启动“小旋风”兴趣活动全程教育学生
36	2017年4月24日	科学网	北京联合大学机器人学院启动“小旋风”兴趣活动
37	2017年4月24日	中国网	北京联合大学机器人学院“小旋风”兴趣活动启动
38	2017年4月24日	《北京日报》	推动学术研究的融合发展和战略合作
39	2017年4月25日	《劳动午报》	21名“青椒”登台赛“功夫”——北京联合大学举办青年教师教学基本功比赛
40	2017年4月25日	中国网	北联大孔子学院成立十周年：推动中英文明交流
41	2017年4月25日	中国网	校企合作 让科技成果走向田间地头
42	2017年4月26日	中国教育新闻网	北京联合大学机器人学院“小旋风”兴趣活动启动
43	2017年4月26日	央广网	北京联合大学举办孔子学院成立十周年纪念活动
44	2017年4月26日	中国教育新闻网	北京联合大学机器人学院“小旋风”兴趣活动启动
45	2017年4月27日	《北京考试报》	学生四年英语学习不断线——北联大商务学院全英语教学纪实
46	2017年4月27日	新浪教育	北京联合大学举办孔子学院成立十周年纪念活动
47	2017年4月28日	《中国教育报》	北京联合大学：“真刀真枪”培养智能化人才
48	2017年4月28日	新华网	北京联合大学举办孔子学院成立十周年纪念活动
49	2017年5月3日	《北京考试报》	两高校部分师范专业首次本科提前批招生
50	2017年5月4日	《北京考试报》	北京联合大学让科技成果走向田间地头
51	2017年5月5日	《中国教育报》	做勇立时代潮头的奋进者和开拓者——习近平总书记考察中国政法大学重要讲话引起热烈反响
52	2017年5月5日	《北京考试报》	北联大师范学院贯通培养项目增招150人
53	2017年5月5日	中国网	北京联合大学：坚持科技创新，凝集爱的力量
54	2017年5月5日	《中国教育报》	中国北京联大与英国高校十年共建孔子学院
55	2017年5月8日	《光明日报》	大国工匠需要系统培养
56	2017年5月9日	千龙网	中外学者聚京说法谈“一带一路”
57	2017年5月9日	中国网	雄安新区建成“中国硅谷”？专家：建硅谷不是很现实
58	2017年5月9日	中国网	2017首届“一带一路”涉外法律服务论坛在京举行
59	2017年5月9日	人民政协网	北京联合大学举办“雄安新区建设法治保障论坛”
60	2017年5月12日	中国网	“一带一路”合作共赢 联大做了啥
61	2017年5月16日	《劳动午报》	联大广播操比赛 领导教授齐参与
62	2017年5月17日	新华网	2017北京联合大学艺术学院毕业生作品发布会
63	2017年5月17日	千龙网	深读新北京，北京高校首创会计实训课
64	2017年5月17日	新华网	2017北京联合大学艺术学院毕业生作品发布会
65	2017年5月18日	《北京晨报》	北联大新设两专业 4学院更名
66	2017年5月21日	中国网	北京高校教授倡议残疾用语中性化
67	2017年5月22日	中国网	北京联大特殊教育学院庆祝第二十七次全国助残日
68	2017年5月22日	中青在线	北京联大特殊教育学院倡议文明残疾用语
69	2017年5月22日	新华网	北京联大特殊教育学院举行活动庆祝第二十七次全国助残日
70	2017年5月31日	《人民日报》	提高铁路勘察设计管理水平 打造优质高效的国民经济大动脉(新知新觉)
71	2017年6月01日	新浪教育	联大学生关注旧社区垃圾处理
72	2017年6月02日	《北京晨报》	培养应用型人才 打造智慧城市 北京联合大学智慧城市学院
73	2017年6月05日	海峡之声网	学者齐聚台大 京台共研会探讨两岸未来
74	2017年6月05日	《中国经营报》	智能终端：打通居家养老服务“最后一公里”
75	2017年6月06日	中国文艺评论网	《摔跤吧，爸爸》何以成“青少年成长的教科书”
76	2017年6月06日	《北京晨报》	北联大试点老旧社区垃圾匹配分类处理
77	2017年6月06日	《劳动午报》	亲子运动会 教职工其乐融融
78	2017年6月07日	外交部官网	驻蒙古大使邢海明会见北京联合大学代表团

续表

序号	报道时间	媒体名称	报道名称/报道内容
79	2017年6月07日	中国青年网	童心飞扬　感恩有您　北京联合大学与光爱孩子们共庆六一
80	2017年6月7日	《北京晚报》	北京联合大学2017年本科招生3600人
81	2017年6月8日	《现代教育报》	大学生创业开办"时间银行"
82	2017年6月09日	中国社会科学网	第十九次北京学学术年会在京召开"三个文化带"与北京文化中心建设成为关注热点
83	2017年6月9日	千龙网	专家建议将房山建成雄安新区文化走廊
84	2017年6月13日	千龙网	一根网络牵起"全球社交课"
85	2017年6月13日	参考消息网	巴拿马"断交"给了致命一击,台当局还要逃避到何时?
86	2017年6月13日	《人民日报海外版》	遗产日与文化遗产保护
87	2017年6月14日	《光明日报》	北京学关注"长城、运河、西山文化带与北京城"
88	2017年6月14日	《劳动午报》	专门组建协会　参与活动加分　开办临时托管班　服务"三高"教职工　高校工会有特色
89	2017年6月14日	《工人日报》	大健康产业:做精做细才能做大做强
90	2017年6月14日	《北京晚报》	第二届高等教育信息化校长高峰论坛在京举行
91	2017年6月16日	人民政协网	民革北京市委会与北京市台办联合组团赴台交流
92	2017年6月17日	中国网	北京联合大学智慧城市学院成立
93	2017年6月19日	千龙网	大学生创新厨艺共享平台北京获奖
94	2017年6月19日	新浪网	聚焦城市发展　北京联合大学智慧城市学院成立
95	2017年6月19日	新浪教育	北联大智慧城市学院成立
96	2017年6月19日	千龙网	北京高校与社区赴雄安新区结对帮扶
97	2017年6月19日	中国经济网	全国首家智慧城市学院在北京联合大学成立
98	2017年6月19日	《中国经营报》	养老产业投资热还需谨防"泡沫"
99	2017年6月20日	《北京考试报》	北联大举办"三创赛"北京赛区总决赛
100	2017年6月21日	《现代教育报》	"共享厨艺"大学生创业大赛折桂
101	2017年6月21日	《中国文化报》	北京发布城乡一体化发展报告
102	2017年6月23日	《北京晚报》	全国首家智慧城市学院落户北京联合大学
103	2017年6月24日	千龙网	北京高校与街道共建基地推广社区治理经验
104	2017年6月25日	新华网	北京成立"社区治理研究基地"
105	2017年6月26日	《京日报》	联大"单车猎人"在行动　路遇残车"补牌侠"执笔补缺
106	2017年6月26日	人民网	北京:麦子店社区治理研究基地成立　推广社区治理经验
107	2017年6月27日	千龙网	北京联合大学举办2017年校园开放日暨高招咨询活动
108	2017年6月27日	《北京青年报》	立足应用　培养人才　北京联合大学应用文理学院在京计划招生310人
109	2017年6月27日	《劳动午报》	联大合唱团　唱进首都职工歌咏比赛决赛
110	2017年6月28日	《北京考试报》	北联大咨询会　各学院展特色
111	2017年6月28日	《快报》	北京联合大学合唱团亮相第十一届首都职工文化艺术节
112	2017年6月28日	《现代教育报》	北联大与麦子店社区共建社区治理研究基地
113	2017年6月28日	《现代教育报》	北联大与麦子店社区共建社区治理研究基地
114	2017年7月02日	光明网	"麦子店社区治理模式"进入学界视野光明网
115	2017年7月03日	教育头条网	北联大特教学院15名大学生走进中山音乐堂演出
116	2017年7月03日	中国网	北京联大召开2017"城市型、应用型艺术学院发展论坛"
117	2017年7月04日	中国网	北京联合大学召开学习北京市第十二次党代会精神座谈会
118	2017年7月05日	千龙网	盲人大学生中山音乐堂做音乐汇报演出
119	2017年7月05日	《北京考试报》	北联大首届盲人音乐学本科毕业生全部就业
120	2017年7月11日	《北京晚报》	首家三山五园主题数字馆开馆
121	2017年7月12日	人民网	讲好三山五园故事,开启数字体验之旅
122	2017年7月15日	中国网	2017全国大学生廉洁领袖夏令营在北京联合大学开营
123	2017年7月17日	新华网	2017全国大学生廉洁领袖夏令营在北京联合大学开营
124	2017年7月18日	千龙网	2017全国大学生廉洁领袖夏令营在北京联合大学开营
125	2017年7月19日	《中国教育报》	2017全国大学生廉洁领袖夏令营开营

续表

序号	报道时间	媒体名称	报道名称/报道内容
126	2017年7月19日	《北京晚报》	2017全国大学生廉洁领袖夏令营在北京联合大学开营
127	2017年7月21日	《北京考试报》	全国大学生廉洁领袖夏令营北联大开营
128	2017年7月21日	千龙网	北京联合大学与北京工美集团强强联手助力北京“四个中心”建设
129	2017年7月21日	中国网	北京联合大学与北京工美集团签订战略合作框架协议
130	2017年7月24日	中国网	北联大机器人学院评审“小旋风”兴趣活动开放项目
131	2017年7月24日	中国教育新闻网	北联大“牵手”北京工美集团培养工艺美术人才
132	2017年7月24日	大公网	追踪“补牌侠”
133	2017年7月28日	教育部官网	稳步发展残疾人高等教育
134	2017年7月29日	《北京考试报》	专家评审北联大“小旋风”兴趣活动开放项目
135	2017年7月30日	《中国教育报》	中国职业教育缘何“走俏”东盟——来自第十届中国—东盟教育交流周的观察之二
136	2017年8月2日	中国网	北京联大等主办“中国—东盟轨道交通教育培训联盟年会”
137	2017年8月3日	中国教育新闻网	北京联大等主办中国—东盟轨道交通教育培训联盟年会
138	2017年8月7日	《北京考试报》	北联大牵手北京工美集团探索建立国家工艺美术创新基地
139	2017年8月7日	《北京日报》	减招提质，瞄准市场需求培养人才
140	2017年8月7日	中国日报网	“协商民主视野下的人民政协工作”学术研讨会召开
141	2017年8月8日	求是网	“协商民主视野下的人民政协工作”学术研讨会召开
142	2017年8月9日	新华网	政校行企共携手　助力西部教育信息化人才培养
143	2017年8月9日	《中国社会科学报》	肖昊宸：探索政协委员进社区长效机制
144	2017年8月20日	新浪网	“溯源红色”革命历史遗址创作展将于81美术馆开幕
145	2017年8月21日	《北京日报》	协商民主走向广泛多层制度化
146	2017年8月23日	《人民政协报》	北京政治文明建设研究基地召开学术研讨会
147	2017年8月26日	中国网	“溯源红色”北京革命历史遗址采风创作展在京展出
148	2017年8月31日	《北京晨报》	北京革命历史遗址采风创作展出
149	2017年8月31日	新华网	北京将设立不少于30个“一带一路”国家人才培养基地项目
150	2017年8月31日	《北京晨报》	北京革命历史遗址采风创作展出
151	2017年9月01日	环球网	我校职工篮球队参加北京篮球联赛北赛区比赛
152	2017年9月5日	《法制晚报》	北京联合大学第四届创业生存赛青岛开战
153	2017年9月6日	《首都建设报》	北京时尚控股携手北京联合大学　打造时尚产业校企合作典范
154	2017年9月6日	千龙网	北京时尚控股携手北京联合大学开启校企合作新征程
155	2017年9月6日	中国网	城市型、应用型大学时尚产业校企合作研讨会召开
156	2017年9月6日	人民网	北京时尚控股携手北京联合大学开启校企合作新征程
157	2017年9月8日	《人民日报社民生周刊》	海口琼山邀请北京联大专家培训社区治理
158	2017年9月8日	《宁夏日报》	完善乡村社区治理　城阳乡唱响“好人好事”
159	2017年9月8日	彭阳广播电视台	城阳乡举办加强和完善乡村社区治理专题讲座
160	2017年9月11日	千龙网	北联大学生暑期实践聚焦新农村精准扶贫
161	2017年9月11日	千龙网	京津滇三位基层法院院长为北联大新生开讲第一课
162	2017年9月13日	《劳动午报》	北联大选手夺得市级青教赛一等奖
163	2017年9月18日	中国网	北京联大召开2017级新生与校长面对面座谈会
164	2017年9月20日	《现代教育报》	联大与北京时尚控股开启校企合作
165	2017年9月20日	《北京晚报》	校长出马　服务新生
166	2017年9月20日	《北京晨报》	校长见新生　荐读好书励人生
167	2017年9月20日	《现代教育报》	北联大校长与新生咖啡厅聊人生
168	2017年9月20日	《北京日报》	非遗设计大赛走进北京联合大学
169	2017年9月20日	新浪网	北京联大召开“校长有约”2017新生校长座谈会
170	2017年9月20日	新华网	“民间瑰宝·魅力之都”时尚非遗公益体验系列活动在北京联合大学开启
171	2017年9月26日	求是网	协商民主是我国繁荣发展的法宝——学习习近平总书记关于协商民主思想的体会
172	2017年9月28日	BTV新闻频道	BTV新闻频道报道我校人工智能高端人才培养

续表

序号	报道时间	媒体名称	报道名称/报道内容
173	2017年10月9日	《劳动午报》	北联大为青年教职工庆生
174	2017年10月9日	央视新闻联播	央视新闻联播采访我校李焱老师
175	2017年10月12日	英国工程技术学会网站	IET拜访联合大学机器人学院
176	2017年10月16日	《北京晚报》	图片新闻
177	2017年10月16日	千龙网	喜迎十九大　北京高校师生举办主题作品展
178	2017年10月16日	宣教之窗网	“迎接学习党的十九大　服务北京‘四个中心’建设”北京高校师生主题作品展开幕
179	2017年10月17日	《劳动午报》	北京高校师生　原创文化作品迎接十九大
180	2017年10月17日	《北京日报》	“90后”大学生创意描述砥砺奋进的五年
181	2017年10月17日	《北京青年报》	《故宫服务》新书发布　阐释故宫“八心”服务
182	2017年10月17日	《北京晨报》	《故宫服务》发布　总结服务提升
183	2017年10月18日	《劳动午报》	北联大获评厂务公开民主管理先进单位
184	2017年10月18日	北京卫视	《故宫服务》正式发布　韩宪洲书记出席发布仪式
185	2017年10月19日	中国青年网	助力北京冬奥会　北京联合大学学子书写社会实践新篇章
186	2017年10月19日	中国教育新闻网	北联大师生深入学习积极热议十九大报告
187	2017年10月20日	北京教工之家	独家！首都高校教职工代表观看十九大开幕式感言
188	2017年10月20日	《劳动午报》	以十九大精神为指南　团结职工踏上新征程——本市基层工会干部学习十九大报告体会
189	2017年10月20日	中国台湾网	“海峡两岸地方学与地方文化学术研讨会”在京召开
190	2017年10月20日	千龙网	北联大管理学院党委书记：十九大报告开启三个“新”时代
191	2017年10月20日	中国教育电视台	北京联合大学：抢抓机遇　扎根中国大地办教育
192	2017年10月22日	求是网	新时代全面从严治党承载新使命
193	2017年10月25日	北京卫视	北京联合大学将十九大精神融入日常教学中
194	2017年10月25日	厦门卫视	厦门卫视报道我校专家解读十九大报告涉台内容
195	2017年10月31日	中国社会科学网	第三届“城市文学论坛”在京召开
196	2017年11月5日	中国网	“传承·聚合”2017工艺美术学术论坛暨第五届北京工艺美术
197	2017年11月6日	千龙网	京津冀无形资产与科技创新智库联盟在北京联合大学授牌
198	2017年11月6日	中国财经网	上市公司无形资产评价指数报告发布　2016年指数64.93分
199	2017年11月7日	千龙网	北京联合大学召开传承·聚合——2017工艺美术学术论坛
200	2017年11月8日	《现代教育报》	工艺美术学术论坛在北联大举行
201	2017年11月9日	《人民日报》	“折翼天使”，一个都不能少
202	2017年11月14日	千龙网	挑战自我超越未来　北京联合大学3000学生参加新生运动会
203	2017年11月15日	《人民政协报》	协商民主是繁荣发展的法宝——学习习近平总书记关于协商民主思想的体会
204	2017年11月17日	《现代教育报》	大学生计算机应用赛举行
205	2017年11月20日	《北京考试报》	46所高校学生比拼计算机应用
206	2017年11月22日	中国教育电视台1频道	华北五省及港澳台大学生计算机应用大赛举行
207	2017年11月22日	中国教育电视台1频道	北京联合大学召开2017年新生运动会
208	2017年11月22日	北京新闻	我校深入学习宣传贯彻党的十九大精神
209	2017年11月23日	《人民日报》	各地高校创新方法和载体学习贯彻党的十九大精神——让学习成果印在脑海融入心中(深聚焦)
210	2017年12月8日	中国网	北京联合大学召开“课程思政”推进会
211	2017年12月9日	新华网	网络素养标准评价体系正式发布
212	2017年12月11日	新华网	北京联合大学召开“课程思政”推进会　挖掘思政元素经验体会
213	2017年12月11日	光明网	北京联合大学召开“课程思政”推进会
214	2017年12月13日	《北京考试报》	学以致用育应用人才　思政课分层分类教学——访北京联合大学党委副书记周志成
215	2017年12月13日	《现代教育报》	联大召开课程思政推进会
216	2017年12月19日	首都之窗	“三山五园区域文化认知与传播”学术研讨会在京召开

续表

序号	报道时间	媒体名称	报道名称/报道内容
217	2017 年 12 月 13 日	《中国教育报》	北京联合大学推进全方位育人，建立“课程思政”责任制——上好专业课种好思政教育责任田
218	2017 年 12 月 18 日	千龙网	百余专家汇聚京城共议“三山五园”的保护与传承
219	2017 年 12 月 20 日	《中国文化报》	国家社科基金项目“习近平总书记关于文艺思想的理论框架研究”在京开题
220	2017 年 12 月 22 日	《中国艺术报》	《习近平总书记关于文艺思想的理论框架研究》在京开题论证

媒体报道选登（摘选）

“一带一路”国际俄语人才培养高峰会议举行

（《中国教育报》，2017 年 1 月 6 日）

近日，由北京联合大学，中俄友好、和平与发展委员会，俄中文化教育发展基金会共同主办的“‘一带一路’国际俄语人才培养高峰会议暨中俄中学校长国际合作论坛”在北京举行，第二届全国中学生俄语大赛决赛同期在北京联合大学举行。中国 30 余所俄语院校代表，以及莫斯科第 1517 汉语中学、莫斯科国立罗蒙诺索夫大学等单位代表参加了活动。

大赛自 2016 年 9 月初选工作启动以来，共收到来自中国各地众多中学近千名学生参赛作品，30 名参赛者入围决赛。决赛中，选手们通过即兴俄语演讲、评委问答和才艺展示三个环节考验，最终来自长春外国语学校的学生金敏摘得桂冠。

北京联合大学还向武汉市第五十四中学等 5 所高中授牌“中外合作办学项目——优质生源基地”。优秀学生可报考该校与俄罗斯乌拉尔国立交通大学合作举办的轨道交通与信号控制本科专业。该专业采用“俄语＋专业”人才培养理念及订单式培养模式，学生在境外学习一年，成绩合格者可获得两校毕业证书和学位证书，从 2017 年开始每年招收 100 人。

凝聚推进伟大工程的强大正能量（新书评介）

——评《全面从严治党面对面》

（《人民日报》，2017 年 4 月 13 日）

中宣部理论局组织编写的《全面从严治党面对面》一书，最近由学习出版社、人民出版社联合出版。这是一本非常好的通俗理论读物，对于广大干部群众深入理解全面从严治党中的重大问题，准确把握新形势下加强和规范党内政治生活、加强党内监督的决策部署，凝聚推进党的建设新的伟大工程的强大正能量，具有重要参考价值和积极促进作用。

彰显直面紧要问题的勇气。党和国家事业的发展进步总要经历紧要的几个阶段，每个阶段总有迫切需要解决的紧要问题。作为一本“与现实面对面、与群众心贴心”的通俗理论读物，聚焦全面从严治党这个重大主题，回应广大干部群众的现实关切，必须有直面问题的勇气，善于捕捉党在当前面临的紧要问题，深入研究回答这些问题，积极推动这些问题的解决，营造全党全国人民向上向好的良好氛围。《全面从严治党面对面》就是秉持这样一种使命和初衷，突出问题意识、强化问题导向，紧密联系党的十八大以来全面从严治党面临的新形势新任务，梳理出人们关注的 11 个热点问题，作出有说服力的回答。翻开此书目录，看到的都是管党治党中的紧要问题和根本问题，也是干部群众关注度较高的热点问题，如旗帜鲜明讲政治、坚决维护党中央权威、勇于自我革命、坚定理想信念和弹好民主集中协奏曲等。正是因为抓住这些紧要问题进行深入浅出的解读和阐释，着力解开人们心中的“扣子”，该书才具有不一般的分量，发挥着权威解读中央精神、积极回应干部群众关切的重要作用。

展现言党忧党为党的担当。天下兴亡，匹夫有责；党之兴亡，党员有责。习近平同志指出，每个党员、干部“都要增强角色意识和政治担当，在党言党、在党忧党、在党为党”。阅读该书，我们能深切感受到强烈的忧患意识和担当精神。当今中国日益走近世界舞台的中央，我们党要带领13亿多中国人民驾驭好世界第二大经济体、有效应对“四大考验”和“四种危险”，情况异常复杂，任务极其繁重，考验十分严峻。《全面从严治党面对面》以责任诠释崇高、以担当抒写使命，把爱党、忧党、兴党、护党的真挚情感体现在字里行间，贯穿到析事明理之中。比如，在《补足精神之“钙”》一章中，用“砍头不要紧，只要主义真”“敢教日月换新天”“自信人生二百年”来描述革命、建设和改革时期无数优秀共产党人为理想信念而奋斗的豪情壮志，用坚定马克思主义信仰、共产主义是人类最崇高的社会理想、“四个自信”的底气为中国共产党人熔铸精神之魂。在这本书中，这样体现大情怀、大担当、大责任的描述还有很多，展现出“铁肩担道义，妙手著文章”的强烈使命感，读后让人感动。

激发谋事干事成事的动力。习近平同志强调：“社会主义是干出来的。”实干成就事业，奋进收获梦想。今天，中国梦的蓝图已经绘就，越是靠近目标，越需要再接再厉、持续奋斗。当前，关键是激励广大党员、干部撸起袖子加油干，为筑梦圆梦凝聚强大力量。《全面从严治党面对面》在这方面可谓下足了功夫。针对目前少数干部思想困惑多、积极性不高、不同程度存在“为官不为”的问题，该书既致力于回答“怎么看”又着力说明“怎么办”，既“解扣子”又“指路子”，为党员、干部贯彻《关于新形势下党内政治生活的若干准则》和《中国共产党党内监督条例》提出了具体可行的路径。同时，该书还较好地体现了把严格管理干部和热情关心干部结合起来的精神，详细阐释了“三个区分开来”的要求，有助于解除想干事、忠诚干净担当干部的后顾之忧，充分调动广大党员、干部的积极性主动性创造性，激励他们以真才实学出真知灼见、以真心真意促真抓实干，做到用心谋事、潜心干事、恒心成事，在攻坚克难中把党建设得更加坚强有力，努力开创中国特色社会主义事业新局面。

推动学术研究的融合发展和战略合作

(《北京日报》，2017年4月24日)

本着“整合资源、创新机制、优势互补、合作共赢”的原则，近日北京联合大学政治文明建设研究基地与中国社会科学院法学研究所签署战略合作协议，双方将在博士后人才培养、高层次项目研究等方面融合发展，进行实质性合作。中国社会科学院法学研究所所长、学部委员李林，北京联合大学党委书记、北京政治文明建设研究基地主任韩宪洲在协议书上签字。李林在会上做了题为《科学界定“党内法规”概念的几个问题》的学术报告，从“党内法规”概念提出的背景和内涵、“党内法规”进入中国特色社会主义法治体系以后需要研究的重点内容和主要问题等方面进行了深入浅出的讲解，有助于深化对党规与国法关系的认识。

北京联合大学：“真刀真枪”培养智能化人才

(《中国教育报》，2017年4月28日)

近日，北京联合大学机器人学院举行“小旋风”兴趣活动启动会暨李德毅院士专题报告会。该院深化智能化时代新工科教育改革，整合学科专业资源，从学生一入学就提供真实无人驾驶汽车作为载体，贯穿大学4年教育教学全过程，开展科学任务导向的教学创新实践，培养新时代需要的智能化人才。

中国人工智能学会理事长、北京联合大学机器人学院院长李德毅，围绕“自动驾驶技术变迁”做了专题报告。他根据最有可能被人工智能替代的工作场景的预测，阐述了无人驾驶技术替代汽车驾驶员是未来必然趋势的观点。

据介绍，北京联合大学机器人学院“小旋风”兴趣活动遵循"科学任务带动人才培养,载体汇聚不同学科,创新驱动发展"的模式,以专用低速电动车辆为开发平台,平台有巡逻车、救护车等10种类型,每种类型两队,组建"小旋风"系列车队。学生可跨专业、跨年级自由组合,共同聚焦科学任务,以专业交叉融合解决科学问题。

做勇立时代潮头的奋进者和开拓者

——习近平总书记考察中国政法大学重要讲话引起热烈反响

(《中国教育报》,2017年5月5日)

北京联合大学首都法治研究中心主任杨积堂教授也深刻地感受到,总书记的讲话让我们更加明晰了在全面依法治国的背景下对法治人才培养的使命。在河南大学法学院刑法学教师谷永超看来,这为广大法学专业教师今后的教学理念、教学思路指明了方向。北京交通大学法学院副教授陶杨认为,总书记特别强调了法学学科体系建设要坚持以我为主、兼收并蓄、突出特色的目标,切忌照搬照抄,这是坚持中国特色社会主义法治体系的必然要求,更是培养中国特色社会主义法治人才的客观需要。

中国北京联大与英国高校十年共建孔子学院

(《中国教育报》,2017年5月5日)

中国北京联合大学近日举行孔子学院成立十周年纪念活动。中国孔子学院总部、英国威尔士三一圣大卫大学及中国北京联合大学的领导出席活动。

2007年3月,北京联合大学与英国威尔士兰彼得大学合作建立了威尔士地区第一家孔子学院,如今兰彼得大学发展为威尔士三一圣大卫大学。10年来,中国孔子学院建立了第一个由英国查尔斯王子出席揭幕仪式的孔子课堂,举办了第一个从威尔士地区派往北京联合大学的夏令营,在威尔士地区成立了第一所社区中文学校;从原来的1名教师和少数几名学生发展到5个孔子课堂以及1652名注册学生,超过1.5万名学员在孔子课堂及孔子学院学习,近3.8万人次参加过孔子学院组织的中国文化活动。通过语言课程、文化体验、研讨会、展览、演出、夏令营、社区活动等,孔子学院搭建起了中英两国人民沟通心灵的桥梁,推动了中英文明交流互鉴。

活动当天,嘉宾们还参加了北京联合大学举行的系列中国文化校园体验活动。艺术和历史相关专业师生展示的剪纸、兔爷绘制、脸谱、面人、木版水印和紫砂壶制作绝活儿;餐饮专业师生则通过现场制作萨其玛、驴打滚等老北京的吃食,展现了"舌尖上的北京";师生进行的箜篌表演,让嘉宾和现场师生体验了一把浓浓的"中国风"。"京华瑰宝——孔子学院十周年艺术展""孔子学院十周年图片展"同期举行。

大国工匠需要系统培养

(《光明日报》,2017年5月8日)

大国工匠不是天上掉下来的,更不是清谈馆里畅聊出来的,还得归于科学的培养体系、细实的养成功夫。此前,匠心独运的纪录片《我在故宫修文物》,让许多观众对文物修复师这一职业"路转粉"。

不过,现实中的这个行当却是"后继乏人"。为扭转这一局面,今年,北京联合大学、北京国际职业教育学校和故宫博物院,联合开展文物保护与修复专业高端技术技能人才贯通培养试验项目。从初中毕业生开始,历经中职、高职、专升本等阶段,专门培养呵护文物的大国工匠。

提高铁路勘察设计管理水平　打造优质高效的国民经济大动脉

(新知新觉)

(《北京日报》,2017年6月13日)

铁路是国民经济大动脉,在保障国民经济平稳运行和满足人民群众生产生活需求上具有至关重要的作用。勘察设计是铁路工程建设的关键性环节之一,直接影响工程建设标准、建设质量、施工工期、安全性能及运行成本,对工程的社会效益、经济效益也有重要影响。近些年来,我国铁路勘察设计工作取得长足进展,新技术、新手段得到积极开发和运用,科学合理的勘察设计体系正在形成。铁路勘察设计工作的新进展,对铁路勘察设计管理提出了新要求。应不断提高铁路勘察设计管理水平,努力打造优质高效的国民经济大动脉。

树立综合交通理念。发展综合交通运输体系是现代运输发展的新趋势、新方向。在铁路建设中,应树立综合交通理念,统筹考虑铁路规划与建设,积极推进铁水、空铁、公铁等多式联运,提高铁路与其他运输方式衔接的效率,使各种运输方式在社会化的运输范围和统一的运输过程中,按其技术经济特点分工协作、有机结合、连续贯通,更好发挥交通对经济社会发展的支撑作用。立足于构建大交通体系,在运输网络、运输通道的规划与实施上实现五种交通方式分工协作、优势互补,更好满足客货运输需求。

提高运量预测水平。运量预测等前期研究是铁路建设项目决策的基础,采取科学高效的预测方法对提高运量预测水平至关重要。过去,部分铁路项目在运量预测上主观因素过多,给国家和铁路行业带来一定经济损失。因此,铁路勘察设计企业要强化相关专业建设,结合我国铁路特点,积极引进、研究先进的运量预测方法,切实提升运量预测水平,避免因运量预测误差较大而造成项目决策失误。

确保地质勘察质量。提高铁路项目设计水平,保证地质勘察质量、创新勘察手段是前提。铁路勘察设计单位应积极推进综合勘察技术的应用,努力提高建设工程地质条件勘察水平,为项目选线、特殊岩土处理、建筑物设计等环节合理确定施工方法,同时为水土保持、地质整治、环境保护、文物保护等工作提供翔实数据,真正从技术角度落实工程选线、地质选线、环保选线、安全选线。在此基础上,加强实地勘察、外调工作,保证相关基础资料完善准确,地质勘探量符合规范要求,防洪、通航、交叉跨越协议落到实处。切实提高勘察基础资料的准确性,确保地质勘察工作保质保量完成。

增强风险管理能力。风险管理的目的是发现项目面临的各种风险,采取有效应对措施减少损失、实现目标。铁路勘察设计项目的动态性较强,项目各阶段都容易受到环境变化的影响。因此,应从项目全生命周期出发,对风险管理中的各方面要素进行集成,搭建风险管理平台,使各级各类风险管理组织和人员及时准确地传递和共享各种风险信息。这有利于落实风险管理制度、规范风险管理工作、优化风险管理流程、考核风险管控成果,从而提高铁路勘察设计风险管理的能力和水平。

完善项目后评价制度。项目后评价的主要内容是对已建成铁路项目的建设过程和实际效果进行绩效评价,进而总结经验教训,不断提高决策、建设和管理水平。设立绩效评价指标应坚持四条原则:一是客观性,即评价的依据应来自未经人为处理的原始数据,而不是经过筛选的信息;二是全面性,即指标体系充分反映项目的全面特征,能够客观、综合地反映勘察设计项目绩效构成要素之间的数量关系,展示各要素的内在联系;三是科学实用性,即各类指标概念清晰、要求明确,能够准确客观地反映被评价对象的实际情况,同时评价方法便于操作和推广;四是统一性,即在指标体系中,同一评价指标的内涵、计算方法、时间和空间范围应统一,在基本概念和逻辑结构上应相互衔接。

遗产日与文化遗产保护

(《人民日报海外版》,2017年6月13日)

我国拥有重视文化积累、保护古代遗物的悠久传统,从政府层面开始文物古迹的保护也已有百余年的历史，早在光绪三十四年颁布的《城镇乡地方自治章程》中，就已将“保存古迹”列为“城镇乡自治事宜”之“善举”。但是直到2006年，中国人才有了自己的“文化遗产日”（自今年起被调整为“文化和自然遗产日”），即每年6月第二个星期六。

设置遗产日是遗产保护行动的重要举措，对于遗产保护行动的有效开展具有重要意义。

这是一种象征，象征着国家层面对于文化和自然遗产的珍视态度。众所周知，在长期的历史发展中，中华民族创造了辉煌灿烂、具有历史价值、艺术价值或科学价值的文化成果，但是这些成果未能总是得到尊重和珍视，有时甚至被作为落后的、过时的、与现代社会格格不入的东西而受到全盘否定和人为戕害。自然遗产也同样如此。设置遗产日的初衷乃是“为了进一步加强我国文化遗产保护，继承和弘扬中华民族优秀传统文化，推动社会主义先进文化建设”。它为中华民族传统文化正名，表明了“继承和弘扬”中华民族优秀传统文化的态度，并肯定其当代价值，具有重大的观念引导作用。

周期性地提示。每年阳历6月第二个星期六，本是一个极其平常的日子，却因为命名为文化和自然遗产日而变得不平常起来。随着6月第二个星期六这个日子年复一年地到来，会反复提醒全社会关注遗产，并因此形成一种习惯，使遗产日成为大家共同的日子。它凸显了文化和自然遗产的存在及其在人们日常生活中的价值。每到遗产日来临，人人都会想到文化和自然遗产，想到自己在遗产保护和传承中的义务和责任，想到参与相关活动并宣传其价值。

促进遗产保护和传承。从目前的实际情况来看，遗产日的设置并非只是有了一个名目，而是上上下下方方面面都行动了起来。比如，2009年国家文物局创设了主场城市活动机制，在国家层面，已有杭州、苏州、济宁等8个城市成功举办了遗产日主场城市活动。在非物质文化遗产保护方面，则有两年一度的中国成都国际非物质文化遗产节。作为国际社会首个以推动人类非物质文化遗产保护事业为宗旨的大型文化节会活动，每一届遗产节都通过举办多样活动吸引众多民众参与。

成为全民行动。全国各地，不同层面、不同行业都在参与遗产的展示、保护与传承。比如今年遗产日期间，在文化部的组织下，各省、自治区、直辖市和各相关单位，包括中国非遗传承人群研修研习培训计划参与高校等，都组织了丰富多彩的非遗宣传活动，而且每个省、自治区、直辖市都设立了自己的主场活动。比如，上海在大世界举办“百年薪传承——非遗嘉年华”，河北联合北京、天津在廊坊举办“第三届京津冀非物质文化遗产联展”，国家图书馆举办“非遗讲座月”等等。遗产日前后，全国各地城乡社区的非遗宣传展示活动累计达到1700多项，全国各地民众都有机会参与到非遗活动中来。正是在不断的参与中，越来越多的人树立起正确的保护与传承理念，越来越多的人开始了解并热爱一度冷淡或漠视的文化和自然遗产，提升民族自信和文化自信。也正是通过广泛的参与，我们的文化和自然遗产才会有更好的现在和未来。

文化和自然遗产是先辈和大自然赠送给我们的美好礼物和宝贵财富，文化与自然遗产日则提供了我们一起领略它们的机会。我们将遗产日过得越有滋有味，我们和遗产的情感就越亲近，我们保护遗产传承遗产的精神动力也就越充足，我们也就越能在继承遗产的基础上推动创造性转化和创新性发展，生产出无愧于我们这个时代的文化精品。

北京学关注“长城、运河、西山文化带与北京城”

（《光明日报》，2017年6月14日）

近日，由北京学研究基地、首都博物馆联合主办的“长城、运河、西山文化带与北京城——第十九次北京学学术年会”在京召开。长城是我国历史上的重要军事防御体系，分布在北京北部、西部六区，护佑着北京城的安全；大运河是我国古代重要的漕运通道和经济命脉，流过北京东部、中部、西北部六区，历史上为北京供应着粮食和其他物资；北京西山是北京历史文明的起源地，皇家行宫、园林、寺庙密布，涵盖北京西部六区全部或部分区域。历史上，长城、运河、西山与北京城关系密切，现如今，三个文化带承载了北京“刚柔并济、山水相依”的自然文化资源和城市发展历史，是北京文化乃至中华文明的精髓和象征。

与会专家就长城、运河、西山文化带的内涵，三个文化带建设的现实意义，三个文化带与北京城的历史关系和当代关系，三个文化带非物质文化遗产的保护与利用等进行研讨并取得成果。

联大“单车猎人”在行动　路遇残车“补牌侠”执笔补缺

(《北京日报》,2017 年 6 月 26 日)

北京联合大学的“补牌侠”在街头搜索被划掉号牌的共享单车,将准确的号牌补写在单车上,方便人们使用。

作为交通工程专业的学生,“补牌侠”们还计划着调查共享单车的投放量,测试不同品牌共享单车的性能、方便程度,了解其运营方式,利用所学,寻找破解“单车围城”的办法。

他们的行动,获赞无数,王皓辰淡然一笑:“一切,都是举手之劳,帮助别人,也是帮助自己。”的确,与人方便,与己方便,这或许才是“共享”的意义。

北京发布城乡一体化发展报告

(《中国文化报》,2017 年 6 月 21 日)

近日,由北京农村经济发展研究中心和北京学研究基地组织编写的蓝皮书《北京城乡一体化发展报告(2016—2017)》由社会科学文献出版社出版发行。

本书旨在分析研究每年度影响北京城乡一体化发展的重大问题,揭示北京城乡发展的动态变化、存在问题及原因、未来发展趋势,供北京市委、市政府决策参考。书中指出,2016 年,北京市继续疏解非首都功能,全面推动京津冀协同发展,非首都功能疏解和经济结构调整取得明显成效,一般制造业、农林牧渔业和批发零售业新设市场主体数大幅下降,符合首都功能定位的金融业、文化体育娱乐业和科学研究技术服务业新设企业数有所增长。2016 年关停退出一般制造业和污染企业 335 家,拆除和清退各类商品交易市场 117 家,调整疏解商户 2.8 万户。经过多年发展,北京市城乡一体化发展新格局已经基本形成,下一步重点是解决发展空间和收益分配的问题。

立足应用　培养人才
北京联合大学应用文理学院在京计划招生 310 人

(《北京青年报》,2017 年 6 月 27 日)

“文”有全国专业排名稳居前 20%的“网络与新媒体”;“史”有与故宫博物院、首都博物馆合作培养人才的“历史学(文遗保护与利用)”;“法”有拥有 30 余家校外人才培养基地的“法学”;“理”有国家级特色专业建设点“人文地理与城乡规划”和“地理信息科学”。眼下又到了一年一度高招填报志愿的时候。作为北京市属高校中的招生大户,北京联合大学的应用文理学院每年都是很多心仪文、史、法、理专业的北京考生的选择。本报记者近日获悉,今年该学院计划在京招生 310 人。

高校中最早研究“非遗”

北京联合大学应用文理学院肇始于 1978 年建立的北京大学分校和中国人民大学二分校,现已发展出 5 个学科硕士点、1 个法律专业硕士点、10 个本科专业招生,初步形成了适应首都发展需求的应用型学科专业体系。尤其值得注意的是,学院是国内最早开展非物质文化遗产理论研究和开设文化遗产课程的高校之一,被北京市文化局命名为北京市非物质文化遗产研究基地。故宫博物院、首都博物馆、北京市档案局(馆)等单位都是学院的校外人才培养基地。

2017 全国大学生廉洁领袖夏令营开营

(《中国教育报》,2017 年 7 月 19 日)

近日,2017 全国大学生廉洁领袖夏令营在北京联合大学开营,来自全国 20 个省份 47 所大学的 64 名大学生代表及 7 名辅导教师参加此次活动。

夏令营为期一周,营员包括高校廉洁社团骨干和当年新当选的全国廉洁大使。本届夏令营将为营员举办一系列廉洁知识教育、廉洁技能培训活动,针对大学生廉洁社团发展工作、廉洁大使使命和作用发挥等组织专题交流,并开展丰富多彩的团队建设、素质拓展及户外参观考察活动。

中国职业教育缘何“走俏”东盟

——来自第十届中国-东盟教育交流周的观察之二

(《中国教育报》,2017 年 7 月 30 日)

“矛盾的凸显使校企合作成为解决问题的有效途径。”北京联合大学校长李学伟表示,学校将积极参与,开拓平台集成优质资源,与东盟高校开展轨道交通专业领域联合培养双学位项目。同时,根据在东盟企业所承担的轨道交通项目建设情况,与东盟高校联合培养当地本土化轨道交通应用技术人才,并加强轨道交通汉语言培训。

肖昊宸:探索政协委员进社区长效机制

(《中国社会科学报》,2017 年 8 月 9 日)

8 月 4—5 日,“协商民主视野下的人民政协工作”学术研讨会在京举行。与会专家学者围绕协商民主的性质、地位,人民政协的职能以及基层协商民主等相关话题进行了深入探讨。

社会主义协商民主是中国共产党领导人民有效治理国家和社会的重要路径,是调动一切积极因素、凝聚各方资源共同治理国家与社会的有效制度安排。中国政治学会副会长包心鉴表示,在推进国家治理现代化历史进程中,社会主义协商民主具有广泛而深刻的国家治理功能。其主要功能,一是政治参与功能,民主协商的过程就是吸引社会各界和广大群众广泛参与国家治理的过程;二是决策修补功能,民主协商对于提升决策能力、促进科学决策具有不可或缺的重要作用。

北京联合大学北京政治文明建设研究基地教授杨积堂表示,推进基层协商民主,创新执政方式,是基层党委、政府治理基层社会,巩固执政基础,构建和谐社会的重要基础性工作。探索建立政协委员进社区活动的长效机制,有助于更好地发挥政协委员作用,有力地促进基层协商民主建设,不断提高政协履职实效。

该研讨会由北京联合大学北京政治文明建设研究基地、北京市朝阳区人民政协理论和实践研究会共同主办。

协商民主走向广泛多层制度化

(《北京日报》,2017 年 8 月 21 日)

近日,由北京联合大学北京政治文明建设研究基地和北京市朝阳区人民政协理论和实践研究会共同主办的“协商民主视野下的人民政协工作”学术研讨会，聚焦以习近平同志为核心的党中央人民政协思想、社会主义协商民主及其北京实践、加强和改进政协民主监督三个方面内容。专家们认为，北京市政协在协商民主实践方面走在了全国前列，积累了一些经验，如北京市政协基本做到了把政治协商纳入决策程序，协商于决策之前和决策执行之中，协商原则牢固树立。协商内容基本涵盖政治、经济、文化、社会、生态等各方面，更加丰富、充实和细化。协商形式不断拓展，逐步实现了广泛多元，初步形成框架体系。制定年度协商计划和主要步骤，出台协商工作实施细则，明确每个程序的责任部门、工作职责，探索协商成果采纳、落实和反馈有效机制。可以说，北京市政协的协商民主已经从探索走向成熟，从无序走向有序，从不规范走向规范，实现了广泛多层制度化发展。

非遗设计大赛走进北京联合大学

(《北京日报》，2017 年 9 月 20 日)

“非遗”保护，不能让它们躺在博物馆里，而是要积极融入生活。9 月 21 日至 22 日，“民间瑰宝 · 魅力之都”2017 时尚非遗公益体验系列活动将走进北京联合大学，传承人公开展示非遗京派内画鼻烟壶、泥塑彩绘脸谱等，让学生走近非遗艺术，鼓励学生把非遗艺术转化成走向市场的产品。

“90 后”大学生创意描述砥砺奋进的五年

(《北京日报》，2017 年 10 月 17 日)

点开微信公众号，通过“微党课”学习党代会的相关知识；戴上 VR 眼镜，穿越古今，“实地看看”三山五园；拿起画笔，描绘下革命烽火，美丽乡村……首都高校的校园里，年轻的“90 后”们，用创意展现着自己眼中的砥砺奋进的五年，迎接党的十九大的胜利召开。

中国梦、四个自信、一带一路、雄安新区……这些词汇频繁出现在北京联合大学等高校的官方微信公众号中，不少大学生主动收藏学习，了解党建知识以及党的十八大以来，我国所取得的各方面成就。

去年，联大艺术学院师生开启“溯源红色”北京革命历史遗址采风创作项目，他们走访本市红色革命遗址，以原创作品重温艰苦岁月，革命烽火。昨天，他们的作品在“迎接学习党的十九大　服务北京‘四个中心’建设”北京高校师生主题作品展中展出。一幅油画的作者孙榕说，为了完成这幅作品，她查阅了大量资料，对抗战历程和中国共产党的成长之路有了更加深刻的了解。返校后，这位“90 后”女孩主动递交入党申请书，她说：“入党是一种神圣的信念。”

《故宫服务》新书发布　阐释故宫“八心”

(《北京青年报》，2017 年 10 月 17 日)

由北京市旅游发展委员会、故宫博物院、北京联合大学、北京旅游学会和社会科学文献出版社共同出版的《故宫服务》一书，是对故宫在旅游公共服务方面进行的总结和思考。全书包括观众游览服务、旅游公共管理、旅游综合保障、社群关系优化 4 大篇章，其中又囊括了观众调查、讲解服务、展览展示、定制参观、文创产品、游客疏导、门票管理等二十个专题。每个专题从不同层面、不同角度对故宫旅游公共服务的实践经验进行深入分析。

教育眼："折翼天使"，一个都不能少

（《人民日报》，2017 年 11 月 9 日）

残疾人也有享受高等教育的权利。北京联合大学特殊教育学院院长滕祥东表示，普通高等学校一方面应当积极招收符合录取标准的残疾考生，进行必要的无障碍环境改造，给予残疾学生学业、生活上的支持和帮助；另一方面，应考虑增设适合残疾人学习的相关专业，增加招生总量；此外，普通高校、开放大学、成人高校等也应面向残疾学生开展继续教育，拓宽和完善残疾人终身学习通道。

协商民主是繁荣发展的法宝

——学习习近平总书记关于协商民主思想的体会

（《人民政协报》，2017 年 11 月 17 日）

习近平总书记在十九大报告中指出，发挥社会主义协商民主重要作用。协商民主是实现党的领导的重要方式，是我国社会主义民主政治的特有形式和独特优势。在十九大精神指引下，我国正在不断认真总结协商民主的成功经验，探索实践协商民主的特有形式，发挥推广协商民主的独特优势，不断提高协商民主的成效。

政治不是一句口号、民主不是一句空话，必须在国家政治生活和社会生活中兑现。习近平总书记讲过："光有立场和态度还不行，必须有实实在在的举措。行动最有说服力。"这五年，党中央强力推进政治体制改革，通过协商"万物并育而不相害"，持续凝聚内涵发展动力；坚持民主"道并行而不相悖"，高度统一民众目标。党的十八大提出全面推进"五位一体"和"四个全面"的建设任务，五年来抓铁有痕的行动做出了响亮的回答。法治的网已经织就，改革的路已经畅通，中国"智造"开始走向世界，这一切让亿万人民感同身受：从大国走向强国的中国梦越来越近了。

我们党紧紧抓住协商民主广泛多层制度化发展，为我国社会主义民主政治注入了新的活力，推动了中国特色社会主义民主政治建设。习近平总书记关于协商民主的思想是对我们国家政治体制改革和民主制度建设实践的总结和提炼，是提升党的执政能力和国家治理能力的行动指南，为中国特色社会主义民主思想增添了新内容新成果。

（作者：徐永利，北京联合大学北京政治文明建设研究基地研究员）

各地高校创新方法和载体学习贯彻党的十九大精神

——让学习成果印在脑海融入心中（深聚焦）

（《人民日报》，2017 年 11 月 23 日）

在北京联合大学艺术学院《溯源红色北京革命历史遗迹创作》课程中，商雨晴同学设计作品《五星映生活》，在结构上是一个五角星的立体结构，昭示着中国共产党引领我们走向更加美好的生活。赵佳琪同学的剪纸，利用京味元素，将党徽、人物、国旗等有机结合，生动和谐，寓意不忘初心。

北京联合大学推进全方位育人,建立“课程思政”责任制

——上好专业课种好思政教育责任田

(《中国教育报》,2017 年 12 月 13 日)

“在互联网时代,中国在一些关键信息技术创新领域与世界同步甚至领先全球,开始输出中国模式,比如超级计算机、人工智能、移动支付等,中国实现了创新引领的弯道超车,这源于我国国情、发展模式、发展道路等独特优势。”北京联合大学旅游学院教师廖斌在讲授“旅游信息化导论”第一课时,将专业知识、中国制度自信传递给了学生。

在北联大,像廖斌这样在专业课程中融入思政内容的课例有很多。为了让所有专业课程“守好一段渠、种好责任田”,与思政课程形成协同育人效应,学校党委在加强思想政治理论课的同时,出台实施意见明确将“课程思政”建设作为学校用好课堂教学主渠道、推进全员全程全方位育人的重要阵地。

制度保障,“课程思政”写入培养方案

北联大教务处以党的十九大精神和全国高校思想政治工作会议精神为指导,修订了本科培养方案教学大纲,在制度上保障各学院结合实际,制定“课程思政”落实办法,形成有效教学模式。

目前,应用文理学院制定了《关于推进教师“课程思政”责任制的意见》,从通识专业必修、专业必修、专业选修、集中实践教学环节 4 个方面遴选了 14 门不同专业课程进行教学改革试点;智慧城市学院出台“课程思政”实施细则,确立了 8 个院级教研项目开展“课程思政”建设试点;城市轨道交通与物流学院从一线做起,推出“点、面、线”“课程思政”建设模式,结合学科特色以不同形式将思政教育纳入常规教学;应用科技学院以“系部主导、教师主体”推进“课程思政”建设。

在校级层面,学校承担了北京市委教育工委“应用型大学推进‘课程思政’建设的研究与实践”难点攻关项目,在校级科研项目中组织开展“课程思政”专题教学改革研究,设立“课程思政”重点建设项目,支持专业教师进一步优化“课程思政”的内容和形式。目前,仅在旅游学院,已有近 30 名教师走上讲台开展“课程思政”展示,30 门以上课程形成了“课程思政”讲授案例。

融合创新,让核心价值观在课堂落地生根

在多元思想交锋的社会环境中,发挥“思政课程”与“课程思政”的合力,成为北联大育人的新尝试。

学校建立了教师“课程思政”责任制,明确各类课程与“思政课程”一样有育人职责,每一门课程、每一名教师都应在教学活动中主动承担起培育社会主义核心价值观的任务。

马克思主义学院副教授张英姣给艺术学院学生讲“坚定共产主义的崇高信仰”时,课堂上适时穿插了艺术学院学生的精彩演诵,内容是“语言基本技巧”教学团队以革命文化的学习传播为着力点进行的教学设计。通过让学生饰演革命英雄人物、诵读革命文化作品,坚定了学生的共产主义理想信念。

融合创新也成为把社会主义核心价值观融入课堂,凸显“思政课程”与“课程思政”合力育人价值的有力抓手。“我的教学对象是外语专业学生,以后会面临涉外工作,我认为提高学生的国家意识是首要任务。”讲授“法语”的刘燕繁老师在专业课中融入社会主义核心价值观,在课堂上引起学生的强烈共鸣。

服务社会,助力北京“四个中心”建设

今年,以艺术学院举办的“溯源红色师生主题创作展”为基础,由北联大等 5 所高校承办的“喜迎十九大,服务北京‘四个中心’建设北京高校师生主题展”在北京市属高校巡展,引起强烈社会反响。

“通过了解这些历史遗迹,我们需要唤醒自己的良知与记忆、斗志与发展的梦想。”艺术学院美术系教师李文文在野外写生的过程中,发现北京市革命历史遗迹众多,分布广、类型多,将挖掘革命历史题材作为文艺创作素材,带领学生在采风创作过程中参与到革命遗址保护和宣传教育中。

在北京市门头沟下清水村,旅游学院师生为村民们送去了一整套旅游文创发展方案,为拥有丰厚的文化底蕴和旅游资源却苦于没有旅游经营思路的村民们解决了难题。

“着眼立德树人根本任务,学校将继续扎实推进‘课程思政’工作,在全校努力形成‘学校有氛围、学院有特色、专业有特点、教师有风格、成果可固化、课程有品牌、教师有榜样’的育人大环境。”北联大党委书记韩宪洲说。

(以上由宣传部提供)

·统计资料·

2017 年学校基本情况数据

统计项		统计数据
学校占地面积 其中：产权占地面积		69.31 万平方米 43.06 万平方米
校舍建筑面积 其中：产权校舍建筑面积		58.89 万平方米 51.80 万平方米
图书馆藏书	纸质图书	284.39 万册
	电子图书	38970GB
固定资产总值 其中：教学、科研仪器设备资产值 拥有计算机		24.861 亿元 8.10 亿元 19131 台

注：数据统计时间截至 2017 年 8 月 31 日。

2017 年校区分布及学院设置

校区	地址	学院
北四环校区	朝阳区北四环东路 97 号(100101)	旅游学院 继续教育学院 智慧城市学院 城市轨道交通与物流学院管理学院 艺术学院 马克思主义学院 机器人学院(北四环校区) 国际交流学院
学院路校区	海淀区北土城西路 197 号(100191)	应用文理学院
双清路校区	海淀区于庄子路 32 号院(100085)	
外馆斜街校区	朝阳区安定门外外馆斜街 5 号(100011)	师范学院
红领巾桥校区	朝阳区延静东里甲 3 号(100025)	商务学院
垡头校区	朝阳区垡头西里三区 18 号(100023)	生物化学工程学院
工体北路校区	朝阳区白家庄西里 12 号(100020)	机器人学院
蒲黄榆校区	丰台区永外蒲黄榆二巷甲 1 号(100075)	特殊教育学院
昌平校区	昌平区石牌坊南(102200)	应用科技学院
北苑校区	朝阳区北苑路 6 号院甲 1 号(100012)	
什刹海校区	西城区前海东沿 50 号	
次渠校区	通州区台湖镇兴光三街 5 号	

2017 年教职工情况

单位：人

统计项		统计数据
在职教职工总数		2900
人员结构	教师岗位人员数	1476
	其他专技岗位人员数	674
	管理岗位人员数	649
	工勤岗位人员数	128
外籍教师数		102(长期 20,短期 82)
离退休人员数		2709

(校人事处提供)

2017 年教职工及专任教师职称、学历结构

统计项		教职工		专任教师	
		人数(人)	比例(%)	人数(人)	比例(%)
职称结构	正高级	247	9%	200	14%
	副高级	764	26%	558	38%
	中级	1468	51%	673	46%
	初级	147	5%	19	1%
	无职称	274	9%	26	2%
学历结构	博士研究生	580	20%	574	39%
	硕士研究生	880	30%	513	35%
	本科	1320	46%	386	26%
	专科及以下	120	4%	3	0%

(校人事处提供)

2017 年学生情况

单位：人

统计项			招生数	在校生数	毕业生数	取得学位人数
研究生	学术型		99	297	95	95
	专业型		61	117	28	28
本科生			3315	16048	4020	3497
专升本学生			1437	3455	1649	1601
专科生			207	1510	1185	—
成人教育	本科生					
	专科生					
留学生	研究生		16	79	14	14
	本科生		159	259	59	54
	语言生	422	630	630	—	—
		130	130	—	—	—

(研究生处、校教务处、继续教育学院、国际交流学院提供)

2017年科研机构设置

一、市级科研机构

序号	科研机构名称	依托单位	负责人	批准时间	批准部门
1	生物活性物质与功能食品北京市重点实验室	生物化学工程学院	赵　卓	2001年11月	北京市教育委员会 北京市科学技术委员会
2	北京学研究基地	应用文理学院	张宝秀	2004年9月	北京市教育委员会 北京市哲学社会科学规划办公室
3	北京市政治文明建设研究中心 北京政治文明建设研究基地	人民代表大会制度研究所	韩宪洲	2006年4月 2016年6月	北京市教育委员会 北京市哲学社会科学规划办公室
4	北京市信息服务工程重点实验室	北京市信息服务工程重点实验室	鲍　泓	2010年7月	北京市教育委员会 北京市科学技术委员会
5	京台文化交流研究中心	台湾研究院	杨　宜	2013年1月	北京市哲学社会科学规划办公室
6	生物质废弃物资源化利用北京市重点实验室	生物化学工程学院	张恩祥	2014年6月	北京市科学技术委员会
7	国家智慧旅游重点实验室	旅游学院	黄先开	2014年9月	国家旅游局
8	北京市智能机械创新设计服务工程技术研究中心	机器人学院	程　光	2015年5月	北京市科学技术委员会
9	旅游信息化协同创新中心	旅游学院	卢振洋	2015年6月	北京市教育委员会

（校科技处提供）

二、校级科研机构

序号	科研机构名称	级别	依托单位	负责人
1	北京联合大学人民代表大会制度研究所	校级校管	学校直属	徐永利
2	北京联合大学台湾研究院	校级校管	学校直属	谭文丛
3	北京联合大学北京学研究所	校级校管	学校直属	张宝秀
4	北京三山五园研究院 （下设文化传承协同创新中心，无级别）	校级校管	学校直属	徐永利
5	北京联合大学人居研究中心	校级院管	应用文理学院	张远索
6	北京联合大学民族与宗教研究所	校级院管	应用文理学院	杨靖筠
7	北京联合大学城市与区域发展研究所	校级院管	应用文理学院	张景秋
8	北京联合大学文化遗产研究所	校级院管	应用文理学院	顾　军
9	北京联合大学奥林匹克文化研究中心	校级院管	应用文理学院	冯　霞
10	北京联合大学首都法治研究中心	校级院管	应用文理学院	杨积堂
11	北京联合大学广告研究所	校级院管	应用文理学院	刘　丽
12	北京联合大学档案事务研究所	校级院管	应用文理学院	孙爱萍
13	北京联合大学考古学研究中心	校级院管	应用文理学院	韩建业
14	北京联合大学教师教育研究所	校级院管	师范学院	李娟华
15	北京联合大学首都金融研究中心	校级院管	商务学院	杨　宜
16	北京联合大学服务经济与贸易研究所	校级院管	商务学院	崔　玮
17	北京联合大学管理科学与应用研究所	校级院管	商务学院	陈建斌
18	北京联合大学生物工程研究所	校级院管	生物化学工程学院	龚　平
19	北京联合大学人力资源管理研究所	校级院管	生物化学工程学院	汪新宇
20	北京联合大学功能食品科学技术研究院	校级院管	生物化学工程学院	
21	北京联合大学会展经济研究中心	校级院管	旅游学院	王春才
22	北京联合大学餐饮科学研究所	校级院管	旅游学院	闫喜霜
23	北京联合大学现代休闲方式与旅游发展研究所	校级院管	旅游学院	
24	北京联合大学旅游发展研究院	校级院管	旅游学院	张凌云

续表

序号	科研机构名称	级别	依托单位	负责人
25	北京联合大学微电子应用技术研究所	校级院管	智慧城市学院	杭和平
26	北京联合大学信息技术研究所	校级院管	智慧城市学院	鲍　泓
27	北京联合大学可靠性检测与传感网技术研究所	校级院管	智慧城市学院	田景文
28	北京联合大学传动研究所	校级院管	机器人学院	雷　红
29	北京联合大学现代物流研究所	校级院管	城市轨道交通与物流学院	李　平
30	北京联合大学自动化工程研究所	校级院管	城市轨道交通与物流学院	张益农
31	北京联合大学智能机器人研究所	校级院管	城市轨道交通与物流学院	方建军
32	北京联合大学首都经济与企业发展研究所	校级院管	管理学院	胡艳君
33	北京联合大学中小企业研究中心	校级院管	管理学院	何　勤
34	北京联合大学创新企业财务管理研究中心	校级院管	管理学院	鲍新中
35	北京联合大学特殊教育研究所	校级院管	特殊教育学院	许家成
36	北京联合大学文化创意创新研究中心	校级院管	艺术学院	张　旗
37	北京联合大学艺术设计研究所	校级院管	艺术学院	李红梅
38	北京联合大学电子商务行业与教育研究所	校级院管	应用科技学院	齐再前
39	北京联合大学海外中国学研究中心	校级院管	马克思主义学院	仲计水
40	北京联合大学计算机技术研究所	校级院管	工科综合实验教学示范中心	田景文

（校科技处提供）

2017年硕士学科点

序号	学科名称	学科代码	类别	获批时间	自主设置二级学科点	代码	获批时间	学科门类
1	专门史	0602L3	学术型二级学科点	2006				历史学
2	考古学	0601	学术型一级学科点	2011	文化遗产区域保护规划	0601Z1	2013	
3	计算机科学与技术	0812	学术型一级学科点（2006～2011年为计算机应用技术二级学科）	2011	教育智能化技术	0812Z1	2013	工学
					制造业信息化	0812Z2	2013	
4	食品科学与工程	0832	学术型一级学科点（2006～2011年为食品科学二级学科）	2011	食品科学	083201	2012	
					食品生物分离技术	0832Z1	2012	
5	软件工程	0835	学术型一级学科点	2011	信息无障碍辅助技术	0835Z1	2012	
					数字艺术	0835Z2	2013	
					智能交通工程	99J3	2014	
6	工商管理	1202	学术型一级学科点	2011	投融资管理	1202Z1	2013	管理学
					商务法律	1202Z2	2013	
					移动商务	99J1	2013	
					信息资源管理	99J2	2014	
7	金融	025100	专业硕士学科点	2014				经济学
8	法律	035100	专业硕士学科点	2014				法学
9	教育	045100	专业硕士学科点	2014				教育学
10	临床医学	105100	专业硕士学科点	2014				医学

（研究生处提供）

2017年本科专业设置

序号	专业名称	专业代码	学科门类	二级学科	学制/年	所在学院	备注
1	经济学	020101	经济学	经济学类	4	应用文理学院	停招
2	金融学	020301K	经济学	金融学类	4	管理学院、商务学院	
3	国际经济与贸易	020401	经济学	经济与贸易类	4	商务学院	
4	法学	030101K	法学	法学类	4	应用文理学院	
5	学前教育	040106	教育学	教育学类	4	师范学院	
6	小学教育	040107	教育学	教育学类	4	师范学院	
7	特殊教育	040108	教育学	教育学类	4	特殊教育学院	
8	教育康复学	040110TK	教育学	教育学类	4	特殊教育学院	
9	汉语言文学	050101	文学	中国语言文学类	4	应用文理学院、师范学院	
10	英语	050201	文学	外国语言文学类	4	旅游学院、师范学院	
11	日语	050207	文学	外国语言文学类	4	旅游学院	
12	新闻学	050301	文学	新闻传播学类	4	应用文理学院	
13	广告学	050303	文学	新闻传播学类	4	应用文理学院	
14	网络与新媒体	050306T	文学	新闻传播学类	4	应用文理学院	
15	历史学	060101	历史学	历史学类	4	应用文理学院	
16	文物与博物馆学	060104	历史学	历史学类	4	应用文理学院	
17	信息与计算科学	070102	理学	数学类	4	应用文理学院	停招
18	人文地理与城乡规划	070503	理学	地理科学类	4	应用文理学院	
19	地理信息科学	070504	理学	地理科学类	4	应用文理学院	
20	生物技术	071002	理学	生物科学类	4	应用文理学院	停招
21	应用心理学	071102	理学	心理学类	4	师范学院	
22	机械工程	080201	工学	机械类	4	机器人学院	
23	工业设计	080205	工学	机械类	4	生物化学工程学院	
24	汽车服务工程	080208	工学	机械类	4	机器人学院	
25	材料科学与工程	080401	工学	材料类	4	机器人学院	停招
26	电气工程及其自动化	080601	工学	电气类	4	城市轨道交通与物流学院	
27	电子信息工程	080701	工学	电子信息类	4	智慧城市学院	
28	通信工程	080703	工学	电子信息类	4	智慧城市学院	
29	电子信息科学与技术	080714T	工学	电子信息类	4	智慧城市学院	
30	自动化	080801	工学	自动化类	4	机器人学院	
31	轨道交通信号与控制	080802T	工学	自动化类	4	城市轨道交通与物流学院	
32	计算机科学与技术	080901	工学	计算机类	4	智慧城市学院、师范学院、特殊教育学院	
33	软件工程	080902	工学	计算机类	4	机器人学院	
34	数字媒体技术	080906	工学	计算机类	4	师范学院	
35	建筑环境与能源应用工程	081002	工学	土木类	4	生物化学工程学院	
36	建筑电气与智能化	081004	工学	土木类	4	生物化学工程学院	停招
37	制药工程	081302	工学	化工与制药类	4	生物化学工程学院	
38	包装工程	081702	工学	轻工类	4	生物化学工程学院	停招
39	交通工程	081802	工学	交通运输类	4	城市轨道交通与物流学院	
40	环境科学	082503	工学	环境科学与工程类	4	应用文理学院	停招
41	生物医学工程	082601	工学	生物医学工程类	4	生物化学工程学院	停招
42	食品科学与工程	082701	工学	食品科学与工程类	4	生物化学工程学院	

续表

序号	专业名称	专业代码	学科门类	二级学科	学制/年	所在学院	备注
43	食品质量与安全	082702	工学	食品科学与工程类	4	生物化学工程学院	
44	烹饪与营养教育	082708T	工学	食品科学与工程类	4	旅游学院	
45	生物工程	083001	工学	生物工程类	4	生物化学工程学院	
46	针灸推拿学	100502K	医学	中医学类	5	特殊教育学院	
47	信息管理与信息系统	120102	管理学	管理科学与工程类	4	商务学院	
48	工程管理	120103	管理学	管理科学与工程类	4	生物化学工程学院	
49	工商管理	120201K	管理学	工商管理类	4	管理学院	
50	市场营销	120202	管理学	工商管理类	4	商务学院	
51	会计学	120203K	管理学	工商管理类	4	管理学院、商务学院	
52	财务管理	120204	管理学	工商管理类	4	商务学院、管理学院	
53	国际商务	120205	管理学	工商管理类	4	商务学院	
54	人力资源管理	120206	管理学	工商管理类	4	生物化学工程学院	
55	公共事业管理	120401	管理学	公共管理类	4	应用文理学院	停招
56	档案学	120502	管理学	图书情报与档案管理类	4	应用文理学院	
57	物流工程	120602	管理学	物流管理与工程类	4	城市轨道交通与物流学院	授予工学学位
58	工业工程	120701	管理学	工业工程类	4	机器人学院	授予工学学位
59	电子商务	120801	管理学	电子商务类	4	管理学院	
60	旅游管理	120901K	管理学	旅游管理类	4	旅游学院	
61	酒店管理	120902	管理学	旅游管理类	4	旅游学院	
62	会展经济与管理	120903	管理学	旅游管理类	4	旅游学院	
63	音乐学	130202	艺术学	音乐与舞蹈学类	4	师范学院、特殊教育学院	
64	表演	130301	艺术学	戏剧与影视学类	4	艺术学院	
65	绘画	130402	艺术学	美术学类	4	艺术学院	
66	视觉传达设计	130502	艺术学	设计学类	4	艺术学院、特殊教育学院	
67	环境设计	130503	艺术学	设计学类	4	艺术学院	
68	产品设计	130504	艺术学	设计学类	4	艺术学院	
69	服装与服饰设计	130505	艺术学	设计学类	4	艺术学院	
70	数字媒体艺术	130508	艺术学	设计学类	4	艺术学院	
71	工艺美术	130507	艺术学	设计学类	4	艺术学院	

(校教务处提供)

2017年专升本专业设置

序号	专业名称	专业代码	学科门类	二级学科	学制	所在学院
1	音乐学	130202	艺术学	音乐与舞蹈学类	2	师范学院
2	英语	050201	文学	外国语言文学类	2	旅游学院
3	日语	050207	文学	外国语言文学类	2	旅游学院
4	酒店管理	120902	管理学	旅游管理类	2	旅游学院
5	旅游管理	120901K	管理学	旅游管理类	2	旅游学院
6	工业工程	120701	管理学	工业工程类	2	机器人学院
7	机械工程	080201	工学	机械类	2	机器人学院
8	电气工程及其自动化	080601	工学	电气类	2	城市轨道交通与物流学院
9	数字媒体艺术	130508	艺术学	设计学类	2	艺术学院
10	表演	130301	艺术学	戏剧与影视学类	2	艺术学院

续表

序号	专业名称	专业代码	学科门类	二级学科	学制	所在学院
11	服装与服饰设计	130505	艺术学	设计学类	2	艺术学院
12	环境设计	130503	艺术学	设计学类	2	艺术学院
13	视觉传达设计	130502	艺术学	设计学类	2	艺术学院
14	计算机科学与技术	080901	工学	计算机类	2	应用科技学院
15	学前教育	040106	教育学	教育学类	2	师范学院
16	电子商务	120801	管理学	电子商务类	2	应用科技学院
17	工商管理	120201K	管理学	工商管理类	2	应用科技学院
18	信息管理与信息系统	120102	管理学	管理科学与工程类	2	应用科技学院
19	市场营销	120202	管理学	工商管理类	2	应用科技学院
20	国际经济与贸易	020401	经济学	经济与贸易类	2	应用科技学院
21	金融学	020301K	经济学	金融学类	2	应用科技学院
22	会计学	120203K	管理学	工商管理类	2	应用科技学院
23	电子信息工程	080701	工学	电子信息类	2	应用科技学院

（校教务处提供）

2017 年高职专业设置

序号	专业名称	专业代码	专业大类	专业类	学制	所在学院
1	数字媒体艺术设计	650104	文化艺术大类	艺术设计类	3	应用科技学院
2	软件技术	610205	电子信息大类	计算机类	3	应用科技学院
3	电子信息工程技术	610101	电子信息大类	电子信息类	3	应用科技学院
4	商务英语	670202	教育与体育大类	语言类	3	应用科技学院
5	视觉传播设计与制作	650102	文化艺术大类	艺术设计类	3	应用科技学院
6	酒店管理	640106	旅游大类	旅游类	3	旅游学院
7	烹调工艺与营养	640202	旅游大类	餐饮类	3	旅游学院

（校教务处提供）

2017 年成人高等教育专业设置

序号	专业名称	层次	培养方式	学制	所在学院
1	数字媒体艺术	高起本	业余	5	商务学院；应用文理学院；继续教育学院
2	旅游管理	高起本	业余	5	旅游学院
3	学前教育	高起本	业余	5	继续教育学院
4	工商管理	高起本	业余	5	继续教育学院、机器人学院
5	数字媒体艺术	专升本	业余	2.5	继续教育学院、应用文理学院
6	信息管理与信息系统	专升本	业余	2.5	继续教育学院、应用文理学院
7	会计学	专升本	业余	2.5	继续教育学院、应用文理学院、商务学院
8	学前教育	专升本	业余	2.5	继续教育学院、
9	工商管理	专升本	业余	2.5	继续教育学院、商务学院、机器人学院
10	人力资源管理	专升本	业余	2.5	商务学院、继续教育学院
11	旅游管理	专升本	业余	2.5	旅游学院
12	工程管理	专升本	业余	2.5	继续教育学院、机器人学院
13	制药工程	专升本	业余	2.5	继续教育学院
14	视觉传达设计	专升本	业余	2.5	继续教育学院
15	英语	专升本	业余	2.5	继续教育学院
16	计算机科学与技术	专升本	业余	2.5	继续教育学院
17	公共事业管理	专升本	业余	2.5	继续教育学院
18	建筑环境与能源应用工程	专升本	业余	2.5	继续教育学院

续表

序号	专业名称	层次	培养方式	学制	所在学院
19	金融学	专升本	业余	2.5	继续教育学院
20	机械工程	专升本	业余	2.5	继续教育学院、机器人学院
21	广告设计与制作	高起专	业余	2.5	继续教育学院、应用文理学院
22	会计	高起专	业余	2.5	继续教育学院、应用文理学院、商务学院、机器人学院
23	计算机信息管理	高起专	业余	2.5	继续教育学院、应用文理学院、机器人学院
24	国际商务	高起专	业余	2.5	继续教育学院、商务学院
25	数字媒体艺术设计	高起专	业余	2.5	继续教育学院、商务学院
26	旅游管理	高起专	业余	2.5	旅游学院
27	酒店管理	高起专	业余	2.5	继续教育学院
28	电子商务	高起专	业余	2.5	继续教育学院
29	机械制造与自动化	高起专	业余	2.5	继续教育学院、机器人学院

（继续教育学院提供）

2017年高等教育自学考试专业设置

序号	专业名称	层次	培养方式	所在学院
1	酒店管理	本科	自学	旅游学院
2	广告学	本科	自学	继续教育学院

（继续教育学院提供）

2017年新建校级校外人才培养基地

序号	基地名称	依托单位	主持学院	负责人
1	北京新奥集团有限公司校外人才培养基地	北京新奥集团有限公司	应用文理学院	徐华
2	《光明日报》北京记者站全媒型新闻传播应用人才校外培养基地	光明日报北京记者站	应用文理学院	杜剑峰
3	北京联合大学师范学院学前教育校外人才培养基地	北京市朝阳区朝花幼儿园(集团)	师范学院	姜继为
4	金融学专业校外人才培养基地	北京中润伟业投资有限公司等	商务学院	刘迎春
5	美国国家仪器中国有限公司校外人才培养基地	美国国家仪器中国有限公司	机器人学院	李媛
6	北京市理化分析测试中心校外人才培养基地	北京市理化分析测试中心	生物化学工程学院	荣瑞芬
7	东易日盛家居装饰集团股份有限公司校外人才培养基地	东易日盛家居装饰集团股份有限公司	生物化学工程学院	蔡红
8	北京市地铁运营有限公司运营二分公司复兴门站区校外人才培养基地	北京市地铁运营有限公司运营二分公司复兴门站区	城市轨道交通与物流学院	周进
9	北京市卓立信会计服务中心校外人才培养基地	北京市卓立信会计服务中心	管理学院	尹夏楠
10	北京联合大学视力残疾大学生音乐学专业校外人才培养基地	北京觅乐优声乐器经销有限公司	特殊教育学院	张爱民
11	新道人才网全国市场营销校外人才培养基地	新道科技股份有限公司	应用科技学院	李胜

（校教务处提供）

教学日历

一、2016—2017 学年

学期	周次	月份	一	二	三	四	五	六	日
第一学期	0	8月	29	30	31				
		9月				1	2	3	4
	1		5	6	7	8	9	教师节	11
	2		12	13	14	中秋节	16	17	18
	3		19	20	21	22	23	24	25
	4		26	27	28	29	30		
		10月						国庆节	2
	5		3	4	5	6	7	8	9
	6		10	11	12	13	14	15	16
	7		17	18	19	20	21	22	23
	8		24	25	26	27	28	29	30
	9	11月	10月31	1	2	3	4	5	6
	10		7	8	9	10	11	12	13
	11		14	15	16	17	18	19	20
	12		21	22	23	24	25	26	27
	13		28	29	30				
		12月				1	2	3	4
	14		5	6	7	8	9	10	11
	15		12	13	14	15	16	17	18
	16		19	20	21	22	23	24	25
	17		26	27	28	29	30	31	
		1月（2017年）							元旦
	18		2	3	4	5	6	7	8
	19		9	10	11	12	13	14	15
寒期	1		16	17	18	19	20	21	22
	2		23	24	25	26	除夕	春节	29
	3		30	31					
		2月			1	2	3	4	5
	4		6	7	8	9	10	11	12
	5		13	14	15	16	17	18	19
	6		20	21	22				
第二学期	0					23	24	25	26
	1		27	28					
		3月			1	2	3	4	5
	2		6	7	8	9	10	11	12
	3		13	14	15	16	17	18	19
	4		20	21	22	23	24	25	26
	5		27	28	29	30	31		
		4月						1	2
	6		3	清明节	5	6	7	8	9
	7		10	11	12	13	14	15	16
	8		17	18	19	20	21	22	23
	9		24	25	26	27	28	29	30
	10	5月	劳动节	2	3	4	5	6	7
	11		8	9	10	11	12	13	14
	12		15	16	17	18	19	20	21
	13		22	23	24	25	26	27	28
	14		29	端午节	31				
		6月				1	2	3	4
	15		5	6	7	8	9	10	11
	16		12	13	14	15	16	17	18
	17		19	20	21	22	23	24	25
	18		26	27	28	29	30		
		7月						1	2
	19		3	4	5	6	7	8	9
暑期	1		10	11	12	13	14	15	16
	2		17	18	19	20	21	22	23
	3		24	25	26	27	28	29	30
	4	8月	7月31	1	2	3	4	5	6
	5		7	8	9	10	11	12	13
	6		14	15	16	17	18	19	20
	7		21	22	23	24	25	26	27

二、2017—2018 学年

学期	周次	月份	一	二	三	四	五	六	日
第一学期	0	9月	4	5	6	7	8	9	教师节
	1		11	12	13	14	15	16	17
	2		18	19	20	21	22	23	24
	3		25	26	27	28	29	30	
		10月							国庆节
	4		2	3	中秋节	5	6	7	8
	5		9	10	11	12	13	14	15
	6		16	17	18	19	20	21	22
	7		23	24	25	26	27	28	29
	8		30	31					
		11月			1	2	3	4	5
	9		6	7	8	9	10	11	12
	10		13	14	15	16	17	18	19
	11		20	21	22	23	24	25	26
	12		27	28	29	30			
		12月					1	2	3
	13		4	5	6	7	8	9	10
	14		11	12	13	14	15	16	17
	15		18	19	20	21	22	23	24
	16		25	26	27	28	29	30	31
	17	1月（2018年）	元旦	2	3	4	5	6	7
	18		8	9	10	11	12	13	14
	19		15	16	17	18	19	20	21
寒期	1		22	23	24	25	26	27	28
	2		29	30	31	2月1	2月2	2月3	2月4
	3	2月	5	6	7	8	9	10	11
	4		12	13	14	15	春节	17	18
	5		19	20	21	22	23	24	25
	6		26	27	28				
		3月				1	元宵节	3	4
	7		5	6	7				
第二学期	0					8	9	10	11
	1		12	13	14	15	16	17	18
	2		19	20	21	22	23	24	25
	3		26	27	28	29	30	31	
		4月							1
	4		2	3	4	清明节	6	7	8
	5		9	10	11	12	13	14	15
	6		16	17	18	19	20	21	22
	7		23	24	25	26	27	28	29
	8		30						
		5月		劳动节	2	3	4	5	6
	9		7	8	9	10	11	12	13
	10		14	15	16	17	18	19	20
	11		21	22	23	24	25	26	27
	12		28	29	30	31			
		6月					1	2	3
	13		4	5	6	7	8	9	10
	14		11	12	13	14	15	16	17
	15		端午节	19	20	21	22	23	24
	16		25	26	27	28	29	30	7月1
	17	7月	2	3	4	5	6	7	8
	18		9	10	11	12	13	14	15
	19		16	17	18	19	20	21	22
暑期	1		23	24	25	26	27	28	29
	2		30	31					
		8月			1	2	3	4	5
	3		6	7	8	9	10	11	12
	4		13	14	15	16	17	18	19
	5		20	21	22	23	24	25	26
	6		27	28	29	30	31		
		9月						1	2

（校教务处提供）

·索 引·

说 明

本索引采用主题分析索引法编制。主题词(标目)以正文中出现的专业名词、名词词组为主。

特载、媒体报道2个栏目内容不在标引范围内。

本索引基本按汉语拼音音序排列。具体排列方法为：以阿拉伯数字开头的标目，排在最前面；以英文字母开头的标目，列于其后；以汉字开头的标目，按首字的音序、音调依次排列，首字相同时，以第二字的音序、音调排列，依次类推。

索引标目后的阿拉伯数字，表示该标目所在的正文页码；其后英文字母a、b，表示该标目所在的正文栏别(从左至右)。

年鉴中以表格方式记载的内容，在索引标目后用括号注明“表”字样，以区别于文字标目。

为反映索引款目间的逻辑关系，对于二级标目，采用在一级编目下缩两格的形式编排，再按数字、汉字音序排列。

0～9

A～Z

A

B

C

D

E

F

G

H

J

K

L

M

N

P

Q

R

S

T

W

X

Y

Z